NAMAMALA

OR

A WORK ON PALI GRAMMAR

NAMAMALA

OR

A WORK ON PALI GRAMMAR

WASKADUWE SUBHUTI

GYAN

Published by

GYAN

Gyan Publishing House
5, Ansari Road
Daryaganj, New Delhi-110002
Phone: 011-47034999, 9811692060
E-mail: books@gyanbooks.com

Distribution Network
gyanbooks.com
India, USA, Canada, UK, Australia, France

ISBN : 9788121244695 (PB)
First Published, Colombo, 1876

2nd Impression 2020

Printed at: Gyan Press, Delhi.

Namamala
or
A Work on Pali Grammar
Author: Waskaduwe Subhuti

NÁMAMÁLÁ;

OR

A WORK ON PÁLI GRAMMAR,

PREPARED

(AT THE SUGGESTION OF PROFESSOR R. C. CHILDERS)

BY

WASKAḌUWE SUBHÚTI,

AND

DEDICATED, BY PERMISSION,

TO

H. R. H. THE PRINCE OF WALES.

CEYLON:

PRINTED AT THE GOVERNMENT PRINTING OFFICE, COLOMBO.

1876.

නාමමාලා

හෙවත්

නාමවරනැඟිල්ල

සහිතවූ

විභක්තිභේද, කාරකලක්ෂණ, විශෙෂණ විශෙෂ්‍ය විභාග

යනාදිය හා

නොයෙක් ශබ්දශාස්ත්‍ර ග්‍රන්ථයන්ගේ විශෙෂ විභාගාදියද ප්‍රකාශවූ

මේ

පාළිව්‍යාකරණ පොත

ප්‍රොපෙසර්. ආර්. සී. චිල්ඩර්ස් මහත්මයාගේ

අනුමැතියෙන්

වස්කඩුවේ සුභූති තෙරුන්නාන්සේ විසින්

මෙලෙස සම්පාදනය කරණලද්දෙත්

ඇල්බර්ට් ඇඩ්වාර්ඩ්, වේල්ස් රාජකුමාරයානන් වහන්සේ

විසින්

පිළිගන්නාලදී.

ලංකාද්වීපයේ ආණ්ඩුකාර උතුමානන්වහන්සේගේ

අවසරය පිට

හර්බට්, සකින්, යන ඉංග්‍රීසි මහතුන් දෙදෙනා ලවා ලංකාණ්ඩුවේ
මුද්‍රායන්ත්‍රාලයෙහි මුද්‍රාඞ්කණය කරවනලදී.

1876.

Dedicated,

BY SPECIAL PERMISSION,

TO

HIS ROYAL HIGHNESS ALBERT EDWARD,

PRINCE OF WALES,

ETC., ETC., ETC.,

BY

HIS ROYAL HIGHNESS'S MOST OBEDIENT

AND VERY HUMBLE SERVANT,

THE AUTHOR.

(ඩැඩිකේට්)

නෛකශ්‍රීන් විරාජමානවූ

වික්ටෝරියානම් මහරාජිනීන්වහන්සේගේ

ජ්‍යෙෂ්ඨපුත්‍රවූ සහ

එංගලන්ත රාජ්‍යයෙහි ඔටුන්නට ළේඋරුමක්කාරවූද

පරමෝත්කෘෂ්ට

ඇල්බර්ට් ඇඩ්වාර්ඩ්, වේල්ස් රාජකුමාරයාණන්වහන්සේ

මේ ශ්‍රීලංකාද්වීපය බලාවදාරණ පිණිස

වැඩම කළ කල්හි

වස්කඩුවේ සුභූති තෙරුන්නාන්සේ වන මාවිසින්

නාමමාලා නම්වූ මේ පාලිව්‍යාකරණ පොත

ඒ කුමාරයාණන් වහන්සේගේ අවසරය ඇතුව

උන්වහන්සේට

ඩැඩිකේට් කරණ ලදී.

1875

කොළඹදීය.

TRANSLATION OF PREFACE.

THE grammar of a language is the art of speaking or writing it with propriety by acquiring a knowledge of the different parts of speech, and the structure of sentences; and it helps us to understand the literature of the language. Each language must have its own grammar. Although some ancient languages have not possessed perfect Grammars, owing to the uncivilized condition and insufficiency of mental culture of the people who spoke them, the two languages Páli and Sanskrit possess such Grammars, which is a proof of their prëeminence in this respect.

Whichever of these two languages be the more ancient, it appears that Páli Grammars have been composed on the model of the Sanskrit. The grammar of the Páli language must be critically stüdied by one who would understand its literature generally, and still more so by one who would penetrate into the abstruse doctrines of Buddhism, which exhibit the pure wisdom of its Founder. Those who know these two languages are aware of the fact, that the study of Sanskrit grammar, to some extent at least, is indispensably necessary before one can acquire a thorough knowledge of Páli grammar. This proves the fact that Páli Grammars are based on the Sanskrit. Learned men who have produced Commentaries, Paraphrases, Glossaries, &c., on Buddha's Sermons, and composed books on grammatical science, &c., seem not only to have carefully studied Sanskrit grammar, but also their knowledge in this respect was evidently of great help to them in the composition of their works. The following stanzas, which occur at the end of the Paraphrase on Abhidhammattha Sangaha, shew the extent of the knowledge of Sanskrit, &c., of the great priest Sáriputta, who lived at Poḷonnáruwa in the reign of Parákkramabáhu I., and who composed Sáratthadípaní, which is a Commentary on Winaya consisting of about 30,000 Granthas, as also Anguttara Ṭíká of about

20,000 Granthas, Winaya Sangaha, Abhidhammattha Sangaha Vyákkhyána, the Ṭíká on Chandragómipanchiká, &c. :—

"Ramme Puḷatthi nagare nagarádhiráje
Raññá Parakkamabhujena mahábhujena
Kárápite wasati Jetavane wiháre
Yó rammahamniyawarúpavanábhirámo."

"Sabbattha patthaṭa yasena wisáradena
Suddhásayena parisuddhakulódayena
Takkágamádikusalena Yatissarena
Sárísutena yatiná guruná guṇena."

"Yañchánde chandabhútan nisitataramatin Páṇinin Páṇiníye
Sabbasmin takkasatthe paṭutaramatayó kattubhútanva tante
Maññante Kálidásan kavijanahadayánandahetun kavitte
Sáyanlókattha-siddhin witaratu rachaná tassa Sárísutassa."

"May this work of that (celebrated) Sáriputta confer benefit on mankind (of Sáriputta) who lived in the monastery Jetavana, pleasing to the mind by reason of its delightful and splendid mansions and neighbouring forests, and which was caused to be made by King Parákkramabáhu of great arm in the delightful City of Pulatthi, King of Cities, (a work composed) by the priest Sáriputta, who was endowed with estimable qualities, and chief among priests, whose renown was spread everywhere; who was wise, of pure intentions, was descended from a very pure family, coversant with logic, sacred literature, &c.; and whom those who are well-versed in all logical art regard as Chanda in Chánda; as Páṇini of sharp wit in the grammatical rules, &c., of Páṇini; as the author in Tantras; and as Kálidása the delight of poets in poetry."

Moreover, the eminent priest Srí Ráhula of Toṭagamuwa, who had made highest attainments in six languages, and who was the author of many useful works such as Moggalláyanapanchikápradípa, Buddhippasádhani, Kávyasekhara, &c., was not only acquainted with Páli and Sanskrit literature, but was also conversant with many religions, as appears from the following stanza:—

"Satthantare cha vividhe Samayantare cha
Bhásantare cha sakale piṭakattaye cha
A'cherabhávamupagamma bhajáma pítin
Díghan sa jívatu Parakkamabáhu rájá."

"May that king Parákkramabáhu live long by instructing whom in various sciences, in different systems of religion, in many languages, and in all the three Piṭakas, we enjoy happiness." Again: the profane learning of Buddhaghósa and other Commentators can be ascertained from such sayings as "Saka Samaya samayantara gahaṇajjhógáhaṇa samatthena paññáweyyattiya samannágatena," &c., "clever in comprehending and penetrating into his own religion and other religious systems, and endowed with wisdom and skill," &c.

Hence, the study of Sanskrit by priests and others who know Páli is both desirable and easy. The three languages, Páli, Sanskrit, and Prákrit, are so closely related to one another that one who is acquainted with any one of these can understand one who speaks in any one of the other two, and the books can be understood to some extent, though not thoroughly. Although the difference between any two languages in the world is as wide as that between a man and a spirit or beast, these three languages may be compared to three sons of the same father, but differing only in color. There is the same similarity in the grammar of these three languages that there is between the languages themselves. The grammar of the Páli language is divided into seven parts, viz.:—Sandhi, Náma, Samása, Taddhita, A'khyáta, Kitaka, and Káraka. By Sandhi, is meant the joining together of two words by special rules; a knowledge of this enables one to resolve the word so joined into its constituent parts: thus, 'lóka' + 'aggó,' when combined by phonetic rules, become 'lókaggó'; a knowledge of this would enable the student to find out that 'guṇaggó' is formed of 'guṇa' and 'aggó.'

Náma is that part of grammar which treats of the manner in which a noun is inflected through the Nominative and other cases, as well as the forms they undergo in the Singular and Plural numbers. By Samása is meant the combination of two or more words of different meanings, treated as one term; as, 'nílan' by itself denotes 'blue color,' and 'uppalan' signifies 'a lily,' but when they are put together or compounded, they take the form 'níluppalan,' and denote one object, viz., 'a blue lotus.'

Taddhita is that portion of grammar which treats of words derived from nouns by certain affixes, as from the noun 'Vasiṭṭha' is derived 'Vásiṭṭha' in the sense of 'a son of Vasiṭṭha,' by the use of the affix ṇ' and the augmentation of the vowel.

A'khyáta treats of the rules for the conjugation of verbs by attaching certain affixes to the roots of verbs: thus, 'pachati' is formed from the verbal root 'pacha' 'to cook,' by the affix 'ti' and the intermediate particle 'a.' Kitaka treats of the formation of nouns from verbal roots: thus, 'buddha' is derived from the verbal root 'budha' and the affix 'ta'—combined by appropriate rules. Káraka teaches us how to distinguish between the Nominative, Accusative, &c., and how to use the proper cases; it points out the distinction between Ukta and Anukta, and shews that such and such cases ought to be used when the agent, &c., is Ukta, and that such and such cases ought to be used when it is Anukta.

The Páli language has three principal Grammars called Kachcháyana, Moggalláyana, and Saddaníti. As helps to the Grammar of Kachcháyana, there are Rúpasiddhi, Bálávatára, Mahánirutti, Chúlanirutti, Niruttipiṭaka, &c.; whilst there are to the Grammar of Moggalláyana the works called Payógasiddhi, Moggalláyanavutti, Susaddasiddhi, Padasádhana, &c.; to the Grammar called Saddaníti there is only one work called Chúlasaddaníti.

The two grand divisions of all grammars consist of (1) books with rules shewing the inflexions of words, and (2) those without any rules, shewing only the grammatical construction. The books which shew the inflexions of words are those of Kachcháyana and others above-named, and their Paraphrases, Commentaries, supplemental Commentaries, &c. The books which treat of the inflexions of words are divided into two classes: those in which rules are first given, and others in which examples are first given. To those of the first class belong Kachcháyana, Moggalláyana Vutti, Chúlasaddaníti, &c. The original Grammars, both Páli and Sanskrit, belong to the class in which the rules take the lead. The books in which the examples take the lead are those where the examples are first given, and the rules shewn after them, such as Rúpasiddhi, Bálávatára, Padasádhana, &c. The books which treat of the construction, &c., are Sambandhachintá, Saddasáratthajáliní, Kachcháyana Bhéda, Saddatthabhedachintá, Káriká, Kárikávutti, Vibhattyattha, Gandhaṭṭhi, Váchakópadésa, Nayalakkhaṇavibhávaní,

Niruttisangaha, Kachcháyanasára, Vibhattyatthadípani, Sanvaṇṇanánayadípaní, Váchchvácháka, Saddavutti, Bálappabódhana, Kárakapuppha Manjarí, Kachcháyanadípaní, Guḷhatthadípaní, Mukhamattasára, Saddabindu, Saddakaliká, Saddavinichch'haya Bíjanga, &c., with their Paraphrases, Commentaries, supplemental Commentaries, &c. Of the books whose names have been here mentioned, some are scarce in Ceylon, whilst others are difficult to be had in any country. Hence some have not even heard the names of some of these books. With a view, therefore, to the benefit of young students we have stated in the introductory part of this book the general drift of the books above-mentioned, and of others which have not been mentioned here, with their respective dates, comparative merits, and the names, &c., of the authors. Of the three Grammars made for the Páli language, Kachcháyana is the oldest. Although the Grammar of Kachcháyana is the oldest in point of date, the Rúpasiddhi, which is connected with this Grammar, and Moggalláyanavutti, which is connected with the Grammar of Moggalláyana, Padasádhana, and Payógasiddhi, are more useful than Kachcháyana. The Grammar called Saddaníti is more useful and excellent than any one of the above. All these Grammars having been composed after Kachcháyana, it is no wonder that they are made so as to be more useful than Kachcháyana. Although Suttaniddesa, Kachcháyanavaṇṇaná, Anguttara Ṭíká, &c., inform us that Kachcháyana was composed by a priest called Mahá Kachcháyana, who was contemporary with Buddha, and who had attained the four-fold knowledge and that high office (of a Rahat), no allusion is made to this in old works, such as Buddhá's Sermons or Commentaries; nor are we informed of this in the old Commentary on Kachcháyana. The Anguttara Ṭíká has the following passage:—"Kachcháyanatthero pubbapatthanávasena Kachcháyanappakaraṇan Mahániruttippakaraṇan Nettippakaraṇancháti pakaraṇattayan sanghamajjhe pakásesi," which means "The priest Mahá Kachcháyana, by the power of a wish in a former birth, recited in the midst of the assembled priests three Treatises, viz., Kachcháyana Treatise, Mahánirutti Treatise, and Netti Treatise."

Moreover, the following extract from a modern work informs us that the rules were framed by the priest Kátyáyana, whilst the expositions of the rules and their illustrations by examples were the works of two priests called Sanghanandi and Brahmadatta:—

"Kachcháyanena kato yogo vutti cha Sanghanandiná payogo Brahmadattena nyásó Vimalabuddhiná;" which means, "The system of rules was made by Kachcháyana, the exposition by Sanghanandi, their illustration by Brahmadatta, and Nyásá by Vimalabuddhi."

Again, in the Commentary on Kachcháyanabheda appears the following: "A'chariyá pana lakkhaṇa vutti udáharaṇa sankhátan iman Kachcháyánagandhan Kachcháyanattherena katanti vadanti;" which means, "Some learned men say that this work of Kachcháyana, consisting of aphorisms, expositions, and examples, was composed by the priest Kachcháyana."

In Suttaniddesa, the Commentary on Kachcháyana we, have the following passage:—

"Ekó buḍḍha pabbajitó bhagavató santike kammatthánan gahetvá anótattatíre sáḷarukkhamúle nisinnó udayabbayakammaṭṭhánan karóti, só udake charantan bakan disvá udakabakanti kammaṭṭhánan karóti. Bhagavá tan vitatha bhávan disvá buḍḍha pabbajitan pakkósápetva atthó akkhara saññátóti vákyamáha. Kachcháyanattherenápi bhagavató adhippáyan jánitvá atthó akkhara saññátóti vákyan pubbe ṭhapetvá idan pakaraṇan katanti Kachcháyanena katasuttantipi vadanti."

"A certain aged priest having taken Kammaṭṭhána near Bhagavá, goes away, and sitting at the root of a sal (shorea robusta) tree on the bank of the lake Anótatta, meditates on the Kammaṭṭhána, repeating the word 'Udayabbaya.' He, observing a crane ('baka') moving on the water ('Udaka'), meditates on the Kammaṭṭhána, uttering the words 'Udakabaka.' Bhagavá, perceiving its inaccuracy, sent for the old priest, and uttered the phrase 'Attho akkhara saññáto,' which signifies 'The sense is understood by means of letters.' They say that the priest Kachcháyana, having perceived Bhagavá's meaning, placed the phrase 'Atthó akkharasaññátó' as the first of his aphorisms, and composed his Grammar. They also say that the above phrase is an aphorism produced by Kachcháyana himself."

The opinion that the Kachcháyana Grammar was composed by the priest Mahákátyáyana, who had attained the four-fold knowledge, is rejected by some learned men, because a somewhat different account is given in the Kachcháyana Vaṇṇaná, and no allusion is made to this in the sacred Text or the Commentaries thereon; because also there are in the Kachcháyana Grammar examples relating to modern times, as, "Kva gató si devánanpiyatissa," "Where did you go, O Devánanpiyatissa?" &c., and, finally, because Moggalláyana and other grammarians have spoken against some rules of Kachcháyana. Nevertheless, we can affirm without hesitation that the Grammar of Kachcháyana is the most ancient of Páli Grammars; that it was composed by a first rate scholar, and that it is a very useful and valuable work for acquiring a knowledge of the Páli language.

That there were several Commentaries on the Grammar of Kachcháyana appears from other books; there are already extant four Commentaries, as Nyása, &c., two supplemental Commentaries, as Niruttimanjúsa, &c.; there is also a work on the construction of words, a work on the analysis of compound words, and two paraphrases. The chapter on Verbs in this Grammar has been translated into English by the Hon'ble James De Alwis. The whole book has since been revised and published by Mr. Kuhn, a German scholar.

Professors R. C. Childers, Max Müller, Fausboll, Kuhn, Minayeff, and other European scholars of high reputation, as well as Sir Kumára Swámi, the Hon'ble James De Alwis, Mudaliyár Louis De Zoysa, and other native scholars, having paid much attention to the Páli language, and commenced printing Páli works, it is probable that in a short time correct Grammars and other books in the Páli language will be easily procurable. The Grammars of the Páli language consist of many useful works produced by several learned men, amongst whom there is a great diversity of opinion. This being the case, those who would attain to eminence in the knowledge of Páli Grammar must study Rúpasiddhi, Saddaníti, and other works, besides the Bálávatára which is generally read. Of the books which give rules for the formation of words, Bálávatára is but a short treatise; hence native scholars, considering the facilities it affords for committing its contents to memory, have, for a long time, used it in teaching the grammar of the Páli language: in Burmah and Siam, however, this has not been the case. The section on Káraka in Bálávatára is indeed fuller than in other

Grammars; but it does not treat of Sandhi, Náma, &c., so fully as it is done in Kachcháyana and Rúpasiddhi. It is therefore necessary that the student who has acquired a knowledge of Bálávatára should be acquainted with the additional rules of declension, as shewn in Kachcháyana, &c. But as these books cannot be easily procured by everybody, and abound with many clerical errors, it is very difficult for beginners to profit by them. In consideration of these facts, the author of the present work, which is called Námamálá, has compiled it for the purpose of facilitating the young student of Bálávatára in acquiring a knowledge of at least that part of grammar which relates to Nouns. In the compilation of this work he has consulted the following books:—

Kachcháyana, Rúpasiddhi, the Commentary on Rúpasiddhi, Payógasiddhi, Saddaníti, Chúḷanirutti, Padasádhana, Buddhippasádhana, Niruttisára Manjúsá, Kachcháyana Vaṇṇaná, Sambandhachintá, with the Commentary on it, Bálávatára and its Commentary, Saddasáratthajáliní and its Commentary, Kachcháyanabheda and its Commentary, Saddatthabhedachintá and its Commentary, and many other Páli works on Grammar, as also Panchiká Pradípa, Gaḍaládeni sanne, Rúpasiddhi sanne, and other Siṇhalese Paraphrases, together with Páṇini, Kátantra, Sáraswata and its Commentary, Prabódhachandriká, and other Sanskrit works.

Moreover, the nouns that cannot be declined according to Bálávatára, as well as those the declension of which is not shewn in it, are enclosed within brackets for the guidance of the student. Besides this, the portion that should be committed to memory is placed *above* a line, while the particulars that ought to be known of each declension are shewn *below* a line. The nouns to be declined according to each specimen have been placed near the respective specimens, and, their meaning not having been given in the proper place, they have been alphabetically arranged and explained at the end of the whole series of declensions. Again, the present work is made to consist of twenty-four parts, namely:—

1. Vibhaktibheda, shewing the different uses of the 1st, 2nd, and other cases mentioned in the declensions.
2. Karmakárakalakshaṇa, or the nature of the Accusative relation.

3. Kartrikárakalakshaṇa, or the nature of the Agential relation.
4. Karaṇakárakalakshaṇa, or the nature of the Instrumental or Auxiliary relation.
5. Sampradánakárakalakshaṇa, or the natüre of the Dative relation.
6. Apádánakárakalakshaṇa, or the nature of the Ablative relation.
7. Sámilakshaṇa, or the nature of the Genitive.
8. A'dhárakárakalakshaṇa, or the nature of the Locative relation.
9. Karmappravachaníyalakshana, or the nature of the prepositions and particles which govern an Accusative case.
10. Bhávalakshana, or the nature of the abstract Noun.
11. Ekavachana Bahuvachana Bheda, or the distinction of the Singular and Plural number of the first, second, and other cases.
12. Uktánuktabheda, or the distinction of Ukta and Anukta forms of the Object, Agent, &c.
13. Viṣeshaṇa Viṣeshya vibhága, or the investigation of the Qualifier and the Qualified which agree in case, number, &c.
14. Kiriyáviṣeshaṇalakshaṇa, or the nature of the Qualifier of an action.
15. Púrvárambhakáṇḍaya, or the Introductory part which gives an account of the authors, dates, extent, &c., of Kachcháyana and other Grammars.
16. Sabdamála, or Declensions.
17. Pullingika, or Masculine Gender.
18. Strílingika, or Feminine Gender.
19. Napunsakalingika, or Neuter Gender.
20. Sarvanáma, or Pronouns and Pronominals.
21. Sarvanámasankhyá, or Pronominal Numbers.
22. Asarvanámasankhyá, or Numbers which are not Pronominal.
23. Figures representing the numbers from ten to Asankheyya.
24. Alphabetical list.

This work, on which I have bestowed much labour, may perhaps not be useful to scholars who are acquainted with sacred and profane literature; but I humbly hope that it will tend to the improvement of beginners who are desirous of acquiring a knowledge of Páli Grammar.

Moreover, it is possible that I, who am of little understanding, and desirous of obtaining, by the compilation of such a small work as this, the fame of authorship, which is fit to be earned only by great scholars, may have committed errors arising from misapprehension or want of care on my part. The celebrated Kálidása, at the commencement of his great poem, Raghuvanṣa, speaking of himself, says:—

> "Mandah kaviyaṣaḣ prepsuh gamishyámyupahásyatám
> Práṅṣulabhye phale móhádudváhuriva vámanah."

"I, who am possessed of but little wisdom, yet wishing to obtain the fame of a poet, shall become the subject of laughter as a dwarf, who, in his folly, lifts his arms towards a fruit which can (only) be reached by a tall man."

How much more, then, will this remark apply to my own case! But, in accordance with the noble sentiment conveyed by the following lines of a learned writer:—

> "Stvítu vá nindatu vá prithagjanah
> Tatastu kin syạn mama kovido janah
> Pramáṇamasmin dayate cha yah parán
> Ṣramancha jánáti kritau tathedriṣi"

"Let an ignorant man praise or censure me, what matters it to me? A learned man, who is both kindly disposed towards others, and who appreciates the labour bestowed on work of this kind, is the only competent judge on this subject."

Although I care little for the criticisms of the envious who are incompetent to judge on the merits of such productions as these, I hope that well-disposed and true scholars, who can appreciate real merit, will correct any blunders they may discover in this work.

Before concluding this Preface, I have to tender my warm acknowledgments to our beneficent English Government, to His Excellency Sir WILLIAM HENRY GREGORY, K.C.M.G., and to Messrs. W. H. HERBERT and G. J. A. SKEEN of the Government Printing Office, for the facilities kindly afforded by them in the accomplishment of this work, which will contribute to the welfare of the world.

SUBHU'TI TERUNNÁNSE,
of Waskaḍuwa.

පටුන.

CONTENTS.

පූර්වාරම්භකාණ්ඩයේ.

ඉලක්කම.		පිට.
1	කච්චායනය ගැණ ...	v
2	න්‍යාසය ,, ...	ix
3	නිරුත්තිසාරමඤ්ජූසාව ,,	x
4	න්‍යාසප්‍රදීපය ,, ...	xiv
5	සූත්‍රනිද්දේශය ,,	xv
6	කච්චායනවණ්ණනාව ,,	xviii
7	රූපසිද්ධිය ,,	xxi
8	රූපසිද්ධිටීකාව ,,	xxii
9	සන්දේහවිඝාතනිය ,,	,,
10	රූපසිද්ධිසන්නය ,,	xxiii
11	බාලාවතාරය ,,	xxiv
12	ලිඟනසන්නය ,,	,,
13	බලතාසන්නය ,,	xxv
14	ගඩලාදෙණිසන්නය ,,	,,
15	බාලාවතාරටීකාව ,,	xxvi
16	පුරාණචූළනිරුත්තිය ,,	xxviii
17	අභිනවචූළනිරුත්තිය ,,	,,
18	මොග්ගල්ලායනවුත්තිය	xxx
19	මොග්ගල්ලායනපඤ්චිකා	xxxiii
20	පඤ්චිකාප්‍රදීපය ,,	xxxiv
21	පදසාධනය ,,	xxxviii
22	පදසාධනටීකාව ,,	xli
23	පයෝගසිද්ධිය ,,	xliv
24	ශබ්දනීතිය ,,	xlviii
25	සම්බන්ධචින්තාව ,,	liv
26	සම්බන්ධචින්තාටීකාව ,,	lvii
27	සද්දසාරත්ථජාලිනිය ,,	,,
28	එහි ටීකාව ගැණ.	lx
29	කච්චායනභේදය ,,	lxiii
30	එහි මහාටීකාව ,,	lxiv
31	සාරත්ථවිකාසිනිය ,,	lxvi
32	සද්දත්ථභේදචින්තාව ,,	lxvii
33	එහි ටීකාව ,,	lxix
34	කාරිකාව ,,	,,
35	විභත්‍යත්ථග්‍රන්ථය ,,	lxxii
36	එහි ටීකාව ,,	,,
37	වාචකොපදෙසය ,,	lxxiii
38	නයලක්ඛණවිභාවිනිය	lxxiv
39	ගන්ධාභරණය ,,	lxxv
40	එහි ටීකාව ,,	lxxvi
41	නිරුත්තිසංග්‍රහව ,,	lxxix
42	එකක්ඛරකොසය ,,	lxxx
43	එහි ටීකාව ,,	lxxxi
44	කච්චායනසාරය ,,	lxxxiii
45	එහි අභිනවටීකාව ,,	lxxxiv
46	එහි පුරාණටීකාව ,,	lxxxv
47	ගන්ධට්ඨිය ,,	lxxxvi
48	විභත්‍යත්ථදීපනිය ,,	,,
49	සංවණ්ණනානයදීපනිය ,,	lxxxvii
50	වාච්චාවාචකය ,,	,,
51	එහි ටීකාව ,,	lxxxviii
52	සද්දවුත්තිය ,,	lxxxix
53	එහි ටීකාව ,,	xc

පුල්ලිංගිකශබ්ද කාණ්ඩයේ.

* මෙනම් පොත සෑදීම පිණිස අතතරගම බණ්ඩාර පඬිතුමා ගුරුකරගණතිබෙන සංස්කෘත "සමාසචක්‍රය" මෑතකාලයෙහි මේරටේ පැතිරී තිබී, මෙග්‍රන්ථයෙහි පූර්වාරම්භ කාණ්ඩයෙහි "සුධීරමුඛමණ්ඩනය" ගැණ දක්වනලද වාක්‍ය අච්චුගැසූනායින් පසු පිට දෙශයකින් අපට ලැබී බැලීමි—එයද ඉතා ප්‍රයොජනවත් කුඩා පොතක් වත් ඇර බාලාවතාරයෙහි පෙනෙන "සදිසා යෙ තිලිඞ්ගෙසු" යනාදි ගාථාව පවා එහි පෙනෙන "සදෘශං ත්‍රිෂු ලිඞ්ගෙෂු සර්වාසු ච විභක්තිෂු,

වචනෙෂු ච සර්වේෂු යන්නව්‍යෙති තදව්‍යයං." යන මේ ශ්ලොකය බලාගණ සාදන ලද්දක් බව දැනගන්ට ලැබුනි—එහි පාලිපොතේ මෙන් සමාසාදි උදහරණ පමණක් නොව කාරක උදහරණද දක්වන ලදී.

එහි මූල ශ්ලොක හතරක් මෙසේය.

"ෂොඪා සමාසාඃ සංක්ෂෙපා දෂ්ටවිංශතිධා පුනඃ,
නිත්‍යානිත්‍යත්ව යොගෙන ලුගලුකත්වෙන ච ද්විධා.
තත්‍රාෂ්ටධා තත්පුරුෂඃ සප්තධා කර්ම්මධාරයඃ,
අෂ්ටධා ච බහුව්‍රීහිර්ද්විගුරභාෂිතො ද්විධා.
ද්වන්ද්වොපි ද්විවිධො ඥෙයො ව්‍යයීභාවො ද්විධා මතඃ,
තෙෂාං පුනඃ සමාසානං ප්‍රාධාන්‍යං ස්‍යාච්චතුර්විධම්.
චකාරබහුලා ද්වංද්වඃ සමාසො කර්ම්මධාරයඃ,
අන්‍යස්‍ය යෙෂාං බහුව්‍රීහිඃ ශෙෂස්තත්පුරුෂඃ ස්මෘතඃ."

ස්ත්‍රීලිංගිකශබ්ද.

නපුංසකලිංගික ශබ්ද.

සර්වනාම ශබ්ද.

සර්වනාමසංඛ්‍යා ශබ්ද.

අසවීනාමසංඛ්‍යා ශබ්ද.

විභක්ති භෙද කාණ්ඩයේ.

කාරක ලක්ෂණාදිය.

උක්තානුක්ත භෙද.

විශෙෂණවිශෙෂ්‍ය විභාග.

ක්‍රියාවිශෙෂණ ලක්ෂණ.

ශුද්ධිපත්‍රය.

ERRATA.

ද්වීරමශ කාණ්ඩයේ.

පිට.	පේළ.	අශුද්ධ.	ශුද්ධ.
1	31	සංඛාත	සංඛ්‍යාත
2	23	කාව්‍යසේඛරාදි	කාව්‍යශෙඛරාදී
4	25	සියළු*	සිඃලු
9	1	බූල*	බිළ
13	31	දක්ඛිණෙයං	දක්ඛිණෙය්‍යං
22	8	නාමවර නැගිල්ල	නාම්වරනැගිල්ල
23	33	දමිල	දමිළ
24	22	සන්නායම්නා	සැන්නාගනාම්
25	6	ව්‍යාඛ්‍යාණ	ව්‍යාඛ්‍යාන
30	24	මණ්ඩළ	මණ්ඩලු
31	14	පචමභාජී*	පචම්භාජී
,,	,,	සත්තාමභාජී	සත්තාම්භාජී
33	7	තොටගොමුවේ	තොටගමුවේ
,,	21	පදසාධනී*	පදසාධන
39	19	කාතිකබතුං	කාතිකබතතුං
,,	32	ඛිමතා	ඛීමතා
46	2	යගිතව	සගිතව
48	9	පචිකාප්‍රදීපයේ	පචිකාප්‍රදීපයේ සහ පදසාදන ටීකාවේ
56	27	විමසූකළ	විමසූකල
61	26	නාවජනති	න ගවජනති
65	29	රඃසසස	සරඃස
67	2	පූරාණ	අභිනව
74	26	දන්තසොනධ	දන්තසොධන
76	18	රසී	රංසි
78	31	දළහි	දල්හි
82	21	සතරොජකො	සරොජකොං

* මේ ලකුණ ඇතිතැන්වල පෙනෙන අශුද්ධිය මෙහි තවත් සමහර තැන්වල ඇතිහෙයින් ඒවායේ ශුද්ධියද මේ අනුසාරයෙන් දතයුතුයි.

පිට.	පෙළ.	අශුද්ධ.	ශුද්ධ.
69	20	කාර කාර	කාර
94	31	පෙරලණලද	පෙරලනලද
96	14	පුහුනිරිමට	පුහු ඤ්ඤනිරිමට
96	30	ග්‍රන්ථසාරයන්ගන්	ග්‍රන්ථසාරයන්ගෙන්

ශබ්දකාණ්ඩයේ.

2	6	විශයෙනි*	විෂයෙහි
17	19	විභක්ත්‍යනතර	විභක්ත්‍යන්තර
20	16	පසාඩානං	පාසඩානං
,,	34	අදිසු	ආදීසු
24	7	බමාපෙනි	ඛමාපෙති
25	1	රකාවා:යෑතෙම	වායෑතෙම
33	8	සාරණ්නාවූ*	කාරන්නාවූ
38	31	"නෙතා"	"රනෙතා"
42	17	පදමලාවෙනි	පදමාලාවෙනි
49	27	විරබුඩි	විමලබුඩි
52	6	සමුදවයව	සමුදායාවයව
53	20	ලිඟාදිත්වය	ලිඟත්වාදිය
62	1	පුලිඟිකා	නපුංසකාලිඟිකා
,,	11	,,	,,
63	32	වෙනාය්‍ය	වෙනෙය්‍ය
64	1	කොවිලවු	කොවලව
65	4	ප්‍රකරණකා	ප්‍රකරණයකා
79	17	ලද්දේ	ලද්දහු
80	19	,,	,,
86	5	අමු	අමුං
87	12	[කාසමිං]	කාසමිං
88	22	විසු	වීසු
,,	31	එකාකඛකර	එකාකඛර
89	14	විභක්ත්‍යනත	විභක්ත්‍යනත
90	2	නවාදිහි	නවාදීහි
91	18	ගලපා	ගළපා
,,	23	අපවිසින්	අපවිසින්
92	16	අමහං	[අමහං]

පට.	පෙළ.	අශුද්ධ.	ශුද්ධ.
98	12	වීනහාං	වීනහාං
103	10	සොනාවීන	යොනාවීස
106	16	සතතරි*	සතතාරි
,,	29	අසීතී	අසීති
116	21	දහසක්ද	නවදහසක්ද

අකාරාදියෙහි.

105	33	ආකාරාදියෙහි	අකාරාදියෙහි
106	7	එනම්හැනැත්තී	මැජියෝ
,,	24	ධකන	ධ්‍යාන
,,	27	අභිහවී	අභිභවී
127	4	ප්‍රාකාර	ප්‍රකාර
128	33	තුලෙ	තුල්‍ය
129	11	කොලෙනිගුණ	කොළෙහිගුණ
131	23	ගහෙණවා	ගහෙනවා
,,	25	ආකාර	ආකාර
136	33	සාරීරිකවාංවදිකො	සාරීරිකාංදිවාවකො
141	23	පද්‍දමොපපද	පදමොපපද
143	15 වෙනි පෙළ ලහට "විණනු" යන්න අඩුය— එහි අදහස වාසුදෙවියි		
146	22	නිරුතතමො	නරුතතමො

විභක්තිභෙද කාණ්ඩයේ.

3	13	කරණ්නාහට*	කරන්නාහට
4	30	හදුරණ්නේය	හදුරන්නේය
9	6	රතුණ්	රතුන්
,,	20	පිරිසිදු	පිරිසිදු
10	8	ශිෂ්‍යතෙම	ශිෂ්‍යතෙම
12	8	කරණාජී	කරණාජී
,,	13	ඛිරෙසු	ඛීරෙසු
13	18	නොම*	තොමො
,,	29	වීනම්	වීමනම්
14	25	පනසු	ඵාසු

කාරකලක්ෂණාදි කාණ්ඩවල.

පිට.	පෙළ.	අශුද්ධ.	ශුද්ධ.
16	2	විශය	විෂය
17	5	වෙත්‍	වේ
18	25	ක්‍රියායාං	ක්‍රියායාඃ
19	21	පිළිගණ්නාවූ	පිළිගන්නාවූ
20	20	උපජ්ජපත්ති	උපයප්ති
23	11	යසතුවත්	වස්තුවත්
,,	28	විසෙසණං	විසෙසනං
28	14	ගුලපග්‍රෙ	ගුලපාග්‍රෙ
29	19	සඤුලද	සංඤුලද
32	21	ක්‍රියායා	ක්‍රියායාඃ
39	3	කිංමත්	කිමයත්
41	32	සඛ්‍යතාති	සංඛ්‍යතාති
43	19	අධීංතෙ	අධීතෙ
50	11	සූදපෙජ්ජෙන ඔදනං	සූදපෙජ්ජෙන සුදෙන ඔදනං
51	1	කාම්භනම් වේ	කාතීංනාම් වේ
56	4	(දෙන්ය)	(ංහදය)
63	16	රුතාතිසංග්‍රහ	නිරුතාතිසංග්‍රහ
64	33	ආංනනාදීගි	ආංනනාදීගි

තවද—සංයොග බකාර යෙදිය යුතු සමහර තැන්වල “ඛ” කියාද සංයොග වකාර යෙදිය යුතු සමහර තැන “ඞ” කියාද—ණකාර ඛ කාර සංයොග විය යුතු සමහරතැන “ඞ” කියාද මේ ග්‍රන්ථයෙහි ඇතිබවද දතයුතුයි.

නාම මාලා.

පූර්ව මහ කාණ්ඩය.

INTRODUCTORY SECTION.

සෙට්ඨං තිලොකතිලකං සුගතං නමිත්වා
ධම්මං නිරඞ්ගණනණ ච විභාවනීයං,
පොරාණකාචරියසාර මිතෙසු සම්මා
සංගය්හතෙ ය මවලම්බිය නාමමාලා.

ව්‍යාකරණයන් නම් යම් භාෂාවක වචනවල සියලු විභාග හා සම්බන්ධාදිය දැන ඒ භාෂාවෙන් නිවරදි ලෙස පොත් පත් ලිවීමෙහි සහ කථාකිරීමෙහිද එසේවූ පොත්පත් ආදියෙහි හරි අදහස් තේරුම් ගැණීමෙහිද ශාස්ත්‍රයයි—එය එකම භාෂාවකට නොව සියලුම භාෂාවලට තිබිය යුතුය—එසේ නමුදු සමහර භාෂාවල් පූරාණ කාලයෙහිදී ව්‍යවහාර කළාවූ ඒ භාෂාවල ප්‍රධාන අයිතිකාරයින්ගේ මෙලච්ඡකමින් හා ඥාණශක්තියේ අඩුපාඩුකමින්ද ඒ සමහර භාෂාවලට සම්පූර්ණ ව්‍යාකරණ ශාස්ත්‍ර නැති නමුදු පාලි සංස්කෘත යන භාෂා දෙක ව්‍යවහාර කරගෙණ ආවාවූ ඒවායේ ප්‍රධාන අයිතිකාරයින්ට ව්‍යක්තවූ ඥාණශක්තියක් තිබුනුබවට ලකුණක් විශයෙන් ඒ භාෂා දෙකේ ව්‍යාකරණ ශාස්ත්‍ර ඉතා සම්පූර්ණව සහ පිරිසිදුවද පවත්නේය—පාලි සංස්කෘත යන භාෂා දෙකින් කොයි භාෂාව වඩා පූරාණ වුනත් ව්‍යාකරණ දෙකින් සංස්කෘතව්‍යාකරණය වඩා පූරාණ නිසා ඒ පොත්පත් ගුරුකරගෙණ පාලිව්‍යාකරණ පොත් සාද ත්බෙන බව පේනවාය—සාමාන්‍යවිශයෙන් මනුෂ්‍යයින්ට බණ අහම් කියාදීමේ ශක්තිය ලබන තරමට පාලි තේරුම් ගැණීමට නොව. බුදුරජානන්වහන්සේගේ පිරිසිදු ඥාණශක්තිය පෙන්නා දෙන්නාවූ බුධාගමේ සියුම් ධර්ම කොඨාස පිරිසිදු ලෙස තේරුම් ගැණීමේ ව්‍යක්තතාවය ලබාගැණීමටනම් පාලි භාෂාවේ ව්‍යාකරණ ශාස්ත්‍රය සම්පූර්ණ ලෙස ඉගෙණගණ්ට ඕනැය—පාලි ව්‍යාකරණ දැනීමෙහි සම්පූර්ණ ශක්තිය ලැබීමත් සංස්කෘත ව්‍යාකරණත් මදත් දුරටවත් පුහුණු නොකළ අයෙකුට ඉතා දුෂ්කරවූ කාරණයක් බව මේ භාෂා දෙකේ තොරතුරු දන්නා පණ්ඩිතයෝ දනිත්—සංස්කෘත ව්‍යාකරණ ගුරුකරගෙණ පාලිව්‍යාකරණ ශාස්ත්‍රය සාද ත්බෙන බවට ඒද ලකුණක්වත් ඇර, බුධ දේශනාවට අවුරා

ටීකා ලීනාර්ථාදිය හා ශබ්දශාස්ත්‍රාදි පොත් කළාවූ ආචාර්යන්වහන් සේලාද සංස්කෘතව්‍යාකරණාදියෙහි ඉතා සමර්ථව සිටිය බව පෙනවා පමණකුත් නොව, ඒ පොත්පත් සෑදීමෙහි උපසිද්ධ ශක්තිය ලැබීමට ඒ ඉගෙණීම ද ප්‍රධාන හෙතුවක්ව තිබුනාම අනුමාන නැත—පළමුවෙනි පරාක්‍රමබාහු මහරජාණන්ගේ කාලයෙහි පොළොන්නරුවේ වැඩසිටගණ ග්‍රන්ථ තිස්දහසක් ප්‍රමාණවූ සාරාර්ථදීපනිනම් විනයටීකාවද, ග්‍රන්ථ විසිදහසක් ප්‍රමාණවූ අංගුත්තර ටීකාවද, විනයසංග්‍රහ, අභිධර්මාර්ථසංග්‍රහාර්ථව්‍යාඛ්‍යාන, පඤ්චිකා ටීකා, යනාදි පොත් කළාවූ මහාශාරිපුත්‍ර ස්වාමිපාදයන්වහන්සේගේ සංස්කෘතාදිය දැනීමෙහි ප්‍රමාණය මේ ගාථාවලින්ද පෙනේ.

"රම්මෙ පුලත්ථිනගරෙ නගරබ්ඛ රජ්ජෙ
රඤ්ඤා පරක්කමභුජෙන මහාභුජෙන,
කාරාපිතෙ වසති ජෙතවනෙ විහාරෙ
යො රම්මහම්මිය වරූපවනාභිරාමෙ.

සද්දත්ථ පත්ථවයෙන විසාරදෙන
සුද්ධාසයෙන පරිසුද්ධකුලොදයෙන,
තක්කාගමාදි කුසලෙන යතිස්සරෙන
සාරිසුතෙන යතිනා ගුරුනා ගුණෙන.

යඤ්චාතෙ චන්දභූතං නිසිතතර මතිං පාණිනිඤ්ඤාණිනියෙ
සද්දස්මිං තක්කසත්ථෙ පවුතර මතයො කන්තභූතං ව තනෙන්ත,
මඤ්ඤන්තානත කාලිදාසං කවිජන හදයානන්දහෙතුං කවිනෙනා
සායං ලොකත්ථ සිද්ධිං විතරතු රචනා තස්ස සාරිසුතස්ස."

මොග්ගල්ලායන පඤ්චිකාප්‍රදීප, බුද්ධප්පසාදනී, කාව්‍යසේඛරාදි නොයෙක් ග්‍රන්ථසාරයන් කළාවූ ෂඩ්භාෂා පරමෙශ්වර තොටගමුවේ ශ්‍රීරාහුල ස්වාමිපාදයන්වහන්සේද සංස්කෘතාදිය පමණක් නොව නොයෙක් අංගම්ද ඉගෙණගෙණ සිටිය බව,

"සත්ථන්තරෙ ච විවිධෙ සමයන්තරෙ ච
භාසන්තරෙච සකලෙ පිටකත්තයෙ ච,
ආචෙරභාව මුපගම්ම හජ්ජම පීතිං
දීඝං සජීවතු පරක්කමබාහු රාජා."—යනාදියෙන් පෙණේ.

බුද්ධඝොසාදි අටුවාචාරීන්වහන්සේලාගේ බාහිර ඉගෙණීම්ද ඒ අටුවාවලව තිබෙන—"සකසමය සමයන්තරගහණජ්ඣොගාහණසමත්ථෙන පඤ්ඤාවෙය්‍යත්තියසමන්නාගතෙන"—යනාදි වාක්‍යවලින්ද දැනගත හැකිය—මේ ආදිය නිසා මේ භාෂා දෙකෙන් එකක්

ඉගෙණගත්තාවූ කෙනෙකුට අනිකද ඉගණීම ඉතාම පැහැසෙන්නාවූද පහසුවූද ක්‍රියාවක්ය—පාලි සංස්කෘත ප්‍රාකෘත යන භාෂා තුන පමණ අන්‍යෝන්‍ය සමාන භාෂා තුනක් ලොකයෙහිම නැතැයි සමහරුන්ගේ කල්පනාවයි—කොපමණ දුරට සමානදැයි කල්පනා කලොත් මෙයින් එක භාෂාවක් උගත් කෙනෙකුට අනික් භාෂා දෙකින් කථා කරණ කල තේරුම් ගතහැකිය—පොත්පත්ද සම්පූර්ණයෙන් නොතේරෙතත් තරමක් දුරට තේරෙණවාය—ලොකයෙහි එක භාෂාවකට අනික් භාෂාවක තිබෙන වෙනස මනුෂ්‍යයෙකුට තිරිසනෙකුගේ තිබෙන වෙනස්කම තරමට දුර නුමුත් මේ භාෂා තුන එක පියෙකුට ජනකවූ වර්ණයෙන් පමණක් මදක් වෙනස්වූ පුත්‍රයින් තුන්දෙනෙකුට සමාන කළ හැකිය—භාෂාත්‍රයෙහි සමානත්වය යම් පමණක්ද ව්‍යාකරණත් එපමණම සමානය.

එයින් පාලිභාෂාවේ ව්‍යාකරණ ශාස්ත්‍රය සන්ධි, නාම, සමාස, තද්ධිත, ආඛ්‍යාත, කිතක, කාරක යන කොටස් හතකට බෙදන ලද්දේය.

සන්ධිනම් වචන දෙකක් එකට ගළපා සන්ධිකරණ ක්‍රමයයි-එය ඉගණීමෙන් පොත්වල එසේ සන්ධි කොට තිබෙන වචන සන්ධි ගලවා වෙන් කරන්ටද පුළුවන් වේ—ඒ මෙසේය—ලොක+අග්ගො යන වචන දෙක ඒ සන්ධි කාණ්ඩයෙහි කියනලද ක්‍රමයට එකට ගළපනු ලැබූ කල "ලොකග්ගො" කියාය, එය ඉගණීම නිසා පොත්වල තිබෙන "ගුණග්ගො" යනාදි සන්ධි පදයන්, ගුණ+අග්ගො යනාදීන් වෙන්කරණ ක්‍රමයද පුහුණු වේ.

නාමයනම් නාම වචනයක් ප්‍රථමාදි විභක්ති හතටද ඒවායේ එක වචන බහුවචනවලටද බෙදෙන ක්‍රමය හා ඒ වචන සෑදෙන්නාවූ ක්‍රමයයි.

සමාසනම් වෙන් වෙන්වූ අර්ථ ඇති නාමපද දෙකක් එකම අර්ථයක පවත්නා ලෙස එකට සෑදීමයි—ඒ මෙසේය-නීලං යන නාමය නිල්ය යන අර්ථයද, උප්පලං යන නාමය උපුල්ය යන අර්ථයද වෙන් වශයෙන් ප්‍රකාශකරන්නාහුය, ඒ දෙක එකට යෙදුනු කල (හෙවත් සමාසවූ කල) නීලුප්පලං කියාය—එවිට නිලුපුල් සංඛ්‍යාත එකම අර්ථයක් ප්‍රකාශ කෙරේ.

තද්ධිතනම් නාම පදයකින් පරව යම්කිසි අර්ථයෙක්හි ප්‍රත්‍යයක් කොට ඒ ප්‍රත්‍යයත් සමග නාමපදය එකට ගැළපීමයි—ඒ මෙසේය වසිඨ යන නාමපදයෙන් පරව ඔහුගේ පුත්‍රයාය යන අර්ථයෙහි ණ ප්‍රත්‍යය කොට ඒ වසිඨ ශබ්දයත් ණ ප්‍රත්‍යයත් එකට ගැළපුනු

කල "වාසිඨ" කියා වේ—ඒ වාසිඨ යන තද්ධිතනාමය තෙම වසිඨයාගේ පුත්‍රයාය යන අර්ථ ඇති වේ.

ආඛ්‍යාතනම් ධාතුවකින් පරව ප්‍රත්‍යයාදිය වීමෙන් ක්‍රියා පද සෑදෙන විධියයි—ඒ මෙසේය-පිසීම අර්ථකොට ඇති "පච" යන ධාතුවෙන් පරව අ ප්‍රත්‍යය හා ති විභක්ති කොට පදය සෑදුනු කල "පචති" කියා වේ.

කිතකනම් ධාතුවකින් පරව ප්‍රත්‍යයක් වීමෙන් ඒ දෙක එකට ගැළපී නාම පදය උපදින විධියයි—ඒ මෙසේය-"බුධ" යන ධාතුවෙන් පරව ත ප්‍රත්‍යය කොට ඒ දෙක එකට ගළපන විධිවලින් ගැළපූ කල "බුද්ධ" යන නාමය උපදී.

කාරකනම් කර්තෘ කර්මාදි අර්ථනම් මේ මේවාය ඒ ඒ අර්ථවලදී යෙදිය යුතු මේ මේ විභක්තීහු යයි කියාද, උක්තනම් මේය අනුක්තනම් මේය කර්තෘ ආදිය උක්ත කල්හි මේ විභක්ති යෙදිය යුතුය අනුක්ත කල්හි මේ විභක්ති යෙදිය යුතුය යනාදිය නියම කළාවූ කාණ්ඩයයි.

සංස්කෘත භාෂාවට පාණිනී, චාන්ද්‍ර, කාතන්ත්‍ර, මුග්ධබෝධ, සාරස්වත යනාදි නොයෙක් ව්‍යාකරණ මෙන් පාලි භාෂාවටද කච්චායන, මොග්ගල්ලායන, ශබ්දනීතියයි මුල් ව්‍යාකරණ තුනක්ය එයින් කච්චායන ව්‍යාකරණයට කච්චායන, රූපසිද්ධි, බාලාවතාර, මහානිරුත්ති, චූළනිරුත්ති, නිරුත්තිපිටක යනාදි පොත්ද—මොග්ගල්ලායන ව්‍යාකරණයට මොග්ගල්ලායනවුත්ති, පයෝගසිද්ධි සුසද්දසිද්ධි, පදසාධන යනාදි පොත්ද- ශබ්දනීතිව්‍යාකරණයට චූළශබ්දනීතිය පමණක්ද වෙත්.

ව්‍යාකරණපොත්වල මේ කියනු ලැබූ ප්‍රභේද තුන ඇර ප්‍රධාන වශයෙන් සියළුම ව්‍යාකරණ පොත් දෙකොටසක්ය—ඒනම් පදසිද්ධික්‍රමය දක්වන්නාවූ (සූත්‍ර සහිතාවූ) පොත්ද, ව්‍යාකරණ ලක්ෂණ දක්වන්නාවූ (සූත්‍ර රහිතාවූ) පොත්ද යන මේ දෙකොටසය—එයින් පදසිද්ධික්‍රමය දක්වන්නාවූ පොත්නම් මෙහි නම් සඳහන්කරණු ලැබූ කච්චායනාදි පොත් හා ඒවාගේ සන්න ටීකා අනුටීකාදියයි පදසිද්ධික්‍රමයේ පොත්ද දෙකොටසක්ය—ඒනම් සූත්‍ර ප්‍රධාන උදාහරණ ප්‍රධාන වශයෙන්ය—සූත්‍ර ප්‍රධාන පොත් නම් සූත්‍රයක් මුලට දක්වා ඒ සූත්‍රයෙන් සිද්ධවිය හැකිවූ උදාහරණ කොපමණවත් දක්වන්නාවූ පොත්ය—ඒ කච්චායන, මොග්ගල්ලායනවුත්ති, චූළශබ්දනීති, යන පොත් තුනයි—පාලි සංස්කෘත දෙකේම මුල් ව්‍යාකරණ පොත් සූත්‍ර ප්‍රධාන ඒවාය—උදාහරණ ප්‍රධාන පොත් නම් යම් උදා

හරණයක් මූල්කරගෙණ ඒ උදාහරණ පදය සිද්ධකිරීමට ඕනෑකාරණ සූත්‍රාදිය දක්වන්නාවූ පොත්ය—ඒ රූපසිද්ධි, බාලාවතාර, පදසාධන, ආදියයි.

ව්‍යාකරණ ලක්ෂණ දක්වන්නාවූ පොත්නම්, සම්බන්ධචින්තා, සද්දසාරත්ථජාලිනී, කච්චායනභෙද, සද්දත්ථභෙදචින්තා, කාරිකා, කාරිකාවුත්ති, විභත්‍යත්ථ, වාචකොපදෙස. නයලක්ඛණවිභාවිනී, නිරුත්තිසංගහ, කච්චායනසාර, විභත්‍යත්ථදීපනී, සංවණ්ණනානයදීපනී, වාච්චවාචක, සද්දවුත්ති, බාලප්පබොධන, කච්චායනදීපනී, ගූළ්හත්ථදීපනී, මුඛමත්තසාර, සද්දබින්දු, සද්දකලිකා, සද්දවිනිච්ඡය, යනාදිය සහ මෙම පොත්වල සන්න ටීකා ආදියයි—මෙහි නම් සඳහන් කරණලද ව්‍යාකරණ පොත් අතරෙන් සමහර පොත් ලංකාවේ දුර්ලභවත් ඇර සමහරක් කොයි රටවලත් දුර්ලභය—මේ නිසා සමහරු මෙයින් සමහර පොත් ගැණ ආරංචියෙන් පමණවත් නොදන්නෝ වෙත්—එබැවින් ආධුනිකයන්ගේ ප්‍රයෝජනය සඳහා මෙහි පොත් ඇඳිනවීම පිණිස බොහොමයක් පොත්වල කාලපරිච්ඡෙද සාමාන්‍ය අදහස් කතෘවරයාදීන් ගැණ අපගේ දැනුම් පමණින් ස්වල්පයක් කරුණු මෙහි සඳහන් කරණු ලැබෙත්—එයිනුදු පදසිද්ධික්‍රමයේ පොත් මුලටද, පදසිද්ධික්‍රමයේ පොත්වලින්ද කච්චායන ව්‍යාකරණය ප්‍රධාන බැවින් එහි පොත් ප්‍රථම කොටද දක්වනු ලැබෙත්.

1. කච්චායනය—සන්ධිකප්පය යන නාමයෙන්ද රටේ ප්‍රසිද්ධවූ මෙම පොත සියලුම පාලිව්‍යාකරණ පොත් අතරෙන් (සංස්කෘතට පාණිනීය මෙන්) ඉතා පුරාණ ප්‍රයෝජනවත් පොත නමුදු මීට වැඩි ප්‍රයෝජනවත් ශබ්දනීත්‍යාදි පාලිව්‍යාකරණපොත් තිබෙනවාය—පඤ්චිකාප්‍රදීපයෙහිදී "කච්චායනවුත්ති" යන නාමයක්ද කියා තිබෙන්නෙත් මෙම පොතටය.

මෙම පොතට ටීකා කිපයක්ම තිබුනු බව වෙන පොත්වලින්ද දැනගන්ට තිබෙනවත් ඇර දැනටම ටීකා හතරක්ද, අනුටීකා දෙකක්ද, පදයොජනාවක්ද, විග්‍රහ පොතක්ද, සන්න දෙකක්ද, තිබෙනවාය—ඒනම්, න්‍යාස, සුත්තනිද්දෙස, කච්චායනවණ්ණනා, සන්ධිකප්පටීකා, නිරුත්තිසාරමඤ්ජූසා, යනාදියයි—කච්චායනයේ නාමය ඉතාම පුරාණ පොත්වල පවා කියා තිබෙනවත් ඇර පොත්වල කියා තිබෙන හැටියට මෙය සාදා තිබෙන්නේ බුද්ධරජානන්

වහන්සේ ජීවමාන කාලයෙහිය—මෙම නාමයෙන් තිබෙන සංස්කෘතව්‍යාකරණ පොතද* ඉතා පුරාණ එකක්ය—කච්චායනයෙහි නොකියනලද්දවූ නොයෙක් පදසිද්ධික්‍රමාදිය රූපසිද්ධි ශබ්දනීති ආදියෙහි කියනලද්දත් මෙන්ම බාලාවතාරයෙහි නොකියනලද්දවූ නොයෙක් සූත්‍ර හා පදසිද්ධ්‍යාදියද කච්චායනයෙහි බොහෝය—මෙය එංගලන්ත ජර්මනි ප්‍රන්ස යන රටවල පවා දැනට අච්චුගැසී තිබෙනවත් ඇර "ජේම්ස් අල්විස්" අමාත්‍ය තුමන් විසින්ද පරිවර්ථද කීපයක් සිංහල අකුරෙන් හා ඉංග්‍රීසි භාෂාවට නගාද අච්චුගස්වන ලද්දේය—මෙහි කතෘ බුද්ධ කාලයෙහි වැඩසිටිය එතදග්‍රස්ථානාන්තරප්‍රාප්ත සිව්පිළිසිඹියාපත් මහා කාත්‍යායන ස්ථවිරයන්වහන්සේයයි මෑත කාලයෙහි කරණ ලද පොත් පත්වල මිස පෙළ අටුවා දෙකෙහිම කියා තිබෙන බවක් දකින්ට නැතිසෙයින්ද මොග්ගල්ලායන ව්‍යාකරණාදියෙහි මෙහි සමහර සූත්‍ර ගණ විරුද්ධකාරාකාර තිබෙන සෙයින්ද "තිව ගතොසි ත්වං දෙවානං පියතිස්ස" යනාදී මෑත කාලයෙහි යයි සිතිය යුතු සමහර උදාහරණ එහි තිබෙන හෙයින්ද, මහා කාත්‍යායන ස්ථවිරයන්වහන්සේ බවට සමහර පණ්ඩිතයෝ සැක කෙරෙත්—එහෙත් අඞ්ගුත්තර ටීකාවේද මහා කාත්‍යායන ස්ථවිරයන්වහන්සේ පූර්ව ප්‍රාර්ථනා වශයෙන් කච්චායනයද මහානිරුක්තිප්‍රකරණයද, නෙත්තිප්‍රකරණයද, යන ප්‍රකරණ තුනක් ප්‍රකාශ කළ බව,

"මහාකච්චායනත්ථෙරො පුබ්බපත්ථනාවසෙන කච්චායනප්පකරණං මහානිරුත්තිප්පකරණං නෙත්තිප්පකරණඤ්චාති පකරණත්තයං සඞ්ඝමජ්ඣෙ පකාසෙසි" යී කියා තිබේ.

සූත්‍ර ප්‍රමාණත් මහාකාත්‍යායන ස්ථවිරයන්වහන්සේ විසින්ද වෘත්ති උදාහරණ දෙවර්ගය පිළිවෙළින්, සංඝනන්දි, බ්‍රහ්මදත්ත, යන දෙනමවිසින් කරණ ලද්දේයයිද සමහර ආචාර්‍ය්‍යවරයන්ගේ මතයයි

එම කීහ.

"කච්චායනෙන කතො යොගො වුත්ති ච සඞ්ඝනන්දිනා,
පයොගො බ්‍රහ්මදත්තෙන න්‍යාසො විමලබුද්ධිනා."

තවද—කච්චායනභෙදටීකාවෙහි—"ආචරියා පන ලක්ඛණවුත්ති උදාහරණ සඞ්ඛාතං ඉමං කච්චායනගන්ධං කච්චායනත්ථෙරෙන කතන්ති වදන්ති" යී කියන ලදී.

---

* ඒනම් කාත්‍යායනයයි—එට "වාර්තිකපාඨ" යයිද කියත්.

කච්චායනයෙහි "පූර්වවාක්‍ය" යයි යන නාමයක්ද ඇති "අත්ථො අක්ඛර සඤ්ඤාතො" යන පළමුවෙනි සූත්‍රය බුදුරජාණන් වහන්සේගේ ශ්‍රීමුඛයෙන්ම වදාළ බව සුත්තනිද්දේශයෙහි.

"එකො බුද්ධපබ්බජිතො භගවතො සන්තිකෙ කම්මට්ඨානං
"ගහෙත්වා අනොතත්තතීරෙ සාළරුක්ඛමූලෙ නිසීදිත්වා උද
"යබ්බයකම්මට්ඨානං කරොති, සො උදකෙ චරන්තං බකං දිස්වා
"උදකබකන්ති කම්මට්ඨානං කරොති භගවා තං විපරීතභාවං දිස්වා
"බුද්ධපබ්බජිතං පක්කොසාපෙත්වා 'අත්ථො අක්ඛරසඤ්ඤාතො' ති
"වාක්‍යමාහ, කච්චායනත්ථෙරෙන පි භගවතො අධිප්පායං ජානිත්වා
"අත්ථො අක්ඛරසඤ්ඤාතො ති වාක්‍යං පුබ්බෙ ඨපෙත්වා ඉදං පකර
"ණං කතන්ති, කච්චායනෙන කත සුත්තන්ති පි වදන්ති"—යන්නෙන් එක් මහළු පැවිදි නමක් බුදුරජාණන් වහන්සේගේ සමීපයෙහිදී කම්මට්ඨානයක් ගෙණ (ගොස්) අනොතත්ත තීරයෙහි සල් ගසක් මුල හිඳ (ඒ) "උදයව්‍යය" කම්මට්ඨානය (උදයබ්බ යනු වාග් භේද කොට) භාවනා කෙරේ, ඒ මහණතෙම උදකයෙහි හැසිරෙන්නාවූ බකපක්ෂියෙක් (කොකෙක්) දැක "උදකබක" යයි කියමින් කම්මට්ඨානය (භාවනා) කෙරේ—බුදුරජාණන්වහන්සේ ඒ බොරුබව දැක මහළු පැවිද්ද කැඳවා, අර්ථය අකුරුවලින්ම දැන ගණු ලැබේ (යන අභිප්‍රාය ඇති "අත්ථො අක්ඛරසඤ්ඤාතො") යන වාක්‍යය වදාළේය, මහා කාත්‍යායනස්ථවිරයන්වහන්සේ විසින්ද බුදුන්ගේ අදහස දැන ඒ අත්ථො අක්ඛරසඤ්ඤාතො යන සූත්‍රය මුලට තබා කච්චායන ප්‍රකරණය කෙළේයයිද, කාත්‍යායන ස්ථවිරයන්වහන්සේ විසින් කරණලද සූත්‍රයයිද කියත් යස්ද මෙසේ කියන ලදී.

මේ ප්‍රවෘත්තිය මීට මදක් වෙනස් ලෙසිනුත් "කච්චායන වණ්ණනා" වෙහි සඳහන්ව තිබෙන නිසාද දේශනා අටුවාදියක මේ බව සඳහන්ව තිබෙනවා දකින්ට නොලැබුනු නිසාද නිශ්චයක් කර ගැණීම දුෂ්කර නුමුත් පණ්ඩිතයන් විසින් කල්පනා කටයුතුයි–ඒ කෙසේවත්, කච්චායනය නම් සියලුම පාළිව්‍යාකරණ පොත් අතරෙන් හැමටම පරණ පළමුවෙනි පොත බවද පළමුවෙනි පන්තියේ උගතෙක් විසින් සාදන ලද්දාවූ පාළිව්‍යාකරණ ඉගණීම පිණිස ඉතාම ප්‍රයොජනවත් මාහැඟි පොතක් බවද අපට නිශ්චය කළ හැකිය—මෙහි සන්ධි, නාම, කාරක, සමාස, තද්ධිත, ආඛ්‍යාත, කිබ්බිධාන, උණාදි යයි ග්‍රන්ථ හෙවත් කාණ්ඩ අටක්ය—සන්ධි පරිච්ඡේද පහක්ද, නාම පරිච්ඡේද පහක්ද, කාරක පරිච්ඡේද

එකක්ද, සමාස පරිච්ඡේදත් එකක්ද, ආඛ්‍යාත පරිච්ඡේද හතරක්ද, කිබ්බිධාන පරිච්ඡේද පහක්ද, උණාදි පරිච්ඡේද එකක්දැයි මෙසේ පරිච්ඡේද විසිතුනක්ය-සූත්‍ර ගණනින් හත්සිය දහසක්ය-අටකුරු පද ගාථා ගණනින් ගාථා එක්දහස් සත්සියයක්ය-බණවර ගණනින් ගාථා පනහක් අඩු බණවර* හතක්ය-පද ගණනින් හදස් අටසියයක්ය-අකුරු ගණනින් පනස් හතරදහස් හාරසියයකි.

තවද—"අපාදානෙ පඤ්චමී"—"භූවාදයො ධාතවඃ"—"කත්තරි කිත්" යනාදි පාණිනි සූත්‍ර කච්චායනසූත්‍රවලට සමාන වන්නාක් මෙන්ම කාතන්ත්‍ර සූත්‍රවලටද කච්චායන සූත්‍ර බොහෝසෙයින් සමානය.

ඒමෙසේය.

කච්චායනයෙහි.	කාතන්ත්‍රයෙහි.
යස්මා දපෙති භයමාදත්තෙ වා තදපාදානං.	යතො පෛති භය මාදත්තෙ වා තදපාදානං. 2. 4. 8.
යස්ස දාතු කාමො රොචතෙ ධාරයතෙ වා තං සම්පදානං.	යස්මෛ දිත්සා රොචතෙ ධාරයතෙ වා තත් සම්ප්‍රදානං. 2. 4. 1
යො ධාරො තමොකාසං.	ය ආධාරස්තදධිකරණං. 2·4. 11
යෙන වා කයිරතෙ තං කරණං.	යෙන ක්‍රියතෙ තත් කරණං.2.4.12
යං කරොති තං කම්මං.	යත් ක්‍රියතෙ තත් කර්මං.2. 4. 13
යො කරොති ස කත්තා.	යඃ කරොති ස කර්තා. 2. 4. 14.
යො කාරයති සහෙතු.	කාරයති යඃ සහෙතුඃ,2· 4. 15.
ලිඞ්ගත්ථෙ පඨමා.	ප්‍රථමා විභක්තිර් ලිඞ්ගාර්ථ වචනෙ, 2. 4. 17.
හෙත්වත්ථෙ ච.	හෙත්වර්ථෙ ච, 2. 4. 30.
කත්තරි ච.	කර්තරි ච, 2. 4 33.
සරො රස්සො නපුංසකෙ,	ස්වරො හ්‍රස්වො නපුංසකෙ 2·4.52
නාමානං සමාසො යුත්තත්ථො.	නාම්නාං සමාසො යුක්තාර්ථඃ, 2. 5. 1.
විපදෙ තුල්‍යාධිකරණෙ කම්මධාරයො.	පදෙ තුල්‍යාධිකරණෙ විඥෙයඃ කර්මධාරයඃ. 2. 5. 5.
සො නපුංසකලිඞ්ගො.	ස නපුංසකලිඞ්ගං ස්‍යාත්, 2. 5. 15.
වා ණප්පච්චෙ.	වා ණපත්‍යෙ 2. 6. 1.

* "අක්ඛරා එකපදං එකා ගාථා චතුප්පදං,
ගාථා එකො මතො ගන්ථො ගන්ථො බත්තිංසතක්ඛරො,
බත්තිංසක්ඛර ගන්ථානං පඤ්ඤාස විසතම්පන,
භාණවාරො මතො එකො අක්ඛර සහස්සකො."

මූල ගාථා මෙසේය.

"සෙට්ඨං තිලොක මහිතං අභිවන්දියග්ගං
බුද්ධ ඤ්ච ධම්ම මමලං ගණ මුත්තම ඤ්ච,
සත්ථුස්ස තස්ස වචනත්ථවරං සුබොධුං
වක්ඛාමි සුත්තහිත මෙත්ථ සුසන්ධිකප්පං.

සෙය්‍යං ජිනෙරිතනයෙන බුධා ලභන්ති
තඤ්චාපි තස්ස වචනත්ථ සුබොධනෙන,
අත්ථ ඤ්ච අක්ඛර පදෙසු අමොහභාවා
සෙය්‍යත්ථිකො පදමතො විවිධං සුණෙය්‍ය."

---

2. න්‍යාසය—හෙවත් මුඛමත්තදීපනිය, මෙය විමලබුද්ධි ආචාරීන් වහන්සේ විසින් කච්චායනයට කරණලද පුරාණ ටීකාවක—පඤ්චිකා වෙයිද් "කච්චායනවුත්ති වණ්ණනා" යන නාමයද මෙම පොතට කියා තිබෙනවාය-මෙය මහානිරුත්ති, පුරාණ මූලනිරුක්ති, පුරාණ කාරිකා, යන පොත් හැර අනිත් සියළුම පාළිව්‍යාකරණ පොත්වලට හෙවත් සද්දසාරත්ථජාලිනී, කච්චායනභෙද, ආදියෙහි මෙහි නාමය සඳහන්කර තිබෙන නිසා ඒ පොත්වලට පූර්ව බවද, මූලනිරුත්තියෙහි නාමය මෙහි සඳහන්කර තිබෙන නිසා මූලනිරුත්තියට පසුව බවද දැනගණු මිස නියමවශයෙන් කාලය දැනගැණීමට එම පොතේ අගවත් වෙනයම් කිසි පොතකවත් යමක් කියා නැත—මෙයට "මුඛමත්තදීපනී" යන නාමයත් වෙන පොත්වලදීත් ව්‍යවහාර කර තිබෙන නුමුත් වෙන ආචාර්‍ය්‍ය කෙනෙක්විසින් කරණලද එනම් වෙන පොතක් ඇතැයිද සිතන්ටද කාරණා තිබෙනුය-මේ තරම් මහත්වූ වෙන ටීකාවක් කච්චායනයට නැතිවත් ඇර මෙය බණවර තිහක් පමණය—මෙහි කර්තෘ ලංකාවේ කෙනෙක්ද අඹදිව කෙනෙක්ද යනු ගැණ ශාසනවංශයෙහිද සාංකාකර තිබේ-මෙහි සූත්‍රවණ්ණනා කිරීම,

"සම්බන්ධො ච පදඤ්චෙව පදත්ථො පදවිග්ගහො,
චොදනා පරිහාරො ච ඡබ්බිධා සුත්තවණ්ණනා."

යන ගාථාවේ ක්‍රමයටය—සූත්‍රවණ්ණනා කිරීම පමණක් නොව කච්චායනයේ දක්වන ලද්දාවූ සියළු උදාහරණ පදවලම ලියන ක්‍රමය සූත්‍ර සහිතව විස්තරයෙන් කියනලද්දේය—"සරා සරෙ ලොපං" යන සූත්‍රය වණ්ණනා කර තිබෙන්නේ මෙසේය.

“ සරා සරෙ ලොපං ”—කිමත්ථ මිද මුච්චතෙ? අනන්තරෙසු පුබ්බස්ස රස්ස ලොපත්ථං—සරාති එකංපදං, සරෙති එකං, ලොපන්ති එකං, තිපදමිදං සුත්තං, සරා ඛො සරෙ පරෙ ලොපං පප්පොන්ති ති අත්ථො—එත්ථ ච සරාති කාරිනො නිද්දෙසොති, සරෙති නිමිත්තං, ලොපන්ති කාරියං—සරන්තීති සරා, ලුපතීති ලොපො—සරානං පඨමං නිප්ඵන්නත්තා පඨමං තෙසං සන්ධිවිධානං වත්තබ්බන්ති ඉධෙදං වුත්තං—එත්ථ ච සරෙසූති අවත්වා සරෙති වචනං එකොකස්මිං යෙවාති ඤාපනත්ථං—යදි එවං සරෙති අවත්වා කස්මා සරාති වුත්තං ති?—එකවචනෙනාපි ලොපො හොතීති ඤාපනත්ථං, තෙන ‘සබ්බතො ගෙ සස්වා’ ති එත්ථ අව ආව ඉව ඊව එවාති විග්ගහං කත්වා ‘නාමානං සමාසො යුත්තත්ථො’ ති අධිකිච්ච ‘නාමානං සමුච්චයො ද්වන්දො’ ති ද්වන්දසමාසං කත්වා ‘වුත්තත්ථාන මප්පයොගො’ ති වසද්ද මප්පයොගං කත්වා අ ආ ඉ ඊ එ එ් එවං ඨිතෙ එකාරෙ පරෙ සෙසසරානං ලොපො හොතීති දට්ඨබ්බං......ඉමස්මිං කප්පෙ සබ්බානෙව කාරකසුත්තානි ”—ඤාසය.

තවද න්‍යාසයෙහි සමහර නියමන් ගැණ රූපසිද්ධිටීකාවෙහිදී දොස්කියා තිබේ-ඒ මතු දක්වනු ලැබේ—මූල ගාථා මෙසේය.

“ බුද්ධං විසුද්ධ මවිසුද්ධජනස්ස සුද්ධි
සම්පාපකං සකලලොකවිමොහනස්ස,
මොහස්ස ධංසකමපිස්ස සුවුත්ත ධම්මං
නත්වාන සංඝ මනඝොත්තමදක්ඛිණෙය්‍යං.

කච්චායන ච මුනිවණ්ණිත බුද්ධිමස්ස
කච්චායනස්ස මුඛමත්ත මහං කරිස්සං,
පාරම්පරාභතවිනිච්ඡය නිච්ඡයඤ්ඤූ
ලද්ධොපදෙස මවලම්බ කතස්ස තෙන.”

---

3. නිරුත්තිසාර මඤ්ජූසාව—මෙය න්‍යාසයෙහි දෙවෙනි ටීකාවය, න්‍යාස ප්‍රදීප නම්වූ ටීකාව මීට ඉහතින් සාදන ලද්දක්හෙයින් මේ පොතට දෙවෙනි ටීකාවයයි කී නුමුත් ප්‍රයෝජනවත්කමින් හා ප්‍රමාණයෙන්ද මෙය පළමුවෙනිවත් ඇර ටීකාවට ටීකාවක්හෙයින් අනුටීකාවක්ය—බුරුමදෙශයට අයිති තම්බදීප රටේ “ රතනාපූර ” නුවර “ සිරිනන්දපවරාධිපති ” නම් රජගේ කාලයෙහි “ දාඨානාගරාජගුරු ” නම් ස්ථවිරයන්වහන්සේ විසින් කරණ ලදී—වාචොපදෙස, එකක්ඛරකොස, එහි ටීකා, ශබ්දවුත්ති, එහි ටීකා,

සද්දසාරත්ථජාලිනී, රූපසිද්ධි, රූපසිද්ධි ටීකා, ශබ්දනීති, සුත්‍රනිද්දේශ, මණිසාරමඤ්ජූසා, යනාදි පොත්වලින් උදාහරණ කර තිබෙන නිසා එකී පොත්වලට මෑත බව පේනවාය—පාළි ව්‍යාකරණ පොත් වලට කර තිබෙන ටීකා අතරෙන් මීට වඩා ලොකු පොතක් දකින්ට නොලැබුනි—මෙම පොතට වෙන සමහර පොත්වලදී "නිරුත්තිමඤ්ජූසා" යන නාමයද ව්‍යවහාර කර තිබෙනවා පමණක් නොව පුරාණ මූලනිරුත්ති ටීකාවටද "නිරුත්තිමඤ්ජූසා" යන නාමයද "මඤ්ජූසා" යනනාමයද ව්‍යවහාර කර තිබෙනවාය—අටුවාවල පවා "බුජ්ඣිතා සඩානීති බුද්ධො" කියා බුද්ධ ශබ්දය විග්‍රහකර තිබෙන තුමූන් එය සදෙස් බව මෙම ටීකාවේදී කියා තිබෙනවාය—ඒ මෙසේය.

"යං ලොකෙ අවගන්තා ති ඉමිනා වචනත්ථෙන අවගන්තො ති ඉමස්ස වචනස්ස සුබ්‍යත්තත්‍ථ අත්ථො විඤ්ඤායති, එවං බුජ්ඣිතා සඩානන්ති ඉමිනා වචනත්ථෙන බුද්ධොති ඉමස්ස වචනස්ස සුබ්‍යත්තත්‍ථ අත්ථො විඤ්ඤායතීති, එත්ථ ච 'බුජ්ඣිතා සච්චානි' ති පොත්ථකෙසු ලිඛන්ති සො අසුන්දරො විය දිස්සති.

'යුණ්වුතු පච්චයන්තයස්මිං ඡට්ඨී භවති කම්මනි.'

ඉති වුත්තත්තා බුජ්ඣිතාති එත්ථ තුපච්චයයොගෙ කම්මනි, 'දුතියා පඤ්චමීනඤ්ච' ති ඉමිනා ඡට්ඨී බහුවචනවිභත්තියා සම්භූතත්තා ච උපරි බොධෙතා පජායාති එත්ථ කම්මනි ඡට්ඨ්‍යන්ත වසෙන වුත්තත්තා ච 'බුජ්ඣිතා සච්චාන' න්ති පාඨොව සුන්දරො" යනුයි-තාවද, න්‍යාසයෙහි "සරා සරෙ ලොපං" යන සූත්‍රය වර්ණනා කරණ ලද පාඨය මෙහි වර්ණනාකර තිබෙන්නේ මෙසේය.

"ඉදානි තදනන්තරෙ ලොපවිධි සුත්තස්ස සංවණ්ණනං කාරෙන්තො 'සරා සරෙ ලොපන්ති කිමත්ථ මිද මුච්චතෙ' ත්‍යාදි මාහ—විධි සුත්තං හි ලොපාදෙස දීඝ රස්සපච්චයවිභත්‍යාගමපටිසෙධවසෙන අට්ඨවිධං හොති—වුත්තඤ්ච.

'ලොපාදෙස ච දීඝ ච රස්සපච්චය මෙව ච,
විභත්‍යාගමො පටිසෙධො විධිනාම අට්ඨ සියුං'—ති

තත්ථ අනන්තරෙසූති බ්‍යවධානක්ඛරවිරහිතෙසු විසු නිමිත්ත කාරීභූතෙසු සරෙසු, ලොපොති ලුප අදස්සනෙ ති ධාතු "ණ" සරා සරෙ ලොපන්ති වා සරා සරෙසු ලොපන්ති වා සමානෙකවචනත්ත වසෙන වා සමානබහුවචනත්තවසෙන වා අවත්වා "සරා සරෙ ලොප" න්ති නිමිත්තකාරීනං අසමානවිභත්තිකභාවං අනිච්ඡන්තො එත්ථ ච සරෙසුත්‍යාදිනා චොදනාභොගං දස්සෙත්වා පරි

හරන්ති, තප්ප සරෙසූති නිමිත්තභූතෙසු සරෙසු, නිමිත්තත්ථෙ චෙතං ‘ධම්ම කාරණ නිමිත්තත්ථෙසු සත්තමී’ ති මිනා භුම්මං, යථා ‘නාගො දන්තෙසු හඤ්ඤතෙ’ ත්‍යාදි—එතස්මිං නිමිත්තභූතෙ සරෙ බහූනම්පි සරානං එකස්මිං වාරෙ ලොපොදාහරණං අදස්සනෙතො ‘තෙන සඛ තො’ ත්‍යාදිමාහ, රූපසිද්ධියම්පන එකෙකස්මිං සරෙ පරෙ එකෙකස්සෙව සරස්ස ලොපභාවං ඉච්ඡති, න එකස්මිං සරෙ බහූනං සරානං එකස්මිං වාරෙ ලොපභාවං, තෙනාහ තත්ථ ‘බහුවචනං පනෙත්ථ එකස්මිං සරෙ පරෙ බහූනං ලොපඤාපනත්ථ’ න්ති—තට්ටීකායඤ්ච ‘සරාති බහුවචනග්ගහණං එකෙකස්මිං සරෙ පරෙපි අනන්තරානං අකාරාදීනං සබ්බෙසම්පි ලොපො හොතීති තෙසං බහුභාවඤාපනත්ථං, යං පන න්‍යාසෙ වුත්තං ‘එකස්මිං සරෙ පරෙ එකම්හි චතුන්නම්පි ලොපො හොතීති ඤාපනත්ථ’ න්ති තං න ගහෙතබ්බන්ති තාදිසස්ස පයොගස්ස ජිනවචනෙ අදස්සනතො ‘සඛා තො නසෙස වා’ ති සුත්තෙනපි එකාරෙ පරෙ අකාරාදීනං චතුන්නම්පි එකෙකස්මිං පදෙ ලොපසම්භවෙන එතෙනො ලොපස්ස නිරත්ථකත්තා තථා සභාවස්සාපි එත්ථ නිපාතනතො සිජ්ඣනතො’ ති වුත්තං—සද්දනීතිය මපන න්‍යාසමතං අනුජානනෙතො ‘නානා දිසං යන්ති *දිසා හනන්ති’ අයං එකස්මිං සරෙ පරෙ එකක්ඛණෙ ද්වින්නං පුබ්බසරානං ලොපො—‘න මං පුන උපෙය්‍යාසි† අපෙක්ඛිය්‍යාසි’ ති අයං එකස්මිං සරෙ පරෙ එකක්ඛණෙ තිණ්ණං පුබ්බසරානං ලොපො—තත්ථ යන්තීති යා අ අන්ති ති වණ්ණසණ්ඨිතං, එත්ථ පටිපාටියා තයො සරා ලබ්භන්ති—උපෙය්‍යාසීති උප ඉ අ එය්‍යාසීති වණ්ණසණ්ඨිති, එත්ථ පටිපාටියා චත්තාරො සරා ලබ්භන්ති—තත්‍රායං ගාථා,

‘සරා යන්ති සරෙ ලොපං එකො චෙපි තයොපි වා,
ධාතු සංසග්ග සන්ධිම්හි සඞ්ඛාය කථිතං ඉදං.

තස්මා විඤ්ඤූහි විඤ්ඤෙය්‍යං සොතූනං කඞ්ඛඞ්ඛයකං,
නාසි රජ හටොයන්ති එය්‍ය හෙය්‍ය නිදස්සනං.

චන්ති යන්ති දිසා හනන්ති‡ විඤ්ඤෙය්‍යං සන්ති පන්ති ච,
අපෙක්ඛිය්‍යාසි උපෙය්‍යාසි ඉච්චාදි ච නිදස්සනං’—ති වුත්තං.

---

* සමහර ශබ්දනීතිවල “දිසා හනන්ති” යන උදාහරණය නැතුවත්ඇර “විස්සාසං එය්‍ය පණ්ඩිතො—සමෙ උප්පාදෙ හෙය්‍ය” යන උදාහරණ දෙකක්ද තිබෙනුය.

† අපෙක්ඛියාසි” යන උදාහරණයද ශබ්දනීතියෙහි නොදක්නාලදී.

‡ සමහර පොත්වල “විඤ්ඤූ යන්ති චදන්ති ච”—කියාද පාඨයි.

තාඑ හයි රජ්ජහරොති අයං එකක්ඛර ලොපුදාහරණං, තතො පරං ඞිනානං තිණ්ණං සරානං ලොපුදාහරණානි, තෙසම්පන රූපසිද්ධි පෙදිතබ්බාති සම්බන්ධො—ඉමස්මිං කප්පෙති ඉමස්මිං දුතිය පරිච්ඡෙදෙ, කාරක සුත්තානීති විඤ්ඤු තත්‍රානි."

තවද මෙහි න්‍යාසයෙහි පාඨ පමණක් වර්ණිත කාරණවා නොව මුල් පොතේ (ඒනම් කච්චායනයේ) පාඨවල තේරුම් ආදිය ගැණද සමහර තැන වැදගත් ලෙස කියා තිබෙනවාය—පුරාණ ටීකාවේ සමහර දෙයද කියා තිබෙනවාය—"බ්‍යඤ්ජනො ච විසඤ්ඤොගො" යන සූත්‍රයෙහි වෘත්තිය ගැණ මෙසේ කියා තිබේ.

"ඉමස්ස ච වුත්තියං චසද්දග්ගහණෙන තිණ්ණම්පි බ්‍යඤ්ජනානං අන්තරෙ යෙ සරූපා තෙසම්පි ලොපො හොතීති ච—චසද්දග්ගහණෙන තිණ්ණම්පි බ්‍යඤ්ජනානං සරූපානං කවචි ලොපො හොතීති චාති මෙ වෙ පාඨා භින්නා, තෙසු පඨම පාඨොව පුරිම පාඨො, දුතිය පාඨො පන නව පාඨො, තං ඉදානි පඨන්ති--තෙසු අයං පඨම පාඨස්ස වණ්ණනා, තිණ්ණම්පි බ්‍යඤ්ජනානං අන්තරෙ බ්‍යවධා යකෙ එකස්මිං සරෙ සති යෙ සරූපා තෙසම්පි ආද්‍යක්ඛරස්ස ලොපො හොති එත්ථ ච තෙසන්ති නිද්ධාරණෙ භුම්මං—අයං පන දුතිය පාඨස්ස වණ්ණනා, තිණ්ණන්ති තග්ගිසෙනං බ්‍යඤ්ජනානන්ති නිද්ධාරණෙ භුම්මං ඉදං සරූපානන්ති ඉමිනා සම්බන්ධිතබ්බන්ති කවචි සද්දො විකප්පනත්ථො තෙන සරූපක්ඛරම්හි අසරූපෙකක්ඛර සමුදායභූතෙසු තීසු අක්ඛරෙසෙව්ව සරූපෙකක්ඛර ලොපො හොති න විරූපක්ඛර සමුදාය භූතෙසු තීසු අක්ඛරෙසු ලොපොති දස්සෙති"

තවද පරවෙ භාවො ඨානෙ" යන සූත්‍රයට උදාහරණ කොට දක්වා තිබෙන "පචද්දසි" යන පදය අළුත වැටී තිබෙන පදයක් බව හා චතු ෂ යන සංඛ්‍යා ශබ්ද හැර සෙසු සංඛ්‍යා ශබ්දවලින් පරවූ දස ශබ්දයාගේ දකාරයාට විකාර නොවන බවද කියන ලදී.

මූල ගාථා මෙසේය.

"බුද්ධං විසුද්ධ කරුණාකර *පාලිපන්තං
මොහන්ධකාර විහතං අමතං දද ච,
ධම්මං සුනිම්මලවරං ගණ මුත්තම ච
නත්වා තිලොක සරණං වරදක්ඛිණෙය්‍යං,

* සමහර පොතක "චාලිමන්තං" කියාය.

කච්චායනඤ්ච මුනිවණ්ණිත බුද්ධිමන්තං
නන්දං පසිද්ධ පටිසම්භිද ථෙර මග්ගං,
සංසාර සාගර තරං සුවිසුද්ධ සීලං
කල්‍යාණදස්සනසුවණ්ණසමානවණ්ණං.

සංවණ්ණනා ගරුවරෙහි පකාසිතා යා
ඤාසස්ස සා න යතීනං මතිවඩ්ඪනා ච,
ආයාචිතො යතිවරෙහි හිතාය තස්මා
සංවණ්ණනං මති පවඩ්ඪන මාරභිස්සං.”

අග.

“දඨානාගරාජගුරූති ලද්ධනාමලඤ්ඡනෙන ථෙරෙන පුරෙ ගරූහි සද්ධම්මසිරීති ගහිතනාමධෙය්‍යෙන සිරිනන්දධම්මරාජ පවරාධිපති නාමිනා යසං ධම්මං ලද්ධ රාජභාවස්ස ධම්මරාජස්ස රජ්ජසම්පත්තානුභවනකාලෙ සාසනෙ චානවුත්තාධිකඑකවීසසතකාලෙ සක්කරාජෙ පන දසාධික සහස්සකාලෙ සම්පත්තෙ රචිතං නිරුත්තිසාරමඤ්ජූසානාමිකං පකරණං සමත්තං.

දසාධිකෙ සහස්සම්හි ගතං පකරණං ඉදං,
සම්පත්තෙ තාදිසෙ නිට්ඨං සහස්සෙ වාදසාධිකෙ.”

---

4. න්‍යාසප්‍රදීපය—මෙහි න්‍යාසයෙහි පළමුවෙනි ටීකාවය-අරිමද්දන නුවර නරපති රජ්ජුරුවන්ගේ කාලයෙහිදී (ඒනම් බුද්ධවර්ෂ 1725 ට ස්වල්පයකට ඉහත හරියේදී එක්තරා අමාත්‍යයෙක්විසින් සාදන ලදී—අන්තඃපුර ස්ත්‍රියක් නිසා උපන් එක් කුමාරිකාවක් කෙරෙහි පිළිබඳ සිත් ඇති බව රජහට පෙනුණු නිසා සම්පූර්ණ විනිශ්චය ගාම්භීරාර්ථ ඇති ග්‍රන්ථයක් කෙළේ වීනම් කුමාරිකාව ඔහුට දෙනබව රජ කීකල මෙම න්‍යාස ටීකාව සාදා රජ්ජුරුවන්ට ඔප්පු කළවිට කුමාරිකාව හා රජ්ජුග්ගාහ නම් අමාත්‍ය තනතුරන්ද දුන් බවද, ඒ අමාත්‍යයාගේ නම “සංඛ්‍යං” කියා බැවින් මෙම න්‍යාස ටීකාවටද එම නාමය බුරුම රටේ ව්‍යවහාර කරණ බවද, ශාසනවංශයෙහි කියන ලදී—මෙම ටීකාවේ පදවර්ණනාදිය ගැන නිරුත්තිමඤ්ජූසායෙහි

වණ්ණනා කිරීමට පමණ සතුති කරණ්ට වැඩි කාරණා නොපෙනෙන වත් ඇර සංක්ෂෙප වශයෙන් වණ්ණනා කරණ ලද්දක්හෙයින් ටීකා වද මුල් පොතට වැඩි නැත.

මෙහි වණ්ණනාදියට නිරුත්තිමඤ්ජූසායෙහි බොහෝ තැන්වලදී දෙස්ද කියා තිබේ—මූල ගාථාව මෙසේය.

සංසාරවනධ ගමනතත ගුණාධි වාසං
නිරුන්ධ්‍යුපගතාශෙයස්ස මනාථ නාථං,
බුඬ ච ධම්ම මභිනීහර මග්ග සංඝං
නාඤසප්පදීප මභිනමස්ස කාරෙම් සාධුං.

---

5. සූත්‍රනිද්දේශය—මෙද කච්චායනයෙහි ටීකාවක්ය—බුද්ධ වර්ෂ 1725 ට කිට්ටුවදී (එනම් අවුරුදු 700 කට පමණ ප්‍රථම) රාමඤ්ඤ දෙශ වාසී ඡපට (හෙවත් ඡපද) නම් ස්ථවිරයන් වහන්සේවිසින් සාදන ලදී—මේ වර්ෂය හැඟෙන්නේ කෙසේද යත්? පළමුවෙනි පරාක්‍රමබාහු රජතුමා (දිඹුලාගල මහාකාශ්‍යප ස්ථවිරයන්වහන් සේගේ සහායත්වය ඇතිව) නිකාය සාමග්‍රිය කොට ශාසන ශුද්ධිය කළේ බුද්ධ වර්ෂ 1709 යේදීය—එනම් එම රජතුමා රාජ්‍යයට පැමිණි 18 වෙනි අවුරුද්දේය—ලදරු සාමණේරවූ ඡපටතෙරුන්වහන්සේ ආචාර්යවූ උත්තරජීව ස්ථවිරයන්වහන්සේත් සමග ලංකාවට පැමිණුනේ ඊට අවුරුදු 6 කට ප්‍රථම නුමුත් මෙහිදී උපසම්පන්නව දශ අවුරුද්දක් මෙහි නැවතී ශාස්ත්‍රාගම්ධාරිව සියරටට ගිය නිසා පොත සාදන්ට ඇත්තේ ඒ රටේදීය—සද්ධම්මසංග්‍රහයෙහි පෙනෙන හැටියට *පළමුවෙනි පරාක්‍රමබාහු රජතුමා රාජ්‍යයට පැමුණුනේ බුද්ධ වර්ෂ 1587 තේදී නම් සූත්‍රනිද්දේශය සාදූ දැනට අවුරුදු 700 යකටත් වැඩිවෙන්ට ඕනෑය—"පරාක්‍රමබාහු රජතුමා රාජ්‍යයට පැමුණුනේ බුද්ධ වර්ෂ 1791 දීය" යනු කාලඥාණී ප්‍රකරණයේ කියමනද එම කාලයෙහිදීම දිඹුලාගල මේධංකර ස්ථවිර ස්වාමිපාදයන්වහන්සේ විසින් ලියනලද විනය සන්නයෙහි පෙනෙන "බුදුන් පිරි
"නිවී යාරසිය සූපනස් හවුරුද්දෙහි පටන් බිදි එක්වාදහස් දෙසිය
"සූපනස් හවුරුද්දක් තුබූ බුදු සස්න පරාක්‍රමබාහු මහරජානන්
"ඇරගෙණ දෙනානකා ඔගිරිනකා යන අසූඩ දෙනකායෙහි

---

* "සම්බුද්ධපරිනිබ්බානා වස්සෙ සහස්සාතිකකමෙ,
සත්තාසිති පමසතෙ රාජාහු පරක්කමභුජෝ"—සද්ධම්මසංග්‍රහයෙහිය.

“විපන්න තැන් හැර මහා විහාර වාසීවූ පරිශුද්ධවූ ථෙරවාදයම “ගෙණ පවත්නා පිරිසිදු තැන් හා ශුද්ධ සංඝයා සමග කොට”-යන මේ කියමනද සංසන්දනාය වන නිසාද, ජේම්ස් අල්විස් අමාත් මැති තුමා මහවංශයෙන් ගණන් බලා කියා තිබෙන කියමනත් මීට කිට්ටු වන නිසාද, සද්ධම්මසංග්‍රහයේ ගණිතාව වඩා කල්‍යාණී ප්‍රකරණයේ ගණන නිසැක විය යුතුය—එවිට සූත්‍රනිර්දේශය සාද අවුරුදු 590 ගණණකට අඩුවෙන්ට බැරිබව පෙණේ.

මේ ඡප්පා ස්ථවිරයන් වහන්සේවිසින් සූත්‍රනිර්දේශය පමණක් නොව අභිධර්මය ගැණ “අභිධම්මත්ථසංගහ” නම් ප්‍රකරණයට “සංඛෙපවණ්ණනා” යන ටීකාව සහ “නාමචාරදීපය” ද විනය ගැණ “විනයගුළ්හත්ථ දීපනිය” සහ “සීමාලංකාරටීකාව” ද කරණ ලද්දේය.

මුන්වහන්සේ විසින් සාදනලද පොත්වල ආරම්භ අවසාන දෙකෝද්ම කෘතුපකාර සැලකීමක් වශයෙන් ලංකාව මතක් කොට තිබේ—නමස්කාර ගාථාවේ පවා බුද්ධරජානන්වහන්සෙගේ ගුණයක් කොට කියන්නෙත් තුන්වරක් ලංකාවට වැඩමවා ශාසනය පිහිටෙව් බවය—මුන්වහන්සේ ත්‍රිපිටකධාරී කෙනෙක් බව සහ තුඩා කාලයෙහිදී රාමඤ්ඤදෙශයෙන් ලංකාවිපයට පැමිණ ශාස්ත්‍රාගම ඉගෙණ ථෙරභාවූති ලබා ත්‍රිපිටකධාරිව මේ රටේ තෙරුන් නාන්සේලා සතර නමක් සමග රාමඤ්ඤදෙශට ගොස් එහි අමුතු සමාගමක් පිහිටූවා දිවුනු කාළබව කල්‍යාණී ප්‍රකරණාදියෙහිද කියා තිබේ—සමහර පොත් ලංකාවේදී සාදන ලද්දේයයිද සිතිය හැකිය—සංඛෙපවණ්ණනාවේ මුලදී.

> “ආගතාගම සපේථන චන්දුව සරදම්බරෙ,
> පාකටෙ නිඛ දීපම්හි මහා විජයබාහුනා.
> උක්කුටිකං නිසීදිත්වා සාසනුපත්ථාස් කංඛිනා,
> යාචිතොහං කරිස්සාමි සංඛෙප පදවණ්ණනං.”

යන්නෙන්—පැමිණෙන ලද ආගම ශාස්ත්‍ර ඇති, ශරත් ආකාශයෙහි චන්ද්‍රයාමෙන් ප්‍රසිද්ධවූ ශාසනාභිවෘද්ධිකාමී මහාවිජයබාහු (යන නමැත්තෙක්) විසින් යාඥකරණලද්දවූ මම සංඛෙපවණ්ණනාව කරන්නෙමි” කියා තිබෙන නිසා මේ “විජයබාහු” යන නාමය මේ රටේ නාමයක් හෙයින් සංඛෙපවණ්ණනාව මෙරටේදී සාදනලදැයි සිතිය හැකිය—උන්වහන්සේගේ සමහර පොත්වල “සීහළදෙසිය පරදෙසියානං අත්ථාය” කියාද තිබෙන නිසා වෙන

දෙශවාසීන්ට පරදෙශීහු යයි ලංකාවේදී කිය යුතු හෙයින් ඒ කිය මනොත්ද, ඒ පොත් ලංකාවේදි සෑදුවායයිද සිතිය හැකිය.

එහෙයින් සූත්‍රනිර්දේශය රචනාකළයේදී සාදනලද බවට කරුණු තිබෙනුය—මෙහි බොහෝසෙයින් වර්‍ණනා කිරීම සූත්‍ර පමණක් නොවූ සමහර තැනදී වෘත්ති උදාහරණ දෙවර්ගය ගැණද ඉතා විස්තාර ලෙස කාරණා කියා තිබෙනවාය—සූත්‍ර වර්‍ණනා කිරීමත්,

"සම්බන්ධො ච පදඤ්චෙව පදත්ථො පදවිග්ගහො,
චොදනා පරිහාරො ච ඡබ්බිධා සුත්තවණ්ණනා."

යන මේ ෂඩ්ප්‍රකාරයට පමණක් නොව මීට ඉහතින් තිබුනු න්‍යාසාදි ටීකාවල සූත්‍රපදයන්ගේ නිර්දේශ දැක්වීමත් සම්පූර්ණයෙන් නැති නිසා එය මෙහි සම්පූර්ණයෙන් දක්වා තිබෙනවා පමණකුත් නොව, බාලාවතාර, රූපසිද්ධි, න්‍යාස, න්‍යාසප්‍රදීප, කාරිකා, අක්ඛර මඤ්ජුසා, චාන්ද්‍ර, යනාදි පොත්වලින්ද කාරණා ගෙණහැර දක්වා තිබෙනවාය.

මූල ගාථා මෙසේය.

"තික්ඛත්තුං පභතලඞ්කො යො පතිට්ඨපෙසි සාසනං,
වන්දිත්වා ලොකනාථං තං ධම්මඤ්චස්ස ගණුත්තමං.
සද්ධම්මට්ඨිති කාමෙන යාචිතො ධම්මචාරිනා,
සනිද්දෙසං කරිස්සාමි කච්චාන සුත්තවණ්ණනං."

"සරා සරෙ ලොපං" යන සූත්‍රයේ වර්‍ණනාව මෙසේය.

"සරාති එකං පදං සරෙති එකං පදං ලොපන්ති එකං පදං විභත්‍යන්තපදවිභාගවසෙන තිපදමිදං සුත්තන්ති අත්ථො, සරාති *කාරි නිද්දෙසො සරෙති නිමිත්තනිද්දෙසො ලොපන්ති කාරියනිද්දෙසො, සඤ්ඤා පරිභාසා විධිනියම පටිසෙධ සුත්තෙසු විධිසුත්තන්ති අත්ථො—එත්ථ චොදනං සියා, සරාති බහුවචනං පටිච්ච සරෙසූති වත්තබ්බං? න වත්තබ්බං එකස්සෙව සරස්ස නිමිත්තභූතත්තා—යදි එවං එකස රස්ස ලොපත්තා සරෙති වත්තබ්බන්ති?–න 'සබ්බතො ගසෙසවා' ති එත්ථ එකස්මිං සරෙ වත්තුනම්පි ලොපත්තා—අථවා, එකස්මිං විස රූපම්පි සබ්බෙ අත්ථ සරා ලොපං පප්පොන්තී ති ඤාපනත්ථං 'සරා' ති

* "අනිස්සිතං පදං කාරී නිස්සිතං කාරියං භවෙ,
තස්ස හෙතු නිමිත්තන්තු තබ්බොධකං විසෙසනං."

වුත්තං, තෙන වුත්තං වුත්තියං, 'සරා බො සබ්බෙපි සරෙ පරෙ ලොපං පප්පොන්ති' ති—එත්ථ ච 'සරා සරෙ' ති සාමඤ්ඤවසෙන වුච්චමා නොපි පරෙති කථං ඤායතීති? සරෙති සත්තමියා වුත්තත්තා ඤායති, අථවා උපරිසුත්තෙන පරෙති කාපිනො වුත්තත්තා ඤායති."

අග ගාථා මෙසේය,

“* පුණ්ණෙ දසෙ නව නවුති ගුණෙ †ඡ වස්සෙ
වස්ස සහස්ස ගණනෙ ජින ‡නිබ්බුතායං,
ඉඩාරිමද්දන පුර වර තම්බ පණ්ණි
පත්වාන සො සිරි පරක්කම බාහු භූපං,

නිස්සාය සාසනහිලං සුවිසොධයිත්වා
භික්ඛූහි ඤාතවිනයෙහි සුසඤ්ඤතෙහි,
ඛණ්ඩාපසී පුරවරෙ ජයවඩ්ඪනව්හෙ
සීමං විපත්ති රහිතං විනයානුරූපං.

සික්ඛාපසී යතිගණෙ විනයාභිධම්මෙ
පඤ්ඤාවදාත හදයො සදයො ජනානං,
අප්පිච්ඡතා විරියසීල ගුණප්ප සත්ථො
සද්ධාධනො §සකලසිස්සගණානුකම්පී.

සබ්බත්ථ යුත්ත පිටකත්තය පාරදස්සී
සො ඡප්පදව්හය සුතො යතිරාජකෙත්තා,
කච්චායනස්ස යති සුත්තනිද්දෙස මෙතං
සංඛෙපතො විරචයී මුනි සාසනත්ථං.”

---

6. කච්චායන වණ්ණනාව—මෙසඳ කච්චායනයට සාදනලද තුන් වෙනි ටීකාවය-මෙහි කර්තෘ බුරුමරටේ තඹදීප පලාතේ විජයපුරස නගරයෙහි අභයගිරි පර්වතයෙහි වැඩසිටිය “මහාවිජිතාවී” නම් මහ ස්ථවිරයන්වහන්සේය-කාලය සූත්‍රනිර්දේශ, රූපසිද්ධි, රූපසිද්ධිටීකා, සද්දනීති යනාදී පොත්වලට පසුවය-මෙකී පොත්වලින් පමණක් නොව නිරුත්තිප්‍රකරණ, කච්චායනනිස්සයප්‍රකරණ, කාරිකා.

සමහර පොත්වල

* පුණ්ණ ගණෙ.
† ච වස්සෙ.
‡ නිබ්බුතාමං.
§ විකලබුද්ධි ජනානුකම්පී කියායි.

න්‍යාස යන මේ පොත්වලින්ද උදාහරණ ගෙණ තිබෙනවා පමණක් නොව න්‍යාස, සුත්තනිද්දෙස යන ටීකාවල නොකියනලද වැදගත් ක්‍රමයක් සියළු සූත්‍ර ගැණම කියා තිබේ—ඒනම් "ඉදං සුත්තං කිං පභවං කිං නිදානං කුතො නික්ඛන්තං?" යන ක්‍රමයට ප්‍රශ්ණ කොට සියළුම සූත්‍රවල නිදාන පෙන්වීමෙන් සූත්‍රයන්ගේ පිළිවෙළ දැක්වීමය—"තත්ථොදන්තා සරා අට්ඨ" යන සූත්‍රය "අක්ඛරපාදයො එකචත්තාලීසං" යන සූත්‍රයෙන් උපන්නේය,. යන මේ ආදිවශයෙනි—එහි මූල ගාථා මෙසේය.

"අවිසුද්ධස්ස ජනස්ස සුද්ධිසම්පාපකං ජිනං,
මොහස්ස ධංසකං ධම්මං නත්වා සංඝං නිරඞ්ගණං,
ඨපිතමෙතදග්ගම්හි එසො අග්ගොති ආදිනා,
නත්වාං තම මහාථෙරං න්‍යාසාදි කාරකම්පි ච,
බුද්ධප්පියං ච.රිය ච රූපසිද්ධි විධායකං,
සද්දනීති කාරකඤ්ච තතිය මග්ගපණ්ඩිතං.
නිස්සය කාරකඤ්චාපි නිද්දෙස කාරකම්පි ච.
වන්දිත්වා තෙසමාලම්බ නිච්ඡයං සුවිනිච්ඡිතං.
යත්පොත්ථානමත්ථාය කස්සං කච්චායනවණ්ණනං."

"සරා සරෙ ලොපං" යන සූත්‍රය වණ්ණනාකර තිබෙන්නේ මෙසේය—"සරා සරෙ ලොපන්ති ඉදං සුත්තං කිංපභවං කිංනිදානං කුතො නික්ඛන්තන්ති? "පුබ්බමධො ඨිත මස්සරං සරෙන වියොජයෙ—නයෙ පරං යුත්තෙ"ති සුත්තවය පභවං, තන්නිදානං, තතො නික්ඛන්තන්ති—යස්සන්ද්‍රියානි ත්‍යාදිසු යස්ස + ඉන්ද්‍රියානීති ඡෙදෙ කතෙ "පුබ්බ—පෙ—යෙ"ති මිනා සරතො බ්‍යඤ්ජනං වියොජෙත්වා සරස්මිං පරෙ පුබ්බසරස්ස ලොපං කත්වා පරක්ඛරං නෙතබ්බන්ති දස්සෙන්තො "සරා සරෙ ලොප"න්ති වුත්තන්ති—කිමත්ථමිදමුච්චතෙ සරස්මිං පරෙ පුබ්බසරානං ලොපො හොතීති ඤාපනත්ථං—සරාති එකං පදං සරෙති එකං ලොපන්ති එකං තිපදමිදං, සරාති කාරිනිද්දෙසො සරෙති නිමිත්ත නිද්දෙසො ලොපන්ති කාරිය නිද්දෙසො, සඤ්ඤාපරිභාසං විධිනියම පටිසෙධ සුත්තෙසු විධි සුත්තන්ති වෙදිතබ්බං.

ලොපාදෙස ච දීඝ ච රස්ස පච්චය මෙව ච
විහතාඤ්ඤනමො පටිසෙධො විධිනාම අට්ඨ සියුං ති,
වුත්තෙසු විධිභෙදෙසු ලොපවිධීති වෙදිතබ්බං.
පුබ්බවිධි පරවිධි අන්තරඞ්ග බාහිරම්පි ච
විධිභෙදෙ චතුබ්බිධො දීපෙය්‍ය මතිමා නරෙති.

වුත්තස්සු විධිස්සු පුබ්බේ’ති වෙදිතබ්බං—සරා ඛො සරෙ පරෙ ලොපං පප්පොන්තී’ති අත්ථො—සරන්තී’ති සරා, කාරීභූතා අඞ සරා—තථා නිමිත්තභූතා සරා, තස්මිං සරෙ, ලුප්පනං ලොපො, පදච්ඡෙදෙ විජ්ජමානස්ස පදස්සාධිවසෙන කථනකාලෙ අනුපලද්ධී’ති වුත්තං හොති—සරෙසූ’ති අවත්වා කස්මා සරෙ’ති වුත්තන්ති?—එකෙකස්මිං සරෙ පරෙ බහූනං සරානං ලොපඤාපනත්ථං—එත්ථ ච නයි රජ භවෙන්ති එත්ථ එකස්මිං සරෙ පරෙ එකස්ස සරස්ස ලොපො—න+අසීති ඡෙදෙ-යනාති ඉති එත්ථ ද්වින්නං සරානං එකක්ඛණෙ ලොපො—යා+අ+අනාතීති ඡෙදෙ, යා ධාතුයා අවයවො ආකාරො ච “භූවාදිතො අ” ඉති ඉමිනා පවත්තො අප්පච්චයො ච අනාතිප්පච්චයස්ස ආදිභූතො අකාරො වා’ති තයො සරා, තස්මා අනාතිප්පච්චයස්ස ආදිභූතෙ අකාරෙ පරෙ ද්වින්නං පුබ්බභූතානං ඉමිනා එකක්ඛණෙ ලොපො—උපෙය්‍යාති එත්ථ තිණ්ණං සරානං එකක්ඛණෙ ලොපො, උප+ඉ+අ එය්‍යාති ඡෙදෙ, උපසද්දො උපසග්ගො, ඉ ධාතු, අකාරො පච්චයො, එය්‍ය විභත්තිවා’ති එත්ථ චත්තාරො සරා, තස්මා එකාරස්මිං පරෙ තිණ්ණං පුබ්බභූතානං පකාරාවයවභූතඅකාරං ධාතුභූතඉකාරං පච්චයභූතඅකාරං ඉමිනා එකක්ඛණෙ ලොපො සද්දනීතියං වුත්තො න්‍යාසෙ පන සබ්බතො ගසෙසවා’ති සුත්තෙන අ ආ ඉ ඊ එති ඨිතෙ එකාරස්මිං පරෙ එකක්ඛණෙ චතුන්නං ලොපො වුත්තො—සද්දනීතියං වුත්තඋදාහරණානි විචාරෙතබ්බානි, තෙසං උදාහරණානං “ලොපචෙත්ථ මකාරො-සරලොපො” ත්‍යාදි *ලක්ඛණවිසයත්තා—රූපසිද්ධිය පන බහුවචනමපනෙත්වා එකෙකස්මිං සරෙ පරෙ බහූනනං ලොපඤාපනත්ථන්ති වුත්තං—‘සබ්බතො ගසෙසවා’ති එත්ථ ච අ ආ ඉ ඊ එති ඨිතෙ චතුන්නං සරානං කමෙන ලොපොති ච|| වුත්තං—තට්ටීකායඤ්ච ‘සරෙ සරෙති අවත්වා සරාති බහුවචනග්ගහණං එකෙකස්මිං සරෙ පරෙ අනන්ත සරානං අකාරාදීනං සබ්බෙසම්පි ලොපො හොති තෙසං බහුභාවඤාපනත්ථ’න්ති වුත්තං-ඉදං වුත්තං හොති නෙමිත්තනන්තා සරා බහවො හොන්ති චතුසන්නිමත්තා නිමිත්තනන්තා අප්පකා අභෙවෙති, තස්මා සරාති බහුවචනං වුත්තන්ති—වුත්තඤ්ච—‘සරෙහෙව සරා පුබ්බා ලුත්තා වාචී පරොරමං’ති චතු සඞ්ඛ්‍යාති වුත්තං හොති, න්‍යාසෙ වුත්තනාඤ්ච තාදිසස්ස පයොගස්ස ජිනවචනෙ අදස්සනතොති කාරණං වත්වා පටික්ඛිත්තං...”

---

* බොහෝ පොත්වල “ලක්ඛණවිසෙසෙන ඤත්තත්තා” කියාය.

අග ගාථා මෙසේය.

"විජයාභිධාන පුරස්මිං උස්සිතද්ධජ සාලිනෙ,
ලංකාතො නන්ද මූලාදි ලෙන සීමාදිකෙහි ච.
නදී පබ්බත වාපීහි ඛෙත්තෙහි පරිවාරිතො,
නගො අභය ගිරීති සබ්බ දිසාසු පාකටො.
හංසාවතී පුරින්දස්ස පච සෙට්ඨිහ සාමිනො,
තත්‍රායො සුරුච්චනාති නාමෙනාපි සුපාකටො.
අකාසි යො එත්ථාවාසං රම්මං දෙවසභොපමං,
වසති එත්ථ යො ථෙරො සාසනස්ස හිතාවහො.
මහා සද්දූන සඞ්ගීත ජිතාවී ඉති නාමිනා,
රචිතා තෙන ථෙරෙන එසා කච්චාන වණ්ණනා."

---

7. රූපසිද්ධිය—කච්චායනව්‍යාකරණයට අයිති පදසිද්ධික්‍රමයේ පොත් අතරෙන් ප්‍රයෝජනයෙන් හා ප්‍රමාණයෙන්ද මහත්වූ පොත මේ කය—ලංකාද්වීප වාසී ආනන්දාචාර්යයන් වහන්සේගේ ශිෂ්‍යවූ සොලී රටේ බුද්ධප්‍රියාචාරීන්වහන්සේවිසින් සාදන ලදී—සොලී රටේ විහාර ත්‍රිපයක ප්‍රධානීශ්‍රයක්ව සිටිය නුමුත් මේ රටේ කොතැනකැයිද කියත්—සූත්‍රනිර්දේශ, කච්චායනවණ්ණනා, කච්චායනභෙද, ප්‍රයෝගසිද්ධි යන පොත්වලට ඉහත බවත් වුත්තිනිරුත්තිටීකා, න්‍යාස යන පොත්වලට මෑත බවත් සොලීරටේ බුද්ධාගම නිර්මලව පවත්නා කාලයෙහි බවත් මිස නියමවශයෙන් කාලය කිය නොහැකිය—කච්චායන ව්‍යාකරණයට රූපසිද්ධිය පාණිනී ව්‍යාකරණයට මහාසිද්ධාන්තකෞමුදියත් මොග්ගල්ලායන ව්‍යාකරණයට ප්‍රයෝගසිද්ධියත් වැනිය—මොග්ගල්ලායනවුත්ති සද්දනීති යනදෙකෙහි මෙය සඳහන්කර නැති නිසා ඒදෙකට පසුව සාදන ලදැයිද සිතියහැකිය—කච්චායන බාලාවතාර දෙක්හි නොකියනලද්දවූ පදසිද්ධික්‍රමාදිය මෙහි ඉතා බොහෝ නුමුත් සූත්‍ර සියල්ලම කච්චායනයෙහි ඒවාය—කච්චායනයෙහි කියනලද සමහර කියමන්වලට අමුතුකාරණා මිශ්‍ර කොට සම්පූර්ණ කර මෙහි කියා තිබෙන නුමුත් එසේ අමුතුවෙන් මිශ්‍ර කළාවූ සමහර කියමන්වලට ප්‍රයෝගසිද්ධි කර්තෘ විරුද්ධවද කථා කර තිබේ—ඉන් එකක් නම්,

පරස්වරයින්ට අසවර්ණාදේශය සාමාන්‍යයෙන් කොයි පූර්වස්වරයක් ලොප්කළ තැනකත් පුළුවන් බව කච්චායන බාලාවතාර දෙකෙහි

කියනලද්දේය—රූපසිද්ධියෙහි "අවණ්ණා එව ලුප්පන්ති ඉධ වුත්තවිධි හොන්තීති දළ්හං" යන්නෙන් ඒ අසවර්ණාදේශය අවර්ණය ලොප්කළ කල්හිම වන බව කියන ලද්දේය—පයොගසිද්ධියෙහි "අවණ්ණා ලුප්පා ඒ ඔ හොන්ති ගාහ නිසෙධනත්‍ථං" යනාදීන් අවර්ණ ලොප්කළ කල්හිය යන ග්‍රාහයට විරුද්ධව කියන ලද්දේය—මහාසිද්ධාන්තකෞමුදියෙහි කියනලද බොහෝ කියමන් මෙහි සංග්‍රහ කොට තිබේ—මෙහි ආඛ්‍යාත කාණ්ඩය ඉතාම අපූරු තරමට ප්‍රයෝජනවත්ය—දැනට භාවිතා කරණලද නාමවරනැගිල්ලද මෙම රූපසිද්ධියෙන් සංග්‍රහකරණ ලද්දකි—මූලනිරුත්තිටීකාවෙන් උදාහරණකරණලද ගාථාද මෙහි තිබේ—කාණ්ඩ බෙදීම කච්චායනයෙහි මෙන් අටකථාය-පොතේ ප්‍රමාණය අජ්ඣරෙකයක් සහිත බණවර 17 ක්ය—ප්‍රාතිමෝක්ෂය ත්‍රාන්සලාත් කොට අච්චුගසවා ප්‍රසිද්ධකළාවූ "මිනයැප්" නම් රුසියන් පණ්ඩිතයා මෙයද දැනට ඔහුගේ භාෂාවට සන්න කොට අච්චුගසවන්ට සාදති.

මීට ටීකාවක් සහ සන්න දෙකක්ද තිබෙනවත් ඇර (8) ටීකාව සද්දනීතියට පසුව බවත් නිරුක්තිමඤ්ජූසයට ඉහත බවත් පෙනෙන්ට තිබෙනවා පමණක් නොව, න්‍යාස, සන්ධිනිරුත්තිප්‍රකරණ, මහාසන්ධිප්‍රකරණාදියෙන්ද කාරණා පෙන්වා තිබේ—න්‍යාසයෙහි සමහර කියමන්වලට විරුද්ධවද කාරණා කියා තිබේ—ඒනම් "සරා සරෙ ලොපං" යන සූත්‍රයෙහි බහුවචන ග්‍රහණය එකවිට සවර කීපයක් ලොප්කිරීම පිණිසයයි න්‍යාසයෙහි කියනලද කියමන "එලෙසින් භාරනොගත යුතු" බව මෙසේ කියනලදී—"යං පන න්‍යාසෙ වුත්තං එකස්මිං සරෙ විජ්ජමානානම්පි ලොපො හොතීති ඤාපනත්‍ථන්ති තං න ගහෙතබ්බං තාදිසස්ස පයොගස්ස ජිනවචනෙ අදස්සනතො..." යනාදියයි—ටීකාව* කොයිරටක කෙනෙක්විසින් කරණලද්දේද යනු කියා නැතුවත් ඇර මූලට නමස්කාර ගාථාවක්ද කියා නැත.

සන්න (9) දෙකින් සෙඳහවිභාතනීනම් සන්නය ඉතාලොකු පොතක්වත් ඇර දැනට රටේ තිබෙන්නේ කාරක කාණ්ඩය දක්වාය—පොත අසම්පූර්ණ නමුත් ඒ තිබෙන ප්‍රමාණය අනික්සන්නයට වඩා ප්‍රයෝජනවත්කමින්ද ප්‍රමාණයෙන්ද මහත්ය—පදසිද්ධි දැක්වීම පමණක් නොව බොහෝ තැන්වල විග්‍රහද භාවයද කියා තිබේ—පාණිනී, ශබ්දජීවිතා යනාදියෙන්ද සමහර තැන්වලදී කාරණා

---

* ටීකාව රූපසිද්ධියට කුඩාය—කතෘ බුද්ධප්පියාචාරීන්වහන්සේමයයි ද කියත්.

දක්වා තිබෙනුය—කොයි කලකදී කවරෙක්විසින් සාදනලද දැයි දැනගත නොහැකි නුමුත් අනිත් සම්පූර්ණ සන්නයට පසුව සාදන ලද්දක්බව දැනගත හැකිය—(10) සම්පූර්ණ සන්නය අවුරුදු හාර සියයකට මෑත නොවේ බව පචිකාප්‍රදීපයෙන් පෙනේ—අන්තිම දක්වා තිබෙනහෙයින් සම්පූර්ණ සන්නයයි කී නුමුත් පිළිවෙළින් සියළු පදවලට අර්ථ දක්වනලද්දේ නොව අතරතුර පදදීය අත්හැරලාය-සම්පූර්ණ පොත බණවර 40 ක් පමණය—ඒ පුරාණ සන්නයෙහි මූල වාක්‍යනම මෙසේය.

"ප්‍රකරණාරම්භයෙහි රත්නත්‍රය ප්‍රණාම පූර්වකවූ සංඥාදි පචනාය දක්වනු පිණිස බුද්ධප්‍රියාචාර්‍යපාදයන්විසින් 'විසුද්ධසද්ධම්ම' යනාදි ගාථාවය ප්‍රාරබ්ධවී"—කියාය.

සන්දෙහවිඝාතනී නම් සන්නයෙහි මූල වාක්‍යගම මෙසේය.

"අනුපචිත පුණ්‍යසම්භාර ඇති මන්දබුද්ධීන්ගේ ශබ්දලක්ෂණාව බෝධය පිණිස පදරූපසිද්ධිනම් ප්‍රකරණයක් කටවිච ප්‍රාරම්භයෙහි යථාධිප්‍රෙත ප්‍රකරණයාගේ පරිසමාප්තියට විඝ්නකාවූ උපපීඩකොපඝාතාදි නෛකානන්තරායන්ගේ නිවාරණයද ප්‍රඥාවගේ පාටවයද යන එවමාදි ප්‍රයෝජන සංසිද්ධිය පිණිස ශාස්තෘ ප්‍රණාමය දක්වනුවෝ ස්තුති පූර්වාගම ප්‍රණාමයෙන් ශාස්තෘනුගේ විශිෂ්ට ගුණයොගයද විශිෂ්ටගුණයොගයෙන් ප්‍රණාමාර්හත්‍ය භාවයද, ප්‍රණාමාර්හත්‍ය භාවයෙන් ප්‍රණාමයාගේ ක්ෂෙත්‍රගත ප්‍රභාවයද ක්ෂෙත්‍රගත ප්‍රණාමයෙන් යථාධිප්‍රෙත කාර්‍යයාගේ නිෂ්ඨාවද සිද්ධවනහෙයින් ස්තුති පූර්වාගම කොට—"විසුද්ධසද්ධම්ම—පෙ—" යන ගාථාව කීහ"—යනුයි.

රූපසිද්ධියෙහි මූල අග ගාථා මෙසේය.

"විසුද්ධසද්ධම්ම සහස්සදීධිතිං
සුබුද්ධ සම්බොධි යුගන්ධරොදිතං,
තිබුද්ධඛෙත්තෙක දිවාකරං ජිනං
සධම්ම සංඝං සිරසාභිවන්දිය.

කච්චායනාචරියං නමිත්වා
නිස්සාය කච්චායන වණ්ණනාදිං,
බාලප්පබොධත්ථ මුජුං කරිස්සං
ව්‍යත්තං සුබන්ධං පදරූපසිද්ධිං.

විඛ්‍යාතානන්ද ථෙරවහය වරගුරූනං තම්බපණ්ණිද්ධජානං
සිස්සො දීපඞ්කරඛ්‍යො දමිලවසුමතී දීපලද්ධප්පකාසො,
බාලාදිච්චාදිවාසද්වයමධිවසං සාසනං ජොතයී යො
සොයං බුද්ධප්පියව්හො යති ඉම මුජුකං රූපසිද්ධිං අකාසි."

11. බාලාවතාරය—කච්චායන ව්‍යාකරණයට අයිති පදසිද්ධික්‍රමයේ පොත් අතරෙන් කුඩා පොත මේකය—පාඩම් කිරීමට පහසු ලෙස කුඩාකරලා සාදනලද්දක් හෙයින් පාලිව්‍යාකරණ ඉගෙනීම පිණිස මෙය කච්චායන රූපසිද්ධි දෙක පමණ ප්‍රයෝජනවත් නොවේ නමුදු මෙහි කාරක කාණ්ඩය සියළුම පොත්වල කාරක කාණ්ඩ වලට වඩා ප්‍රයෝජනවත්ය, විසිතුරුය—මෙය උදාහරණ මුල්කර ගෙණ සාදනලද පොතක්හෙයින් ඒ උදාහරණවලට උවමනා සූත්‍ර පමණක් සංග්‍රහ කිරීමෙන් කච්චායනයෙහි සූත්‍ර බොහොමයක් මෙහි සංග්‍රහනොවී තිබෙන නමුත් කච්චායනයෙහි නොදක්වන ලද්දාවූ ඉතාවැදගත් ප්‍රයෝජනවත් උදාහරණ මෙහි සංග්‍රහ කොට ත්බෙනුය—රත්නශ්‍රීඥාණාචාර්ය්‍යන්ගේ ශබ්දජීවිතාංයෙන්ද “අද්ධභූතං කතතාදි...” යනාදි ගාථාදීය ගෙණ තිබේ.

කච්චායනාදියෙහි දක්වනලද්දාවූ “උණාදි” ප්‍රත්‍යය කාණ්ඩයද මෙහි අඩුය—බාලාවතාරය යමෙක් සම්පූර්ණ ලෙසම පුහුණු කළත් කච්චායනාදියත් භාවිතා නොකළොත් ඔහුගේ පාලිව්‍යාකරණ යෙහි ව්‍යුත්පන්නතාවය ඉතා පාවුය-පාලිව්‍යාකරණ ගැණ කලක පටන් ලංකාවේ මෙම පොත භාවිතාකරවන නමුත් බුරුම සියම් රටවල භාවිතා කරවන්නේ කච්චායනාදියය—මෙම පොතට ලියන සන් නය, බලන සන්නය, ගඩලාදෙනි සන්නය යන නම්වලින් සන්න තුනක්ද, ගැටපදයක්ද, ටීකා දෙකක්ද තිබෙන නමුත් එයින් බුරුමරටේ සාදනලද ටීකාව* සොයාගැනීම දුෂ්කරය—(12) ලියන සන්නය මීන සරණංකර සංඝරාජස්වාමිපාදයන්වහන්සේගේ ශිෂ්‍ය වූ තෙරුන්වහන්සේ නමක්විසින් බාලාවතාරයෙහි උදාහරණ පද සිද්ධකරණ (ලියන) ක්‍රමය සිංහළ භාෂාවට නගා සාදනලද්දකි—එහි ස්වල්ප දොස තිබුනත් ආධුනිකයන්ට ඉතා ප්‍රයෝජනවත් පොතක්ය—එහි පටන්ගැන්ම මෙලෙසය.

“බුද්ධං තිධාභිවන්දිත්වා බුද්ධම්බුජ විලොචනං,
බාලාවතාරං භාසිස්සං බාලානං බුද්ධිවුද්ධියා.

යන මේ ග්‍රන්ථ ප්‍රමුඛ බාලාවතාරනම්වූ ප්‍රකරණයාගේ ‘ලොකා ගෙගා බුද්ධො’ යනාදි පදසිද්ධි ක්‍රමය බුද්ධශාසනාභිවෘද්ධි වර්ධනයෙහි තත්පර සර්වබුද්ධිසම්පන්නාශේෂශාස්ත්‍රාභිලාසී කල්‍යාණජනයන්ට නිරායාසයෙන් දැනගන්නා පිණිස ස්වදෙශ දෙශාන්තර ප්‍රසිද්ධ සිලා

* “බාලාවතාරටීකා අරිමද්දනනගරෙ උත්තමතේරෙන කතා” යනු බුරුම රටේ ලියවිල්ලක තිබේ,

චාර ගුණගණාභසංගත ඡන්දස් නිඝණ්ඩු ව්‍යාකරණ ධම්මවිනයා ද්‍යප්පීයසන් මනාකොට දන්නාවූ වැලිවිට පිණ්ඩපාතික සරණංකර රාජප්‍රතිභා සංඝරාජ ස්ථානාන්තරයට ප්‍රාප්ත යතීශ්වරයන්වහන්සේගේ ශිෂ්‍යවූ ඔයාදපොල ආරාමවාසී ධම්මජෝතිනාම් භික්ෂූකෙනකුන්විසින් සන්ධිකප්ප රූපසිද්ධ්‍යාදියෙහි පදසිද්ධික්‍රමය විමසා බලා ශබ්දශාස්ත්‍රානුකූල කොට මෙම ව්‍යාඛ්‍යානය කිරීමට ප්‍රාරම්භ කළෙම්"—යනුයි.

බලන සන්නය යනු පදගතාර්ථ සන්නයයි—(13.)

ගඩලාදෙනි සන්නය ගඩලාදෙනි විහාරවාසී ස්ථවිරයන්වහන්සේ නමක්විසින් පදගතාර්ථද සමහර තැන භාවාර්ථද දක්වා සාදනලද මාහැඟි සන්නයකි—එහි පාණිනාදි සංස්කෘත පොත්වලින්ද වැදගත් කාරණා ගෙණහැර දක්වා තිබෙනවා පමණක් නොව බාලාවතාරය තේරුම්ගැණීම පිණිස තිබෙන පොත් අතරෙන් ප්‍රයෝජනවත් වැදගත් පොත ගඩලාදෙනි සන්නයයි—(14.)

බාලාවතාරයෙහි කර්තෘ "ධම්මකිත්ති" නම් ස්ථවිරයන්වහන්සේ නමක්යයි බුරුමරටේ ලියවිලිවල කියා තිබේ—කච්චායනසාර ටීකා *සද්දත්ථභෙදචින්තා (ඡපට තෙරුන්වහන්සේගේ) සූත්‍රනිද්දේශ යනාදි පොත්වල මෙහි නාමය සඳහන්කොට ගාථාදිය උදාහරණ කර තිබෙන නිසා එකී පොත්වලට පූරාණ බව හෙවත් අවුරුදු 600 කට මෑත නොවේ බව පෙනේ—සූත්‍රනිද්දේශාදියටත් අවුරුදු සිය ගණනකට පූරාණද ඊට අඩුද යනු නිශ්චය කර ගත නොහැකිය—රූපසිද්ධියටත් පූරාණ බව් නය වශයෙන් සිතියහැකි නමුත් ඒද නිශ්චයකර කියන්ට කාරුණක් නොපෙනේ—සංඥා කාණ්ඩයත් සන්ධි කාණ්ඩයටම ගණන් ගෙණ සන්ධි, නාම, සමාස, තද්ධිත, ආඛ්‍යාත, කිතක, කාරක, වශයෙන් කාණ්ඩ සත බවද පොතේ ප්‍රමාණය අතිරේකයක් සහිතවූ භාණවර සතර බවද අන්තිම ගාථාවල මෙසේ කියනලදී.

"සන්ධි නාමං සමාසො ච තද්ධිතාඛ්‍යාතිකං තථා,
කිතකං කාරකං කණ්ඩා සත්ත බාලාවතාරිමෙ.
සාතිරෙකෙහි චතූහි භාණවාරෙහි නිට්ඨිතො,
බාලාවතාරෙ ජනතා බුද්ධි වුද්ධිං කරොතු හි."

---

* සද්දත්ථභෙදචින්තාව, කච්චායනභෙද ටීකාවටත් පූරාණයි එහි බාලාවතාරය සඳහන්කර තිබෙන්නේ මෙලෙසය "බාලාවතාර සම්බන්ධ විනතාදිසු නපුංසකං"

15. බාලාවතාර ටීකාව—මෙය ලංකාවේදි කරණලද්දක්බව මුත් කවුරුන්විසින්ද යනු දැනගත නොහැක්වත් ඇර වැඩි පුරාණ ලිය විල්ලක් නොවේබවද, න්‍යාසටීකා, සද්දනීති, සුත්‍රනිද්දේශ, කච්චාය නභෙදටීකා, විනයවිනිශ්චයටීකා යනාදියෙන් හා “බීජඛ්‍ය” නම්වූ ව්‍යාකරණ පොතකින්ද සමහර කාරණා සංග්‍රහ කොට තිබෙන බවත් පෙනේ—මෙහි වාසගම් යෙදීමේ සොභණතාවය සම හර සමහර තැන්වල පාඩුවා වාගේ පේන සූමුත් වර්ණනා කිරීම පද, අර්ථ, යන ත්‍රිප්‍රකාරයටය—කතෘට මනාලෙස තේරුම් තිබෙන සමහර ග්‍රන්ථස්ථාන තේරුම් දීම පිණිස ඉතා විස්තර කිරී මෙන්ද සියළු සූත්‍රපද විග්‍රහ කිරීමෙන්ද බොහෝ දුරට වෙහෙස ගෙණ තිබේ—පොතේ ප්‍රමාණයද බාලාවතාර සන්නයකට හෙ වත් බණවර 24 කට අඩු නැත.

“ණ්‍යත්තතා භාවෙතු” යන සූත්‍රාදියෙහි ටීකා මෙසේය.

“ණ්‍යත්තතාති එකං, භාවෙති එකං, තූති එකං, විභත්‍යන්ත පදවිභාගවසෙන තිපදමිදං සුත්තං—සඤ්ඤා පරිභාසා—පෙ— සුත්තෙසු විධි සුත්තන්ති දට්ඨබ්බං—භාවෙතූති භාවත්ථෙ, ණ්‍යත්තාති ණ්‍යප්පච්චය ත්තප්පච්චය තාප්පච්චයා හොන්තීති අත්ථො, ඉධ තුසද්දො සමුච්චයත්ථො—භවන්ති බුද්ධිසද්දා එතස්මාති භාවො එත ස්මාති සද්දප්පවත්ති නිමිත්තතො—තථාහි වුත්තං.

‘යෙන යෙන නිමිත්තෙන බුද්ධිසද්දෙ ච වත්තතෙ,
තං තං නිමිත්තකං භාවපච්චයෙන උදීරිත’න්ති.

රූපසිද්ධි ආදීසු පන යස්ස ගුණස්ස හි භාවො දබ්බෙ සද්දස්සනිවෙසො තදභිධානෙ න්‍යත්තතාති වුත්තං—තත්‍ථ යස්ස ගුණස්සාති යස්ස විසෙසනස්ස, දබ්බෙති විසෙස්‍යෙ, ‘දබ්බභාවෙ වාදස්සපච්චයා’ති වුත්තත්තා සුත්තෙහි විහිතපච්චයෙ ඨපෙත්වා සෙසා— ත්තනං, ත්ථං, ත්වං, තත්වං, ණීක, ණීය, ණීල, ඉමෙ සත්ත පච්චයා තුග්ගහණෙන සංගහෙතබ්බා—තෙනාහ බීජඛ්‍යං

‘දෙසිතා පඤ්ච සුත්තෙන පච්චයා භාවතද්ධිතෙ,
සත්ත සෙසා තු සද්දෙන දෙසිතා තද්ධිතඤ්ඤුනා’ති

කච්චායනෙ පන උපලක්ඛණවසෙන ත්තනප්පච්චයොව ගහි තො, න්‍යාසටීකායම්පන එකාදස පච්චයාති වුත්තං, අඤ්ඤත්ථ අට්ඨ පච්චයාති රූපසිද්ධියං ‘ණ්‍යත්තතාති යොගවිභාගෙන කම්මනි සකත්ථෙ ච ණ්‍යාදයො—කම්මනි-වීරානං කම්මං වීරියං; භාරියං, නාට්‍යං, භෙසජ්ජං, ඉච්චාදි-සකත්ථෙ-කරුණාව කාරුඤ්ඤං; පත්ත

කාලලං, පාගුඤ්ඤං ඉච්චාදි'—'සකත්ථාදීසු ණෙය්‍ය සකත්ථෙ තා ච'—සකත්ථාදීසුපි ණ්‍යප්පච්චයො සකත්ථෙ තාප්පච්චයො ච හොන්තීති

"හොන්ත්‍යස්මා සද්දඤ්ඤාණානි භාවො සො සද්දවුත්තියා,
නිමිත්තභූතං නාමෙව ජාති දබ්බං ක්‍රියා ගුණො."

අස්මා සද්දඤ්ඤාණානි හොන්තීති භාවො, සො සද්දවුත්තියා නිමිත්තභූතං නාමෙව ජාති දබ්බං ක්‍රියාගුණොති යොජනා, යෙන කාරණෙන සද්දඤ්ඤාණා උභො හොන්ති, සො භාවො නාම, සොපි නාම ජාතිදබ්බක්‍රියාගුණවසෙන පඤ්චකොති අධිප්පායසෙසො—නාමාදීනං පඤ්චකානං ලක්ඛණං උපරි කාරකාවත්ථායං පකාසිස්සං-'යථා—චන්දස්ස භාවො චන්දත්තං—ඉහ නාමවසා-චන්දසද්දො චන්දදබ්බෙ වත්තතෙ—නිමිත්තස්ස රූපානුගතඤ්ච ඤාණං'—අයං චන්දසද්දො ජාතිතො වා ගුණතො වා ක්‍රියතො වා චන්දදබ්බෙ න පවත්තති තථාපි සඤ්ඤාමත්තෙන පවත්තති යෙව—චන්දදබ්බෙ පවත්තන්තීන ඤාණං ජාත්‍යාදි සරූපානුසාරෙන අප්පවත්තිත්වා සඤ්ඤාසරූපෙනෙව පවත්තතීති අධිප්පායො—සද්දප්පවත්ති නිමිත්තං නාම සද්දපයොගස්ස කාරණං, සද්දො දබ්බෙ පවත්ති නාම දබ්බවාචකත්තං, ඤාණං දබ්බෙ පවත්ති නාම දබ්බවිසයෙ උප්පාදෙති—උපරිපි එවං දට්ඨබ්බං—'එවං මනුස්සත්තනාති මනුස්සජාතිවසා'—ඉධ මනුස්සසද්දො මනුස්සලක්ඛණ දබ්බෙ නාමාදීනා අප්පවත්තිත්වා මනුස්සජාතිපවත්තිනිමිත්තභූතජාතිස රූපඅනුගතඤ්ඤාණං ජාතියා පවත්තති—යදාදි සුත්තෙන දණ්ඩිස ද්දස්ස ඊකාරස්ස රස්සො—'දණ්ඩත්තනාති දණ්ඩදබ්බ සම්බන්ධා'—ඉහ දණ්ඩිසද්දො දණ්ඩො අස්ස අත්ථීති දණ්ඩීති වුත්තත්තා දණ්ඩෙන යුත්තදෙවදත්තාදි දබ්බනාමාදීනා අප්පවත්තිත්වා දණ්ඩදබ්බස්ස සම්බන්ධො යෙව නිමිත්තං කත්වා පවත්තන්තීඤාණං නිමිත්තභූතදණ්ඩිදබ්බසම්බන්ධස රූපං අනුවත්තති—'පාචකත්තනාති පචනක්‍රියා සම්බන්ධා'—ඉහ පාචකසද්දො පචතීති පාචකොති වුත්තත්තා පාකක්‍රියාය යුත්ත දෙවදත්තාදි දබ්බෙ නාමාදීනා අප්පවත්තිත්වා පචන ක්‍රියාය සම්බන්ධ නිමිත්තං කත්වා පවත්තින්ත ඤාණං නිමිත්තභූත පචනක්‍රියා සම්බන්ධ සරූපානුසාරෙන පවත්තති—'නීලත්තනාති නීලගුණවසා'—ඉහ නීලසද්දො නීලගුණයුත්ත පටාදි දබ්බෙ නාමාදීනා අප්පවත්තිත්වා නීලගුණං නිමිත්තභූත නීලාදිගුණ සරූප මනුවත්තති."

මූල ගාථාව මෙසේය.

"ලොකම්බරෙ උදිත බුද්ධ සහස්සරංසි
මොහන්ධකාරහතපටු ධම්ම මාභං,
පුඤ්ඤාකර දිගුණ සංඝ මහං නමිත්වා
බාලාවතාර පදවණ්ණනමිමං කරිස්සං."

16. චූලනිරුත්තිය—මේනාමින් පොත් දෙකක් තිබෙනුය-එයින් එකක් යමකනාම් මහා සථ්විරයන්වහන්සේවිසින් විරචිතවූ ඉතාම පුරාණ පොතක්ය—දැනට තිබෙන පාලිව්‍යාකරණ පොත්අතුරෙන් ඉතාම පුරාණ පොතක්වූ න්‍යාසයෙහි පවා ඒ නාමය සඳහන්ව තිබෙන බැවින් ඊටද පුරාණබව පේනවත් ඇර ඊට කරණලද "මඤ්ජූසා" නම්වූ ටීකාවද රූපසිද්ධියටත් ඉහත බව රූපසිද්ධියෙහි

"සද්දෙනාපි මුඛාකාරෙ විජ්ජමානස්ස වත්ථුනො,
ආමන්තනං විධාතබ්බෙ නත්ථි රාජා භවෙ ඉති."

යනාදි ගාථා එම පොතෙන් උදාහරණ කරතිබෙන හෙයින් පෙනේ—ඒ පුරාණ චූලනිරුත්තියෙහි මූඩ්ජ ලූයන්න හැරදමා "අක්ඛරානි සමචත්තාලීසති විධං" යී අක්ෂර සතලිසක් බව කියන ලදී—එහි ගාථා කීපයක් මෙසේය.

"බ්‍යඤ්ජනානං සරානන්තු සාධාරණ මිදං මතං,
නිග්ගහීතං නාම ඤානං නිරුත්තඤ්ඤූහි දෙසිතං.

අක්ඛරානි ච සංඛ්‍යා ච අපිකාරෙන ගණ්හිතා,
තස්මා මජ්ඣෙ පකාසෙති අපිකාර මනුත්තරං.

ඵුට්ඨත්තං ඊසඵුට්ඨත්තං සංවුතත්තම්පි තථෙව ච,
විවටචාපි වණ්ණානං කරණං තං චතුබ්බිධං.

ඵුට්ඨකරණා සියුං වග්ගා යරලවා තු ඊසකා,
ඊසා ච විවටා සබ්බෙ රස්සා සංවුතකා ඉමෙ.

අනාදවනෙතා අත්‍යූණ්හා වග්ගානං පඨමො මතො,
උණ්හාවනෙතා ච නාදෙ ච වග්ගානං දුතියො මතො.

නාදවනෙතා අත්‍යූණ්හා ච තතියො පිච පඤ්චමො
උණ්හා ච නාද වනෙතා ච තෙස මෙව චතුත්ථකං."

---

17. අභිනව චූලනිරුත්තිය න්‍යාසාදියට පසු කාලයෙහි සිරිසද්ධම්මාලංකාරනම් සථ්විරයන්වහන්සේ නමක්විසින් කච්චායන සූත්‍රවල ච ශබ්දග්‍රහණ වා ශබ්දග්‍රහණාදියෙන් (කච්චායනාදියෙහි නොකී යනලද) අමුතු පදසිද්ධික්‍රම දක්වනලද කුඩා පොතකි—එහි සූත්‍ර කීපයක් පිළිබඳව මෙසේ දක්වන ලදී.

" සරා සරෙ ලොපං—එකවචනග්ගහණෙන සඬාගහණ පයො

ජනං කාතබ්බං, බ්‍යඤ්ජනසම්පිණ්ඩනත්ථං සරා සරෙ ලොපං, බ්‍යඤ්ජනානි බ්‍යඤ්ජනෙ ලොපං—මෙඝනාස්ස+ඛස්ස+මාලා, මෙඛලා,—භවෙසු වන්තගමනො, භගවා.

ක්වචාසවණ්ණං ලුත්තෙ—ලුත්තග්ගහණං කස්මා? තෙන ලුත්තග්ගහණෙන සරෙ පරෙ ලුත්තෙ පුබ්බො සරො අසවණ්ණං පප්පොති—මුනි+ආලයො, මුනෙලයො—ඉසි+ආලයො, ඉසෙලයො—රපි+ආසභො, රථෙසභො.

සිම්හි ගච්ඡන්තාදීනං අන්තසද්දො අං—යොගවිභාගෙන පම විධො පාඨො ඤාතබ්බො, යොම්හි ගච්ඡන්තාදීනං අන්තසද්දො අං, නාම්හි ගච්ඡන්තාදීනං අන්තසද්දො අං, නාම්හි...ස්මාහි ගච්ඡන්තාදීනං අන්තසද්දො අං,—ගච්ඡං, ගච්ඡන්තා සමාගතා පණ්ඩිතා, ගච්ඡං ගච්ඡන්තෙන, ගච්ඡං, ගච්ඡන්තානං—ගච්ඡං, ගච්ඡන්තස්මා පුග්ගලස්මා—ආදිග්ගහණෙන අන්තසද්දො අනාපිතත්තං ආපජ්ජති—ගච්ඡං ගච්ඡන්ති.

සෙසෙසු න්තුව—යොග විභාගවසෙන පඨමා විභත්ති පරෙපි අගච්ඡන්ත සද්දෙ න්තුපච්චයොව දීඝො—අරහා.

කත්තරිච—චසද්දග්ගහණෙන කත්තරි කාරකෙ පඨමා විභත්ති හොති-පුරිසො කම්මං කරොති.

තදස්සත්ථීති වී ච—චසද්දග්ගහණෙන සො විය ඉව පච්චයා හොන්ති තදස්සත්ථීත්‍යත්ථෙ—කුලං අස්ස අත්ථීති කුලසො, පදෙසො අස්ස අත්ථීති පදෙසවියො, චක්ඛුං අස්ස අත්ථීති චක්ඛුවො.

සබ්බතො උං ඉංසු—සබ්බතොග්ගහණෙන උං විභත්තිස්ස අංසු එසුං ආදෙසා හොන්ති-අගමංසු, අදංසු, පාතුරහෙසුං.

භූජාදීන මන්තො නො ද්වි ච—චසද්දග්ගහණෙන අභූජාදීනං ධාතූනං අන්තො නො හොති—රමති තායාති රත්ති, යුජ්ජති තායාති යුත්ති, විපජ්ජති තායාති විපත්ති"—මූල අග ගාථා මෙසේය.

"වත්ථුත්තයං නමස්සිත්වා කච්චායනඤ්ච පුබ්බකෙ,
නිරුත්තිමහං වක්ඛාමි වචනං මෙ නිබොධථ.
පුඤ්ඤකාමෙන ථෙරෙන සුතෙන පියසීලිනා,
සිරිසද්ධම්මාලංකාර ඉති නාමෙන යෙන හි.
පොරණෙහි කතං ගන්ථං චූළනිරුත්ති සඤ්ඤිතං.
ලිඛිතං තෙන පුඤ්ඤෙන සොහං බුද්ධො භවෙ ලොකෙ,
ඉමිනා පුඤ්ඤකම්මෙන යාව බුද්ධො භවාමහං.
මහොසධො ව ඤාණෙන ජොතිසෙට්ඨිව භොගිනා,
වෙස්සන්තරොව දානෙන හොතු මය්හං භවාභවෙ."

18. මොග්ගල්ලායනවෘත්තිය—මීට මොග්ගල්ලායනය කියා සහ මොග්ගල්ලායනව්‍යාකරණය, කියාද, වෘත්තිය යයි කියාද නොයෙක් ලෙස ව්‍යවහාර කෙරෙත්—බුද්ධ වර්ෂ 1691 දී රජ පැමිණි පරාක්‍රමබාහු රජ්ජුරුවන්ගේ කාලයෙහි අනුරාධපුර යෙහි ථූපාරාමයෙහි වැඩසිටිය මොග්ගල්ලායන මහාස්ථවිරයන් වහන්සේවිසින් විරචිත හෙයින් මේ ග්‍රන්ථයටද (කච්චායන අමරසිංහ යන නාමයන් මෙන්) කර්තෘගේ නාමය ව්‍යවහාරයි—මුන්වහන්සේවිසින් පළමුවෙනි වරට සූත්‍ර උදාහරණ යන දෙවර්ගය පමණක් සාදා දෙවෙනිව වෘත්ති සෑදූ බව "මොග්ගල්ලානෙන ථෙරෙන යං සද්දසත්ථං රචිතං, තස්ස වුත්ති පුන තෙනෙව රචිතා" යනාදියෙන් පෙනේ—එපමණකුත් නොව ඒ මොග්ගල්ලායනවෘත්තියගේ වර්ණනා සංඛ්‍යාත පඤ්චිකාවද උන්වහන්සේවිසින්ම කළබව

"යං සද්ද සත්ථං රචිතං අනූනං
වුත්ති ච තස්සාථ කතා සමාසං,
තස්සාපි සංඛෙපනයෙන සො ච
සංවණ්ණනං දානි සමාරභෙය්‍ය."

යනාදියෙන් පෙනේ—සම්බන්ධචින්තායෙහි අගදී ගාථාවකින් සංඝරක්ඛිත ස්ථවිරයන්වහන්සේ විසින්ද මේ මොග්ගල්ලායන ස්ථවිරයන්වහන්සේගේ ගුණ වර්ණනා කරණලද්දේ පමණක් නොව උන්වහන්සේගේ උගත්කම ගැණ පඤ්චිකාප්‍රදීපයෙහිද

"යා ශබ්දනීතිඃ පාණිනෞ යා ච චාන්ද්‍රකාත්‍යායනාදිෂු,
යෙ ශ්‍රීමූර්තිමත් මන්‍යෙ මෞද්ගල්‍යායනරූපිණී—" යනුද

"මහාවෛයාකරණාචාර්යයන්විසින් ශබ්දශාස්ත්‍ර කරණයෙහි දත්තාභිෂෙක ඇති භූමණ්ඩලමණ්ඩණසකලගණීගණයන්විසින් සම්භාවනීයවූ ආචාර්ය මෞද්ගල්‍යායන මහා ස්වාමිපාදයොයි—" යනුද කියන ලදී—මුන්වහන්සේ සංස්කෘත ව්‍යාකරණාදියෙහි අපූරු උගතෙක්සේයින්ද කච්චායනයට පසුව එහිසියළු ශබ්දලක්ෂණයන් බලාකරණලද්දක් හෙයින්ද කච්චායනයෙහි නොදක්වනලද සමහරඅමුතුශබ්දලක්ෂණාදිය මොග්ගල්ලායනවෘත්තියෙහි තිබිමඅපූරුවක් නොවේ නමුදු ඒවා ඉතාම ප්‍රයෝජනවත් ශබ්දලක්ෂණාදිය බව පෙනේ—අකුරු 41 ක් බව කච්චායනව්‍යාකරණයෙහිදී කියන ලද්දේ නමුදු මෙහිදී 43 ක්යයි කියන ලදී—කච්චායනයෙහි "තත්ථොදන්තා සරා අට්ඨ" යන සූත්‍රය වෙනුවට මෙහි "දසාදො සරා" යන සූත්‍රයයි—එසේම "අක්ඛරා පාදයො එකචත්තාලීසං" යන සූත්‍රය වෙනුවට "අ ආදයො තිතාලීස වණ්ණා" යන සූත්‍රයයි—මේ ආදි

මේ ව්‍යාකරණ දෙකේ එකට එකක් වෙනස්නම් බොහෝය — මෙහි පරිච්ඡේද බෙදීම කච්චායන ව්‍යාකරණයෙහි පිළිවෙළට නොව ආඛ්‍යාතය අගටය—සංඥාදිකාණ්ඩය, ස්‍යාදි කාණ්ඩය, සමාසකාණ්ඩය, ණාදිකාණ්ඩය, ඛාදි කාණ්ඩය, ත්‍යාදි කාණ්ඩය යි පරිච්ඡේද සයය—සංඥාදිකාණ්ඩයෙහි සංඥා හා සන්ධියි—කාරක කාණ්ඩයක් වෙන්වශයෙන් නැත්තේ කාරකලක්ෂණාදිය ද ස්‍යාදිකාණ්ඩයයි කියනලද නාමයෙහිම දක්වනු ලැබූහෙයිනි—ස්ත්‍රී ප්‍රත්‍යයන්ද සමාස කාණ්ඩයෙහිය—ණාදිකාණ්ඩය නම් තද්ධිතයයි—ඛාදි කාණ්ඩයනම් (කච්චායනාදියෙහි ආඛ්‍යාතයෙහි දක්වනු ලැබූ) "ඛ ඡ ස ඊය ආය ණය" යනාදිවූද අමුතුද ප්‍රත්‍යය කීපයක් හා කිතකයයි—පොතේ ක්‍රමය ද බාලාවතාර රූපසිද්ධි පයෝගසිද්ධි ආදිය මෙන් උදාහරණප්‍රධාන ක්‍රමයට නොව කච්චායන පාණිනි ආදිය මෙන් සූත්‍රප්‍රධාන ක්‍රමයටය—ප්‍රමාණය බණවර හයක්ය.

තොප්‍රත්‍යය පචම්‍යර්ථ සත්තම්‍යර්ථ දෙක්හි පමණක් කච්චායනයෙහි කියනලද්දේ නමුත් මොග්ගල්ලායන වෘත්තියෙහි ප්‍රථමාර්ථයෙහිද කියනලද්දේය—එනම්, "යතො" යනාදියයි—එසේම තො ප්‍රත්‍යය ලිඞ්ගයා කෙරෙන් පරව මුත් උපසර්ග නිපාතයන් කෙරෙන් පරව වනබව කච්චායනයෙහි නොකියනලද්දේය—මොග්ගල්ලායනවෘත්තියෙහි කියා තිබෙන්නේ මෙසේය—"අභ්‍යාදීහි—අභි ආදීහි තො හොති—අභිතො, පරිතො, පච්ඡතො, හෙට්ඨතො උපරිතො."

තවද මේ මතු දක්වනු ලබන සමහර අර්ථවලට ඒ ඒ ප්‍රත්‍ය කච්චායනයෙහි දක්වා නැති නමුදු මොග්ගල්ලායන වෘත්තියෙහි
"මං පඤ්චාදිකතීහි-ඡට්ඨියන්තාය පඤ්චාදිකාය සංඛ්‍යාය කතිස්මා ච මො හොති පූරණත්ථෙ—පඤ්චමො, සත්තමො, අට්ඨමො, කතිමො, කතිමී. සතාදීනමි ච—සතාදිකාය සංඛ්‍යාය ඡට්ඨියන්තාය පූරණත්ථෙ මො හොති සතාදීන මිචාන්තාදෙසො—සතිමො, සහස්සිමො.

ඡට්ඨට්ඨමා—ඡ සද්දා ට්ඨ ට්ඨමා හොන්ති තස්ස පූරණත්ථෙ—ඡට්ඨො, ඡට්ඨමො, ඉත්ථියං, ඡට්ඨී, ඡට්ඨමී.

එකා කාක්‍ය සහායෙ—එකස්මා අසහායත්ථෙ ක ආකී හොන්ති වා—එකකො, එකාකී.

වච්ඡාදීහි තනුත්තෙ තරො-වච්ඡාදීනං සභාවස්ස තනුත්තෙ ගම්‍යමානෙ තරො හොති—සුසුතාස්ස තනුත්තෙ වච්ඡතරො, ඉත්ථියං වච්ඡතරී, ගොණස්ස තනුත්තෙ ඔක්ඛතරො, අස්සභාවස්ස තනුත්තෙ අස්සතරො සාමත්ථියස්ස තනුත්තෙ උසභතරො.

කිම්හා නිද්ධාරණෙ රතර රතමා—කිංසද්දා නිද්ධාරණෙ රතර රතමා හොන්ති—කතරො භවතං දෙවදත්තො, කතමො භවතං කඨො, භාරද්වාජානං කතමොසි බ්‍රහ්මෙ.

තෙන දත්තා ලියා—තතියන්තා දත්තාභිධෙය්‍යෙ ල ඉයා හොන්ති-දෙවෙහි දත්තො දෙවලො, දෙවියො, බ්‍රහ්මලො, බ්‍රහ්මියො-සිවා-සිවලො, සිවියො-සියසදිශො.

රාජතො ඤ්ඤො ජාතියං—රාජසද්දතො ඤ්ඤො වා හොති අපච්චෙ ජාතියං ගම්‍යමානායං—රාජඤ්ඤො අපච්චං, රාජඤ්ඤා-ජාතියන්ති, කිං? රාජාපච්චං.

ඛත්තා ඊයා—ඛත්තසද්දා ය ඉයා හොන්ති අපච්චෙ ජාතියං-ඛත්තස්සාපච්චං ඛත්‍යො, ඛත්තියො.

අමා ච්චො-අමාසද්දතො අච්චො හොති භවත්ථෙ—අමා භවො අමච්චො.

පුරාතො ණො ච—පුරා ඉච්චස්මා භවත්ථෙ ණො හොති තනො ච—පුරාණො, පුරාතනො.

පිතිතො භාතරි රෙය්‍යණ්—පිතුසද්දා තස්ස භාතරි රෙය්‍යණ් හොති—පිතු භාතා පෙත්තෙය්‍යො.

මාතිතො භගිනියං ඡො—මාතිතො පිතිතො ච තෙසං භගිනියං ඡො හොති—මාතු භගිනී මාතුච්ඡා, පිතු භගිනී පිතුච්ඡා.

මාතාපිතූස්වා මහො—මාතාපිතූහි තෙසං මාතාපිතූස්වා මහො හොති—මාතු මාතා මාතාමහී, මාතු පිතා මාතාමහො, පිතු මාතා පිතාමහී, පිතු පිතා පිතාමහො."—මූල ගාථාව මෙසේය.

"සිද්ධමිද්ධගුණං සාධු නමස්සිත්වා තථාගතං,
සධම්මසංඝං භාසිස්සං මාගධං සද්දලක්ඛණං."

අග ගාථා—"යස්ස රඤ්ඤො පභාවෙන භාවිතත්ත සමාකුලං,
අනාකුලං දුලද්ධිහි පාපභික්ඛූහි සබ්බසො.
ලංකාය මුනිරාජස්ස සාසනං සාධු සණ්ඨිතං,
පුණ්ණචන්ද සමායොගා වාරිධීව විවද්ධතෙ.
පරක්කමභුජෙ තස්මිං සද්ධා බුද්ධි ගුණොදිතෙ,
මනුවංසද්ධජාකාරෙ ලංකාදීප මපාසති.
මොග්ගල්ලානෙන ථෙරෙන ධීමතා සුචිවුත්තිනා,
රචිතං යං සුවිඤ්ඤෙය්‍ය මසංදිද්ධ මනාකුලං.
අසෙස විසයව්‍යාපි ජිනව්‍යප්පථ නිස්සයං,
සද්දසත්ථ මනායාස සාධියං බුද්ධි වද්ධනං,
තස්ස වුත්ති සමාසෙන විපුලත්ථප්පකාසනී,
රචිතා පුන තෙනෙව සාසනුජ්ජෝතකාරිනා."

19. මොග්ගල්ලායන පඤ්චිකාව-මෙයද "මොග්ගල්ලායනවෘත්ති" කාරක මුගලන් ආචාරීන්වහන්සේවිසින් මොග්ගල්ලායන වෘත්තිය සංක්ෂේප ක්‍රමයෙන් වර්ණනාකිරීම්වශයෙන් සාදනලද ඛණ්ඩවර විස්සක පමණපොතකි-මීට "පඤ්චිකා" යන නාමයද "මොග්ගල්ලායනවෘත්ති විවරණ පඤ්චිකා" යන නාමයද පොත්වලදී ව්‍යවහාර කරතිබේ-මීට සංඝරක්ඛිත මහාසාමිපාදයන් වහන්සේ විසින් සාදනලද "සාරත්ථවිලාසිනී නම්වූ" ටීකාවක්ද, තොටගමුවේ සාමීන්ද්‍රයන් වහන්සේවිසින් සාදනලද පඤ්චිකාප්‍රදීපනම්වූ මාහැඟිසන්නයක්ද තිබෙන නුමුත් මූල් පොත හා ටීකාවද යන දෙකම සොයා ගැනීම ඉතාම දුෂ්කරය-සුබොධාලංකාර, වුත්තොදය, සම්බන්ධචින්තා, ඛුද්දසික්ඛාටීකා යනාදිය කළාවූ සංඝරක්ඛිතනාම් සවාමිපාදයන් වහන්සේවිසින් මොග්ගල්ලායනව්‍යාකරණයට උපකාරවූ "සුසද්දසිද්ධි"නාම් පොතක් කළ බව සම්බන්ධචින්තාදියෙහි කියා තිබෙන නිසා ඒ පඤ්චිකා ටීකාවයයිද සමහරු කියත්.

සම්බන්ධචින්තායෙහි

"සුසද්දසිද්ධිං යො යොගනිච්ඡයං සබ්භි වණ්ණිතං,
අකා සුබොධාලංකාරං වුත්තොදයං මනාකුලං."

ටීකාවෙහි.

"යොගනිච්ඡයභූතං සුසද්දසිද්ධි නනාමකං මොග්ගල්ලායන ව්‍යාකරණොපකාරභූතං පකරණඤ්ච අකාසි..." යනුයි.

පදසාධනී ටීකාවෙහිද-"සංඝරක්ඛිත මහාසාමිනා ච පඤ්චිකා ටීකායං කච්චායනෙ ඨිතිහි තියොච්චාදිනං ආසංකාය කාරණ මුපදෙසෙත්වා වුත්තියං දුතියස්සාති ආදීනං සුත්තෙකදෙසා දස්සි තානි තානි සම්පුණ්ණං කත්වා දස්සෙතුං දුතියස්සාති ආදීනා චතුත්ථතනියාන මිච්චාදිනා ච වුත්තානීති විවරිතං" කියා තිබේ-"පඤ්චිකා" නාමය සංස්කෘතයෙන් ගෙණ ව්‍යවහාර කරණලද්දකි-චන්ද්‍රගෝමින්විසින් කරණලද පඤ්චිකාවකට (විනයටීකාදිය කළ) සාරිපුත්ත මහාසාමිපාදයන් වහන්සේවිසින් පඤ්චිකාලංකාර නම්වූ ටීකාවක් කළබව දාඨාවංසාදියෙහි කියනලදී—ත්‍රිලෝචනදාස විරචිත පඤ්චිකාවක්ද-රත්නමතිපාද විරචිත චාන්ද්‍රපඤ්චිකාවක්ද-කාශිකාවෘත්ති පඤ්චිකාවක්ද—කාතන්ත්‍ර ව්‍යාඛ්‍යාන පඤ්චිකාවක්දැයි සංස්කෘතයෙහි පඤ්චිකා බොහෝයි—මොග්ගල්ලායන පඤ්චිකාවෙන් හා ටීකාවෙන්ද ගෙණ ලියනලද වාසගම් කච්චායනසාර ටීකා පදසාධනී ටීකාදියෙහිද තිබේ—මෙකියනලද පඤ්චිකාව හා ටීකාවද දැනට තීන්දුවටම නැතිවී ගොස්යයිද සමහරු කල්පනාකර තිබේ.

මූල ගාථා මෙසේය.

1. “මහාදයො යො ජනතාහිතාය
සම්බොධි සම්පාපක ධම්ම ජාතං,
සම්පූරයං දුක්ඛ මනන්තරූපං
අබිනන රූපොනු භවී සුඛංච.

2. තං ධම්ම රාජං ජිත මාර වීරං
සුධන්තසොවණ්ණණ්නිභං නමිත්වා,
පධංසි මොහන්ධතම ච ධම්මං
සංඝං තථා සංඝටිතං ගුණෙහි,

3. යො ඉද්ධිමන්තෙසු මහත්ත පත්තො
නානාමධෙය්‍යෙන තපොධනෙන,
යං සද්දසත්ථං රචිතං අනූනං
වුත්ති ච තස්සාථ කථා සමංසා.

4. තස්සාපි සංඛෙප නයෙන සොව
සංවණ්ණනං දානි සමා රභෙය්‍ය,
තං සාරභූතං විපුලත්ථ ගාහිං
අනාකුලං සාධු සුණන්තු සන්තො.”

අගට ගාථාවක් නැත.

“සච්චත්තාචායං මොග්ගල්ලායන පඤ්චිකාවීසති භාණවාරෙහි”තියාය.

---

20. පඤ්චිකාප්‍රදීප-මෙය මොග්ගල්ලායන පඤ්චිකාවට තොටගමුවේ ෂඩ්භාෂා පරමෙශ්වර ශ්‍රී රාහුලස්වාමිපාදයන් වහන්සේවිසින් ශක වර්ෂ 1379 දී(එනම් මීට අවුරුදු 417 කට ප්‍රථම)සාදනලද ඉතාමාහැගි සන්නයකි—තොටගමුවේ සාමීන්වහන්සේ මෙම පඤ්චිකා ප්‍රදීප යෙහි පෙනෙන වර්ෂයට වර්ෂ 14 කට පසු සංඝරාජව වැඩසිටිය බව කාලඥාණී ප්‍රකරණයෙහි පෙනෙන හෙයින් පදසාධනී ටීකාව සාදනලද්දේ ඒ කාලයෙහිය—මෙම පඤ්චිකා ප්‍රදීපයේ මනොහරතාවය ඇඟවීම පිණිස බොහෝ කාරණා කියයුතු නමුත්, ශ්‍රීපාදසංනයෙහි නායක පදවියලත් සිප්කඩුවේ සුමංගලසාමීන් වහන්සේ විසින් කාව්‍යශෙඛර සන්නයෙහිදී කියනලද—“පඤ්චිකාප්‍රදීපය මත් උන්වහන්සේගේ ව්‍යක්තතාවයේ තත්වය ප්‍රකාශ වීමට සෑහේ මය” යන්න එසේම බව මෙහිදී අපිද කියමු—මෙහි බොහෝ

සෙයින් උදාහරණ කර තිබෙන්නේ පාණිනි ව්‍යාකරණයෙන් ත මුදු මෙහි පනත නම් ජේන පොත් 50 කින් සහ තවත් පොත්ව ලින්ද කාරණා දක්වා තිබෙනුය—ඒ නම්.

1. කච්චායන.
2. න්‍යාස.
3. න්‍යාසප්‍රදීප.
4. නිරුත්තිමඤ්ජූසා.
5. රූපසිද්ධි.
6. රූපසිද්ධි සන්න.
7. රූපසිද්ධි ගැටපද.
8. බාලාවතාර.
9. බාලාවතාර සන්න.
10. සද්දනීති.
11. මූලනිරුත්ති.
12. නිරුත්තිපිටක.
13. සූත්‍රනිද්දේශ.
14. සම්බන්ධචින්තා.
15. පදසාධන සන්න.
16. පඤ්චිකා ටීකා.
17. පයෝගසිද්ධි.
18. දික්සඟි ටීකා.
19. භෛසජ්‍ය මඤ්ජූසා සන්න.
20. අභිධානප්පදීපිකා.
21. චාන්ද්‍ර.
22. මහාභාෂ්‍ය.
23. භාෂ්‍යප්‍රදීප.
24. ලඝුවෘත්ති.
25. දුර්ගසිංහවෘත්ති පඤ්චිකා.
26. පඤ්චිකාලංකාර.
27. කාතන්ත්‍ර.
28. ශබ්දාර්ථචින්තා.
29. සාරස්වත.
30. කාශිකා.
31. කාශිකාවෘත්ති.
32. වාර්තිකා.
33. භාගවෘත්ති.
34. සාරසංග්‍රහ.
35. පදාවතාර.
36. ශ්‍රීධර.
37. වෛජයන්ති.
38. අභිධර්මකොෂ.
39. අමරකොෂ.
40. මෙදිනීකොෂ.
41. ප්‍රාකෘතප්‍රකාශ.
42. වේද පොත්.
43. රාමායන.
44. බාහට.
45. භරතශාස්ත්‍ර.
46. ජාතකසන්න,
47. උමංද ගැටපද.
48. රතනසූත්‍ර ගැටපද.
49. දෙමලජාතක ගැටපද.
50. චරිත සන්න.

යන මේආදි පොත්වලිනි—මෙහි න්‍යාසයට "කච්චායනවුත්ති වණ්ණනා" කියාද, කච්චායනයට "කච්චායනවුත්ති" කියාද ව්‍යවහාරකර තිබේ—මුල් පොතේ වචන විස්තර කිරීම් ඇර උන්වහන්සේගේ විනිශ්චයක්ද බොහෝවත් ඇර මුල් පොතේ සමහර කියමන් ගැණ උන්වහන්සේගේ කල්පනාව වෙනස් බවද ඇඟෙන්ට තිබේ—ඒ බව පඤ්චිකාප්‍රදීපයෙහි මේ කියමනෙන් බලනු.

“භිය්‍යො සො මත්තාය, යී විභත්‍යන්ත පදප්‍රතිරූපක නිපාත පද
“යෙකැයි යනු ආචාර්‍ය්‍යයන්ගේ අභිප්‍රාය වුවද ‘මත්තාය’ යන
“තැන්හි ‘මත්තා සුඛපරිච්චාගා’ යනාදියෙහි මෙන් ස්ත්‍රී ලිඞ්ගයෙහි
“වැටෙන්නාවූ මත්තා ශබ්දයා කෙරෙන් පළමු විභක්ති වූ තැනි-
“භිය්‍යොසොති ඉදං භිය්‍යො සද්දෙන අතිරෙකත්ථ වාචකෙන
“නිපාතෙන සමානත්ථං නිපාත පදං’ යී පුරාතනයන් කීහෙයින්
“‘භිය්‍යො සො’ යනුද අතිරෙකාර්ථ වාචකවූ භිය්‍යො ශබ්දයා හා
“සමාන නිපාත පදයකැයි යනු යුක්තයි—මාත්‍රයෙන් අධිකයයි
“අර්ථ කිය යුතු—පුරාතනාර්ථ කථාචාර්‍ය්‍යවරයෝද ‘භිය්‍යො සො
“මත්තායාති අතිරෙකප්පමාණෙන’යී කීහු—රූපසිද්ධිසන්නය ගැට
“පද කාරයෝ ‘මත්තාය, පමණට, සො, එතෙමැ, භිය්‍යො, බො
“හෝ විය’ යී අර්ථ කීහු—එසේ කී කල්හි මෙහි ‘එත්ථ භිය්‍යො සො
“මත්තාය’ යනාදීන් දක්වනලද පුනරුක්ත දෝෂය පැමිණෙයි දත
“යුතු”—යනුයි.

තවද ක්‍රියාවිශෙෂණය ගැණ පඤ්චිකා ප්‍රදීපයෙහි “ආඛ්‍යාතෙ
“නොධම්මානස්ස කත්තාධාරූපස්ස චලනස්ස ථොක ගුණෙන සමා
“නාධිකරණත්තෙන විසෙසනං’ යී සම්බන්ධයි—‘ථොකං චලති’ යන
“මෙහි ‘සබ්බෙහි ධාත්වත්ථ කාරෙත්‍යනේන ව්‍යාපතඃ’ යනු හෙයින්
“චලනං කරොති යනු අර්ථයැ, එහෙයින් චලනං යනුද කාර කර
“ණ යන ධාතුහුගේ ක්‍රියාවට කර්මයැ, ඒ චලනං යන කර්ම පදය
“භාවයෙහි වූ අනප්‍රත්‍යයන්ගේ නපුංසකලිඞ්ග බව හේතුකොට
“ගෙණ නපුංසකලිඞ්ග වෙයි චලන මාත්‍රයාගේ අනෙකත්වයෙහි
“යෙදීමක් නැතිහෙයින් එකවචනාන්තද වෙයි ථොකං යනුද ඒ
“චලනං යන්නට විශෙෂණ නම් වී—එහෙයින්ම කීහ.

සම්බන්ධචින්තායෙහි.

“ක්‍රියාවිසෙසනං යත්‍ර තං සබ්බම්පි නපුංසකෙ,
දුතියායෙකවචනං ගති තස්ස හි තාදිසී.”

තවද කච්චායනයෙහි ජායා ශබ්දයාහට පති ශබ්දයා පර කල්හි තුදං ජානි යන ආදෙශ දෙකක් “ජායාය තුදං ජානි පතිම්හි” යන සූත්‍රයෙන් වන බව කියා තුදම්පති, ජානිපති, යන උදාහරණ දෙකක්ද දක්වා තිබෙන හෙයින් අභිධානප්‍රදීපිකායෙහිද ඊට සමාන වන ලෙස “ජායාපති ජානිපති ජයම්පති තුදම්පති” යනාදි ගාථාවෙහිද “ජානිපති තුදම්පති” යන නාම දෙක කියනලද්දේ නාමුදු පඤ්චිකා ප්‍රදීපයෙහි ඒ ගැණ මෙසේ කියනලදී—“සමහර අභි
“ධානප්‍රදීපිකා පොතෙක ජයම්පති තුදම්පති කියා පෙනෙයි, එම

"ග්‍රන්ථයෙහි ජම්පතිය අම්පති යයි විභාග කොට ලියෙයින් "ජයම්පතී ච අම්පතී යනු සුබ පාඨයයි දත යුතු—මෙහිද ජං යනු "අඝංඛ්‍යයයි කීහ. ආචාර්ය සර්වගුණාකර මහාස්ථවිරයන්විසින් "වනාහි 'ජායාය දං ජං ජානියො පතිම්හි" යන සූත්‍රයෙන් ජායා "ශබ්දයානට දං ජං ජානි ආදෙශ කරණලදැයි දතයුතුයි"—යනුයි. මේ නියමනද සර්වප්‍රකාරයෙන් සැලකිය යුතු ස්ථිර නියමනක්ය— එසේ නමුදු අභිධානප්‍රදීපිකාවෙහි යථෝක්ත පාඨය ප්‍රමාද ලියවිල් ලකැයි සිතීමද ඉතා දුෂ්කරවා මෙන්ම පාලියෙහිද ජම්පති, අම්පති, යනු මිස "තුදම්පති" යන නාමයක් දැකීමද දුෂ්කරයි.

එහි මූල ගාථා මෙසේය.

"සම්බොධි නිම්මල පයොධි සමුබ්භවස්ස
යස්සුජ්ජලන්ත වචනජ්ජුති ගන්ත තීහි,
සංකොච මෙන්ති පරවාදි මුඛාරවින්දා
වන්දෙ සදා තමතුලං මුනිරාජචන්දං.

ආදිච්චවංස කමලාකර භාකරෙන
රාජින්දමොලි මණිරංජිත සාසනෙන,
ලංකිස්සරෙන මය මත්‍රජ පෙමබුද්ධ
සංවඩ්ඪිතා පිතුපදාධිගතෙන යෙන.

සද්දන්තරෙ ච විවිධෙ සමයන්තරෙ ච
භාසන්තරෙ ච සකලෙ පිටකත්තයෙ ච,
ආචෙරභාව මුපගම්ම භජාම පීතිං
දීඝං සජීවතු පරක්කමබාහු රාජා.

මොග්ගල්ලානාචරිය ථෙරෙන පීරබුද්ධිනා
කතා යා පඤ්චිකා සුද්ධා ගුළ්හභාවා සවුත්තියා.
ව්‍යාඛ්‍යාතුන ම කොසල්ලා නාධිතා චිරමන්තරෙ,
සා ටීකායපි දුබ්බොධා සද්දන්තර නයාකුලා.
තස්මා සීහළභාසාය නිමුත්තාදීහි භාසිතං,
ලක්ඛණං අස්සසිත්වාන දීපො තස්සා විධීයති."

අහ—"රම්මෙ විහාරපවරෙ භුවි තිප්පගාමෙ
ථෙරො මහා විජයබාහු නිවාස වාසී,
වාචිස්සරො විදිත රාහුලසාමි නාමො
දීපං අදාසි පඨන මත්ථ පඤ්චිකාය.

රාජා පරක්කමභුජො යසස්සී
යො සීහළින්දො බහුපුඤ්ඤතෙජො,
පොසෙසි මං සාධු ගුණෙහි සද්ධිං
ආබාල භාවා සුතපෙම යුත්තො.
රඤ්ඤො කුසග්ගීය මතිස්ස තස්ස
සංවණ්ණයන්තො පිටකත්තයත්ථං,
සමාදපෙන්තො දසපුඤ්ඤකම්මෙ
වසං පුරස්මිං ජයවඩ්ඪනාව්හෙ.
තස්සෙව වස්සෙ නව පඤ්චකස්මිං
රජ්ජෙ'දයා කත්තික පුණ්ණමායං,
සාකෙ අයාසිං නිධිසෙල රාම
සුධං කරෙ ගන්ථ මිමං පසත්ථං.

පඤ්චිකාවේ පාළි පාඨ මෙහි දක්වා නැතිහෙයින් පඤ්චිකාව නැතිව මෙම පොතෙන් සම්පූර්ණ ප්‍රයෝජනය ලබන්ට බැරුවත් ඇර මෙය අතින් අතට ලිවීමෙන් පැමිණි වරදින්ද ඉතාම ආකුලවූ පොතක් හෙයින් වැඩගැණීම ඉතාම දුෂ්කරව තිබෙන අතර කොළඹ වාසල ලුවිස්දසොයිසා මුදලිතුමන් විසින් සත්කෝරලේ විහාරයකින් අවුරුදු දෙතුන්සියයකට ඉහත ලියවිච්ච ඉතා පරණ නිවරදි පොතක් ලබාගණ ආසෙයින් යථොක්ත දුෂ්කරතාවය ඉතින් හුගක් දුරටවත් මග ඇරෙන්ට බැරිනැත.

---

21. පදසාධනය—මෙය මොග්ගල්ලායනවෘත්ති කාරක මුගලන් ආචාරීන්වහන්සේගේ සම්මුඛ ශිෂ්‍යයෙක්වූ පියදස්සි නම් ස්ථවිරයන්වහන්සේවිසින් උන්වහන්සේගේ මාමාකෙනෙක් වන රුහුණුජනපදයෙහි දෙලොස්දහස්රටේ වලවේ ගංතීරයෙහි රම්භානම් විහාරගමට අධිපතිවූ කප්පිනාධිකාරම් හැනගේ ආරාධනාවපිට සාදන ලදී—මොග්ගල්ලායන සූත්‍රම ගෙණ (කච්චායන සූත්‍රම ගෙණ බාලාවතාරය සාදනලද්දක් මෙන්) උදාහරණ ප්‍රධාන ක්‍රමයට සාදන ලද ප්‍රමාණයෙන් මොග්ගල්ලායනවෘත්තිය තරමේ පොතකි—එහි කර්තෘවූ පියදස්සී ස්ථවිරයන්වහන්සේ මොග්ගල්ලායනාචාරීන්වහන්සේ විසින් කුඩාකාලයෙහි පටන් ඉතාප්‍රෙමයෙන් ශබ්ද ශාස්ත්‍රාදියෙහි හික්මවන ලද්දෙක් නමුදු ආචාරීන්වහන්සේ විසින් මොග්ගල්ලායනයෙහි කියනලද සමහර ක්‍රම එලෙසින්ම නොගෙණ වෙනස් ආකාර වලටද තමන්ගේ ප්‍රකරණයෙහි දක්වන ලද්දේය—සඤ්ඤා, සන්ධි, නාම, එකත්ථ, ඉත්ථිපච්චයන්ත,

ණාදි, තද්ධාදි, ත්‍යාදි, යන ක්‍රමයෙන් පරිච්ඡේද අටක්ය—මෙහිද මූල් ව්‍යාකරණයෙහි මෙන්ම කාරක කාණ්ඩයක් වෙන් වශයෙන් නොදක්වනලද්දේය—ස්ත්‍රී ප්‍රත්‍යයන්ද වෙනම පරිච්ඡේදයක් වශයෙන්ය—තද්ධාදි පරිච්ඡේදය යන නාමය නිපාතයටය—එකාඛ්‍ය පරිච්ඡේදය යනු සමාසයයි—මෙම පොතට සන්නයක් සහ ටීකාවක්ද තිබෙනුය—සන්නය ටීකාවට පූරණය එහි ප්‍රත්‍ය නිපයක් හා උදාහරණ මෙලෙසය.

“එකෙන පකාරෙන එකං වා පකාරං කරොතිච්චෙවමාදි විග්ගහෙ—ධා සංඛ්‍යාහි-සංඛ්‍යාවාචීහි පකාරෙ ධා පරො හොති—එකධා කරොති, විධා තිධා චතුධා පඤ්චධා කරොතිච්චෙවමාදි—බහු සද්දො වෙපුල්ලවාචී සංඛ්‍යාවාචීච, යදා සංඛ්‍යාවාචී තදා බහුධා කරොති.

වෙකා ජ්ඣං-එකස්මා පකාරෙ ජ්ඣං වා හොති-එකජ්ඣං, වා ති කිං? එකධා—ද්වීහෙධා—ද්වීහි පකාරෙ එධා වා හොති—ද්වෙධා, තෙධා—වා තෙව, විධා තිධා—එකවාරං භුඤ්ජතිච්චෙවමාදි විග්ගහෙ-වාරසංඛ්‍යාය ක්ඛත්තුං—වාරසම්බන්ධිනියා සංඛ්‍යාය ක්ඛත්තුං වා හොති—එකක්ඛත්තුං, භුඤ්ජති ද්වික්ඛත්තුමිච්චාදි—වාරග්ගහණං කිං? පඤ්ච භුඤ්ජති සංඛ්‍යායාති කිං? පඤ්චමෙ වාරෙ භුඤ්ජති.

කතිම්හා—වාරසම්බන්ධිනියා කතිසංඛ්‍යාය ක්ඛත්තුං හොති-කති වාරෙ භුඤ්ජති කතික්ඛත්තුං භුඤ්ජති—බහුම්හා ධා ච පච්චාසත්තියං-වාරසම්බන්ධිනියා බහුසංඛ්‍යාය ධා හොති ක්ඛත්තුං ච වාරානං චෙ පච්චාසත්ති හොති—බහුවාරෙ භුඤ්ජති, බහුධා දිවසස්ස භුඤ්ජති, බහුක්ඛත්තුං වා, පච්චාසත්තියනාති කිං? බහු ක්ඛත්තුං මාසස්ස භුඤ්ජති—සකිං වා—එකවාරම්හි අත්ථෙ සකිනාති වා නිපච්චතෙ, එකස්මිං කිං එකස්ස ච සාදෙසො—එකවාරං භුඤ්ජති, සකිං භුඤ්ජති, වාති කිං? එකක්ඛත්තුං භුඤ්ජති—සො විච්ඡාපකාරෙසු—ක්‍රියාය ගුණෙන ද්‍රබ්‍යෙ නවා භින්නෙ අත්ථෙ ව්‍යාපිතු මිච්ඡා විච්ඡා, විච්ඡායං පකාරෙච සො හොති බහුලං, සාමඤ්ඤස්ස නිද්දෙසා යථා සමහවං විභත්‍යන්තා යතො කුතොචි සද්දා හොති විච්ඡායා—ඛණ්ඩං ඛණ්ඩං කරොති, ඛණ්ඩසො කරොති, සබ්බෙන පකාරෙන සබ්බසො.

මූල ගාථා— “බුද්ධම්බුජං නමිස්සිත්වා සද්ධම්ම මධු භාජනං,
ගුණාමොද පදං සංඝ මධුබ්බත නිසෙවිතං.
මොග්ගල්ලායනාචරිය වරච යෙන ධීමතා,
කතං ලහුමසන්දිද්ධ මනූනං සද්දලක්ඛණං.
ආරභිස්සං සමාසෙන බාලත්ථං පදසාධනං,
මොග්ගල්ලායන සද්දත්ථ රතනාකර පද්ධතිං.

අග ගාථා.

පරත්ථාය මයා ලද්ධං යං කත්වා පදසාධනං.
පුඤ්ඤෙනානෙන තෙන ලොකොයං සාධෙතු පදමච්චුතං.

සුද්ධාසයෙන පරිසුද්ධ ගුණොදිතෙන
සාරෙන සාරය තිසංඝ නිසෙවිතෙන,
රම්මෙ පුරත්ථනගරෙ වසතාම්බුජෙන
විචාලිනං නිජවිසුද්ධ කුලම්බජෙන.

මානෙනෙතෙන තථාගතං පටිපදා යොගෙන සද්ධාලුනා
නිද්ධං බද්ධතපොනලෙහි නිඛිලප්පාපාරිසන්තාපිනා,
සද්ධම්මව්හයසීලනෙසු ඨිතියා චාමීකරත්ථාලිනා
නානාවාදී කුදිට්ඨිභෙද පටුනා වාණීවධූසාමිනා.

සත්තානං කරුණාවතාගත වතා පාරම්පරද්ධම්මතා
ථෙරෙනාතුම පාදපජ්ජරගතො සො සද්දසත්ථාදිසු,
මොග්ගල්ලායන විස්සුතෙනිවසුවච්ඡාපො විනීතො යථා
සොකාසිප්පිසදස්සිනා යති නිමං බ්‍යාතතං සුබ්‍යප්පතතියා,

චුතෙනා ච චුතානම්පභොගිනියා සසාය
පීනප්පයොධර ඝනාපඝසෙවිකාය,
රම්භාවිහාර වධූයා තිලකා තුලෙන
සනෙත්තන කප්පින සමව්හය මාතුලෙන,”

තවද මෙම පොත් දෙක ගැණ කියයුතු කරුණක්නම් බුරුම රටේ පොත්වල පත්ඉරුවක් පාසා මොග්ගල්ලායන වෘත්තියට “මූලමොග්ගල්ලාන” කියාද පදසාධනයට “වුත්තිමොග්ගල්ලාන” කියාද ලියා තිබෙනවා පමණක් නොව මෙහි (පදසාධනයේ) තද්ධිතකාණ්ඩය ලඟට “ණාදි කාණ්ඩය” යන නමින් ඉතා ප්‍රයෝජනවත් (නාම සමාස දෙකටත් ලොකු) කාණ්ඩයක් තිබෙනුය—එය ලංකාවේ පොතක ඇත්බව දැනගණ්ට නැතුවත් ඇර එහි ක්‍රමය කච්චායන ව්‍යාකරණයෙහි උණාදි කාණ්ඩය මෙන්ය එය මේ පදසාධන, මොග්ගල්ලායන, යන පොත්දෙකේ කර්තෘභූත ආචාර්‍ය්‍ය දෙනමගෙන් නමක් නොකරණ ලද්දේනම් ඒතරමේ වෙන උගතෙක් විසින් සෑදිය යුත්තක්බව පෙණේ—

එහි මූලපටන් ගැණ්ම—“බ්‍රූලං ක්‍රියත්ථං ති ච සද්ධත්ථ වත්තතෙ” කියාය—ඒලඟ සූත්‍ර හා වෘත්තියද උදාහරණද මෙසේය.

“ චර දර කර රහ ජන සන තල සාද සාධ කස අස වටාය වා හි ණු—චර ගති භක්ඛණෙසු දර දරණෙ කර කාරණෙ රහ චාගෙ ජන ජනනෙ සන සම්භත්තියං තල පතිට්ඨායං සද අස්සාදනෙ සාධ සාධ සංසිද්ධියං කස විලෙඛණෙ අස ඛෙපනෙ වට හෙදනෙ අය ඉති ගමනත්ථා (දඬකො ධාතු) වා ගති බන්ධනෙසු එතෙහි ක්‍රියතො හි බහුලං ණු හොති—අස්සා ණානුබන්ධනෙති උබන්ධස්ස අස්ස ආ. චරන්ති හදයෙ මනුඤ්ඤභාවෙනාති, චාරු—සොභණං—දරියතීති දරු—කට්ඨං—කරොතී ති කාරු-සිප්පි, මඝවා විස්සකම්මො ච—රහති චන්දාදීනං සොභාවිසෙසං නාසෙතීති රාහු—අසුරින්දො—ජායති ගමනා ගමභොනා තිජානු-ජංඝොරූනං සන්ධි-සනොති අත්තනි ඝතත්තිං උප්පාදෙතීති සානු-ගිරිප්පදෙසො—තලනති පතිට්ඨහනති එත්ථ දන්තාති තාළු—වදනෙකදෙසො—සාදීයති අස්සාදීයතීති සාදු-මධුරං—සාධෙති අත්තපරහිතානීති සාධු—සජ්ජනො—කසීයතීති කාසු—ආවාටො-අසති සීඝභාවෙන පවත්තතීති ආසු-සීඝං—වටති භින්දති අමනුඤ්ඤභාවන්ති වාටු—මනුඤ්ඤා-අයනාති පවත්තනාති සත්තා එතෙනාති ආයු-ජීවිතං—වාති ගච්ඡතීති වායු-වාතො”—අග මෙසේය,

“ පාතො ළි—පාතිස්මා ළි හොති—අත්ථං පාති රක්ඛතීති පාළි—තනාති.

විතො ළි—වෙතිස්මා ළි හොති-වෙති පවත්තතී ති වෙළි-වෙණු.

ඉති මොග්ගල්ලානබ්‍යාකරණෙ ණ්වාදි වුත්ති සමත්තා.

සුත්ත ධාතු ගණො ණ්වාදි නාමලිඞ්ගානු ශාසනං,
යස්ස තිට්ඨති ජිව්හග්ගෙ ස වෙය්‍යාකරණකෙසරී.”

---

22. පදසාධන ටීකාව-මෙහි නාමය “බුද්ධිප්පසාදනී” කියාය, සපත රත්න ප්‍රතිරාජනිවාසවාසී “දීපංකර” නම් ස්ථවිරයන්වහන්සේගේ ආරාධනාවට වාචිස්සර මහාසංඝරාජ ස්වාමිපාදයන්වහන්සේ (ඒනම් තොටගමුවේ ෂඩ්භාෂා පරමේශ්වර ශ්‍රීරාහුල ස්වාමීන්වහන්සේ) විසින් සාදනලදී— මුන්වහන්සේට සංඝරාජ තනතුර ලැබෙන්ට ප්‍රථම පඤ්චිකාප්‍රදීපය සාද, සංඝරාජ තනතුර ලැබුනායින්පසු මෙය සෑදුබව මෙම පොත්දෙකේ අවසාන ගාථාවලින් හැඟෙන්ට තිබෙනුය—කතෘගේ නාමයෙන්ම මෙම පොත අපූරුඑකක්බව ලෝකයා සිතනවා ඇතුවාක් මෙන්ම පොතද අපූරු තරමටම ප්‍රයෝජනවත්ය—කච්චායන, නිරුත්තිපිටක, මූලනිරුත්ති, න්‍යාස, මොග්ග

ල්ලායනවෘත්ති, පඤ්චිකාටීකා, යනාදි පාළිව්‍යාකරණපොත්ද, පාණිනී, චාන්ද්‍ර, වාත්තිකා, මහාභාෂ්‍ය, වෘත්තිපඤ්චිකා, ශබ්දලක්ෂණ, ප්‍රත්‍යක්ෂාණභාෂ්‍ය, පඤ්චිකාලංකාර, දෞර්ගසිංහ, යනාදි සංස්කෘත පොත්ද සඳහන්කර තිබෙනවා පමණක් නොව ඒ සමහර ආචාර්‍ය්‍ය මතයන්ද ගෙණහැර දක්වීමෙන් පොත අලංකාරකොට තිබෙන්නය—කච්චායන ව්‍යාකරණයෙහි කියනලද සමහර කියමන්ගැණ විරුද්ධවද කථාකරතිබේ—වෙන ටීකාවල මෙන්ම මුද්‍රපොතේ සියළුම පද වර්ණනා කොට නැති නුමුත් විස්තර කටයුතු එකම පදයක්වත් අත්ඇරලා නැත—සන්නයේ තිබෙන සමහර දොසද පෙන්වා තිබේ—පොතේ ප්‍රමාණය පදසාධන ග්‍රන්ථාන්තරමය—මේපොත වෙනුවෙන් කියන්ට තිබෙන තවත් වැදගත් කාරණයක්නම්, 1874 අවුරුද්දේදී කොළඹ විශාල ලුවිස්ද සොයිසා මුදලිමන්ත්‍රීශ්වරයානෝ උතුමානන් වහන්සේගේ අවසරය පිට පාළිපොත් සෙවීම පිණිස සත්කෝරළයට ගොස් එන්ට ප්‍රථම “පදසාධන ටීකාව”යන නමින් පොතක් ඇති බව පාතරවේ උගත් නුගත් කිසිවෙක් ආරංචියකින්වත් පොතකින්වත් දැනගණ තිබුනේ නැතිබව ඇත්තකි—මෙම පොතෙන් ලැබිය හැකි උදාරතර ප්‍රයෝජනද, තවත් අමුතුපොත් කීපයක් ආණ්ඩුවට සොයාදුන්නාවූ යථෝක්ත මුදලිතුමා සත්කෝරළේ රිදී විහාරයෙහි තිබී සොයා ගෙණනලද අවුරුදු දෙතුන්සියයකට ඉස්සර ලියනලද දිරාගිය ඒ පොත තිබුනුවට දිරායියාම පදසාධන ටීකාවක් ලෝකයෙහිම නැතිවෙන්ට තිබුනුබවද කල්පනාකළාම, මේ පොත සොයා ගෙණවුත් අප අතට දුන්නාවූ මුදලිතුමාට සහ ඊට ආධාරකළ උතුමානන්වහන්සේටද ශබ්ද ශාස්ත්‍රාර්ථීන්විසින් පමණක් නොව සියළු දෙනාවිසින්ම සතුති කටයුතුවන් අ.ර අමුතු පොත් සෙවීම පිණිස ආණ්ඩුව විසින් කළාවූ උත්සාහයේද වියදමේද ඵලයට මෙම පොතම මදිනැත.

එහි මූලගාථා මෙසේය.

“*කල්‍යාණ රූපමචලං සුරසත්ථ වුත්ති
මාදිච්චරාජසරණ ත්‍රිභුවනප්පතිං තං,
සබ්බුත්තරං වරසුධම්මමනෙකවණ්ණං
වන්දෙ පසිද්ධ රතනං මුනිරාජමෙරුං.

---

* මේ ගාථාව යුවලාණියි.

සම්පන්නලක්ඛණපද මුදුවණ්ණරූපා
දීඝප්පමාණනයනා මුනිරාජවාණී,
සම්භාවිතා සවණදස්සනු පාසනෙහි
සත්තා නතා පමපනීය තනොතු නන්දං,

භත්‍යා නතා මිතනරා සුරදෙවරාජ
කොටීරකොටි මණිජප්පද චුම්බිතානි,
තඞ්ගුලිතන්දලෙ නඛකෙසරානි
සංඝස්ස චාරු චරණම්බුරුහානි සෙවෙ..

සද්දානු සාසන පවීණ ගුරූපදෙස
වාණීපවෙණි මවලම්බිය සාරභූතං,
සංඛිප්ප සාසය පදත්ථ විභාවනාය
ටීකං කාරෙමි සුගමං පදසාධනස්ස. ”

ය ශබ්දයෙන් පරව ප්‍රථමාවිභක්ත්‍යර්ථයෙහි තො ප්‍රත්‍යයව සිඬවූ “යතො” යන පදය ගැණ දක්වනලද පාඨයක් මෙසේය. “ආද්‍ය දීහීති සුතෙතන පඨමන්තා තොප්පච්චයො, විභත්තිලොපො, යතො සද්දතො පඨමෙකවචනං සි, ‘අසංඛ්‍යෙහි සබ්බාස’න්ති තස්ස ලොපො—සිහළභාසාය කතෙ පදසාධනවිවරණෙ යන්ති රූපං සත්තම්‍යන්තෙ චන්නන්තීති මනසිකා යං යස්මින්ති” සත්තම්‍යන්තෙ යතොති හොතීති වුත්තං, තම්පන අසල්ලක්ඛෙත්වා ලිඛිතං—තථාහි, ආද්‍ය දීහීති එත්ථ වුත්තියං යතොදකං තදදිත්තං යං උදකං තදෙවාදිත්තන්ති උදාහරණෙ සාරත්ථවිලාසිනියං * පච්චිකාටීකායං යන්ති පඨමන්තා තොම්හි යතොති වුත්තත්තා ච, පඨමන්තා යතොදකං තද දිත්තන්ති පයොගසිද්ධියං පඨමන්තා තොප්පච්චයස්ස දස්සිතත්තා ච අමෙහි දස්සිතො රූපසාධනක්කමොව සාරතො පච්චෙතබ්බො.”
“ධා සංඛ්‍යාහි” යන සූත්‍රය ගැණ දක්වනලද ටීකාපාඨය මෙසේය.
‘ධා සංඛ්‍යාහි—සංඛ්‍යාවාචීනං සද්දානං සංඛ්‍යාසද්දෙන ගහිතත්තා අත්ථප්පධානනිද්දෙස මාහ සංඛ්‍යා වාචීහිති—පාණිනියවුත්ති කාරෙන ජයාදිච්චෙන “සංඛ්‍යාය විධාත්ථෙ ධා” ති එත්ථ සුතෙත විධා පකාරෙ සව ක්‍රියා විසයො ඉහ ගය්හති ක්‍රියාපකාරෙ වත්තමානාය සංඛ්‍යාය ධාප්පච්චයො, එකධා භුඤ්ජති, ද්විධා භුඤ්ජති, ද්විධා ගච්ඡතීති. ආදිනා ක්‍රියාවිසයො යෙවෙත්ථ පකාරො ගහිතො, වාක්‍යා ච මොග්ග

---

* පච්චිකාටීකාවෙහි නාමය “සාරත්ථවිලාසිනී” කියාබව මෙහි පෙනෙන “සුසද්ද සිද්ධි” යනු මොග්ගල්ලායන ව්‍යාකරණයෙහි වෙන පොතකි.

ල්ලායනා ච අඩගුණක්‍රියාවිසයෙසු එව පකාරෙහි පටිපනනා නව බා දඩං බන්‍ධා ගුණෙණාති ච උදාහරනති"යනුයි.

අග ගාථා මෙසේය.

"සාරිපුතතා මහාදිසාමිජනනෙ ජාතසස සමභාවිතෙ
නතතා උතතර මූලරාහුලමහාථෙරසස සිකඛාගරු,
විඛයාතො පදවාකය තකකතුසලො වාදීභසීහො සුධී
සො වාචිසසර සංඝරාජ පවරො වයාකාසි ටීකං ඉමං.
ගගාතටාකියකාරමහාවලනවයෙන
යා සතත රතන පතිරාජනිවාසිකෙන,
දීපංකරෙන යතිනා කථිතා විධාතුං
සංසිඬි මාප පදසාධන වණණනා සා."

---

23. පයොග සිඬිය—ලංකාවීපයෙහි "ධූමදෙණී" නම් විහාරයෙහි වැඩසිටිය සුමංගල මහාසථවිර සවාමිපාදයන්ගේ ශිෂයයෙකිවූ හෙවත් උන්වහන්සේගේ ශිෂයවූ නියභමක ධූරනධර වනරතනමෙධංකර මහාසථවිරයන් වහන්සේවිසින් විරචිතයි—මූන්වහන්සේ පරාක්‍රම බාහු මහරජගේ අනුජාත පුත්‍රවූ භුවනෙකබාහුරජවිසින් සිව්පස යෙන් උපසථාන කාරණු ලැබූ කෙනෙක්බවද කියා තිබේ—මේ පොත සාදතිබෙන ක්‍රමය නම් කච්චායන වයාකරණයට රූපසිද්ධිය යම්සේද එසේමය—ප්‍රමාණයත් රූපසිඬියට කුඩා නැත—මොගගල්ලායන වයාකරණයට අයිති පොත්වලින් හැමටම වඩා ලොකු පොත මේකය—මොගගල්ලායනවෘත්ති, පදසාධන යන දෙකෙහිම නොකියනලද සමහර පදසිඬි ක්‍රමාදියද මෙහි කියනලද් දේ පමණක් නොව කච්චායනයට මොගගල්ලායන වෘත්තිය විරුඬ වාටත් වඩා මෙහි රූපසිඬියට විරුඬව කථා කර තිබේ—රූපසිඬි යෙහි (සංසකෘතයෙහි මෙන්ම) පරසවරවූ ඉවණී උවණීයන්ට වන් නාවූ අසවණීදෙශය පූර්වසවර අවණීයාට ලොප්කළ කල්හිම මිස වෙන සවරයක් ලොප්කල කල්හි නොවන බව කියනලද්දේ නමුත් වෙන සවරයන්ට ලොප්කළ කල්හිද වෙනබව පයොග සිඬියෙහි (අති+ඉව, අතෙව—වි+උදකං, වොදකං—යන උදාහරණ සහිතව "ඉදං පචජිමොදාහරණවයං අවණෙණ ලුතෙත එ ඔ හොනති ගාහ නිසෙධනාථං" යන්නෙන්) කියනලදී—බහුලාධි කාරය ගැණ "බහුලාධිකාරං කපපදුම මිව මඤ්ඤනති සඬිකා"යි කියනලද් දේ පමණක් නොව ඒගැණම සංසකෘත පොත්වල කියනලද.

"ක්වචිත්ප්‍රවෘත්තිඃ ක්වචිද ප්‍රවෘත්තිඃ
ක්වචිද් විභාෂා ක්වචිද් අන්‍යදෙව,
විධෙර්විධානං බහුධා සමීක්ෂ්‍ය
චතුර්විධං බාහුලකං වදන්ති."

යන ශෙලාකයද, පඤ්චවිධ නිරුක්තිය ගැණ කියනලද

"වර්ණාගමො වර්ණ විපර්යයශ්ච
ද්වෞ චා පරෞ වර්ණ විකාරනාශෞ,
ධාතොස්තදර්ථාතිශයෙන යොගඃ
තදුච්‍යතෙ පඤ්ච විධං නිරුක්තං"

යන ශෙලාකයද මෙහි එමක්‍රමයෙන්ම ගාථාවලට නගා තිබේ.

ඒ මෙසේය— "ක්වචි පපවත්තති ක්වචිදප්පවත්තති
ක්වචිබ්බිභාසා ක්වචි අඤ්ඤදෙව,
විධිබ්බිධානං බහුධා සමික්ඛ
චතුබ්බිධං බාහුලකං වදන්ති.

වණ්ණාගමො වණ්ණවිපරියයො ච
ද්වෙචා පරෙ වණ්ණවිකාරනාසා
* ධාතුස්ස අත්‍ථාතිසයෙන යොගො
තදුච්චතෙ පඤ්චවිධං නිරුත්තං."

---

* මහානිද්දෙසඅට්ඨුවාවෙහි—"වණ්ණාගමො වණ්ණවිපරියායො..."
ධාතූනමත්‍ථාතිසයෙන යොගො,
තදුච්චතෙ පඤ්චවිධං නිරුත්තිං.

තත්‍ථ නක්ඛත්තරාජා රිව තාරකාගනන්ති එත්‍ථ රකාරාදයො විය අවිජ්ජමානස්ස අක්ඛරස්ස ආගමො වණ්ණාගමො නාම, හිංසනා හිං සොති වත්තබ්බෙ සීහොති විය විජ්ජමානක්ඛරානං හෙට්ඨුපරියවසෙන පරිවත්තනං වණ්ණවිපරියායො නාම, නවෙ ච්ඡනකෙ දුනෙ නෙඩියසිති (?) එත්‍ථ ආකාරස්ස එකාරාපජ්ජනතා විය අඤ්ඤක්ඛරස්ස අඤ්ඤක්ඛරාපජ්ජනතා වණ්ණවිකාරො නාම, ජීවනස්ස භූතොති වත්තබ්බෙ ජීමූතොති වකාරනකාරානං විනාසො විය, විජ්ජමානක්ඛරවිනාසො වණ්ණවිනාසො නාම, එරුසාකි චාවාකි පක්ඛුබ්බිත්තා ආසජ්ජ මං ත්වං. වදස් කුමාරාති එත්‍ථ පක්ඛුබ්බමානොති පරස්ස අභිභවිත්වානාති අත්‍ථපටිපාදනං විය තත්‍ථ තත්‍ථ යථායොගං විසෙසත්‍ථ යොගො ධාතූනං අත්‍ථාතිසයෙන යොගො නාම, එවං නිරුත්ති ලක්ඛණං ගහෙතබ්බා"—කියාය.

සංස්කෘත ව්‍යාකරණයෙහි ටයන්තක් සහිතව දක්වනු ලබන ආදෙශාදිය මූලට බවද කායන්තක් සහිතව දක්වනු ලබන ආදෙශාදිය අනට බවද කියනලද "ටිත්වා ද දෞ කිත්වා දනෙතා" යන ගුරුකාමේ ක්‍රමයටම මෙහිද "ඤකානුබන්ධාදනතා"යී ඤකාරාණුබන්ධවූ ආදෙශාදිය මූලට බවත් ක කාරාණු බන්ධ ආදෙශාදිය අගට බවත් කියනලදී—බුද්ධශබ්දාදිය මෙන් වරනැගියයුතුවූ නාම සඞ්ග්‍රහිතවූ "එවං සුරා සුර නරෙ රග" යනාදි රූප සිද්ධියෙහි ගාථා මෙහිද එලෙසින්ම ගෙණ ලියා තිබෙනුය—පුල්ලිඞ්ගයෙහි පළමු වෙනි ශබ්දයාගේ පදසිද්ධි ක්‍රමය දක්වා නිමවූ තැනට ශබ්දයන්ගේ අර්ථ කල්පනාකරණ ක්‍රමයක් (ඒනම් ශබ්දයන්ගේ අර්ථ වචන වලින්ම පමණක් නොව, එක් කිරීමය, වෙන් කිරීමය, එක්ව හැසිරීමය, විරෝධය, ප්‍රයොජනය, ප්‍රකරණය, ලිඞ්ගය, අන්‍යවූ ශබ්දයන් ලංකිරීමය, සාමර්ථ්‍යය, ඖචිත්‍යය, දෙශය, කාලය, ව්‍යක්තිය, අනුරූපය, උපචාරය, කාකුභෙදය, [ඒනම් ශබ්ද විකාර] සම්බන්ධය, උපලක්ෂණය, වචනාව්‍යවත්වය, ප්‍රධ නබවය, යන මේ ආදියෙන්ද විභාග කරණු ලබන බව) ගාථා තුනකින් මෙසේ කියනලදී.

> "සංයොගා විප්පයොගා ච සාහචරියා විරොධතො,
> අත්ථා පකරණා ලිඞ්ගා සද්දන්තර සමීප තො.
> සාමත්ථ්‍ය චිත්‍යදෙසෙහි කාලව්‍යත්තානුරූපතො,
> උපචාර කාකුභෙද සම්බන්ධුපලක්ඛණා.
> වචනං ච තදඞ්ගත්තා පධානත්තා ති ආදිහි,
> සද්දත්ථා පවිභජ්ජන්ති න සද්දා දෙව කෙවලා."

ඊට උදාහරණද මෙසේ දක්වනලදී—තත්‍ථ [1] "සංයොගතො සද්දත්ථප්පවිභාගෙ යථා—සකිසොරා ධෙනු දීයතූති වුත්තෙ අස්ස පොතකා වාචී කිසොර සද්ද සංයොගතො වළවා එව පතීයතෙ—[2] විප්පයොග තො—අකි සොරා ධෙනු දීයතූති වුත්තෙ තප්පටි සෙධා වළවා එව පතීයතෙ න ගාවී—[3] සාහචරියතො—සාරිපුත්ත මොග්ගල්ලානාති වුත්තෙ සාරිපුත්තො ති ධම්මසෙනාපති ත් විඤ්ඤායතෙ න හත්ථකො සාරිපුත්තො, අඤ්ඤෙ පන රාම ලක්ඛණා රාමකෙසවා වුඩ්ඪිලජ්ජුනාති උදාහරන්ති—[4] විරොධතො—කුසලා කුසලාති වුත්තෙ කුසලාති ඉට්ඨවිපාකධම්මොව විඤ්ඤායති නාවජ්ජො, අඤ්ඤෙ රාමජ්ජුනා අහිමසඤ්ඤාලක්ඛණාති උදාහරන්ති—[5] අත්ථතො—ගොපාලක භොජනය මාණව' මජ්ඣොපස්සාති, සින්ධවමානය රණභාණං පවිසිස්සාමීති වුත්තෙ ගොපාලකොති එවනාමකො

උපජ්ඣායො, සින්ධවොති අස්සොති පයොජනතො පතීයතෙ—
[6] පකරණතො—භොජනහෙසු උපසංහරියමානෙසු සින්ධව මානෙ
හීති වුත්තෙ ලවණන්ති පත්ථාවතො විඤ්ඤායති න අස්සො—[7] ලිඞ්ග
තො—දෙවදත්තං පස්සං සිවෙසස චතුඬෙදෙ ගි දෙවදත්තොති
වුත්තෙ චතුබ්ඛෙදත්තෙන ලිඞ්ගභාවෙන චත්තුසාමත්ථියෙන ත
ස්ස ජාතිමන්තතා පතීයතෙ—[8] සද්දන්තර සමීපතො—ගවජතො
භයතො පතිතොති වුත්තෙ තිත්තනතාති විඤ්ඤායති, ගවජතො
පණිඤ්ඤුපඤ්ඤානි පහානීති වුත්තෙ බුද්ධකරුණාවාචකතා රූ
ළ්හි සද්දොති විඤ්ඤායති, අජ්ජුනො කතවිරියොති කෙචි—[9] සා
මත්ථියතො—සතොපි උදරස්ස අවිච්ඡාය අනුදරා කඤ්ඤාති වු
ත්තෙ උදරස්ස භාවෙ කඤ්ඤායපි අභාවං පතිත්තො තනුමජ්ඣාති
විඤ්ඤායති, තථා අලොමිකා එළකාති—[10] ඔචිත්‍යතො—රාම සදි
සොයං අජ්ජුනසදිසොය මිති වුත්තෙ වත්තුනො පරිචයා යුත්ති
වසෙන රාමාදිසද්දො දසරථාදී අත්ථවිසෙසං ජොතෙති—[11] දෙස
තොති දෙසො පබ්බතවනාරඤ්ඤාදි, කිස්මිං චි පදෙසෙ පසංසාවචනා
අඤ්ඤත්‍ර අකොන සච්චනා පොඨාදයො—[12] කාලතො—දක්ඛිණා
පචෙඨාකදෙසෙ පුබ්බණ්හ පචතී වුත්තො යාගු පාකොති පතීයතෙ
සායණ්හා ච ඔදන පාකොති—[13] ව්‍යත්තිතො—ගාමස්සඩං ලඩ
න්ති වුත්තෙ නපුංසකත්තා සමභාගොති ච, ගාමස්සඩො ලඩො
ති වුත්තෙ පුල්ලිඞ්ගත්තා අසම භාගොති පතීයතෙ—[14] අනුරූපතො
—නරපති සාධු රක්ඛති ගොමණ්ඩලන්ති වුත්තෙ රඤ්ඤො ගොගණ
පාලනස්ස අනනුරූපත්තා පඨවි මණ්ඩලන්ති විඤ්ඤායති—[15] උප
චාරභෙදෙ, තදක් තඩමම තංසහ චරිත තංසමීපාදිවසෙන අනෙ
කවිධො, යථා, මඤ්චා උක්කොසන්ති අග්ගිමාණවො යඨියො පවෙ
සය ගඞ්ගායං වජො ඉච්චාදි—[16] කාකුභෙදතොති කාකුසද්දො සො
ක භයාදි වසප්පවත්තස්ස සද්දස්ස නිවත්තාදිරූපෙ විකාරෙ වත්ත
තෙ, ඊසදත්ථෙ කුසද්දො; තස්ස කාදෙසො කුභූමිහදයඤ්චප්පප
ත්තියා ඊසකං භූමි කාකූති වචනතො, යථා වත්තුකාය විකාර
කිං ත්වං තං අකාසීති පුට්ඨො කොපෙන හමුහෙද අහං කතවාති
කථෙති සා ච තස්ස අකරණං සූචෙති—[17] සම්බන්ධතො—මාතරි සම්මා
වත්තිතබ්බං පිතරි සම්මා වත්තිතබ්බන්ති වුත්තෙ සකාය මාතරි ස
කෙ පිතරීති විඤ්ඤායති—[18] උපලක්ඛණතො—කාකෙහි රක්ඛිත
බ්බං දධීති වුත්තෙ උපලක්ඛණත්තා කාකග්ගහණස්ස තතො
අඤ්ඤෙහි සුනඛාදීහිපි රක්ඛිතබ්බන්ති විඤ්ඤායති—[19] වචනතො—
දාරාති වුත්තෙ දාරසද්දො වත්තමානො බහුවචනතො

අඤ්ඤත්‍ර අනියත වචනොති විඤ්ඤායති—[20] තදහතො—සජ්ජිතං භොජනන්ති වුත්තෙ සූපබ්‍යඤ්ජනාදයොපි තදවයවත්තා සම්පාදිතානීති විඤ්ඤායන්ති—[21] පධානතො—නිග්ගහතො රාජාති වුත්තෙ සෙනාපි නිග්ගහිතාති විඤ්ඤායතීච්චෙවමාදි සමූහනීයං."

තව්ද—වැඩ ගණන්ට පුළුවන් තරමටවත් නිවරදි පයොගසිද්ධියක් ලංකාවෙන් සපයා ගැණීම දුෂ්කර තරමට මෙම පොත ලිපි දොෂ වලින් ආකූලය—අපට දකින්ට ලැබුනු පොත් වල මූලට ගාථාවක් නැත-ඒද වැරදීමක්ද කතෲගේ රචනා ක්‍රමයමද යනුත් සැකහැර නොකිය හැකිය්—තොටගමුවේ රාහුල ස්වාමින්වහන්සේගේ පංචිකා ප්‍රදීපයේ හැර වෙන පොතක මෙය් නාමය සඳහන් කර තිබෙනවා දකින්ට නොලැබුනි.

අග ගාථා මෙසේය,

" චාගවිත්තමසඬාතු සම්පන්න ගුණසාලිනො
පරක්කම නරින්දස්ස සීහළින්දස්ස ධී මතො.
අත්‍රජෙනානුජාතෙන භූපාලකුලකෙතුනා
දිසන්ත පත්ථටොදරවිත්තමෙන යසස්සිනා.

භුවනෙක භුජවෙහන මහාරාජෙන ධීමතා,
චතු පච්චයදානෙන සන්තතං සමුපට්ඨිතො.
ධම්මදෙණීති විඛ්‍යාතාවාසෙ නිවසතො සතො,
සුමංගල මහාථෙර සාමිනො සුචි වුත්තිනො.
වංසෙ විසුද්ධෙ සඤ්ජාතො පන්තසෙනාසනෙ රතො,
පරි යත්ති මා සින්ධු නියාමක ධුරන්ධරෙ.

අප්පිච්ඡාදි ගුණො පෙතො ජිනසාසනමාමකො,
වන රතන මහාථෙරො මෙධංකර සව්හයො.
පාටවත්ථාය භික්ඛූනං විනයෙසු විසාරදෙ,
පයොගසිද්ධිං සුද්ධම්පි සද්ද සප්පඤ්ඤ ගොචරං."

---

24. ශබ්දනීතිය—බුරුමරටේ අරිමද්දනනුවර මහාඅග්ගපණ්ඩිත අග්ගවංසාචාර්‍ය්‍යපාදයන්වහන්සේ විසින් විරචිතවූ මෙනම් ප්‍රකරණයේ කොඨාස දෙකට මහාශබ්දනීතිය, චූලශබ්දනීති යයි නම් දෙකක් ව්‍යවහාර කරණ නුමුත් ග්‍රන්ථ කතෲ පොත් දෙකක් වශයෙන් කියා නැත—රූපසිද්ධි ටීකාවෙහි පවා මෙහි පදසිද්ධි ක්‍රමය

කියන ලද්දාවූ භාගයට මූලශබ්දනීතිය යන නාමය ව්‍යවහාර කරතිබෙන නිසා ග්‍රන්ථකර්තෘගේ අදහස කෙසේ නමුත් යථෝක්ත ව්‍යවහාරයද මෑත කාලයෙහි එකක් නොවේබව පෙනේ—ග්‍රන්ථකර්තෘ ප්‍රකරණ දෙකක් වශයෙන් රචනා නොකළබව මූලශබ්දනීතියයයි ව්‍යවහාර කරණුලබන භාගයේ (පොතේ) මුලට නමස්කාර ගාථාවක් පමණවත් නොකියා "ඉතො පරං උද්දෙසානුක්කමෙන සලක්ඛණෙ සන්ධිනාමාදිභෙදෙ භවිස්සති"—කියා පටන් ගත් හෙයින්ද, එහි මුලම පරිච්ඡේදයට "එකූනවීසතිමො පරිච්ඡෙදො" කියා තිබෙන හෙයින්ද පෙනේ—මෙහි වර්ෂය සූත්‍රනිර්දේශයට ඉහතබව පේන නමුත් කොපමණ ඉහතද යනු නිශ්චය කිරීම අමාරුය—සූත්‍රනිර්දේශයට ඉහතබව පේන්නේ කෙසේද යත්—සූත්‍රනිර්දේශයේ කර්තෘවූ ඡපට තෙරුන්වහන්සේගේ ආචාර්යවූ උත්තරජීව තෙරුන්වහන්සේගෙන් සහ වෙනත් තෙරුන්වහන්සේලාගෙන් අරිමද්දන නුවර ශබ්දශාස්ත්‍රයෙහි ඉතා දක්ෂයෝ බොහෝ බව ලක්දිව් වැසි තෙරුන්වහන්සේලාට අසන්ට ලැබී ඒ සොයනු කැමතිව එහි ගොස් විමසූකල ශබ්දනීතිය පෙන්වනුලැබූ බවද, ලක්දිව් වැසි තෙරුන්වහන්සේලා එය බලා විස්මයට පැමිණ "ශබ්දශාස්ත්‍රය ගැණ මේ තරම් ග්‍රන්ථයක් ලංකාවේ නැතිය" යී කී බවද ශාසන වංශයෙහිකියා තිබෙන නිසා සූත්‍රනිර්දේශයට ඉහතබව දැන ගත හැකිය.

මෙහි නාමය, රූපසිද්ධිටීකා, කච්චායනවණ්ණනා, නිරුත්තිසාරමඤ්ජූසා, පළිකාප්‍රදීප,යනාදියෙහිද සඳහන්ව තිබෙන නමුත් ඒවා සූත්‍රනිර්දේශයට මෑතය-මෙහිද කච්චායන,න්‍යාස, මූලනිරුත්ති, මඤ්ජූසා, නිරුත්තිපිටක, කාතන්ත්‍ර, කාව්‍යාදර්ශ, පුරාණ ඒකාක්ෂරකෝශ සන්ධිවිසොධනටීකා, විදග්ධමුඛමණ්ඩනටීකා බොධිවංසාදි නොයෙක් පොත්වලින් කාරණා දක්වා තිබෙන නිසා ඒ පොත්වලට මෑත බව පේනවත් ඇර මොග්ගල්ලායන ව්‍යාකරණයට අයිති පොතක නාමයක් මෙහි සඳහන්ව නැති නිසා මේ පොත සාදන කාලයෙහිදී එකී පොත් නොසෑදුනාදැයි කියාත් සිතිය හැකිය—මේ පොතේ තිබෙන අපූරු කියමන්වල හැටියෙන් සහ, කච්චායනවණ්ණනාවේදී "සද්දනීතිකාරකම තතිය මග්ග මණ්ඩිතං" කියා තිබෙනවායයිද මේ ග්‍රන්ථකර්තෘන්වහන්සේ මාර්ගඵලයකට පැමිණි කෙනෙක්යයිද සමහරු කල්පනා කළාය.

නුමුත් ඒ ගාථාවේ සුබපාඨය "තතිය මග්ග මණ්ඩිතං" කියා නොව "තතියමග්ග පණ්ඩිතං" කියාය—ඒ බව හැඟෙන්නේ කෙසේද යත්? ඒ කාලයෙහිදී අරිමද්දන නුවර ශබ්දශාස්ත්‍රාදියෙහි දක්‍ෂවූ අග්‍ර පණ්ඩිතවරු තුන්නමක් වැඩසිටියබවද, මේ ග්‍රන්ථකර්තෘන්වහන්සේ "සමන්තභද්‍ද" නම් දෙවෙනි අග්‍ර පණ්ඩිතයාගේ බෑනාකෙනෙක් වන ශිෂ්‍යයෙක්වූ තුන්වෙනි අග්‍රපණ්ඩිතයන් වහන්සේ බවද ශාසනවංශයෙහි සඳහන්ව තිබෙන නිසාය—මුන්වහන්සේ මාර්ගාධිගමකළ කෙනෙක් නූනත් අටුවාටීකා සහිත සියළු පිටකත්‍රයෙහි විනිවිදපවත්නා අපූරු තීක්‍ෂණ බුද්ධියක් ඇත්තෙක් බව පේනවාය—මෙහි ක්‍රමාදිය හඟවනු පිණිස පොතෙන් බොහෝ කාරුණු මෙහිදී ගෙණහැර නොදැක්වූ නුමුත් මෙම "නාමමාලා" නම් ප්‍රකරණයේ ශබ්දමාලා කාණ්ඩයේ බොහෝ තැන්වලදී මෙම පොතෙන් බොහෝ කාරණා ගෙණහැර දක්වා තිබෙන නිසා එයින් දැනගත හැකිය—ලංකාවේ නොයෙක් ස්ථානවලත් තිබෙන ශබ්දනීති (නිඝණ්ඩුටීකාව මෙන්ම) ඉතාම වරදින් ආකූල නුමුත් නිවරදිවූ පොතක් සපයාගෙණ මුලපටන් බලාගණ යත්නාවූ ශබ්දශාස්ත්‍රාභිලාසීන්ට අනිත් ශබ්දශාස්ත්‍ර පොත්වලට වඩා මෙම පොතට ආදරයක් උපදිනවාමය—ශබ්දනීතිය සම්පූර්ණලෙස භාවිතාකළ තැනැත්තා ශබ්දශාස්ත්‍රයේ කාරණාගැණ නිර්භයකමින් සිංහයෙක් හා සමාන වෙන බව පොතේම කියා තිබෙනවාය—කච්චායන රූපසිද්ධි මොග්ගල්ලායනවුත්ති යනාදියෙහි නොකියන ලද පදසිද්ධ්‍යාදික්‍රම මෙහි බොහෝ බැවින් මෙම පොතෙන් ලැබිය හැකි ප්‍රයෝජන සම්පූර්ණයෙන් ඒ පොත්වලින් ලබන්ට නුපුළුවන.

මෙහි "මහාශබ්දනීති" යයි ව්‍යවහාර කරණලද ප්‍රථමභාගය "සව් කරණාඛ්‍යාතවිභාග" පරිච්ඡේදය,—"භූධාතු ක්‍රියාපදමාලා විභාග" පරිච්ඡේදය,—"සද්ධගණවිනිච්ඡය" පරිච්ඡේදය—යනාදී වශයෙන් පරිච්ඡේද 18 කටද—"චූලශබ්දනීති" යයි ව්‍යවහාරවූ (සූත්‍රවෘත්ති උදාහරණ සහිතවූ) අපරභාගය සන්ධි, නාම, සමාස,...වාචොගධ පදවිභත්ති, පාලිනයාදි සංගහ, යන පරිච්ඡේද 9 කටද බෙදනලද්දේය—මෙසේ සම්පූර්ණපොත පරිච්ඡේද විසිඅටක් වුවද මූලපරිච්ඡේද දහඅටම නාම, ක්‍රියා දෙක ගැණය—අග පරිච්ඡේද නවයෙන් හතක් සන්ධි, නාම, කාරක, සමාස, තද්ධිත, ආඛ්‍යාත, කිතකයෝය—අග දෙක චතුර්විධ පද විභාගයහා චතුර්විධ න්‍යායසංග්‍රහ විභාගාදියයි—මුළුපොතම බණවර 70 කට වැඩිය.

මූලගාථා මෙසේය.

"තං නමිත්වා මහාවීරං සබ්බඤ්ඤුං ලොකනායකං,
මහාකාරුණිකං සෙට්ඨං විසුද්ධං සුද්ධිදායකං.

සද්ධම්මචස්ස පූජෙත්වා සුද්ධං සන්ත මසංඛතං,
අතක්කාවචරං සුඤ්ඤ විගතතං මධුරං සිවං.

සංඝස්ස චඤ්ජලිං කත්වා පුඤ්ඤක්ඛෙත්තස්ස තාදිනො,
සීලසමාධිපඤ්ඤාහි විසුද්ධගුණජොතිනො."

සවිකාරණාඛ්‍යාතවිභාග පරිච්ඡෙදයේ
අග ගාථාව මෙසේය

"යෙ ලොකෙ අප්පයුත්තා විවිධවිකාරණාඛ්‍යාතසද්දෙ සවිසෙසා
තෙ පච්චාඛ්‍යාතසද්දෙ අධිගතවිමතී හොන්ති ඤත්වාපි තස්මා,
අච්චන්තඤ්ඤූව ධීරෙ සපරහිතරතො සාසනෙ දළ්හපෙමො
සොගං තෙසං පයොගෙ පටුතරමතිතං පත්ථයානො කරෙය්‍ය.

ධාතුක්‍රියාපදමාලා විභාග පරිච්ඡෙදයේ අග ගාථාවක්.

"වොහාරභෙද කුසලෙන සුබුද්ධිනා යො
කච්චායනෙන කථිතො ජිනසාසනත්ථං,
ත්‍යාදික්කමො තදනුගං කිරියාපදානං
කත්වා කමො භවති ධාතුවසෙන වුත්තො."

ධාතුනාමිකරූප විභාග පරිච්ඡෙදයේ අගගාථාව.

"උල්ලිඞ්ගනෙන විවිධෙන නයෙන වුත්තං
ධාතුසද්දමයලිඞ්ගතිකං යදෙතං,
ආලිඞ්ගියං පියතරංව සුතං සුලිඞ්ගං
පොසො කරෙ මනසි ලිඞ්ගවිදූතතාමිච්ඡං."

ඊළඟ සමහර කාණ්ඩවල අග ගාථාද මෙසේය,

"ඉමමතිමධුරචෙ චින්තිකත්වා සුවණ්ණයුං,
විවිධනය විචිත්තං සාධවො සද්දනීතිං,
ජිනවරවචනෙ තෙ සද්දතො ජාතකංඛං
කුමුදමිව සිනා චෙ සුඤ්ඤ ජිනෙදය්‍ය මත්ථං.

ඉමං සද්දනීතිං සුනීතිං විචිත්තං
සපඤ්ඤාහි සම්මා පරිපාලනීයං,
සදා සුඤ්ඤචිනෙන්ති වාචෙන්ති යො සො
නරො ඤාණවිත්ථිණ්ණතං යාති සෙට්ඨං.

සද්දනීති සූරියොයං අනෙකසුවිනිච්ඡයරංසිකලාපො,
සංසයන්ධකාරඝ්ජදෙ කස්ස මතිපදුමං න විකාසෙ."

10 වෙනි පරිච්ඡේදයේ අග පාඨය සහ ගාථාව මෙසේය.

"එවං විඤ්ඤූනං නයඤ්ඤූනං සද්දරචනාවිසයෙ පරම විසුද්ධ විපුලබුද්ධිපටිලාභත්ථං පරමසණ්හසුඛුමත්ථෙසු පයොගෙසු අසම්මොහත්ථං සුවණ්ණතාලෙ සීහවිජම්භනෙන කෙසරසීහස්ස විජම්භනම්ව තෙපිටකෙ බුද්ධවචනෙ ඤාණවිජම්භනෙන විජම්භනත්ථ අභිනවෙනෙකක්ඛරවසෙන ලිඞ්ගත්තයං මිස්සෙත්වා නාමික පදමාලා විභත්තා.

සද්දෙ භවන්ති කුසලා න තු කෙචි අත්ථෙ
අත්ථෙ භවන්ති කුසලා න තු කෙචි සද්දෙ,
කොසල්ලමෙව පරමං දුභයත්ථ තස්මා
යොගං කරෙය්‍ය සතතං මතිමා වරන්ති."

14 වෙනි පරිච්ඡේදයෙහි අග.

"ඉධ සාරමතෙ මුනිරාජමතෙ පරමං පටුතං සුජනො පිහයං,
විපුලත්ථධරං ධනි නීතිමිමං සතතං භජතං මති සුද්ධකරං."

භුවාදිගණවිභාග පරිච්ඡේදාවසානයෙහි,

"යො සද්දනීතිමහි ඉමං විභාගං
ජානාති සම්මා මුනිසාසනෙ තෙ,
අත්ථෙසු සබ්බෙසු පි වීතකඞ්ඛො
අච්ඡම්භිතො සීහසමො භවන්ති.

විභූත භූතගග ස්‍යම්භුවංසොක
සුභූතභූරී වදතො නරානං,
යො සද්දනීතිමහි භුවාදිකණ්ඩො
වුත්තො මයායං භජතත්ථකාමො."

චුරාදිගණවිභාග පරිච්ඡේදාවසානයෙහි.

"චුරපමුඛගණො මෙ සාසනත්ථං පවුත්තො
සුපවුරහිතකාමො තම්පි සික්ඛෙය්‍ය ධීරෙ,
සුපවුරනයපාඨෙ සත්ථුනො තං හි සික්ඛං
පිසුද්ධ මිව මනුඤ්ඤං අත්ථසාරං ලභෙථ."

18 වෙනි පරිච්ඡේදයේ අග ධාතු ගැණ දක්වනලද ගාථාවක්.

"යෙ නෙකත්ථධරා චරන්ති විවිධා නාථස්ස පාඨෙ පදෙ
තෙ නෙකත්ථ ධරා ච හොන්ති සහිතා නානූපසග්ගෙහි වෙ,
ධාතූනං පන තෙ සමත්ථ පරමං ඤාණස්සවෙ පණ්ඩිතෙ
වජ්ජෙත්වා පටිසම්භිදාමතියුතෙ කො සබ්බසො ගාහති."

සන්ධි නම්වූ 19 වෙනි පරිච්ඡේදාවසානයෙහි.

"විවිධනයවිචිත්තෙ පාළිධම්මෙ පවුත්තං
සරමසරපරස්මිං තීහි සන්ධීහි යුත්තෙ,
බහුවිධනයසාරෙ සන්ධිකප්පම්හි යොගං
කරිය සුමති පොසො අත්ථසාරං ලභෙථ."

සමාස නම්වූ 22 වෙනි පරිච්ඡේදාවසානයෙහි.

"සද්දනීතඤ්ජනං එතං ඤාණචක්ඛුවිසොධනං
මොහක්ඛිපටලුද්ධාරිං අඤ්ජෙය්‍ය සදා සතො."

තද්ධිත නම්වූ 23 වෙනි පරිච්ඡේදාවසානයෙහි

"විවිධනයවිචිත්තං තද්ධිතං නාමකප්පං
සුවිපුලසුඛුමත්ථං සංසයච්ඡෙදකාරිං,
නරවරවචනත්ථෙ පාටවං පත්ථයානො
අවිකලසතිපඤ්ඤො කොනු පොසො න සික්ඛෙ."

ආඛ්‍යාත නම්වූ 24 වෙනි පරිච්ඡේදාවසානයෙහි.

"ඉච්චෙව මධනත්ථ සුසෙවනීයෙ
ධම්මෙ මුනින්දෙන සුදෙසිතෙ ච,
විඤ්ඤූ නමිච්ඡං පරමං පවුත්තං
ආඛ්‍යාත මෙතං විපුලං අහාසි."

චතුර්විධ පදවිභාග නම්වූ 27 වෙනි පරිච්ඡේදයේ අග.

"ඉච්චෙවං නයෙ සුපවුත්තං පරියත්තිධම්මෙ
වාචොගධෙ චතුපදෙ විපුලත්ථසාරෙ,
යොගං කරෙය්‍ය සතතං බහුධා විභත්තෙ
යොගං කරං සුපවුත්තං සනයෙ ධිගච්ඡෙ."

පොතේ අගගාථා මෙසේය.

"යෙ ධීරා සද්දනීතිප්පකරණපසුතා නිච්චකාලං භවෙය්‍යුං
තෙ සාරෙ පාළිධම්මෙ නිපුණනයසුභෙ අත්ථසාරං ලභෙය්‍යුං,
තෙ ලද්ධානත්ථසාරං සුගතමතවරෙ සුප්පතිට්ඨා සුධානං
අච්ඡම්භී සීහවුත්තී පරමමවිතථං සීහනාදං නදෙය්‍යුං.

ඉද මත්ථකාරං කවිපීතිකාරං ධුවකංඛනුදං නිසිතානිසිතං,
වරසන්තිපදං පිහයං සුජනො හිතයුත්තමනො න සුණෙය්‍යනුකො

ඉදං සුතිස්සාය සුඛී මතං මතං
තං තං සුවුද්ධිහෙතාගි සමා හිතං හිතං,
තතත්ථ සාරං පරියෙසතං සතං
විඤ්ඤූ මනෙ චෙත සිකා කරෙ කරෙ.

විනයඤ්චාපි සුත්තන්ත මභිධම්මච ජාතකං,
සාඨකථං නවංගන්තු ඔගාහෙත්වාන සාසනං.

නානාචරියවාදෙහි මණ්ඩෙත්වා නිම්මලෙහි ච,
සද්දනීති සමඤ්ඤාතං ඉදං පකරණං කතං.

පාකටා බෙ රවින්දුව යස්ස කිත්ති මහීතලෙ,
අග්ගවංසාචරියෙන තෙන විරචිතා අයං.”

---

25. සම්බන්ධචින්තා—මීට සම්බන්ධචින්තාව යයිද කියත්-මෙහි සඳහන් වෙන්නේ කාරක ලක්ෂණ විභාග හා උක්තානුක්ත, විභක්ති භේදයෝය—පොත පරිච්ඡේද වශයෙන් බෙදා නැති නමුත් ඉතාම වැදගත් පුරාණ පොතක්වත් ඇර ප්‍රමාණය බණවරකට වැඩි නැත—මේ පොතට පුරාණ සන්නයක් හා ටීකාවක්ද තිබෙනුය—මෙහි කතෘ අග ගාථාවල සඳහන්ව තිබෙන හැටියට මෙයට අවුරුදු 800 ගණනකට ප්‍රථම වුත්තොදය, සුබොධාලංකාර, . ඛුද්දසික ටීකා, මොග්ගල්ලායන ව්‍යාකරණයට අයිති සුසද්දසිද්ධි* යන මේ පොත් කළාවූ සංඝරක්ඛිතනම් ස්ථවිරයන් වහන්සේය—මුන්වහන් සේගේ ගුරුවරයා සෙලන්තරායතනවාසී ස්ථවිරයන්වහන්සේ බව සුබොධාලංකාරාවසානයෙහි පෙනෙන

“සෙලන්තරායතනවංසිකසීල ථෙර
පාදෙ ගුරූ ගුණගුරූ ජයතං මමෙසො,
යස්සප්පභාව මවලම්බ මයෙදිසොපි
සම්පාදිතො හිමතසිද්ධිකරෙ පරත්ථෙ.”

---

* මෙකී පොත කච්චායනසාරටීකාවෙහි “පඬිතො පන සුසද්දසිද්ධි ආදි නො ගහෙතබ්බා” යි සඳහන්ව තිබේ—මොග්ගල්ලායන ව්‍යාකරණයට අයිති “සාරත්ථ විලාසිනීනම්” පඤ්චිකාටීකාවෙහිද කතෘ “සංඝරක්ඛිත” කියා බැවින් දෙනමක්ද එක නමමද යනු කල්පනා කටයුතුයි.

යනමේ ගාථාවෙන් පෙනේ—මේ සෙලන්තරායතනවංසී ස්ථවිර යන් වහන්සේ නම් මහාවංසයේ 57 වෙනි පරිච්ඡේදයෙහි හා ඡන්දෝ සාරත්ථවිකාසිනී ටීකාවෙහි පෙනෙන හැටියට දාඨොපතිස්ස රජ ගේ මුනුපුරාය, වැඩසිටියේ බුද්ධවර්ෂ 1602 හරියේදීය—සාරිපුත්‍ර නම් මහාස්ථවිර තෙමෙනත්ද මුන්වහන්සේම ගුරුව වැඩසිටිය බව තැදී සිඝටීකාවේ මූල සඳහන්ව තිබේ.

මහාවංසයේ.

" දාඨොපතිස්සරාජස්ස නත්තා සුගතසාසනෙ,
පබ්බජ්ජූපගතො සබ්බො බුතවා සීලසංවුතො.

උද්දිස්සාරබ්භාං සම්මා ලංකිනෙදන කතං තදා,
සෙලන්තරාභිනික්ඛම්ම යතින්දො සො දයානුගො.

යතො භික්ඛු සමූහෙත්වා වාසං කප්පෙසි යත්ථ සො,
සෙලන්තරසමූහොති විඛ්‍යාති සො තතො ගතො."

සම්බන්ධචින්තායෙහි මූල ගාථා 2 මෙසේය.

" නිරුත්තිවිසරපාරසාගරනෙත්තොපගං ජිනං
නමස්සිත්වා කරිස්සාමි සාධුං සම්බන්ධචින්තනං.

ක්‍රියාය කාරකානඤ්ච යොගො සම්බන්ධසම්මතො,
තස්මා ස්ස චින්තා සම්බන්ධචින්තා ඤ්ඤුතතාදිනිස්සිතා."

අග.

" යෙ නනත්ත තනත්තරතනාකරමන්ථනෙන
මන්ථාචලොල්ලසිතඤාණවරෙන ලද්ධා,
සාරාමතාතිසුඛිතා සුඛයන්ති චඤ්ඤෙ
තෙ මෙ ජයන්ති ගුරවො ගුරවො ගුණෙහි.

යස්ස සාධු ගුණඤ්ඤු බහුතන්තිතත්ති සබත්ථ පත්ථටා,
මොග්ගල්ලානො මහාපඤ්ඤො ජයතෙ සොහ සබ්බදා.

පරමප්පිච්ඡතානෙක විසෙසූප සමෙසිනං,
සුචිසල්ලෙඛවුත්තීනං සදා රඤ්ඤනිවාසිනං.

සාසනුජ්ජොතකාරීනං ආචෙරතත මුපාගතං,
උදුම්බරගිරිඛ්‍යාතා යතීනං යතිපුංගවං.

මෙධංකරෙති ආඛ්‍යාතං නාමධෙය්‍යං තපොධනං,
ථෙරං පිරදයාමෙධානිධානං සාධුපූජිතං.

සිස්සං සහාය මාගම්ම කල්‍යාණමිත්ත මත්තනො,
සොධෙතුං සාසනං සත්ථු පරක්කම මකාසි යො.

සුසද්දසිද්ධි යො යොගනිච්ඡයං සබ්භි වණ්ණිතං,
අකා සුබොධාලංකාරං වුත්තොදය මනාකුලං.

සංඝරක්ඛිතනාමෙන සාසනොදයකාරිනා,
ඛුද්දසික්ඛාය ටීකා ච තථා සම්බන්ධචින්තනං.

ධීමතා මහාථෙරෙන තෙනෙව සාධු රචිතා,
සත්ථසච්ච පුඤ්ඤොදන නිබ්බාන සාධකං හිතං,
සාධෙන්තා ලොකනාථස්ස සද්ධම්මො තිට්ඨතං චිරං.

මේ අග ගාථාවල වර්ණනා කරණ ලද, (සංඝරක්ඛිත ස්ථවිරයන් වහන්සේට ගෝලවද කල්‍යාණ මිත්‍රවද සාසනාසුද්ධිය කිරීමට උපකාරවද සිටි) දිඹුලාගල මේධංකරනම් ස්ථවිරයන්වහන්සේ කවරෙක්ද යනු සොයන අතර ඉතා පුරාණ පොතක්වූ විනයසන්නයෙහි තැනක සඳහන්වෙන්නේ මුන්වහන්සේගේ කියා අනුමානවශයෙන් කල්පනාවූන නිසා ඒ ඉතා පුරාණ විනයසන්න සිංහල පාඨය එහි තිබුනු ලෙසම මෙහි දක්වනු ලැබේ.

“......මෙසේ දන්නට වටනා බැවින් මේ විනයපාළියට විනය අටු
“වාවටද සන්න ලියන ‘දිඹුලාගල මේධංකර මහතෙර’ නමට
“අසනතැන් වදාළ ආචරියපාචරියන් වහන්සේගේ මහාවිහාරවා
“සීවූ ආචරියසුද්ධින් සුද්ධ්‍ය මෙසේ දතයුතුය—බුදුන් පිරිනිවී සාරසිය
“සුපනස් හවුරුද්දෙහි පමන් බිදි එක්වාදහස් දෙසිය සුපනස් අවු
“රුද්දක් තුබූ බුදුසස්න පරාක්‍රමබාහු මහරජානන් ඇරගෙණ
“දෙනාන කා බගිරිනකා යන අසුද්ධ දෙනකායෙහි විපන්න තැන්
“හැර මහාවිහාරවාසීවූ පරිසුද්ධවූ ථෙරවාදයම ගෙණ පවත්නා පිරි
“සිදු තැන්හා සුද්ධ සංඝයා සමගකොට තුන්නම සමග කළ දිඹුලා
“ගල මාසුප් මහතෙරුන් වහන්සේගේ අන්තෙවාසිකවූ එම නිකා
“ය සාමග්‍රියට ආචාරීන් වහන්සේට සහයව සිටිය මහාසාරත්ථදී
“පනි මූලලසාරත්ථදීපනි පච්කාලංකාරාදීවූ මහත් ග්‍රන්ථකාරයන්
“කළ සැරියුත් මහහිමියන්වහන්සේගේද, මොග්ගල්ලායන ව්‍යාකර
“ණය කළ මුගලන්මහතෙරුන්වහන්සේගේද සමීපයෙහි විනය
“පිටකයද අටුවාවද ටීකාව සහිත කොට අසා මේ විනය සන්නය
“අපි ලීම්හ”——යනුයි.

26. සම්බන්ධචින්තා ටීකාව—මෙහි මුල් පොතේ නොකියනලද අමුතු ලක්ෂණාදියක් කිසි නැතුවත් ඇර සන්නය පමණ සැලකිය යුතු පොතක් නොවේ බව හා මේ රටේ කොතනක් කළ ටීකාවක් නොවේ බවද සන්නය* මීට පුරාණ බවද කිය හැකිය—එහෙත් කුඩා පොත් අතුරෙන් ඉතා පුරාණ පොතක්වූ සද්දත්ථභෙදචින්තා වේදී නම සඳහන්ව තිබෙන නිසාද සද්දසාරත්ථජාලිනී ආදිවූ මේ විධියේ වෙන පොත්වල නාමයක් සඳහන්ව නැති නිසාද වඩා මෑත කාලයක නොවන බව පෙනේ—කතෘ කොයිකාලක කොයි රටක සිටිය කෙනෙක්ද කියා නිශ්චය කළ නොහැකිය.

මූල ගාථාව මෙසේය.

“වුත්තානි සම්බන්ධචින්තාය කරිස්සාමි හිතායහං,
මයාපි මන්දබුද්ධීනං වන්දිත්වා රතනත්තයං.”

අග ගාථාව.

“සුනෙත්වෙදං සුධාරෙන්තා සන්තො යන්තු සුචින්තිතං,
අනෙන සන්තකාමෙන සබ්බෙපි පාණිනො යථා.”

---

27. සද්දසාරත්ථජාලිනිය—මෙය බුද්ධ වර්ෂ 1900 පමණේදී (ශබ්දනීතියට පසුව) බුරුම රටටම අයිති තම්බදීප නම් රටේ විජය† නුවර ‘කණ්ටකඛිපනාගිත’ නම් ස්ථවිරයන් වහන්සේවිසින් විරචිතවූ ගාථා 500 පමණ ඇති ඉතා මාහැඟි පොතකි—අභිධානප්පදීපිකා ටීකාව සහ මෙය එක කාලේදීය—මෙහි පරිච්ඡේද නවයකි.

1 වෙනිවූ ශබ්ද සාරප්‍රකීර්ණක නම් පරිච්ඡේදය ශබ්ද පදාර්ථක, අර්ථපදාර්ථක, යනාදියෙන් හා, එකාදස්සූපචාර, පෙය්‍යාල, අවධාරණ, මිගපදවලඤ්ජනාදි නයවලින්ද, උපලක්ෂණ, ප්‍රතිසෙධ ලක්ෂණ, උපමානොපමෙය්‍ය එකශෙෂ පචවිධ නිරුත්ති ලක්ෂණ, සංඛ්‍යා ක්‍රම, නිර්ධාරණ, අකාරකලක්ෂණ යනාදි සාරවත් ශබ්ද ලක්ෂණවලින්ද ආකීර්ණයි.

---

* සන්නය අරණ්‍යවාසී ගොතම නම් තෙරකෙනෙක්විසින් ලියනලද්දකි—එහි සමහර තැන්වල පේලි ගණන් අඩුව තිබෙහුය—අග ගාථාව මෙසේය.

“බුද්ධානං පණියනෙතාන සබ්බසත්තහිතත්ථිනා,
අරඤ්ඤායතන වසිනා ලිඛිතං ගොතමෙනිදං.”

† මෙනුවරට “පංගො” කියාද ව්‍යවහාරයි.

2 වෙනි අර්ථසාර ප්‍රකීර්ණකනම් පරිච්ඡේදය අභිධාන, අභිධෙය්‍යාර්ථාදි අර්ථප්‍රභෙදද, අබ්‍යාපිත, පුනරුක්ති ආදිවූ දොෂලක්ෂණද, ජාති ගුණ ක්‍රියාදි අර්ථ ලක්ෂණද, උපන්‍යාසාදි අර්ථයන්ද යන මේආදිවූ අර්ථයන්ගෙන් යුක්තයි.

3 වෙනි පරිච්ඡේදය අක්ෂර සංඥාප්‍රභෙදොත්පත්තිස්ථානාදිය හා සන්ධිප්‍රභෙදාදියයි.

4 වෙනි පරිච්ඡේදය නාම ප්‍රභෙද හා සූත්‍ර ප්‍රභෙදාදියයි.

5 වෙනි පරිච්ඡේදයේ කාරකලක්ෂණ ප්‍රභෙද හා උක්තානුක්ත ලක්ෂණාදියයි.

6 වෙනි 7 වෙනි 8 වෙනි සහ 9 වෙනි පරිච්ඡේද පිළිවෙළින්, සමාස ලක්ෂණ ප්‍රභෙද, තද්ධිත ප්‍රත්‍යය, ආඛ්‍යාත ක්‍රියා, කිච්ච කිතකප්‍රත්‍යය, ප්‍රභෙදාදියයි.

මූල ගාථා.

"නමස්සිත්වාන සම්බුද්ධං සද්දසාරත්ථපාරගුං,
ධම්මං සාරත්ථසම්භූතං ගණඤ්ච වයධාරණං.

පුබ්බාචරිය සීහානං මතං නිස්සාය සාධුකං,
වක්ඛාමි සද්දසාරත්ථජාලිනිං මතිවඩ්ඪනං.

කෙවලං ඉති සද්දෙන මිස්සො අත්ථ පදත්ථකො,
ඉතිසද්දෙන වෙ යුත්තො භවෙ සද්ද පදත්ථකො.

පුරිසිත්ථී චිත්තසද්දා පුරිසාදි අත්ථවාචකා,
පුරිසොත්‍යාදි වුත්තෙත්ථ සද්දා යෙව පදත්ථකො."

අර්ථසාර පරිච්ඡේදයෙහි අබ්‍යාපිතාදි දොෂලක්ෂණ දක්වන ගාථා කිපයක් මෙසේය.

"අබ්‍යාපිතාතිබ්‍යාපිත දොසං පුනරුත්ති තථා,
පුබ්බාපරවිරොධත්ථං එකත්ථ මිති පඤ්චධා.

යමිච්ඡිතං අධිප්පායං න පූරයති යත්ථ හි,
තං අබ්‍යාපිතං ඤෙය්‍යං දොසඤ්ඤූහි සභාවතො.

අනිච්ඡිතං අධිප්පායං යත්ථ දිස්සති තං මතං,
අතිබ්‍යාපිතදොසනාති දොසඤ්ඤූහි සභාවතො.

පුබ්බෙ වුත්ත මධිප්පායං පුන වුච්චති යත්ථ හි,
පුනරුත්තීති තං ඤෙය්‍යං දොසඤ්ඤූහි සභාවතො.

යමිච්ඡිතත්ථං වත්වාන තමෙව වදත්‍යඤ්ඤථා,
තං විරොධීති විඤ්ඤෙය්‍යං දොසඤ්ඤූහි සභාවතො.

අත්ථුලක්ඛ දුමෙ සද්දු යත්ථ වුච්චන්ති තං මතං,
එකත්ථන්ති සභාවෙන ඉමෙ දෙසා විවජ්ජිතා.”

අග ගාථා.

“පංශුකාභිඛ්‍යාතෙ නගරෙ විඤ්ඤුතෙ
ගන්ධස්සු සුරභි මතං ගහෙත්වා,
සා භාසිතා සා ත්භයා සමන්තා
සබ්බෙපි සත්තා නිභයා භවන්තු.

වට්ටස්සු එතානං තිභවෙසු වුය්හං
රොගාදිවජ්ජං විහතො භවෙය්‍යං,
ඵුසාමි බුද්ධං පියමෙත්‍ය සබ්බං
දනාව දත්ථං පිටකං ධරෙය්‍යං.”

මේ ග්‍රන්ථකර්තෘවූ තෙරුන්වහන්සේගේ පිළිවෙළ කථාව මෙසේය බුරුම රටේ “සාවළු” නම් ගමෙහි එක්තරා ග්‍රහපති පුත්‍රයෙක් තෙම තමන්ගේ පුත්‍රයා ශාස්ත්‍රාගම ඉගැන්මපිණිස තෙරුන්වහන්සේ නමකට භාරදුන්නාය—ඔහු විහාරයට යාම ගැණ කම්මැලි නිසා පියාවිසින් තර්ජනය පිණිස කවුගයක් උඩ තබනු ලැබූ හෙයින් “සකණ්ටකබිප” යන නාමය ව්‍යවහාර වූනාත් ඇර ඉන්පසු විහාරයෙහිම නැවතී ඉගෙණ ගණිමින් කලකට පසු මහණව උපසම්පදාවද ලබා අරිමද්දන නුවරට ගියාහ—පුනාව්‍යවනත්‍රය නිසා ගිය ගිය තැනම මහතෙරුන්නාන්සේලාගෙන් සංග්‍රහ ලැබ රටේ ප්‍රසිද්ධවේගණ එන අතර පියාහෝද උන්වහන්සේව සොයා ගොස් අරිමද්දන නුවරදී සම්භවී එහි පියාද නැවතී උපස්ථාන කළාය—එසේ බොහෝ කාලයක් පසුවෙනතුරුම ආහාරපානාදියක ප්‍රණීතාප්‍රණීතකමක් ගැණ තෙරුන්වහන්සේ කිසිවක් නොකියාසිද පසු කාලයකදී නිතරමවගේ ඒ ගැණ සොයන බලන නිසා “ඒකිමෙක්ද” යි පියා ඇසූවිට “පියාණෙනි මම යම් අර්ථයක් ගැණ උත්සාහ කළාද ඒ අර්ථය දැනට සම්පූර්ණ නිසා ශරීර බල පරිග්‍රහණය පිණිස එලෙස ලුනු ඇඹුල් ආදිය ගැණ සොයමි” යයි කීයේය—මීට පසු පියාත් සමග මෑණියන් දැකීම පිණිස සිය රටට එමින් චෛත්‍ය වැඳීම පිණිස විජය පුරයට පැමිණිවිට ඒනුවර “චතුසෙතිභිඤුසීහසූර” නම් රජතෙම මහත් විහාරයක් සාදවා ඒ විහාරයෙහි උගත් සීලවන්තයෝම නවතිත්වයි කියා ප්‍රසිද්ධයක්කර තිබුනු බව දැනගණ්ට ලැබුනු නිසා මෙම තෙරුන්නාන්සේ ඒ විහාරයට ගොස් නැවතුන කල ආරක්ෂකයෝ එපවත් රජහට

ගොස් සැලකළ කල්හි රජතෙම අභිධානප්පදීපිකා ටීකා කර්තෘභූත 'චතුරඞ්ගබල' නම් අමාත්‍යයා යවා තෙරුන්වහන්සේගේ ප්‍රමාණය පරීක්‍ෂාකළ කල්හි අමාත්‍යයා විචාළ විචාළ ග්‍රන්ථිස්ථාන සියල්ලම තෙරුන්වහන්සේ විසර්ජනය කළහෙයින් ඒ බව රජහට සැලකළ විට සතුටුව රජ්ජුරුවෝ විහාරය ඒ තෙරුන්වහන්සේටම පූජාකළ බවද, තෙරුන්වහන්සේගේ පියාට සිටුතනතුරක් දුන්බවද, එනිසාම ඒ ගමට 'සෙට්ඨිගාම'යයි නම්වූ බවද, තෙරුන්වහන්සේ මෙකී විහාරයෙහිම වැඩසිටගෙණ සද්දසාරත්ථජාලිනී නම් ප්‍රකරණය කළ බවද, බුරුම්රටේ රාජවලියෙහි සඳහන්ව තිබෙනුය.

---

28. සද්දසාරත්ථජාලිනීටීකාව—මේ ටීකාවද මූල්පොත වාගේම ඉතාවැදගත් පොතක්ය—ගාථා තේරුම්කිරීම බොහෝසෙයින් පදුඩාරවශයෙන් නොව ගාථාවල අදහස කීම් වශයෙනි—සුබෝධාලංකාර සම්බන්ධචින්තා සුබෝධාලංකාරටීකා රූපසිද්ධි බාලාවතාර සද්දනීති චූලනිරුත්ති ආදියෙන් උදාහරණ දක්වා තිබෙනුය—සමහරතැන පාණිනි ආචාර්‍ය්‍යමතයන්ද පෙන්වා තිබේ—කර්තෘගේ නාමය* පොතේ දක්වා නැතුවත් ඇර පෙළට ඉතා කිට්ටු කාලයෙහිම සාදන ලද බව හෙවත් කච්චායනභෙද මහාටීකාවේ මොහු නාමය සඳහන්ව තිබෙන නිසා ඊටපසුබව (එනම්, බුද්ධ වර්ෂ 221' ට ඉහත බව) දැනගණ්ට තිබේ.

මූල ගාථා මෙසේය:

"යො බුද්ධසූරො අමිතන්ධකාරං
හන්ත්වාන ධම්මංහි ජුතීහි ලොකෙ,
බොධෙසි වෙනෙය්‍යජනං සරොජං
වන්දෙ මුනින්දං භගවන්තමග්ගං.

යෙ ධම්මමාලං සිරසා වහන්ති
මුච්චන්ති තෙ වට්ටභයා දුගන්ධා,
තස්මා පදං යන්ති ජනා අසංඛ්‍යං
තං ධම්මසෙට්ඨං පනමාමි සාධුං.

---

* මූල්පොතේ කර්තෘමබව සමහර කියමන්වලින් හැඟෙන්ටද තිබේ.

යෙ සංඝඛෙත්තමහි සුපුඤ්ඤබීජං
රොපෙන්ති තෙ නන්දබලාභිසඞ්ඛා,
ලුනන්ති මොක්ඛං භවභෙදහෙතුං
තං සංඝසෙට්ඨං සිරසා නමාමි.

යං කිඤ්චි ගන්ථං මභිරමණීයං
කාරෙන්ති ධීර මිධ සාසනමහි,
සික්ඛන්ති තෙසං නිභයාපගන්ථා
නමාමි තෙසං සිරසාව පාදෙ.

නානාගමෙච්චසු ආරද්ධං ගහෙත්වාභිමතං නයං,
වණ්ණයිස්සං සමාසෙන සද්දසාරත්ථජාලිනිං."

මෙහි "පෙය්‍යාලං" යන වචනය තේරුම්කර තිබෙන ක්‍රමය මෙසේය—"තත්ථ අදස්සිතතාමෙව දස්සෙත්වා විත්ථාරෙතබ්බස්ස අත්ථස්ස පාතුං පාලෙතුං රක්ඛිතුං අලං සමත්ථන්ති පෙය්‍යාලං—අථවා, යථා වුත්තස්ස පාඨස්ස පාතුං විත්ථාරෙතුං අත්ථං වා පාලෙතුං අලන්ති පෙය්‍යාලං—නිරුත්තිනයෙන බ්‍යාපිතුං විත්ථාරෙතුං අලන්තිපි අපරෙ—පෙය්‍යං අදස්සනං පාකටං කාතුං අලන්තිපි එකෙ—පාතබ්බං රක්ඛිතබ්බන්ති පෙය්‍යං, පෙය්‍යස්ස අලං පෙය්‍යාලන්ති අම්හාකං මති."

තවද අගගාථාවෙහි ටීකාවේ කොටසක් මෙසේය.

"පංයො ති එකස්ස ඉසිනො නාමං සො හි නානප්පකාරෙසු නගරෙසු දෙසචාරිකං චරමානො පුනප්පුනං යාති චරති තෙන පංයො නාම තාපසොති විස්සුතො සො පන කාලන්තරෙන මතො එතස්මිං ඨානෙ මනුස්සාවාසං කප්පයිංසු, සොපි ජනපදෙ උපචාරෙන පංයොති වුච්චති කාලන්තරෙන අමච්චා රජ්ජානං මාරෙත්වා අනුපුබ්බෙන තං ඨානං මහානගරං මාපෙසි තං පොරාණනගරසඤ්ඤාවසෙන පංයොති වුච්චති, පංයොති අභිඛ්‍යාතං විස්සුතන්ති පංයාභිඛ්‍යාතා, තස්මිං— ගන්තබ්බං සුගතිට්ඨානං නවජ්ජන්ති සත්තා එතෙහීති නගා කිලෙසකාම වත්ථුකාමා, තෙහි රමන්ති අභිරමන්ති එත්ථාති නගරං—අථවා, න ගච්ඡන්ති න චරන්තීති නගා, අතිසරීරමහන්තභාවෙන නගා වියාති නගා, හත්ථී—නගා රවන්ති නදන්ති එත්ථාති නගරං, තස්මිං—විසෙසෙන සලති පත්ථරතීති විසාලං, තස්මිං-තත්ථ සියා, නනු ච තං නගරං අයාමතො දිඝඩ්ඪකොසං විත්ථාරතො කොසමත්තං කුතො විසාලභාවොති? සච්චං සාධා නගරස්ස විසාලත්තා පන තථා වුච්චති—අථවා, බහුන්නංපුඤ්ඤසඤ්ඤුතනවිසාලානං ජනානං

නිවාසට්ඨානත්තා ථානූපචාරෙන තථා වුත්තන්ති දට්ඨබ්බං—අථවා සම්මාසම්බුද්ධස්ස පරියත්තිධරානං භික්ඛුසංඝස්ස විසාලත්තා විපුලත්තාතිපි තථා වුත්තන්ති දට්ඨබ්බං, තස්මිං විසාලභූතෙ පංසාභිඛ්‍යාතෙ නාගරෙති සම්බන්ධො කාතබ්බො—කදාති චෙ සීහසූරෙන ජිනසාර ඤ්ඤූ, පංසොධිතය නගරං මාපිතං, සො කිර අනභිසිත්තොව ඡබ්බස්සානි රජ්ජං කාරෙසි, අභිසිත්තො තීණි සංවච්ඡරානීති නවවස්සානි රජ්ජං කාරෙසි තතො තස්ස පුත්තො උච්චනා නාම කුමාරො වීසති වස්සානි රජ්ජං කාරෙත්වා අත්තනො කනිට්ඨභාතරං පිතුනාමතුල්‍යං සීහසූරං නාම කුමාරං රජ්ජං පටිච්ඡාපෙත්වා අඤ්ඤත්ථ ගතො සීහසූරකුමාරො පුන නවසංවච්ඡරානි රජ්ජං කාරෙත්වා කාලං කතො, තතො තස්ස පුත්තො යොෂ්‍යවච්චානො නාම කුමාරො දස සංවච්ඡරානි රජ්ජං කාරෙත්වා කාලං කතො තතො තස්ස කනිට්ඨභාතා පිතු නාම තුල්‍යෙ සීහසූරෙ නාම කුමාරෙ තීණි සංවච්ඡරානි රජ්ජං කාරෙසි තස්මිං කාලෙ පුබ්බුත්තරතො පරසෙනා ආගන්ත්වා මහායුද්ධං යුජ්ඣමානො පරසෙනා හත්ථගතො—පරසෙනාසු ගතාසු තස්ස ජෙට්ඨභාතා උච්ච නාම කුමාරො රජ්ජං කාරෙසි, සො තීණි මාසානි රජ්ජං කාරෙසි, තස්මිං සමයෙ සතිවනයො නොම උත්තරපාරිරජ්ජ කුමාරො ආගන්ත්වා සිංපහාරං කත්වා ජෙත්වා තං නගරං අග්ගහෙසි, සො චත්තාරි සංවච්ඡරානි රජ්ජං කාරෙත්වා කාලමකාසි තතො තස්ස භගිනිපතිභූතො උච්ච නාම කුමාරො චූලමාතු පුත්තො තරභොඛවහ කුමාරො රජ්ජං කාරෙසි තස්ස ද්වාදස සංවච්ඡරෙ සම්පත්තෙ කාලෙ අයමාචරියො ඉදං පකරණං පට්ඨපි—ගන්ථන්ති බන්ධන්ති නානප්පකාරෙ සද්දත්ථෙ එත්ථ එතෙනවාති ගන්ථො—ගන්ථෙන්ති වා පකාසෙන්ති නානප්පකාරෙ සද්දත්ථෙ යථාවුත්තනයෙනාති ගන්ථො, තෙසු—සරන්ති ගච්ඡන්ති හිතසුඛං එතෙනාති සාරො, සරිතබ්බො නිච්චකාලමෙව චින්තෙතබ්බොති වා සාරො, තං—අභි අතිරෙකො මතො ඉච්ඡිතොති අභිමතො, අභිමුඛං මතො ඉච්ඡිතබ්බොති වා, තං—ගහෙත්වාති ආදාය ගහෙතබ්බාති ගහෙත්වා, කම්මසාධන වාචකො හි එත්ථ ත්වාපච්චයො භාසිතාති පදස්ස විසෙසනත්තා, යාති සද්දසාරත්ථජාලිනී, භාසිතාති කථිතා, මයාති යොජනා, සාති සද්දසාරත්ථජාලිනී, නිභයාති අභයා, සමත්තාති පරියන්තා සංඛෙපතො අනූනා ගහිතාති වා—කත්ථ සියා, නනු ච පුබ්බාචරියසීහානං මතං නිස්සායාති පුබ්බෙ වචනතො ගන්ථෙසු තාදිවචනං පුනරුත්තිදොසමෙව භවතීති,?—නනන

නිග්ගමනාධිකාරත්තා වුත්තස්ස හි පුන වචනං නිග්ගමනං නාමාතිබ්භයා සමත්තාති එත්ථ අමතෙ ගන්ධ භයා නාම නත්ථි ඨානුපචාරෙන වුත්තන්ති දට්ඨබ්බං."

29. කච්චායන භෙදය—මෙය බුද්ධවර්ෂ 2152 කට ප්‍රථම දඹදිව මහා යස* නම් ස්ථවිරයන්වහන්සේවිසින් කරණලදී—කච්චායනසාරයද ඒකාලේ මෙම තෙරුන්නාන්සේමය—මෙහි න්‍යාස න්‍යාසටීකා රූපසිද්ධි යන පොත්ද සඳහන්කර තිබෙනුය—සද්දසාරත්ථජාලිනී මුඛමත්තසාර යන දෙකින්ද කරුණු ගෙණ තිබෙනුය—සන්ධි නාම කාරක සමාස තද්ධිත ආඛ්‍යාත කිතකයන්ගේ ලක්ෂණ හා ප්‍රභෙද උදාහරණ සහිතව දක්වන ලද ගාථා 400 සියයකට වැඩි නොවන තරම්වූ සඞ්ක්ෂිප්ත පරිච්ඡෙද සතක් ඇති පොතකි—මීට " කච්චායන භෙදප්‍රදීපකය " සිද කියත්—මෙම පොතට ටීකා දෙකක් හා සන්නයක් තිබෙනුය—සන්නය ප්‍රෙතවස්තුඅට්ඨුවාසන්න කුසජාතකසන්නයනාදිය කළාවූ කොස්ගොඩ ගණේගොඩැල්ලේ විහාරයෙහි වැඩසිටිය පඤ්ඤාසාරතෙරුන්නාන්සේ විසින් කරණලද්දකි.

මූලගාථා.

" ජිත මාරාදිකං බුද්ධං ධම්මං මොහවිධංසනං,
වන්දිත්වා උත්තමං සංඝං කච්චායනඤ්ච වණ්ණිතං.
කච්චායනස්ස භෙදඤ්හං සප්පයොගං යථාරහං,
සොතුජනාන මත්ථාය පවක්ඛාමි සමාසතො,"

සන්ධි ලක්ෂණ හා ප්‍රභෙද දක්වනලද ගාථා කීපයක්.

" සමාධීයන්ති යං තත්ථ අදස්සෙත්වාන මන්තරං,
වණ්ණිතා වණ්ණනාති සන්ධි තෙන පවුච්චති.
සරබ්‍යඤ්ජනවුත්තානං සන්ධීනඤ්ච වසා තිධා,
සරෙසු වා බ්‍යඤ්ජනෙසු විහිතා සරබ්‍යඤ්ජනා.
ගාථාසු වුත්තප්‍යා හානත්ථං වාචාසිලිට්ඨතාය වා,
ලොපාගමං කරිත්වාන විහිතා වුත්තසන්ධිකං.
සන්ධිවිත්තං කිංසුධ තඤ්ඤූහි තස්ස මූසා භවෙ,
සෙය්‍යත්ථිකො පදමතො ඉදං තෙසං නිදස්සනං.

* මූන්වහන්සේ ගැණ කච්චායනසාරයේදී බලනු.

ලොපාදෙසච ආගමො විකාරො පකති තථා,
දීඝරස්ස වසෙනාපි සන්ධි සත්තවිධා මතා.
තයො තයො තයො චෙ චෙ චෙ චෙ චෙව යථාක්කමං,
තිළූනවීසති සන්ධි පණ්ඩිතෙහි විජානියා."

---

30. කච්චායනභෙදමහාටීකාව—මෙය බුද්ධවර්ෂ 2213 (ශක 1031) දී බුරුමරටේ උත්තමසික්ඛනම් තෙරුන්වහන්සේවිසින් සාදන ලදී—නෙත්තිප්‍රකරණයෙන් හා එහි අටුවාවෙන්ද, අභිධර්මටීකා, අනුටීකා, කච්චායන සාර, සද්දවුත්ති, සද්දත්ථභෙදචින්තා, වුත්තොදය, ගන්ධාභරණ, සද්දනීති, මණිමඤ්ජුසා, මණිසාරමඤ්ජුසා, සද්දසාරත්ථජාලිනී, මුඛමත්තසාර, කච්චායනදීපනී, න්‍යාස, මහානිරුත්ති, චූළනිරුත්ති, එකක්ඛරකොස, කච්චායනසාර, අනාගතවංස, අඞ්ගුත්තරටීකා, සන්ධිවිසොධන, එහි ටීකා, යන මේ පොත්වලින්ද උදාහරණ කොට තිබෙනවත් ඇර තුඩාපොත්වලට කරණලද ටීකා අතුරෙන් මෙය පළමුවෙනි ටීකාවත්ය—මුල්පොතේ පරිච්ඡේද 7 නුමුත් මෙහි පරිච්ඡේද දශයක්ඃ—එයින් 1 වෙනි පරිච්ඡේදයනම් මුල්පොතේ මුල ගාථාව (නෙත්තිප්‍රකරණයෙහි හා අටුවාවෙහි දක්වන ලද) දෙසනාහාර, විචයහාර, යුත්තිහාර, පදට්ඨානහාර, ලක්ඛණහාර යනාදි සොළොස්හාර නිද්ධාරෙපදෙස වශයෙන්ද, නන්දියාවත්තනය, තිපුක්ඛලනය, සීහවික්කීළිතනය, දිසාවිලොචනනය, අංකුසනය, යන පඤ්චප්‍රකාරනයනිද්ධාරෙපදෙස වශයෙන්ද, වර්ණනාකිරීම හා, ලිංගනය, වුත්තිනය, සම්බන්ධනය, ලිංගසම්බන්ධනය, වුත්තිසම්බන්ධනය, යන පඤ්චප්‍රකාර සංවර්ණනා නයද, ඊටම අන්තර්ගතවූ, පදවර්ණනා, අර්ථවර්ණනා පදාර්ථවර්ණනා යන තුනද, පදවර්ණනාවටම අයිතිවූ ලිංගපද වර්ණනා, විභත්තිපද වර්ණනා, ප්‍රත්‍යයපදවර්ණනා, ධාතුපදවර්ණනා යන අෂ්ටප්‍රකාර වර්ණනාවන්ද, අර්ථවර්ණනාවට අයිතිවූ, ලිංගාර්ථවර්ණනා, ප්‍රත්‍යයාර්ථ වර්ණනා, ධාත්වර්ථ වර්ණනා, විභක්ත්‍යර්ථවර්ණනා, යනාදිවූ නවප්‍රකාර අර්ථ වර්ණනාවන්ද, උදාහරණ සහිතව විස්තරයෙන් ප්‍රකාශ කිරීමයි.

2 වෙනි පරිච්ඡේදය නම් පළමුවෙනි දෙවෙනි ගාථා දෙක, සම්බන්ධ, පද, පදාර්ථ, පදවිග්‍රහ, චොදනා, පරිහාර, යන ෂට්ප්‍රකාරයට ආගම ශාස්ත්‍ර පිළිබඳ නොයෙක් පොත්වලින් කරුණු ගෙණහැරදක්වා වර්ණනා කිරීමය.

3 වෙනි පරිච්ඡේදය "කච්චායනස්ස භෙදං" යන වචන දෙක

ගැණ කච්චායනව්‍යාකරණයාගේ ප්‍රභෙදයෝවූ සන්ධි, නාම, සමාස, තද්ධිත, ආඛ්‍යාත, කිතක, යන කාණ්ඩවල ප්‍රභෙද හා ලක්‍ෂණයන් නොයෙක් පොත්වලින් කාරණා දැක්වීම් වශයෙන් කියන ලදී.

4 වෙනි 5 වෙනි 6 වෙනි 7 නිවෙ 8 වෙනි 9 වෙනි 10 වෙනි පරිච්ඡෙද නම් මුල් පොතේ සන්ධි නාම කාරකාදි පරිච්ඡෙද හතේ ගාථාවල් පදයොජනා විග්‍රහාදි වශයෙන් වර්ණනා කරණ ලද්දාවූ පරිච්ඡෙද හතයි—සම්පූර්ණ පොත බණවර 24 ක් පමණය.

මූල ගාථාව.

“බුද්ධං විසුද්ධ කරුණාධික ඤාණ සාරං
ධම්මච මොහ මහිධංස ගතං සුපූජං,
නත්වා නිරඞ්ගණ ගණං'අභිදක්ඛිණෙය්‍යං
කච්චායනං දසබලෙන සුවණ්ණිතඤ්ච.”

අග ගාථා.

“උත්තමසික්ඛං යස්ස උත්තමං සික්ඛතීති වා,
උත්තමසික්ඛොතිවෙහත ථෙරෙන උපසම්පදා.

එකතිංසාධිකෙ සක්කරාජෙ සහස්සකෙ කතා,
ගන්ථො දසහි කාමෙහි පරිපුණ්ණා යථා මයා.

සත්තරසහි වස්සෙහි සම්පන්නෙනාත ච භික්ඛුනා,
සීලාදිගුණ පුණ්ණෙන කච්චායනභෙදවණ්ණනා.

දසහි පාරමිතාහි සම්පජ්ජාමි භාවං භවෙ......,

සාසනං යාවතා ලොකෙ චිරං තිට්ඨති තාවතා.
තිට්ඨතු ච අනාකුලං කච්චායනභෙදවණ්ණනා.”

තුන්වෙනි පරිච්ඡෙදයෙහි අකුරු ගැණ කියනලද
විභාගයක් මෙසේය.

“අක්ඛරා එකචත්තාලීස භෙදා හොන්ති—අථවා—අක්ඛරා එකං නිග්ගහීතං බත්තිංසබ්‍යඤ්ජනෙසු නවභෙදා හොන්ති තස්මා එකෙකබ්‍යඤ්ජනස්ස නව නව භෙදත්තා අට්ඨාසීති විසත බ්‍යඤ්ජනානි හොන්ති—අට්ඨසු සරෙසු එකෙකස්ස රස්සස්ස වසෙන සරානි තෙත්තිංස භෙදත්තා චතුසට්ඨි මෙසතානි හොන්ති මිස්සවසෙන—අථවා—එකෙකස්ස රස්සස්ස* තෙත්තිංස තෙත්තිංස භෙදත්තා නව නවුති හොන්ති—එකෙකස්ස දීඝස්ස චත්තිංස චත්තිංස භෙදත්තා සට්ඨි අධි

* සමහර පොතක. “එකෙකස්ස සරස්ස” කියාය.

ක එකසතානි හොන්ති, තස්මා නවපඤ්ඤාස චෙ සතානි සරානි හොන්ති බ්‍යඤ්ජනවසෙන—බ්‍යඤ්ජනවිරහිතෙන අඃසරෙන සද්ධිං චාසතතතාධිකා වෙසතානි මිස්සකාවසෙන හොන්ති—සරරහිතෙන බ්‍යඤ්ජනෙන සද්ධිං එකවීසාධිකතිසතානි හොන්ති, තස්මා සබ්බෙ අක්ඛරා තෙනවුතාධිකා පඤ්චසතානි හොන්ති—තෙසු බත්තිංස බ්‍යඤ්ජනා සරතො පුබ්බා, නිග්ගහීතං සරතො පරං උච්චාරණවසෙනාති—තෙනාහු කෙචි සද්දසත්ථවිදූ, බ්‍යඤ්ජනානං උපරිමො අආ ඉඊ උඌ එඔ තාසාදි—එත්ථ ච අඃසර එකං නිග්ගහීතං අආ ඉඊ උඌ එඔ අං-සසර බ්‍යඤ්ජනානි, කකා කිකී කුකූ කෙ කො කං නව—බාදීනිපි තෙ තාධාන්, එවං අසීති ද්වෙ සත බ්‍යඤ්ජනානි හොන්ති, රස්සසර වසෙන සරානි පන තෙත්තිංස ආකාරෙ, තථා ඉකාරුකාරච, ආකාරාදයො පන චත්තිංස චත්තිංස හොන්ති, එවං රස්සා නවනවුති හොන්ති, දීඝා නවසත්තසතානි† හොන්ති, මිස්සකතො චතුසට්ඨි චෙ සතානි හොන්ති බ්‍යඤ්ජනවසෙන, බ්‍යඤ්ජනෙන සද්ධිං චා සතත තාධික වෙසතානි හොන්ති, බ්‍යඤ්ජනෙන පන නිස්සරෙන සද්ධිං එක වීසාධික තිසතානි හොන්ති, සබ්බෙපි වණ්ණා තෙනවුතාධික පඤ්ච සතානි හොන්ති—එත්ථ ච කකාරාදයො ළකාරන්තා බ්‍යඤ්ජනා පුබ්බකා සර පරා, අකාරාදයො පන සරපුබ්බකා බ්‍යඤ්ජන පරකා, ක කා ඉච්චෙතෙ බ්‍යඤ්ජනා පුබ්බකා සර පරා, කි කී ඉච්චෙතෙ උද්ධං සරා, කු කූ ඉච්චෙතෙ අධො සරා, කෙ කෙ ඉච්චෙතෙ පුබ්බකා සරා, කො කො ඉච්චෙතෙ උභයා සරා, කං කඃ ඉච්චෙතෙ බ්‍යඤ්ජනා පරා එතෙසං ලක්ඛණං නියමාති,”

31, සාරත්ථවිකාසිනිය—මෙය කච්චායන භෙදයේ පුරාණ ටීකාවයි—බුරුමේ තම්බදීප රටේ අරියාලංකාර තෙරුන්වහන්සේවිසින් බුඩ වර්ෂ 2152 පමණේදී (ඒනම් මහටීකාවට අවුරුදු 62 කට පමණ ප්‍රථම) සාදනලදී—පරිච්ඡෙද බෙදීම මුල්පොතේ ලෙසටමය—මහටීකාව සහ මෙයද එකම පොතේ ටීකා වුවත් පොත් දෙක එකකම එකක් බොහෝ කාරණාවලින් වෙනස්වත් ඇර ප්‍රමාණයෙන්ද මෙය මහටීකාවෙන් හතරෙන් කොටසකටත් අඩු තරම්ය-කත්‍රෘගේ වශයෙන්ද පසුව සෑදූහෙයින්ද ප්‍රමාණයෙන්ද මහටීකාව මෙයට වඩා සැලකියයුතුබව පෙනෙන්ට තිබෙනුය—කාරක කාණ්ඩයෙහි

---

† මූලකියනලද වාරයෙහි ගණනට සම නොවනබව පෙනේ.

"විශෙසනං විධා තෙසං" යනාදි ගාථාව පටන් ගාථා නවයකට
ටීකා මෙම පොතේ නැති නුමුත් පූරාණ ටීකාවේ තිබෙනුය—මෙහිද
ඒවා බැරිවීමකින් ඇරී ත්බෙනවා නොව සමහර පෙළ පොත්වල
නැති නිසා එවාට ටීකා නොකර ඇරියබව කියා තිබේ—මහටීකා
කාතෘ පූරාණ පොත්වල තිබෙනවායයි ටීකා කර තිබේ—මෙය
බුරුම රටේ යයි සැක හැර කිය හැකි නුමුත් මහටීකාව ලංකාවේද
බුරුමේද යනු සැක හැර නොකිය හැකිය.

මූල අග ගාථා මෙලෙසය.

"ජිනො ජයකාරං ධම්මං සච්චයනෙඤා ජයා කාරෙ,
ජිත්වා පරං ජිනාපෙසි සො මෙ දෙතු ජයං ජිනො.

යො මුනින්දිතු සධම්ම සිතාභාපූටදෙහිනං,
මනං පිනෙති ජනතූනං සො සංම්පිනෙතු මෙ මනං .."

"බාවීසායු ච්චසෙසන රියලංකාති නාමිනා,
සත්ථනත්තරෙ ඤායච කවිස්සරෙහි ඝිමතං.

නයමොගගයහ කතොයං පරමත්ථ විනිච්ඡයො,
නවඝඞ්චස්සාධිකෙ සකතාරජෙ නවයතෙ,
සාසනෙ පඤ්ඤසෙකාච් සතාචි සනස්සනෙ..."

---

32. සද්දත්ථභෙදච්නතාංච—මෙනම් පොතද තාම්බදීපරටේ අරිමද්ද
නුවර ධනිත්ථපාද පර්වතය සමීපයෙහි ගමක වාසය කළාවූ සඩම්ම
සිරි නම් ස්ථවිරයන්වහන්සේ විසින් සංස්කෘත පොත්වලින් බො
හෝ ශබ්ද ලක්ෂණ අඩගු කොට ගාථා තුන්සිය අනූගණනකින්
සාදනලදී—කාලය බාලංවතාර සම්බන්ධචිනතාං, න්‍යාස, රූපසිඩ්,
විසුඩිමාර්ගටීකා යනාගේ පොත්වලට මෑත බවත් කච්චායනසාර
කච්චායනභෙද ටීකා යන පොත්වලට ඉහත බවත් දැනගත හැ
කිය—අමරපුරේ නොබෝද වැඩසිටිය සංඝ රජ්ජුරුවන්ගේ ගෝල
යෙක්වූ බුරුම ශාසනවංශය පාළියට පෙරළවාවූ පඤ්ඤසාමි නම්
රාජගුරු තෙරුන්වහන්සේවිසින් මිට ග්‍රන්ථපදත්ථ වර්ණනාවක්ද
කරණ ලදී—මෙහි කතෘ සංස්කෘත භාෂාවෙහි ඉතා දක්ෂයෙ
කෙක් බව පෙනේ—මුන්වහන්සේ "බ්‍රිහජ" නම්වූ වේදපොතක්
බුරුම භාෂාවට සන්නකළබව ශාසනවංශයෙන් දැන ගණ්ට තිබෙ
නවත් ඇර මෙම පොතේද පාණිනි චාන්ද්‍ර ආචාර්ය මතයන්ද
පෙන්වා ත්බේ—මෙම පොතේ වැඩි කොටස සංස්කෘත පොත්වලින්
ගෙණ පාළිභාෂාවට ගැළපෙන ලෙස සොද තිබෙනබව කච්චායන

සාරටීකාවේ පෙනෙන "යඤ්ච සක්කතභාසෙත්ථි වක්ඛති චාන්ද ව්‍යවහාරවසෙන කතා සද්දත්ථභෙදචින්තා ගහෙතබ්බා" යන පාඨයෙන්ද පෙනේ—රත්නශ්‍රී නම් ආචාර්‍ය්‍යයන් විසින් විරචිත සද්දත්ථ චින්තානම් සංස්කෘත පොතක්ද ඇති බව හා එයින් සමහර කාරණ බාලාවතාර පදසාධනටීකා කාරකපුප්ඵමඤ්ජරී ආදියටද ගෙණ තිබෙනබව දැනගණ්ට තිබෙනවත් ඇර මෙයද එම පොතෙන් පාළියට නැගුවා වෙන්ටත් පුළුවන—නොහොත් මෙම නාමයෙන්ම සංස්කෘත පොතක් තිබී එයින් මෙය පාළිභාෂාවට පිටපත්කළාය සිද සිතිය හැකිය—මෙහි ව්‍යාකරණ ශාස්ත්‍රයට අයිති කාරණා පමණක් නොව තර්කශාස්ත්‍රයෙහි න්‍යායවල්ද සංග්‍රහිතයි—මෙමපොතේ ගාථා වෙනත් නොයෙක් ව්‍යාකරණ පොත්වලදී උදාහරණකර තිබේ—මෙසේවූ වෙන කුඩා ව්‍යාකරණ පොත්වලට වඩා පාඨවශයෙන් හා අර්ථවශයෙන්ද මෙය ගාම්භීරයි.

මූල ගාථා.

"සද්දත්ථභෙදවාදීනං පවරං වර වාදිනං,
අභිවාදිය සද්දත්ථ භෙදචින්තා විධීයතෙ.

සද්දො හි දුවිධො චිත්තජො කාර දෙතුජොදර,
සද්දත්‍යත්ථොපකාරත්තා චිත්තජො'ව ගය්හතෙ."

අග ගාථා.

"තම්බදීපවනයෙ රණෙ පිමද්දනපුරෙ කතා,
සද්ධම්මසිරිනා ගුළ්හා සාරසද්දත්ථ භෙදනී.

සද්දත්ථභෙද චින්තායං නිට්ඨිතා ගන්ථතො පන,
තිසතං නවුති සත්ත තිපාද චතුරක්ඛරං.

සද්දත්ථලක්ඛණෙ භෙදී යො යො නිච්ඡිතලක්ඛණො
සො සො සුතු මන්තිචෙජ්ජන පහොති පිටකත්තයෙ."

මෙහි පරිච්ඡෙද, සද්දභෙදචින්තා—අත්ථභෙදචින්තා—සද්දත්ථභෙද චින්තා—කියා තුනකට බෙදන ලද්දේ පමණක් නොව 1 වෙනි පරිච්ඡේදයෙහි, අක්ෂර පද වාක්‍ය වශයෙන් හා නිත්‍ය අනිත්‍ය වශයෙන්ද ශබ්ද භේදය කියන ලදී—2 වෙනි පරිච්ඡේදයෙහි, ස්වාර්ථ ද්‍රව්‍ය, ලිඞ්ග, සංඛ්‍යා, කාරක, යන පඤ්චප්‍රකාරයකින් අර්ථ භේදයයි— 3 වෙනි පරිච්ඡේදයෙහි ආචාර්‍ය්‍යමත සහිතව සමාස, තද්ධිත, ආඛ්‍යාත කිතක, උකත්ථාඛ්‍යකත් ලක්ෂණාදි වශයෙන් ශබ්දාර්ථ ලක්ෂණ කියන ලදී.

33. සද්දත්ථභෙදචින්තා ටීකාව—මෙහි මුල් පොතේ ගාථාවල අදහස සාමාන්‍යයෙන් කියාගණ යමින් සමහර තැනකදී වෙන පොත්ද සඳහන් කොට තිබෙනුය—අමුතු යම් යම් පොත්වලින් වැඩි උදාහරණාදියක් දක්වා නැති නුමුත් මුඛමත්තදීපනිය-න්‍යාසය-යනු පොත් දෙකක් බව හැඟෙන්ට මෙහි පාඨයක් තිබේ—ඒ මෙසේය-"යස්ස තු කම්මෙ ක්‍රියාය පවත්තෙන්තා කොචි විකාරො න දිස්සති තං පත්තිකම්මං, ආදිච්චම්පි නමස්සන ක්‍රියාය පවත්තෙන්තා කොචි විකාරො දස්සනෙන වා අනුමානෙන වා න දිස්සතෙ, එතං ච විකතිකම්මං කථෙන්ති මොග්ගල්ලානෙ, අඞ්ගාරන්ති මුඛමත්තදීපනියං වුත්තං, න්‍යාසෙ රූපසිද්ධියම්පි ච අභෙදූපචාරෙන තුලක්ඛාධිකරණං කතං සද්දනීතියං පන කාරකාතුස්ස යෙභුය්‍යෙන විකම්මකා පි අත්ථී වුත්තං" යනුයි.

කතෘ බුරුම රටේ ස්ථවිර කෙනෙක්ය—මුල් පොතේ කතෘමයයිද සමහරු කල්පනා කෙරෙත්—කාලය මුල් පොතට කී ප්‍රමාණයෙන් දැනගතහැකිතරම මිස ඊට වඩා සුඩලෙස කීම අමාරුය—නුමුත් අග වාසගමක ශක වර්ෂ 704 බවත් ගාථාවක 969 යේදී බවත් කියා තිබේ—ඒ රටවල ශකවර්ෂ කලියුගවර්ෂ දෙකම නොයෙක් නොයෙක් විධියට මේ රටේ ගණනට වෙනස්ව ව්‍යවහාරවෙන නිසා විශ්වාසයක් තබන්ට නොහැකිය.

මූල ගාථා.

"වන්දිත්තාහං නමස්සිත්වා තිභවාභි නතාරහං,
කාරිස්සා මහං සද්දත්ථ භෙදචින්තත්ථ දීපනිං."

අග ගාථාව සහ වාසගම.

"සද්දලක්ඛණ ඤාණස්ස කාරණං කුසලං ඉදං,
පච්චයො හොතු සබ්බඤ්ඤුතඤ්ඤාණස්ස පියස්ස මෙ.

සුවණ්ණමයකූටාදීහි විරොචමානගුහාහි සමන්නාගතත්තා රඤ්ඤයකු ඉති පාකට නාමධෙය්‍ය මහාවිහාරෙ වසතා මහාථෙරෙන කතායං සද්දත්ථභෙදචින්තත්ථදීපනී චතුවස්සාධික සත්තසත සකක රජ්ජෙ කතත්තිකමාසස්ස කාළපක්ඛපොසථෙ ගුරුදිනෙ නිට්ඨපිතා"

---

34. කාරිකාව—තම්බදීප රටේ අරිමද්දන නුවර නන්දනාම් විහාරයෙහිදී ධම්මසෙනාධිපති නම් ස්ථවිරයන්වහන්සේවිසින් බුද්ධ වර්ෂ 1601 පමණේදී රාජ්‍ය කළ ජනදානුගින්ද නම් රජගේ කාලයෙහි කරණ ලදී—මේ කාලයෙහි ගන්ධමාදන පර්වතයෙහි සිට රහතන් වහන්සේලා මේ නන්දනාම් විහාරයට පැමිණ වස්වැසූ නිසා උන්වහන්

ශේලාගේ සම්මුඛයෙහිදී මේ පොත ලියූහෙයින් පණ්ඩිතයින්විසින් සාරවශයෙන් ගතයුතු පොතක් යයි ආචාර්‍ය්‍යවරයෝ කියන බව ශාසනවංශයෙහි සඳහන්ව තිබේ—මේ පොත බණවර දෙකක ප්‍රමාණ නුමුත් ඉතා ප්‍රයෝජනවත් වැදගත් පොතකි—මෙහි ටීකාවද මේ ආචාරීන්වහන්සේ විසින්ම කළ බවද සඳහන්ව තිබෙනුය—කාරිකා යනු ස්වල්පාක්ෂර බහුලාර්ථාවබොධක ශ්ලෝකයට කියන නාමයක් බැවින් මේ පොතද ග්‍රන්ථවශයෙන් කුඩා වුවද බොහෝ ව්‍යාකරණ ලක්ෂණ කියනලද හෙයින් මෙම නාමය තැබූවායයි සිතමි—ආචාර්‍ය්‍ය මත බොහොමයක්ද වෙන පාළි ව්‍යාකරණ පොත්වල නොකිවුවාවූ සමහර වැදගත් කාරණාද මෙහි කියා තිබේ—පාළිභාෂාවේ ස්වරාන්ත ශබ්ද මිස ව්‍යඤ්ජනාන්ත ශබ්ද ඇති බවක් වෙන පොතක කියා තිබෙනවා දකින්ට නොලැබුනු නුමුත් මෙහි,

"ඉදං කිං එවමාදිකො බ්‍යඤ්ජනන්තො පකාසිතො,
සුද්ධනාමස්ස නානාභෙදෙ සමන්තෙනායං විනිච්ඡයො."

යන මේ ගාථාවෙහි කියා තිබේ—න්‍යාස, රූපසිද්ධි, නිරුත්තිමඤ්ජූසා විසුද්ධිමාර්ගටීකා, සඟිටීකා, කාරිකාවුත්ති ආදියට පසුව බවත් කච්චායන වණ්ණනාදියට ඉහත බවත් දැනගන්ටද තිබේ.

මෙහි පරිච්ඡෙද බෙදීම.

සද්දවිනිච්ඡය—සද්දනුසාසනවිනිච්ඡය—කාරිකාවිනිච්ඡය—සුත්තගණවිනිච්ඡය—අක්ඛරවිනිච්ඡය—සරවිනිච්ඡය—රස්සදීඝවිනිච්ඡය—බ්‍යඤ්ජනාදියාව ඨානවිනිච්ඡය—කාරණාදියාව සන්ධි විනිච්ඡය—සන්ධිකාරිකා—නාමකාරිකා—කාරක කාරිකා—සමාස කාරිකා—තද්ධිත–ආඛ්‍යාත–කිතක කාරිකා යයි—සොළසකි.

මූල ගාථා.

"සිද්ධ සද්දප්පසම්බන්ධ දෙසකං ජින පුඞ්ගවං,
තප්පකාසිත ධම්මඤ්ච ගණඤ්ච ගුණ සාගරං.
නත්වා කච්චානථෙරඤ්ච තෙන සද්දනුසාසනං,
යම්ඳුත් කතං තස්ස කාරිකා වුච්චතෙ මයා."

සව්නාම ගැණ කියනලද ගාථා කීපයක්.

"තිණ්ණන්නං සුද්ධනාමානං සධාරණ සභාවතො,
සබ්බනාමනාමි යං වුත්තං තස්ස කිං ලක්ඛණන්ති චෙ.

සෙහි රූපෙහි අඤ්ඤෙහි රූපෙහි චූපලක්ඛිතං,
සරූපව පවක්ඛාමි තෙසඤ්ඤි අනෙකධා.

සබ්බකතරකතම උභය ඉතරපි ච,
අඤ්ඤතර අඤ්ඤතම පුබ්බ අපර දක්ඛිණ.

උත්තර අධර අඤ්ඤ ය ත එත අමු ඉමා,
කිං තුම්හ අම්හ එතා ච විති චතු ච පඤ්ච ඡ.

සත්ත අට්ඨ නව දස වීසාදී යා ච සංඛ්‍යා,
නිද්දිට්ඨ සබ්බනාමෙසු පඤ්ච ඡ සත්තවජ්ජිතං.

අට්ඨ නව විවජ්ජිතං දස සද්ද විවජ්ජිතං,
තුම්හාම්හ වජ්ජිතඤ්චෙව සකලං සබ්බනාමිකං.

සකලං ගුණනාම ච තිලිඞ්ගික මුදාහටං,
සංඛ්‍යා වසෙන නිද්දිට්ඨ සබ්බනාම විනිච්ඡයං.

මති භෙදෙන දීපෙය්‍ය සද්දසත්ථවිදූ ඉධ,
එකාදසට්ඨාරසන්තා යෙ සද්ද සංඛ්‍යාය වාචකා.

ලිඞ්ගත්තයෙන සංයුත්තා එකවිවචනවයා,
වීසාදි ආනවුත්‍යන්තා සංඛ්‍යා සංඛෙය්‍ය වාචකා.

ඉත්ථිලිඞ්ගෙන සංයුත්තා තදෙක වචනන්තකා,
සතාදි යාව සංඛෙය්‍යා සංඛ්‍යා සංඛෙය්‍ය වාචකා.

නපුංසකෙන සංයුත්තා සබ්බද වචනවයා,
සබ්බනාම මිතො අඤ්ඤං විසද්දනබ්බං විචක්ඛණ.

පාලිප්පදෙ නානාත්ථෙ විජ්ජමානං යථාරහං,
ඉදප්පච්චයතා දීමහි ඉදං සද්ද නිදස්සනා.

වීසු කම්මාදි පාඨම්හි විසුං සද්ද නිදස්සනා,
තථා ජාතකපාඨෙසු ත්‍යාසු ත්‍යම්හි නිදස්සනා.

කෙචි ත සද්ද ආදෙස ත්‍යං සද්දෙති වදන්ති ච,
ජානන්තා සද්දසත්ථම්හි පත්වා පාඨකතාමිං යදි.

පාලිඤ්ඤුං නසකොනාන්ති සබ්බෙ බාහිරපණ්ඩිතා,
ලොකවොහාර වීධුර තනාතියං බඤ්ඤුකා නයා.

සිකෙඛය්‍යාමල සාගරං තරං නිබ්බාන තිත්ථගං,
පඤ්චසංඛ්‍යා සබ්බනාමං ඡසත්ත සබ්බ නාමිකං.

අට්ඨ නව සබ්බනාමං දස ච සබ්බනාමිකං,
උපසග්ගනිපාතා ච තුම්හාම්හාවය මෙව ච.

අලිඞ්ගම්ති වුච්චන්ති ලිඞ්ගභෙද විචක්ඛණා,
අලිඞ්ග වෙ කථං තුම්හා විභත්ති සංභවන්ති වෙ.

ලිඟරූපන්තරාභාවා අලිඟං ලිඟ මෙව තං,
න තු ආබ්‍යත්තසද්දොව අලිඟමිති ඤායතෙ.
ඉත්ථි පුම නපුංසක ලිඟසාධාරණං සියා.”

අග්ග ගාථා.

“ තම්බදීපව්හයෙ රට්ඨෙ රිමද්දන පුරෙ වරෙ,
මහාථෙරනාමාවාසෙ නන්දනාම විහාරකෙ.
වසතා චිර චිතෙතාන ජින සාසන නන්දිනා,
ධම්මසෙනාපති නාම ථෙරෙන රචිතා අයං.”

---

35. විභත්‍යර්ථ ග්‍රන්ථය—බුද්ධ වර්ෂ 2025 දී අරිමද්දන නුවර රජකම් කළ ක්‍යච්වා නම් රජ්ජුරුවන්ගේ කුමාරිකාවක් විසින් මෙම ග්‍රන්ථය සාදනලදී. මේ කුමාරිකාවගේ පියරජතෙම ත්‍රිපිටකධර්ම, ශාස්ත්‍ර දෙක්හි ඉතා සමර්ථයෙක්ව සිටියනිසා සියළු රාජකෘත්‍යයන් යුවරජ හට භාරදී පොත්තැණක් මැද ප්‍රාසාදයක් සාදවා එහි නැවති භික්ෂු සංඝයාටද අන්තඃපුර ස්ත්‍රීන්ටද ආගම ශාස්ත්‍ර ඉගැන්වූ බවද සද්දබින්දු පරමත්ථබින්දු යන ව්‍යාකරණ පොත් දෙකක් සෑදූ බවද, ඒ රජගේ කුමාරිකාවක් විසින් මේ “විභත්‍යර්ථ” නම් ග්‍රන්ථය සෑදූ බවද බුරුම රටේ රාජවලියෙහි කියාති බෙනවාය.

එහි අදහසනම් විභක්තීන්ගේ අර්ථ ප්‍රකාශ කිරීමයි—ප්‍රථමං විභක්තියෙහි අර්ථ එක කාණ්ඩයකටද, විතීයා, තෘතීයං, චතුර්ථී, පඤ්චමී, ෂෂ්ඨී, සප්තමී යන විභක්ති හයේ අර්ථ කාණ්ඩ හයකටද, මෙසේ දක්වීමෙන් පොත කාණ්ඩ හතකට බෙදනලදී—මෙය අභිධානප්පදීපිකාවේ අගට යොදා අච්චුගසවා ප්‍රසිද්ධකොට තිබෙන හෙයින් එහි ක්‍රමය බලාගත හැකිය.

මූල අග්ග ගාථා දෙක මෙසේය.

“විභජ්ජවාදි සම්බුද්ධං ධම්මං සුජන සෙවිතං,
සංඝඤ්ච වන්දිත්වාං කස්සං විභත්‍යත්ථං සුදුල්ලභං.
නිස්සිතො ච විභත්‍යත්ථො යථා සබ්බෙපි පාණිනො,
තථාව සම්මා සංකප්පා සීඝං සිජ්ඣන්තු පණ්ඩිතං.”

---

36. විභත්‍යර්ථ ටීකාව— බුරුම දේශයට අයිති කොටුම්බ නම් රටේ විමලාභිධජ රාජගුරු තෙරුන්නාන්සේ විසින් සාදනලදී—කුඩාවූ මුත් වැදගත් ටීකාවකි—යම් කිසි පොතක නාමයක් මෙහි සඳහන්

කරනැති හුමුත් කච්චායනසාර ටීකාවේ වාසගම් එලෙසින්ම ගෙණ ලියා තිබෙන බව පේන නිසා ඒ පොතට මැතබව පෙණේ.

මූල ගාථාව.

"වත්ථුත්තයං නමස්සිත්වා විප්පසන්නෙන චෙතසා,
සුඛාජනාය වක්ඛාමි විභත්‍යත්ථස්ස දීපනිං."

---

37. වාචකොපදෙසය—හංසාවතී නුවර රජකම් කළාවූ "ජසිඵනි නාදූ" රජගේ සහෝදරයෙක්වූ සීහසූර රජගේ අමාත්‍යයෙක් විසින් සාදවනලද තුන්මාල් ප්‍රාසාදයෙහි වැඩ සිටිය කාලයෙහිදී (ඒනම් බුඩ වර්ෂ 1725 ට පසු ශකෘ: 967 දී), කච්චායනවණ්ණනා කර්තෘවූ මහාවිජිතාවී නම් තෙරුන්වහන්සේවිසින් දශප්‍රකාර වාචකයන් ගැණ උදාහරණ සහිතව විස්තර උපදෙශ දක්වා ගාථා පාඨ දෙව ගීඝයෙන් සාදනලද පොතකි—ප්‍රමාණය සද්දසාරත්ථජාලිනියට සමානයි—මේ පොතට ටීකාවක් ඇති බව දැනගණ්ට නැත.

මූල ගාථා සහ පාඨයක්.

"බුද්ධාදිච්චො තමං මොහං හනත්වා ධම්මබ්බුජංසුනා,
බොධෙසි කමලාං ජනතු සම්මාමං පාතු සො ජිනො.

පුබ්බාචරිය සෙට්ඨානං නයං නිස්සාය සාසනෙ,
වක්ඛං බාලෙ විකාසෙතුං වාචකමුපදෙසකං."

"වාචකො දසවිධො දුතියා වාචකො තතියා වාචකො චතුත්ථී, පඤ්චමී, ඡට්ඨී, සත්තමී වාචකා සමාස වාචකො තද්ධිත වාචකො ආඛ්‍යාත වාචකො කිතක වාචකො චාති—වචනං අට්ඨවිධං, කත්තු වචනං කම්මවචනං කාරණ වචනං සම්පදානවචනං අවධිවචනං සම්බන්ධ වචනං ඔකාසවචනං භාවවචනඤ්චාති—එවං දස්සිතෙසු වචනවාචකෙසු දුතියා තතියාදි විභත්තිවාචකා යථාරහං භාවවජ්ජිතං සසම්බන්ධං සත්තවිධං වචනං වදන්ති 'බුද්ධං අනුස්සරති' ත්‍යාදිසු හි බුද්ධසද්දෙ සකත්ථද්ධලිඞ්ගවසෙන ති කත්වං වදති ක්‍රියාපෙක්ඛතී කම්මත්ථං විසයං කත්වා කම්මමෙව දුතියාති සුත්තෙන තස්මිං කම්මත්ථසම්බන්ධෙ විසයෙ දුතියා විභත්ති විසයී භාවෙන පවත්තතීති සො විසයභූතො කම්මත්ථො වචනං නාම සකත්ථාදයො තදනුගතා ච විසයීභූතා දුතියා විභත්ති වාචකො නාම—...ඉති චතුරඞ්ග පබ්බතවාසීනං ථෙරානං අලංකාරභූතෙන මහාවිජිතාවී නාමිනා මහාථෙරෙන කතායං වාචකොපදෙසො නාම ගන්ථො."

38. නයලක්ඛණවිභාවිනිය—අවුරුදු සියයකට පමණ ප්‍රථම බුරුම රටේ රතනාපූරයෙහි "විචිත්තාචාර" නම් ස්ථවිරයන්වහන්සේ විසින් නය එකසිය සොළසක් (ලක්ෂණ හා උදාහරණ සහිතව) ප්‍රකාශ කොට සාදනලද කුඩා පොතකි- නය යනු ක්‍රමයට නමකි- ක්‍රම සංඛ්‍යාත නයයන්ගේ ලක්ෂණයන් ප්‍රකාශකරණ ග්‍රන්ථය නයලක්ඛණ විභාවිනී නම් වේ—ඒ නය එකසිය සොළසෙන් සමහරක නාමයන් මෙසේය.

පච්චාසන්න.
පච්චාසත්ති.
පධාන.
උපලක්ඛණ.
නිදස්සන.
යෙභුය්‍ය.
තබ්බහුල.
නානන්තරික.
අවිනාභාව.
අසාධාරණ.
මිගපදවලඤ්ජන.
භින්නසන්තතිසමවෙත.
සිලෙස.
පදීප.
තන්ත.
එකසෙස.
සාමඤ්ඤනිද්දෙස.
මහීරුහ.
චන්දුරක.

සුරියකන්ත.
අබ්භසෙචනගරු
පීහන.]
ගොබලිවද්ද.
පුඤ්ඤඤ්ඤාණසමහාර.
අධික.
ආවුත්ති.
ආවට්ට.
නාවාසකට.
යථාසංඛ්‍ය.
යථාක්කම.
යථාලාභ.
දීපක.
පාරිසෙස.
ගොගණ්ඩ.
කාකකාලොකන.
රුක්ඛසකුණ.
දන්තවෙජ්ජ.
දන්තසොණ්ඩ.

තදවොස්සජ්ජන.
භික්ඛාචරිය.
අතිසය.
රුක්ඛාරුළ්හ.
මග්ගගමන.
අවුත්තසිද්ධි.
අත්ථාපන්න.
බ්‍යතිරෙක.
නීතත්ථ.
නෙය්‍යත්ථ.
අන්වත්ථ.
රුළ්හි.
භූතපුබ්බගතික.
උක්කාස.
අභෙද.
එකදෙසවොහාර.
නිරුත්ති.
විපල්ලාස.
යථාමෙ ආදියයි.

මෙයින් සමහරක විස්තර මෙසේය.

"යස්මා කාකෙ වාරය මච්ඡමහාති ආදීසු අංසනාන වචනෙන දූරම්පි ලබ්භන්ති තස්මා තං පච්චාසන්නං නාම—බදිරවනං තසාදීසු ඨානිනා ඨානං සල්ලක්ඛෙත්වා බහුවචනෙන අප්පකම්පි ලබ්භන්ති තස්මා තං යෙභුය්‍යනනාම—වනචරකො තසාදීසු ඨානෙ ඨානිං සල්ලක්ඛෙත්වා බහුවචනෙන අප්පකම්පි ලබ්භන්ති, තස්මා තං තබ්බහුලං නාම."

මූල ගාථාව මෙසේය.

"නත්වා නිපුණගම්භීර විචිත්‍ර නයදෙසනෙ(?)
·ජෙකානාථං කරිස්සාමි නයලක්ඛණ විභාවිනිං."

39. ගන්ධාභරණය—බුද්ධවර්ෂ 1980 හරියේදී බුරුම රටට අයිති බෙම නම් රටේ රතනාපූරයෙහි රාජ්‍යය කළ මහානරපති රජ්ජුරුවන්ගේ කාලයෙහි එම නුවර වැඩසිටිය මහා අරියාවංස නම් ස්ථවිරයන් වහන්සේ විසින් ගාථා සියයකින් පමණ සාදන ලද පොතකි—මුන්වහන්සේ නම් අපූරු සමර්ථකෙනෙක්වා පමණක් නොව අභිධර්මවිභාවිනී නම්වූ අභිධර්මාර්ථ සංග්‍රහ ටීකාවට, මණිසාර මඤ්ජුසා නම්වූ ඉතා වැදගත් අනුටීකාවක්ද, මණිදීප නම්වූ පොතක්ද ජාතකවිසොධන අනුටීකාවට බුරුම භාෂාවෙන් සන්නයක්ද කළාවූකෙනෙක්ය—මුන්වහන්සේ මණිසාර මඤ්ජුසා නම් අනුටීකාව කරණකාලයෙහිදී එහි තීන්දුකළ කළ කාණ්ඩවල යම් දෝෂයක් තිබේනම් කියන ලෙසට සංඝයාට නියම කොට පෝය දවස්වලදී චෛත්‍ය මළුවට සංඝයා රැස්කොට කියෙව් බවද, ඒ අතර අරිමද්දන නුවරින් චෛත්‍යය වැඳීම පිණිස පැමිණි ස්ථවිර කෙනෙක්ද අසා හිඳ ස්වල්ප දෝෂ දෙකක් ඒ කියෙව් හරියේ තිබුන නිසා එසේ දැන ගණ්ට ලැබුනුබව ග්‍රන්ථ කර්තෘට ඇගෙව්වාය, උන්වහන්සේද විහාරයට ගොස් දෙවනු මුල පටන් බලානණ යන අතර ඒ දෝෂ දෙක උන්වහන්සේටත් හැඟී දෙවනු ආගන්තුක තෙරුන්වහන්සේට සම්මුඛව උන්වහන්සේට කල්පනාවුන දෝෂ කුමක්දැයි විචාළ කල අසවල් ඒවායයි කීවාය—ඒද ග්‍රන්ථකර්තෘ කල්පනා කළ දෝෂ දෙකම බව පෙනී ඉතා සතුටුව තමන්වහන්සේ පොරවාගණ සිටි දෙපට සිවුර ආගන්තුක තෙරුන්වහන්සේට පූජා කොට මෙසින් “නුඹවහන්සේගේ ඤාණයට පූජාකරමි” යයි කී බවද, මෙම තෙරුන්වහන්සේ සූත්‍රාභිධර්මාදිය කාලඥපට තෙරුන්වහන්සේගේ සමාගමේකෙනෙක් බවද බුරුම රාජවලියෙහි කියා තිබෙනවාය—මෙම ගන්ධාභරණයෙහි අදහස නම් නිපාතයන්ගේ අර්ථ උදාහරණ සහිතව ප්‍රකාශ කිරීමයි—මෙය සහ ඒකක්ඛරකොසයද නිඝණ්ඩු ශාස්ත්‍රයට අයිති පොත්යයිද කිය හැකි නුමුත් දශග්‍රන්ථයට අයිති දෙකක් බැවින් මෙහි සඳහන් නොළෙමු.

මූල ගාථං.

“විචිත්‍රනය සම්පන්නා දෙසනා යස්ස තාදිනො,
නමො සද්ධම්මසංඝස්ස තස්ස ආදිච්චබන්ධුනො.
වන්දනෙය්‍යස්ස පණාමස්ස ආනුභාවෙනුපද්දවෙ,
සොසෙත්වාහං කරිස්සාමි නිපාතත්ථ විභාවිනිං.”

අග.

"ගන්ථාලඞ්කාර භූතානි නිපාතා අත්‍ර දීපිතා,
ධීරානඤ්ච මුඛමණ්ඩො තතො තං නාමකො අයං.

පාළි ටීකාදි යං ගන්ථං භාසිතං හි ජිනාදිනා,
සබ්බං තමපි නිපාතෙහි විවිධෙහෙව සොභිතං.

අසික්ඛිත්වා නිපාතානං යො ගන්ථං විධ සික්ඛති,
අලාපුවස්ස තොයම්හි චිරන්තං නාධිමුත්තනං සදා.

යං තං භාසති සො මඤ්ඤෙ ලොභිකං පිච පාංචිනා,
උම්මත්තක වචනංව අසොභං තස්ස භාසිතං.

සික්ඛිත්වා පනිමං ගන්ථං සික්ඛනෙත්තා පිටකත්තයං.
පාපුණෙය්‍ය ච මෙධාවී යථාභූතාවබොධනං,

සජානිත්වා පනිමෙවං ගුණසාරමනාකුලං.
සික්ඛිතබ්බො වයං ගන්ථො සෙක දෙසොපි භාසනෙ,

පුඤ්ඤවා පඤ්ඤවා යො සො පාකටො සබ්බ භූතලෙ,
අජ්ජවො මද්දවො සන්තො යුත්තො ච පටිපත්තිහි.

තෙනෙව හිතකාමෙන යතිපොතාන මුත්තමො,
අරියාවංස නාමෙන ඤාතොයං මති වඩ්ඪනො."

---

40. ගන්ථාභරණ ටීකාව—බුරුමරටේ විජයාරාමංබ් වාසී "සුවණ්ණරසි" නම් ස්ථවිරයන් වහන්සේ විසින් බුඩ වර්‍ෂ 2128 දී සාදන ලදී—මෙමටීකාවත් ඉතා ගරුකටයුතු එකක්වත් ඇර සුබොධාලංකාර, ගන්ථසී, ගන්ථිසිටීකා, අභිධම්මාත්ථසංග්‍රහටීකා, සාරත්ථදීපනී සද්ද බින්දුටීකා මණිසාරමඤ්ජුසා, වුත්තොදය, න්‍යාස, මුඛමත්තදීපනී මොග්ගල්ලායනවුත්ති, රූපසිද්ධි, සද්දවුත්ති, සද්දසාරත්ථජාලිනී, යනාදි පොත්වලින්ද උදාහරණ ගෙණ සාද තිබෙනබව පෙණේ—ප්‍රමාණය බණවර 8 පමණය—මෙහි ක්‍රමය දැනගැණීම පිණිස මූල අග ගාථා සහ අලඞ්කාරණ ලක්‍ෂණය ගැණ දක්වනලද ගාථා දෙකේ ටීකා පාඨද මෙහි දක්වනු ලැබෙත්.

"අසෙස ඤෙය්‍යාධි ගතං සුබොධිං
නත්වාන නාථං වර භූරිපඤ්ඤං,
ධම්මඤ්ච සංඝං අභිවන්දනෙය්‍යං
වත්ථුත්තයස්මිං කතපුඤ්ඤතෙජසා."

“ දළ්හියෙ වචනෙ වුත්තෙනාත්‍යාදි* දළ්හීකරණලක්ඛණගාථාය පන දළ්හිය වචනෙ අදළ්හෙ දළ්හං කාතබ්බවචනෙ වත්තුනා කෙනචි පුරිමවාක්‍යෙ කථිතෙ යෙව සති යං පච්ඡිමං පච්ඡාවුත්තවචනං දළ්හිය වචනං, එතස්ස දළ්හියවචනස්ස ඔචිත්‍යා ච යුත්තියා ච ආගමෙන ච බුද්ධාදීනං පාඨෙන ච හොති තං පච්ඡාවුත්තවචනං දළ්හීකරණං නාම වුච්චතීති පදත්ථෙන සහ පදසම්බන්ධො වෙදිතබ්බො—අදළ්හස්ස පුරිමවචනස්ස දළ්හීකරණං පච්ඡිමවචනං දළ්හීකරණං නාමාති අය මෙත්ථ අධිප්පායො—තං පන පච්ඡිමවචනං හි ච පන සද්ද සද්ද සහිතං කත්වා වුත්තමෙව හොතීති දට්ඨබ්බං, තද හි ච පන සද්දා දළ්හී ජෝතකා නාම හොන්ති, තෙසු හි ච සද්ද යෙභුය්‍යෙන දළ්හී ජෝතකා ඉතරෙ අප්පකෙනාති දට්ඨබ්බං—අදළ්හං දළ්හං කාතබ්බන්ති දළ්හියං, වුච්චිත්ථාති වචනං, දළ්හියඤ්ච තං වචනඤ්චාති දළ්හිය වචනං, තස්මිං දළ්හිය වචනෙ—භාවලක්ඛණෙ භුම්මං—වුච්චිත්ථාති වුත්තං, තස්මිං වුත්තෙ—අවගාහෙත්වා පාළියාදීසු අනුපවිසිත්වා චීයතීති ඔචිත්‍යා, සම්පිණ්ඩෙත්වා කරීයතීති අත්ථො, යුත්ති සංඛාතා අට්ඨකථාදි සංවණ්ණනා, තාය ඔචිත්‍යා—“ මනොගණාදිතො ” චාදිසුත්තෙන ආදිග්ගහණෙන නාවචනස්ස ආ ආදෙසං කත්වා පසඤ්ඤස්ස සරස්ස යාදෙසං කත්වා තකාරස්ස විසඤ්ඤොගඤ්ච කත්වා රූපං භවති—තං නිස්සාය ආගමො ගම්‍යතී පාපුණීයතීති ආගමො, ආගච්ඡන්ති වා සම්මුති පරමත්ථභූතා අත්ථා සමො සරන්ති එත්ථාති ආගමො, ආගමීයන්ති දානසීලාදි අත්ථා ඤායන්ති එතෙනාති ආගමො, තං තං ආගම්ම අට්ඨකථාදි සංවණ්ණනා විසෙසං ගච්ඡන්ති පවත්තන්තී වා ආගමො, බුද්ධවචනන්ති වා පාඨො, තෙන ආගමෙන අදළ්හං, දළ්හං කරෙතීති දළ්හීකරණං, කත්තරි යුප්පච්චයො දළ්හීකාරකනන්තිපි පාඨො, යුප්පච්චයො ඡන්දානුරක්ඛණත්ථං කකාරෙ අකාරස්ස දීඝං කතං, සෙසං සුවිඤ්ඤෙය්‍යමෙවාති ඉදමෙත්ථ නිබ්බචනං—ඉදානි ඔචිත්‍යා ආගමෙන ච දළ්හීකරණන්ති වුත්තං ආගම දළ්හීකරණං ඔචිත්‍යා දළ්හීකරණන්ති දුවිධං දළ්හීකරණං සරූපතො දස්සෙතුං ‘ බුද්ධාදීනඤ්හි පාඨෙන ’ ත්‍යාදි† ගාථා වුච්චන්ති, තාසු හි විනනං දළ්හීකාරණානං විසෙසතො රූපං වක්ඛාමි—

---

* දළ්හියෙ වචනෙ වුත්තෙන ඔචිත්‍යා ආගමෙන ච
දළ්හීකරණමෙතස්ස පච්ඡිමං දළ්හීකරණං.

† බුද්ධාදීනං හි පාඨෙන වුත්තං ආගමදළ්හිකං,
කාරණානං විරොධෙන වුත්තං තං යුත්තිදළ්හිකං.

දළ්හීකරණං පණ්ඩිතෙන වුත්තං පාළිභූතෙන වචනප්පබන්ධෙන බුද්ධාදීහි දෙසිතෙන තං ආගම දළ්හීකරණං නාම දළ්හං, යං පන දළ්හීකරණං වුත්තං කාරණානං විරොධෙන කාරණානං බුද්ධාදි වචනානං අවිරොධෙන අවිරුජ්ඣනෙන අට්ඨකථාදි වචනෙන, අථවා, කාරණානං විරොධෙන හෙතුදාහරණූපමානං අවිරුජ්ඣනෙන අට්ඨකථාදි වචනෙන තං දළ්හීකරණානං යුත්තිදළ්හීකං භවිතබ්බ දළ්හීකරණං නාමාති දළ්ඩනානි පදච්ඡෙදන සහ පදසම්බන්ධො—තත්ථ ආගමෙන බුද්ධාදිවචනපාඨෙන සාධකභූතෙන අත්තනා වුත්තස්ස දළ්හියවචනස්ස දළ්හීකරණං ආගමදළ්හීකරණං නාම, යුත්තියා අට්ඨකථාදිකාය සාධකභූතාය අත්තනා වුත්තස්ස දළ්හියවචනස්ස දළ්හීකරණං යුත්ත්යා භවිතබ්බ දළ්හීකරණං නාමාති අධිප්පායො, තෙසු ච ආගමදළ්හීකරණං හෙතුනා නිදස්සනත්ථා ගන්ථකාරකා ඉත්ථි වචනතොත්ථි ආහු—යුත්තිදළ්හීකරණං පන ඉතිහි වුත්තත්තාති—අපිච ආගමනිදස්සනං දස්සෙන්තො වුත්තං හොතං තෙන වුත්තං තෙනාහ යථාහ ඉච්චාදීනි ආහංසු—යුත්තිනිදස්සනං දස්සෙන්තො පන තථාහි වුත්තං වුත්තංච වක්ඛති චාති ආදීනි—අයමෙතෙසං විසෙසො අඤ්ඤත්‍ර ච බුද්ධො ආදි යෙසං මහාසාවකානං තෙ බුද්ධාදයො, තෙසං බුද්ධාදීනං මහාසාරිපුත්තත්ථෙර මහාකච්චායනත්ථෙරාදීනං, කාතනරි ඵෂී—පඨියන්ති උච්චාරියන්තීති පාඨො, අත්ථඤ්ඤාපනකො අක්ඛරපබන්ධො සො ච දුබ්බිධො පාළිපාඨො අට්ඨකථාදි සංවණ්ණනා පාඨො, තෙසු ඉධ පාළිපාඨො අධිප්පෙතො බුද්ධාදීනනානි වුත්තත්තා, ආගමෙන දළ්හං කරෙති එතෙනාති වා ආගමදළ්හීකං, පච්ඡිමවචනං දළ්හසද්දූපපදම්හා කරධාතුතො ඉප්පච්චයං කත්වා කරධාත්වන්තං ඉපච්චයං ච ලොපෙත්වා දළ්හාකා ඉති ඨිතෙ යථාගම මිකාරෙති මජ්ඣෙ පදෙසෙ සද්ධසරගමා හොන්තීති මහානිරුත්තිනයෙන දළ්හසද්දතො ඉකාරාගමං කත්වා අකාරං ලොපෙත්වා සිවිහතත්ථුප්පත්තාදිමහිකතෙ දළ්හීකම්ති රූපං භවති, පුන ආගමෙන දළ්හීකං ආගම දළ්හීකනානි තප්පුරිස සමාසො කාතබ්බො, පුරිමවචනත්ථෙ පන ලහුකවිග්ගහො නාම කාතොති දළ්හො, ආගමදළ්හියනානි වා පාඨො කකාරස්ස යකාර දෙසො, යථා සකාසපුත්තියො ඉච්චාදි එසනායො යුත්තිදළහිකනානි එත්ථාපි, කරෙනානි අට්ඨකථාදයො සංවණ්ණනා එතෙනාති කාරණං, බුද්ධාදිවචනපාඨො, ඉදං පුරිමයොජනානයෙන පන කරෙති ඵලං නිප්ඵාදෙතීති කාරණං හෙතු, විරුජ්ඣනං පටිලොමෙන වත්තනං විරොධො, බුද්ධාදිවචනෙන හි යුජ්ජති සංසන්දතීති

යුත්ති, අට්ඨකථාදි සංවණ්ණනා, යුත්තියා දල්හිකං යුත්තිදල්හිකං යුත්තිනාමකානන්තිපි පාඨො තථං යුත්තිදල්හිකං යුත්තීති වුත්තං උත්තරපද ලොපෙන යුත්තීති නාමං එතස්ස වචනස්සාති යුත්ති නාමකානන් ඉධ බහුබ්බීහි සමාසො ච කාතබ්බොති ඉදමෙත්ථ නිබ්බචනං.”

අග ගාථා.

ගන්ධාභරණටීකායං විජයාරාම සාමිනා,
සුවණ්ණරංසි නාමෙන සංඝරාජේන ධීමතා.
සක්‍යසීහස්ස නිබ්බානා වස්සෙ සබ්බාතිගතෙසු හි,
අට්ඨවීස සතාදීසු වී සහස්සෙසු රචිතා.”

---

41. නිරුත්තිසංග්‍රහ—මෙයද බුරුම රටේ ජම්බුධජ නම් මහාස්ථවිරපාදයානන් වහන්සේ විසින් බුද්ධ වර්ෂ 2195 ට කිට්ටු කාලයෙහිදී සාදන ලද්දක් බවද, මුන්වහන්සේ විසින් සංවණ්ණනානයදීපනී නම් පොතක්ද සාදනලද කෙනෙක් බවද පෙනේ—පොතේ ප්‍රමාණය ගාථා 800 ක් පමණය—පරිච්ඡේද 7 ක්ය—පළමුවෙනි පරිච්ඡේදයෙහි සංඥාවිධිය හා සන්ධිලක්ෂණ භෙදාදියයි.

2 වෙනි පරිච්ඡේදයෙහි සූත්‍රභෙදය සහ නාම ලක්ෂණ භෙදයයි.

3 වෙනි පරිච්ඡේදයෙහි කාරක ලක්ෂණාදියයි.

4-5-6-7 වෙනි පරිච්ඡේදවල පිළිවෙළින් සමාස, තද්ධිත, ආඛ්‍යාත, කිතක භෙදාදියයි.

මූල ගාථා,

“නිරුත්තිභෙද විඤ්ඤාණං පරමං සබ්බදස්සිනං,
සමන්තචක්ඛුනා බුද්ධං වන්දෙ නිරුත්තිසනන්තගුං.
චිත්තා රතනපුප්ඵානි සංගහෙත්වාව සුත්තතො,
එවං නිරුත්තියා ධම්මං වන්දෙ තදත්ථ සම්භවං,
සො තමුත්තරි ධාරෙන්තො නිරුත්තිපටිසම්පත්තිං,
සංසාරොඝව සංඝන්තං වන්දෙ තදත්ථ ධාරිනං
ඤාණ සද්ධම්ම නාමෙන ථෙරෙන පිරචෙතසා,
කතාලම්බ කරිස්සාමි නිරුත්ති භෙද සංගහං.”

සංඛ්‍යා නාම ගණ

“මිස්සකගුණිතා සංඛ්‍යා සම්බන්ධසංකෙතා නෙකා,
පච්ඡා තෙසු මිස්සකා ගය්හමිස්සා චතුද්දස.

ගුණිච්චාන ගහෙතබ්බා ගුණිනො විසතං ඉති,
සම්බන්ධිච්චා ගහෙතබ්බා සම්බන්ධනාමකා යථා,
අඞ්සඞ්ඛී සතසහස්සු බෙංධාගිරි රජති,

ලොකසංකෙත ගය්හාතු සංකෙතා නාම සා යථා.
කාසි ච නහුතං ලක්ඛං ඉඩාදීනු නිදස්සනං,

නෙකත්ථවාචකා සංඛ්‍යා අනෙකා නාම සා යථා.
සතතෙජො සහස්ස රංසිතෙත්ථ නිදස්සනං,

තත්‍රායං සංගහො.

චතුද්දසාදි මිස්සකා ගුණිතා විසතාදිකා,
සම්බන්ධා අඞ්ඛඬ්ඩාදි සංකෙතා කාවි ආදිකා.
අනෙක සත තෙජාදි දෙණකාදිපමාණිකා."

අග—"එතාවතා ච නාමාදි චතුබ්බිධං පදං රුතං,
සුබුමත්ථාදි ලාභම්හි උපකාරාය සාසනෙ.

තස්මා සබ්බාසම්පනෙනාපි කුලපුත්තෙනාපි සාධුකං,
සාසනස්සොපකාරාය යොගො කරණීයො ඉධ.

බොධොදබ්සුතෙ ගාමෙ ජාතෙන ජාතියා මයා,
ජම්බුධජෙති නාමෙන කතොං නිරුත්තිසංගහො.

සුසඤ්ඤක් චතුරුපම්හි ගොපේළම්හි පූණ්ණාකෙ,
දුතියා සාළ්හියා නිඨිතො නාත්ථංගෙ බුධවාසරෙ."

---

42. එකක්ඛරකොසය—මෙය ටීකාවේ පෙනෙන හැටියට බුද්ධ වර්‍ෂ 2009 දී (ඒනම්, ශක: 907) ජම්බුද්වීප රටේ සද්ධම්මකිත්ති නම් ස්ථවිරයන්වහන්සේ විසින් සාදන ලද්දකි—තුමුත් මෙහි නාමය කච්චායනාභෙදටීකා, කච්චායනවණ්ණනා, සුත්‍රනිද්දේශ, නිරුත්තිමඤ්ජූසාදි බොහෝ පොත්වල සඳහන්ව තිබෙන නිසා ඒ පොත්වලට පූර්‍ණ බව පෙණේ—(කලියුග වර්‍ෂ 847 දී යයි ශා: වං: කියනලදී) මෙම නාමයෙන් සංස්කෘත භාෂාවෙන් තිබෙන පොත බලාගෙණ පාළිභාෂාවට යොග්‍යලෙස මෙය සාදනලද බව පොතේම කියනලද්දේ පමණක් නොව මුන්වහන්සේවිසින් ලිඞ්ගත්ථවිවරණ නම් ප්‍රකරණයක්ද ධාතුරූප ප්‍රකරණයද, අත්ථවිශෙෂදීපක නම් ප්‍රකරණයද කළබව ටීකාවෙහි කියනලද්දේය—මෙහි අදහසනම් එකාක්ෂර නාමයන්ගේ අර්ථ ප්‍රකාශ කිරීමයි—මෙම පොත අභිධානප්පදීපිකාවේ අගට

යොද අච්චුගසවා ප්‍රසිද්ධ කොට තිබෙනහෙයින් එහි ක්‍රමය දැන ගත හැකිය—මෙම පොත සාදා දැනට අවුරුදු 78 ය යනු එහි බැරිවී මකින් වැටී තිබෙනබව දතයුතුයි.

---

43. එකක්ඛරකොසටීකාව—මෙය තාම්බදීප රටේම ස්ථවිරකෙනෙක් විසින් නිරුත්තිමඤ්ජූසයට ප්‍රථමකාලයෙහි සාදනලදබව මුත් කර්තෘගැණ සහ කාලය ගැණද ඊට වැඩි විස්තරයක් කියන්ට නොපෙනේ—මුල් පොතේ කර්තෘම බව බුරුමරටේ සමහර ලියවිලිවල කියා තිබේ—කවුරුන් විසින් සාදන ලද්දේ නුමුත් අපූරු තරමේ ටීකාවක් බවද සද්දනීති, විදග්ධමුඛමණ්ඩන, නිඝණ්ඩුටීකා, යනාදියෙන් සමහර කාරණා ගෙණ තිබෙන බවද පෙනේ—මුල් පොතේදී කියනලද අර්ථවල ඒ ඒ අක්ෂරයෝ පවත්නාබව උදාහරණ සහිතව මෙහි කියන ලදී—පොතේ ප්‍රමාණය බණවර අටකට අඩු නැත.

මූල ගාථා මෙසේය.

“ලොකාතිලොකින්දසුලොකරජ්ජං
දෙවාති දෙවින්ද සුදෙව දෙවං,
බ්‍රහ්මාතිබ්‍රහ්මින්ද සුබ්‍රහ්ම රජ්ජං
වන්දෙ මුනින්දංජිත පඤ්චමාරං.

ධම්මාති ධම්මින්ද සුධම්ම ධම්මං
මග්ගාති මග්ගින්ද සුමග්ගරජ්ජං,
මුත්තාති මුත්තින්ද විමුත්තිසාරං
අච්චන්තසෙට්ඨං සිරසා නමාමි.

ඛෙත්තාතිඛෙත්තින්දසුපුඤ්ඤඛෙත්තං
සීලාති සීලින්ද සුසීල සාරං,
සංඝාති සංඝින්ද සුසංඝරජ්ජං
අග්ගාරියසංඝං සිරසා නමාමි.

සංගායිතා වණ්ණිතගන්ථකාරා
ආරූළ්හකා ලෙඛකරාදිචිත්තා,
මයොපකාරා ගුරවො පසත්ථා
වන්දෙ මහං තෙ සිරසා සුධීරෙ.”

ක කාරයෙහි අර්ථ දක්වන ලද "කො බ්‍රහ්මතනානිලක්කග්ගි"* යනාදි ගාථාවෙහි ටීකාව මෙසේය—"තත්ථායං සංඛෙපත්ථො කො ක කාරෙ පුල්ලිඞ්ගසුද්ධනාමපදභූතො කසද්දො බ්‍රහ්මෙ, අත්තනි සරීරෙ, අනිලෙ වාතෙ, අක්කෙ සූරියෙ, අග්ගිම්හි පාවකෙ, මොරෙ පුමෙ පුරිසෙති එතෙසු ච භූමියඤ්ච හොති—තත්ථ

'ජිනනයෙන ආනීතං ලොකස්ස අමතං හිතං
තස්ස පාදම්බුජං වන්දෙ කමොලි අලි සෙවිත'න්ති—ආදීසු

ක සද්දො බ්‍රහ්මෙ හොති, කමොලි අලි සෙවිතන්ති පාදස්ස වන්දනත්ථානං අනෙකසතානං කානං බ්‍රහ්මානං මොලීහි මකුටසඞ්ඛාතෙහි අලීහි භමරෙහි සෙවිතන්ති අත්ථො හොති—කරජකායොති ආදීසු අත්තනි සරීරෙ, තත්ථ හි කො වුච්චති සරීරං තත්ථ පවත්තො රජොති කරජො, සුක්කසොණිතං, තෙන හෙතුභූතෙන සම්භූතො කායො කරජකායොති අත්ථො හොති—කතුඹරු කෙඩා කුම්භණ්ඩො කලිඞ්ගරෙති ආදීසු අනිලසඞ්ඛාතෙ වාතෙ, තත්ථ හි කො වුච්චති වාතො වාතරොගාපනයනවසෙන කං වාතං තුදතීති නිවාරෙතීති කතුඹො, රුක්ඛවිසෙසො—කං වාතං උහෙති වඩ්ඪෙතීති කුම්භණ්ඩො, මහාඵලො ලතාවිසෙසො—කෙන වාතෙන ඉකති සුඛසාලිනො අපගච්ඡන්තීති. කළිඞ්ගරෙ වීහිපලාසොති අත්ථො,

'කරංකුකොකතුරරං කලහං කරිරංවිතො
සරොජකොමලොකාරං නිරංසහ මාරුතො'ති

ආදීසු අක්කෙ සූරියෙ තත්ථ කො අංසුමාලීති පුච්ඡායං සරොජකොමලොකාරකන්ති එත්ථ කොති දං විස්සජ්ජනපදං හොති, තෙන එසො සූරියොව අංසුමාලී රංසි පන්තිවන්තො හොතීති විස්සජ්ජනං කතං හොතීති—කොලූමෙහා කුම්භීති ආදීසු අග්ගිම්හි තත්ථ හි කෙන අග්ගිනා ධූමහතීති කොලූමෙහා, ගතපාපචනකො මහාකුමෙහා, කෙන අග්ගිනා භවති කොනෙව පචනභාවතොති කුම්භී, කෙන අග්ගිනා වා හඤ්ඤතීති කුම්භීති අත්ථො හොති—කරවීරෙ කෙකාති ආදීසු මොරෙ මයූරෙ, තත්ථ හි කො වුච්චති මයූරො, කා මයූර රවනාති එත්ථාති කරවීරො, පබ්බතවිසෙසො—කායනං තා, කෙ මයූරෙ පවත්තා කාති කෙකා, මයූරානං රවනසද්දොති අත්ථො හොතීති—කඤ්ඤූති ආදීසු පුමෙ පුරිසෙ, තත්ථ හි කං පුරිසං ඤෙයති තොසෙතීති කඤ්ඤා, පුරිසෙහි අපරිභොගපුබ්බතරු

---

* "කො බ්‍රහ්මතනානිලක්කග්ගි මොරපුම්මෙසු භූමියං
කං සුඛෙව ජලෙ සීසං කො පකාසෙ තිලිඞ්ගිකො."

ණීයන්ති අත්ථො හොතීති, කෙදාරන්ති ආදීසු පථවියං, තත්ථ හි කෙ පථවියං දයනකස්සනවසෙන දලනං එන්ති කෙදාරං, පුබ්බණ්ණාපරණ්ණං විරූහණට්ඨානන්ති අත්ථො හොතීති—අපිච කාරං කුකො කකුර රන්ති ආදීසු පථවියං සප්පාධනං කිති පුවජායං කොති විස්සජ්ජනභාවතො කො සද්දො පථවිවාචකො හොතීති—කාරුණා කතඤ්ඤූ නාකොති ආදීසු සුඛෙ, තත්ථ හි කං සුඛං රුන්ධතීති කාරුණා, කං සුඛං දෙතීති කතඤ්ඤූ සාධු, න කං සුඛන්ති අකං දුක්ඛං, තං නත්ථි එත්ථාති නාකො අසොකාති අත්ථො හොතීති—කාමලං කලසං කනතාරෙ කන්දරෙ කෙවට්ටො කෙසරෙති ආදීසු ජලෙ උදකම්හි, තත්ථ හි කං උදකං අලං කරෙන්තීති කමලං පදුමං, කෙන උදකෙන ලසතීති කලසො, සුසණ්ඨානො මඞ්ගලඝටවිසෙසො කෙන උදකෙන තරිතබ්බො අතික්කමිතබ්බොති කනතාරො, නිරුදකපදෙසො කෙන උදකෙන දරීයති පදාලීයතීති කන්දරො, කෙ උදකෙ මච්ඡගහණත්ථාය වට්ටතීති කෙවට්ටො කෙ උදකෙ සරන්ති ඔසරන්තීති අත්ථො හොති—කෙසා කණ්ඩාති ආදීසු සීසෙ, තත්ථ හි කෙ සීසෙ සෙන්ති උප්පජ්ජන්තීති කෙසා කං සීසං තිණ්ඩන්ති එත්ථාති කණ්ඩො අත්ථො හොතීති—

පුමො සබ්බත්ථ කො නාරී දෙති සබ්බත්ථ කා කුලං
දානං සබ්බත්ථ කං සාධුජනානං සබ්බදා වරන්ති.

ආදීසු පකාසෙ පාකටෙ, තත්ථ හි සබ්බත්ථ දෙසෙසු කො පාකටො පුමො පුරිසො සබ්බත්ථ සබ්බදෙසෙසු කා පාකටා නාරී ඉත්ථී ච, සබ්බත්ථ සබ්බදෙසෙසු කං පාකටං කුලඤ්ච සාධුජනානං දානං පටිග්ගාහකානං වරං දානං සබ්බදා සබ්බකාලං දෙතීති අත්ථො හොතීති.

---

44. කච්චායනසාරය—මෙය ජංඝදාස නම්වූ සංස්කෘත පොත නිශ්‍රයකරගණ සාදනලද්දේ පමණක් නොව ඉතා ප්‍රයෝජනවත් පොතක්ය කතෘ පාලි සංස්කෘත භාෂා දෙකම මනාලෙස ඉගෙණගත් බුරුමරටේ (කච්චායනභෙදයේ කතෘවූ) මහායස නම් ස්ථවිරයන්වහන්සේය—මේ පොත සෑදීමට නිශ්‍රයකරගණ තිබෙන ජංඝදාස නම් ප්‍රකරණයද කතෘගේ නාමයෙන් එසේ නමුදු කාතන්ත්‍රව්‍යාඛ්‍යානය හෙවත් දෞර්ගසිංහවෘත්තිය නිශ්‍රය කරගණ සාදනලද සම්බන්ධාපදෙස නම් ප්‍රකරණය බව කියනලදී.

"ජංඝදාසකන්ති තන්නාමකො දෙසෙ නිසිතෙනනහ ජංඝාබලෙනසමන්නාගතත්තා දහරකාලෙ ආචරියස්ස දාසත්තා ච ජංඝදාසොති වොහාරිතබ්බභූතෙන කාලෙ ගතෙ පාඨා වතාගුං අසක්කු

ණෙය්‍යන්තා ජංඝදාසොති වොහාරිතබ්බෙන ආචරියෙන කතා නානා නානාමකං සම්බන්ධාපදෙසනාමකඤ්ච පකරණං නිස්සාය...... තං පන සෙඟුයෙය්‍යන කාතන්තක බ්‍යාඛ්‍යානං නිස්සාය සකාතන්තගාසංය කාතන්තතා සුද්ධමාගධිකා න වළඤ්ජෙන්ති"–යනාදියෙන් බලනු, මෙම පොතේ කාලය බාලාවතාර රූපසිද්ධි සම්බන්ධචින්තා චූළනිරුත්ති යන පොත්වලට පසුබව සහ කච්චායනභෙද ටීකාවට ඉස්සරබවත් කිය හැකිය—මේ ප්‍රකරණයට පුරාණ අභිනව යන ටීකා දෙකක් තිබෙනවත් ඇර පොතේ ප්‍රමාණය කච්චායනභෙදය් පමණය, පරිච්ඡෙද 7 ක්‍ය—සාමඤ්ඤනිද්දෙස—ආඛ්‍යාතනිද්දෙස—කිතකනිද්දෙස—කාරකනිද්දෙස—සමාසනිද්දෙස—තද්ධිතනිද්දෙස—යන මේවාය—සාමඤ්ඤනිද්දෙස නම් පරිච්ඡේදයෙහි උක්තානුක්ත විශෙෂණ විශෙෂ්‍ය ලක්ෂණ කියනලදී.

මූල ගාථා

"මුනින්දවක්කා තමං මොහං හන්ත්වා බොධෙසි පඞ්කජං,
ජනං සද්ධම්මරංසීහි සො සංපාලෙතු මං ජිනො.

මාගධිකාය බාලානං වුද්ධියා බුද්ධසාසනෙ,
වක්ඛං කච්චායනං සාරං නිස්සාය ජංඝදාසකං."

---

45. කච්චායනසාර අභිනවටීකාව—සංස්කෘත භාෂාවෙහි ප්‍රසිද්ධ සමර්ථයෙක්වූ සූනාපරන්ත රටේ ඓරාවතී ගංගා තීරයෙහි පවසෙති භාරජවිසින් කරවන ලද්දාවූ ප්‍රාසාදයෙහි වැඩසිටිය සිරිසද්ධම්මවිලාස නම් ස්ථවිරයන් වහන්සේවිසින් සාදන ලදී—මෙහි නාමය සම්මොහනාසිනී කියාය— කාලය රූපසිද්ධි අභිධම්මවිභාවිනී සාරත්ථවිලාසිනී නිරුත්තිමඤ්ජූසා යනාදි පොත්වලට පසුය—බාලාවතාර චූළනිරුත්ති සුසද්දසිද්ධි මොග්ගල්ලායන පඤ්චිකා සම්බන්ධචින්තා සාරත්ථවිලාසිනීනම් පඤ්චිකාටීකා යනාදි නොයෙක් පාළිව්‍යාකරණ පොත්වලින් හා පාණිනී, චාන්ද්‍ර, කාතන්ත්‍ර, කාතන්ත්‍රටීකා, ශබ්දාර්ථභෙදචින්තා, භාස්කාරී යනාදි නොයෙක් සංස්කෘත ව්‍යාකරණ පොත්වලින්ද උදාහරණාදිය ගෙණ ඒ ඒ ආචාර්‍ය්‍ය මහතුන් දක්වා සාදා තිබෙන බව සහ මෙහි වාසනම් විභත්‍යර්ථ ටීකාවටද ගෙණ තිබෙන බවද බණවර දශයකට අඩු නොවන ප්‍රමාණවූ ඉතා විසිතුරු ටීකාවක් බවද කිය හැකිය.

මූල ගාථා.

"සද්දභෙදගතං බුද්ධං ධම්මං තෙන පවෙදිතං,
සංඝං තස්ස ගුණොපෙතං නමස්සිත්වාන සාදරං.

ටීකා කච්චායනසාරස්ස වුච්චතෙ මොහනාසනී,
පුරාතනා ච යා ටීකා න තා සම්මොහනාසනී.

තස්මා චන්දුදි මාලම්බ ගන්ථං කච්චායනාදිකං,
උත්තානත්ථ පදං හිත්වා සාධිප්පායත්ථ වණ්ණනං,

සබ්බා යා වුච්චතෙ ටීකා මයා සම්මොහනාසනී,
ඉදං චින්තෙත්වා නිසාමෙථ සාධවො සාරයෙසිනො."

මෙහි පොත්ගැණ උපදෙස දිමක් මෙසේය.

"යත්ථ ච කාතබ්බෙන්ති වක්ඛති තත්ථ ජයකතං අගහෙත්වා දෙවං දිකතං අගහෙත්වා සද්ධම්මකතමෙව ගහෙතබ්බං, යත්ථ ච පඤ්චිකායොති තත්ථ ච රතනමති කාසිකාදි පඤ්චිකායො අගහෙත්වා කාතන්තව්‍යාඛ්‍යානපඤ්චිකාව ගහෙතබ්බා, යත්ථ ච සක්කතගන්ථෙනෙති වක්ඛති තත්ථ චාන්ද ව්‍යවහාරවසෙන කතා සද්දත්ථභෙදචින්තා ගහෙතබ්බා,"

අග ගාථා.

"නානාදීපෙසු සම්බුද්ධසාසනත්ථාභිවිස්සුතෙ,
රම්මඤ්ඤං පණ්ණාකර සනාව මොළිල පාද රජ්ජනි...

වාසෙ ඝනාරණෙත්තාගි නාමෙන රඬ් රඤ්ඤුත්තමෙ,
නරියනෙන තුලක්ඛනං රම්මඤ්ඤසක්ඛාං නභාවතො.

අවචහමූල ගෙදිස්ස නානා සම්පත්ති පුණ්ණිනො,
ධම්මිලඩාදි කිණ්ණස්ස පච්ජිමුත්තර භාවතො.

එරාවති නදීතීරෙ මඩපඨ්න නාමකෙ.
පණ්ණත්ත ධම්මරාජෙන පචයෙත්හ රජිනා,

පාසාදෙ කාරිතෙ රම්මෙ නානාලඞ්කාරලඞ්කතෙ
සිරිධම්මවිලාසො සීලභූසන භූසිතො,

පාවචනෙ ච වෙදෙ ච සමාඨපිතචක්ඛුකො.
නානාපකරණ සාරං ආදාය කාරිදං වරං."

---

46. කච්චායනසාර පුරාණ ටීකාව—මෙය කවුරුන්විසින් කොයි කලක කරණලද්දක්ද යන්න නියම වශයෙන් දැනගත නොහැකිය—කච්චායනභෙදයට පසුව බව දැනගත හැකිය—මුල් පොතේ ගාථා තෝරුම් කිරීම පදාර්ථ වශයෙන් නොව භාවය දක්වීම් වශයෙනි—අභිනව ටීකාව පමණ ප්‍රයෝජනවත් නොවේ නමුදු ගාථාවල භාවය දක්වීම ඉතා පැහැදිලිය—මුල් පොතේ දක්වන ලද ලක්ෂණ

වලට උදාහරණද මෙහි දක්වනලදී—ගාථාවල භාවය දක්වන්නෙත් මුල්පොතේ ගාථාවල් පෙය්‍යාලම් වශයෙන් දක්වා නොව සම්පූර්ණයෙන් දක්වා නමුදු පොතේ ප්‍රමාණය අභිනව ටීකාවෙන් කොටසක් පමණය—පොතේ මුල අග දෙකේම කර්තෘවිසින් සාදනලද ගාථා ඇති බවත් අපට දකින්ට ලැබුනු පොතෙන් දැනගන්ට නොලැබුනි—මුලට තිබ්බුහරියේ ගාථාවක් හා එහි වණ්ණනාව මෙසේය.

"සාධම්මසාධනං සිද්ධ මසිද්ධස්සොපමාණකං,
උපමෙය්‍ය මසිද්ධන්තං වයමෙකා විගතත්තිකං.

අසිද්ධස්ස අපාකටස්ස වත්ථුනො සාධම්මසාධනං සදිසගුණෙන සාධනං තං සිද්ධං පාකටවත්ථු උපමාණන්නනාම, අසිද්ධං අපාකට වත්ථු උපමෙය්‍යන්නාම, තං වයං උපමාණකුපමෙය්‍යවයං එකා විගතත්තිකං—යථා... .."

අග—"කච්චායනසාර අත්ථයොජනා නිට්ඨිතා" කියාය.

---

47. ගන්ධට්ඨීය—මෙනම් පොත ගන්ධාභරණයටත් ප්‍රථමකාල යෙහි දඹදෙණිව මහලනම් ස්ථවිරකෙනෙක් නිපාතාර්ථ ප්‍රකාශකාරණපිණ්ඩිස ආගමේ පොත්වලින් උදාහරණ දක්වා බණවර 1 කින් පමණ කරණලද්දකි—මෙහි බොහෝ අටුවා ටීකාදි පොත්වල නාමයන්ද සඳහන්කර තිබෙනවත් ඇර මෙහි නාමයද ගන්ධාභරණ ටීකාවෙහි සඳහන්කරණලදී—මෙයටද ටීකාවක් හා ව්‍යාඛ්‍යානයක්ද ඇති බව ගන්ධාභරණ ටීකාවෙන් දැනගන්ට තිබෙන නුමුත් දකින්ට නොලැබුනි.

මුල ගාථව මෙසේය

"ගණහෙද විදුං බුද්ධං සසද්ධම්ම ගණුත්තමං,
අභිවාදිය භාසිස්සං ගන්ධට්ඨිං සොතුජනකං."

අග ගාථා වරදින් ආකූල හෙයින් තනි පොතකින් සුද්ධකළ නොහැකියි.

---

48. විභත්‍යත්ථදීපනිය—මෙයද සතනවිභත්‍යර්ථයන් උදාහරණ සහිතව ප්‍රකාශ කොට වංසගමින් සාදනලද පොතක්වත් ඇර මෙහි නාමය කොයිම පොතකවත් සඳහන්ව තිබෙනවා දකින්ට නොලැබුනහෙයින් මෑත කාලයෙහි කවුදෝ කෙනෙක් විසින් සාදනලදැයි සිතිය හැකිය—ප්‍රමාණය බණවරක් පමණයි—මීට ටීකාවක් ඇති බවකුත් දැනගන්ට නැත.

මූල ගාථා.

"සද්ධම්ම ගණං බුද්ධං වන්දිත්වා ඉසි සත්තමං,
දස්සයිස්සං විභත්‍යත්ථං නිස්සායාචරියාසභෙ."

යො ඛො කායෙ ච ගො සාරෙ ඛො රූපෙ ඛො සකෙ තථා,
මො රූපෙ ඡො සකෙ චෙති අත්ථා සත්ත විභත්තිනං."

---

49. සංවණ්ණනානයදීපනිය—බුද්ධ වර්ෂ 2195 ට කිට්ටුකාලයෙහි බුරුමරටේ වැඩසිටිය ජම්බුධජ නම් තෙරුන්වහන්සේවිසින් උල්ලිඟ, වුත්ති, සම්බන්ධ, යනාදිවූ සහ පද, අත්ථ, පදත්ථාදිවූද සංවණ්ණනා ක්‍රමය ප්‍රකාශ කොට සාදනලද ගාථා සියයකට වැඩිනොවන තරම් පොතකි—මෙහි උල්ලිඟකාණ්ඩය, පදකාණ්ඩය, නීතාත්ථ කාණ්ඩ යයි කාණ්ඩ තුනකි.

එහි මූල අග ගාථා මෙසේය.

"වණ්ණිතාපි ඛිණා වණ්ණා යස්සානිධනවණ්ණිනො,
නරාමර සමන්නාගි වන්දාමි තං සුවණ්ණවං.

වණ්ණනාසඤ්ඤාහි විසඤ්ඤාහි සංවණ්ණිතෙහි වණ්ණිතා,
විචිත්තා යෙව සොභන්ති වන්දාමි තං ජිනෙරිතං....

තිපෙටක වණ්ණනාසු බහුවිජ්ජන්ති යෙ නයා,
තතො නයගහණූපායා දීපිතෙසා සමාසතො.

පාළිධම්මෙසු විඤ්ඤූනං කොසල්ලත්ථාය යා කතා,
වණ්ණනං වණ්ණනාසඤ්ඤාහි නානානය විචිත්තකා.

තස්සා තං දීපනත්ථෙන වණ්ණනානය දීපනී,
ඉති අන්වත්ථ නාමෙන සඞ්ඛ්‍යානමුපාගතා.

බොධො දහි සුතෙ ගාමෙ ජාතෙන ජම්බුනාමයා,
රචිතා නිට්ඨිතා එසා පිටුද්දිසි චතුරූපකෙ.

සක්කරාජෙ ඡුසෙස පුණ්ණෙ බුධවාරෙ කාදසමෙ,
පච්ඡාභත්තම්හි වාචීස පදවාරම්හි නිබ්බිතෙ.

---

50. වාච්චවාචකය—අරිමද්දනනුවර සමීපයෙහි වැඩසිටිය ධම්මදස්සී නම් සාමණේර නමක් විසින් කර්තෘ කර්මාදි අෂ්ටප්‍රකාර වාච්‍යයන් හා විභක්ත්‍යාදි දශප්‍රකාර වාචකයන්ද ගැණ සාදනලද ගාථා 100 යක පමණ පොතකි—අවුරුදු හාරසියයකට ඉහත බව කියහැකිය.

මූල ගාථා.

“නත්වා ජිනං නිරුත්තඤ්ඤුං වක්ඛාමි වච්චවාචකං,
පුබ්බාචරිය සීහානං නයං නිස්සාය සාසනෙ.

ඡක්කාරකො ච භාවො ච සම්බන්ධො ද්විධා වච්චං,
දුතියා තතියා චාපි චතුත්ථී පඤ්චමී ඡට්ඨී.

අථ—වච්චං වුච්චති යො අත්ථො දුතියාදීහි වුච්චති,
අත්ථං වුච්චති යො සද්දො ඉති සද්දො සවාචකො.

උපසග්ගා නිපාතා ච වෙ තෙ හොන්ති අවාචකා,
කත්තුතාදි විමුත්තත්තා අඤ්ඤවිසයතොපි ච”

---

51. වාච්චවාචකටීකාව—බුරුමරටේ සලලවතී ගඟාව අසල රාජාමාත්‍යයෙක් විසින් සාදවනලද ඛෙමාවතාර නම් විහාරයෙහි වැඩ සිටිය සද්ධම්මනන්දි නම් ස්ථවිරයන්වහන්සේ විසින් බුද්ධ වර්ෂ 2312 දී සාදනලද බණවර දෙකකට අඩු නොවන තරම් පොතකි—සද්දත්ථභෙදචින්තා, බාලාවතාර, අභිධානප්පදීපිකා, සද්දනීති යනාදී පොත්වලින් උදාහරණ කර තිබේ.

මූල ගාථා.

“නත්වා නාථං දයාපන්නං සබ්බඤ්ඤෙය්‍යවිජානකං,
ස්වාක්ඛාත මස්ස ධම්මඤ්ච සංඝං නිරඞ්ගණ මුත්තමං,

පට්ඨත්තං පරියත්තිම්හි සොතූන මහි කඞ්ඛිනා,
ඤාණ රංසීති නාමෙන ථෙරෙන අභියාචිතො.

සමාසෙන කරිස්සාමි වච්චවාචක වණ්ණනං,
පුබ්බාචරිය සෙට්ඨානං නිස්සායෙ වූපදෙසකං.”

සමාසවාචකය ගැන දක්වනලද පාඨයක් මෙසේය.

“එවං විභත්තිවාචකං විභජිත්වා ඉදානි සමාසවාචකං විභජන්තො ද්වන්දදිගුකම්මධාරයසමාසානං එකසෙසවත්ථුස්ස වාචකත්තා තෙ තාව සංඛෙපතො දස්සෙතු මාහ සමුච්චයොච්චාදි තත්‍රායං යොජනා ද්වන්දෙන සමුච්චයො එව වුත්තො දිගුනා ච කම්මධාරයෙන ච තුල්‍යත්ථා එව වුත්තා තෙහි සමුච්චය දිගුකම්මධාරය සමාසෙහි සම්බන්ධො න වුත්තො කාරකං ච ද්වන්දෙන වුත්තාති—සමොධානෙත්වා උච්චයො ගාහො සමුච්චයො සම්පිණ්ඩනං, සො පන අත්ථවසෙන කෙවලසමුච්චයො අන්වාචයො ඉතරීතරයොගො සමාහාරොති චතුබ්බිධො, තත්ථ කෙවලසමුච්චයෙ අන්වාචයෙ ච සමාසො න භවති ක්‍රියා

සාපෙක්ඛතාය නාමානං මඤ්ඤමඤ්ඤං අයුත්තත්ථභාවතො, යථා චීවරඤ්ච පිණ්ඩපාතඤ්ච සයනාසනං අදාසි, දානඤ්ච දෙහි සීලඤ්ච රක්ඛාහීති, ඉතරෙ තරයොගෙ සමාහාරෙ ච සමාසො භවති තත්ථ නාමානං මඤ්ඤමඤ්ඤං යුත්තත්ථභාවතො.”

අග මෙසේය—“සලලාවතියා නාම නදියා පච්ඡිමභාගෙ......වෙසුණො රථො නාමස්ස රාජමහාමත්තස්සාරාමභූතෙ බහූනං සාසනවුඩ්ඪිකාමානං නිවාසට්ඨානෙ විහාරෙ ඛෙමාවතාරනාමකො වසනෙත්තනානෙකගුණසාලිනා සද්ධම්මනන්දීති ගරූහි ගහිත නාමධෙය්‍යන ථෙරෙන කතායං වාච්චවාචක වණ්ණනා.”

---

52. සද්දවුත්තිය—තම්බදීපරටේ විජය පුරය සමීපවාසී සද්ධම්මගුරු නම් ස්ථවිරකෙනෙක් වෙන ස්ථවිර කෙනෙකුගේ ආරාධනාව පිට බුද්ධ වර්ෂ 2200 ට ප්‍රථම සාදනලද බව කච්චායනභෙදටීකාදියට මෙහි ගාථා ගෙණ තිබෙන හෙයින් පෙනේ.

මෙහි අදහස නම් ජාති, ගුණ, ක්‍රියා, ද්‍රව්‍ය, නාම, යන පඤ්චප්‍රකාර ශබ්දයන්ගේ ප්‍රවෘත්ති හා ස්වාර්ථ, ද්‍රව්‍ය, ලිඞ්ග,. සංඛ්‍යා, කාරක වශයෙන් ප්‍රභේදවන බවද, කර්ම කර්ත්‍රාදී අෂ්ටප්‍රකාර වාච්‍යයන් හා ප්‍රථමා ද්විතීයාදි දශ ප්‍රකාර වාචකයන්ද දැක්වීමයි—ජාත්‍යාදි පඤ්චකය ගැණ තර්ක ශාස්ත්‍රයෙහිද සමහරකරුණු දක්වනලදී-මෙහි පරිච්ඡෙද බෙදීමක් නැතුවත්ඇර පොතේ ප්‍රමාණය ගාථා 150ක් පමණයි—වෙන පොත්වලදී “සද්දවුත්ති” යන නාමය මීට ව්‍යවහාරකර කර තිබෙන නුමුත් මෙහිදී සඳහන් වෙන්නේ “සද්දවුත්තිපකාසක” යන නාමයයි.

මූල ගාථා සහ වෙනත් ගාථා කීපයක් මෙසේය.

“අනන්ත ගුණ සම්බුද්ධං සද්දවුත්ති පකාසකං,
සද්ධම්මාරියසංඝ ච සක්කච්චං අභිවාදිය.

සද්දවුත්ති නිමිත්තෙසු ඡෙකකාමෙන භික්ඛුනා,
යාචිතොහං කරිස්සාමි සද්දවුත්ති පකාසකං,

සද්දෙ පඤ්ච විධො තාව ඤායතෙ පිටකත්තයෙ,
නාම ජාති දබ්බ ක්‍රියා ගුණසද්දන භෙදතො...

සද්දතො ජාති මෙවාති ආහ ජාතිපදත්ථිකො
දබ්බපදත්ථිකො වාහ දබ්බං වාඤ්ඤන්ති වා පරෙ...

සත්තඨ අඩ ලිඟානි සංඛ්‍යා කම්මාදි කාරකං.
ඉති ලිඟස්ස විසෙසනෙයෙන අත්ථං විඤ්ඤෙය්‍යැහි පඤ්චධා.
ද්විකො තිකො චතුක්කොනාපි පඤ්චකො වාපි විඤ්ඤෙය්‍යනා
අත්ථො ලිඟස්ස විසෙසනෙයෙන භෙදං ලිඟස්ස දස්සනා.

---

53. සද්දවුත්ති ටීකාව—බුරුමරටේ පොක්කාරාම නම් නුවර සමීපයෙහි මුංඝපා නම් උයනේ නිවාසී සාරිපුත්ත නම් ස්ථවිරතෙනෙත් විසින් සාදන ලදී, කාලය අවුරුදු 218 කට මෑත මිස එපිට නොවේ බවද පොතේ ප්‍රමාණය බණවර හතරකට වැඩිනැති බවද කිය හැකිය—බාලාවතාර සද්දසාරත්ථජාලිනී කච්චායනභෙද යනාදියෙන්ද උදාහරණ දක්වා තිබේ.

මූල් ගාථා.

"අනන්තඤාණං සම්බුද්ධං සද්දවුත්ති විජානනං,
මොහස්ස ධංසකං ධම්මං සංඝඤ්චාපි නිරඞ්ගණං.
සක්කච්චං අභිවන්දිත්වා සිස්සානං ඤාණදායකං,
සද්දවුත්තිං පකාසිස්සං කරිස්සා මත්ථවණ්ණනං."

මැදහරියේ පාඨයක්—"සප්පති ගච්ඡතීති සද්දො, උතුජො—සප්පතී උච්චාරියතීති සද්දො, චිත්තජො—පුනපි දුවිධො සවිඤ්ඤාණක අවිඤ්ඤාණක වසෙන සවිඤ්ඤාණකො නාම චිත්තජො, අවිඤ්ඤාණකො නාම උතුජො.

සවිඤ්ඤාණක සද්දොයං හොති චිත්ත සමුට්ඨිතො,
අවිඤ්ඤාණකසද්දො යො සො හොතුජසමුට්ඨිතො.

තෙසු සවිඤ්ඤාණකසද්දො ච නාමාදිවසෙන පඤ්චවිධො, පුනපි දුවිධො නිප්පන්නානිප්පන්නපාටිපදිකවසෙන, ධාතුවසෙන නිප්පන්නං නිප්පන්න පාටිපදිකං නාම, ධාතුවසෙන අනිප්පන්නං අනිප්පන්නපාටිපදිකං නාම—වුත්තඤ්ච.

නිප්පන්නො අපි ධාතුජ් සද්දො හො ඉති ආදයො,
අනිප්පන්නාධ බ්‍යබන්තී ධරබෙ ඩ්පි භෙදතො.

තෙසු නිප්පන්නසද්දො ච නාමාදිවසෙන පඤ්චවිධො, පුන දුවිධො නිප්පන්නසද්දපතිරූපක අනිප්පන්නසද්දපතිරූපක වසෙන අනිප්පන්න සද්දො නාම, මුඛෙන උච්චාරිතො පුරිසොත්තාදි (?) අනිප්පන්නසද්දො නාම මුඛෙන අනුච්චාරිතො පොත්ථකෙසු ආරොපිතො තප්පතිරූපකො සද්දො තෙසු නිප්පන්නසද්දො ච නාමාදිවසෙන පඤ්ච විධො."

අඟ ගාථාව.

"සාරිපුත්තොති නාමෙන මහාථෙරෙන විඤ්ඤුනා,
රචිතො අයං ගන්ථො සද්දෙසු බ්‍යත්තිජනකො."

---

54. බාලප්පබොධනය—මෙය කාරක සමාස තද්ධිත ආඛ්‍යාත කිතකයන්ගේ ලක්ෂණ භෙදාදිය දක්වන්නාවූ බණවරක ප්‍රමාණ ගාථා පාඨ මිශ්‍රපූරණ පොතකි—කොයි කාලෙක කවුරුන්විසින් සාදනලදදැයි දැනගන්ට ක්‍රමයක් නොලැබුන නුමුත් කච්චායනභෙද සද්දත්ථ භෙදචින්තාදියට පසුව බව පෙනේ.

මූල ගාථා.

"පයොගමිච්ඡිතා ඤාතුං ඤෙය්‍යං කාරක මාදිතො,
සඤ්ඤාය ඡබ්බිධං භෙදං ජොවීසති විධං පුන.
තත්ථ පඤ්චවිධො කත්තා කම්මං සත්තවිධං භවෙ.
කරණං දුවිධං චෙව සම්පදානං තිධා මතං,
අපාදානං ද්විධා වුත්තං තථා ධාරො චතුබ්බිධො,
කාරෙති කාරකං සබ්බං තස්මා ඤෙය්‍යං කමාදිතො."

---

55. බාලප්පබොධන ටීකාව—මෙයද පෙළපොත සේම කොයිකලෙක කවුරුන් විසින් කරණ ලදදැයි නොකිය හැකි නුමුත් රූපසිද්ධ්‍යාදියෙන් උදාහරණ කර තිබේ—මෙහි නාමය "විචිත්‍රසාර" කියාය, මෙහි මූල ගාථාව සහ ධාතු ගණ පොතකින් උදාහරණ කොට තිබෙන ගාථාවක් මෙසේය.

"බාලෙ විනා යොච අනන්ත බොධී
ධීරූප සෙවී වර බොධිලාභී,
බොධෙසි බොධෙය්‍යජනාධිඤ්ඤණං
නත්වාන බුද්ධං කරුණාධිකං තං.
ඉච්ච ඉච්ඡිතානං ධාතවත්ථො යො පකාසිතො,
නානං අත්ථෙසු වත්තන්ති අනෙකත්ථා හි ධාතවො."

---

56. සද්දබින්දුව—මෙය කච්චායන ව්‍යාකරණයෙහි සන්ධි නාම සමාසාදීන්ගේ උදාහරණ ප්‍රමාණය දක්වන ලද්දාවූ ගාථා 21 ක් පමණ ඇත් කුඩා පොතකි—උදාහරණ සාධ්‍ය තටපයාදි ගණනින් දක්වන ලදුවත් ඇර මෙහි ගාථා ටීකාව නැතිව තේරුම් ගන්ට අමාරුවූ ග්‍රන්ථාර්ථයන්ගෙන් යුක්තය—පූර්වස්වර ලොප් සන්ධි 64, පරස්වර

ලොප් සන්ධි 52, බ්‍යඤ්ජනාගම සන්ධි 64, බවද (සද්දසාරත්ථජාලිනියෙහි බ්‍යඤ්ජනාගම සන්ධි 256 බව) කියන ලදී—හ්‍රස්වාදි සන්ධි ගණන මෙහි නොකියනලද්දේ නමුදු වෙන පොත්වලදී හ්‍රස්ව සන්ධි 138, දීඝසන්ධි 138, ප්‍රකෘති සන්ධි 320 ක් බව කියන ලදී එසේම පුල්ලිඞ්ගයෙහි විභක්ත්‍යන්ත නාමපද 478—ස්ත්‍රී ලිඞ්ගයෙහි 236—නපුංසක ලිඞ්ගයෙහි 108 යයිද, සමාසයෙහි උදාහරණ 628 යයිද—නොයෙක් අර්ථයන්හි නොයෙක් ප්‍රත්‍යයවනහෙයින් තද්ධිත කිතක උදාහරණවල ප්‍රමාණය නොකිය හැකියයිද—ආඛ්‍යාතයෙහි විභක්ති අටට පවසන ධාතුවෙන් සිද්ධවූ උදාහරණ පද 1525 බව හා, ගමු යන ධාතුවෙන් සිද්ධවූ උදාහරණ පද 4575 බවද කියන ලදී—මෙහි කර්තෘ බුද්ධ වර්ෂ 2025 අරිමද්දන නුවර රජකම්කළ (විභත්‍යර්ථ ග්‍රන්ථකාරක කුමාරිකාවගේ පියරජවූ) ක්‍යච්වා නම් රජබව ශාසනවංශයෙහි කියනලද නුමුත් ටීකාකාරයාගේ අදහස රාජගුරු තෙරුන්නාන්සේ නමක්ය කියාය—අග ගාථාවෙන් දෙයාකාර යටම තේරුම් ගතහැකිය—පොත කුඩා නුමුත් සන්ධි නාමාදිවශයෙන් කාණ්ඩ හතකට බෙදන ලදී.

මූල අග ගාථා මෙසේය.

"යස්ස ඤෙය්‍යෙසු ධම්මෙසු නානුමත්තං පවෙදිතං,
නත්වා සද්ධම්ම සංඝං තං සද්දබින්දුං සමාරභෙ

තෙනෙව කිචි ජලිතො ජලිතො පදීපෙං
කාඩායතූතත් රතනොංචිතගබ්භකොංණෙ,

ධම්මාදිරාජගුරුනා ගරුමාමකෙන
ධම්මෙන යොඛීපතීනාං සගරුතතානීතො."

---

57. සද්දබින්දුටීකාව—මෙහි නාමය "ලීනත්ථසූදනී" කියාය—අරිමද්දන නුවර අසල ඡවිකාරාමවාසී ත්‍රිපිටකධාරී ඤාණවිලාස නම් ස්ථවිරයන්වහන්සේවිසින් බාලාවතාර වාචකොපදෙසාදි නොයෙක් පාළිපොත්වලින් හා සම්බොධවෘත්ති ආදි සංස්කෘත පොත්වලින්ද නොයෙක් කාරණ සංග්‍රහ කිරීමෙන් අලංකාර කොට සාදන ලද්දාවූ බණවර 6 ක පමණ විසිතුරු ටීකාවකි—මූන්වහන්සේ සංස්කෘතටද සමර්ථයෙක් බව සමහර සංස්කෘත ශ්ලොක පාළියට පෙරලා දක්වනලදහෙයින් පෙනේ—සාරස්වතාදියෙහි පෙනෙන

“ක්‍රියායාං පරිනිෂ්පත්තිර් යද්ව්‍යාපාරාද් අනන්තරං,
විවක්‍ෂ්‍යතෙ යදා යත්‍ර කරණං තත් තදාස්මෘතං.”

යනමේ ශ්ලෝකය

“කිරියාය පරිනිප්ඵත්ති යබ්‍යාපාරා මනන්තරං,
විවච්ඡතෙ යදා යත්‍ර කාරණං තං තදා මතං.”සී—මෙසේ පාළි යට පෙරලා තිබේ—ගෙපාතේ අග “රම්මං සීඝප්පවෙසාය” යනාදි ගාථාවට කර තිබෙන ටීකා ව්‍යාඛ්‍යාව මෙසේය.

“රම්මං සීඝප්ප වෙසාය පුරං පිටකසඤ්ඤිතං,
මග්ගොජු මග්ගතං මග්ගං සද්දාරඤ්ඤා විසොධිතො.”

පිටකසඤ්ඤිතං රම්මං පුරං සීඝං පවෙසාය මග්ගං ගන්තබ්බං මග්ගං, මග්ගතං මග්ගන්තානං ගවෙසන්තානං, සද්දසත්ථසංඛාතා රඤ්ඤා, උජුභූතො සද්දබින්දු ගන්ථසංඛාතො මග්ගො විසොධිතො මයාති සම්බන්ධො—අයමෙත්ථාධිප්පායො සංගීතිකාචරිය භූමිජෙ කාචර්‍ය්‍යෙහි සුමාපිතං, තීහි සංගීතිපරිබාහි චෙව අක්ඛරපදව්‍යඤ්ජනානං පාකාරෙහි ච පරික්ඛිත්තං, සංවණ්ණනානං චාරගොපුරසහිතං නානානයමග්ගවීථිහි සුවිභත්තං විය රමණීයාරාමපොක්ඛරණීහි චෙව සුත්තන්ත සභාසාලා සන්ථාගාරෙහි ච අභිධම්මපාසාදකූටාගාරඝරෙහි ච සමලංකතං, අභිධම්මිකවිනයධර සුත්තන්තික ඛත්තිය බ්‍රාහ්මණ ගහපතිකෙහි නිවුත්ථං, සද්ධාසම්පන්නෙහි පුරක්ඛිතං, අභිධම්මිකපුරොහිතෙහි චෙව විනයධරවිනිච්ඡයකම්මහාමච්චෙහි ච සුත්තන්තිකසෙනාගුත්තෙහි ච සුවිචාරිතං, නානාකුලාපබ්බජිතෙහි නානාවෙරජ්ජකෙහි උග්ගහණාදිවසෙන සමාකිණ්ණං, වාචුග්ගතාහණසජ්ඣායනසද්දෙහි අවිවිත්තං, දෙසනුස්සවසද්දෙහි සංඝුට්ඨං, සීලාදිවිවිධගුණ විවිධාලංකාර විවිධරතනූපභොගපරිභොගසම්පන්නං, පදව්‍යඤ්ජනපරමපාලසංයුත්තං සද්ධම්මරාජවරචක්කවත්තිනො සුරම්මපිටකමහානගරං පවිසිත්වා රමිතුං ගන්තබ්බමග්ගං ගවෙසන්තානං කුලපුත්තානං අක්ඛරපදලිඞ්ගවිභත්තිසන්ධිසමාසධාතුපච්චයාදෙසාගමලොපාදිජටිතවිධ්‍යන්තරවාදන්තරාදිදුග්ගසහිතෙ සද්දබින්දුසංඛාතෙ ගච්ඡගුම්බ කණ්ටක ගහණාදි ජටිතෙ ඛාදතුඳ කච්ඡනු තටාක කන්දරාදි දුග්ගසහිතෙ අනන්තාරම්මයො මහාරඤ්ඤෙ උජුමග්ගභූතො අයං සද්දබින්දුගන්ථමග්ගො විසොධිතො සමංකතො යො ච පිටකසංඛාතසුරම්මමහාපුරං පවිසිතුකාමො ඉමං සද්දබින්දු ගන්ථමහාමග්ගං පටිපජ්ජතූති.”

58. කාරකපුප්ඵමඤ්ජරිය—මහනුවර රජකළ කීර්තිශ්‍රී මහරජතුමන්ගේ කාලයෙහි ජීවත්ව සිටිය අතතරගම බණ්ඩාරරාජගුරුතුමන්විසින් කාරක ලක්ෂණාදිය ගැණ සනාන සඟිතව කච්චායන රූපසිද්ධි න්‍යාස මොග්ගල්ලායනවෘත්ති පදසාධන ශබ්දනීති පඤ්චිකා ප්‍රදීප බාලාවතාර පදාවතාර ශබ්දජීවිනතා පාණිනී සාරස්වත අමරකෝෂ යනාදී නොයෙක් පොත්වලින් වැදගත් කරුණු සංග්‍රහකොට සාදන ලද (බණවර 25 ක පමණ) පොතක්—කාරක කාණ්ඩය ඉගෙණගන්නාවුන්ට මෙය ඉතාම ප්‍රයෝජනවත්ය.

මූල අග ගාථා මෙසේය.

"පුරිස සීහමුඛම්බුජ වාසිනී සරසභාව පණ්තවිලාසිනී,
මනසි මෙ පරමත්ථපසූදනී රමතු චාරු පවාග සුභාරතී.

ක්‍රියාකාරකසම්බන්ධං යෙ න ජානන්ති මාණවා,
පසූභිස්සහ තෙ තුල්‍යා ඛුරසිඟ විවජ්ජිතා.

ක්‍රියාදලාකිණ්ණ මනොපසාධනී
සධාතු කාලාදි පරාගපූරණී,
සුධීර සාරත්ථ සුගන්ධවාසනී
කාරියතෙ කාරකපුප්ඵමඤ්ජරී."

"භාසායං මාගධීසාති ඤායතෙ තෙන ධීමතා,
මඤ්ඤූ විඤ්ඤූතමතෙතන තානි ඡකාකාරකානිහ.

ගම්භීර සද්දසරසත්ථ විසාරදෙන
කාණ්ඩීරවොව කවිකුඤ්ජර භඤ්ජනෙන,
සංසාර සාගරසමුත්තරණාය තෙන
භණ්ඩාර රාජගුරුනා ගුරුනා ගුණෙන.

වසිඤ්ඤිචා දිසු ඤාය කුඤ්ජරී
විසිඤ් සද්දත්ථ විහඟපඤ්ජරී,
චරිඤ් සත්තානනාපූරණඤ්ජරී,
සුනිඤ්ඤිතා කාරකපුප්ඵමඤ්ජරී.

---

59. සුධීරමුඛමණ්ඩනය—සමාසචක්‍රය යන නාමයෙන්ද ප්‍රසිද්ධවූ මෙම ග්‍රන්ථයද අතතරගම බණ්ඩාර රාජගුරුතුමන්විසින් සංග්‍රහකරණලද්දකි—සංස්කෘත භාෂාවෙන් තිබුනු සමාස චක්‍රයෙන් පාළිභාෂාවට පෙරළණ ලදබව පොතේ අගගාථාවලම කියනලද්දේ නමුදු මෙහි සංග්‍රහ කොට තිබෙන්නේ රූපසිද්ධියෙහි සමාස තද්ධිත කිතක

උණාදි යන කාණ්ඩවල උදාහරණම බව මෙකී පොත්දෙක සම කර බලන කෙනෙකුට දැනගත හැකිය—මෙහි සමහර දෝෂයන්ද ඇති බව මේ කාලයෙහි සමහර උගතුන්ගේ කල්පනාවයි—මූල ගාථාවෙහි "තිලොකෙහි නුතං නාථං" යන්නෙහි "තිලොකෙහි" යන බහුවචනය සදොෂ් යයි "තිලොකාභිනුතං නාථං" කියා සමහරු ව්‍යවහාර කෙරෙත්—එහෙත් සද්දසාරත්ථජාලිනී ආදියෙහි "තිගවෙසු වූයහං" යනාදි තැන්වලද එසේවූ බහුවචන දක්නා ලැබෙත්—ශ්‍රීපාදස්ථානයෙහි හා සබරගමු පලාතේද නායක පදවියට පැමිණ වැඩසිටිය ශබ්දශාස්ත්‍රාභිඥ ආචාර්‍ය්‍ය සුමංගල මේධංකර මහා ස්ථවිරාදි අත්තරගම පරම්පරාවේ සමහර ගුරුවරු ව්‍යාකරණයෙහි බහුශ්‍රුතත්වය පිණිස ශිෂ්‍යයන්ට මෙකී පොතද අර්ථ කියවති—පොතේ ප්‍රමාණය බණවර තුනකට අඩු නැත.

මූල ගාථාව මෙසේය.

"තිලොකෙහි නුතං නාථං නත්වා බුද්ධිප්පවඩ්ඪනං,
ව්‍යාඛ්‍යාමි සහිතත්ථානං සුධීරමුඛමණ්ඩනං."

අග ගාථා.

"යදා සකිත්තිස්සිරිරාජසීහො
සදා සමාපජ්ජ පුරමග්ගමස්මිං,
තදා සුසෙඛණ්ඩසිලාභිධානෙ
උදූර රජතත මයං විරාජෙ.

පුර සක්කතභාසාය ඨිතමත්ථාය තං සතං,
සමාසවක්ඛාතං විහිතං සුධීරමුඛමණ්ඩනං.

භණ්ඩාරරාජගුරුනා අත්තරගාම වාසිනා,
තථෙව පරිවත්තෙත්වා පාළියා නිසිතං මයා."

---

60. ධාතුමඤ්ජූසාව—පාලිභාෂාවේ වචනවල බීජයන්වැනිවූ ධාතූන් අර්ථ සහිතව ප්‍රකාශ කොට අනන්තර අකුරු පිළිවෙළින් ගළපා ගාථා 150 කින් පමණ "යක්ඛද්දිලෙන" හෙවත් යක්ගිරිලෙන (යක්දෙස්සා නල්ලයසිද කියත්) නම් විහාරයෙහි වැඩසිටිය සීලවංස නම් ස්ථවිරයන් වහන්සේ විසින් විරචිතවූ ධාතු පොතක්ය—ග්‍රන්ථ 100ක් පමණවූ ධාතු පාඨය මීට පූරණ වුවද එහි නොකියන ලද්දවූ ධාතු මෙහි සංග්‍රහිතයි—වොපදෙව නම් පණ්ඩිතයා විසින් සංස්කෘත ධාතු සංග්‍රහ කොට කරණලද "කවිකල්පද්‍රම" නම් ධාතු පොත

ගුරු කාරගණ මෙය සාද තිබෙන බව පෙනේ—මීටපූරණ සන්න සතුදු ඇති නමුදු එයින් ආධුනිකයන්ට සම්පූර්ණ ප්‍රයෝජන අඩු හෙයින් දෙන් අන්ද්‍රිස්ද සිල්වා බටුවන්තුඩාවේ පඬිතුමන් විසින් ශුද්ධ කොට සහපත් පිළිවෙළකට යොදා ඉංග්‍රිසි සිංහල අර්ථ සහිතව අච්චුගසවා ප්‍රසිද්ධ කොට තිබෙන හෙයින් එහි ක්‍රමය ඇඟවීම පිණිස වැඩි කාරණු මෙහි කියන්ට ඕනෑ නැත.

මූල අග ගාථා දෙක මෙසේය

"නිරුත්තිනිකර සාර පාර චාරනතාගං මුනිං,
වන්දිත්වා ධාතුමඤ්ජුසං බ්‍රෑමි පාවචනඤ්ඤං.

සද්ධම්මපංකෙරුහරාජහංසො
අංසිළඹමකිත්ති සීලවංසො,
යක්ඛද්දිලෙනාඛ්‍ය නිවාසවාසී
යතිස්සරො සොයමිදං අකාසි."

61. පාළිනාමවරනැගිල්ල—කාත්‍යායන පාළිව්‍යාකරණ ක්‍රමය පුහුණු කිරීමට පටන්ගන්නවුන්විසින් පළමුවෙනි පොතක් වශයෙන් භාවිතාකරන්නාවූ මෙකී පොත පූරණ ආචාර්ය කෙනෙක්විසින් රූපසිද්ධියෙන් සංග්‍රහකරණ ලද්දක් නුමුත් බාලාවතාර ක්‍රමයටද ගැළපෙනුය—රූපමාලා නම් ප්‍රකරණයද මීට උපකාරවශයෙන් කරණලද්දකි—ආඛ්‍යාත ක්‍රියාවරනැගිල්ලද ක්‍රියා පද ගැණ මෙසේම ගළපන ලද්දකි—වගේගොඩ ස්ථවිරයන් වහන්සේ විසින් විරචිතවූ "ආඛ්‍යාතපදය" නම් ප්‍රකරණයද ආඛ්‍යාත වරනැගිල්ලට උපකාරපිණිස ගළපන ලද්දකි—මෙසේම අපවිසින් සංග්‍රහකරණු ලබන මෙම "නාමමාලා" නම් ග්‍රන්ථයද පාළිනාමවරනැගිල්ල ගැණ උපකාර පිණිස ගළපන ලද්දක් බව දත යුතුයි.

තවද—මෙහි නම් සඳහන්කරණු ලැබුවාවූ පොත් හැර අපවිසින් නොදක්නා ලද්දාවූ මහානිරුත්තිප්‍රකරණ, සන්ධිවිසොධනාදී පාළි ව්‍යාකරණ පොත්ද බොහෝය.

මෙසේ පාළිභාෂාවේ ශබ්දශාස්ත්‍රය නොයෙක් ආචාර්යවරයන්වහන්සේලාවිසින් විරචිතවූ අන්‍යොන්‍ය විසදෘශ මතභෙද ඇති නොයෙක් ග්‍රන්ථසාරයන්ගෙන් ආකීර්ණහෙයින් බාලාවතාරාදී යම්කිසි එක ග්‍රන්ථයකින් ව්‍යාකරණ ලියා කියා ඉගෙණගත්තාහු නමුදු ඔවුන් ශබ්දශාස්ත්‍රයෙහි සම්පූර්ණ බහුශ්‍රැතභාවය ප්‍රාර්ථනාකරන්නාහු නම් ඉතර ග්‍රන්ථයන්ද අසා බලා ගත යුතු වන්නාහුය—පදසිද්ධික්‍රමයේ පොත් අතරෙන් අනික් පොත්වලට වඩා බාලාවතාරය

තුඩාහෙයින් පාඩම්කිරීමේ පහසුකම සලකා ලංකාවේ ගුරුවරයන් විසින් කාලයක පටන් එයින්ම ශිෂ්‍යයන්ට ව්‍යාකරණ පුහුණු කරවන නමුත් බුරුම සියම් රට දෙකෙහි එසේ නොවේය—බාලාවතාරයෙහි කාරක කාණ්ඩය ඉතා විසිතුරු නමුදු සන්ධි නාමාදි කාණ්ඩ කච්චායන රූපසිද්ධ්‍යාදියෙහි මෙන් සම්පූර්ණ නුවූ නිසා බාලාවතාරයෙන් ව්‍යාකරණ පුහුණුකරවනු ලබන ශිෂ්‍යයන් විසින් පසුවවත් කච්චායන රූපසිද්ධ්‍යාදියෙහි දක්නාලද අමුතු පද සිද්ධික්‍රමාදියද අවශ්‍යයෙන්ම අසා බලා ගතයුතු වෙත්—එසේත් බොහෝදෙනා විසින් එකියන ලද පොත් නිරායාසයෙන් ලබා ගැණීමත් දුෂ්කරවා පමණකුත් නොව එසේ ලබාගත්තාහු නමුදු ඒවා පණ්ඩිතයන් විසින් ශුද්ධ කොට අච්චුගසවා නැති නිසා අතින් අතට ලිවීමෙන් සජාතවූ නොයෙක් ලිපි දෝෂවලින් ආකුලහෙයින් ආධුනිකයන් විසින් ඒ ලිපි දෝෂ ශුද්ධ කොට ප්‍රයොජන ගැණීමත් දුෂ්කරවූ කාරණයක්ය—යන මේ ආදී කරුණු කල්පනා කළාවූ අපවිසින් බාලාවතාරයෙන් ව්‍යාකරණ ලියා කියා ඉගෙණගන්නාවූ ආධුනිකයන්ගේ ප්‍රයොජනය පිණිස නාමකාණ්ඩය ගැණ පමණවත් රූපසිද්ධ්‍යාදි කොයි පොත්වලත් සඳහන්වූ විභාගාදිය ප්‍රකාශ කොට සංග්‍රහයක් කරණු කැමතිව මෙම "නාමමාලා" නම් ප්‍රකරණය සම්පාදනය කරණු පිණිස නොයෙක් පොත්වලින් (ඒනම්, කච්චායන, මොග්ගල්ලායනවෘත්ති, රූපසිද්ධි; පයොගසිද්ධි, ශබ්දනීති, චූළනිරුත්ති, පදසාධන, එහි ටීකා සම්බන්ධචින්තා, එහි ටීකා, සද්දසාරත්ථජාලිනී, එහි ටීකා, කච්චායනසාර, එහි ටීකා, කච්චායනභෙද, එහි ටීකා යනාදි ශබ්ද ශාස්ත්‍රයට අයිති බොහෝ පාලි පොත්වලින් හා, පඤ්චිකා ප්‍රදීප, ගඩලාදෙනිසන්න, රූපසිද්ධි සන්නාදි සන්න පොත්වලින්ද, පාණිනී, සාරස්වත, කාතන්ත්‍ර, ප්‍රබොධචන්ද්‍රිකාදි සංස්කෘත පොත්වලින්ද, සඟි, අටුවා, ටීකා, අනුටීකා, යනාදි ආගමට අයිති පොත්වලින්ද) ඒ ඒ ස්ථානවලට ප්‍රයොජනවත් වැදගත්කරුණු උපුටා සංග්‍රහ කරණ ලද්දේ පමණක් නොව, මෙහි ශබ්දමාලාවල බාලාවතාර ක්‍රමයෙන් සිද්ධකළ නොහැකි හෙවත් බාලාවතාරයෙහි නොදක්වන ලද්දාවූ විභක්ත්‍යන්ත පදයන් වෙන්වශයෙන් මේයයි දැනගණු පිණිස ඒ පද මෙලෙස [ ] ලකුණු දෙකකට ඇතුල් කොට දක්වන ලද්දේය.

o

තවද ශබ්දමාලා කාණ්ඩයෙහි ඒ ඒ පිටුවල පාඩම් කටයුතුවූ කොටස වෙන් කොට දැනගණු පිණිස ඒවා ඉරකින් ඉහලට වෙන් කොට ඒ ඒ ශබ්දමාලා ගැණ දතයුතුවූ විශෙෂ විභාග ඒ ඉරෙන් පහත දක්වන ලදී.

ශබ්දමාලා අවසන්වූ තැන්වල දක්වනලද්දාවූ ගාථාපාඨයන්ගේ වචනවල අර්ථ ඒ ඒ තැන්වලම සඳහන් නොකළ නිසා ශබ්දමාලා කාණ්ඩය අවසානවූවායින් පසු ඒ සියලු වචන අකාරාදි ක්‍රමයෙන් යොදා එහිදී දක්වන ලද්දේය.

ශබ්දමාලාවලට අයිති ප්‍රථමා ද්විතීයාදි විභක්තීහු අන්‍ය විභක්ත්‍යර්ථයන්හිද පවත්නා හෙයින් ඒ ප්‍රභෙද පෙන්වාදීම පිණිස "විභක්තිභෙද" නම්වූ කාණ්ඩයත්ද—විභක්තිභෙද කාණ්ඩයෙහි සඳහන්වූ කර්ම කර්තෘ ආදීන්ගේ ප්‍රභෙද හා ලක්ෂණ දක්වනු සඳහා "කර්මකාරක ලක්ෂණ—කර්තෘකාරක ලක්ෂණ—කරණකාරක ලක්ෂණ—සම්ප්‍රදානකාරක ලක්ෂණ—අපාදානකාරක ලක්ෂණ—සාමි ලක්ෂණ—ආධාරකාරක ලක්ෂණ—කර්මප්‍රවචනීය ලක්ෂණ—භාවලක්ෂණ"—යන කාණ්ඩ නවයත්ද—යථොක්ත විභක්තීන්ගේ එකවචන බහුවචනවල ප්‍රභෙද දක්වනු සඳහා "එකවචන බහුවචන ප්‍රභෙද" නම්වූ කාණ්ඩයත්ද—යථොක්ත කර්ම කර්තෘ ආදීන්ගේ උක්ත අනුක්ත ක්‍රම දක්වනු සඳහා "උක්තානුක්තභෙද" නම්වූ කාණ්ඩයත්ද—විභක්තිසංබන්ධාදීන්විසින් ආශ්‍රය කරණු ලබන්නාවූ විශෙෂණ විශෙෂ්‍යයන්ගේ ප්‍රභෙදාදිය පෙන්වාදීම පිණිස "විශෙෂණවිශෙෂ්‍ය විභාග" නම්වූ කාණ්ඩයත්ද—විශෙෂණයාගේම විශෙෂ්‍යයන්වූ ක්‍රියා විශෙෂණයාගේ ප්‍රභෙද දක්වනු සඳහා "ක්‍රියා විශෙෂණ ලක්ෂණ" නාම් වූ කාණ්ඩයත්ද—පූර්වාරම්භකාණ්ඩය පුල්ලිංගික—ස්ත්‍රීලිංගික—නපුංසකලිංගික—සර්වනාම—සර්වනාමසංඛ්‍යා අසර්වනාමසංඛ්‍යා—ඉලක්කම් ක්‍රම—සංඛ්‍යාශබ්දනිෂ්පත්ති ක්‍රම—අකාරාදිය—යනාදී කාණ්ඩත් සමග මෙසේ කාණ්ඩ 24 කින් සම්පූර්ණ කොට මෙම ප්‍රකරණය නිෂ්ඨා කරණලද්දේය—මෙසේ අපවිසින් ලොකශාසනාභිවෘද්ධිකාමී අදහසින් බොහෝ වෙහෙස මාන්සි ගෙණ නොයෙක් පොත්පත් බලා සම්පාදනය කරණ ලද්දාවූ මෙම ග්‍රන්ථයෙන්, ශාස්ත්‍රාගමධාරී පණ්ඩිතයින්ගේ ඥාණාභිවෘද්ධියක් නොසේ නමුදු ශබ්දශාස්ත්‍රාභිලාසී ආධුනිකයන්ගේ ඥාණාභිවෘද්ධියට හේතුවක් නොවේයයි නොසිතිය හැකිය—මෙබඳුවූ සහ

මීට වඩා උත්කෘෂ්ටතරවූද ග්‍රන්ථසාරයන් සම්පාදනය කිරීමෙන් මුද්‍රණයන්ත්‍රාධාරයෙන් ශබ්දශාස්ත්‍රාර්ථීන්ගේ සිත් සතුටු කිරීමට ශක්තිවන්තවූ පණ්ඩිතයෝ මේකාලයෙහි ලංකාද්වීපයෙහි ඉතාම දුර්ලභ නොවන්නාහු නමුදු, මෙබඳු ක්‍රියා ගැණ ව්‍යාවෘත වීම ශාසනොපකාරී නුවූ දූෂ්‍ය ක්‍රියාවලට අනතාගීත කොට අභිද්‍රෝහී සමහර කුහක පුද්ගලයන් විසින් ලෝකයාට ඇඟවීමෙන් යථොක්ත සමහර පණ්ඩිතයින්ගේ සිත් බොහෝ සෙයින් මන්දෝත්සාහයට පැමිණ තිබෙන හෙයින් ආධුනිකයන්ගේ අත්වලට ශාස්ත්‍රාගමාභිවෘද්ධි හේතුභූත අභිනව පොත්පත් ලැබීම දුර්ලභව තිබේ—යම් යම් දේවල ප්‍රමාණාදියක් නොදන්නා ඊර්ෂ්‍යාවතුන්ගේ කල්පනා කෙසේ නමුදු සුදුසුවූ විධිවලින් ශාස්ත්‍රාගම සම්බන්ධ පොත්පත් සුලභ කිරීම පණ්ඩිතයන් විසින් කටයුතුවූ ලොකශාසනාභිවෘද්ධිහේතුක ක්‍රියාවක් යයි අර්ථානර්ථවේදී පණ්ඩිතයින්ගේ කල්පනාවයි—මේකාලයෙහි ලොකයාවිසින් ඒත්තුගණ්ණ ලැබූවාවූ පණ්ඩිතයෙක් විසින්ද,

"සතාවීතු වා නින්දතු වා පෘථග්ජන
සතාසතු කිං ස්‍යන් මම කොවිදෛජනඃ,
ප්‍රමාණ මස්මින් දයතෙ ච යඃ පරන්
ශ්‍රමමව ජානාති කෘතෙ තථෛ දෘශී,"

යන්නෙන් කියනලද්දක් මෙන් එබන්දෙවුන් එබඳුන්ගේ නින්දා ප්‍රශංසා දෙකවත් මෙසේවූ දෙයෙහි ප්‍රමාණ නොව, මෙබඳෙහි ප්‍රමාණයෝ නම් මෙබඳුන් කිරීමෙහි ප්‍රමාණයද වෙහෙස මාන්සියද දන්නාවූ ලොකාර්ථසිද්ධිකාමී අනුසූයක කාරුණාවන්ත පණ්ඩිතයෝමය—එසේහෙයින් යථොක්ත කල්පනාවලට පිටුවහල් නොවී ශක්තිවන්ත පණ්ඩිතයන්විසින් ශාස්ත්‍රාගම සම්බන්ධ පොත්පත් සුලභ කිරීමෙන් ලොකශාසනාභිවෘද්ධිය කිරීම යහපත්මය.

තවද—විශෙෂ බුද්ධිසම්පන්නවූ මහා පණ්ඩිතොත්තමයන් විසින් ලැබිය යුතු ග්‍රන්ථකර්තෘත්වකීර්තිය මෙම "නාමමාලා" නම් සුළු සංග්‍රහය කිරීමෙන් ලබනු කැමති මන්දබුද්ධිවූ අපගේ ප්‍රමාද භ්‍රමාදිය ආශ්‍රය කළාවූද මුද්‍රාංකණවශයෙන්වූද යම් යම් දොස් මෙහි ඇතුව තිබෙන්ට පුළුවන—කාලිදාස නම් මහා කවීශ්‍රවිසින් පවා රඝුවංශ නම් මහා කාව්‍යය පටන් ගැන්මේදී

"මන්දඃ කවියශඃ ප්‍රේප්සුඃ ගමිෂ්‍යාම්‍යුපහාස්‍යතාං,
ප්‍රාංශුලභ්‍යෙ ඵලෙ මොහා දුවාහුරිව වාමනඃ."

යන්නෙන්—"පණ්ඩිතයන්විසින් ලැබිය යුතුවූ (කාව්‍ය නිර්මාණයෙන් සජාතවූ) කීර්තිය ලබනු කැමැත්තාවූ මෝඩවූ මම, උස් මිනිසෙකුවිසින් නෙලා ගතයුතුවූ ගෙඩියකට අත එසෙවූවාවූ මිටි මිනිසෙක් මෙන් සිනාසිය යුතු බවට පැමිණෙන්නෙමි"—යි මෙසේද කියා තිබියදී අපවැන්නන්ගේ ග්‍රන්ථවල ගුණදෝෂ ගැණ කියනුම කිම—එපමණකුත් නොව කෙනෙකුට නොපෙනුනු දෝෂයක් තවත් කෙනෙකුට පෙනීමද, එක්කෙනෙකුට නිදෝස්ලෙස වැටහෙන යමක් අනික් කෙනෙකුට සදෝස්ලෙස වැටහීමද, මනුෂ්‍ය ස්වභාවකි—එසේහෙයින් මොන මොන ආකාරයකින් නමුදු මෙහි විද්‍යමාන වියහැකිවූ උපස්ඛලිතයන් ලෝකශාසනාභිවෘද්ධිකාමී ශාස්ත්‍රඥපණ්ඩිතවරයෝ ශෝධනයකිරීමෙන් ලෝකාර්ථසිද්ධිය කෙරෙත්වා යනු අපගේ ප්‍රාර්ථනාවයි.

W. Subhuti Terunnanse.

ශබ්දමාලා කාණ්ඩයේ
පටන් ගැණීම.

සප්ත විභක්තීන්ගේ අර්ථකියන ක්‍රමය පෙන්වනු සඳහා බුද්ධ ශබ්දය පමණක් අර්ථ සහිතව දක්වා එතැන්පටන් පුල්ලිඞ්ගාදි ශබ්දයන්ගේ නාමමාලාක්‍රමය පිළිවෙළින් දක්වනු ලැබේ.

බුඩ ශබ්දයෙහි අඞ්.
Declension of *Buddha*.

	එකවචන. Singular.	බහුවචන. Plural.
ප්‍රථමා–	බුඩො, සර්වඥතෙම.	බුඩා, සර්වඥවරයෝ තුමු.
Nom.	Buddha.	Buddhas.
ආලප–(භෙ)	බුඩ, බුඩා, (පින්වත්) සර්වඥයන්වහන්ස.	(භවන්තො)බුඩා, (පින්වත්) සර්වඥවරයිනි.
Voc.	O Buddha.	O Buddhas.
ද්විතී–	බුඩං, සර්වඥයන්වහන්සේ.	බුඩෙ, සර්වඥයන්වහන්සේලා.
Acc.	Buddha.	Buddhas.
තෘතී–	බුඩෙන, සර්වඥයන්වහන්සේ විසින්.	බුඩෙහි, බුඩෙභි, සර්වඥයන්වහන්සේලාවිසින්.
Ins.	by Buddha.	by Buddhas.
කරණ–	බුඩෙන, සර්වඥයන්වහන්සේකරණකොට (ගෙණ.	බුඩෙහි, බුඩෙභි, සර්වඥයන්වහන්සේලා කරණ (කොට ගෙණ.
Aux.	with Buddha.	with Buddhas.
චතුර්ථී–	බුඩාය, බුඩස්ස, සර්වඥයන්වහන්සේට.	බුඩානං, සර්වඥයන්වහන්සේලාට.
Dat.	to Buddha.	to Buddhas.
පඤ්චමී–	බුඩා, බුඩම්හා, බුඩස්මා, සර්වඥයන්වහන්සේකෙරෙන්.	බුඩෙහි, බුඩෙභි, සර්වඥයන්වහන්සේලාකෙරෙන්.
Abl,	from Buddha.	from Buddhas.
ෂෂ්ඨී–	බුඩස්ස, සර්වඥයන්වහන්සේගේ.	බුඩානං, සර්වඥයන්වහන්සේලාගේ.
Gen.	of Buddha.	of Buddhas.
සප්තමී–	බුඩෙ, බුඩම්හි, බුඩස්මිං, සර්වඥයන්වහන්සේකෙරෙහි.	බුඩෙසු, සර්වඥයන්වහන්සේලාකෙරෙහි.
	in Buddha.	in Buddhas.

නමො බුද්ධාය.

NOUNS ENDING IN අ. (A.) MAS. *Buddha*.

1. අකාරන්ත පුල්ලිඞ්ගො බුද්ධසද්දො.

එකවචන.	බහුවචන.
පඨමා....බුද්ධො	බුද්ධා
ආලපන..(හෙ) බුද්ධ, බුද්ධා	(භවන්තො) බුද්ධා
දුතියා....බුද්ධං	බුද්ධෙ
තතියා...බුද්ධෙන	බුද්ධෙහි, බුද්ධෙභි
කරණ....බුද්ධෙන	බුද්ධෙහි, බුද්ධෙභි
චතුත්ථී...බුද්ධාය, බුද්ධස්ස, [බුද්ධත්ථං*]	බුද්ධානං
පඤ්චමී......බුද්ධා, බුද්ධම්හා, බුද්ධස්මා	බුද්ධෙහි, බුද්ධෙභි
ඡට්ඨී...... බුද්ධස්ස	බුද්ධානං
සත්තමී...බුද්ධෙ, බුද්ධම්හි, බුද්ධස්මිං	බුද්ධෙසු.

එවං සුරා[1]සුර නරො[2]රග නාග යක්ඛා
ගන්ධබ්බ කින්නර මනුස්ස පිසාච පෙතා
මාතඞ්ග ජඞ්ගම තුරඞ්ග වරාහ සීහා
ව්‍යග්ඝ[3]ච්ඡ කච්ඡප තරච්ඡ මිගා[4]ස්ස සොණා.

ආලොක ලොක නිලයා[5]නිල චාග යොග
වායාම ගාම නිගමා[6]ගම ධම්ම කාමා
සංඝො[7]ඝ ඝොස පටිඝා[8]සව කොධ ලොභ
සාරම්භ ථම්භ මද මාන පමාද මක්ඛා.

පුන්නාග පූග පනසා[9]සන චම්පකා[10]ම්බ
හින්තාල තාල බකුල[11]ජ්ජුන කිංසුකා(ච)
මන්දාර කුන්ද පුචිමන්ද කරඤ්ජ රුක්ඛා
(සෙය්‍යථා)මයූර සකුණ[12]ණ්ඩජ කොඤ්ච හංසා.

“එස්සො යඤ්ඤො ඉන්දො චන්දො හත්ථො පොතො සොසො ගෙධො
සොමො රාමො ගච්ඡො ඉස්සො ගෙහො මාලො අට්ටො සත්තො.

සාලො ධවො(ච) ඛදිරො ගොධුමො සණිකො යවො
කලායො(ච) කුලත්ථො(ච) තිලො මුග්ගො(ච) තම්බුලො.
ඛත්තියො බ්‍රාහ්මණො වෙස්සො සුද්දො බුත්තො(ච) පුක්කුසො
චණ්ඩාලො පථිකො පත්තො මාණවො රථිකො රථො.

---

* “බුද්ධත්ථං” යනුද චතුත්ථ්‍යෙකවචන “ස” විභක්තියට “ත්ථං” යනාදෙශව සිද්ධවූ පදයකි.

පබ්බජිතො ගහණෙ(ච) ගොණො ඛණෙ(ච) ගද්‍රභො
මාතුගාමො(ච) ඛෙරෙධො (ඉඩාදීනි විභාවයෙ.")

අකාරන්ත ශබ්දවලින් පරවූ චතුර්ථී එකවචන "ස" විභක්තියට "ආය" ආදේශව සිද්ධවූ "බුද්ධාය" යනාදි පද* ගත්‍යර්ථකර්ම, නයනාර්ථකර්ම, විභක්තිවිපරිණාම, තාදර්ථ්‍ය, යනමේ සතරතන්හි මුත් දානාරොචන ධාරණ නමෝයොගාදීවූ වෙන යම්කිසි සම්ප්‍රදාන විශයෙක්හි පෙළෙහි හා පුරාණ අටුවාවලද නැතිබව සමහර ආචාර්‍ය්‍යමතයකි.

එම දක්වනු සඳහා ශබ්දනීතියෙහි.

"චතුත්ථෙකවචනස්ස ආයාදෙසෙන සංයුතං
රූපං අනිත්ථිලිඞ්ගානං ඨානෙසු චතුසුඊරිතං.
ගත්‍යත්ථකම්මනි චෙව නයනත්ථස්ස කම්මනි
විභත්තියා විපල්ලාසෙ තාදත්ථෙ චාපි නිද්දිසෙ.
මූලාය පටිකස්සෙය්‍ය අප්පො සග්ගාය ගච්ඡති
එවං ගත්‍යත්ථකම්මස්මිං දිස්[1]මෙහානි සාසනෙ.
දකාය නෙති ඉච්චෙවං නයනත්ථස්ස කම්මනි
වචනායාති නිස්සක්කෙ විරමණප්පයොගතො.
ගණාය ඉති සාමිස්මිං හන්තාති සද්දයොගතො
ධනඤ්ජායාති පදං කත්වෙත්ථ සාමි සූචකං.
අසක්කතාති සද්දස්ස යොගතොති විනිද්දිසෙ
අඤ්ඤෙසු චාපි විපල්ලාසො මග්ගිතබ්බො විභාවිනා.
අභිඤ්ඤාය සම්බොධාය නිබ්බානායාති[2]චාදිතු
ලිඞ්ගත්තයවසෙනෙව තාදත්ථස්මිං විනිද්දිසෙ.
එවං පාඨානුලොමෙන කථිතො "ආය" සම්භවො
ඉදන්තු සුඛුමං ඨානං චින්තෙතබ්බං පුනප්පුනං."

---

* ගමනාර්ථවාචී ධාතුවකින් සිද්ධවූ ක්‍රියාපදයහා සම්බන්ධවන්නාවූ කර්මය ගත්‍යර්ථකර්මනම් වේ—ඒනම්, "අප්පො සග්ගාය ගච්ඡති" යනාදි උදාහරණයන්හි ගච්ඡති යනාදි ක්‍රියාපදහා සම්බන්ධ වන "සග්ගාය" යනාදියයි.

පැමිණීම අර්ථකොට ඇති ධාතුවකින් සිද්ධවූ ක්‍රියාපදය හා සම්බන්ධවන්නාවූ කර්මය නයනාර්ථකර්මයි—ඒනම්, "දකාය නෙති" යනාදියෙහි "නෙති" යන ක්‍රියාපදයහා සම්බන්ධ වන "දකාය" යනාදියයි.

මෙහි විභක්තිවිපරිණාමනම් චතුර්ථීවිභක්ත්‍යන්තපදය පංචමීවිභක්ති අර්ථයට පෙරළෙන බවයි—එය "විරමථ ආයස්මා මම වචනාය" යන්නෙන් දතයුතුය.

තාදර්ථනම් ඒ පිණිස යනාර්ථයි—"අභිඤ්ඤාය සම්බොධාය නිබ්බානාය සංවත්තති" යන පාඨයෙහි "අභිඤ්ඤාය" යනාදි පද තුන තාදර්ථයෙහි චතුර්ථීයි.

NOUNS ENDING IN අ. (A.) MES. *Atta.*

2. අකාරන්ත පුල්ලිඞ්ග අත්තශබ්දය.

ඒකවචන.	බහුවචන.
ප....අත්තා	අත්තා, අත්තානො
ආ...(හෙ) අත්ත, අත්තා	(භව:) අත්තා, අත්තානො
දු....අත්තානං, අත්තං	අත්තෙ, අත්තානො
ත...අත්තෙන, අත්තනා	අත්තනෙහි, අත්තනෙභි
ක...අත්තෙන, අත්තනා	අත්තනෙහි, අත්තනෙභි
ච....අත්තනො, අත්තස්ස	අත්තානං
පං...අත්තනා, අත්තම්හා, අත්තස්මා	අත්තනෙහි, අත්තනෙභි
ඡ....අත්තනො, අත්තස්ස	අත්තානං
ස....අත්තනි, අත්තම්හි, අත්තස්මිං	අත්තනෙසු.

එවං.—"*රාජ බ්‍රහ්මා සඛා (චෙව) ආතුමා සා පුමා රහා
දළ්හධම්මා(ච) පච්ඡක්ඛධම්මා(ච) විවටච්ඡද.
වත්තහා(ච) (තථා) වුත්තසිර (චෙව) යුවා (පිච)
මඝවා අද්ධ මුද්ධා(දී විඤ්ඤාතබ්බා විභාවිනා.")

මේ අත්ත ශබ්දයෙහි ප්‍රථමා ආලපන බහුවචනයෙහි "අත්තං" යන පදයද ද්විතීයා බහුවචනයෙහි "අත්තෙ" යන පදයද, චතුර්ථී ෂෂ්ඨී එකවචනයෙහි "අත්තස්ස" යන පදයද, සප්තම්‍යෙකවචනයෙහි "අත්තෙ අත්තම්හි අත්තස්මිං" යන පදත්‍රයද, මොග්ගල්ලායන ව්‍යාකරණයෙන් ගත්බව රූපමාලානම් ප්‍රකරණයෙහි කියනලද්දේය. එසේන් (ඒපද අතුරෙන්) ශබ්දනීති ව්‍යාකරණයෙහිදු ප්‍රථමා ආලපන බහුවචනයෙහි "අත්තා" යනු ආයේය. චූලනිරුත්තියෙහි චතුර්ථී ෂෂ්ඨී එකවචනයෙහි "අත්තස්ස" යනු ආයේය. කච්චායන නිරුත්තිපිටක ශබ්දනීති යන ප්‍රකරණයන්හි නායේය. එසේ නමුදු ඒ සියලු පෙළ අටුවාවලට සමකර බලා පිළිගතයුතුබව ශබ්දනීතිකාරාචාර්යයෝතෙම කියා තිබේ.

කෙවලවූ අත්තශබ්දය මෙහි දක්වනලැබූ ක්‍රමයට වරනැගෙණ නමුදු වෙන ශබ්දයක් හා සමාසව පරපද භාවයෙහි සිටි "භාවිතත්තා" යනාදී ශබ්ද බුද්ධශබ්දයමෙන් "භාවිතත්තෙන; භාවිතත්තා" යනාදි වශයෙන් වරනැගිය යුතුයි.

---

* අත්තශබ්දයෙහි විභක්තිරූපවලට සමවූ බොහෝ විභක්තිරූප රාජශබ්දයෙහි දක්නාලදහෙයින් රාජශබ්දයද, අත්තශබ්දයා මෙන් වරනැගිය යුතු ශබ්ද සංග්‍රහ කරණලද ගාථාවෙහි දක්වනලදී.

NOUNS ENDING IN අ. (A.) MES. *Rága.*

3. අකාරන්ත පුල්ලිඞ්ග රාජශබ්දය,

එකවචන.	බහුවචන.
ප...රාජා	රාජා. රාජානො
ආ...(හෙ)රාජ, රාජා	(භො:) රාජා, රාජානො
දු...රාජානං, රාජං	රාජානො
ත...රඤ්ඤා, රාජේන, [රාජිනා]	රාජූභි, රාජූහි, රාජේභි, රාජේහි
ක...රඤ්ඤා, රාජේන, [රාජිනා]	රාජූභි, රාජූහි, රාජේභි, රාජේහි
ච....රඤ්ඤො, රාජිනො	රඤ්ඤං, රාජූනං, රාජානං
පං...රඤ්ඤා, රාජම්හා, රාජස්මා	රාජූභි, රාජූහි, රාජේභි, රාජේහි
ඡ....රඤ්ඤො, රාජිනො	රඤ්ඤං, රාජූනං, රාජානං
ස....රඤ්ඤෙ, රාජිනි, රාජම්හි,රාජස්මිං]	රාජූසු, රාජේසු.

මෙහි "රාජා" යන බහුවචනය නිරුත්තිපිටක කච්චායනාදියෙහි නායේ නමුදු මූලනිරුත්ති, ශබ්දනීති දෙක්හි ආයේය. "අථඛො චත්තාරො මහාරාජා මහතියා ච යක්ඛසෙනාය මහතියා ච කුම්භණ්ඩසෙනාය" යනුද, "චත්තාරො ච මහාරාජා ලොකපාලා යසස්සිනො" යනුද, "සෙනාදියා සබ්බා හොන්ති" යනුද දක්නාලදබැවින් "රාජා" යන ප්‍රථමා ආලපන බහුවචනය කැමතිවිය යුතුය, "බ්‍රහ්මා අනන්තා සබ්බා" යනාදියද එසේමය—ද්විතීයා එකවචනයට "රාජානං" යනු මුත් "රාජං" යනු නිරුත්තිපිටකයෙහි නායේය—"රාජේන, රාජේභි, රාජේහි, රාජම්හා, රාජස්මා, රාජම්හි, රාජස්මිං, රාජේසු" යනු තෘතීයාදියට මූලනිරුත්ති නිරුත්තිපිටක ශබ්දනීති යන පොත්වල නායේය-"රාජිනා" යන තෘතීයා කරණ එකවචනය කච්චායන රූපසිද්ධි බාලාවතාරාදියෙහි නායේ නමුදු පාළියෙහි "සබ්බදත්තෙන රාජිනා" යනාදිය දක්නාලදබැවින් ශබ්දනීතියෙහි පමණක් ආයේය-තවද, "රාජේන, රාජේභි, රාජේහි, රාජේසු" යන පද කච්චායනාදියෙහි ආයේ නමුදු පෙළෙහි නොදක්නාලද බවද, මෙබඳු පද වෙන ශබ්දයක් හා සමාස වීමෙන් පරපදභාවයෙහි සිටියාවූ රාජශබ්දයෙහි මුත් කෙවල රාජශබ්දයෙහි නැතිබවද අග්ගවංසාචාර්ය්‍ය මතයයි—ඒ ගැණම-"අවුත්තං ධම්මරාජේන—සිවිරාජේන පෙසිතො" යනු හා "නික්ඛමන්තෙ මහාරාජේ සිවීනං රට්ඨවඩ්ඪනෙ" යනාදී උදාහරණයන්ද අඩා මේගැණ යහපත් කොට පරීක්ෂා කටයුතුබවද, අටුවා

කථා සහිතවූ පිටකත්‍රයෙහි සර්වප්‍රකාරයෙන් ක්‍රම සලකන්ට සිව්පිළිසිඹියාපත් මහරහතන් වහන්සේලාට හැර සෙස්සන්ට දුෂ්කර බවද දක්වා තිබේ.

අන්‍යවූ ශබ්දයක්හා සමාස වීමෙන් පරපදභාවයට ගියාවූ රාජශබ්දය (ඒනම් සිවිරාජ, ධම්මරාජ යනාදිය) බුද්ධශබ්දය මෙන් හා රාජශබ්දය මෙන්ද යන ද්විප්‍රකාරයටම වරනැගිය යුතුයි.

අත්තශබ්දය මෙන් වරනැගිය යුතුයයි මෙහි දක්වනුලැබූ "බ්‍රහ්ම" ශබ්දාදීයෙහි අත්තශබ්දයට වෙනස්වූ රූපද ඇතිබැවින් ඒ සියලු වෙනස් මෙහි දක්වනු ලැබෙත්.

1. බ්‍රහ්මශබ්දයෙහි වෙනස.

තෘතීයා කරණ පංචමී ඒකවචනත්‍රයෙහිම "බ්‍රහ්මුනා" යන පදයක්ද, යථෝක්ත බහුවචනත්‍රයෙහි "බ්‍රහ්මූභි, බ්‍රහ්මූහි" යන පදම යක්ද, චතුර්ථී ෂෂ්ඨී ඒකවචනයෙහි "බ්‍රහ්මුනො" යන පදයක්ද බහුවචනයෙහි "බ්‍රහ්මූනං" යන පදයක්ද වෙත්—අත්තශබ්දයෙහි පෙනෙන "අත්තස්ස, අත්තනොහි, අත්තනෙහි" යන රූපවලට සමානවූ (බ්‍රහ්මස්ස යනාදී) රූප බ්‍රහ්මශබ්දයෙහි නැත-සප්තමී ඒකවචනයෙහි "බ්‍රහ්මෙ" යන්නක්ද වියයුතුයි—යථෝක්ත පදයන් අතුරෙන් "බ්‍රහ්මූභි, බ්‍රහ්මූහි, බ්‍රහ්මූනං, බ්‍රහ්මෙ" යනපද සතර ශබ්දනීතියෙහි මිස කච්චායන රූපසිද්ධි නිරුත්තිපිටක චූලනිරුත්ති ආදියෙහි නොදක්වන ලද්දනුය-එසේ නමුදු "පණ්ඩිතපුරිසෙහි දෙවෙහි බ්‍රහ්මූහි" යන ටීකා පාඨයද "බ්‍රහ්මූනං විමානාදීසු ඡන්දරාගො කාමාසවො න හොති" යන අටුවා පාඨයද "ධම්මං පණීතං මනුජෙසු බ්‍රහ්මෙ" යන දෙශනා ගාථා පදයද, සාධකවශයෙන් දක්වනලද බැවින් ශබ්දනීතිකාරාචාර්යයන් මතය ස්ථිරවූ බැව් පෙනේ.

2. සඛ ශබ්දයෙහි වෙනස.

ප්‍රථමා ආලපන ද්විතීයා බහුවචනයන්හි "සඛිනො, සඛායො" කියාත් පදවයක්ද, ද්විතීයා ඒකවචනයෙහි "සඛාරං" යනුද, තෘතීයා කරණ පංචමී බහුවචනයන්හි "සඛාරෙභි, සඛාරෙහි, සඛෙභි, සඛෙහි" යනුද, තෘතීයා ඒකවචනයෙහි "සඛිනා" යනුද, චතුර්ථී ෂෂ්ඨී ඒකවචනයන්හි "සඛිනො, සඛිස්ස" යනුද, පංචමී ඒකවචනයෙහි "සඛාරා, සඛාරස්මා, සඛිනා" යනුද පමණක් බවද, චතුර්ථී ෂෂ්ඨී ඒකවචනබහුවචනයන්හි "සඛිස්ස, සඛිනො, සඛාරානං සඛීනං" යනුද, සප්තමී ඒකවචනයෙහි "සඛෙ" කියාද, බහුවචනයෙහි "සඛාරෙසු, සඛෙසු" කියාද, දතයුතුය—අත්ත රාජ යන ශබ්දවයෙහිම ආලපන ඒකවචනයෙහි අත්තා, රාජා, යනු ශබ්දනීතිකාර

ආචාර්‍ය්‍යයන්විසින් නොදක්වනලද්දේ නමුදු සුවණ්ණකක්කටක ජාතකයෙහි “අරෙ සඛා කිස්ස නු මං ජහාසි?” යනු දක්නාලදබැවින් ආලපනෙකවචනයෙහි සඛා කියාද දක්වනලදී—අන්‍ය ශබ්දයක්හා සමාසව පරපදත්වයෙහි සිටියාවූ (සබ්සඛ යනාදී) සඛශබ්ද බුද්ධ ශබ්දය සේ වරනැගිය යුතුයි.

3. ආත්මශබ්දයෙහි වෙනස.

ද්විතීයාව දක්වා අත්තශබ්දයමෙන්ද, තෘතීයාවෙහි පටන් බුද්ධශබ්දය මෙන්ද, වරනැගිය යුතුය. අත්තශබ්දයෙහි ද්විතීයාව දක්වා ලැබෙන පද ගැණ දක්වනලද්දවූ ආචාර්‍ය්‍යමත භේදයන් මීටද යෙදේ.

4. *සා ශබ්දයෙහි වෙනස.

“සා” ශබ්දය වනාහි සමහර රූපවලින් අත්තශබ්දයට සමාන වූවද ආකාරාන්ත ප්‍රකෘති ශබ්දයකි—එහි වෙනස ශබ්දමාලාව බලාම දැන ගණු පිණිස මෙහි සඳහන් කරණු ලැබේ.

එක.	බහු.
ප....සා	සා, සානො
ආ...(හෙ) ස	(භව:) සා, සානො
දු....සානං	සානෙ
ත...සානා	සානෙහි, සානෙභි
එවං කරණෙ.	
ච....සාස්ස	සානං
පං...සානා	සානෙහි, සානෙභි
ඡ....සාස්ස	සානං
ස....සානෙ	සානෙසු.

සමහර ආචාර්‍ය්‍යකෙනෙක් ද්විතීයා තෘතීයාදියෙහි “සං, සෙ; සෙන, සෙභි, සෙහි; සස්ස; සම්හා, සස්මා, සෙහි, සෙභි; සස්ස; සෙ, සම්හි, සස්මිං, සෙසු;” යන රූපද කැමතිවනලද්දේ නමුදු නිරුත්ති පිටක ශබ්දනීතිආදියෙහි නොමැතිවත් ඇර බුද්ධවචනයෙහිද නො ලැබෙනබව කියති.

ශුනඛ වාචකවූ සා ශබ්දය යථෝක්ත ක්‍රමයට වරනැගෙණ නමුත් ස්වකීයාර්ථයෙහිවූ ස, සා, ශබ්ද බුද්ධ, කතඤ්ඤු, චිත්ත ශබ්ද නයින් වරනැගෙත්.

---

* ස ශබ්දයයිද කියහැකියි

5. පුම ශබ්දයෙහි වෙනස.

එක.	බහු.
ප....පුමා	පුමා, පුමානො
ආ...(හෙ)පුම	(භව:) පුමා, පුමානො
දු....පුමානං	පුමානෙ
ත...පුමානා, පුම්මුනා	පුමානෙහි, පුමානෙභි
එවං කරණෙ.	
ච....පුමස්ස, පුම්මුනො	පුමානං
පං...පුමානා, පුම්මුනා	පුමානෙහි, පුමානෙභි
ඡ....පුමස්ස, පුම්මුනො	පුමානං
ස....පුමානෙ	පුමානෙසු, පුමාසු.

“හෙ පුමං” කියා අනුස්වාරසහිත ආලපනෙක වචනයක්ද කච්චානයෙහි දක්වනලද්දේ නමුත් එබඳු පදයක් අට්ඨකථා සහිතවූ පාළියෙහි නොදක්නාලද බැවින් පරීක්ෂාකොට ගතයුතු බව සමහර ආචාර්ය්‍ය මතයකි.

තවද—“සොළසිත්ථි සහස්සානං නවිජ්ජති පුමො තදා”—යනුද,

“යත්ථ බලා කයොනිමහි නවිජ්ජති පුමො සදා
මෙඝෙසු ගජ්ජමානෙසු ගබ්භං ගණ්හන්ති තා සදා”—යනුද

පාළියෙහි දක්නාලද බැවින් “පුමො; පුමා” යනාදීන් බුද්ධ ශබ්දය මෙන්ද පුම ශබ්දය වරනැගිය යුතුයි.

6. රහ ශබ්දයෙහි වෙනස.

එක.	බහු.
ප....රහා	රහා, රහිනො
ආ...(හෙ) රහ	(භව:) රහා, රහිනො
දු....රහානං	රහානෙ
ත...රහිනා	රහිනෙහි, රහිනෙභි
එවං කරණෙ	
ච....රහස්ස	රහානං
පං...රහා	රහානෙහි, රහානෙභි
ඡ....රහස්ස	රහානං
ස....රහෙ	රහානෙසු.

7. දළ්හධම්මශබ්දයෙහි වෙනස

එක.		බහු,
ප....දළ්හධම්මා		දළ්හධම්මා, දළ්හධම්මානො
ආ...(භො) දළ්හධම්ම		(භව:) දළ්හධම්මා, දළ්හධම්මානො
දු....දළ්හධම්මානං,		දළ්හධම්මානෙ
ත...දළ්හධම්මිනා		දළ්හධම්මෙභි, දළ්හධම්මෙහි
	එවං කරණෙ	
ච....දළ්හධම්මස්ස		දළ්හධම්මානං
පං...දළ්හධම්මිනා		දළ්හධම්මෙභි, දළ්හධම්මෙහි
ඡ....දළ්හධම්මස්ස		දළ්හධම්මානං
ස....දළ්හධම්මෙ		දළ්හධම්මෙසු.

8. පඬකබධම්මශබ්දයද මෙසේමය.

"ඉස්සරෙහි චස්මි කුසලා දළ්හධම්මොති විස්සුතො"—යනුද "බාරාණසියං දළ්හධම්මො නාම රාජා රජ්ජං කාරෙසි" යනුද දක්නා ලදබැවින් බුද්ධශබ්දය මෙන දළ්හධම්මශබ්දය වරනැඟිය යුතුයි.

9. විවටච්ඡද ශබ්දයෙහි වෙනස.

අත්තානො යන රූපයට සමවූ විවටච්ඡාදනො යන්නක් නො ගෙණ විතීයාව දක්වා අත්තශබ්දය මෙන ශෙෂ්ස බුද්ධශබ්දය මෙන වරනැඟිය යුතුයි.

"ලොකෙසි විවටච්ඡදෙ" යනාදියෙහි විවටච්ඡදෙ යනාදිය දක්නා ලදහෙයින් කෙවලව බුද්ධශබ්දය මෙන්ම වරනැඟිය යුතු විවටච්ඡද ශබ්දයක්ද ඇතිබව දතයුතුයි.

10. වත්තහ ශබ්දයෙහි වෙනස.

විතීයාව දක්වා විවටච්ඡද ශබ්දයමෙනි, තෘතීයා පඤ්චමී දෙක්හි වත්තහානා; වත්තහානෙහි, වත්තහානෙභි, කියාද—චතුර්ථී ෂෂ්ඨී එකවචනවයෙහි වත්තහිනො කියාද සප්තමියෙහි වත්තහානෙ; වත්තහානෙසු, කියාද වේ.

11. වුත්තසිර ශබ්දයෙහි වෙනස,

තෘතීයා පඤ්චමී එකවචනවයෙහි වුත්තසිරා සීද—චතුර්ථී ෂෂ්ඨී එකවචනවයෙහි වුත්තසිරස්ස, සීද-සප්තමියෙහි වුත්තසිරෙ; වුත්තසිරෙසු, සීද-විතීයාව දක්වා වත්තහශබ්දයෙහි මෙන, තෘතීයා පඤ්චමී බහුවචන බුද්ධ ශබ්දයෙහි මෙන, ශෙෂ්ස අත්තශබ්දයෙහි මෙන, දතයුතුය-එසේත් වුත්තසිරෙ, යී බුද්ධශබ්දයෙහි මෙන් ප්‍රථමා එකවචනයක්ද දක්නා ලැබේ.

12. යුව ශබ්දයෙහි වෙනස.

එක.	බහු.
ප...යුවා	යුවා, යුවානො, යුවානා
ආ...(හෙ)යුව, යුවාන	(භවං) යුවානා
දු...යුවානං, යුවං	යුවානෙ, යුවෙ
ත...යුවානා, යුවෙන, යුවානෙන	යුවානෙහි, යුවානෙභි, යුවෙහි, යුවෙභි
එවං කරණෙ.	
ච...යුවානස්ස, යුවස්ස	යුවානානං, යුවානං
පං...යුවානා, යුවානම්හා, යුවානස්මා	යුවානෙහි, යුවානෙභි, යුවෙහි, යුවෙභි
ඡ...යුවානස්ස, යුවස්ස	යුවානානං යුවානං
ස...යුවානෙ, යුවෙ, යුවානම්හි, යුවානස්මිං, යුවම්හි, යුවස්මිං	යුවානෙසු, යුවාසු, යුවෙසු.

13. මඝව (නොහොත් මඝවන්තු) ශබ්දයෙහි වෙනස.

මඝව ශබ්දයාගේ පදමාලාව යුවශබ්දයාගේ මෙන් ආචාර්‍ය්‍යවරයෝ යොදත් නමුදු නිරුත්තිපිටක මූලනිරුත්ති දෙක්හි මඝවා මඝවන්තො යනාදීන් ගුණවන්තුශබ්දය මෙන් කියනලදහ. ඒ මතය පෙළහා සංසන්දනය වේ. කෙසේද, පෙළෙහි "සක්කො මහාලි දෙවානමින්දො පුබ්බෙ මනුස්සභූතො සමානො මඝො නාම මාණවො අහොසි තස්මා මඝවා'ති වුච්චති"යි කියන ලදහෙයින්-"මඝො (ඉති නාමං) අස්ස අත්ථීති මඝවා"-මඝ යන නාමය මොහුට ඇත්තේනුයි යන අර්ථයෙහි මඝශබ්දයෙන් පරව "වන්තු" ප්‍රත්‍යයව මඝවන්තු ශබ්දය සිද්ධවූ බව පෙනේ, එහෙයින් ගුණවන්තුශබ්දයාගේ මෙන්ද පදමාලාව යෙදිය යුතුයි.

14. අද්ධ ශබ්දයෙහි වෙනස.

එක.	බහු.
ප....අද්ධා	අද්ධා, අද්ධානො
ආ...(හෙ)අද්ධ	(භවං) අද්ධා, අද්ධානො
දු....අද්ධානං	අද්ධානෙ
ත...අද්ධුනා	අද්ධානෙහි, අද්ධානෙභි
එවං කරණෙ.	
ච....අද්ධුනො	අද්ධානං
පං...අද්ධුනා	අද්ධානෙහි, අද්ධානෙභි
ඡ....අද්ධුනො	අද්ධානං
ස....අද්ධනි, අද්ධානෙ	අද්ධානෙසු.

15. මුද්ධ ශබ්දයෙහි වෙනස.

විජ්ජාව දක්වා අද්ධශබ්දය මෙන්ය, එසේත් විතීයා ඒකවචනය මුද්ධං කියාය. තෘතීයා පඤ්චමී සප්තමී ඒකවචනයන්හි මුද්ධනා මුද්ධනි කියාය-සප්තමී බහුවචනයෙහි මුද්ධෙසු කියාය, සෙසු බුද්ධශබ්දයෙහි මෙනි.

NOUNS ENDING IN ඌ. OR ඌ. (U.) MAS. *Gunawantu*

4. උකාරන්ත (අථවා අකාරන්ත) පුල්ලිංගො ගුණවන්තුසද්දො.

ඒකවචන.	බහුවචන.
ප... ගුණවා	[ගුණවා] ගුණවන්තො, ගුණවන්තා
ආ... (භො) ගුණවං, ගුණව, ගුණවා	(භව:) [ගුණවා] ගුණවන්තො, ගුණවන්තා
දු... ගුණවන්තං	ගුණවන්තෙ
ත... ගුණවතා, ගුණවන්තෙන	ගුණවන්තෙහි, ගුණවන්තෙභි
ක... ගුණවතා, ගුණවන්තෙන	ගුණවන්තෙහි, ගුණවන්තෙභි.
ච... ගුණවතො, ගුණවන්තස්ස	ගුණවතං, ගුණවන්තානං
පං... ගුණවතා, ගුණවන්තා, ගුණවන්තම්හා, ගුණවන්තස්මා	ගුණවන්තෙහි, ගුණවන්තෙභි
ඡ... ගුණවතො, ගුණවන්තස්ස	ගුණවතං, ගුණවන්තානං
ස... ගුණවති, ගුණවන්තෙ, ගුණවන්තම්හි, ගුණවන්තස්මිං	ගුණවන්තෙසු.

එවං මඝවා කුලවා ඵලවා යසවා ධනවා සුතවා භගවා හිමවා බලවා සීලවා පඤ්ඤවා සතිමා ධිතිමා ගතිමා මුතිමා ජුතිමා හිරිමා ධුතිමා රතිමා යතිමා සුචිමා කලිමා බලිමා කසිමා රුචිමා බුද්ධිමා චක්ඛුමා බන්ධුමා හෙතුමා සෙතුමා කෙතුමා රාහුමා භානුමා ඛාණුමා විජ්ජුමා පාපිමා පුත්තිමා, "ගණවා වචා කතවා හිතවා ඕතවා රස්මිවා මස්සුවා යතවා ථාමවා රසවා."

ඉච්චාදයො ගුණවන්තුසද්දසමා.

මේ ගුණවන්තුශබ්දයෙහි වනාහි "එථ තුම්හෙ ආවුසො සීලවා හොථ"–"චක්ඛුමා අන්ධිකා හොන්ති මාතුගාම විසං ගතා." යනාදී තැන්වල ප්‍රථමබහුවචනභාවයෙන් "සීලවා, චක්ඛුමා" යනාදිය දක්නාලදහෙයින් ප්‍රථමා ආලපන බහුවචනවයෙහි "ගුණවා" යන පදය මූලනිරුත්තියෙහි හා ශබ්දනීතියෙහිද දක්වනලද නමුදු කච්චායන රූපසිද්ධි බාලවතාරාදියෙහි නොදක්වන ලද්දේය.

"භො ගුණව" යි ආලපනෛකවචනය හ්‍රස්වවශයෙන් පමණක් මූලනිරුත්ති නිරුත්තිපිටක යන දෙක්හි කියන ලදහ–ශබ්දනීති

යෙහි "හෙ ගුණවා" යි දීඝවශයෙන් පමණක්ද—"කථන්නු භගවං තුය්හං සාවකො සාසනෙ රතො" "තග්ඝ භගවා* බොජ්ඣඞ්ගා" යනාදී නොයෙක් තැන්වල දීඝවශයෙන්ම දක්නාලදහෙයින් "වන්තු" ප්‍රත්‍යයව සිඬවූ ගුණවන්තු යසවන්තු යනාදී ශබ්දවල දීඝ වශයෙන්ම යුක්තබවද "මන්තු" "ඉමන්තු" ප්‍රත්‍යයන්ගෙන් සිඬවූ "සතිමන්තු ගතිමන්තු චක්ඛුමන්තු" යනාදී ශබ්දවල "භො සතිම" "භො ගතිම" "භො චක්ඛුම" යි මේආදිය හ්‍රස්වවශයෙන් කීම යුතු බවද ශබ්දනීතිකාරාචාය්‍ය්‍ර මතයයි.

කච්චායන රූපසිඬි බාලාවතාර යන තුනෙහි "හෙ ගුණවං ගුණව, ගුණවා" යි නිග්ගහීත හ්‍රස්ව දීඝාන්තවශයෙන් ආලපනෛකවචන තුනක්ම ආ හෙයින් මෙහිද දක්වනලද්දැයි දතයුතුය.

තවද ප්‍රථමා බහුවචනස්ථානයෙහි පද තුනක් (කච්චායනාදියට එකඟ ලෙස) මෙහි දක්වනලද නමුදු "ගුණවන්තො" යනු පමණක් අග්ගවංසාචාය්‍ය්‍රයන්විසින් දක්වන ලද්දේය.—එසේම,

"තුය්හං ධීතා මහාවීර පඤ්ඤවන්ත ජුතින්ධර"
"සබ්බං තිරෙවං පරිනිබ්බානි යසස්සිනං පඤ්ඤවන්ත වියාකා
යසො ච ලද්ධා පුරිමං උළාරං නප්පජ්ජහෙ වණ්ණබලං පුරාණං."

යනාදී තැන්වල "පඤ්ඤවන්ත" යනාදිය ආලපනඑකවචන භාවයෙන් දක්නාලදහෙයින් භො ගුණවන්ත, භො සතිමන්ත යනාදී වශයෙනුදු ආලපන එකවචනයක් කැමති විය යුතුය.

"ගඞ්ගා භාගීරථී නාම හිමවන්තා පභාවිතා" යනාදියෙහිද "කුතො ආගතත්ථ භන්තෙ, හිමවන්තා මහාරාජ" යනාදියෙහිද හිමවන්තා යනාදිය දක්නාලදහෙයින් පඤ්චමී එකවචනස්ථානයෙහි ගුණවන්තා යනුද යොග්‍යයි.

ශබ්දශාස්ත්‍රාණ්ව පාරප්‍රාප්ත අග්ගවංසාචාය්‍ය්‍රොත්තමයන්විසින් මේ ගුණවන්තුශබ්දය මුල්කොට දක්වනලද විස්තරයක් මෙසේය.

ගුණවන්තාදී ශබ්දයන්ගේ නිෂ්පත්ති ක්‍රමය කෙසේදයත්—පුල්ලිඞ්ගවූද නපුංසකලිඞ්ගවූද අකාරාන්තශබ්දයන්කෙරෙන් බොහෝසෙයින් "වන්තු" ප්‍රත්‍යයව ගුණවා ගණවා කුලවා යනාදී ශබ්ද උපදිත්. ස්ත්‍රී ලිඞ්ගිකවූ ආකාරාන්ත ඉවණ්ණාන්ත උකාරාන්ත ශබ්දයන්කෙරෙන් "වන්තු" ප්‍රත්‍යයව සඤ්ඤාවා රස්මිවා යසස්සිවා මස්සුවා යනාදියද—ඉවණ්ණාන්ත උකාරාන්ත ඔකාරාන්ත ශබ්දයන්කෙරෙන් පරව "මන්තු" ප්‍රත්‍යයව යතිමා බලිමා චක්ඛුමා ගොමා

* "තග්ඝ භගව බොජ්ඣඞ්ගා" යිද සමහරු ව්‍යවහාරකෙරෙත්.

යනාදි ශබ්ද උපදිත්—අකාරාන්ත ඉකාරාන්ත ශබ්දයන්කෙරෙන් "ඉමන්තු" ප්‍රත්‍යයව පාපිමං පුත්තිමා යනාදි ශබ්දයෝ උපදිත්-මෙහි චෝදනාවක්—පාපිමා පුත්තිමා වණ්ණිමා යනාදි ශබ්දයන් "මන්තු" ප්‍රත්‍යය කිරීමෙන් සිඬකාටයුතු නොවේද? යත්—පරිහාර—කිසිම තැනෙක්හි අකාරාන්ත ශබ්දයන්කෙරෙන් පරව මන්තු ප්‍රත්‍යය සුවූහෙයින් එසේ නොහැකිය—එසේනම් පළමුකොට පාප පුත්ත යනාදි ශබ්දයන්කෙරෙන් පරව ඉකාරාගම කොට ඒ ඉකාරයෙන් පරව මන්තු ප්‍රත්‍යය කිරීමෙන් සාදන්ට හැකි නොවේද? යත්—පද සිඬිය වනහෙයින් හැකිය එහෙත් ක්‍රමය ශෝභණ නොවේ-එසේ පාප පුත්තාදිවූ අකාරාන්ත ශබ්දයන්කෙරෙන් පරව ඉකාරාගම කොට මන්තු ප්‍රත්‍යයක් කළේ වීනම් ගුණ යස යනාදි අන්‍යවූද අකාරාන්ත ශබ්දවලින් පරව ඉකාරාගම කොට මන්තු ප්‍රත්‍යය කටයුතු බව පැමිණේ-නොයෙක් සිය දහස් ගණන් පාළි ප්‍රදේශයන්හි කිසි තැනෙක්හි ගුණ යසාදි ශබ්දවලින් පරව ඉකාරාගම කොට මන්තු ප්‍රත්‍යයව සිඬවූ පදයක් නොපෙනේ. එසේහෙයින් පාප පුත්ත යනාදි අකාරාන්ත ශබ්දවලින් පරව ඉකාරාගම නොකොට ඉමන්තු ප්‍රත්‍යය කළකල්හි පාපිමං පුත්තිමා යනාදිය සිඬවෙත්-එසේනම් කච්චායනයෙහි ඉමන්තු ප්‍රත්‍යයක් නොකියා මන්තු ප්‍රත්‍යයක්ම කුමක් හෙයින් කියනලද්දේද යත්-මන්තු ප්‍රත්‍යය පමණක් නොව ඉමන්තු ප්‍රත්‍යයක්ද කච්චායනයෙහි නයවශයෙන් කියනලද්දේය. කෙසේදයත්, කච්චායනයෙහි තඬිත ප්‍රත්‍යයන් දක්වන්නාවූ ඈවා යකීතෙම

"තපාදිතො සී.
දණ්ඩාදිතො ඉකඊ.
මධ්වාදිතො රෙ.
ගුණාදිතො වන්තු."

යනාමේ සූත්‍ර සතරම පිළිවෙළට තො ප්‍රත්‍යයාන්ත වශයෙන් කියා ඒ මධ්‍යයෙහි "සත්‍යාදීහි මන්තු" යන සූත්‍රය (බහුවචනාන්තව) අන් පරිද්දකින් දක්වා නැවතත් ඊට අනතුරු සූත්‍රයන් "සඩාදිතො ණො" සී තො ප්‍රත්‍යයාන්තවශයෙන්ම දක්වනලද්දේය. එකාපිළිවෙළටම සූත්‍ර කීපයක් දක්වාගණ යන අතර ඒ මධ්‍යයෙහි අන්‍යාකාරයකින් සූත්‍රයක් දක්වනුලැබූයේ අනෑවූ යම්කිසි අභිප්‍රායක් හැඟවීම පිණිසයයි අවශ්‍යයෙන්ම සිතිය යුතුය-එහෙයින් එස් ව්‍යදාශ කොට දක්වන් ලද "සත්‍යාදීහි මන්තු" යන සූත්‍රයාගේ වශයෙන් "මන්තු" ප්‍රත්‍යය පමණක් නොව "ඉමන්තු" ප්‍රත්‍යයක්ද කියනලද්දේයයි

සිතිය හැකිය–සම්භිසි ආකාරයකින් තමන්ගේ අභිප්‍රාව හැඟවීම ආචාර්‍යවරයන්ගේ ප්‍රකෘතියකි–මෙහි පළමුවෙනි අර්ථය ව්‍යඤ්ජනසන්ධි වශයෙන්ද දෙවෙනි අර්ථය ස්වරසන්ධිවශයෙන්ද ගතයුතුය්–"සත්‍යාදීහි මන්තු" යනු පළමුවෙනි අර්ථයයි–"සත්‍යාදීහි ඉමන්තු" යනු දෙවෙනි අර්ථයයි–අතිශයින් ගැඹුරුවූ අර්ථ ඇති මේ සූත්‍රයෙන් කිසි තැනෙක්හි, සති, ගති, සෙතු, යනාදි ශබ්දයන්කෙරෙන් "මන්තු" ප්‍රත්‍යයව සතිමා, ගතිමා, සෙතුමා, යනාදි ශබ්දද, පාප, පුත්ත, යනාදි ශබ්දයන් කෙරෙන් පරව "ඉමන්තු" ප්‍රත්‍යයව පාපිමා, පුත්තිමා යනාදි ශබ්දයන්ද සිද්ධවෙත් යයි දතයුතුයි.

තවද සතිමා, බන්ධුමා, චක්ඛුමා, යනාදි ශබ්දයන්ද ගුණවන්තු ශබ්දය මෙන් වරනැගිය යුතුයයි දක්වනලද්දේ නමුදු "සතිමං භික්ඛුං–බන්ධුමං රාජානං–චක්ඛුමං දෙවපුත්තං ලුම්බිනිං නරමානරු පෙ" යනාදි තැන්වල දක්නාලද ද්විතීයා ඒකවචනයද "සතිමස්ස භික්ඛුනො–බන්ධුමස්ස රඤ්ඤො" යනාදියෙහි දක්නාලද චතුර්ථී ෂෂ්ඨි ඒකවචනද ගුණවන්තු ශබ්දයෙහි රූපවලට වෙනස්යයිද, එසේම "හිමවන්තොපි පබ්බතො" යනාදියෙහි වූ හිමවන්තො යනාදි ඒකවචනාන්තපද ගාථාවල පමණක්යයිද දතයුතුයි.

NOUNS ENDING IN අ. (A.) MAS. *Gacchanta.*

5. අකාරන්ත පුල්ලිංග ගච්ඡන්තසද්දො.

එකවචන.	බහුවචන.
ප....ගච්ඡං, ගච්ඡන්තො	ගච්ඡන්තො, ගච්ඡන්තා, [ගච්ඡං]
ආ...(හෙ) ගච්ඡං, ගච්ඡ, ගච්ඡා	(භො:) ගච්ඡන්තො, ගගච්ඡන්තා
දු....ගච්ඡන්තං	ගච්ඡන්තෙ
ත...ගච්ඡතා, ගච්ඡන්තෙන	ගච්ඡන්තෙහි, ගච්ඡන්තෙභි
ක...ගච්ඡතා ගච්ඡන්තෙන	ගච්ඡන්තෙහි, ගච්ඡන්තෙභි
ච....ගච්ඡතො, ගච්ඡන්තස්ස	ගච්ඡතං, ගච්ඡන්තානං
පං...ගච්ඡතා, ගච්ඡන්තම්හා, ගච්ඡන්තස්මා	ගච්ඡන්තෙහි, ගච්ඡන්තෙභි
ඡ. ..ගච්ඡතො, ගච්ඡන්තස්ස	ගච්ඡතං, ගච්ඡන්තානං
ස....ගච්ඡති, ගච්ඡන්තෙ ගච්ඡන්තම්හි, ගච්ඡන්තස්මිං	ගච්ඡන්තෙසු.

එවං මහං චරං තිට්ඨං දදං භුඤ්ජං සුණං පචං,
ජයං ජීරං චවං මීයං සරං කුබ්බං ජපං වජං.
ඉච්චාදයො ගච්ඡන්තසද්දසමා.

මෙහි ප්‍රථමා බහුවචනස්ථානයෙහි “ගච්ඡං” යන්න “තෙ ගච්ඡං චක්ඛුං ලභමානා—භවං අපි නු තුම්හෙ ආයස්මන්තො ජානං පස්සං විහරථ” යනාදියෙහි දක්නාලදහෙයින් කියන ලදී—තෘතීයා කරණ පචමී ෂෂ්ඨී සප්තමී එකවචනස්ථානයන්හි ගච්ඡන්තෙන, ගච්ඡන්තා, ගච්ඡන්තම්හා, ගච්ඡන්තස්මා, ගච්ඡන්තම්හි, ගච්ඡන්තස්මිං, යන පදයන් ආචාර්ය්‍ය සමකාමහාස්ථවිරයන්වහන්සේගේ මතයට නොගන්නා ලද්දැහුය-එසේත් එබඳු පද පාළියෙහි ඇතිහෙයින් ගත යුතු බවම අග්ගවංසාචාර්ය්‍යයෝද කියති—ගච්ඡන්තො-මහන්තො-චරන්තො-යනාදිය ආලපනස්ථානයෙහි බහුවචන වශයෙන්ද ප්‍රථමා විභක්තිස්ථානයෙහි එකවචන වශයෙන්ද සමකාමහාස්ථවිරයන්වහන්සේ දක්වති—කිසිවෙක් වනාහි ප්‍රථමාවිභක්තිස්ථානයෙහි එකවචන බහුවචන වශයෙන්ද, ආලපනස්ථානයෙහි බහුවචනවශයෙන්ද කියත්—ගච්ඡං, මහං, චරං, යනාදිය ආලපන එකවචනවශයෙන් පමණක් කියති-එසේත් අග්ගවංසාචාර්ය්‍යතෙම සානුස්වාර ආලපනෛකවචනයක්ද ගච්ඡන්තො මහන්තො යන බහු වචනයන්ද අට්ඨකථා සහිත බුද්ධවචනයෙහි නැතිබව ස්ථිරලෙසම කියති.

නිරුත්තිපිටයෙහි මහන්තො, චරන්තො, භවන්තො, යනාදිය ප්‍රථමා ආලපන බහුවචන වශයෙන් පමණක් දක්වන ලද්දේය—“සන්තො භවන්තො අරහන්තො” යන පදයන් වර්ජිතකොට ඇති ගච්ඡන්තො, මහන්තො, චරන්තො යනාදි පදයන් පාළියෙහි බහුවචන වශයෙන් නොදක්නා ලදබව දක්වනනාවූ අග්ගවංසාචාර්ය්‍යොත්තමයන්විසින් “බව්හප්පෙ” යනාදිය කියන ලදී.

“බව්හප්පෙ කත්ථචි ඨානෙ ජානමිච්චාදයො යථා
දිස්සන්ති නෙවං බව්හප්පෙ ගච්ඡන්තො ඉති ආදයො.

බව්හප්පෙ කත්ථචි ඨානෙ සන්තො ඉච්චාදයො පිච
දිස්සන්ති නෙවං බව්හප්පෙ ගච්ඡන්තො ඉති දිස්සති.

අරහන්තොති බව්හප්පෙ එකන්තෙනෙව දිස්සති
නෙවං දිස්සන්ති බව්හප්පෙ ගච්ඡන්තො ඉති ආදයො.

අනෙකසතපාඨෙසු විහරන්තොති ආදිසු
එකස්සාපි බහුකත්තෙ පවත්ති න තු දිස්සති.

බහුවචනනයෙන ගච්ඡන්තොති පදස්ස හි
ගහණෙ සති බහවො දොසා දිස්සන්ති සබ්බතො.

ඡළේකමහි සරෙ අඩෙඪ අඩඪා සාමිපිකා සරා
තථා බවනත්ථ වාචිතෙත ගච්ඡනෙතා ති පදස්සතු.

විහරනෙතාති ආදීනං බහුත්ථ වාචිතා සියං
රූපනයො අනිඩො ච ගහෙතබ්බො අනෙකධා.”

මහනෙතා, චරනෙතා, හවනෙතා යනාදිය බහුවචන වශයෙන් කියනලද්දවූ නිරුත්තිපිටකය නම් සිව්පිළිසිඹියා පත් මහාකච්චා යන ස්ථවිරයන්වහන්සේවිසින් කරණ ලද්දකැයි ලොකප්‍රසිද්ධහෙයින් මේ ස්ථානය නැවත නැවතත් පරීක්ෂා කටයුතු බවද අග්ගවංසාචාර්‍ය්‍යයන්විසින් කියනලදී.

සනත, අරහනත, හවනත යන ශබ්ද තුනද ගච්ඡනත ශබ්දය මෙනි.

එසේත් සමහර රූප වෙනස් වෙත්-ඒනම් “සබ්භිරෙව සමාසෙථ සබ්භි කුබ්බෙථ සන්ථවං” යනුද “අධාගි නාන සතා නොසධම්මො” යන ජාදිසජාතකපාළියද දක්නාලදහෙයින් සනතශබ්දයාගේ තෘතීයා පචමී බහුවචනයන්හි සබ්භි* කියාද, චතුර්ථී ෂෂ්ඨී බහුවචනයන්හි සතානං කියාද වෙත්—අභිධානප්පදීපිකාවෙහි “විතරාගො තථාරහා” යනුද-උත්තරිමනුස්සධම්මපාළියෙහි “මයංචම්හා අරහනෙතා” යනුද දක්නාලදහෙයින් ප්‍රඥපතිවාචකවූ අරහනත ශබ්දයාගේ ප්‍රථමා එකවචනයෙහි අරහා† කියාද, බහුවචනයෙහි අරහනෙතා කියාද වෙත්—වඩ්ඪනාර්ථ හවනාර්ථ දෙක්හි වැටෙන හවනත ශබ්දයාගේ ප්‍රථමා බහුවචනය හවනතා කියාද එයින් ප්‍රථමත් අර්ථයන්හි වැටෙන කාල “හවනෙතා ආගච්ඡනති” යනාදි තන්හි මෙන් “හවනෙතා” කියාද වේ—වඩ්ඪනාර්ථවාචී හවනත ශබ්දය නම් “අනුපුබ්බෙන හවනෙතා විසුද්ධිං පාපුණාති” යනාදි තන්හිය—හවනාර්ථවාචී හවනත ශබ්දයනම් “සමණෙන නාම ඊදිසෙසු කාමෙසු අවත්තවටෙන හවිතබ්බං එවං හවනෙතා හි සමණො සුසමණො අස්ස” යනාදි තන්හිය.

තවද ප්‍රඥපතිවාචකවූ සනතශබ්දය, විද්‍යමානාර්ථවාචී සනත ශබ්දය, ශාන්තාර්ථවාචී සනතශබ්දය, ව්‍යුපශමනාර්ථවාචී සනත ශබ්දය, නිර්වාණාර්ථවාචී සනතශබ්ද යයි සනතශබ්දය නොයෙක්

---

* සනත ශබ්දයෙන් පරවූ හි විභක්තිහට භි යනාදෙශ කොට ඒ භකාරයා පර කල්හි “සනතසන්දස්ස සො ච භෙ බො චනෙත” යන සූත්‍රයෙන් සනතශබ්දයානට සකාරදෙශද අනතයෙහි බකාරාගමද කළ කල්හි “සබ්භි” කියා වේ.

† “සෙසස්මා නතුව” යන සූත්‍රයෙහි “නතු” යන යෝග විභාගයෙන් සි විභක්තිපර කල්හිද නත ප්‍රත්‍යය නතුවත් වන බැවින් “ගුණවා” යමු මෙන් “අරහා” සි සිද්ධවේ.

ප්‍රභේදවේ-එහි ප්‍රඥප්තිවාචකවූ සන්තශබ්දයෙහි ප්‍රථමා බහුවචනයට පමණක් "සන්තො" යන රූපය වේ—විද්‍යමානාර්ථවාචී සන්තශබ්දයෙහි ප්‍රථමා එකවචන බහුවචන දෙකටම සන්තො කියා වේ—සෙසු අර්ථවාචී සන්තශබ්ද බුද්ධශබ්දය මෙනි.

තවද, මේ ගච්ඡන්ත ශබ්දය පුල්ලිඞ්ගයෙහි ගච්ඡං, ගච්ඡන්තො, ගච්ඡන්තා, යනාදිවශයෙන්ද-ස්ත්‍රීලිඞ්ගයෙහි ගච්ඡන්ති. ගච්ඡන්ති, ගච්ඡන්තියො යනාදි වශයෙන්ද-නපුංසකලිඞ්ගයෙහි ගච්ඡන්තං, ගච්ඡන්තානි, යනාදි වශයෙන්ද, රූපමාලා කටයුතු වෙත්—එසේම අරහන්තශබ්දයත් ලිඞ්ගත්‍රයටම අයිති වුවද රූපාන්තරවශයෙන් තුන් ආකාරයකට නොබිඳේ—"ඉත්ථී අරහං සම්මාසම්බුද්ධො," යනාදි අභිනවපාළියෙහි ස්ත්‍රීලිඞ්ග ප්‍රථමා එකවචනයද පුල්ලිඞ්ගයෙහි මෙන් "අරහං" කියාද ප්‍රඥප්තිවාචකවූ ස්ත්‍රීලිඞ්ගික අරහන්ත ශබ්දයෙහි "ඉත්ථී අරහා අහොසි" යනාදියෙහි මෙන් "අරහා" කියාද-නපුංසකලිඞ්ගික අරහන්තශබ්දයෙහි (අරහන්තං කියා නොව) පුල්ලිඞ්ගයෙහි මෙන් ("අරහං චිත්තං" යනාදිය දක්නා ලැබෙන බැවින්) අරහං කියාද වේ.

මහන්ත ශබ්දයත් ගච්ඡන්ත ශබ්දය හා සම වුවද සමහර විභක්ති වලදී ඊට වෙනස් ආකාර රූපයන් ඇති මෙන්—මහං මහා මහන්තො මහන්තා කියා ප්‍රථමා විභක්තිය වේ-තවද මහන්තො මහන්තා යනාදීන් බුද්ධ ශබ්දය මෙන් පුල්ලිඞ්ගයෙහිද මහතී මහතී මහතියො යනාදීන් නදී ශබ්දය මෙන්ද, මහන්තා මහන්තා මහන්තායො යනාදීන් කඤ්ඤා ශබ්දය මෙන්ද, ස්ත්‍රී ලිඞ්ගයෙහිද මහන්තං මහන්තානි යනාදීන් චිත්ත ශබ්දය මෙන් නපුංසක ලිඞ්ගයෙහිද වරනැගෙත්-ස්ත්‍රීලිඞ්ගයෙහි ගච්ඡන්ති ගච්ඡන්තී ගච්ඡන්තියො කීවාක් මෙන් මහන්ති යනාදිය නොවේ—"මහතියා ච යක්ඛසෙනාය මහතියා ච කුම්භණ්ඩසෙනාය"—"මහන්තා නිබ්බානම්හියො" යනාදියෙහි දක්නාලද හෙයිනි.

මේ අග්ගවංසාචාර්ය්‍ය මතයයි—නුමුත් කච්චායන බාලාවතාරාදියෙහි ගුණවන්ති කුලවන්ති ගච්ඡන්ති යනු මෙන්ම මහන්ති යනුද දක්වන ලද්දේය—පෙළෙහි අප්‍රසිද්ධ බැවින් විමසිය යුතුය—පෙළෙහි හා අටුවාවලද "සෙය්‍යථාපි භික්ඛවෙ මහතී නඞ්ගලසීසා..." "ඉත්ථී සියා රූපවතී..." "සාච සීලවතී සතිමතී චක්ඛුමතී විඤ්ඤුතී" "මහතිං සෙනං දිස්වා මහොසධස්ස සෙනා මඤ්ඤෙ අයං අති විය මහතී සෙනා දිස්සති" යනාදී පාඨයන්හි මහතී ශබ්දය මුත් මහන්ති ශබ්දය නො දක්නා ලද හෙයිනි—මහා යනු (මහා දුරියො යනාදි) සමාස පදවල මුත් සෙසුවල නැතිබව සමහරෙක් කියත්—"මහා තෙ උපාසක පරිච්චාගො"—මහා වතායං භූමිචාලො,"—"කොසො ච විපුලො මහා"—

“මහා තෙස ලොකස්සානිවාසො” යනාදී තන්හි ප්‍රථමා එකවචනා නත කෙවලවූ “මහා” යනු දක්නාලදහෙයින් යථෝක්ත කියමන නොගත යුතුයි.

තවද “ජානන්ත, පස්සන්ත” යන ශබ්දද්වයත් ගච්ඡන්ත ශබ්දය හා සම වුවද වෙනස්වූ පදයන් දක්නා ලැබෙත්.

කෙසේදයත්-“සා ජානං යෙව ආහ න ජානාමීති, පස්සං යෙව ආහ නපස්සාමීති” යනාදියෙහි දක්නාලද “ජානං, පස්සං” යන ස්ත්‍රීලිඞ්ගික ප්‍රථමා එකවචන රූපයන් පුල්ලිඞ්ගික රූපාකාරයෙන්ම සිටිත්-මේ ආදියෙහි “ජානන්තී, පස්සන්තී” කියා ලිඞ්ගාන්තර පරිවර්ත්තනය වේ.

එසේම “තුම්හෙ ආයස්මන්තො එකන්තසුඛං ලොකං ජානං පස්සං විහරථ” යනාදියෙහි “ජානන්තා, පස්සන්තා” කියා වචනාන්තර වශයෙන් පරිවර්ත්තනය වේ.

“හරන්ති මාතාපිතරො පුබ්බෙ කතමනුස්සරං” යන මෙහිද “අනුස්සරං” යන්න “අනුස්සරන්තා” යී වචනාන්තරවශයෙන් පරිවර්ත්තනය වේ.

“සද්ධම්මො ගරුකාතබ්බො සරං බුද්ධාන සාසනං” යන මෙහි “සරං” යනු “සරන්තෙන” යී විභක්ත්‍යන්තර වශයෙන් පරිවර්ත්තනය වේ.

“ඵුසං භූතානි සණ්ඨානං මනසා ගණ්හතො යථා” යන මෙහිද “ඵුසං” යන්න “ඵුසන්තස්ස” යී විභක්ත්‍යන්තර වශයෙන් පරිවර්ත්තනය වේ.

එසේම “යාචං අදදමප්පියො” යන මෙහි “යාචං” යන්න “යාචන්තස්ස” කියා විභක්ත්‍යන්තර වශයෙන් පරිවර්ත්තනය වේ.

තවද අකාරාන්ත පුල්ලිඞ්ගික සන්ත ශබ්දයාගේ තෘතීයා පඤ්චමී බහුවචනවශයෙහි “සබ්භි” යන රූපයක් මෙහි දක්වන ලද්දේය. එසේද වුවත් ඉකාරාන්ත පුල්ලිඞ්ගික “සබ්භි” ශබ්දයක්දු ඇතිබව “සන්තො හවෙ සබ්භි පවෙදයන්ති”-“බහුපෙතං අසබ්භි ජාතවෙද-“සබ්භීති සප්පුරිසො නිබ්බානම්-සුන්දරාධිවචනං වා එතං සබ්භීති” යනාදියෙන් පෙනේ.

NOUNS ENDING IN ඉ. (I) MAS. *Aggie.*

6. ඉකාරන්ත පුල්ලිංගො අග්ගිසද්දො.

එකවචන.	බහුවචන.
ප...අග්ගි	අග්ගී, අග්ගයො
ආ...(හෙ)අග්ගි	(භවː) අග්ගී, අග්ගයො
දු...අග්ගිං	අග්ගී, අග්ගයො
ත...අග්ගිනා	අග්ගීහි, අග්ගීභි
ක..අග්ගිනා	අග්ගීහි, අග්ගීභි
ච...අග්ගිනො, අග්ගිස්ස	අග්ගීනං
පං...අග්ගිනා, අග්ගිම්හා, අග්ගිස්මා	අග්ගීහි, අග්ගීභි
ඡ...අග්ගිනො, අග්ගිස්ස	අග්ගීනං
ස..අග්ගිම්හි, අග්ගිස්මිං	අග්ගීසු.

ජොති පාණි ගණ්ඨි මුට්ඨි කුච්ඡි වත්ථි සාලි වීහි,
ව්‍යාධි ඔධි බොධි සන්ධි රාසි කෙසි සාති දීපි.

ඉසි මුනි මණි ධනි ගිරි රවි කවි කපි
අසි මසි නිධි විධි අහි කිමි පති හරි.
අරි තිමි කලි බලි ජලනිධි ගහපති
උරුබිති වරමති නිරූපධි අධිපති.

"අඤ්ජලි සාරථි අතිථි සමාධි උදධි අධි අග්ගිනි නිත බොන්දි
දිවි රහි ඤාති ජලධි සිටිභූති සොත්ථිභූති ධනභූති යසභූති."

ඉච්චාදයො අග්ගිසද්දුව.

මේ අග්ගි ශබ්දයෙහි යමකමහාස්ථවිර මතයෙහි පඤ්චමී එකවචන ස්ථානයෙහි අග්ගිම්හා අග්ගිස්මා යනු නැත්තේය. ඒ සමාන ප්‍රයෝගයන් පෙළෙහි දක්නාලද හෙයින් ගතයුතුබව අග්ගවංසාචාර්ය්‍යී මතයයි.

මෙහි ගාථවල දක්වනලද අධිපති ශබ්දය අග්ගිශබ්දය හා සමාන නමුදු "අධිපතියා සන්තා" යන පාළිය දක්නාලද හෙයින් "අධිපතියා" යී සප්තමී එකවචන රූපයක්ද වියයුතුය—"අසාරෙ සාරමතිනො" යනාදියෙහි දක්නාලද සමාසවූ මති ශබ්දයාගේ ප්‍රථමා ද්විතීයා බහුවචන දෙක්හි "–මතිනො" යන්නක්ද, අධිපති ගහපති ජානිපති යනාදි ශබ්දයන්ගේ අධිපතිනො ගහපතිනො ජානි

පතිනො යනාදී ප්‍රථමා විතීයා බහුවචන රූපයන්ද (ඊකාරාන්තාදී ශබ්දයෙහි මෙන්) විය යුත්තාහුය-තවද ඉසි මුනි යන ශබ්දයන්ගේ ආලපනස්ථානයෙහි "ඉසෙ" "මුනෙ" කියාද එකවචන විය යුතුය. "පූජෙතා උප්පජ්ජතෙ ඉසෙ" යනුද—"පඤ්ගාණක මහාමුනෙ" යනාදියද පෙළෙහි දක්නාලද හෙයිනි.

අනගි ශබ්දයෙහි මෙන් රූපමාලා කටයුතුයයි මෙහි දක්වනුලැබූ අග්ගිනි, ගිනි යන ශබ්දවයෙහි විභාගයක් මෙහි දක්වනු ලැබේ.

"අග්ගිනි" යනු ප්‍රථමා එකවචනයෙහි විනා සෙසු විභක්තිවල නැතැයි සමහරෙක්ද, පාළියෙහි අග්ගිනි ශබ්දයක් නැත්තේමයයි සමහරෙක්ද, එසේම ගිනි ශබ්දයක්ද නැත්තේය ගිනි යනු අග්ගි ශබ්දයාගේ ප්‍රථමා රූපයක්යයි සමහරෙක්ද කියත්—මේ සියල්ලම නොගතයුතුබැව් අග්ගවංසාචාර්‍ය්‍යයන් තුමා කියයි-කුමක්හෙයින්දයත්-සූත්‍රනිපාතයෙහි "නගි වග්ගු වදන්ති වදන්තං, නාභිජ්ජන්ති න තාණමුපෙන්ති අගාරෙ සන්තෙ සෙන්ති, අග්ගිනි සම්පජ්ජලිතං පවිසන්ති" යන මෙහි අග්ගිනිං යන උපයෝග වචනයක් දක්නාලද්දේය. එහෙයින්ම එම සූත්‍ර අටුවාවෙහි "අග්ගිනි සම්පජ්ජලිතන්ති සමන්තතො ජාලං සඩ්ඩිසාසු ච සම්පජ්ජලිතමග්ගිං" කියාද-කොකාලිය සූත්‍රයෙහි "අථ ලොහමයං පන කුම්භිං අග්ගිනි සම්පජ්ජලිතං පවිසන්ති පචන්ති හි තාසු චිරරත්තං අග්ගිනි සමාසු සමුප්පිලවාසො" යන මෙහි "අග්ගිනිසම්පජ්ජලිතං යනාන සමාස පදයක් බැවින් අග්ගිනිහි සම්පජ්ජලිතං යන අර්ත්‍ථය ලැබේ-එසේම "අග්ගිනි සමාසු" යනු අග්ගිනි හි සදිසාසු යන අර්ත්‍ථයද ලැබේ-මෙසේ සමාසවිධානමුඛයෙන් අග්ගිනීහි යන කාරණ වචනයද ලැබේ-"තමෙව කණ්හං දහති තස්මා සො ජායතෙ ගිනි" යන මෙහි ගිනි ශබ්දයද දක්නාලද්දේය—එහි අටුවාවේ "තස්මා'ති යතො කණ්හං, ගිනීති අග්ගි" මෙසේ ගිනිශබ්දයෙහි අර්ත්‍ථ අග්ගි ශබ්දයෙන් දක්වන ලද බැවිනුද-එසේම "ඡන්නා කුටි ආහිතො ගිනි" යනාදි ධනියසූත්‍ර ගාථාවට කරණලද අටුවාවෙහිද "...ගිනීති අග්ගි" කියා දක්වා තිබෙන බැවිනුද-"මහාගිනී පජ්ජලිතො අනාගාරෙපසම්මති" යනාමේ ථෙරගාථාවට කරණලද සංවණ්ණනාවෙහිද "ගිනීති අග්ගි" යී තිබැවින්ද, ගිනි ශබ්දයක් පාළිභාෂාවේ ඇතිබැව් හැගේ—එහෙයින්, ගිනි ශබ්දයක් නැත කියන්නවුන්ගේ වචනය නොගතයුතුබැව් අග්ගවංසාචාර්‍ය්‍යයන් මතයයි.

ගිනි ශබ්දයද අග්ගි ශබ්දය මෙන් වරනැගිය යුතු බවද—යම්සේ (ලබුවලට නම්වූ) ලාබු-අලාබු යන ශබ්දවයක් ඇත්තේද, එසේම (වහ්නියට නම්වූ) ගිනි-අග්ගිනි යන ශබ්දවයක් ඇති බවද—

යම්සේ සංස්කෘතභාෂාවෙහි සංයොගීව කියවෙනු ලබන්නාවූ "පද්ම" යනාදී ශබ්දයන් මාගධ භාෂාවට පැමිණ "පදුම" යනාදීන් විසංයෝගීව කියනු ලබන බවද—යම්සේ සංස්කෘත වෛයාකරණීකයන්විසින් "අග්නි" ශබ්දය සියළු විභක්තිවචනයන්හි යොදනලද් දැක් මෙන් පාළිභාෂාවෙහි අග්ගිනි ශබ්දයද එසේම යෙදියයුතු බවද අග්ගවංසාචාර්ය්‍යයන්විසින් කියනලදී.

ඉදින් "අග්ගිනි" ශබ්දය සියළු විභක්ති වචනයන්හි යෙදියයුතු නම්, කච්චායනයෙහි "අග්ගිස්සිනි" යනසූත්‍රයෙන් සි විභක්ති පර කල්හි අග්ගි ශබ්දයාගේ අන්තයාහට "ඉනි" යනාදෙශයක් කුමක් හෙයින් දක්වන ලද්දේද යත්—ඒ නැණ මෙසේ කියන ලදී.

යම්සේ දස ශබ්ද දසයක් වන්ද සමාස කොට ඒකශේෂ කරණලද දස ශබ්දයට යො විභක්ති පරකල්හි "නව" යනාදෙශ කොට යො විභක්තියට "උති" යනාදෙශකොට "නවුති" යන රූපය නිපන් කල්හි නැවත ඒ නවුති යන ප්‍රකෘතිය තබා සි විභක්ති නං විභක්ති ආදිය කොට ("නවුතියා හංසසහස්සෙහි පරිවුතො" යනාදියෙහිද "ඡන්නනවුතීනං පාසණ්ඩානං පවරං යදිදං සුගතවිනයං" යනාදියෙහිද දක්නාලද) "නවුතියා–නවුතීනං" යනාදි රූපයන් නිපදවන ලද්දාහුද, එසේම සි විභක්ති පරකල්හි අග්ගි ශබ්දයාගේ අන්ත ඉකාරයාට ඉනි යනාදෙශ කිරීම්වශයෙන් අග්ගිනි යන රූපය නිපන් කල්හි නැවත අග්ගිනි යන ප්‍රකෘතිය තබා [illegible]සීන් පරව යො ආදි විභක්ති කොට "අග්ගිනි අග්ගිනී අග්ගි[illegible]යො" යනාදි රූපයන් නිපදවන ලද්දාහුයයි දතයුක්තේය.

NOUNS ENDING IN ඉ. (I) MAS. *A'di.*

7. ඉකාරාන්ත පුල්ලිංගෝ ආදි සද්දෝ

එකවචන.	බහුවචන.
ප...ආදි	ආදී, ආදයො
ආ...(හෙ)ආදි	(භව:)ආදී ආදයො
දු ..ආදිං	ආදී, ආදයො
ත...ආදිනා	ආදීහි, ආදීභි
ක...ආදිනා	ආදීහි, ආදීභි
ච...ආදිනො, ආදිස්ස	ආදීනං
පං...ආදිනා, ආදිම්හා, ආදිස්මා	ආදීහි, ආදීභි
ඡ...ආදිනො, ආදිස්ස	ආදීනං
ස...ආදිං, ආදෙ, ආදිම්හි, ආදිස්මිං	ආදීසු, ආදීසු.

NOUNS ENDING IN ඊ. (I') MAS. *Dandi*

8. ඊකාරන්ත පුල්ලිඞ්ගො දණ්ඩී සද්දො:

එකවචන.	බහුවචන.
ප...දණ්ඩී	දණ්ඩී, දණ්ඩිනො
ආ...(හෙ)දණ්ඩි	(භව:)දණ්ඩී, දණ්ඩිනො
දු...දණ්ඩිනං, දණ්ඩිං	දණ්ඩී, දණ්ඩිනො,[දණ්ඩිනෙ]
ත...දණ්ඩිනා	දණ්ඩීහි, දණ්ඩීභි
ක...දණ්ඩිනා	දණ්ඩීහි, දණ්ඩීභි
ච...දණ්ඩිනො, දණ්ඩිස්ස	දණ්ඩීනං
පං...දණ්ඩිනා, දණ්ඩිම්හා, දණ්ඩිස්මා	දණ්ඩීහි, දණ්ඩීභි
ඡ...දණ්ඩිනො, දණ්ඩිස්ස	දණ්ඩීනං
ස...දණ්ඩිනි, දණ්ඩිම්හි, දණ්ඩිස්මිං[දණ්ඩිනෙ]	දණ්ඩීසු, [දණ්ඩිනෙසු.]

ධම්මී සංඝී ඤාණී හත්ථී චක්කී පක්ඛී දායී රථී,
ඡත්තී මාලී වම්මී යොගී භාගී භොගී කාමී සාමී.
ධජී ගණී සසී කුඨී ජටී යානී සුඛී සිඛී,
දන්තී මන්තී කරී චාගී කුසලී මුසලී බලී.
පාපකාරී සත්තුඝාතී මාලාකාරී දීඝජීවී,
ධම්මවාදී සීහනාදී භූමිසායී සීඝයායී.

ඉච්චාදයො දණ්ඩී සද්දසමා.

“ තොමරී හලී සුධී මෙධී නාදී අච්චී චාරී පාණී යසස්සී වජ්ජදස්සී ”
ඉච්චාදයොපි.

දණ්ඩී ශබ්දයාගේ “දණ්ඩිනං” යන විතීයා ඒකවචනයද—“දණ්ඩිම්හා දණ්ඩිස්මා” යන පඤ්චම්‍යෙකවචනයන්ද “දණ්ඩිනි” යන සප්තම්‍යෙකවචනයද මූලනිරුක්තියෙහි නොදක්වන ලදී.

“එවං ජරා ච මච්චු ච අධිවත්තන්ති * පාණිනෙ” යනුද—“වජ්ජදස්සිනෙ පස්සති” යනාදියද දක්නාලද හෙයින් විතීයා බහුවචනස්ථානයෙහි “දණ්ඩිනෙ” යනනක්ද “උපහඩ මාතං මෙඅජ්ඣා මාතගස්මිං යසස්සිනෙ” යනුද “වජ්ජදස්සිනෙ පත්තිතං” යනුද දක්නාලදහෙයින් සප්තමී ඒකවචනස්ථානයෙහි “දණ්ඩිනෙ” කියාද “සුසුඛං වත ජීවාම වෙරිනෙසු අවෙරිනො” යනාදිය දක්නා ලදබැවින් සප්තමී

---

* “අධිවත්තන්ති පාණිනො” කියාද පබ්බතොපම සූත්‍රාදියෙහි ව්‍යවහාරයි.

බහුවචනස්ථානයෙහි "දඬිනො" යනුද යෙදියයුතු බවහා ගාමණී, සෙනානී, යනාදි ශබ්ද හැර සෙසු ඊකාරාන්ත පුල්ලිංගික ශබ්දයන්ටද මෙම ක්‍රමය යෙදිය යුතුබව ශබ්දනීතියෙහි කියන ලදී.

තවද දඬී ශබ්දය මෙන් රූපමාලා කටයුත්තේ හෙවත් වරනැගිය යුත්තේ "අස්සත්ථි තද්ධිතයෙහි ඊ ප්‍රත්‍යය වනලද්දාවූ ශබ්දයි—එනම් දණ්ඩ ශබ්දයෙන් පරව (එය මිහට ඇත්තේනුයි යනාර්ථයෙහි දණ්ඩො අස්ස අත්ථි යන වාක්‍යයෙහි) ඊ ප්‍රත්‍යයව දඬී ශබ්දය සිද්ධ වූවාක් මෙන්ම ධම්මො අස්ස අත්ථි ධම්මී, සංඝො අස්ස අත්ථි සංඝී, ඤාණං අස්ස අත්ථි ඤාණී, හත්ථානි අස්ස අත්ථි හත්ථී, චක්කං අස්ස අත්ථි චක්කී, පක්ඛං අස්ස අත්ථි පක්ඛී, දඨං අස්ස අත්ථි දඨී, රඨං අස්ස අත්ථි රඨී, යනාදි වශයෙන් විග්‍රහ කරණු ලබන්නාවූ ඊප්‍රත්‍යයාන්ත ශබ්දයෝයි.

NOUNS ENDING IN උ. (U) MAS. *Bhikkhu.*

9. උකාරාන්ත පුල්ලිංග භික්ඛු සද්ද.

ඒකවචන.	බහුවචන.
ප භික්ඛු	භික්ඛවො, භික්ඛූ
ආ...(හෙ)භික්ඛු	(භව:)භික්ඛවෙ, භික්ඛවො, භික්ඛූ
දු...භික්ඛුං	භික්ඛවො, භික්ඛූ
ත..භික්ඛුනා	භික්ඛූභි, භික්ඛූහි
ක...භික්ඛුනා	භික්ඛූභි, භික්ඛූහි
ච...භික්ඛුනො, භික්ඛුස්ස	භික්ඛූනං
පං...භික්ඛුනා, භික්ඛුම්හා, භික්ඛුස්මා	භික්ඛූභි, භික්ඛූහි
ඡ...භික්ඛුනො, භික්ඛුස්ස	භික්ඛූනං
ස...භික්ඛුම්හි, භික්ඛුස්මිං	භික්ඛූසු.

එවං—සෙතු කෙතු රාහු භානු සංකු උච්ඡු වෙළු මච්චු සින්ධු බන්ධු නෙරු මෙරු සත්තු කාරු හෙතු ජන්තු ඛාණු ගරු රුරු පටු බබ්බු එළු කිපු විණ්හු—ඉච්චාදයො භික්ඛුසද්දසමා.

මේ භික්ඛු ශබ්දයාගේ "භික්ඛවෙ" යන ආලපනෛක වචනය පෙළෙහි හා පුරාණ අටුවාවලද වංසගම්වලමුත් ගාථාවල නැති බවද "භික්ඛවො" යන ප්‍රථමා බහුවචනය ගාථාවලමුත් වංසගත්වල නැත් බවද—එසේම "භික්ඛවෙ" යන ආලපන බහුවචනය ශ්‍රාවකයන් වහන්සේලාවිසින් භික්ෂූන්ට ආමන්ත්‍රණය කිරීමෙහිදී සන්ධිවිශ

යෙහි මුත් අසන්ධිවිශයෙහි නැති බවද—බුදුරජාණන්වහන්සේ විසින් භික්‍ෂූන්ට ආමන්ත්‍රණය කිරීමෙහිදී සන්ධිවිශයෙහිද අසන්ධි විශයෙහිද දක්නාලද බවද—"භික්ඛවො" යන ආමන්ත්‍රණ බහු වචනයෙන් බුදුරජාණන් වහන්සේවිසින් භික්‍ෂූන්ට ආමන්ත්‍රණය කිරීම ගාථාවල දක්නාලද බව හා වාසගම්වලත් සන්ධි විශයෙහි පමණක් දක්නාලද බවද—ශ්‍රාවකයන් වහන්සේලාවිසින් භික්‍ෂූන්ට ආමන්ත්‍රණය කිරීමෙහිදී "භික්ඛවො" යන ආමන්ත්‍රණ බහුවචනය නොයොදන ලද බවද කියන ලදී.

"එවඤ්ච පන භික්ඛවෙ ඉමං සික්ඛාපදං උද්දිසෙය්‍යාථ" යනාදි තන්හි "භික්ඛවෙ" යන ආලපනෛකවචනය වාසගම්වලම දක්නා ලද්දේය.

"භික්ඛවො ති සත්තා ඉමෙ, යාවන්ති පඤ්ජලී කතා" යනාදි තන්හි "භික්ඛවො" යන ප්‍රථමා බහුවචනය ගාථාවලම දක්නා ලද්දේය.

"ආයස්මා සාරිපුත්තො භික්ඛූ ආමන්තෙසි ආවුසො භික්ඛවෙති" යන මේ ආදි තන්හි ශ්‍රාවකයන්වහන්සේලාවිසින් භික්‍ෂූන්ට ආමන්ත්‍රණය කිරීමෙහිදී සන්ධි විශයෙහිම භික්ඛවෙ යන ආමන්ත්‍රණෛකවචනය දක්නා ලද්දේය.

"භික්ඛූ ආමන්තෙසි සොතු කාමත්ථ භික්ඛවෙති" යනාදිතන්හි හා—"ඉධ භික්ඛවෙ භික්ඛූ අනුප්පන්නානං පාපකානං අකුසලානං ධම්මානං පහානාය" යනාදි තන්හි බුදුරජාණන්වහන්සේ විසින් භික්‍ෂූන්ට ආමන්ත්‍රණය කිරීමෙහිදී සන්ධිවිශයෙහි හා අසන්ධිවිශයෙහිද "භික්ඛවෙ" යන ආමන්ත්‍රණ බහුවචනය දක්නා ලද්දේය.

"අරඤ්ඤෙ රුක්ඛමූලෙ වා සුඤ්ඤාගාරෙව භික්ඛවො" යනාදියෙහි හා "තත්‍ර ඛො භගවා භික්ඛූ ආමන්තෙසි භික්ඛවොති" යනාදි තන්හි බුදුරජාණන්වහන්සේවිසින් භික්‍ෂූන්ට ආමන්ත්‍රණය කිරීමෙහිදී ගාථාවල හා වාසගම්වල සන්ධි විශයෙහිද "භික්ඛවො" යන ආමන්ත්‍රණ බහුවචනය දක්නා ලද්දේය.

මේ සඳහා ශබ්දනීතියෙහි.

"චුණ්ණියෙව පදෙ දිට්ඨං භික්ඛවොති පදං විධා
යතො පවත්තන්ති සන්ධි විසයා විසයෙසු තං.
භික්ඛවො ති පදං දිට්ඨං ගාථායං චෙව චුණ්ණියෙ
පදස්මිංපිච සන්ධිස්ස විසයෙචාපි නිද්දිසෙ"—යනු කියන ලදී.

හෙතු, ජන්තු, ගරු යන ශබ්දයන්ද භික්ඛූ ශබ්දය මෙන් වර නැගිය යුතු. ශබ්ද පන්තියෙහිම දක්වන ලද්දේ නමුදු ප්‍රථමා විතීයා දෙක්හි සමහර රූප වෙනස්ය—ඒ නම්-හෙතු; හෙතූ, හෙතවො,

හෙතුනො, හෙතුයො, යී ප්‍රථමා විභක්තියද—හෙතුං; හෙතූ, හෙතුනො, හෙතුයො, යී ද්විතීයා විභක්තියද වේ—"යාගුයං යන ස්ත්‍රී ලිඞ්ග රූපය හා සදෘශවූ "හෙතුයා" යන රූපයක්ද සප්තමී විභක්තියෙහි දක්නාලද බවද- එසේම ස්ත්‍රීලිඞ්ගික රූපවලට සමාන; සමහර පුල්ලිඞ්ගික රූපයන් පාළියෙහි දක්නාලද බවද කියන ලදදේය—ඒනම්-"උණ්හි කතෙත තරමානො" යනාදියෙහි හා "එහි බාලෙ ඛමාපෙහි කුසරාජං මහබ්බලං" යනාදියෙහි "කතෙත" "බාලෙ" යනාදිය හා අධිපතියා, හෙතුයා, පෙත්‍යා, යනාදියයි.

ජන්තු ශබ්දයෙහි භික්ඛු ශබ්දයට වෙනස් රූප මෙහි දක්වනු ලබන ජන්තු ශබ්දයාගේ පදමාලාවෙන් දත යුතුයි.

NOUNS ENDING IN උ. (U.) MAS. *Jantu.*

10. උකාරන්ත පුල්ලිංගො ජන්තු සද්දො.

එකවචන.		බහුවචන.
ප..ජන්තු		ජන්තූ, ජන්තවො, ජන්තුනො, ජන්තුයො
ආ...(හෙ)ජන්තු	(භව:)	ජන්තූ, ජන්තවෙ, ජන්තවෙං, ජන්තුනො, ජන්තුයො
දු...ජන්තුං		ජන්තූ, ජන්තවො, ජන්තුනො, ජන්තුයො
ත...ජන්තුනා		ජන්තූභි, ජන්තූහි
ක...ජන්තුනා		ජන්තූභි, ජන්තූහි
ච...ජන්තුනො, ජන්තුස්ස		ජන්තූනං
පං...ජන්තුනා, ජන්තුම්හා, ජන්තුස්මා		ජන්තූභි, ජන්තූහි,
ඡ...ජන්තුනො, ජන්තුස්ස		ජන්තූනං
ස...ජන්තුම්හි, ජන්තුස්මිං		ජන්තූසු, ජන්තූසු.

ගරුශබ්දයද.

ගරු; ගරූ, ගරවෙං, ගරුනො-(හෙ) ගරු; (භවන්තො) ගරූ, ගරවො, ගරුනො-ගරුං; ගරූ, ගරවො, ගරුනො-කියා වේ—සෙස්ස භික්ඛු ශබ්දයෙහි මෙනි.

සමහර ආචාර්යවරයෝ වනාහි මාගධ භාෂාවෙහි ගරු ශබ්දය හා ගුරු ශබ්දයක්ද ඇතිබවද ගරුශබ්දය භාර (නොසැහැල්ලු) වාචීයයිද, ගුරු ශබ්දය ආචාර්යවාචීයයිද කියත්—ශබ්දනීතිකාරකා

රසාංචාංසීතෙම මාගධභාෂාවෙහි ගුරුශබ්දයන් නැතිබව හංයථෝක්ත අර්ථවශයෙහිම "ගරු" ශබ්දය පවත්නාබව කියති—ප්‍රාකෘත භාෂාවෙහි ගරුශබ්දයන් ඇතිහෙයින් ඒ ශබ්දයෙන් තද්ධිතප්‍රත්‍යය වීමෙන් සිද්ධවූ "ගාරව" ශබ්දයත්ද දක්නා ලද්දක් මෙන්ම ඉදින් ගුරුශබ්දයත්ද ඇත්තේනම් එයින්ද තද්ධිත ප්‍රත්‍යය වීමෙන් සිද්ධවූ "ගොරව" ශබ්දයත්ද විය යුතු නමුදු එබඳු ශබ්දයක් පාළියෙහි නොදක්නාලදබවද—සංස්කෘත භාෂාවෙහි ගුරුශබ්දයන් ඇතිහෙයින් ඒ ශබ්දයෙන් තද්ධිතප්‍රත්‍යයව සිද්ධවූ "ගෞරව" ශබ්දයකුදු එම භාෂාවෙහි ඇතිබවද කියනලදී.

NOUNS ENDING IN උ. (U.) MAS. *Satthu.*

11. උකාරන්ත පුල්ලිඞ්ග සත්ථුසද්දෙ.

එකවචන.	බහුවචන.
ප...සත්ථා	[සත්ථා] සත්ථාරෝ
ආ...(හෙ)සත්ථු, සත්ථා	(භො:) සත්ථාරෝ
දු...සත්ථාරං	සත්ථාරෙ, සත්ථාරෝ
ත...සත්ථාරා [සත්ථුනා]	සත්ථාරෙහි, සත්ථාරෙභි
ක...සත්ථාරා, [සත්ථුනා]	සත්ථාරෙහි, සත්ථාරෙභි
ච...සත්ථු, සත්ථුනො, සත්ථුස්ස	සත්ථාරානං, සත්ථානං, [සත්ථූනං]
ප...සත්ථාරා	සත්ථාරෙහි, සත්ථාරෙභි
ඡ...සත්ථු, සත්ථුනො, සත්ථුස්ස	සත්ථාරානං, සත්ථානං, [සත්ථූනං]
ස...සත්ථරි	සත්ථාරෙසු

"වත්තා ධාතා ගන්තා නෙතා දාතා ඤාතා චෙතා තාතා,
ඡෙත්තා භෙත්තා හන්තා ජෙතා භාතා බොද්ධා ඤාතා සොතා.
ගජ්ජිතා වස්සිතා ගන්තා පුච්ඡිතා පජ්සෙධිතා,
භාසිතා බුජ්ඣිතා ඛන්තා උට්ඨාතා[1] කාමිතා (තථා.)
නත්තා පනත්තා අක්ඛාතා සහිතා පටිසෙධිතා,
ඛන්තා[2] පනෙතා (ඉච්චාදි වත්තන්තෙ සුධකාතතරි.)
උප්පාදෙතා විඤ්ඤාපෙතා සන්දෙසෙතා පබ්‍රූහෙතා,
බොධෙතා (දි චඤ්ඤුඤු සද්දු ඤෙය්‍යා හෙතුස්මිං අත්ථස්මිං)
සඞ්ඝමණ්ඩාතු මහාමණ්ඩාතු ඉච්චාදයොපි සත්ථුසද්දුව."

මේ සත්ථු ශබ්දයාගේ ප්‍රථමාබහුවචනස්ථානයෙහි "සත්ථා"යන පදය කච්චායන රූපසිද්ධි බාලාවතාරාදියෙහි නොකියන ලද්දේ නමුදු ශබ්දනීතියෙහි කියනලද්දේය. "අවිතක්කිතා මච්චු මුපබ්බජන්ති" යන පාලියෙහි (සත්ථා යන්නට සමානවූ) "අවිතක්කිතා" යන ප්‍රථමා බහුවචනයක් දක්නාලදබැවිනි—වත්තා ධාතා යනාදියද තද්ගතික බැවින් එසේමය. "සත්ථුනා" යනුද බාලාවතාරාදියෙහි නොදක්වනලද්දේය. "ධම්මරාජේන සත්ථුනා" යනාදියෙහි එබඳු පද දක්නා ලදහෙයින් ශබ්දනීතියෙහි දක්වනලද්දේය.

"සත්ථාරෙ" යන විත්‍යා බහුවචනය නිරුත්තිපිටකයෙහි නො දක්වනලද්දේය-චූලනිරුත්ති ශබ්දනීති දෙක්හි දක්වන ලද්දේය. "භාතරෙ අතික්කමන්ති" යනාදියෙහි එබඳු පද දක්නාලදහෙයිනි- "සත්ථුස්ස, සත්ථානං" යන චතුත්ථී ෂෂ්ඨී එකවචන බහුවචනවය චූලනිරුත්ති ශබ්දනීතිදෙක්හි නොදක්වන ලද්දේය-තවද "හෙ සත්ථ, සත්ථා" යී හ්‍රස්ව දීර්ඝ වශයෙන් ආලපනඑකවචන දෙකක් කච්චායන බාලාවතාරාදියෙහි දක්වනලද නමුදු නිරුත්තිපිටයෙහි හ්‍රස්ව වශයෙන් පමණක්ය-චූලනිරුත්තියෙහි එකවචනය හ්‍රස්ව වශයෙන්ද බහුවචනය දීර්ඝවශයෙන්ද දක්වන ලද්දේය.
"සත්ථූනං" යන චතුත්ථී ෂෂ්ඨී බහුවචනය බාලාවතාරාදියෙහි නො කියනලද්දේ නුමුත් "ඉමෙසං මහානාම තිණ්ණං සත්ථූනං එකා නිට්ඨා උදාහු පුථු නිට්ඨා" යනාදිය දක්නා ලදහෙයින් අග්ගවංසාචාර්‍ය්‍යයන්විසින්ද දක්වනලදී.

තවද කත්තු ඛත්තු නෙත්තු භත්තු පිතු භාතු යනමේ ශබ්දයෝ සත්ථුශබ්දයා හා සමාන වුවද රූපාන්තරවශයෙන් කිසි වෙන සක් ඇත්තේය—ඒනම්-"උබ්බේගි කත්තෙ අතරම්හසෙ ගන්ත්වා වෙස්සන්තරං වද" යන මෙහි "කත්තෙ" යන ආලපනඑකවචනයක් දක්නාලදහෙයින් එයද සත්ථු ශබ්දයෙහි රූපවලට වෙනස් රූපයක්ය—"තෙන හි භො ඛත්තෙ යෙන චම්පෙය්‍යකා බ්‍රාහ්මණ ගහපතිකා තෙනුපසංකම" යන මෙහි දක්නාලද "ඛත්තෙ" යනුද එසේමය—"නෙත්තෙ උජුගතෙ සති" යනාදියෙහි පෙනෙන සත්තමී එකවචන රූපයද "සත්ථරි" යන්නට වෙනස් රූපයක්ය- "ආරාධයන්ති රාජූනං පූජං ලභන්ති භත්තුසු" යන මෙහි පෙනෙන "භත්තුසු" යනුද "සත්ථාරෙසු" යන සප්තමී එකවචනයට වෙනස්රූපයක්ය—මෙහි "භත්තුසු" යනුද "මාතාපිතුසු පණ්ඩිතා" යනාදියෙහි "පිතුසු" යනුද දක්නා ලදහෙයින් වත්තුසු, ධාතුසු, ගන්තුසු, නෙතුසු, දාතුසු, කත්තුසු, යනාමේ ආදියද ගතයුතුබව හා

මෙම ක්‍රමය සත්ථු ශබ්දයෙහිද කැමති වියයුතුවාන් මෙන් හැගෙන බවද ශබ්ද නීතියෙහි කියනලදී.

NOUNS ENDING IN උ. (U) MAS. *Nattu.*

12. උකාරන්ත පුල්ලිංගො නත්තු සද්දො.

ඒකවචන.	බහුවචන.
ප...නත්තා	නත්තාරො
ආ...(හෙ)නත්ත, නත්තා	(භවෝ) නත්තාරො
දු...නත්තාරං	නත්තාරෙ, නත්තාරො
ත...නත්තාරා	නත්තාරෙහි, නත්තාරෙභි
ක...නත්තාරා	නත්තාරෙහි, නත්තාරෙභි
ච...නත්තු, නත්තුනො, නත්තුස්ස	නත්තාරානං, නත්තානං, [නත්තූනං]
ප...නත්තාරා	නත්තාරෙහි, නත්තාරෙභි
ඡ...නත්තු, නත්තුනො, නත්තුස්ස	නත්තාරානං, නත්තානං [නත්තූනං]
ස...නත්තරි	නත්තාරෙසු, නත්තුසු

NOUNS ENDING IN උ. (U) MAS. *Pitu.*

13 උකාරන්ත පුල්ලිංගො පිතු සද්දො.

ඒකවචන.	බහුවචන.
ප...පිතා	[පිතා] පිතරො
ආ...(හෙ)පිත, පිතා,	(භවෝ) පිතරො
දු...පිතරං	පිතරෙ, පිතරො
ත...පිතරා, පිතුනා, [පෙත්‍යා]	පිතරෙහි, පිතරෙභි, පිතූහි, පිතූභි
ක...පිතරා, පිතුනා, [පෙත්‍යා]	පිතරෙහි, පිතරෙභි, පිතූහි, පිතූභි
ච...පිතු, පිතුනො, පිතුස්ස	පිතරානං, පිතානං, පිතූනං
ප...පිතරා [පෙත්‍යා]	පිතරෙහි, පිතරෙභි. පිතූහි, පිතූභි
ඡ...පිතු, පිතුනො, පිතුස්ස	පිතරානං, පිතානං, පිතූනං
ස...පිතරි	පිතරෙසු, පිතූසු

"පෙත්‍ය" "පිතූනං" යන රූපයන්ට සමානවූ රූප නැතිනමුදු භාතු, ජාමාතු ශබ්දයන්ද මෙසේමය—පෙත්‍ය, පිතූභි, පිතූභි, යන පද හා, පිතරෙහි යනාදියෙහි හ්‍රස්වබවද පිතුශබ්දයාගේ ඍන්තශබ්දයට වෙනස් බවයි—"මත්‍යං ච පෙත්‍ය ච කතං සුසාධු" යනාදිය දක්නා ලද බැවින් "පෙත්‍ය" යනු තෘතීයාදියෙහි දක්වනලදී. "පෙත්‍ය" යනාදී පදයද ජන්තුයො, හෙතුයො, හේතූයා, අධිපතියා, යන පදයන් මෙන් අව්‍යනත්‍යවූ පුල්ලිඞ්ග රූපයක් බව කියනලදී— තවද නිද්දෙස පාළියෙහි "සත්ථාරතො සත්ථාරං ගච්ඡති" යන්නෙහිද, විනයඨකථාදියෙහි "හෙතු සත්ථාර දස්සනං" "ඝාතතාරනිද්දෙසො" "අයං නිම්මාතාපිතරෙ ඉමස්මිං පහටෙ දණ්ඩො නත්ථි" යන්නෙහිද උම්මග්ගජාතක අටුවාවෙහි "පිතරෙ නිකාසෙත්වා අරඤ්ඤාතනිකො එකාපිතරෙ" යන්නෙහිද සුළුවග්ගපාළියෙහි "අස්සමණී අසක්‍යධීතරෙ" යන්නෙහිද මේ ආදී තැන්වල අසමාස විෂයෙහි තො ප්‍රත්‍යයා පරකල්හිද, සමාස විෂයෙහි උත්තරපදයා පරකල්හිද, සමාසයාගේ උත්තර පදයෙහි වූ සෑදින් පරකල්හිද "ආර" යනාදෙශව බවුසි පදයන්ද දක්නාලදී.

NOUNS ENDING IN උ. (U) MAS. *Bhátu.*

14. උකාරනත පුල්ලිඞ්ගො භාතුසද්දො.

	එකවචන.	බහුවචන.
ප...	භාතා	[භාතා] භාතරො
ආ...	(හෙ)භාත, භාතා	(සබ:) භාතාරො
දු...	භාතරං	භාතරෙ, භාතරො
ත...	භාතරා	භාතරෙහි, භාතරෙභි, භාතූහි, භාතූභි
ක...	භාතරා	භාතරෙහි, භාතරෙභි, භාතූහි, භාතූභි
ච...	භාතු, භාතුනො, භාතුස්ස	භාතරානං, භාතානං, භාතූනං
ප...	භාතරා	භාතරෙහි, භාතරෙභි, භාතූහි, භාතූභි
ඡ...	භාතු, භාතුනො, භාතුස්ස	භාතරානං, භාතානං, භාතූනං
ස...	භාතරි	භාතරෙසු, භාතූසු

NOUNS ENDING IN ඌ. (U') MAS. *Abibhu.*

15 ඌකාරන්ත පුල්ලිඞ්ගො අභිභූසද්දො.

එකවචන.		බහුවචන.
ප...අභිභූ		අභිභුවො, අභිභූ
ආ...(හෙ)අභිභු	(සව:)	අභිභුවො, අභිභූ
දු...අභිභුං		අභිභුවො, අභිභූ
ත...අභිභුනා		අභිභූහි, අභිභූභි
ක...අභිභුනා		අභිභූහි, අභූභි
ච...අභිභුනො, අභිභුස්ස		අභිභූනං,
ප...අභිභුනා, අභිභුම්හා, අභිභුස්මා		අභිභූහි, අභිභූභි
ඡ...අභිභුනො, අභිභුස්ස		අභිභූනං
ස...අභිභුම්හි, අභිභුස්මිං		අභිභූසු

එවං * සයම්භූ වෙස්සභූ සහභූ ගොත්‍රභූ විතතභූ සබ්බාභිභූ අධිභූ පරාභිභූ පභූ විභූ ඉච්චාදයොපි.

NOUNS ENDING IN ඌ. (U') MAS. *Sabbaññú.*

16 ඌකාරන්ත පුල්ලිඞ්ගො සබ්බඤ්ඤූසද්දො.

එකවචන.		බහුවචන.
ප...සබ්බඤ්ඤූ		සබ්බඤ්ඤුනො, සබ්බඤ්ඤූ
ආ...(හෙ)සබ්බඤ්ඤු	(හම:)	සබ්බඤ්ඤුනො, සබ්බඤ්ඤූ
දු...සබ්බඤ්ඤුං		සබ්බඤ්ඤුනො, සබ්බඤ්ඤූ
ත...සබ්බඤ්ඤුනා		සබ්බඤ්ඤූහි, සබ්බඤ්ඤූභි
ක...සබ්බඤ්ඤුනා		සබ්බඤ්ඤූහි, සබ්බඤ්ඤූභි
ච...සබ්බඤ්ඤුනො, සබ්බඤ්ඤුස්ස		සබ්බඤ්ඤූනං
ප...සබ්බඤ්ඤුනා, සබ්බඤ්ඤුම්හා, සබ්බඤ්ඤුස්මා		සබ්බඤ්ඤූහි, සබ්බඤ්ඤූභි
ඡ...සබ්බඤ්ඤුනො, සබ්බඤ්ඤුස්ස		සබ්බඤ්ඤූනං
ස...සබ්බඤ්ඤුම්හි, සබ්බඤ්ඤුස්මිං		සබ්බඤ්ඤූසු

"එවං විදූ විඤ්ඤූ කතඤ්ඤූ මග්ගඤ්ඤූ ධම්මඤ්ඤූ අකතඤ්ඤූ අත්ථඤ්ඤූ කාලඤ්ඤූ රත්තඤ්ඤූ මත්තඤ්ඤූ වෙදගූ පාරගූ ඉච්චාදයොපි."

* "සයම්භූ ඤාණං, ගොත්‍රභූ චිත්තං" යනාදීන්හි වූ සයම්භූ ගොත්‍රභූ යනාදි ශබ්ද නපුංසක ලිඞ්ගිකය. එහෙයින් සයම්භු සයම්භූ සයම්භූනි යනාදිවශයෙන් ආයු ශබ්දය මෙන් වරනැගිය යුතුයි.

විදූ, විඤ්ඤූ ශබ්දාදිය ස්ත්‍රීලිඞ්ගිකාවත්‍ව ලබනකල "ඉනී" ප්‍රත්‍යය වී මෙන් "විදූනී" කියා වේ. නදී ශබ්දය මෙන් විදූනී; විදූනී, විදූනියො, යනාදිවශයෙන් වරනැගියයුතුයි. එසේද වුවත් "විඤ්ඤූ පටිබලා සුභාසිතදුබ්භාසිතං දුස්සීලාදුස්සීලා ආජානිතුං" යන්නෙහි විඤ්ඤූ යනු ස්ත්‍රීලිඞ්ගිකාව දක්නාලදහ–"කොධනා අකතඤ්ඤූ ච පිසුනා ච විභෙදිකා" යන්නෙහි "අකතඤ්ඤූ" යනුද එසේමය— එහෙයින් එබඳුවූ පද–අකතඤ්ඤූ; අකතඤ්ඤූ, අකතඤ්ඤුයො— යනාදිවශයෙන් ජම්බු ශබ්දය මෙන් වරනැගිය යුතුයි. අත්ථඤ්ඤූ ධම්මඤ්ඤූ යනාදියද එසේමැයි.

NOUNS ENDING IN ඔ. (O) MAS. *Gá.*

17 ඔකාරන්ත පුල්ලිඞ්ගො ගො සද්දො.

	එකවචන.	බහුවචන.
ප	ගො	ගාවො, [ගවො]
ආ	(හෙ) ගො	(භව:) ගාවො, [ගවො]
දු	ගාවුං, ගාවං, ගවං	ගාවො, [ගවො]
ත	ගාවෙන, ගවෙන	ගොහි, ගොභි
ක	ගාවෙන, ගවෙන	ගොහි, ගොභි
ච	ගාවස්ස, ගවස්ස	ගවං, ගුන්නං, ගොනං
ප	ගාවා, ගවා, ගාවම්හා, ගවම්හා, ගාවස්මා, ගවස්මා	ගොහි, ගොභි
ඡ	ගාවස්ස, ගවස්ස	ගවං, ගුන්නං, ගොනං
ස	ගාවෙ, ගවෙ, ගාවම්හි, ගවම්හි, ගාවස්මිං, ගවස්මිං	ගාවෙසු, ගවෙසු, ගොසු

ගො ශබ්දය ගැණ දත්වියයුතු විස්තර ස්ත්‍රීලිඞ්ගික ගොශබ්දයෙහිදී දක්වනුලැබේ.

අන්‍යවූ සමහර පුල්ලිඞ්ගිකශබ්දයන් ගැණ දතයුතු විභාගයක් පූර්වාචාර්‍ය්‍ය මතානුකූලව මෙහි දක්වනු ලැබේ—කෙසේද,

ඊකාරන්තපුල්ලිඞ්ගික "බ්‍රහ්මචාරී" ශබ්දය දණ්ඩී ශබ්දය මෙන් වරනැගිය යුතුබව ආචාර්‍ය්‍යවරයන්විසින් දක්වනලදහෙයින් "බ්‍රහ්මචාරී,

බ්‍රහ්මචාරි, බ්‍රහ්මචාරිනො" යනාදි (දණ්ඩිශබ්දයෙහි මෙන්)රූප වෙත්- එසේ නමුදු මහාවග්ගාදියෙහිවූ "සඤ්ඤතා බ්‍රහ්මචාරයො" "අපචෙ බ්‍රහ්මචාරයො" යනාදියෙහි "බ්‍රහ්මචාරයො" යන්නක් දක්නාලද හෙයින් මේ ආදිය ආධුනිකයන්ගේ ඥානචක්ෂුවිමෝහන ස්ථාන බැවින් ඒ ගැණ මෙසේ දතයුතුයි.

බ්‍රහ්මචාරිශබ්දය ඊකාරන්ත වශයෙන් පමණක් නොව ඉකාරන්ත වශයෙන්ද කල්පනාකටයුතුය—ඉකාරන්ත ඊකාරන්තයන විප්‍රකාරයකට වන්නේ කෙසේද යත්—මුනිශබ්දය ඉකාරන්තපුල්ලිංගිකය—"මුනාතීති මුනි" යනු විග්‍රහයි—මුන (ඥානෙ) යන ධාතුවෙන් පරව "මුනාදීහිචි" යන සූත්‍රයෙන් කතෘයෙහි ඉප්‍රත්‍යයව සිද්ධවේ—මෙසේ සිද්ධවූ මුනි ශබ්දයාගේ ප්‍රථම බහුවචනයෙහි "මුනයො" කියාවේ—එසේම "බ්‍රහ්මං චරතීති බ්‍රහ්මචාරි"යි විග්‍රහ බැවින් බ්‍රහ්ම ශබ්දය උපපද කොට ඇති චර (ගත්‍යං) යන ධාතුවෙන් පරව යථොක්ත සූත්‍රයෙන් කතෘයෙහි ඉප්‍රත්‍යයව සිද්ධවූ කල ඉකාරන්ත පුල්ලිංගිකවිය හැකිහෙයින් ප්‍රථමා බහුවචනාදියෙහි "බ්‍රහ්මචාරයො" යනු විය හැකිය—ඊකාරන්ත වන්නේ කෙසේද යත්—"බ්‍රහ්මං චරණසීලො බ්‍රහ්මචාරි" යි විග්‍රහබැවින් බ්‍රහ්මශබ්දය උපපද කොට ඇති චර (ගත්‍යං) යන ධාතුවෙන් පරව තස්සීලාර්ථයෙහි "තස්සීලාදීසු ණීත්වාවී ච" යන සූත්‍රයෙන් ණී ප්‍රත්‍යයව සිද්ධවූ කල ඊකාරන්ත විය හැකිය—එකල ඊකාරන්ත දණ්ඩි ශබ්දයාගේ රූපමෙන් ප්‍රථම බහු වචනාදියෙහි "බ්‍රහ්මචාරිනො"යි විය හැක්කේය—මෙසේ ඉකාරන්තවශයෙන් ගත්කල අග්ගි,මුනි යන ශබ්දයන් මෙන් බ්‍රහ්මචාරි; බ්‍රහ්මචාරී, බ්‍රහ්මචාරයො" යනාදි ක්‍රමයට වරනැගිය යුතුයි—ඊකාරන්තවශයෙන් ගත්කල දණ්ඩි ශබ්දය මෙන් බ්‍රහ්මචාරී; බ්‍රහ්මචාරී, බ්‍රහ්මචාරිනො, යනාදික්‍රමයට වරනැගිය යුතුයි.

තවද "යති" ශබ්දය අග්ගිශබ්දය මෙන් වරනැගියයුතුබව ආචාර්‍ය්‍යවරයො කියත්. එසේකල විසුද්ධිමාර්ගයෙහි "යථා සොභන්ති යතිනො සීලභූසණභූසිතා" යන්නෙහි යතිනො යනු කෙසේ වියහැකිද? "යතයො" කියයුතු තන්හි "යතිනො" යනු ප්‍රමාද ලියවිල්ලකැයි සමහරෙක් කියති—ප්‍රමාදලියවිල්ලක් නොව යතිනො කියාම බව අග්ගවංසාචාර්‍ය්‍යතෙමේ—"යතනසීලොති යති" කියා විග්‍රහකරණලබනාවූද, යත (පයතනෙ) යන ධාතුවෙන් පරව තස්සීලාර්ථයෙහි තස්සීලාදි සූත්‍රයෙන් ණීප්‍රත්‍යයව සිද්ධවූද ඊකාරන්ත යතී ශබ්දය දණ්ඩිශබ්දය මෙන් වරනැගෙන හෙයින් ප්‍රථමාබහුවචනාදියෙහි "යතිනො" කියාද—තස්සීලාර්ථය නොගෙණ එම ධාතුවෙන් පරව

කාණ්ඩයෙහි ඉ ප්‍රත්‍යයව සිද්ධවනු ලබන්නාවූ (යතාති විපියං කරෙතීති යති යී විග්‍රහ කටයුතුවූ) ඉකාරන්ත යතිශබ්දය අග්ගි ශබ්දය මෙන් වරනැඟෙන හෙයින් ප්‍රථමාබහුවචනාදියෙහි “යතයො” කියාද විය හැකියයි දතයුතුයි.

එසේනම් සාරමති, සම්මාදිඨි, වජිරබුද්ධි, යනාදි ශබ්දයන්හි සාරමතිනො, සම්මාදිඨිනො, වජිරබුද්ධිනො, යනාදි ප්‍රථමා ආලපන බහුවචන රූපයන් කෙසේදයත්, මේ ශබ්දයො කෙවලව ඉකාරන්තනමුදු සමාස පදබැවින් අග්ගිශබ්දයාගේ ක්‍රමයෙහි නොසිට දණ්ඩිශබ්දයාගේ ක්‍රමයෙහි සිටිබැවින් “අඤ්ඤාරෙ සාරමතිනො” යනාදි තැන්වල “සාරමතිනො”යී නොකාරන්ත රූපම වනබව කියන ලදී—ඉදින් නොකාරන්ත රූපම වෙන්නම්, කච්චායනයෙහි කිතක ප්‍රාරම්භයෙහි “අත්ථෙ විසාරදමතයො” යන මෙහි “විසාරදමතයො”යී නොවියයුතු නොවේද? එහි “විසාරදමතයො” යී වියයුතුනම් සාරමතයො– සම්මාදිඨයො— වජිරබුද්ධයො–– යනුත් එසේම නොවේද යත්—“විසාරදමතයො” යන රූපයට සමානවූ රූප ඉකාරන්ත පුල්ලිඞ්ගසමාසපදයන් පිළිබඳව බුද්ධවචනයෙහි නැතිබැවින් “සම්මාදිඨයො” යනාදි රූප එසේ නොවියයුතුයි— “විසාරදමතයො” යනුහා සදෘශවූ “යො” කාරන්ත රූප ඉකාරන්ත පුල්ලිඞ්ග සමාස පදයන් පිළිබඳව නැත්තම් “තෙ හොන්ති ජානිපතයො අඤ්ඤමඤ්ඤපියංවදා”-“පච්ඡිමෙ ගහපතයො” යනාදි තන්හි දක්නාලද “ජානිපතයො” යනාදි පද කුමක් කටයුතුද? “ජානිපතයො” යනාදිය බුද්ධවචනයෙහි තිබියදී “විසාරදමතයො යනු හා සමානවූ ඉකාරන්තපුල්ලිඞ්ග සමාසපදයන් පිළිබඳව යොකාරන්තරූප බුද්ධවචනයෙහි නැත” යනු කීම කෙසේ යෙදේද යත්–“ගහපතයො, ජානිපතයො” යනාදියෙහි ප්‍රකෘතිපදවූ ගහපති ජානිපති යනාදියෙහි වූ, පතිශබ්දය ස්වභාවයෙන්ම පුල්ලිඞ්ගයි පෙර ස්ත්‍රීලිඞ්ගව සිට සමාස වූවායින් පසු පුල්ලිඞ්ග වූයේ නොවෙයි, එහෙයින් “ගහපතයො” “ජානිපතයො”යී යොකාරන්ත රූපද “ගහපතිනො ජානිපතිනො” යී නොකාරන්ත රූපද වෙත්—සාරමති, සම්මාදිඨි, වජිරබුද්ධි” යනාදි සමාසපදයන්ගේ, මති, දිඨි, බුද්ධි, යන ශබ්දයො වනාහි සමාස වීමට පූර්වයෙහි ස්ත්‍රීලිඞ්ගව සිට සමාස වූවායින් පසු බහුබ්බීහි සමාසයාගේ වශයෙන් පුල්ලිඞ්ග වූවාහුය–එසේහෙයින්, ප්‍රථමා ආලපන විතියා ස්ථානයන්හි සාරමතිනො, සම්මාදිඨිනො, වජිරබුද්ධිනො,යී නොකාරන්ත රූපම වන්නාහුයයි දතයුතුයි.

තවද අකාරන්ත පුල්ලිඞ්ග නාමයන්ගේ එකාරාදෙශ සහිතවූ ප්‍රථමා එකවචන බහුවචන රූපයන්ද ඇත්තාහුය—එනම්—

"වනප්පගුම්බෙ යථා ඵුස්සිතග්ගෙ" යනාදියෙහි, "*වනප්පගුම්බෙ" යනුද "නත්ථි අත්ථකාරෙ නත්ථි පුරිසකාරෙ" යනාදියෙහි අත්ථකාරෙ-පුරිසකාරෙ-යනුද-"බාලෙ ච පණ්ඩිතෙ ච සන්ධාවිත්වා සංසරිත්වා දුක්ඛස්සන්තං කරිස්සන්ති" යන මෙහි බාලෙ-පණ්ඩිතෙ, යනුද "විපදෙ තුල්‍යාධිකරණෙ කම්මධාරයො" යන සූත්‍රයෙහි විපදෙ, තුල්‍යාධිකරණෙ-යනුද † මේආදීයයි.

තවද බුද්ධවචනයෙහි ශබ්දවශයෙන්ද අර්ථවශයෙන්ද අභිප්‍රාය වශයෙන්ද අක්ෂරචින්තකයන්ගේ ඥාණචක්ෂුස විමෝහනය කරන්නාවූ නොයෙක් පාළික්‍රමයන් ඇත්තාහුයයි කියනලදී.

එනම්, "චිරතතා කොසියායනි" යයි කියයුතු තන්හි "චිරපෙතන කොසියායනෙ‡" යි ප්‍රථමා එකවචන දක්නාලද්දැහුය-"කො පුරිසො" කියයුතු තන්හි "කෙ පුරිසෙ" කියාද-"කිංනාමො තෙ උපජ්ඣායො" කිය යුතු තන්හි "කො නාමො තෙ උපජ්ඣායො" කියාද "කිං තෙ බලංමහාරාජ" කිය යුතු තන්හි "කො තෙ බලං මහාරාජ" කියාද-"ඉති හෙමන්තගිම්හෙසු" කිය යුතු තන්හි "ඉති හෙමන්තගිම්හිසු" කියාද—"න තෙනත්ථං අබන්ධිසො" කිය යුතු තන්හි "න තෙනත්ථං අබන්ධිසු" කියාද පාළියෙහි දක්නාලදහෙයින් මේ ආදිය ශබ්දවශයෙන් මූලාවියයුතු ස්ථානයි.

"යනනා නාවනදෙව්ච අගෙබ න තමසා කතං" යන මෙහි නකාරය ප්‍රතිෂේධාර්ථයෙහි නොව උපමාර්ථයෙහි වැටෙනබැවින් කතං යනු හා සම්බන්ධව කරණලද්දක් මෙන් යන අර්ථය ප්‍රකාශ කෙරේ.

"අස්සද්ධො අකතඤ්ඤූ ච සන්ධිච්ඡෙදො ච යො නරො,
හතාවකාසො වන්තාසො ස වෙ උත්තමපොරිසො."

යන මේආදිය අර්ථවශයෙන් මූලාවිය යුතු ස්ථානයි.

---

* "වනප්පගුම්බෙ" යනු ප්‍රථමාර්ථයෙහි සප්තමියයි සමහර කෙනෙකුගේ මතයයි-එය ප්‍රතික්ෂෙප කටයුතුබවට කරුණු අග්ගවංසාචාර්යයන්විසින් කියනලදී.

† "සුඛෙ දුක්ඛෙ ජීවෙ" යනුද එසේම බව සන්ධි විශෝධනයෙහි හා එහි ටීකායෙහිද කියනලදී.

‡ "න ත්වං රථ විජානාසි අඛ්ඛරතෙත අනාගතෙ
අබ්භාසිතං විලපසි චිරපෙතන කොසියායනෙ."—රථජාතකයෙහිය.

අටුවාවේ—"චිරපෙතන කොසියායනෙති මාතා නො කොසියායනි
බ්‍රාහ්මණී චිරතතා, අම්හාකං පිතරි නිපෙසමා ජාතා"-යනුයි.

"තණ්හං අස්මිමානං සස්සතුච්ඡෙදදිට්ඨියො ද්වාදසායතනානිස්සිතං නන්දිරාගං ච හන්ත්වා බ්‍රාහ්මණො අනීඝො යාති" ඊ කියයුතු තන්හි එසේ නොකියා එව අර්ථයම ගෙණ අනෑවූ ක්‍රමයකින්

"මාතරං පිතරං හන්ත්වා රාජානො ද්වෙ ච ඛත්තියෙ
රට්ඨං සානුචරං හන්ත්වා අනීඝො යාති බ්‍රාහ්මණො–" ඊ කියනලදී.

"වනං ඡින්දථ මා රුක්ඛං වනතො ජායතෙ භයං
ඡෙත්වා වනඤ්ච වනථඤ්ච නිබ්බානා හොථ භික්ඛවො"—යනුද

මේ ආදිය අභිප්‍රාය වශයෙන් මූලාවියයුතු ස්ථානයි.

මෙසේ බුද්ධවචනසංඛ්‍යාත පාළියෙහි ශබ්දවශයෙන්ද අර්ථවශයෙන්ද අභිප්‍රායවශයෙන්ද අක්ෂරචින්තකයන්ගේ ඥාණචක්ෂුස විමෝහනය කරණ්නාවූ නානාප්‍රකාර පාළික්‍රම ඇත්තාහුයැයි දතයුතුයි.

එහෙයින් කීහ.

"ජානන්තා අපි සද්දසත්ථමතිලං මුය්හන්ති පාළික්කමෙ
යෙභුය්‍යෙන හි ලොකනීති විවිධා පාඨෙන යා විජ්ජරෙ,
පඬිච්චම්පි පහාය බාහිරගතං එතේව තස්මා බුධො
සික්ඛෙථාමල ධම්මසාගර තරෙ නිබ්බාන තිත්ථූපගො."

පුල්ලිංගික ශබ්ද කාණ්ඩයයි.

NOUNS ENDING IN ආ. ($\bar{A}$.) FEM. *Kaññá.*

1. ආකාරන්තිත්ථිලිඞ්ගො කඤ්ඤාසද්දො.

ඒකවචන.	බහුවචන.
ප... කඤ්ඤා	කඤ්ඤා, කඤ්ඤායො
ආ...(හෙ) කඤ්ඤෙ	(භොති) කඤ්ඤා, කඤ්ඤායො
දු... කඤ්ඤං	කඤ්ඤා, කඤ්ඤායො
ත... කඤ්ඤාය	කඤ්ඤාහි, කඤ්ඤාභි
ක... කඤ්ඤාය	කඤ්ඤාහි, කඤ්ඤාභි
ච... කඤ්ඤාය	කඤ්ඤානං
පං... කඤ්ඤාය	කඤ්ඤාහි, කඤ්ඤාභි
ඡ... කඤ්ඤාය	කඤ්ඤානං
ස... කඤ්ඤායං, කඤ්ඤාය	කඤ්ඤාසු.

සද්ධා මෙධා පඤ්ඤා විජ්ජා චින්තා මන්තා තණ්හා වීණා,
ඉච්ඡා පුච්ඡා එජා මායා මෙත්තා මත්තා සික්ඛා භික්ඛා.
ජංඝා ගීවා ජිව්හා වාචා ඡායා ආසා ගඞ්ගා නාවා,
ගාථා සෙනා ලෙඛා සාලා මාලා වෙලා පූජා ඛිඩ්ඩා.
පිපාසා වෙදනා සඤ්ඤා චෙතනා තසිණා පජා,
දෙවතා වට්ටකා ගොධා බලාකා පරිසා සභා.
ඌකා සෙඵාලිකා ලඞ්කා සලාකා වාළිකා සිඛා,
විසාඛා විසිඛා සාඛා වචා වඤ්ඣා ජටා ඝටා.
ජෙට්ඨා සොණ්ඩා විතණ්ඩා(ච) කරුණා වනිතා ලතා,
කථා නිද්දා සුධා රධා වංසකා සිංසපා පපා.
පභා සීමා ඛමා ජායා ඛත්තියා සක්ඛරා සුරා,
දෝලා තුලා සිලා ලීලා ලාලෙ[1]ලා මෙඛලා කලා.
වළවා [2]ලම්බුසා මූසා මඤ්ජූසා සුලසා දිසා,
නාසා ජුණ්හා ගුහා ඊසා ලසිකා වසුධා පියා.
"අභිජ්ඣා සුණිසා බහා භාසා කීළා(ච) කාරණා,
වාලිකා භාවිකා සිකතා කනජා ලාබා කුසා *නිසා.

* "නිසා" ශබ්දයාගේ සප්තමී ඒකවචන කඤ්ඤාශබ්දයෙහි මෙන් "නිසායං, නිසාය" යනු පමණක් නොව "නිසෙ" කියාද වේ. ස්මිංහට "නිසාතො ච" යන සූත්‍රයෙන් ඒකාරාදෙශව සිද්ධයි. "නිසෙ අගච්ඡිව භාසති"–යනාදිය බලනු.

පීළා සුණ්හා සංඛා අඤ්ඤා මුද්දා භාසා ගාථා දයා,
අම්මා අන්නා අම්බා තාතා (එතෙ සද්දා සඤ්ඤා සාදී)"

සඤ්ඤාශබ්දයෙහි මෙහි දක්වනු ලැබූ පදමාලා ක්‍රමය කච්චායන බාලාවතාර ශබ්දනීති යනාදියට එකඟ නමුදු “සඤ්ඤා” යනු ප්‍රථමායෙහි එකවචන වශයෙන් මුත් බහුවචන වශයෙන් නිරුත්ති පිටකයෙහි නොදක්වන ලදී—එහෙත් “බාහා පග්ගය්හ කන්දුං” “අහෙතු අප්පච්චයා පුරිසස්ස සඤ්ඤා උප්පජ්ජන්ති පි නිරුජ්ඣන්ති පි” යනාදියෙහි ප්‍රථමා බහුවචන භාවයෙන් දක්නාලද බැවින් නිරුත්ති පිටකයෙහි ක්‍රමයට වඩා මෙහි දක්වනු ලැබූ කච්චායනාදි ක්‍රමය සැලකිය යුතු බව ශබ්දනීතියෙහි කියන ලදී.

තවද ආලපනයෙහි “හෙ සඤ්ඤෙ සඤ්ඤා” යි එකවචන දෙකක් බව හා “හොති සඤ්ඤායො” යි බහුවචන එකක් බවද චූලනිරුත්තියෙහි කියනලද්දේ නමුදු “එහි බාලෙ ඛමාපෙහි කුසරාජං මහාබලං” යනාදී උදාහරණ දක්වා ඒ ක්‍රමය අග්ගවංසාචාර්යයන්විසින් ප්‍රතික්ෂෙප කරණ ලදී.

තවද “හෙ සඤ්ඤෙ” යන ක්‍රමය “අම්බා” ආදිවූ ශබ්දවලදී නොලැබේ. එහි කෙසේද යත්-අම්බා, අම්මා, අන්නා, තාතා, යන ශබ්දයන් කෙරෙණ් ගසංඥයාට “ඝතෙ ච” යන සූත්‍රයෙන් එකාරාදෙශ පැමිණි කල්හි “න අම්මාදිතො” යන සූත්‍රයෙන් එය ප්‍රතිසෙධ කොට “ආකාරො වා” යන සූත්‍රයෙන් විකල්පයෙන් හ්‍රස්වකළ කල්හි හෙ අම්බ, අම්බා-හෙ අම්ම, අම්මා-හෙ අන්න, අන්නා-හෙ තාත, තාතා යි සිද්ධයි.

තවද පරිසා සභා යන ශබ්ද දෙකත් සඤ්ඤාශබ්දය හා සම වූවද සප්තමී එකවචනයෙහි පමණක් වෙනසක් තිබේ—ඒනම්, “එකමිදාහං භො ගොතම සමයං තොදෙය්‍යස්ස බ්‍රාහ්මණස්ස පරිසතිං පරූපාරම්භං පවත්තෙන්තානි” යන මේ පාළියෙහි *පරිසතිං යනු දක්නාලද හෙයින් සප්තමී එකවචනයෙහි පරිසතිං, පරිසායං, පරිසාය, කියාද, එසේම සභතිං, සභායං, සභාය, කියාදවේ.

---

* “සභා පරිසාහි ස්මිනො තිං” යන සූත්‍රයෙන් ස්මිංහට තිං යනාදෙශ හා “ඝො ස්සං...” යනාදි සූත්‍රයෙන් හ්‍රස්වද කළකල්හි “පරිසතිං, සභතිං” යනු සිද්ධයි

NOUNS ENDING IN ඉ. (I) FEM. *Ratti.*

2. ඉකාරන්තිත්ථිලිඞ්ගො රත්තිසද්දො.

ඒකවචන.	බහුවචන.
ප ..රත්ති	රත්තී, රත්තියො
ආ...(හෙ) රත්ති	(භොතී) රත්තී, රත්තියො
දු.. රත්තිං	රත්තී, රත්තියො
ත...රත්තියා	රත්තීහි, රත්තීභි
ක...රත්තියා	රත්තීහි, රත්තීභි
ච...රත්තියං	රත්තීනං
පං...රත්තියා	රත්තීහි, රත්තීභි
ඡ...රත්තියා	රත්තීනං
ස...රත්තියං, රත්තියා	රත්තීසු.

පත්ති යුත්ති වුත්ති කිත්ති මුත්ති තිත්ති ඛන්ති කන්ති,
සන්ති තන්ති සිද්ධි සුද්ධි ඉද්ධි බුද්ධි වුද්ධි *බොධි.
භූමි ජාති පීති සූති නන්දි සන්ධි සානි කොටි,
දිට්ඨි වුට්ඨි තුට්ඨි යට්ඨි පාළි ආළි නාළි කෙළි.

සති මති ගති මුති ධිති රති රුචි ඡවි, යුවති කන්ති රස්මි අසනි වසනි, ඔසධි අඞ්ගුලි ධූලි දුන්දුභි දොණි, අටවි පාටලි සිරි දුති ආකති. ඉච්චාදයො රත්තිව—"සත්ති සත්ථි නන්ති වුත්ති බොන්දි †නාභි" ඉච්චාදයොපි.

* "නාඤ්ඤත්‍ර බොජ්ඣා තපසා" යනාදියෙහි "බොජ්ඣා" යනාදි පදයන් දක්නා ලදහෙයින් බොධිශබ්දයාගේ ප්‍රථමා අලපන විතීයා බහුවචනස්ථානයන්හි "බොජ්ඣා" යන්නක්ද—තෘතීයා පඤ්චමී ඒකවචනස්ථානයන්හි "බොජ්ඣා" යන්නක්ද, සප්තමී ඒකවචනස්ථානයෙහි "බොජ්ඣං" යන්නක්ද—එසේම "බුජ්ඣස්සු ජින බොධියං" යනාදියෙහි "බොධියං" යන්නක් දක්නාලදහෙයින් විතීයා ඒකවචනස්ථානයෙහි "බොධියං" යන්නක්ද විය යුතුයි.

† "ඉමාව නබ්භො සතරජ චිත්තිතා සතෙරිතා විජ්ජුරිව පභාසරෙ" යනාදි උදාහරණයන් දක්නාලද බැවින් "නාභි" ශබ්දයාගේ ප්‍රථමා අලපන විතීයා බහුවචනස්ථානයන්හි "නබ්භො" යන්නක්ද—තෘ. ච. ප. ෂ. ස. ඒකවචනස්ථානයන්හි "නබ්භා" යන්නක්ද සප්තමී ඒකවචනස්ථානයෙහි "නබ්භං" යන්නක්ද වියයුතුයි.

මේ බාලාවතාර ක්‍රමයට සහ සමක මහාස්ථවිර මතය ලෙසද රතන ශබ්දයයි—කච්චායන රූපසිද්ධි දෙක්හි පචමී එකවචනස්ථානයෙහි *රත්‍යා යන්නත්ද සප්තමී එකවචනස්ථානයෙහි "රත්‍යං† රත්තො, රත්තිං" යි රූපත්‍රයක්ද කියනලදී. ශබ්දනීතියෙහි යථෝක්ත රූපයන්හා ප්‍රථමා ආලපන විභක්ති බහුවචනස්ථානයන්හි "රත්‍යො" යන්නත්ද, තෘතීයා චතුර්ථී ෂෂ්ඨී සප්තමී එකවචනස්ථානයන්හි "රත්‍යා" යන්නත්ද කියනලදී—"රත්‍යාං" යනු හැර මත් භූමි ශබ්දයන්හිද මෙසේමය—"රත්‍යො අමොඝා ගච්ඡන්ති"—"රත්‍යා රූඩ්හි වනෙසු—රත්‍යා තියාමිං" යනුද "දිවා ච රත්තො ච හරන්ති යෙ බලිං" යනුද "න භූම්‍යා චතුරඞ්ගුලො"—"සෙත් භූම්‍යා අඞ්ගුලූනං"—"භූම්‍යා සං පතිතං පංසං ගීවාය පටිමුඤ්චති" යනුද යථෝක්ත සම්භාර පද ගැණ උදාහරණයෝයි.

NOUNS ENDING IN ඊ. (Ī) FEM. *Nadī.*

3. ඊකාරන්තිත්ථිලිඞ්ගො නදී සද්දො.

එකවචන.	බහුවචන.
ප...නදී	නදී, නදියො
ආ...(හෙ) නදි	(භොති) නදී, නදියො
දු...නදිං	නදී, නදියො
ත...නදියා	නදීහි, නදීභි
ක...නදියා	නදීහි, නදීභි
ච...නදියා	නදීනං
පං...නදියා	නදීහි, නදීභි
ෂ...නදියා	නදීනං
ස...නදියං, නදියා	නදීසු.

---

* ඉවණ්ණ (පසංඥ)යා කෙරෙන් පරවූ ස්මා ස්මිං විභක්තීන්ට "අම්‍යාපතො ස්මිං ස්මානං වා" යන සූත්‍රයෙන් ආ අං යනාදෙශයන්ද එහි "ආපතො" යන යොග විභාගයෙන් නා ස විභක්තීන්ට ආ ආදෙශද කළ කල්හි "රත්‍යා, රත්‍යං, මත්‍යා, මත්‍යං" යනාදිය සිද්ධයි.

† "ආදිතො ඔ ච" යන සූත්‍රයෙහි ච ශබ්ද ග්‍රහණයෙන් ස්මිංහට ඔ ආදෙශව "රත්තො" යනු සිද්ධයි.

මහී වෙතරණී වාපී පාටලී කදලී ඝටී,
නාරී කුමාරී තරුණී වාරුණී බ්‍රාහ්මණී සඛී.
ගන්ධබ්බී කින්නරී නාගී දෙවී යක්ඛී අජී මිගී,
වානරී සූකරී සිඟී හංසී කාකී (ච) කුක්කුටී.
"මාතුලානී ච භගිනී භික්ඛුනී කාමුකී අවී,
පාපී පොක්ඛරණී දුසී රජ්නී ඊක්ඛයාසිනී.
(තත්‍ර පොක්ඛරණී දුසී බ්‍රාහ්මණී චවාදිනං ගති,
අඤ්ඤත්‍ථාපි සියා ගාථා චුණ්ණියෙසු යථා රහං.
කුසාවත්ති ආදීනං ගාථාසෙව්ව විසෙසතො,
රූපානි අඤ්ඤත්‍ථා හොන්ති එකවචනතො වදෙ.
කාසී අවන්ති ඉච්චාදි බහුවචනතො වදෙ,
චන්දවතීති ආදීනි පයොගස්සානු රූපතො.)"

මේ නදී ශබ්දය බාලාවතාර ක්‍රමයට මෙසේ නමුදු කච්චායනාදියෙහි ප්‍රථමා ආලපන ද්විතීයා බහුවචනස්ථානයන්හි "නජ්ජො" යන්නත්ද, එකවචනස්ථානයන්හි "නදියං" යන්නත්ද, ද්විතීයා තෘතීයා චතුර්ථී පඤ්චමී ෂෂ්ඨී සප්තමී එකවචනස්ථානයන්හි "නජ්ජා" යන්නත්ද, සප්තමී එකවචනස්ථානයෙහි "නජ්ජං" යන්නත්ද කියන ලදී—එයිනුදු සප්තමියෙහි "නජ්ජා" යනු රූපසිද්ධියෙහි නොකියන ලදී.

පොක්ඛරණී ශබ්දයෙහි "පොක්ඛරඤ්ඤො, පොක්ඛරඤ්ඤා, පොක්ඛරඤ්ඤං" යනුද එසේමය—"පොක්ඛරඤ්ඤො සුමාපිතා" යනාදියෙහි බලනු. මෙහි ගාථාවල නොදක්වනලද නමුදු නලිනී ශබ්දයත් එසේමය—"රජා යථා ගවස්සවනො නලිඤ්ඤං..." යනාදියෙන් පෙනේ—දුසී, බ්‍රාහ්මණී යන ශබ්දවලෙහි ප්‍ර. ආ. ද්වි. බහුවචනස්ථානයන්හි "දුස්සො, බ්‍රාහ්මණ්‍යො" යනුද, තෘ. ච. ප. ෂ. එකවචනස්ථානයන්හි "දුස්සා, බ්‍රාහ්මණ්‍යා" යනුහා සප්තමී එකවචනස්ථානයෙහි "දුස්සං, බ්‍රාහ්මණ්‍යං" යනුද විය යුතුයි—"තාව සතත සතා භරියා දුස්සො සතත සතානි ච" යනාදියෙන් හා "බ්‍රාහ්මණ්‍යා පරිචාරකො" යනාදියෙන්ද දතයුතුයි—"ලඞ්ඝියා පතිකොටෙසි ඝරෙ ජාතංව දුසියං" යනු දක්නාලදහෙයින් ද්විතීයා එකවචස්ථානයෙහි *"දුසියං" යන්නත්ද වියයුතුයි.

---

* "අං යම්වණ්ණ පා වා" යන සූත්‍රයෙන් හෝ "අං යම්තො පසඤ්ඤතො" යන සූත්‍රයෙන් හෝ ඉවණ්ණ (පසංඥ) යාකෙරෙන් පරවූ අං හට යං යනාදෙශ කළ කල්හි දුසියං, බොධියං, ඉත්‍ථියං, යනාදිය සිද්ධයි.

තවද නියමයක් නම්–ආකාරන්ත ඉවණ්ණාන්ත උවණ්ණාන්ත කඤ්ඤා රත්ති නදී යාගු වධූ යනාදි ස්ත්‍රීලිඞ්ගික ශබ්දයන් කෙරෙන් නා–ස–ස්මා–ස්මිං–ම්හා–ම්හි–යන මොවුන් පරබවට නොපැමිණෙත්—එහෙයින් කඤ්ඤාස්ස, රත්තිස්ස, නදිම්හා, යාගුම්හි යනාදි රූප පාළියෙහි නොලැබෙත්—එසේ නමුදු ඉවණ්ණාන්ත ස්ත්‍රීලිඞ්ගික ශබ්දයන් කෙරෙන් "ම්හි" යන්නු පමණක් පර වීමෙන් සිද්ධවූ "බලාකයොනිම්හි" "කුසාවතිම්හි" යනාදි පද ගාථාවලදී පමණක් ලැබෙනබව ශබ්ද නීතියෙහි කියන ලදී.

ඒ මෙසේය.

"ගාථායං චුණ්ණියෙ වාපි නා ස ස්මාදි ස රූපතො,
නාකාරන්තා ඉවණ්ණණ්ණන්තා ඉත්ථිහි පරතං ගතා.
ම්හි සද්දො පන ගාථායං ඉවණ්ණණ්ණන්තිත්ථිහි සහ,
යාතො පරතං, මෙතස්ස පයොගානි භවන්ති හි.
යථා බලාකයොනිම්හි නවිජ්ජති පුමො සදා,
කුසාවතිම්හි නගරෙ රාජා ආසි මහීපති."

තවද කුසාවතී යනාදි නගර නාම එකවචනාන්ත බවද, කාසි අවන්ති යනාදි ජනපදනාම බහුවචනාන්ත බවද, චන්දවතී යනාදි ප්‍රඥප්තිශබ්ද උභය වචනාන්ත බවද කියන ලදී.

NOUNS ENDING IN උ. (U) FEM. *Yágu.*

4. උකාරන්තිත්ථිලිඞ්ගො යාගු සද්දො.

එකවචන.	බහුවචන.
ප...යාගු	යාගූ, යාගුයො
ආ...(හෙ) යාගු	(භොති) යාගූ, යාගුයො
දු...යාගුං	යාගූ, යාගුයො
ත...යාගුයා	යාගූහි, යාගූභි
ක...යාගුයා	යාගූහි, යාගූභි
ච...යාගුයා	යාගූනං
පං...යාගුයා	යාගූහි, යාගූභි
ඡ...යාගුයා	යාගූනං
ස...යාගුයං, යාගුයා	යාගූසු.

එවං ධාතු ධෙනු කාසු දද්දු කණ්ඩු කච්ඡු රජ්ජු කණෙරු පියඞ්ගු සස්සු—ඉච්චාදයොපි.

මෙහි දක්වනලද ධාතුශබ්දයද සාගු ශබ්දය හා සමයයි කියන ලද්දේ නාමුදු රස රුධිර මාංශ මේද නහර ඇට ඇටමිදුළු සුක්‍ර යන මේ ධාතූන් වාචකවූ කල්හි පුල්ලිංගිකය-ස්වභාවාර්ථ වාචකවූද, බුද්ධධාං-තාදි ශරීර ධාතු වාචකවූද, ලොකධාතු වාචකවූද, චක්ෂු ශ්‍රොත්‍රාදි වාචකවූද කල්හි ස්ත්‍රීලිංගිකය—භූ (සත්තායං) කර (කරණෙ) පච (පාකෙ) යනාදි පදයන්ට යොනිවූ ධාතු වාචක කල්හි ත්‍රිලිංගිකයි.

තවද ධාතුශබ්දයාගේ ලිංග විභාගය ගැණ මෙසේද කියන ලදී.

☞ "ධාතු සද්දො ජිනමතෙ ඉත්ථිලිංගතතානො මතො
සත්ථේ පුල්ලිංගභාවස්මිං කච්චායන මතෙ විසු"-යනුයි.

NOUNS ENDING IN උ. (U) FEM. *Mátu.*

5 උකාරනත්ථිලිංගො මාතුසද්දො.

එකවචන.	බහුවචන.
ප..මාතා	[මාතා] මාතරො
ආ..(හෙ)මාත, මාතා	(භොති) [මාතා] මාතරො
දු...මාතරං	මාතරෙ, මාතරො
ත...මාතරා, මාතුයා [මත්‍යා]	මාතරෙහි, මාතරෙභි, මාතූහි, මාතූභි
ක...මාතරා, මාතුයා [මත්‍යා]	මාතරෙහි, මාතරෙභි, මාතූහි, මාතූභි
ච...මාතු, මාතුයා, මාතුස්ස, [මත්‍යා]	මාතරානං, මාතානං, මාතූනං
පං..මාතරා, මාතුයා [මත්‍යා]	මාතරෙහි, මාතරෙභි මාතූහි, මාතූභි
ඡ...මාතු, මාතුයා, මාතුස්ස, [මත්‍යා]	මාතරානං මාතානං, මාතූනං
ස...මාතරි, මාතුයා, මාතුයං [මත්‍යා, මත්‍යං]	මාතරෙසු, මාතූසු.

ධීතා, ධීතරො-දුහිතා, දුහිතරො-ඉච්චාදයොපි *මාතුසද්දොව.

---

* එසේද වුවත් සමහර විශෙෂ දක්නා ලැබේ.

F

මේ මාතුශබ්දයාගේ පදමාලාවෙහි "මාතරෙහි, මාතරෙභි, මාතූසු, මාතරෙසු" යන පදයන් රූපසිද්ධි බාලාවතාරාදියට එකාග ලෙස මෙහි දක්වන ලද්දැහු නමුදු ස්ත්‍රී ලිඞ්ග ශබ්දවල (ස-එහි-එභි-එසු-අනාගමව) එබඳු පදයන් පෙළෙහි නොදක්නාලදහෙයින් ශබ්දනීතිකාර ආචාර්යයන් විසින් නොදක්වන ලදී.

තවද "තං බො පනෙතං පාපං කම්මං නෙව මාතරා කතං" යනාදියෙහි "මාතරා" යනුද—"අනුඤ්ඤාතො අහං මත්‍යා..." යනාදියෙහි "මත්‍යා" යනුද—"මාතුස්ස සරත්" යනාදියෙහි "මාතුස්ස" යනුද දක්නාලද හෙයින් මෙහිද ගන්නා ලද්දැහුය—යම්සේ බත්තියා, බත්තියං යන පදයෝ (මධ්‍යයෙහි ස්වර හා පූර්ව තකාර ලොප් කොට) "බත්‍යා, බත්‍යං" යි වෙත්ද එසේම මාතුයා මාතුයං යන පදයෝ (ස්වරලොප් ආදිය කොට) "මත්‍යා, මත්‍යං" යි වෙත්. මෙහි ස්වරලොප් ආදියනම් නා-ස-ස්මා-විභක්තීන්ට "පතො යා" යන සූත්‍රයෙන් යා යනාදේශද, ස්මිං විභක්තිහට "සපතො ස්මිං යං වා" යන සූත්‍රයෙන් යං යනාදේශද, "පොසු වුද්ධාදි" සූත්‍රයෙන් උකාර ලොප් හා හ්‍රස්වද කිරීමයි.

තවද සත්ථුශබ්දයාගේ පදාමලාවෙහි ප්‍රථමා බහුවචනාර්ථයෙහි සත්ථා යනු මෙන් මෙහිද "මාතා" යනු ශබ්දනීතියෙහි දක්වන ලදී.

ධීතු (*Ḍhitu*) *declined.*

6. ධීතුසද්දස්ස භෙදො

එකවචන.	බහුවචන.
ප...ධීතා	[ධීතා] ධීතරො
ආ...(හෙ)ධීත, ධීතා	(භොති) [ධීතා] ධීතරො
දු...ධීතරං [ධීතං*]	ධීතරෙ, ධීතරො
ත...ධීතරා, ධීතුයා	ධීතරෙහි, ධීතරෙභි, ධීතූහි, ධීතූභි
ක...ධීතරා, ධීතුයා	ධීතරෙහි, ධීතරෙභි, ධීතූහි, ධීතූභි
ච...ධීතු, ධීතුයා	ධීතරානං, ධීතානං, ධීතූනං
පං..ධීතරා, ධීතුයා	ධීතරෙහි, ධීතරෙභි, ධීතූහි, ධීතූභි
ඡ...ධීතු, ධීතුයා	ධීතරානං, ධීතානං, ධීතූනං
ස...ධීතරි, ධීතුයා, ධීතුයං	ධීතරෙසු, ධීතූසු.

---

* "ධීතුයා අනාතමම්හි" යනසූත්‍රයෙන් අං විභක්ති පරකල්හි ධීතුශබ්දයාගේ අන්ත්‍යයා හට අකොට පරනයනාදිය කළ කල්හි "ධීතං" යනු සිද්ධයි.

පිතු ශබ්දයද දුහිතු ශබ්දයද මාතු ශබ්දය මෙන් වරනැගිය යුතු යයි බාලාවතාරාදියෙහි කියනලද්දේ නමුත් මාතු ශබ්දයෙහිදී ලැබෙන "මාතුස්ස" යනාදියට සමවූ පදයන් පිතු ශබ්දයෙහි නොලැබෙත්—මාතුශබ්දයෙහි නොලැබෙන "පිතං" යන්නත්ද මෙහි ලැබේ—ඒපද

"ජාලි කණ්හා ජිනං පිතං මද්දිදෙවි පතිබ්බතං,
චජ්ජමානො න චින්තෙසිං බොධියා යෙව කාරණා."

යනාදියෙහි දක්නා ලද හෙයින් ශබ්දනීතියෙහි දක්වනලදී.

තවද විනයපාළියෙහි "අසසමණ්ණී හොති අසඤ්ඤාතපිතරා" යනාදියෙහි (තෘතීයා බහුවචනය මෙන්) "අසඤ්ඤාතපිතරා" යි ප්‍රථමා ඒකවචනාන්ත පදයක් දක්නාලද්දේය. "සෙට්ඨිපිතරා" යීද එසේම දක්නා ලදී—මෙබඳුවූ ප්‍රථමාඒකවචනාන්ත පදයන් වෙන ශබ්දයක්හා සමාස වූ පිතුශබ්දයෙහි මුත් කේවල පිතුශබ්දයෙහි නො ලැබෙන බව දතයුතුය.

තවද නිරුත්තිපිටකයෙහි වනාහි "මාතා, පිතා" යන පදවය සත්ථුශබ්දයාගේ රූපමාලා ක්‍රමයෙහිම ඇතුළත්කරණ ලදහ- එසේත් "සත්ථුනා, සත්ථුස්ස" යන පදයන් මෙන් "පිතෙ, පිතාය" යන පද පාළියෙහිද් අසමාසවිෂයෙහි නොදක්නාලද හෙයින් එය ශබ්දනීතිකාරකාචාර්යයන් විසින් ප්‍රතික්ෂෙපකරණ ලදී-"රාජමාතාය, රාජපිතාය" යනුද-"අච්ඡරියං නන්දමාතෙ අබ්භුතං නන්දමාතෙ" යනාදියෙහි හා "අත්ථි බො නකුලමාතෙ ධම්මෙහි සමන්නාගතො මාතුගාමො" යනාදියෙහි වූ "නකුලමාතෙ" යනාදියද දක්නාලද බැවින්, සමාස පද බවට ගියාවූ මාතු-පිතු-දුහිතු ශබ්දයන්ගේ රූපයන් දෙකොට්ඨාසයක් යයි දත යුතුය—ඒනම්, මෙහි දක්වනු ලැබූ කේවල පිතුශබ්දාදිය වරනැගීමෙන් ලැබෙන රූපයන් එක් කොට්ඨාසයක—සත්ථුශබ්දය මෙන් වරනැගීමෙන් ලැබෙන රූපයන් එක් කොට්ඨාසයක—යන මේ දෙකොටසයි.

පිතුශබ්දයට කීවාවූ මේ සියළු විභාගයන්
දුහිතු ශබ්දයටද ගතයුතුයි.

NOUNS ENDING IN ඌ. (U') FEM. *Jambû.*

7. ඌකාරන්තිත්ථිලිංගො ජම්බූසද්දො.

එකවචන.	බහුවචන.
ප...ජම්බූ	ජම්බූ, ජම්බුයො
ආ...(හෙ)ජම්බු	(භොති) ජම්බූ, ජම්බුයො
දු...ජම්බුං	ජම්බූ, ජම්බුයො
ත...ජම්බුයා	ජම්බූහි, ජම්බූභි
ක...ජම්බුයා	ජම්බූහි, ජම්බූභි
ච...ජම්බුයා	ජම්බූනං
පං...ජම්බුයා	ජම්බූහි, ජම්බූභි
ඡ...ජම්බුයා	ජම්බූනං
ස...ජම්බුයං, ජම්බුයා	ජම්බූසු.

" වධූ(ච)සරභූ (චෙව) සරබූ, සුතනූ චමූ,
චාමූරූ නාගනාසූරූ (ඉච්චාදී ජම්බුයා සමා.)"

අපිච

" වදඤ්ඤූ මග්ගඤ්ඤූ කාලඤ්ඤූ අත්තඤ්ඤූ අකතඤ්ඤූ
ඉච්චාදයොපි"

" සොහං නූන ඉතො ගන්ත්වා යොනිං ලද්ධාන මානුසිං,
වදඤ්ඤූ සීල සම්පන්නො කාහාමි කුසලං බහුං."

මේආදි තැන්වල වදඤ්ඤූ ශබ්දාදිය පුල්ලිංගිකත්වයෙන් දක්නා ලද්දක් මෙන්

" සාහං ගන්ත්වා මනුස්සත්තං වදඤ්ඤූ වීත මච්ඡරා,
සංඝෙ දානානි දස්සාමි අප්පමත්තා පුනප්පුනං."

යනාදි තැන්වලද

" කොධනා අකතඤ්ඤූ ච පිසුනාච විභෙදිකා"

යනාදියෙහිද

වදඤ්ඤූ අකතඤ්ඤූ ආදීවූ ශබ්දයන් ස්ත්‍රී ලිඞ්ගිකත්වයෙන් දක්නාලද්දාහුය—එසේහෙයින් වදඤ්ඤූ යනාදි ශබ්දයන් ජම්බූ ශබ්දය මෙන් වරනැගිය යුතු වන්නාහුයයි අග්ගවංසාචාර්‍ය්‍යයන් විසින් කියනලදී.

NOUNS ENDING IN ඔ. (O) FEM. (ගො) *Go*.

8. ඔකාරන්තිත්ථිලිඞ්ගො ගොසද්දො.

	එකවචන.	බහුවචන.
ප...	ගො, ගාවී	ගාවී, ගාවො, ගවො
ආ...	(හෙ) ගො	(හොන්ති) ගාවී, ගාවො, ගවො
දු...	ගාවිං, ගාවං, ගවං	ගාවී, ගාවො, ගවො
ත...	* *	ගොහි, ගොභි
ක...	* *	ගොහි, ගොභි
ච...	* *	ගවං, ගුන්නං, ගොනං
පං...	* * * * * *	ගොහි, ගොභි
ඡ...	* *	ගවං, ගුන්නං, ගොනං
ස...	* * * * * *	* * ගොසු.

මේ අග්ගවංසාචාර්‍ය්‍යයන්ගේ මතය ලෙස ස්ත්‍රී ලිඞ්ගික ගො ශබ්දයයි.

රූපසිද්ධියෙහි "තස්ස පුල්ලිඞ්ගෙ ගොසද්දස්සෙව රූපනයො" යන් නෙන් ස්ත්‍රීලිඞ්ගික ගොශබ්දයාගේද පුල්ලිඞ්ගික ගොශබ්දයාගේ පදමාලාවම යයි කියන ලදී. මොග්ගල්ලායනයෙහිද එසේමය.

ශබ්දනීතියෙහිද

"ඔකාරන්තං ඉත්ථි ලිඞ්ගං ගො සද්දොති විභාවයෙ,
ගො සද්දස්සෙව පුල්ලිඞ්ගෙ රූපමස්සාහු කොවිදා."

යනු කියන ලදී.

රූපසිද්ධි ආදියෙහි එසේ කියන ලද්දේ නමුදු පුල්ලිඞ්ගික ස්ත්‍රී ලිඞ්ගික ගො ශබ්දයන් දෙදෙනාගේ පදමාලාවන් එකාකාර එකාන් වෙනස් බවට බොහෝ හේතූදාහරණයන් අග්ගවංසාචාර්‍ය්‍යයන් විසින් කියන ලදී—කෙසේද,

"දුවින්නං ධාතු සද්දානං යථා දිස්සති නානතා,
ගො සද්දානං තථා විඤ්ඤූනං ඉච්ඡිතබ්බාව නානතා."

තවද පුල්ලිඞ්ගවූ මාතුගාම ශබ්දය (බුද්ධශබ්දය මෙන්) මාතු ගාමෙ, මාතුගාමා, යනාදි වශයෙන් දෙවරක් වරනැගා "එකාන් පුල්ලිඞ්ගය එකාන් ස්ත්‍රී ලිඞ්ගය" යි යමෙක් කියන්නේ වේද "පුල්ලිඞ්ගික ස්ත්‍රී ලිඞ්ගික ගො ශබ්දයන් දෙදෙනාගේ පදමාලාවන් එකාකාර ය" යි කීමත් එසේමයයි කියන ලදී—ඉදින් එසේ සමාන වූයේනම් වෙනසක් නැතිහෙයින් ගො ශබ්දයාගේ ස්ත්‍රී ලිඞ්ගිකත්වය කෙසේ

ඇති වේද? යම්සේ අග්ගි-රත්ති-අක්ඛි-යන මේ ශබ්දයෝ ඉකාරාන්තභාවයෙන් සදෘශයෝ නමුදු, ස්ත්‍රී පුං නපුංසක ලිඟ ලක්ෂණ වූ පදමාලාවන්ගේ වෙනස දක්නා ලැබේද, එසේම ගො ශබ්දයන් දෙදෙනාගේද වෙනසක් ඇති වියයුතුය—එසේ වෙනසක් නැති කල්හි පුං ස්ත්‍රී ලිඟ ව්‍යවස්ථාව කෙසේ වේද? පුං ස්ත්‍රී ලිඟයන් දෙදෙනාගේ විසද අවිසද ව්‍යවහාරත්වය කෙසේ වේද? නොවේමය—අග්ගවංසාචාර්ය්‍ය මතය ලෙස වූ ගො ශබ්දයන් දෙදෙනාගේ වෙනස දක්නා ලද්දේය. පුං ස්ත්‍රී ලිඟ ව්‍යවස්ථාවද, විසදෘවිසද ව්‍යවහාරත්වයද දක්නා ලද්දේයයි දත යුතුයි.

ඔකාරාන්ත පුල්ලිඟික ස්ත්‍රීලිඟික ගොශබ්දයන් දෙදෙනාගේ පදමාලා දෙකත්ද ගො ශබ්දයෙන් පරව ස්ත්‍රී ලිඟයෙහි ඊ ප්‍රත්‍යයම සිද්ධවූ ගාවීශබ්දයාගේ පදමාලාවක්දැයි පදමාලා තුනක් වෙත්. එයින් ඔකාරාන්ත පුල්ලිඟික ගොශබ්දයෙන් පිරිමි ගවයන් කියන ලද්දේය එහි පදමාලාතොමෝ පුල්ලිඟ කාණ්ඩයෙහිදී කියන ලද්දීය—ඊකාරාන්ත ස්ත්‍රීලිඟික ගාවී ශබ්දයෙන් ස්ත්‍රී ගවයන් හෙවත් දෙනුන් කියන ලද්දීය—පදමාලාතොමෝ නදී ශබ්දය වැන්නීය. ඔකාරාන්ත ස්ත්‍රී ලිඟික ගො ශබ්දයෙන් සාමාන්‍යවශයෙන් ස්ත්‍රී පුරුෂ යන උභයපක්ෂයෙහිම ගවයන් කියන ලද්දැහුය. පදමාලා තොමෝ අග්ගවංසාචාර්ය්‍ය මතය ලෙස මෙහි දක්වනු ලැබූ ප්‍රකාර නමුදු රූපසිද්ධිකාරක ආචාර්ය්‍යාදි මතය ලෙස පුල්ලිඟික පදමාලාවමැයි දතයුතුයි.

මෙහි දක්වනු ලැබූ ස්ත්‍රී ලිඟික ගො ශබ්දයාගේ පදමාලාවෙහි "ගාවුං" යනු නොදක්වන ලද්දේ ඒකාන්ත පුම්වාචක බැවින්—ඒ පදයාගේ ඒකාන්ත පුම්වාචකත්වය "ඉධ පන භික්ඛවෙ වස්සූපග "තං භික්ඛුං ඉත්ථී නිමන්තෙතාසි එහි භන්තෙ හිරඤ්ඤං වා තෙ දෙමි "සුවණ්ණං වා.. ඛෙත්තං වා... වත්ථුං වා... ගාවුං වා... ගාවිං වා... "දාසං වා... දාසිං වා... ධීතරං වා තෙ දෙමි අහං වා තෙ භරියා හොමි අඤ්ඤං වා තෙ භරියං ආනෙමි"—යන මේ පාඨයෙන් පෙනේ—මෙහි "ගාවුං" යන පදයෙන් පිරිමිගවයන්ද "ගාවිං" යන පදයෙන් දෙනුන්ද කියන ලද්දේය—එහෙයින් "ගාවුං" යනු ඒකාන්ත පුම්වාචකයයි දත යුතුය.

තවද මේ ස්ත්‍රීලිඟික ගො ශබ්දයාගේ පදමාලාවෙහි තෘතීයා ඒකවචනස්ථානයෙහි ගාවෙන, ගවෙන, යනුද-සප්තමීබහුවචන ස්ථානයෙහි ගාවෙසු, ගවෙසු, යනුද-නොදක්වන ලද්දේ ස්ත්‍රී ලිඟික ශබ්දයන් "එන" "එසු" යන්නාවුන් හා කිසිතැනෙක්හි යෙදීමක් නැතිහෙයින් හා, සාය තාය යනාදී සමානාධිකරණ පදයන්

සමග යොදන්ට යුතු නැති බැවිනි-චතුර්ථී ෂෂ්ඨී ඒකවචනස්ථානයන්හි ගාවස්ස, ගවස්ස යනුද—පඤ්චමී ඒකවචනස්ථානයෙහි ගාවා, ගවා, ගාවම්හා, ගවම්හා, ගාවස්මා, ගවස්මා, යනුද—සප්තමී ඒකවචනස්ථානයෙහි ගාවෙ, ගවෙ, ගාවම්හි, ගවම්හි, ගාවස්මිං, ගවස්මිං, යනුද නොදක්වනු ලැබූයේ ස්ත්‍රී ලිඞ්ගික ශබ්දවලින් පරව ස-ස්මා-ස්මිං-ම්හා-ම්හි-යන්නවුන් ස්වකීය රූපවලින් නොසිටිනා හෙයින්ද ස්මා-ස්මිං--විභක්තිවලට ආදෙශවූ ආ-එ-යන්නවුන් හා යෙදීමක් නැතිහෙයින්ද, යාය, තාය, යනාදි සමානාධිකරණ පදයන් හා යොදන්ට යුතු නැති බැවින්දැයි දත යුතුය—ගාවියො, ගාවියා ගාවීහි, ගාවීහි, ගාවීනං, ගාවියං, ගාවීසු, යන පදයන් ඔකාරාන්ත ස්ත්‍රී ලිඞ්ගික ගො ශබ්දයාගේ පදයන් නොව ඊකාරාන්ත ස්ත්‍රී ලිඞ්ගික ගාවී ශබ්දයාගේ පදයන් බැවින් යථොක්ත පදමාලාවෙහි නොදක්වන ලද්දැහුයයි දත යුතුය.

තවද මේ ඔකාරාන්ත ස්ත්‍රී ලිඞ්ගික ගො ශබ්දයාගේ පදමාලාවෙහි "ගාවී" යන පදය (කඤ්ඤා ශබ්දයාගේ පදමාලාවෙහි කඤ්ඤා යන පදය මෙන්) සතර වරක් ආ හෙයින් එය ස්ත්‍රී ලිඞ්ගික ශබ්දයන්ගේ අවිසදෘශාකාර ව්‍යවහාරත්වය විඥාපනයෙහි කාරුණ්‍යය—පුල්ලිඞ්ගික කොසිම ශබ්දයකාගේ පදමාලාවකවත් එකම පදය සතර වරක් නායේය.

ස්ත්‍රී ලිඞ්ගික ගො ශබ්දයෙන්.සාමාන්‍ය වශයෙන්ම ගවයන් කියනු ලබන බව මේ මතු දක්වනු ලබන උදාහරණවලින්ද දැනගත හැකිය.

විනය අටුවාවෙහි ".ඡෙකො හි ගොපාලකො සක්ඛරායො උච්ඡං "ගෙන ගහෙත්වා රජ්ජුදණ්ඩහත්ථො පාතොව වජං ගන්ත්වා 'ගාවො' "පිට්ඨියං පහරිත්වා පලිඝත්ථම්භමත්ථකෙ නිසින්නො ද්වාරප්පත්තං "පත්තං ගාවිං එකා වෙති සක්ඛරං ඛිපිත්වා ගණෙති" යන මේ පාඨයෙහි "ගාවො" කියා, නැවත "ගාවිං" කීමෙන් ස්ත්‍රී ලිඞ්ගික ගො ශබ්දයාගේ අවිසදෘශාකාර ව්‍යවහාරත්වයද දක්නා ලැබේ—"ගාවො" යන වචනයෙන් යම්සේ ස්ත්‍රී පුරුෂ ගවයන් දෙපක්ෂයම ගතයුතු වේද, එසේම "ගාවිං" යන වචනයෙන්ද සර්වසංග්‍රාහික වශයෙන් ස්ත්‍රී පුරුෂ ගවයන් දෙපක්ෂය ගන්නා ලැබෙත්.

"ගාවිපි දිස්වා පලායන්ති භික්ඛූති මඤ්ඤමානා" යන මේ පාඨයෙහිද ගාවී යන පදයෙන් සාමාන්‍යවශයෙන් ස්ත්‍රී පුරුෂ දෙපක්ෂයෙහිම ගවයන් වාච්‍ය වෙත්.

ඉදින් ස්ත්‍රී පුරුෂ ගවයන් වාචකවූ ස්ත්‍රී ලිඞ්ගික ඕකාරාන්ත ගො ශබ්දයාගේ පදමාලාවෙහි "ගාවී, ගාවිං" යන රූපයන් නොවිය

ශුභතාශුභනම් අටුවාවෙහි "ගාවො" යනු කියා "ගාවං" සී කියයුතු වන්නේය. යම්හෙයකින් අටුවාචාරීන්වහන්සේ විසින් ස්ත්‍රී පුරුෂ ගවයන්ගේ වශයෙන් සියළු ගවයන් සංග්‍රහ වනු ලබන්නාවූ "ගවො" යන වචනය කියා එම ගවයන් සඳහා නැවත "චාරපප තතං පතතං ගාවිං" සී කියන ලද්දේද එහෙයින් "ගාවිං" යනුද ස්ත්‍රී පුරුෂ ගව දෙපක්‍ෂයම සංග්‍රහවනු ලබන්නාවූ සර්වසංග්‍රාහික වචනයක් යයි දත යුතුය—ඉදින් එය ඔකාරාන්ත ස්ත්‍රී ලිඞ්ගික ගො ශබ්දයාගේ සර්වසංග්‍රාහික වචනයක් නොව ඊකාරාන්ත ස්ත්‍රී ලිඞ්ගික ගාවී ශබ්දයාගේ වචනයක් වූව හොත් සියළුම ගාගලහි දෙනුන්ම විය යුක්තීය-එසේ නොවිය හැකිය.

"ගාවීපි දිසවා පලායනති භිකඛුනී මඤඤුනා" යන මෙහිද ගාවී යනු ස්ත්‍රී ලිඞ්ගික ගාවී ශබ්දයෙහි වචනයක් වූවහොත් සියළුම ගවයන් සංග්‍රහ නොවනහෙයින් "ගාවී" යනු ඔකාරාන්ත ස්ත්‍රී ලිඞ්ගික ගො ශබ්දයාගේ සර්ව සංග්‍රාහික වචනයක්ම යයි දත යුතුය—"සෙය්‍යථාපි භික්ඛවෙ වස්සානං පච්ඡිමෙ මාසෙ සරදසමයෙ කිට්ඨසම්බාධෙ ගොපාලො ගාවො රක්ඛෙය්‍ය තා ගාවො තතො තතො දණ්ඩෙන ආකොටෙය්‍ය" යන මෙහිද—"අනඤ්ඤ බලඤ්ඤ චේතා වණ්ණඤ්ඤ සුඛඤ්ඤ ච තා එතමත්ථවසං ඤත්වා නාස්සු ගාවො හනිංසු තෙ" යන මෙහිද "ගම්ස්සන්ති හනෙත ගාවො වච්ඡගිද්ධිනියො" යන මෙහිද "ගොසු දුහයමානාසු ගතො" යන මෙහිද දක්නා ලද්දාවූ "ගාවො-ගොසු" යන මේ පදවලින් ගො ශබ්දයාගේ පුංලිඞ්ගිකත්වය මෙන් ස්ත්‍රී ලිඞ්ගිකත්වයද සාරවශයෙන් කල්පනා කට යුතුය.

මෙහි ගො, ගාවී-ගාවී. ගාවො, ගවො-යනාදිය කිසිසේත් ස්ත්‍රී ලිඞ්ගත්වයෙන් කියන ලදදේ නමුදු ප්‍රයෝගවූ පදයන් (පජා-දෙවතා යනාදි පදයන් මෙන්) ස්ත්‍රී පුරුෂ උභය පක්‍ෂයම වාචක වෙත්—එබැවින් ස්ත්‍රී ලිඞ්ගිකත්වයෙන් "සා ගො" කියා හෝ "තා ගාවො" කියා හෝ කියනලද කල්හි ස්ත්‍රීපුරුෂ ගව සංඛ්‍යාත උභය පක්‍ෂයම ගන්නා ලද්දාහුයයි දත යුතුය.

මෙබඳුවූ තැන්වල ඒකාන්තවශයෙන් ලිඞ්ගයම ප්‍රධාන නොව අර්ථයම ප්‍රධාන හෙයිනි—"ගාවො දුහන්ති" යි කියනලද කල්හි "ගාවො" යන්න කිසි සේත් පුංලිඞ්ගයෙහිද පවත්නේ නමුදු දෝහණ ක්‍රියාව වනාහි පුරුෂ ගවයා කෙරෙහි අසම්භාව හෙයින් අර්ථ වශයෙන් කල්පනා කොට දෙනුන්ම දන්නා ලදී.

"ගාවී දුහනති" සී කියන ලද කල්හි එතාගි ලිඟ වශයෙන්ද අර්ථ වශයෙන්ද යන උභයාකාරයෙම්ම කියන ලද බැවින් දෙනුන් බවට නුවණැති කවරෙක් සැක කෙරේද නොකෙරේමය.

"තා ගාවො චරනති" සී කී කල්හි ස්ත්‍රීලිඟවශයෙන් කියනලද හෙයින් දෙනුන් ද්‍ෂ හෝ සී සමහරවිට සැක ඉපදිය හැකිය-පුල්ලිඟ වශයෙන් "තෙ ගාවො චරනති" සී කියනලද කල්හි සැකයක් නැත්තේය ස්ත්‍රී පුරුෂ දෙපක්ෂයෙහි ගවයන්ම හැගෙත්—පුල්ලිඟ බහුවචනයෙන් සමහර තන්හි ස්ත්‍රී පුරුෂ දෙපක්ෂයම ගන්නාලද හෙයිනි—ගාවී ශබ්දයෙන් දෙනුන්ම ගතයුතු බැවින් සමහර ශාසනික ප්‍රයෝගවලද ලෞකික ප්‍රයෝගවලද "ගාවී, ගාවිං" යන පද වලින් ධෙනුවම වාචකවන ලද්දී නමුදු සමහර ශාසනික ප්‍රයෝග වල සාධාරණ වශයෙන් දෙපක්ෂයම වාචක වන ලද්දේය.

"අචිරපක්කනතස්ස භගවතො බාහියං දාරුචීරියං ගාවී තරුණවච්ඡා අධිපතිත්වා ජීවිතා වොරොපෙසි."

යනාදියෙහි "ගාවී" යන පදයෙන් ධෙනුවම වාචක වන්නිය— "තිණසීහො කපොතවණ්ණගාවී සදිසො." යනාදියෙහි ගාවී ශබ්දයෙන්ද එසේමය.

"සෙය්‍යථාපි භික්ඛවෙ දක්ඛො ගොඝාතකො වා ගොඝාතක න්තෙවාසී වා ගාවිං වධිත්වා චාතුම්මහාපථෙ බිලසො පටිවිභජිත්වා නිසින්නො අස්ස"-යනාදියෙහි ගාවිං යන පදයෙන් ස්ත්‍රී පුරුෂ යන උභයපක්ෂයෙහි ගවයන්ම කියනු ලැබෙත් යයි දතයුතුයි.

"ගො, ගාවී-ගාවී, ගාවො, ගවො, යනාදීන් ස්ත්‍රී ලිඟික ගොශබ්දයාගේ යම් පදමාලාවක් මෙහි දක්වන ලද්දීද එහි ගො ශබ්දයා කෙරෙන් පරවූ—සි-යො-යන විභක්තීන්ට ඊකාරාදෙශද අං විභක්තිනට ඉං යනාදෙශද කිරීමෙන් "ගාවී, ගාවිං" යන පදයෝ සිඩ වන්නාහුය.

මුඛමත්තදීපනී කාරක වජිරබුද්ධි ආචාර්‍ය්‍යයන්විසින් යො විභක්තිනට ඊකාරාදෙශයක් කියන ලද්දේය-ශබ්දනීතිකාරක අග්ගවංසාචාර්‍ය්‍යයන් විසින්ද සො විභක්තිහට ඊකාරාදෙශ හා අං විභක්තිනට ඉං යනාදෙශද කියන ලද්දේය-එසේහෙයින් මේ ස්ත්‍රී ලිඟික ඔකාරානත ගොශබ්දයාගේ "ගො, ගාවී—ගාවී, ගාවො, ගවො" යනාදි වශයෙන් දක්වනු ලැබූ පදමාලාතොම පාළිකුමය වද අටුවා ක්‍රමයටද කච්චායනාචාර්‍ය්‍ය මතය නොණ පද නිෂ්පත්තිය කළාවූ වජිරබුද්ධි ආචාර්‍ය්‍ය මතයටද අනුකූල වන්නීයයිද-යථෝක්ත පදමාලාවෙහි "ගාවී" යන පදය සතරවරක් ආයෙයින් ඔකාරානත

ස්ත්‍රීලිඞ්ගික ගො ශබ්දයාගේ අවිසදෘකාර ව්‍යවහාරත්වයද සිද්ධයයි ශබ්දනීතියෙහි කියන ලදී.

විසදෘකාර ව්‍යවහාරය පුල්ලිඟය, අවිසදෘකාර ව්‍යවහාරය ස්ත්‍රීලිඟය, උභයමුක්තාකාර ව්‍යවහාරය නපුංසකලිඟය—මේ විසදෘකාරාදිය තනි තනි පදයන්ගේ වශයෙන් නොව ස්‍යාදිප්‍රබන්ධසංඛ්‍යාත පදමාලාවගේ වශයෙන් දතයුතුය.

එහෙයින් රූපසිද්ධියෙහිද

"විසදෘ[1]විසදෘකාර ආකාරෙ[2]හය මුත්තතො,
ලිඞ්ගස්ස ලක්ඛණං එතං ඤෙය්‍යං ස්‍යාදිපබන්ධතො." යි
කියනලදී.

කෙසේද—පුල්ලිඟවූ ගොශබ්දයාගේ පදමාලාවෙහි "ගාවුං, ගවං, ගාවෙන, ගවෙන" යනාදී සමහර පදයෝ එක එක වරද—ගොනි, ගොහි, යනාදී සමහර පද දෙවර දෙවරද—ගාවො, ගවො, ගවං, යනාදී සමහර පද (සත්ථා රාජා යනාදිය මෙන්) තුන් තුන් වරද ආවාහුය—මෙහි සතරවරක් හෝ පස්වරක් හෝ ආවාවූ එකම පදයකුදු නැත්තේය—එසේහෙයින් මෙහි විසදෘකාරය දත්නේය.

පුරිස ශබ්දයාගේ පදමාලාවෙහි "පුරිසො, පුරිසං" යනාදිය එක එක වරය-පුරිසෙ යනාදිය දෙවර දෙවරය-පුරිසා යනු පමණක් තුන්වරක් ආයේය—මෙසේ මෙහිද විසදෘකාරය දත්නේය.

කඤ්ඤාශබ්දයාගේ පදමාලාවෙහි "කඤ්ඤං" යනාදිය එක එක වරද, කඤ්ඤාහි යනාදිය දෙවර දෙවරද, කඤ්ඤායො යනාදිය තුන් තුන් වරද, කඤ්ඤා යනු සතර වරක්ද, කඤ්ඤාය යනු පමණක් පස්වරක් ආයේය—එසේහෙයින් මෙහි අවිසදෘකාරය දත්නේය. සෙසු ස්ත්‍රීලිඟික ශබ්දයන්ගේද මෙසේමය—මෙසේම ඔකාරාන්ත ස්ත්‍රීලිඟික ගො ශබ්දයාගේ පදමාලාවෙහි ගො යන පදය දෙවරක්ද ගාවො යනු හා ගවො යනුද තුන් තුන් වරද ගාවී යනු සතර වරක්ද, ගාවිං යනු පස් වරක්ද ආයේය—මෙසේ මේ ස්ත්‍රීලිඟික ගොශබ්දයාගේ පස්වරක් ආවාවූ පදයන්ගේ වශයෙන් අවිසදෘකාරය දත්නේය.

නපුංසකලිඟු චිත්තශබ්දයාගේ පදමාලාවෙහි "චිත්තෙන" යනාදිය එක එක වරද, චිත්තං යනාදිය දෙවර දෙවරද, චිත්තානි යනු තුන් වරක්ද ආයේය—අඞ්ග ආයු යනාදියෙහිද මෙසේමය—මෙහි උභයමුක්තාකාරය දත්නේය-කිසිසේත් මෙහි සතරවරක් හෝ පස්වරක් හෝ ආවාවූ පදයන්ගේ අභාවයෙන් විසදෘකාරයද දත් නාලද්දේ නමුදු, යම්හෙයකින් චිත්ත අඞ්ග ආයු යනාදී ශබ්දයෝ

ගච්ඡන්ත, අග්ගි, භික්ඛු යනාදිවූ පුල්ලිංගික ශබ්දයන්ගේ ක්‍රමයෙහිද, කඤ්ඤා, රත්ති, යාගු යනාදි ස්ත්‍රීලිංගික ශබ්දයන්ගේ ක්‍රමයෙහිද නොපවත්නා හෙයින් විශද අවිශද යන උභයාකාරයටම නොපැමිණ "චිත්තානි" යන සනිකාර රූප ඇත්තාවූ වෙත්ද- එහෙයින් උභයමුක්තාකාරයයි දත යුතුයි.

මේ ත්‍රිවිධාකාරය සංස්කෘත භාෂාවෙහිද අසම්භව හෙයින් සියළු ශබ්දශාස්ත්‍රයෙහි නොකියනලද්දේ නමුදු පාළිභාෂාවෙහි සම්භව හෙයින් නිරුත්ති මඤ්ජුසා රූපසිද්ධි ශබ්දනීති යන පොත්වල පමණක් කියන ලදී.

සාමාන්‍යවශයෙන් මේ ලිංගනම් කුමක්ද යත්.

"ලිඞ්ගං නාම පදපකතිරූපං"-සී රූපසිද්ධි ටීකාවෙහි කියනලද හෙයින් ලිංගයනම් පදප්‍රකෘතිරූපයයි සමහරෙක්ද*

"එත කොසවතී ඉත්ථී මස්සුවා පුරිසො සියා,
උභින්නමන්තරං එතං ඉතරොභයමුත්තකො-" ති

"වුත්තත්තා විසිට්ඨා එත කොසාදයො ලිඞ්ගන්ති කෙචි වදන්ති" යනු බැවින් විශිෂ්ටවූ ස්ථන කෙශාදීහු ලිංගයයි සමහරෙක්ද කියත්. ගංගා සාලා වෘක්ෂාදීහු ස්ථනාදිය හා සම්බන්ධයක් නැතිහෙයින් පසුව කී ලිංග ලක්ෂණය සර්වසාධාරණ නොවන බව හා පරමාර්ථවශයෙන් ලිංගනම්වූ කිසිවක් නැත්තේය, ලෞකික සංකෙතාරූඪවූ ව්‍යවහාරය ලිංගනම් වන්නේයයි සමහරෙක්ද කියත්.

ඉදින් පරමාර්ථ වශයෙන් ලිංගයක් ඇත්තේනම් "තට" යනාදි සර්වලිංගික ශබ්ද සංඛ්‍යාත එකස්ථානයෙහි අන්‍යොන්‍ය විරුද්ධවූ ඒ ලිංගයන්ගේ සමාවේශය වන්නේ කෙසේද—එසේහෙයින් යම් කිසි අර්ථයක්හුගේ අවිශදාකාර ව්‍යවහාරය ස්ත්‍රීලිංගයයිද, විශදාකාර ව්‍යවහාරය පුල්ලිංගයයිද, උභයමුක්තාකාර ව්‍යවහාරය නපුංසකලිංගයයිද දතයුතුයි.

එහෙයින් කියන ලදී.

"ඉධ මෙත්ථ සත්තානං සබ්බලිඞ්ගිකොපි සද්දො හොති, තටො, තටී, තටං ති, යදි ච පරමත්ථතො ලිඞ්ගං නාම සියා කථං අඤ්ඤඤ්ඤ

---

* ලිඞ්ග-නාම-පාටිපදික-යනු සමානාර්ථබව කච්චායනභෙද ටීකාවෙහි "ලිඞ්ගනාම පාටිපදිකසද්දාහි සමානත්ථා තෙනවුත්තං ලිඞ්ගංනාමන්ති විඤ්ඤෙය්‍යා න්‍යාදි—නාමලිඞ්ග පාටිපදිකසද්දානං සමානභාවං දස්සෙන්තො මායවරියො

"ලීනං අපාකටං අත්ථං ලීනං ගමයතීති වා
ලිඞ්ගං නාමන්ති විඤ්ඤෙය්‍යං නාමං ලිඞ්ගන්ති සද්දිසං"-න්‍යාදිමාහ.

ම සද්ද විරුද්ධානං තෙසං එකත්ථ සමාවෙසො භවති තස්මා යස්ස කස්සචි අත්ථස්ස අවිසදාකාරවොහාරෙ ඉත්ථිලිඞ්ගං විසදාකාරවොහාරෙ පුල්ලිඞ්ගං උභයමුත්තාකාර වොහාරෙ නපුංසකලිඞ්ගන්ති වෙදිතබ්බන්ති.”

මේ ත්‍රිවිධාකාර ව්‍යවහාරය තත් තත් පදයන්ගේ වශයෙන් නොව ඝනාදිප්‍රබන්ධයාගේ වශයෙන් සිද්ධ නමුදු සමුදායවයවබැවින් තත් තත් පදයාගේද අවිසදාකාරාදි ව්‍යවහාරත්‍වය සිද්ධවන්නේමය.

තවද අවිසදාකාරාදි අර්ථයන් වාච්‍යකාවූ ව්‍යවහාරයන් (ශබ්දයන්) ස්ත්‍රීලිඞ්ගාදිය යයිද සමහරෙක් කියත් නමුදු එය නොගතයුතු බව කියන ලදී—ඉදින් අවිසදාකාර අර්ථයන් වාච්‍යකාවූ ව්‍යවහාරය ස්ත්‍රීලිඞ්ගික වියයුතුනම් මාතු ගාම කලත්‍ර යනාදි ශබ්දයන්ද ස්ත්‍රීලිඞ්ගික විය යුතු වෙත්, ඒ අර්ථයන් අවිසදාකාර බැවිනි.

එසේම විසදාකාර අර්ථයන් වාච්‍යකාවූ ශබ්දය හෙවත් ව්‍යවහාරය පුල්ලිඞ්ගික විය යුතුනම් දෙවතා, සද්ධා, ඤාණ යනාදි ව්‍යවහාරයන්ද පුල්ලිඞ්ගික විය යුත්තාහුය, ඒ අර්ථයන් විසදාකාර බැවිනි.

උභයමුක්තාකාරාර්ථයන් වාච්‍යකාවූ ව්‍යවහාරයන් නපුංසකලිඞ්ගික වියයුතුනම් (උභයමුක්තාකාරාර්ථයන්ගේ නියමයක් නැතිහෙයින්) තිණ, රුක්ඛ, යනාදියෙහි ලිඞ්ග වචනද විරුද්ධවන්නේය—තවත්, සාරිපුත්ත මොග්ගල්ලායන සාවකයුග යනාදිය නපුංසක ලිඞ්ගික බැවින් ඒ අර්ථයන්ගේද උභයමුක්තාකාරත්‍වයක් කියන ලද්දේනම් වන්නේය-

එකම ඤාණයද ඤාණ, පඤ්ඤාණ, පඤ්ඤා, පජානනා, අමොහො යනාදි වශයෙන් තුන් ලිඞ්ගයෙන් නොකිය හැකි වන්නේය—එහෙයින් පසුව කී ක්‍රමය නොගත යුතුබව හා මුල කී ක්‍රමයම ගතයුතු බව අග්ගවංසාචාර්‍ය්‍යයන් විසින් කියන ලදී.

ලොකයෙහි වනාහි ස්ත්‍රීන්ගේ හෙළිම ශරීරය විසදය, ඌඩ් ශරීරය අවිසදය, උරමාංසයද අවිසදය, ගමනාදි ඉරියව්ද අවිසදය, ස්ත්‍රීහු යන්නීද අවිසදව යන්නීය-සිටින්නීද, සයනය කරන්නීද, ඉන්නීද, කන්නීද, අනුභවකරන්නීද, අවිසදවමය-අවිසදවූ ලෙස ඉරියව් ආදිය පවත්වන්නාවූ පුරුෂයෙක්ද දුටුකල්හි මොහු ස්ත්‍රියෙක් මෙනැයි ලෝකයාද කියත්-මෙසේ හෙයින් යම්සේ ස්ත්‍රීහු බොහෝ සෙයින් අවිදාකාර ඇත්තීද එසේම සවිඤ්ඤාණකාවූ හෝ අවිඤ්ඤාණකාවූ හෝ අර්ථයන්හුගේ අවිසදාකාරවූ යම් ව්‍යවහාරයෙක් ඇත්තේද ඒ ස්ත්‍රීලිඞ්ගනම් වන්නේය-ඒ මෙසේය කඤ්ඤා, දෙවතා, සද්ධා, රත්ති, ඉත්ථි, යාගු, වධූ යනාදීයයි.

පුරුෂයන්ගේ අධඃශරීරය අවිසදය ඌර්ධ්වශරීරය විසදය උරමාංස යද විසදය ගමනාදියද විසදය පුරුෂයෝ යන්නාහුද විසදව යෙත් සිටින්නාහුද සයනය කරණණාහුද ඉන්නාහුද කන්නාහුද අනුභවකරණ්ණාහුද එසේමය-විසද ලෙස ඉරියව් ආදිය පවත්වන්නාවූ ස්ත්‍රීන් දුටු කල්හි මැ පුරුෂයෙක් මෙනැයි ලොකයාද කියත්. මෙසේහෙයින්, යම්සේ පුරුෂයෝ බොහෝසෙයින් විසදාකාර ඇත්තාහුද, එසේම සවිඤ්ඤාණකාවූ හෝ අවිඤ්ඤාණකාවූ හෝ යම්කිසි අර්ථයක්හුගේ යම් ව්‍යවහාරයෝ බොහෝ සෙයින් විසදාකාර වූවාහුද ඒ ව්‍යවහාරයෝ පුල්ලිඟුනාම් වෙත්—ඒ මෙසේය—පුරිසො, මාතුගාමො, ඔරොධො, ආපො, රුක්ඛො, මොහො, සත්ථා, යනා මේ ආදියයි.

යම්සේ නපුංසකයෝ උභයමුක්තාකාර ඇත්තාහුද, එසේම සවිඤ්ඤාණකාදි යම්කිසි අර්ථයක්හුගේ යම් ව්‍යවහාරයෝ උභයමුක්තාකාර ඇත්තාහුද ඒ නපුංසක ලිඟුනාම් වෙත්—ඒ මෙසේය, චිත්තං, රූපං, ඉන්ද්‍රාගාරං, කලත්තං, නාටකං, රතනං, ඤාණං, අක්ඛි, ආයු, යනා මේ ආදියයි.

මෙසේ සියළුම නාමික පදයන්ගේ සඥාදිප්‍රබන්ධ නිශ්‍රිතවූ අවිසදාකාර ව්‍යවහාරාදිභාවයෙන් ස්ත්‍රීලිඟාදිභාවය වන හෙයින් ගොශබ්දවයගේද සඥාදිප්‍රබන්ධ සංඛ්‍යාත නාමික පදමාලා නිශ්‍රිතවූ අවිසදාකාර ව්‍යවහාරාදිභාවයෙන් යථාක්‍රමයෙන් ස්ත්‍රීලිඟාදිත්වය දත යුත්තේයි.

ස්ත්‍රීලිඟික ශබ්ද කාණ්ඩයයි.

NOUNS ENDING IN අ. (A) NEUT. *Chitta.*

1. අකාරන්ත නපුංසකලිඞ්ගො චිත්තසද්දො.

	එකවචන.	බහුවචන.
ප...	චිත්තං	චිත්තා, චිත්තානි
ආ...	(හෙ) චිත්ත, චිත්තා	(හව:) චිත්තා, චිත්තානි
දු...	චිත්තං,	චිත්තෙ, චිත්තානි
ත...	චිත්තෙන	චිත්තෙහි, චිත්තෙභි
ක...	චිත්තෙන	චිත්තෙහි, චිත්තෙභි
ච...	චිත්තාය, චිත්තස්ස	චිත්තානං
ප...	චිත්තා, චිත්තම්හා, චිත්තස්මා,	චිත්තෙහි, චිත්තෙභි
ඡ..	චිත්තස්ස	චිත්තානං
ස...	චිත්තෙ, චිත්තම්හි, චිත්තස්මිං	චිත්තෙසු.

පුඤ්ඤ පාප ඵල රූප සාධනං සොත ඝාන සුඛ දුක්ඛ කාරණං
දාන සීල ධන ඣාන ලොචනං මූල කූල බල ජාල මඞ්ගලං.

නලිනලිඞ්ග මුඛ[1]ඞ්ග ජල[2]ම්බුජං පුලින ධඤ්ඤ හිරඤ්ඤ පද[3]වතං
පදුම පණ්ණ සුසාන වනා[4]යුධං හදය චීවර වත්ථ කලි[5]ඤ්ජසං.

නයන වදන යානො[6]දාන සොපාන පානං
භවන භුවන ලොහා[7]ලාත තුණ්ඩ[8]ණ්ඩ පීඨං,
කරණ මරණ ඤාණා[9]රම්මණා[10]රඤ්ඤ තාණං,
තගර නගර තීරච්ඡත්ත ඡිද්දො[11]දකානි.

ඉච්චාදයො චිත්ත සද්දාව.

"ඡත්තං වජ්ජං සණ්ඩං වස්සං අඞ්ගං පීඨං මාලං කානනං
තරණං සුවණ්ණං පවනං ගමනං අමතං සකටං ආසනං උප්පලං
පූරං ඉච්චාදයොපි—ඉමානි චිත්තසද්දෙන සද්ධිං සදිසානි.

චම්මං වෙස්මං සම්මං–ඉමානි එකධා සිජ්ඣන්ති.
කම්මං ථාමං–ඉති ඉමානි අනෙකධා සිජ්ඣන්ති."

පුඤ්ඤශබ්දය පටන් පූර ශබ්දය දක්වා මෙහි දක්වනු ලැබූ ශබ්ද යෝ සර්වප්‍රකාරයෙන්ම චිත්ත ශබ්දය හා සදෘශ නමුදු චම්ම වෙස්ම සම්ම යන ශබ්ද තුනෙහි සප්තමී එකවචනස්ථානයෙහි "චම්මනි වෙස්මනි සම්මනි" කියාත් රූප තුනක් ඇති බැවින් ඒ ශබ්ද තුන

එකප්‍රකාරයකින් විතතශබ්දය හා විසදෘශශබ්දය—කම්ම ථාම යන ශබ්ද දෙකෙහි තෘතීයා පඤ්චමී ඒකවචනස්ථානයන්හි කම්මුනා, කම්මනා, ථාමුනා, ථාමසා, යනුද චතුත්ථී ඡට්ඨී ඒකවචනස්ථානයන්හි කම්මුනො-ථාමුනො-යනුද, සප්තමී ඒකවචනස්ථානයෙහි කම්මනි යනුද දක්නාලද හෙයින් ඒ ශබ්දද්වය නොයෙක් ප්‍රකාරයෙන් විතත ශබ්දය හා විසදෘශයයි.

විතත ශබ්දයාගේ පදමාලාවෙහි ප්‍රථමා බහුවචනස්ථානයෙහි "විතතා" යනුද, ද්විතීයා බහුවචනස්ථානයෙහි "විතතෙ" යනුද, මූලනිරුක්තියෙහි නොදක්වන ලදී—එහෙත් "ඡ විතතා අබ්‍යාකතා" යනාදි විභඞ්ගපාළි ආදී ඒ ඒ තැන එබඳු පද දක්නා ලද හෙයින් බුද්ධප්පිය අග්ගවංස යනාදි ආචාර්යෙශ්වරයන් විසින් රූපසිද්ධි ආදියෙහි දක්වන ලදී—එසේවූ පද ගෙහවත් (ප්‍රථමා ඒකවචනයෙහි ඕකාරාන්තව සිටින්නාවූ) අකාරාන්ත පුල්ලිඞ්ගික ශබ්දයන්ගේ ප්‍රථමා ද්විතීයා බහුවචන රූප වැනි (ප්‍රථමා ඒකවචනයෙහි නිග්ගහීතාන්තව සිටින්නාවූ) අකාරාන්ත නපුංසක ලිඞ්ගික ශබ්දයන්ගේ ප්‍රථමා ද්විතීයා බහුවචන රූප පුල්ලිඞ්ගිකාදි පදයන් සමග සමානාධිකරණව යෙදුනාවූ තැන් පාළියෙහි දක්නා ලද්දාහුය—ඒ නම් "චත්තාරො සතිපට්ඨානා—චත්තාරො සම්මප්පධානා—සබ්බෙ මාලා උපෙන්ති මං—දස්ස එතෙ ධනා අත්ථි ඉත්ථියා පුරිසස්ස වා—තීණි ඉන්ද්‍රියා—වෙළුරියා—පඤ්ච විඤ්ඤාණා—චත්තාරො අඞ්ගෙ අධිට්ඨාය සෙමි වම්මිකාමත්ථකෙ—රූපා සද්දා ගන්ධා රසා ඵොට්ඨබ්බා—රූපෙ ච සද්දෙ ච අථො රසෙ ච—චක්ඛුඤ්ච පටිච්ච රූපෙ ච උප්පජ්ජති චක්ඛු විඤ්ඤාණං" යන මේ ආදියයි.

මෙහි "සතිපට්ඨානා" යනාදි පදයන් ලිඞ්ගවිපල්ලාස වශයෙන් දක්වන ලද්දාහු නොව "චත්තාරො" යනාදි පදයන්ම ලිඞ්ගවිපල්ලාස වශයෙන් දක්වනලද්දාහු යයි දත යුතුය—සතිපට්ඨානාදි ශබ්දයන්ගේ ප්‍රථමා ඒකවචනස්ථානයෙහි ඕකාරාන්තව සිටියාවූ පදයන් පාළියෙහි නොදක්නා ලදහෙයින් හා ප්‍රථමා ඒකවචනස්ථානයෙහි නිග්ගහීතාන්තවූ නපුංසක ලිඞ්ගික සතිපට්ඨානාදි ශබ්දයන් සමග "චත්තාරො" යනාදිය සමානාධිකරණභාවයෙන් යොදනු ලැබූ හෙයිනි.

"සතිපට්ඨානො ධම්මො-විතතො ධම්මො-විතතා ධම්මා" යනාදියෙහි සතිපට්ඨානාදි ශබ්ද ඕකාරාන්ත පුල්ලිඞ්ගිකව තිබියදී "සතිපට්ඨානාදි ශබ්දයන්ගේ ප්‍රථමා ඒකවචනයෙහි ඕකාරාන්තව සිටින්නාවූ රූප පාළියෙහි නොදක්නාලද" යයි තුමක් නිසා කියන ලදද? එසේව (නොහොත්) "සතිපට්ඨානො ධම්මො" යනාදි

යෙහි සතිපට්ඨානො යනාදිය ලිඟ විපල්ලාස වශයෙන් නම් "චත්තාරො සතිපට්ඨානා" යනාදියෙහිද "සතිපට්ඨානා" යනුත් ලිඟවිපල්ලාස වශයෙන් යයි කල්පනා කටයුතු නොවේද? යත්—

එසේ කල්පනා නොකට යුතුය—"සතිපට්ඨානො ධම්මො-චිත්තො ධම්මො" යනාදියෙහි "සතිපට්ඨානො-චිත්තො" යනු ලිඟ විපල්ලාස වශයෙන් යයි නොගතයුතු හෙයිනි—එහි "ධම්ම" ශබ්දය සමග යෙදීම පිණිස "ධම්මො" යනු අපෙක්ෂා කොට "සතිපට්ඨානො-චිත්තො" යි බුද්ධරජානන්වහන්සේ වදාළේය—(අන්‍යශබ්දයක් අපෙක්ෂා කිරීමෙන් මිස) කෙවලවූ "සතිපට්ඨාන-චිත්ත" යන ශබ්දයෝ ප්‍රථමා ඒකවචනයෙහි නිග්ගහීතාන්තව මුත් ඔකාරාන්තව සිටියාවූ තැන් පාළියෙහි නැත්තාහුය—"චිත්තො ගහපති" යන්නෙහිද (පුල්ලිඟිකාවූ) "ගහපති" ශබ්දය අපෙක්ෂා කොට විඤ්ඤාණයෙහි පවත්නා චිත්තශබ්දය නාම ප්‍රඥප්ති වශයෙන් පුද්ගලයා කෙරෙහි ආරෝපනය කොට පුද්ගල වාචක කිරීමෙන් "චිත්තො ගහපති" යි කියන ලද්දේය—විඤ්ඤාණ සංඛ්‍යාත චිත්ත වාචක කල්හි චිත්තං කියාම වන්නේය—එසේ හෙයින් "චිත්තො ගහපති-චිත්තා ඉත්ථී" යනාදියෙහි ලිඟවිපල්ලාසය කැමති නොවිය යුතුය—චිත්තශබ්දය සාපෙක්ෂා හෙයිනි.

මෙසේම "සතිපට්ඨානො ධම්මො-චිත්තො ධම්මො-චිත්තා ධම්මා" යනාදියෙහිද ලිඟ විපල්ලාසය කැමති නොවිය යුතුය—"චත්තාරො සතිපට්ඨානා" යනාදියෙහි වනාහි යම් පදකෙණක් කාරණකොට ගෙණ සතිපට්ඨානාදි ශබ්ද පුල්ලිඟික විය යුත්තාහු වෙත්ද (සතිපට්ඨානාදි ශබ්දයන් විසින් අපෙක්ෂා කරණු ලබන්නාවූ) එසේවූ (පුල්ලිඟික) පදයෝ යථොක්ත උදාහරණවල නැතිහෙයින් "චත්තාරො" යනාදී පදයන්ම පෙරලා "චත්තාරි-සබ්බානි-එතානි" යි නපුංසකලිඟික වශයෙන් ගෙණ සතිපට්ඨාන සම්මප්පධාන මාල යනාදි පදයන් හා යෙදිය යුත්තාහුය.

තවද "සබ්බෙ මාලා උපෙනන්ති මං" යන උදාහරණයෙහි "මාලා" යනු ස්ත්‍රීලිඟිකයයි ගෙණ පුල්ලිඟිකාවූ "සබ්බෙ" යන්න ස්ත්‍රී ලිඟික වශයෙන් "සබ්බා" යි පෙරලා "සබ්බා මාලා" යි ගෙණ සමහරෙක් අර්ථ බණනා නමුදු විසදෘශ ලිඟික පදයන් වෙනත් වදාළ තැන් ඇති හෙයින් එසේ යොදා අර්ථ බිණීම නොගත යුතු බවද—පුල්ලිඟිකාවූ "සබ්බෙ" යන්න "සබ්බානි" යි නපුංසක වශයෙන් පෙරලා නපුංසක ලිඟිකාවූ "මාලා" යනු සමග යොදා "සබ්බානි මාලානි" යන්නෙහි යම් අර්ථයක් ඇත්තේද ඒ අර්ථය එහිද ගතයුතු බවද කියන ලදී.

"මාල" ශබ්දය ස්ත්‍රීනපුංසකවශයෙන් ද්විලිඞ්ගිකව තිබියදී මෙහිදී ස්ත්‍රීලිඞ්ගත්වය කල්පනාකිරීමෙහි වරද කවරේද? යත්-

ස්ත්‍රීලිඞ්ගිකවූ ශබ්දයන් පුල්ලිඞ්ගික සර්වනාමපදයන් සමග සමානාධිකරණ බව නොවන හෙයින් හා නපුංසක ලිඞ්ගික ශබ්දයන් පුල්ලිඞ්ගික සර්වනාමශබ්දයන් සමග සමානාධිකරණබව වනහෙයින් යයි කියනලදී—එසේහෙයින් "ඒතෙ ධනා" යනාදි ප්‍රයෝගයන්ද පාලියෙහි ඇත්තාහුය.

තවද "එතෙ ධනා" යනාදි උදාහරණවලද එතෙ යනාදි (පුල්ලිඞ්ගික) සමානාධිකරණ පදයන් හා යොදනුලැබූහෙයින් "ධනා" යනාදියද විපල්ලාසවශයෙන් පුල්ලිඞ්ගිකම නොවේද? යත්-නොවේය ධනශබ්දය නපුංසක ලිඞ්ගිකමය, ඉදින් පුල්ලිඞ්ගිකනම් "එසො" යනාදි සමානාධිකරණපදයන් හා යොදනුලැබූවාවූ "ධනො" යනාදි රූපයන්ද විය යුත්තාහුය—ධනශබ්දයාගේ එසේවූ රූපයන් පෙළෙහි නැති බැවින් ධනශබ්දයද ඉන්ද්‍රිය විඤ්ඤාණ යනාදි ශබ්දයන් මෙන් නපුංසක ලිඞ්ගිකමය-යනුද, ගම් දක්වනු ලැබූ ක්‍රමය ප්‍රථමා බහුවචනයෙහිමය-යනුද, සමහර නපුංසකලිඞ්ගිකරූපයෝ (පුරුෂවේෂධාරී නපුංසකයන් මෙන්) විසමාකාර ඇතිව පුල්ලිඞ්ගික රූපයන් මෙන් වනලදුව පුල්ලිඞ්ගික රූපයන් සමග හැසිරෙත්ය යනුද ශබ්දනීතියෙහි කියනලදී.

තවද "චිතෙතා ගහපති-චිත්තා ඉත්ථි" යනාදියෙහි (චිත්තං එතස්ස අත්ථීති චිතෙතා-චිත්තං එතස්සා අත්ථීති චිත්තා යි) අස්සත්ථිතද්ධිතවශයෙන් "සද්ධො-සද්ධා" යනු මෙන් ගතයුතු බැවින් ලිඞ්ගවිපල්ලාසය නොකමැති විය යුතුය "සපතිඪානො ධම්මො-චිතෙතා ධම්මො-චිත්තා ධම්මා" යනාදියෙහි මෙබඳු අර්ථයන් නොගතයුතු බැවින් "සතිපට්ඨානං ධම්මො-චිත්තං ධම්මො-චිත්තානි ධම්මා" යි කියයුතු තන්හි ලිඞ්ගවිපල්ලාස වශයෙන් "සතිපට්ඨානො ධම්මො-චිතෙතා ධම්මො-චිත්තා ධම්මා" යි කියන ලද්දේ යයි යමෙක් කියේ වීනම් කෙසේද? යත්—ඒ එසේ නොවේය "චිතෙතා ගහපති-සතිපට්ඨානො ධම්මො" යනාදියෙහි "චිත්ත-සතිපට්ඨාන" යනාදි ශබ්ද "ගහපති-ධම්ම" යනාදි ශබ්දයන් අපෙක්ෂාකිරීම්වශයෙන් පුල්ලිඞ්ගිකවන ලද්දාහුය—ඒ එසේමතුයි, ඒකාන්ත නපුංසකලිඞ්ගිකවූ "පුඤ්ඤ" ශබ්දය "අභිසංඛාර" ශබ්දය අපෙක්ෂාකිරීම් වශයෙන් "පුඤ්ඤො අභිසංඛාරො" යි පුල්ලිඞ්ගික වන ලද්දේය—එසේම ඒකාන්ත නපුංසක ලිඞ්ගිකවූ "පදුම-මඞ්ගල" යනාදි ශබ්ද අන්‍යාර්ථාපෙක්ෂා වශයෙන් "පදුමො භගවා-පදුමා දෙවී-මඞ්ගලො භගවා-මඞ්ගලා ඉත්ථි" යි පුම්ස්ත්‍රීලිඞ්ගික වන ලද්

දැහුණ-ඒකාන්ත පුල්ලිඞ්ගකවූද (භක්ඛ්‍යවිශෙෂ වාචකවූ) "කාලාවක, ගංගෙය්‍ය" යනාදි ශබ්ද, කුල ශබ්දය අපෙක්‍ෂාකිරීම්වශයෙන් "කාලාවකාච ගංගෙය්‍යං" සී මේආදිවශයෙන් නපුංසක ලිඞ්ග වන ලද්දැහුණ.

මෙසේ ඒ ඒ අර්ථයන් අපෙක්‍ෂාකිරීම් වශයෙන් ඒ ඒ ප්‍රකෘති ලිඞ්ගයන් හැර අන්‍ය ලිඞ්ගයන් පිහිටුවා නිර්දේශයන් දක්නා ලද්දැහුණ—ඒසියල්ලම තද්ධිත ප්‍රත්‍යයවශයෙන් අන්‍ය ලිඞ්ගවූවාහු නොව "ගහපති, ධම්ම" යනාදි ශබ්දයන් අපෙක්‍ෂාකිරීම් වශයෙන්මය.

ඒහෙයින්

"පෙතානි භොන්ති පුත්තානි ඛාදමානා තුවං පුරෙ,
......................සිවිපුත්තානි චවහය."
"එවං ධම්මානි සුත්වාන විප්පසීදන්ති මාණවා."

යනාදි තන්හිම ලිඞ්ගවිපල්ලාසය කැමති විය යුතු:—කුමක්හෙයින්ද "පුත්ත, ධම්ම" යන ශබ්දයො අන්‍යශබ්දයන් අපෙක්‍ෂා නොකරණ හෙයිනි.

"චිත්තො ගහපති-චිත්තා ඉත්ථී—සතිපට්ඨානා ධම්මා-චිත්තො ධම්මො-චිත්තා ධම්මා" යනාදියෙහි "චිත්ත" ශබ්දාදීහු "ගහපති, ධම්ම" යනාදි ශබ්දයන් අපෙක්‍ෂා නොකරණ බැවින් චිත්තශබ්දාදීන්ගේ ලිඞ්ගවිපල්ලාසභාවය නොකැමැති විය යුතුය යනු මෙහි නිශ්චයයි.

NOUNS ENDING IN අ. (A) NEUT. *Mana.*

2. අකාරන්ත නපුංසකලිඞ්ගො මනසද්ද,

එකවචන.	බහුවචන.
ප...මනං	මනා, මනානි
ආ...(හෙ)මන, මනා	(භව:) මනා, මනානි
දු...මනං,	මනෙ, මනානි
ත...මනසා, මනෙන	මනෙහි, මනෙභි
ක...මනසා, මනෙන	මනෙහි, මනෙභි
ච...මනසො, මනස්ස	මනානං
පං...මනසා,* මනා, මනම්හා, මනස්මා	මනෙහි, මනෙභි
ඡ...මනසො, මනස්ස	මනානං
ස...මනසි, මනෙ, මනම්හි, මනස්මිං	මනෙසු.

මනං සිරං උරං තෙජං රජං ඔජං වයං පයං,
යසං තපං වචං චෙතං එවමාදි මනො ගණො.

මනො තමො තපො තෙජො වචො ඔජො උරො සිරො,
රජො යසො පයො චෙතො සරො වාසො වයො අයො.

†(ජලාසයෙ සරො හොති අයො ලොහෙ යදක්ඛයෙ,
වයො ඤෙය්‍යො පටෙ වාසො මනෙ චෙතො මනාදිසු.)

* "මනසා" යන්නු පඤ්චමියෙහි බාලාවතාරයෙහි මුත් රූපසිද්ධි ශබ්දනීති ආදියෙහි නොදක්වන ලදී.

† මේ ගාථාවට ටීකාකරන්නාවූ වාචිස්සරසංඝරාජමහාසාමිපාදයන්විසින් පද සාධනී ටීකාවෙහි–"සරො සරසද්ද ජලාසයෙ හොති ච, අයො අයසද්ද ච කාළලොහෙ හොති ච, යදි අක්ඛයෙති පදච්ඡෙද-වයසද්ද අක්ඛයෙ සරීරවත්ථායං හොති ච, වාසසද්ද පටෙ චෙතසද්ද මනෙ හොති ච, මනාදීසු ඤෙය්‍යොති ගාථායත්ථො–අනෙන ව්‍යවච්ඡෙදෙන සරසද්ද බාණෙපි වයසද්ද ඛයෙපි අයසද්ද සුඛෙපි වාසසද්ද නිවාසනට්ඨානෙපි චෙතසද්ද රජ්ජුසුපි වත්තතෙ තත්ථ වත්තමානා සරාදයො සද්ද මනාදීසු න පඨියන්තීති දස්සෙති—කච්චායනෙ හි "එවං වචො වයො තෙජො තපො චෙතො තමො යසො අයො පයො සරො සිරො උරො රහො අහො පිවා" ති අහ රහ සද්දාපි මනාදීසු පඨිතා—ඉධ පන අහසද්දස්ස මනාදීසු කාරියා සම්භවා රහසද්දස්ස ච නිපාතත්තා මනාදීසු න පඨිතා"—. යන්නු දක්වන ලදී.

"මනොගණ" ශබ්ද ලක්ෂණ කෙසේද? යත්.

යම් ශබ්දකොට්ඨාසයක් නා-ස-ස්මිං-යන විභක්තිවිෂයෙහි පිළිවෙළින් සා-සො-සි-යන අක්ෂරයන් කෙළවරකොට ඇති රූපයන් ඇත්තේ වේද (ඒනම් මනසා-සිරසා-මනසො-සිරසො-මනසි-සිරසි-යනාදියයි.)

එසේම සමාසාන්ත තද්ධිතාන්තවූ කල්හි මධ්‍යයෙහි ඔකාර සහිතවූ රූප ඇත්තේ වේද, (ඒනම්, මනොධාතු-මනොමයං-යනාදියයි) ක්‍රියාපදයන් සමග යෙදීමෙහිදී ඔකාරාන්ත උපයොගවචන ඇත්තේ වේද (කස්සපස්ස වචො සුත්වා—සුත්වාන මුනිනො වචො යනාදියෙහි වූ වචො යනාදියයි) මෙසේවූ ශබ්ද කොටස මනොගණ නම් වේ.

එහෙයින් කීහ.

"යෙ තෙ නා ස ස්මි විසයෙ සා සො ස්‍යන්තා භවන්ති ච,
සමාස තද්ධිතන්තත්තෙ තත්‍ර මජ්ඣොකාරා භවන්ති හි.

සො[1]කාරන්ත[2]පයොගා ච ක්‍රියා යොගම්හි දිස්සරෙ,
එවං විධා ච යෙ සද්දා ඤෙය්‍යා මනො ගණෙ ඉති.

මනසා මනසො මනසි ඉති ආදි වසා ඨිතා,
සා සො ස්‍ය[3]න්තානි රූපානි වුත්තා මනො ගණෙ ඉති.

මනො ධාතු වචො රස්මි පයො වුඩ්ඪො තපොධනො,
තෙජොධාතු තමොනාසො යසොභොගසමප්පිතො.

ඡන්දො හාසො අහො රත්තං මනොමඃ [4]මයොමයං,
එවංවිධො විසෙසො යො ලක්ඛණං තං මනොගණෙ.

වචො සුත්වා සිරෙ පිණ්ඩි අයො කන්තන්ති ඉච්චපි,
උපයොගස්ස සංසිද්ධි ලක්ඛණං තං මනොගණෙ.

මනොගණෙ වුත්තනයො ඉත්ථි ලිඞ්ගෙ න ලබ්භන්ති,
පුනාපුංසක ලිඞ්ගෙසු ලබ්භතෙව යථා රහං."

ගණන් වශයෙන් මනොගණ ශබ්ද කොතෙක්ද? යත්.
බාලාවතාරයෙහි—"මනං සිරං......එවමාදි මනොගණෙ"—
යන්නෙන් මනොගණය කියන ලදී.

රූපසිද්ධියෙහි හා සූත්‍ර නිර්දේශයෙහි,

"මනො වචො පයො තෙජො තපො චෙතො තමො යසො,
අයො පයො සිරො ඡන්දො සරො උරො රහො ථාමො.
ඉච්චෙව මාදයො සද්දා මනොගණොති දීපිතා."—යනුද,

ශබ්දනීතියෙහි මීට වෙනස්ලෙස ගණන් වශයෙන්ම "[1]මන [2]වච [3]වය [4]තෙජ [5]තප [6]චෙත [7]තම [8]යස [9]අය [10]පය [11]සිර [12]ඡන්ද [13]සර [14]උර [15]රහ [16]අහ*" යන මේ ශබ්ද සොළස මනොගණයයි කියන ලදී.

ඒ මෙසේය.

"මනො වචො වයො තෙජො තපො චෙතො තමො යසො
අයො පයො සිරො ඡන්දො සරො උරො රහො අහො—
ඉමෙ සොළස" යනුයි.

මේ ශබ්දයන් අතුරෙන් (3) "වය" ශබ්දය තෙම පරිහානි වාචක කල්හි මනොගණයෙහි ඇතුලත් නොවන බව හා ආයු කොටස් වාචක කල්හි මනොගණයෙහි ඇතුලත් බවද-එසේම (6) "චෙතො" ශබ්දය ප්‍රඥප්තිවාචක කල්හි මනොගණයෙහි ඇතුලත් නොවන නමුදු චිත්තවාචක කල්හි ඇතුලත් බවද—(13) "සර" ශබ්දයත් උසු ශබ්ද ශර වන අකාරාදිස්වර යන මේ අර්ථයන් වාචක කල්හි මනොගණයෙහිම ඇතුලත් නැති නමුදු තටාක වාචක කල්හි මනොගණයෙහි ඇතුලත් බවද දතයුතුයි.

එහෙයින්ම ශබ්දනීතියෙහි

"වයො ඉති අයං සද්දො පරිහානි වාචකො චෙ පුරිසනයෙ සබ්බථා
"පවිට්ඨො, ආයුකොට්ඨාසවාචකො චෙ මනොගණපක්ඛිකත්තා පුරි
"සනයෙ එකදෙසෙන පවිට්ඨො—චෙතො ඉති සද්දො යදි පණ්ණ
"ත්තිවාචකො පුරිසනයෙ සබ්බථා පවිට්ඨො—යදි පන චිත්තවාචකො
"මනොගණපක්ඛිකත්තා පුරිසනයෙ එකදෙසෙන පවිට්ඨො—
"සරො ඉති අයං සද්දො උසුසද්දෙ සරවන අකාරාදි සරවාචකො චෙ
"පුරිසනයෙ සබ්බථා පවිට්ඨො—රහදවාචකො චෙ මනොගණපක්ඛි
"කත්තා පුරිසනයෙ එකදෙසෙන පවිට්ඨො"—යනු කියන ලදී.

තවද මනශබ්දයාගේ ප්‍රථමා එකවචනයෙහි "මනො" යන රූපයක් පාලියෙහි බොහෝ තැන්වල දක්නා ලද්දේය. එය (අකාරාන්ත පුල්ලිඞ්ගික බුද්ධශබ්දයෙහි "බුද්ධො" යන පදය හා සමාන නමුදු) නපුංසකලිඞ්ගික රූපයක් යයි සමහරු කියත්-මනශබ්දය පුං නපුංසක වශයෙන් ද්විලිඞ්ගික බැවින් "මනො" යනු නපුංසකලිඞ්ගික රූපයක් නොව පුල්ලිඞ්ගික රූපයක්මයයි දත යුතුය-ඉදින් "මනො" යනු නපුංසකලිඞ්ගික වන්නේ නම් "වචො, වයො" යනාදියද

---

* අහ ශබ්දයාගේ සප්තමී එකවචනස්ථානයෙහි මනශබ්දයෙහි පදයන් මෙන් පමණක් නොව "අහනි, අහු," කියාද පදමයක් විය යුතුයි.

(තත් සදෘශ බැවින්) පුල්ලිඞ්ගික විය යුතුය—එපමණකුත් නොව පාළියෙහි "මනො අනිච්චො, කායො අනිච්චො, මනො දුක්ඛො කායො දුක්ඛො"-යනුද "මනො නිච්චො වා අනිච්චො වාති? අනිච්චො භන්තෙ"—යනුද, මේආදීවූ බොහෝ පුල්ලිඞ්ග ප්‍රයෝගයන් දක්නාලද්දහුය-එහෙයින් "මනො" යනු ඒකාන්තයෙන්ම පුංලිඞ්ගිකයයි කියාම හැගේ—ඉදින් නපුංසක ලිඞ්ගික වූයේනම් ඒ හා සමානාධිකරණවූ "අනිච්චො-දුක්ඛො" යනාදිවූ නොයෙක් සිය ගණන් පදයන්ද නපුංසක ලිඞ්ගික වන්නාහුය-ඒ පදයෝ නපුංසකලිඞ්ගික නොව අභිධෙය්‍ය ලිඞ්ගානුවර්තීවූ වාච්‍ය ලිඞ්ගිකයෝය—එහෙයින් "මනො" යනුද පුල්ලිඞ්ගිකයයි කල්පනා කටයුතුයි.

තවද, ඉදින් "මනො" යනු පුල්ලිඞ්ගික රූපයක් නොවේනම්

"ගරු චෙතියපබ්බත වත්තනියා පමද්‍ද පමද්‍ද විමද්දං සමණං,
සුනියම්ම අකාසි සිතං පත්තං පතිතං අසුභෙසු මුනිස්ස මනො."

යන මේ ගාථාවෙහි "මනො" යනු හා සමානාධිකරණවූ "පතිතං" යන පදය කුමක් නිසා නපුංසකලිඞ්ගිකත්වයෙන් දක්වන ලද්දේද? මෙසේ ශබ්දනන්තර සන්නිධාන වශයෙන් "මනො" යනු නපුංසක ලිඞ්ගිකයයි හැඟෙන්නේ නොවේද? යත්,

එසේ නොහැඟෙයි-සමානාධිකරණ පදයා සමහර තැනෙක්හි ලිඞ්ගවිශෙෂය ප්‍රකාශ නොකෙරේ—ඉදින් සමානාධිකරණ පදයො හැමතැන්හිම ලිඞ්ග විශෙෂය ප්‍රකාශ කෙරෙත්නම් "චත්තාරො ඉන්ද්‍රියානි" යන්නෙහි වූ "චත්තාරො" යන සමානාධිකරණ පදයාවිසින් "ඉන්ද්‍රියානි" යනු පුල්ලිඞ්ගික කටයුතුය—එසේ නොහැකිය ඉන්ද්‍රියශබ්දයනම් ඒකාන්තයෙන්ම නපුංසකලිඞ්ගිකය—ඉදින් "පතිතං මනො" යන්නෙහි වූ "පතිතං" යන සමානාධිකරණපදය නිසා "මනො" යනු නපුංසක ලිඞ්ගිකයයි සිතිය හැක්කේනම් "චත්තාරො ඉන්ද්‍රියානි" යන්නෙහි වූ "චත්තාරො" යන සමානාධිකරණපදය නිසා "ඉන්ද්‍රියානි" යනු පුල්ලිඞ්ගික යයිද සිතිය යුතු වන්නේය—එහෙයින් එසේ නොසිතිය යුතුය.

සමානාධිකරණපදයනම් සමහර තැනෙක්හි ප්‍රධාන ලිඞ්ගයට අනුව පවත්නේය. සමහර තැනෙක්හි එසේ නොපවත්නේය-එහෙයින් සමානාධිකරණපදයතෙම ලිඞ්ගවිශෙෂ ජෝතනයෙහි එකාන්ත ප්‍රමාණ නොවේ—රූප විශෙෂයම ප්‍රමාණයි.

එහෙයින් බාලාවතාරයෙහිද,

"විසෙසෙස දිස්සමානා යා ලිඞ්ගසංඛ්‍යා විභත්තියො,
තුල්‍යාධිකරණෙ භියෙ‍්‍යා කථිතා තා විසෙසනෙ."

යන්නෙන් විශෙෂ්‍ය පදයෙහි දක්නාලද ලිඟ සංඛ්‍යා විභක්තීහු සමානාධිකරණ විශෙෂණයෙහිද බොහෝසෙයින් යෙදිය යුත්තාහුයයි කියන ලදී.

එසේහෙයින් "චත්තාරො ඉන්ද්‍රියානි" යන්නෙහි "චත්තාරො" යනු පුල්ලිඟිකය "ඉන්ද්‍රියානි" යනු නපුංසක ලිඟිකය—එසේම "මනොපතිතං" යන්නෙහිද "මනො" යනු පුල්ලිඟිකය "පතිතං" යනු නපුංසකලිඟිකයයි දතයුතුයි—පුල්ලිඟිකවූ මනොගණශබ්ද යන්ට සමානාධිකරණවූ පදයන් සමහර තැනෙක්හි නපුංසකවශයෙන්ම යෙදිය යුතුබව පූර්වාචාර්‍ය්‍යවරයන් විසින්ද

* "සද්ධම්ම තෙජ විහතං විලයං ඛණෙන,
වෙනෙය්‍යසත්තහදයෙසු තමො පයාති."

"දුක්ඛං වචො එතස්මින්ති දුබ්බචො-"
"අවනතං සිරො යස්ස සො අවනතසිරො-"

යනාදියෙන් හඟවනලද බවද, "තමො-වචො-සිරො" යනාමේ රූපයෝ නපුංසකලිඟික යයි හැඟවීම පිණිස යථෝක්ත පාඨයන් රචනාකළා නොව මනොගණයෙහි පැවති පුල්ලිඟිකවූ "තමො-වචො-සිරො යනාදි පදයන්ට (විපල්ලාස වශයෙන් සිටියාවූ) නපුංසකලිඟිකවූ සමානාධිකරණපදයන් ඇත්තාහු යයි ශ්‍රොතෘ ජනයාට හඟවනු පිණිස යොදනලද බවද දතයුතුයි—එහෙයින් අභිධම්ම විභාවිනී ටීකා සංවණ්ණනාවෙහිද මෙසේ කියන ලදී.

"සුන්දරං මනො සුමනොති එත්ථ සුන්දරන්ති නපුංසකලිඟං,
"මනොති පුල්ලිඟං මනසද්දෙ දුමනපුංසකලිඟවසෙන විලිඟො,
"මනොති පුල්ලිඟං, මනනති නපුංසක ලිඟං—නනු මනොති පදං
"අපෙක්ඛිත්වා සුන්දරොති වත්තබ්බං? කස්මා එව මවත්වා සුන්දරන්ති
"වුත්තන්ති?—සච්චං සුන්දරන්ති පදං නපුංසකලිඟං මනොති පුල්ලි
"ඟෙන සමානාධිකරණං හොතීති විඤ්ඤාපනත්ථං සුන්දරං මනොති
"වුත්තන්ති—නහි අයමාචරියො සුන්දරන්ති සමානාධිකරණ
"පදෙන මනොති පදස්ස නපුංසකලිඟභාවවිඤ්ඤාපනත්ථං සුන්දරං
"මනොති සද්දුද්ධාරණං කාරි-අථඛො? මනොගණෙ පවත්තානං
"පුල්ලිඟානං පයොගෙ නපුංසකලිඟභාවෙන පි සමානාධිකරණ
"පදානි කානිචි හොන්තීති දස්සනත්ථං එවං කාරී" යනුයි.

---

* "වෙනෙය්‍යසත්තහදයෙසු සද්ධම්මතෙජවිහතං තමො විලයං පයාති"-යි විහතං යනු තමො යනුහා සමානාධිකරණව යොදන ලදී.

තවද කෙවලවූ පුනනපුංසක සංඛ්‍යාත විලිඟික නාමූද වෙන ශබ්ද සංඥා සමාස වනලද්දාවූ (අබ්‍යග්ඝමන-බ්‍යාසත්තමන-අලීනමන යනාදී) මන ශබ්ද ලිඟත්‍රයෙහි වෙත්—අබ්‍යග්ඝමනො-බ්‍යාසත්තමනො-අලීනමනො—අබ්‍යග්ඝමනා-බ්‍යාසත්තමනා-අලීනමනා—අබ්‍යග්ඝමනං-බ්‍යාසත්තමනං-අලීනමනං-යනාදි වශයෙනි.

ලිඟත්‍රයෙහි අබ්‍යග්ඝමනසො-අබ්‍යග්ඝමනසා-අබ්‍යග්ඝමනසං-බ්‍යාසත්තමනසො-බ්‍යාසත්තමනසා-බ්‍යාසත්තමනසං—අලීනමනසො-අලීනමනසා-අලීනමනසං—යනාදි වශයෙන්ද වරනගනුලැබේ.

NOUNS ENDING IN උ. (U) (OR අ. A) NEUT. *Gunawantu.*

උකාරන්ත (අථවා අකාරන්ත) නපුංසකලිඟො ගුණවන්තු සද්දො.

	එකවචන.	බහුවචන.
ප..	ගුණවං, [ගුණවන්තං]	ගුණවන්තා, ගුණවන්තානි
ආ..	(හෙ)ගුණවං, ගුණව, ගුණවා	(භව:)ගුණවන්තා, ගුණවන්තානි
දු...	ගුණවන්තං	ගුණවන්තෙ, ගුණවන්තානි
ත...	ගුණවතා, ගුණවන්තෙන	ගුණවන්තෙභි, ගුණවන්තෙහි
ක...	ගුණවතා, ගුණවන්තෙන	ගුණවන්තෙභි, ගුණවන්තෙහි
ච...	ගුණවතො, ගුණවන්තස්ස	ගුණවතං, ගුණවන්තානං
පං..	ගුණවතා, ගුණවන්තා, ගුණවන්තම්හා, ගුණවන්තස්මා	ගුණවන්තෙභි, ගුණවන්තෙහි
ඡ...	ගුණවතො, ගුණවන්තස්ස	ගුණවතං, ගුණවන්තානං
ස...	ගුණවති, ගුණවන්තෙ ගුණවන්තම්හි, ගුණවන්තස්මිං	ගුණවන්තෙසු.

“එවං රුචිමං පාපිමං ගණවං ඵලවං යසවං සතිමං ගතිමං ඉච්චාදයො.”

මෙහි ප්‍රථමා එකවචනස්ථානයෙහි “ගුණවන්තං” යන රූපය මොග්ගල්ලායනවෘත්තියෙහි මුත් බාලාවතාර රූපසිද්ධි ශබ්දනීති ආදියෙහි නොදක්වන ලදී—ආලපන එකවචනස්ථානයෙහි “(හෙ) ගුණව” යන රූපය මුත් ඉතරවූ අග්ගවංසාචාර්‍යයන්විසින් නොදක්වන ලද්දේ නමුදු පුල්ලිංගික ශබ්දයෙහිදී “ගුණවා” යනු පමණක් කියන ලදී—පුල්ලිංගික ශබ්දයෙහි මෙන්ම මෙහිද ප්‍රථමා

ආලපන බහුවචනස්ථානයන්හි "ගුණවන්තා" යනු නොදක්වන ලදී—තවද ප්‍රථමා ආලපන ද්විතීයා බහුවචනස්ථානයන්හි "ගුණවන්ති" යන රූපයක් රූපසිද්ධි බාලාවතාර කච්චායනාදි කිසිම ප්‍රකරණක නොදක්වනලද්දේ නමුදු ශබ්දනීතියෙහි පමණක් දක්වනලදී—"නපුංසකෙ යොසු යොනම්පාත්තං" යන සූත්‍රයෙන් යො විභක්තීන්ට ඉකාරාදෙශ කොට පර නයනාදිය කිරීමෙන් සිද්ධකටයුතුබව හා "ගුණවන්ති කුලානි" යන උදාහරණයද කියන ලදී.

NOUNS ENDING IN අ. (A) NEUT. *Gacchanta.*

7. අකාරන්ත නපුංසකලිඞ්ගො ගච්ඡන්තසද්දෙ.

එකවචන.	බහුවචන.
ප... ගච්ඡං, ගච්ඡන්තං	ගච්ඡන්තා, ගච්ඡන්තානි
ආ...(හෙ) ගච්ඡං, ගච්ඡ, ගච්ඡා	(භවෝ) ගච්ඡන්තා, ගච්ඡන්තානි
දු... ගච්ඡන්තං,	ගච්ඡන්තෙ, ගච්ඡන්තානි
ත... ගච්ඡතා, ගච්ඡන්තෙන	ගච්ඡන්තෙහි, ගච්ඡන්තෙභි
කා... ගච්ඡතා, ගච්ඡන්තෙන	ගච්ඡන්තෙහි, ගච්ඡන්තෙභි
ච... ගච්ඡතො, ගච්ඡන්තස්ස	ගච්ඡතං, ගච්ඡන්තානං
පං.. ගච්ඡතා, ගච්ඡන්තම්හා ගච්ඡන්තස්මා	ගච්ඡන්තෙහි, ගච්ඡන්තෙභි
ඡ... ගච්ඡතො, ගච්ඡන්තස්ස	ගච්ඡතං, ගච්ඡන්තානං
ස.. ගච්ඡති, ගච්ඡන්තෙ ගච්ඡන්තම්හි, ගච්ඡන්තස්මිං	ගච්ඡන්තෙසු.

"එවං චරන්තස්ස අදන්තං විනයන්තං මහන්තං කරෙන්තං තිට්ඨන්තං ඉච්චාදයොපි."

මෙහි ප්‍රථමා එකවචනස්ථානයෙහි "ගච්ඡන්තං" යනු මුත් "ගච්ඡං" යන රූපයද—ආලපන එකවචනස්ථානයෙහි (හෙ) "ගච්ඡ" යනු මුත් "ගච්ඡං, ගච්ඡා" යන රූපමයද ශබ්දනීතියෙහි නොදක්වන ලදන—එසේම ආලපන එකවචනස්ථානයෙහි "ගච්ඡන්තා" යන්නක්ද බහුවචනස්ථානයෙහි "ගච්ඡා" යන්නක්ද දක්වනලදී.

තවද මහන්ත ශබ්දයත් ගච්ඡන්ත ශබ්දය හා සම වුවද එහි ප්‍රථමා තොම "මහං, මහා, මහන්තං-මහන්තා, මහන්තානි" කියා වේ—"බාරාණසී රජ්ජං නාම මහා" යනාදියෙහි මහා යනු නපුංසක ලිඞ්ග ප්‍රථමා එකවචනයක් බැවිනි.

NOUNS ENDING IN ඉ. (I) NEUT. *Aṭṭhi.*

8. ඉකාරන්ත නපුංසකලිඞ්ගො අට්ඨිසද්දො.

එකවචන.	බහුවචන.
ප..අට්ඨි*	අට්ඨීනි, අට්ඨී
ආ...(හෙ)අට්ඨි	(හව:) අට්ඨීනි, අට්ඨී
දු...අට්ඨිං	අට්ඨීනි, අට්ඨී
ත...අට්ඨිනා	අට්ඨීභි, අට්ඨීහි
ක...අට්ඨිනා	අට්ඨීභි, අට්ඨීහි
ච...අට්ඨිනො, අට්ඨිස්ස	අට්ඨීනං
පං..අට්ඨිනා,† අට්ඨිම්හා, අට්ඨිස්මා	අට්ඨීභි, අට්ඨීහි
ඡ...අට්ඨිනො, අට්ඨිස්ස	අට්ඨීනං
ස...අට්ඨිම්හි, අට්ඨිස්මිං	අට්ඨීසු.

එවං සත්ථි දධි වාරි අක්ඛි අච්ඡි අච්චි ඉච්චාදයොපි.

NOUNS ENDING IN ඊ. (I′) NEUT *Daṇḍī.*

9. ඊකාරන්ත නපුංසකලිඞ්ගො දණ්ඩිසද්දො.

එකවචන.	බහුවචන.
ප...දණ්ඩි	දණ්ඩීනි, දණ්ඩී
ආ...(හෙ)දණ්ඩි	(හව:) දණ්ඩීනි, දණ්ඩී
දු...දණ්ඩිං	දණ්ඩීනි, දණ්ඩී
ත...දණ්ඩිනා	දණ්ඩීභි, දණ්ඩීහි
ක...දණ්ඩිනා	දණ්ඩීභි, දණ්ඩීහි
ච...දණ්ඩිනො, දණ්ඩිස්ස	දණ්ඩීනං
පං..දණ්ඩිනා, දණ්ඩිම්හා, දණ්ඩිස්මා	දණ්ඩීභි, දණ්ඩීහි
ඡ...දණ්ඩිනො, දණ්ඩිස්ස	දණ්ඩීනං
ස...දණ්ඩිනි, දණ්ඩිම්හි, දණ්ඩිස්මිං	දණ්ඩීසු.

එවං සුඛකාරි අත්ථවිභාවි ධම්මවිභාවි චිත්තානුපරිවත්තිනි සීඝයායි ඉච්චාදයොපි.

---

* "අට්ඨි සත්ථි ආදීනි පධාන ලිඞ්ගානි අනඤ්ඤපෙක්ඛත්තා-අත්ථවිභාවිආදීනි අප්පධාන ලිඞ්ගානි අඤ්ඤපෙක්ඛත්තා" යනු රූපසිද්ධි ටීකායි.

† පඤ්චමී එකවචනස්ථානයෙහි "අට්ඨිම්හා, අට්ඨිස්මා" යනු යමකමහාස්ථවිර මතයෙකි හෙවත් මූලනිරුත්තියෙහි පමණක් නොදක්වන ලදී.

NOUNS ENDING IN උ. (U) NEUT. *A'yu.*

10. උකාරන්ත නපුංසකලිංගො ආයුසද්දො.

ඒකවචන.	බහුවචන.
ප...ආයු	ආයූනි, ආයූ
ආ...(හෙ) ආයු	(හවෙ:)ආයූනි, ආයූ
දු...ආයුං	ආයූනි ආයූ
ත...ආයුනා	ආයූහි, ආයූභි
ක...ආයුනා	ආයූහි, ආයූභි
ච...ආයුනො, ආයුස්ස	ආයූනං
ප...ආයුනා, ආයුමහා, ආයුස්මා	ආයූහි, ආයූභි
ඡ ..ආයුනො, ආයුස්ස	ආයූනං
ස...ආයුම්හි, ආයුස්මිං	ආයූසු.

එවං චක්ඛු වසු ධනු දාරු තිපු මධු සිඟු හිඟු වත්‍ථු මත්‍ථු ජතු අම්බු අස්සු—ඉච්චාදයොපි.

මෙහිද පචමි ඒකවචනස්ථානයෙහි "ආයුමහා, ආයුස්මා" යන රූපයන් ශමක මහාස්ථවිර මතායෙහි නොගන්නා ලදී.

ආයුශබ්දය නපුංසක ලිංගිකවශයෙන් මෙහි දක්වන ලද්දේ නමුදු පුලිංගික ආයුශබ්දයක්ද ඇති බව ශබ්දනීතියෙහි කියන ලදී.

"පුනරායු ච මෙ ලද්ධො එවං ජානාහි මාරිස"
"ආයු වස්ස පරික්ඛීණො අහොසි"

යනාදි උදාහරණවලින්ද දතයුතුය.

"අග්ගං ආයු ච වණ්ණො ච"—"කිත්තකං පනස්ස ආයු?" යනාදිය නපුංසක ලිංගික ආයු ශබ්දයට උදාහරණයි.

තවද ඌකාරාන්ත නපුංසක ලිංගික ශබ්දයක් බාලාවතාරයෙහි නොදක්වන ලදහෙයින් වරනැගිල්ලෙහිද සංග්‍රහ නොකළ නමුදු ඤාණ චිත්තා වාචකවූ ගොත්‍රභූ ශබ්දය ඌකාරාන්ත නපුංසක ලිංගික යයි රූපසිද්ධි මොග්ගල්ලානවෘත්ති ආදියෙහි කියන ලද බැවින් එහි පදමාලා ක්‍රමයද මෙහි දක්වනු ලැබේ—කෙසේද?

NOUNS ENDING IN ඌ. (U') FEM. *Gotrubhû.*

11. ඌකාරන්ත නපුංසකලිඞ්ගො ගොත්‍රභූ සද්දො.

එකවචන	බහුවචන
ප. ගොත්‍රභු	ගොත්‍රභූ, ගොත්‍රභූනි
ආ. (හෙ)ගොත්‍රභු	(භවෘ) ගොත්‍රභූ, ගොත්‍රභූනි
දු... ගොත්‍රභුං	ගොත්‍රභූ, ගොත්‍රභූනි
ත... ගොත්‍රභුනා	ගොත්‍රභූහි, ගොත්‍රභූභි
ක... ගොත්‍රභුනා	ගොත්‍රභූහි, ගොත්‍රභූභි
ච... ගොත්‍රභුනො, ගොත්‍රභුස්ස	ගොත්‍රභූනං

සෙසං පුල්ලිඞ්ගෙ අභිභූසද්දසමං.

එවං සයම්භු චත්‍රභූ චිත්තසහභු ධම්මඤ්ඤූ ආදයොපි.

ගොත්‍රභූ ශබ්දය ප්‍රථමා එකවචනයෙහි හ්‍රස්වවශයෙන් "ගොත්‍රභු" කියා සිටිකල නපුංසක ලිඞ්ගිකය, ඤාණ, චිත්තයන් කියනු ලැබෙත්—දීර්ඝවශයෙන් "ගොත්‍රභූ" කියා සිටිකල පුල්ලිඞ්ගිකයි පුද්ගලාදීන් කියනු ලැබෙත්.

එහෙයින් කීහ.

"ගොත්‍රභු ඉති රස්සන්ත වසෙන කථිතං පදං,
නපුංසකන්ති විඤ්ඤෙය්‍යං ඤාණචිත්තාදි පෙක්ඛකං.
ගොත්‍රභූ ඉති දීඝන්ත වසෙන කථිතං පන,
පුල්ලිඞ්ගමිති විඤ්ඤෙය්‍යං පුග්ගලාදික පෙක්ඛකං.
ඊකාරන්තො ච ඌදන්තො රස්සන්තං යාති සාසනෙ,
නපුංසකත්තං පත්වාන සබ්බෙ සිද්ධායිනි."

තවද "ගොත්තසංඛාතං අමතමහානිබ්බානං ආරම්මණං කත්වා භූතොති ගොත්‍රභූ" යනු බැවින් ගොත්‍රසංඛ්‍යාතවූ (හෙවත් ගොත්‍රයයි කියන ලද්දාවූ) අමෘත මහානිර්වාණය අරමුණුකොට වනලද හෙයින් ගොත්‍රභූ නම් වේ-ඒ කවරේදයත්-සොවාන් මාර්ගයට අනන්තරප්‍රත්‍යය වූ සිබාප්‍රාප්තවූ බලවත් විදර්ශනා චිත්තයෙන් යුක්තවූ පුද්ගලයාය—එහෙයින් වදාළහ-"කතමො ච පුග්ගලො ගොත්‍රභූ? යෙසං ධම්මානං සමනන්තරා අරියමග්ගස්ස අවක්කන්ති හොති තෙහි ධම්මෙහි සමන්නාගතො පුග්ගලො ගොත්‍රභූ"

එසේම-"ගොත්තමත්තං අනුභවති විඳතීති ගොත්‍රභූ සමණධම්ම අත්තනි අවිජ්ජමානත්තා" යනුබැවින් ශ්‍රමණ ධර්මයන් තමන්

කෙරෙහි නැතිබැවින් (ශ්‍රමණ) ගොත්‍රය පමණක් අනුභවකරණ හෙයින් විඳිනහෙයින් (ලබනහෙයින්) ද ගොත්‍රභූ නම් වේ-ඒකාවරෙක්දයත්-කාසාවකණ්ඨා ශ්‍රමණයි-එහෙයින් වදාළහ—"භවිස්සන්ති ඛො පනානන්ද අනාගතමද්ධානං ගොත්‍රභුනො කාසාවකණ්ඨා."

තවද-"කාමාවචරගොත්ත මභිභවතී මහග්ගතගොත්තඤ්ච භාවෙතී නිබ්බත්තෙතීති ගොත්‍රභූ" යනුබැවින් කාමාවචර (ගොත්‍රසංඛ්‍යාත පෘථග්ජන) ගොත්‍රය අභිභවනයකරණහෙයින් මහද්ගත ගොත්‍රය උපදවනහෙයින් ගොත්‍රභූ නම් වේ-ඒ කවරෙක්දයත්-පරිත්තාරම්මණවූ හෝ මහග්ගතාරම්මණවූ හෝ (ගොත්‍රභූ) චිත්තයයි-නිර්වාණය අරමුණුකොට ඇති මාර්ගවීථියෙහි පැවති ඤාණය හෝ සංස්කාරයන් අරමුණුකොට ඵලසමාපත්ති වීථියෙහි පැවති ඤාණය හෝ ගොත්‍රභූ නම්වේ—එහි ප්‍රථමකොට කී ඤාණය—"පුථුජ්ජන ගොත්ත මභිභවතී අරියගොත්තඤ්ච භාවෙති ගොත්තාභිධානාච නිබ්බානතො අරම්මණකරණවසෙන භවතීති ගොත්‍රභූ" යනු බැවින් පෘථග්ජන ගොත්‍රය අභිභවනය කෙරේනුයි ආර්ය ගොත්‍රය උපදවානුයි ගොත්‍ර නම් වූ නිර්වාණය කෙරෙන් අරමුණුකිරීම් වශයෙන් වන්නේනුයි ගොත්‍රභූ නම් වේ-දෙවෙනිව කී ඤාණය "සංඛාරාරම්මණම්පි සමානං ආසෙවනපච්චයභාවෙන සම්පයුත්තානි ඵලචිත්තානි ගොත්තාභිධානෙ නිබ්බානම්හි භාවෙතීති ගොත්‍රභූ"-යනු බැවින් සංස්කාරයන් අරමුණු කොට ඇත්තේ නමුදු ආසෙවන ප්‍රත්‍යය බැවින් සම්ප්‍රයුක්ත ඵලචිත්තයන් ගොත්‍රනම් වූ නිර්වාණයෙහි ලා වර්ධනය කෙරේනුයි ගොත්‍රභූ නම් වේ.

නපුංසක ලිඞ්ග ශබ්ද කාණ්ඩයයි.

සර්වනාම ශබ්ද.

PRONOUNS &c.

සබ්බ කතර කතම උභය ඉතර අඤ්ඤ අඤ්ඤතර අඤ්ඤතම පුබ්බ පර අපර දක්ඛිණ උත්තර අධර ය ත ඒත ඉම අමු කිං ඒක උභ ද්වි ති චතු තුම්හ අම්හ—ඉති සත්තවීසති සබ්බනාමානි නාම.

1. සකලත්ථො සබ්බසද්දො.

පුල්ලිංග (අ.)—*Sabba* (ALL) M.

ඒකවචන,	බහුවචන,
ප ..සබ්බෝ	සබ්බෙ
ආ...(හෙ) සබ්බ, සබ්බා	(භව:) සබ්බෙ
දු ..සබ්බං	සබ්බෙ
ත...සබ්බෙන	සබ්බෙහි, සබ්බෙභි
ක...සබ්බෙන	සබ්බෙහි, සබ්බෙභි
ච... සබ්බස්ස	සබ්බෙසං, සබ්බෙසානං
පං.,සබ්බම්හා, සබ්බස්මා	සබ්බෙහි, සබ්බෙභි
ඡ සබ්බස්ස	සබ්බෙසං, සබ්බෙසානං
ස...සබ්බම්හි, සබ්බස්මිං	සබ්බෙසු.

ඉත්ථිලිංග (ආ.)—*Sabba* (F.)

ප...සබ්බා	සබ්බා, සබ්බායො
ආ...(හෙ)සබ්බෙ	(භොති) සබ්බා, සබ්බායො
දු ...සබ්බං	සබ්බා, සබ්බායො
ත...සබ්බාය, [සබ්බස්සා]	සබ්බාහි, සබ්බාභි
ක...සබ්බාය, [සබ්බස්සා]	සබ්බාහි, සබ්බාභි
ච...සබ්බස්සං, සබ්බාය	සබ්බාසං, සබ්බාසානං
පං..සබ්බාය, [සබ්බස්සා]	සබ්බාහි, සබ්බාභි
ඡ...සබ්බස්සං, සබ්බාය	සබ්බාසං, සබ්බාසානං
ස...සබ්බස්සං, සබ්බායං [සබ්බස්සං]	සබ්බාසු.

---

* සර්වනාම ශබ්ද විසිහතක්බව රූපසිද්ධියෙහි හා ශබ්දනීතියෙහිද, විසිහතරක්බව පදසාධනි ටීකාවෙහිද, විසිතුනක්බව මොග්ගල්ලායන වෘත්තියෙහිද, විසිදෙකක් බව බාලාවතාරයෙහිද, තිස්පහක් බව මුග්ධබෝධයෙහිද, කියනලදී–නොවස් විශයෙන් දශයක් බව කච්චායන භෙදයෙහි කියන ලදී.

නපුංසකො (අ.)— *Subba* (N.)

එකවචන.	බහුවචන.
ප...සබ්බං	සබ්බානි
ආ...(හෙ)සබ්බ, සබ්බා	(භව:) සබ්බානි,
දු...සබ්බං	සබ්බානි
ත...සබ්බෙන	සබ්බෙහි, සබ්බෙභි
ක...සබ්බෙන	සබ්බෙහි, සබ්බෙභි
ච...සබ්බස්ස	සබ්බෙසං, සබ්බෙසානං
පං..සබ්බම්හා, සබ්බස්මා	සබ්බෙහි, සබ්බෙභි
ඡ . සබ්බස්ස	සබ්බෙසං, සබ්බෙසානං
ස...සබ්බම්හි, සබ්බස්මිං	සබ්බෙසු.

එවං කතර කතම උභය ඉතර අඤ්ඤ අඤ්ඤතර අඤ්ඤතම සද්දා.

අග්ගවංසාචාර්‍ය්‍යමතයෙහි වූ සබ්බශබ්දයෙහි ආලපන එකවචනයෙහි පුන්නපුංසක ලිඞ්ගයෙහිම “සබ්බා” යනු නොගන්නා ලදී.

පචමී එකවචනස්ථානයෙහි “සබ්බා” යනුද සප්තමී එකවචනස්ථානයෙහි “සබ්බෙ” යනුද (නිද්දෙසපාළියෙහි දක්නාලද හෙයින්) චූලනිරුක්තියෙහි දක්වන ලද්දේ නමුදු කච්චායනාදියෙහි (“තායො නෙව ච සබ්බනාමෙහි” යන සූත්‍රයෙන් ප්‍රතිෂෙධ කළ හෙයින්) නොදක්වන ලදී—එහෙත් පුබ්බ පර අපර යන ශබ්දතුනෙහි පමණක් “පුබ්බෙ” යනාදි එසේවූ පදයන් සිද්ධවන බව කියන ලදී.

ස්ත්‍රීලිඞ්ගික “සබ්බා” ශබ්දයෙහි තෘතීයා පචමී සප්තමී එකවචනස්ථානවලද චතුර්ථී ෂෂ්ඨී දෙකෙහි මෙන් “සබ්බස්සා” යනු ශබ්දනීතියෙහි කියන ලද්දේය.

එක-ය-ත-එත-ඉම-ශබ්දාදියෙහිද එසේමය—“තස්සා කුමාරිකාය සඞ්ගං—කස්සාහං කෙන හායාමි—ඉධාති ඉමිස්සා දිසාය—එකිස්සා ලොකධාතුයා වෙ අරහන්තො සම්මාසම්බුද්ධා” යනාදි ප්‍රයෝගයන් පාළියෙහි විද්‍යමාන හෙයින්—එහෙත් මෙබඳු පද ත-එත-ඉම අමු-යන ශබ්දයන්ට පමණක් පයොගසිද්ධි ආදියෙහි කියන ලදී.

සප්තමී එකවචනස්ථානයෙහි “සබ්බාය” යන්නක්ද මොග්ගල්ලානාදියෙහි දක්වනලද නමුදු එබඳු පදයන්ගේ සිද්ධිය “නෙතාහි ස්මි මායයා” යන සූත්‍රයෙන් කච්චායනාදියෙහි ප්‍රතිෂෙධකරණ ලදී.

උභය ශබ්දයත් සබ්බ ශබ්දය මෙන් වරනැගිය යුතුයයි මෙහි දක්වනු ලැබූ නමුත් ප්‍රථමා ද්විතීයා බහුවචනස්ථානයන්හි ලිඞ්ගත්‍රයෙහිම “උභයො” යනු බැවින් එය සබ්බශබ්දයෙහි රූපවලට වෙනස් රූප යකි.

ඉතර, අඤ්ඤ, අඤ්ඤතර, අඤ්ඤතම, එක, යනමේ ශබ්දද සබ්බ ශබ්දය හා සමාන නමුදු සබ්බ ශබ්දයෙහි රූපවලට මදක් වෙනස් රූපයන් ස්ත්‍රීලිඞ්ග තෘතීයා චතුර්ථී ආදියෙහි පෙනෙත්—ඒනම් ("අඤ්ඤතරායෙ පුරිසො අඤ්ඤතරිස්සා ඉත්ථියා පටිබද්ධචිත්තො හොති"—යනාදියෙහි දක්නාලද) ඉතරිස්සා, ඉතරිස්සං, ...අඤ්ඤතරිස්සා......එකිස්සා යනාදියයි.

තවද සර්වනාමයෝයයි මෙහි දක්වනු ලැබූ ශබ්දයන්ගේ ලක්ෂණ,

ශබ්දනීතියෙහි.

"යානි හොන්ති තිලිඞ්ගානි අඤ්ඤතුල්‍යානි යානි ච,
තිලිඞ්ගානං විසෙසෙන පදනෙ තානි නාමතො,

සබ්බසාධාරණත්තානි නාමානිච්චෙව අත්ථතො,
සබ්බනාමානි වුච්චන්ති සත්තවීසති සංඛ්‍යතො.

තෙසු කානි චි රූපානි සෙහඤ්ඤෙහි ච යුජ්ජරෙ,
කානි චි පන සෙහෙව එතෙසං ලක්ඛණං ඉදං.

එතස්මා ලක්ඛණං මුත්තං න පදං සබ්බනාමිකං
තස්මා තීනාදයො නාම ගුණනාමාති වුච්චරෙ."

රූපසිද්ධියෙහි.

"සබ්බෙසං ඉත්ථි පුම නපුංසකානං නාමානි සබ්බනාමානි."

න්‍යාසයෙහි.

"සබ්බෙසං නාමානි සබ්බනාමානි."

න්‍යාස ටීකාවෙහි.

"සබ්බෙසං නාමානීති සබ්බෙසං ඝටපටාදීනං නාමානි—යානි ඝට පටාදි සද්දත්ථවාචකානි තෙහි තුල්‍යාධිකරණානි දසවිධානි සබ්බ නාමානීති අත්ථො."

කච්චායනභෙද ටීකාවෙහි.

"සබ්බත්ථවාචකත්තා ච සබ්බ ලිඞ්ගයුත්තත්තා ච සබ්බනාමං නාම"—

මුග්ධබෝධටීකාවෙහි.

"සර්වේෂාං බුද්ධිස්ථානාං නාම, සර්වනාම"

සාරස්වත ටීකාවෙහි.

"සර්වේෂාං නාමානීති සර්වනාමානි"—යනුයි.

තවද සර්වනාමයෝයයි ප්‍රසිද්ධවූ ශබ්ද අතුරෙන් "අඤ්ඤ-පුබ්බ-දක්ඛිණ-උත්තර-පර-යන මේශබ්ද පස සමහරවිට සර්වනාම සංඛ්‍යාවටද සමහරවිට අසර්වනාම සංඛ්‍යාවටද ඇතුලත්වන බවකියන ලදී,

"අඤ්ඤසද්දෙ පුබ්බසද්දෙ දක්ඛිණෙ වුත්තරෙ පරෙ,
සබ්බනාමෙසු ගය්හන්ති අසබ්බනාමිකෙසු පි."

මෙයින් අඤ්ඤශබ්දය බාලාර්ථවාචක කල්හිද පුබ්බශබ්දය ප්‍රධානාර්ථ පූජා අර්ථ වාචක කල්හිද—උත්තර පර ශබ්දවය උත්තමාර්ථවාචක කල්හිද, දක්ඛිණ ශබ්දය සුශික්ෂිතාර්ථ, චතුරාර්ථ, දෙය ධර්මාර්ථ වාචක කල්හිද-අසර්වනාම සංඛ්‍යාවට ඇතුලත් බවද, මෙයින් පිටත් සෙසු අර්ථ වාචක කල්හි සර්වනාම සංඛ්‍යාවට ඇතුලත් බවද දතයුතුයි.

තවද "සකලත්ථෙ සබ්බසද්දො" යනු සබ්බ ශබ්දයාගේ මාතෘකාවෙහි දක්වනු ලැබූහෙයින් සබ්බශබ්දය සකලාර්ථයෙහි බව දත යුතුය. සකලාර්ථයද නිෂ්ප්‍රදෙශ සප්‍රදෙශ වශයෙන් විප්‍රකාරයක් වේ—එහි "සබ්බෙ ධම්මා බුද්ධස්ස භගවතො ඤාණමුඛෙ ආපාථ මාගච්ඡන්ති" යනාදියෙහි සබ්බ ශබ්දය නිෂ්ප්‍රදෙශ සකලාර්ථයෙහිය—"සබ්බෙසං වො සාරිපුත්ත සුභාසිතං පරියායෙන…"—"සබ්බං වො භික්ඛවෙ දෙසිස්සාමි තං සුණාථ" යනාදි තන්හි සප්‍රදෙශ සකලාර්ථයෙහිය.

සබ්බශබ්දය මෙන් වරනැගිය යුතුවූ කතර කතම ශබ්දවය විචාරිම අර්ථකොට ඇත්තේය—එහෙයින් කතර ශබ්දය ටිකවූ දේවල් අතුරෙන් එසේම ටිකදෙයක් විචාරිම සඳහාය—කතම ශබ්දය බොහෝවූ දේවල් අතුරෙන් එසේම බොහෝ දෙයක් විචාරිම සඳහාය,

එහෙයින් කීහ.

"කතර කතම සද්ද පුච්ඡනත්ථා, තෙසු කතර් සද්දො අප්පෙසු ඒකං වා ද්වෙ වා තීණි වා භිය්‍යො වා අප්ප මුපාදාය වත්තති—කතම සද්දො බහුසු ඒකං වා ද්වෙ වා තීණි වා බහු වා බහු මුපාදාය වත්තති

සමුද්දෙ කතරො අයං? කතරෙන මග්ගෙන ගන්තබ්බං?
කතමො තස්මිං සමයෙ ඵස්සො හොති? කතමෙ ධම්මා කුසලා?"

2. කාලදෙසාදි වචනො පුබ්බසද්ද.

Pubba Declined.

පුමෙ (අ.)—*Mas.* (A.)

එකවචන.	බහුවචන
ප...පුබ්බො	පුබ්බෙ, පුබ්බා
ආ...(හෙ) පුබ්බ, පුබ්බා	(භවː) පුබ්බෙ, පුබ්බා
දු...පුබ්බං,	පුබ්බෙ
ත...පුබ්බෙන	පුබ්බෙහි, පුබ්බෙභි
ක...පුබ්බෙන	පුබ්බෙහි, පුබ්බෙභි
ච., පුබ්බස්ස	පුබ්බෙසං, පුබ්බෙසානං
පං..පුබ්බා, පුබ්බම්හා, පුබ්බස්මා	පුබ්බෙහි, පුබ්බෙභි
ඡ...පුබ්බස්ස	පුබ්බෙසං, පුබ්බෙසානං
ස...පුබ්බෙ, පුබ්බම්හි, පුබ්බස්මිං	පුබ්බෙසු.

ඉත්ථියං (ආ.)—*Fem.* (A.)

ප...පුබ්බා	පුබ්බා, පුබ්බායො
ආ..(හෙ) පුබ්බෙ	(භොති) පුබ්බා, පුබ්බායො
දු...පුබ්බං	පුබ්බා, පුබ්බායො
ත...පුබ්බාය	පුබ්බාහි, පුබ්බාභි
ක...පුබ්බාය	පුබ්බාහි, පුබ්බාභි
ච...පුබ්බස්සා, පුබ්බාය	පුබ්බාසං, පුබ්බාසානං
පං...පුබ්බාය	පුබ්බාහි, පුබ්බාභි
ඡ...පුබ්බස්සා, පුබ්බාය	පුබ්බාසං, පුබ්බාසානං
ස..පුබ්බස්සං, පුබ්බායං	පුබ්බාසු.

නපුංසකෙ (අ.)—*Neut.* (A.)

ප...පුබ්බං	පුබ්බානි
ආ...(හෙ) පුබ්බ, පුබ්බා	(භවː) පුබ්බානි
දු...පුබ්බං	පුබ්බානි
ත...පුබ්බෙන,	පුබ්බෙහි, පුබ්බෙභි
ක...පුබ්බෙන	පුබ්බෙහි, පුබ්බෙභි
ච...පුබ්බස්ස	පුබ්බෙසං, පුබ්බෙසානං
පං...පුබ්බා, පුබ්බම්හා, පුබ්බස්මා	පුබ්බෙහි, පුබ්බෙභි
ඡ...පුබ්බස්ස	පුබ්බෙසං, පුබ්බෙසානං
ස...පුබ්බෙ, පුබ්බම්හි, පුබ්බස්මිං	පුබ්බෙසු.

එවං පර පර දක්ඛිණ උත්තර අධර සද්ද.

පුල්ලිඞ්ගික පුබ්බ ශබ්දයෙහි ප්‍රථමා ඒකවචනස්ථානයෙහි යො හා ආකාරාදේශව සිද්ධවූ "පුබ්බා" යනු මෙන් රූපයන් අපර සබ්බ කතර ආදිකොට අඤ්ඤතම කෙළවරකොට ඇති ශබ්දවල අප්‍රසිද්ධබව හා පුබ්බ දක්ඛිණ උත්තර අධර යන ශබ්ද සතරෙහි පමණක් ලැබෙන බවද-පචමී ඒකවචනස්ථානයෙහිවූ "පුබ්බා" යනු මෙන් රූප පෙළෙහි අප්‍රසිද්ධ බවද—සප්තමී ඒකවචනස්ථානයෙහි වූ "පුබ්බෙ" යනු මෙන් රූප සබ්බ අඤ්ඤ යන ශබ්දවල අප්‍රසිද්ධ බව හා කතර කතම යනු ආදිකොට අධර ශබ්දය කෙළවරකොට ඇති ශබ්ද දෙළසෙහි ලැබෙන බවද ශබ්දනීතියෙහි කියන ලදී.

තවද මෙහි දක්ඛිණ උත්තර ශබ්දවයත් පුබ්බ ශබ්දය මෙනැයි දක්වන ලද්දේ නුමුත් ස්ත්‍රීලිඞ්ගික සප්තමී ඒකවචනස්ථානයෙහි "දක්ඛිණාය-උත්තරාය" යන රූප, සිද්ධ වන බව රූපසිද්ධියෙහි කියනලදී.

සමාස වීමෙන් පරපදභාවයෙහි සිටියාවූ සර්වනාම ශබ්ද සාමාන්‍ය සර්වනාමවලට වඩා වෙනස්ය—ඒනම් වනූ සමාස වීමෙන් පරපදභාවයෙහි සිටියාවූ සර්වනාම ශබ්දවල ප්‍රථමා බහුවචනයෙහි ඒකාරාදේශව සිද්ධවූ පද හැර සර්වනාම පදයන්ට නියමවූ අන්‍ය ක්‍රමවලින් සිද්ධවූ පදයන් අප්‍රසිද්ධය—තෘතීයා තත්පුරුෂ සමාස වීමෙන් පරපදයෙහි සිටියාවූ සර්වනාම ශබ්දයන්ගේද-බහුව්‍රීහි සමාස වීමෙන් පරපදභාවයෙහි සිටියාවූ සර්වනාම ශබ්දයන්ගේද ඒසේමය—එහෙත් දිසාවාචක සර්වනාමයො පමණක් බහුව්‍රීහි සමාස වීමෙන් පරපද භාවයෙහි සිටියේ නමුදු සර්වනාම ක්‍රමයටම වරනගනු ලැබෙත්.

යාදීන මාලපනං නත්ථි.

3. අනියමත්ථො යසද්දො.

Ya Declined.

පුමෙ (අ.)—*Mas.* (A.)

එකවචන.	බහුවචන.
ප ..යො	යෙ
දු.. යං	යෙ
ත...යෙන	යෙහි, යෙභි
ක...යෙන	යෙහි, යෙභි
ච...යස්ස	යෙසං, යෙසානං
පං..යම්හා, යස්මා	යෙහි, යෙභි
ඡ.. යස්ස	යෙසං, යෙසානං
ස...යම්හි, යස්මිං	යෙසු.

ඉත්ථියං (ආ.)—*Fem.* (A'.)

ප...යා	යා, යායො
දු.. යං	යා, යායො
ත.. යාය	යාහි, යාභි
ක...යාය	යාහි, යාභි
ච...යස්සා, යාය	යාසං, යාසානං
පං..යාය	යාහි, යාභි
ඡ...යස්සා, යාය	යාසං, යාසානං
ස...යස්සං, යායං	යාසු.

නපුංසකෙ (අ.)—*Neut.* (A)

ප.. යං	යානි
දු...යං	යානි
ත...යෙන	යෙහි, යෙභි
ක...යෙන	යෙහි, යෙභි
ච...යස්ස	යෙසං, යෙසානං
පං..යම්හා, යස්මා	යෙහි, යෙභි
ඡ...යස්ස	යෙසං, යෙසානං
ස...යම්හි, යස්මිං	යෙසු.

ස්ත්‍රීලිඞ්ගික ශබ්දයෙහි, තෘතීයා පඤ්චමී සප්තමී එකවචනස්ථාන යන්හි "යස්සා" යනුද-නපුංසක ලිඞ්ගික ශබ්දයෙහි ප්‍රථමා ද්විතීයා බහු වචනස්ථානයන්හි "යා-යෙ" යන රූපද්වයන්ද ශබ්දනීතියෙහි දක්වන ලදී.

"යා පුබ්බෙ බොධිසත්තානං පල්ලඞ්කවර මාභුජෙ,
නිමිත්තානි පදිස්සන්ති තානි අජ්ජ පදිස්සරෙ."

යනාදියෙහි එබඳු පද දක්නාලද හෙයිනි—චතුර්ථී ෂෂ්ඨී බහු වචනස්ථානවල "යෙසානං-යාසානං" යන පදයන් රූපසිද්ධි ශබ්දනීති දෙක්හි නොදක්වන ලද්දාහුය—තවද "යං" යන රූපය ප්‍රථමා ද්විතීයා තෘතීයාර්ථයන්හි පවත්නේය—ඒනම් "යංමෙ භන්තෙ තාවතිංසානං දෙවානං සම්මුඛා සුතං සම්මුඛා පටිග්ගහිතං ආරොචෙමි තං භන්තෙ භගවතො" යන මෙහි ප්‍රථමාර්ථයෙහිය.

"යං තං අපුච්ඡිම්හ අකිත්තයී නො අඤ්ඤං තං පුච්ඡාම තදිංඝ බ්‍රෑහි" යනාදියෙහි ද්විතීයාර්ථයෙහිය.

"අට්ඨාන මෙතං භික්ඛවෙ අනවකාසො යං එකිස්සා ලොකධාතුයා ද්වෙ අරහන්තො සම්මාසම්බුද්ධා උප්පජ්ජෙය්‍යුං" යනාදියෙහි තෘතීයාර්ථයෙහිය.

තවද ය ශබ්දය පර පදයක්හා සමාසවූ කල්හි නිග්ගහීතාගම වීමෙන් හෝ පරපදයෙහි ආද්‍යක්ෂරයට ද්විත්ව වීමෙන් හෝ යුක්තවූ රූප වෙත්—කෙසේද "යංඛන්ධාදි-යංගුණා-යග්ගුණා" යනාදියයි-එහි යො ඛන්ධාදි යං ඛන්ධාදි, කියාද—යෙ ගුණා යං ගුණා, කියාද—යස්ස ගුණා යග්ගුණා, කියාද සමාස විග්‍රහයි.

"ය සද්දස්ස සමාසම්හි සබ්බං පරපදෙන වෙ,
නිග්ගහීතාගමො වාථ ද්විභාවො වා සියා විධා."

ශබ්දනීතියෙහිය.

4. පරම්මුඛවචනො තසද්දො.

Ta Declined.

පුමෙ (අ.)—*Mas.* (A.)

	එකවචන.	බහුවචන.
ප...	සො	නෙ, තෙ
දු...	නං, තං	නෙ, තෙ
ත...	නෙන, තෙන	නෙහි, තෙහි, නෙභි, තෙභි
ක...	නෙන, තෙන	නෙහි, තෙහි, නෙභි, තෙභි
ච...	නස්ස, තස්ස [අස්ස]	නෙසං, නෙසානං, තෙසං, තෙසානං
පං...	නම්හා, තම්හා, නස්මා, තස්මා, [අස්මා]	නෙහි, තෙහි, නෙභි, තෙභි
ඡ...	නස්ස, තස්ස, [අස්ස]	නෙසං, නෙසානං, තෙසං, තෙසානං
ස...	නම්හි, තම්හි, නස්මිං, තස්මිං, [අස්මිං]	නෙසු, තෙසු.

ඉත්ථිඃං (ආ.)—*Fem.* (A′.)

	එකවචන.	බහුවචන.
ප...	සා	නා, තා, නායො, තායො
දු...	නං, තං	නා, තා, නායො, තායො
ත...	නාය, තාය, [නස්සා, තස්සා, අස්සා]	නාහි, තාහි, නාභි, තාභි
ක...	නාය, තාය, [නස්සා, තස්සා, අස්සා]	නාහි, තාහි නාභි, තාභි
ච...	තිස්සාය, තිස්සා, [තස්සාය] තස්සා, [නස්සාය, නස්සා, අස්සාය, අස්සා, නාය,] තාය	තාසං, තාසානං, [නාසං, නාසානං, ආසං, ආසානං, සානං]
පං...	නාය, තාය, [නස්සා, තස්සා, අස්සා]	නාහි, තාහි, නාභි, තාභි
ඡ...	තිස්සාය, තිස්සා, [තස්සාය] තස්සා, [නස්සාය, නස්සා, අස්සාය, අස්සා, නාය,] තාය	තාසං, තාසානං, [නාසං නාසානං, ආසං, ආසානං, සානං]
ස...	තිස්සං, තස්සං, [නස්සං, අස්සා, නස්සා, තස්සා, තිස්සා, නායං,] තායං*	[නාසු,] තාසු.

* මොග්ගල්ලායනයෙහි හා පයොගසිද්ධියෙහිද, සප්තමීඑකවචන "අස්සං, අස්සා, නස්සං, නස්සා, තස්සං, තස්සා, තිස්සං, තිස්සා, නායං, නාය, තායං, තාය," යනුයි.

නපුංසකෙ (අ.)—*Neut.* (A.)

	ඒකවචන.	බහුවචන.
ප..	නං, තං,	නානි, තානි
දු...	නං, තං,	නානි, තානි
ත...	නෙන, තෙන,	නෙභි, තෙභි, නෙහි, තෙහි
ක...	නෙන, තෙන	නෙභි, තෙභි, නෙහි, තෙහි
ච...	නස්ස, තස්ස, [අස්ස]	නෙසං, නෙසානං, තෙසං, තෙසානං
පං..	නම්හා, තම්හා, නස්මා, තස්මා, [අස්මා,]	නෙභි, තෙභි, නෙහි, තෙහි
ඡ..	නස්ස, තස්ස, [අස්ස]	නෙසං, නෙසානං, තෙසං, තෙසානං
ස..	නම්හි, තම්හි, නස්මිං, තස්මිං, [අස්මිං,]	නෙසු, තෙසු.

මෙහි දක්වනුලැබූ පද අතුරෙන් ලිඞ්ගත්‍රයෙහිම තශබ්දයාගේ ප්‍රථමාවෙහි නකාරාදෙශව සිද්ධවූ "නෙ-නා-නං-නානි" යන පද බාලාවතාරාදියෙහි මුත් ශබ්දනීතියෙහි නොදක්වන ලදී.

එසේම චතුර්ථ්‍යාදියෙහි අකාරාදෙශව සිද්ධවූ "අස්ස, අස්මා, අස්මිං, අස්සා" යනාදි පද බාලාවතාරයෙහි නොදක්වන ලද්දේ නමුදු කච්චායනාදියෙහි දක්වන ලදී.

ස්ත්‍රීලිඞ්ග ශබ්දයෙහි තෘතීයා පඤ්චමී සප්තමී, එකවචනස්ථානයන්හි "අස්සා, නස්සා, තස්සා" යන පද මොග්ගල්ලායන පයෝගසිද්ධි ශබ්දනීති යන පොත්වල මුත් කච්චායන රූපසිද්ධි ආදියෙහි නොදක්වන ලදී.

චතුර්ථී ෂෂ්ඨී එකවචනස්ථානයන්හි "තිස්සාය, තිස්සා, තස්සාය, නස්සාය, අස්සාය" යන පදයෝ රූපසිද්ධි, පයෝගසිද්ධි, මොග්ගල්ලායනවෘත්ති, යන පොත්වල මුත් ශබ්දනීතියෙහි නැති නමුදු කච්චායන බාලාවතාර දෙක්හි පමණක් "තිස්සාය, තිස්සා" යනු දක්වනලදී.

චතුර්ථී ෂෂ්ඨී බහුවචනස්ථානයන්හි "නාසං, නාසානං, *ආසං,

---

* "යථා නදීච සත්ථො ච පානාගාරං සභා පපා,
එවං ලොකිත්ථියො නාම නාසං කුජ්ඣන්ති පණ්ඩිතා" යනුද,
"සබ්බාසං සොතා විනස්සන්ති-නෙවාසං සොතා දිස්සන්ති හත්ථපාදුව ජාලිනො" යන උදාහරණද දක්වමින් "ආසං" යනු ලිඞ්ගත්‍රයෙහිම බව ශබ්දනීතියෙහි කියන ලදී.

අංසානං" යන පද මොග්ගල්ලායනවෘත්ති පයෝගසිද්ධි යන පොත් වල මුත් බාලාවතාරාදියෙහි නැති නමුදු ශබ්දනීතියෙහි "නාසං, ආසං" යනු පමණක්ද—රූපසිද්ධියෙහි "නාසං" යනු පමණක්ද දක්වන ලදී.

සප්තමී ඒකවචනස්ථානයෙහි "අස්සං, නස්සං, අස්සා, නස්සා, තිස්සා, තස්සා, නායං" යන පද පයෝගසිද්ධි මොග්ගල්ලායනවෘත්ති ශබ්දනීති යන පොත්වල මුත් බාලාවතාරයෙහි නැති නමුදු "අස්සං, නස්සං, නාය" යනු පමණක් කච්චායන රූපසිද්ධි දෙක්හි පමණක් දක්වන ලදී.

චතුර්ථී ෂෂ්ඨී බහුවචනයන්හි "සානං*" යන පදය ශබ්දනීතියෙහි පමණක් මුත් රූපසිද්ධි පයෝගසිද්ධි කච්චායනාදියෙහි නො දක්වන ලදී.

තවද—"යදා සස සීලං පඤ්ඤඤ්ච සොචෙය්‍යං චාධිගච්ඡති,
අථ විස්සාසතෙ ත්‍යම්හි ගුය්හං චස්ස න රක්ඛති."
"ඛිඩ්ඩා පණිහිතා ත්‍යාසු රතී ත්‍යාසු පතිට්ඨිතා,
බීජානි ත්‍යාසු රූහන්ති.. ..."........

යනාදියෙහි දක්නාලදහෙයින් ලිංගත්‍රයෙහිම සප්තමී ඒකවචන බහුවචනස්ථානයන්හි "ත්‍යම්හි, ත්‍යාසු" යන පද ශබ්දනීතියෙහි පමණක් දක්වනලද්දේ නමුදු මොග්ගල්ලායනයෙහි හා පදසාධනී පයෝගසිද්ධි යන පොත්වලද ත ශබ්දය මෙන්ම සර්වනාම "ත්‍ය" † ශබ්දයක්ද දක්වා ලිංගත්‍රයෙහි "ස්‍යෝ, ස්‍යා, ත්‍යං, ත්‍යානි, ත්‍යම්හි, ත්‍යාසු" යනාදි පද දක්වන ලදී,

"අරියවිනයෙති වා සප්පුරිසවිනයෙති වා එසෙ සෙ එකෙ එකට්ඨෙ" යන පාළියෙහි ත ශබ්දයාගේ ප්‍රථමා ඒකවචනයෙහි එකාරාන්ත රූපයක්ද ඇති බව ශබ්දනීතියෙහි කියනලදී

තශබ්දය අන්‍යශබ්දයන් හා සමාසවූ කල්හි මධ්‍යයෙහි නිග්ගහීත සහිත රූපයන්ද පරපදයාගේ ආද්‍යක්ෂරයට විතතවූ රූපද ඇතිබව දතයුතුයි-ඒනම් "තං පුත්තෙන-තං සදිසො-තන්නින්නො-තප්පොණො-තප්පබ්භාරෙ" යනාදියයි.

එහෙයින් කීහ.

"තසද්දස්ස සමාසම්හි සද්ධිං පරපදෙහි වෙ,
නිග්ගහීතාගමො පුබ්බපදෙ විතතානතු පච්ඡිමෙ."

---

* "සානං" යනු පාළියෙහි ඇතිබවට "අභික්කමො සානං පඤ්ඤායති නො පටික්කමොති" යන උදාහරණයද දක්වන ලදී.

† "ත්‍ය සද්දො ත සද්දෙන සමානත්ථො"—යනු පදසාධනී ටීකායි.

5. සමීප වචනො එතසද්දො.

Eta One

පුමෙ (අ.)—*Mas.* (A.)

එකවචන,	බහුවචන,
ප...එසො	එතෙ
දු...එතං	එතෙ
ත...එතෙන	එතෙහි, එතෙභි
ක...එතෙන	එතෙහි, එතෙභි
ච...එතස්ස	එතෙසං, එතෙසානං
පං...එතම්හා, එතස්මා	එතෙහි, එතෙභි
ඡ...එතස්ස	එතෙසං, එතෙසානං
ස...එතම්හි, එතස්මිං	එතෙසු.

ඉත්ථියං (ආ.)—*Fem.* (A.)

ප ..එසා	එතා, එතායො
දු ..එතං	එතා, එතායො
ත...එතාය [එතිස්සා]	එතාහි, එතාභි
ක...එතාය [එතිස්සා]	එතාහි, එතාභි
ච...එතිස්සාය, එතිස්සා, එතාය	එතාසං, එතාසානං
පං..එතාය, [එතිස්සා]	එතාහි, එතාභි
ඡ...එතිස්සාය, එතිස්සා, එතාය	එතාසං, එතාසානං
ස...එතිස්සං, [එතිස්සා] එතස්සං, එතායං, [එතාය]	එතාසු.

නපුංසකෙ (අ.)—*Neut.* (Am.)

ප ..එතං	එතානි
දු...එතං	එතානි
ත...එතෙන	එතෙහි, එතෙභි
ක...එතෙන	එතෙහි, එතෙභි
ච...එතස්ස	එතෙසං, එතෙසානං
පං..එතම්හා, එතස්මා	එතෙහි, එතෙභි
ඡ...එතස්ස	එතෙසං එතෙසානං
ස...එතම්හි, එතස්මිං	එතෙසු.

මෙහිදු ස්ත්‍රීලිඞ්ගික ශබ්දයෙහි තෘතීයා පඤ්චමී සප්තමී එකවචන ස්ථානවල දක්වනු ලැබූ "එතිස්සා" යන පදය පයොගසිද්ධි මොග්ගල්ලායන ශබ්දනීති යන ප්‍රකරණවල මුත් කච්චායන රූපසිද්ධි ආදියෙහි නැත—චතුර්ථී ෂෂ්ඨී බහුවචන වශයෙන් දක්වනු ලැබූ "එතාසානං" යනු බාලාවතාරාදියෙහි මුත් රූපසිද්ධි ශබ්දනීති යන දෙක්හි නැත—සප්තමී එකවචනස්ථානයෙහි "එතස්සං" යනු ශබ්දනීතියෙහි පමණක් නොදක්වන ලදී—තවද එතශබ්දයාගේ ප්‍රථමා එකවචනයෙහි එකාරාන්ත රූපයකුදු "අරියස්ස—පෙ—එසෙ සෙ..." යනාදි පාඨයෙහි පෙනේ—එතශබ්දය අන්‍යශබ්දයන් හා සමාසවූ කල පූර්ව පදාන්තයෙහි නිග්ගහීතාගමවූද නොවූද රූප යන් ඇති වෙත්—ඒනම්,

"එතදත්ථාය ලොකස්මිං නිබිනාම නිබිසති"
"එතපරමා යෙව දෙවතා සන්නිපතිතා අහෙසුං"

යනාදියෙහි වූ "එදත්ථ, එතපරම" යනාදියයි—එහෙයින් කීහ,

ශබ්දනීතියෙහි.

"සමාසෙ එත සද්දස්ස ඩිං පරපදෙහි වෙ,
නිග්ගහීතාගමො පුබ්බපදෙ හොති න හොති ච."

6. අච්චන්ත සබ්බනාමෙනා ඉමසද්දො.

Ima. Declined.

පුමෙ (අ.)—*Mas.* (A.)

එකවචන.	බහුවචන.
ප...අයං	ඉමෙ
දු...ඉමං	ඉමෙ
ත...අනෙන, ඉමිනා	එහි, ඉමෙහි, එභි, ඉමෙභි
ක...අනෙන, ඉමිනා	එහි, ඉමෙහි, එභි, ඉමෙභි
ච...අස්ස, ඉමස්ස	එසං, එසානං, ඉමෙසං, ඉමෙසානං
පං...අස්මා, ඉමම්හා	එහි, ඉමෙහි, එභි, ඉමෙභි
ඡ...අස්ස, ඉමස්ස,	එසං, එසානං, ඉමෙසං, ඉමෙසානං
ස...අස්මිං, ඉමම්හි, ඉමස්මිං	එසු, ඉමෙසු.

ඉත්ථියං (ආ.)—*Fem.* (A′)

එකවචන.	බහුවචන.
ප...අයං, ඉමා	ඉමායො
දු...ඉමං, ඉමා	ඉමායො
ත...ඉමාය, [අස්සා, ඉමිස්සා]	ඉමාහි, ඉමාභි
ක...ඉමාය, [අස්සා, ඉමිස්සා]	ඉමාහි, ඉමාභි
ච...අස්සාය, අස්සා, ඉමිස්සාය, ඉමිස්සා, ඉමාය	ඉමාසං, ඉමාසානං
පං...ඉමාය, [අස්සා, ඉමිස්සා]	ඉමාහි, ඉමාභි
ඡ...අස්සාය, අස්සා, ඉමිස්සාය, ඉමිස්සා, ඉමාය	ඉමාසං, ඉමාසානං
ස...අස්සං, ඉමිස්සං, [අස්සා, ඉමිස්සා ඉමාය] ඉමායං,	ඉමාසු.

නපුංසකෙ (අ.)—*Neut.* (Am.)

එකවචන.	බහුවචන.
ප ..ඉදං, ඉමං	ඉමානි
දු...ඉදං, ඉමං	ඉමානි
ත...අනෙන, ඉමිනා	එහි, ඉමෙහි, එභි, ඉමෙභි
ක...අනෙන, ඉමිනා	එහි, ඉමෙහි, එභි, ඉමෙභි
ච...අස්ස, ඉමස්ස	එසං, එසානං, ඉමෙසං, ඉමෙසානං
පං...අස්මා, ඉමම්හා, ඉමස්මා	එහි, ඉමෙහි, එභි, ඉමෙභි
ඡ...අස්ස, ඉමස්ස	එසං, එසානං, ඉමෙසං, ඉමෙසානං
ස...අස්මිං, ඉමම්හි, ඉමස්මිං	එසු, ඉමෙසු,

මෙහිද ස්ත්‍රීලිඟික ශබ්දයෙහි තෘතීයා පඤ්චමී සප්තමී ඒකවචනස්ථානයන්හි "අස්සා, ඉමිස්සා" යනු ප්‍රයොගසිද්ධි ආදියෙහි මුත් කච්චායන බාලාවතාරාදියෙහි නොදක්වන ලද්දේ නමුදු රූපසිද්ධියෙහි සප්තමී ඒකවචනස්ථානයෙහි පමණක් "ඉමිස්සං" යනු දක්වනලදී-චතුර්ථී ෂෂ්ඨී බහුවචනස්ථානයන්හි "ඉමාසං" යනු මුත් "ඉමාසානං" යනු ශබ්දනීතියෙහි නායේය-සප්තමී ඒකවචනස්ථානයෙහි "ඉමාය" යි පදයක් සිද්ධනොවන බව කච්චායනයෙහි දක්වනලද්දේ නමුත් ප්‍රයොගසිද්ධිආදියෙහි එම පදය දක්වන ලදී—එසේම චතුර්ථී ෂෂ්ඨී බහුවචනස්ථානවල "ආසං" යන පදයක්ද මොග්ගල්ලායන ප්‍රයොගසිද්ධි දෙක්හි පමණක් ආයේය—තවද පුල්ලිඟික නපුංසක ලිඟික ශබ්දවයෙහි පඤ්චමී සප්තමී ඒකවචනස්ථානයන්හි "අම්හා, අම්හි" යන පදවයන්ද ප්‍රයොගසිද්ධි මොග්ගල්ලායන වෘත්ති දෙක්හිද ආයේ නමුදු ඉම ශබ්ද ත ශබ්ද දෙක්හි එබඳු පදයන්ගේ සිද්ධිය කච්චායන බාලාවතාර ශබ්දනීති ආදියෙහි ප්‍රතිෂෙධ කරණලදී—එත ශබ්ද ඉම ශබ්ද දෙක්හි ද්විතීයායෙහි "එනං, එනෙ" යන පදවයන්ද සිද්ධවන බව ප්‍රයොගසිද්ධියෙහි පමණක් පෙනේ.

තවද ලිඟත්‍රයෙහි "අයං ඉමෙ" යනාදි මේ සියළුම පදයන්ගේ ප්‍රකෘති පදය "ඉම" කියා බැවින් මීට "ඉමශබ්දය" යි කච්චායනාදියෙහි ව්‍යවහාරයි-එහෙත් පටිච්චසමුප්පාද පාළි ආදියෙහි "ඉදප්පච්චයා, ඉදප්පච්චයතා" යනාදියෙහි "ඉද" යන ප්‍රකෘතිය දක්නාලදහෙයින් ප්‍රකෘති පදය "ඉම" කියා නොව "ඉද" යනු බවද කියනලද්දේ පමණක් නොව එහෙයින් මීට "ඉදං ශබ්දය" යි කියාද ශබ්දනීතියෙහි ව්‍යවහාරයි.

7. දූර වචනො අමුසද්දො.

Amu Declined.

පුමෙ (උ.)—*Mas.* (U.)

එකවචන.	බහුවචන.
ප.. අසු, අමුකො, අමු,	අමූ, අමුයො
දු.. අමුං	අමූ, අමුයො
ත..අමුනා	අමූහි, අමූභි
ක...අමුනා	අමූහි, අමූභි
ච.. අමුනො,* අමුස්ස	අමූසං, අමූසානං
පං..අමුනා, අමුම්හා, අමුස්මා	අමූහි, අමූභි
ඡ...අමුනො, අමුස්ස	අමූසං අමූසානං
ස...අමුම්හි, අමුස්මිං,	අමූසු.

ඉත්ථියං (උ.)—*Fem.* (U.)

ප...අසු, අමූ,	අමූ, අමුයො
දු...අමුං	අමූ, අමුයො
ත...අමුයා	අමූහි, අමූභි
ක...අමුයා	අමූහි, අමූභි
ච...අමුස්සා, අමුයා	අමූසං, අමූසානං
පං..අමුයා	අමූහි, අමූභි,
ඡ . අමුස්සා, අමුයා,	අමූසං, අමූසානං
ස...අමුස්සං, අමුයං,	අමූසු.

නපුංසකෙ (උ.)—*Neut.* (U.)

ප ..අදුං	අමූ, අමූනි
දු . අදුං	අමූ, අමූනි
ත...අමුනා	අමූහි, අමූභි
ක...අමුනා	අමූහි, අමූභි
ච...අමුනො, අමුස්ස	අමූසං, අමූසානං
පං..අමුනා, අමුම්හා, අමුස්මා	අමූහි, අමූභි
ඡ...අමුනො, අමුස්ස	අමූසං, අමූසානං
ස ..අමුම්හි, අමුස්මිං	අමූසු.

---

* චතුත්ථි ඡට්ඨී දෙක්හි "අමූනො" යනු සිද්ධනොවන බව "තතො සස්ස" යනාදීන් පදසාධනියෙහි කියන ලදී.

බාලාවතාර ක්‍රමයට අමු ශබ්දයාගේ පදමාලා තොම මෙසේ නමුදු රූප සිද්ධියෙහි සමහර විභක්ති මීට වෙනස්ය—පයොගසිද්ධි ශබ්දනීති ආදියෙහි රූපසිද්ධියෙහි ක්‍රමයටද වෙනස්ය—රූපසිද්ධියෙහි පුල්ලිඞ්ගික ප්‍රථමා විභක්තිය මෙසේය—☞ “අසු; අමූ”—තියාය විතියා...අමුං; අමූ-චතුත්ථි...අමුස්සා, අදුස්ස; අමූසං, අමූසානං පඤ්චමී...අමුම්හා, අමුස්මා; අමූහි, අමූභි-ඉත්ථිලිඞ්ගික ප්‍රථමා...අසු; අමූ, අමුයො-නපුංසකලිඞ්ගයෙහිද තෘතීයාවෙහි පටන් පුල්ලිඞ්ගයෙහි මෙනි.

ශබ්දනීතියෙහි මේ රූපසිද්ධික්‍රමයට වඩා වෙනසනම් පුල්ලිඞ්ගික නපුංසක ලිඞ්ගික චතුර්ථී ෂෂ්ඨී ඒකවචනස්ථානවල “දුස්ස” යන පදයක් ඇතිබවහා ස්ත්‍රීලිඞ්ගික සප්තමී ඒකවචනස්ථාන යෙහි “අමුයං” යන පදයක් ඇති බවද නපුංසක ලිඞ්ගික ප්‍රථමා විතීයං දෙක “අදුං—අමූ” තියාද බව පමණයි.

පයොගසිද්ධියෙහි බාලාවතාර ක්‍රමයට වඩා පුල්ලිඞ්ගික නපුංසක ලිඞ්ගික ශබ්දවයෙහි වෙනසනම් පුල්ලිඞ්ගික ප්‍රථමා ඒකවචනස්ථාන යෙහි “අමු” තියා පදයක් නැතිබව හා පුංනපුංසක ලිඞ්ගික චතුර්ථී ෂෂ්ඨී ඒකවචනස්ථානවල “අමුනො” යන පදය නැති බවද යන මේදෙකයි—ස්ත්‍රීලිඞ්ගික ශබ්දයෙහි වෙනස දැනගැනීම පිණිස පිළිවෙළින්ම වරනැගා මෙහි දක්වනු ලැබේ.

	ඒක.	බහු.
පයොගසිද්ධියෙහි.	ප.. අසු	අමූ, අමූයො
	දු ..අමුං	අමූ, අමූයො
	ක...අමූස්සා, අමූයා	අමූහි, අමූභි
	කා...අමූස්සා, අමූයා	අමූහි, අමූභි
	ච.. අමූස්සා, අමූසා	අමූසං, අමූසානං
	පං..අමූස්සා, අමූයා	අමූහි, අමූභි
	ඡ.. අමූස්සා, අමූයා	අමූසං, අමූසානං
	ස.. අමූස්සා, අමූස්සං අමූයං, අමූයා	අමූසු.

අමුශබ්දයෙන් පරව කකාරාගම කොට සිද්ධකරණු ලබන්නාවූ “අමුකො” යන පදය බාලාවතාරයෙහි සර්වනාමශබ්දයෙහි අන්තර්ගත කොට දැක්වූයේ නමුදු එය සර්වනාම ශබ්දක්‍රමයට වරනැගෙනනාවූ ශබ්දයක් නොවන බැවින් ශබ්දනීති පයොගසිද්ධි ආදියෙහි වෙන් වශයෙන්ද—“අමුකො-අමුකා” යනාදි වශයෙන් පුල්ලිඞ්ගයෙහි බුද්ධශබ්දය මෙන්ද—“අමුකා-අමුකා, අමුකායො” යනාදි වශයෙන් ස්ත්‍රීලිඞ්ගයෙහි කඤ්ඤාශබ්දය මෙන්ද—“අමුකං-අමුකානි” යනාදීන් චිත්තශබ්දය මෙන් නපුංසක ලිඞ්ගයෙහිද වරනැගියයුතුබව කියන ලදී—අමුශබ්දයද සමාසයෙහි අප්‍රසිද්ධයි.

8. පුබ්බනාමෙව කිං සද්ද.

Kim. Declined.

පුමෙ (ඉං—අ.)—*Mas.* (Im—A.)

එකවචන.	බහුවචන.
ප...කො	කෙ
දු...කං	කෙ
ත...කෙන	කෙහි, කෙභි
ක...කෙන	කෙහි, කෙභි
ච...කස්ස, [කිස්ස]	කෙසං, කෙසානං
පං...කම්හා, කස්මා	කෙහි, කෙභි
ඡ...කස්ස, [කිස්ස]	කෙසං, කෙසානං
ස...කම්හි, [කස්මිං] [කිම්හි, කිස්මිං]	කෙසු

ඉත්ථියං (ඉං—ආ.)—*Fem.* (Im—A.)

ප...කා	කා, කායො
දු...කං	කා, කායො
ත...කාය [කස්සා]	කාහි, කාභි
ක...කාය [කස්සා]	කාහි, කාභි
ච...කාය, [කස්සා]	කාසං, කායානං
පං...කාය, [කස්සා]	කාහි, කාභි
ඡ...කාය, [කස්සා]	කාසං, කාසානං
ස...කස්සං, කායං [කාය [කස්සා]	කාසු

නපුංසකෙ (කිං—අ.)—*Neut.* (Im—Am.

ප කං, [කිං*]	කානි
දු...කං, [කිං]	කානි
ත...කෙන	කෙහි, කෙභි
ක.. කෙන	කෙහි, කෙභි,
ච ..කස්ස, [කිස්ස]	කෙසං, කෙසානං
පං...කම්හා, කස්මා	කෙහි, කෙභි
ඡ...කස්ස, [කිස්ස]	කෙසං, කෙසානං
ස...කම්හි, කස්මිං, [කිම්හි, කිස්මිං]	කෙසු.

---

* "සබ්බවිධිතො ලොපවිධිබලවාන්" සියළු විධිවලට වඩා ලොප් විධිය බලවත් හෙයින් කිං ශබ්දයාකෙරෙන් පරවූ ස-අං-යන විභක්ති ලොප්කළ කල්හි දෙවනු ක කාරදෙශ නොවන හෙයින් "කිං" යනු සිධයි.

චතුර්ථී ෂෂ්ඨී එකවචනස්ථානවල "කිස්ස" යනුද සප්තමී එකවචනස්ථානයෙහි "කිම්හි, කිස්මිං" යනුද බාලාවතාරාදියෙහි නො දක්වන ලද්දහු නමුදු

"කිස්සස්ස එක ධම්මස්ස වධං රොචෙසි ගොතම"
"කිස්මිං ලොකො සමුප්පන්නො කිස්මිං කුබ්බති සන්ථවං"
"කිම්හි කාලෙ තයා වීර පත්ථිතා බොධි මුත්තමා"

යනාදි තැන්වල දක්නා ලද හෙයින රූපසිද්ධි පයොගසිද්ධි ආදියෙහි දක්වන ලද්දේය.

බහුවචනස්ථානවල "කෙසං" යනු මුත් "කෙසානං" යනු ශබ්දනීති රූපසිද්ධි දෙක්හිම නායේය—තෘතීයාදියෙහි "කස්සා" යනු ගැණ "සබ්බස්සා" යන්න ගැණ කී විභාගය දතයුතුය—ප්‍රථමා විතීයා එකවචනස්ථානවල "කිං" යනු "කිං පරාභවතො මුඛං" යනාදියෙහි දක්නාලද හෙයින් පයොගසිද්ධි රූපසිද්ධි ආදියෙහි කියනලදී.

තවද "කො තෙ බලං මහාරජ-කොනු ත්වං සාම ජීවසි?" යනාදි තැන්වල පෙනෙන "කො" යන පදය ප්‍රථමා එකවචනයක් නොව "කු-කාරං" යනාදීයන්හි වැටෙන නිපාතයකැයි දත යුතුයි.

එහෙයින් කීහ.

"කො තෙ බලං මහාරජ ඉති ආදීසු පාළිසු.
කු සද්දත්ථෙ වත්තතීති කෙචෙත්ථ කො ඉධයං සුති.
පෙතානකං සාම මද්දක්ඛි කොනු ත්වං සාම ජීවසි?,
ඉති පාඨෙ කාරං සද්දෙ හිධෙය්‍ය වත්තතී තිච.
එතෙසු විසු අඤ්ඤෙසු දිස්සො කො ඉධයං රවො,
නිපාතොති ගහෙතබ්බො සුතිසාමඤ්ඤතො රුතො,"

තවද සර්වනාම කිං ශබ්දය නින්දාර්ථ, අනියමාර්ථ, (සරූප වස්තු ක්‍රියා කාරණ කාත්‍ය යන මොවුන්ගේ) පෘච්ඡාර්ථ, නිෂ්ඵලාර්ථ, සම්පටිච්ඡනාර්ථයන්හිද— සුඛනාම භූත කිං ශබ්දය ජලාර්ථ සදෘශාර්ථයන්හිද පවත්නේය—එහෙයින් කීහ.

එකක්ඛරකොසයෙහි

"නින්දානියම පුච්ඡාසු නිප්ඵලෙ සම්පටිච්ඡනෙ.
සබ්බනාමිකා පදං කිං ජලජෙ සදිසෙ තු කිං."

එකක්ඛරකොස ටීකාවෙහි—"කිං රාජා යො ලොකං නරක්ඛති—කිං නු ඛො නාම තුම්හෙ මං වත්තබ්බං මඤ්ඤථ?" යනාදි තැන්හි

නින්දාර්ථයෙහිය-" යං කිඤ්චි රූපං අතීතානාගත පච්චුප්පන්නං " යනාදි තන්හි අනියමාර්ථයෙහිය—"[1]කිංසූධ විත්තං පුරිසස්ස සෙට්ඨං—[2]කිං සීලං කො සමාධි—[3]කිං ඛාදසි කිං ජවසි—[4]කිං නු සන්තරමානොව කාසුං ඛණසි සාරථී-කිං නු ජාති නාරොවෙසි-කෙන තෙ තාදිසො වණ්ණො—[5]කිං කාසුයා කරිස්සසි" යනාදි තන්හි පිළිවෙළින් [1]ස්වරූප [2]වස්තු [3]ක්‍රියා [4]කාරණ [5]කෘත්‍ය යන මොවුන්ගේ ප්‍රශ්නාර්ථ යන්හිය—" කිං තෙ වක්කලි ඉමිනා පූතිකායෙන දිට්ඨෙන යො ඛො වක්කලි ධම්මං පස්සති සො මං පස්සති " යනාදි තන්හි නිෂ්ඵලාර්ථයෙහිය— " කිං න කාහාමි තෙ වචො " යනාදි තන්හි සම්ප්‍රතිච්ඡනාර්ථයෙහිය.

සුඛනාමභූත කිං ශබ්දය " කිඤ්ජක්ඛං* " යනාදීයෙහි ජලජාර්ථයෙහිය—" කිම්පුරිසො † කින්නරො " යනාදියෙහි සදෘශාර්ථයෙහි යයි කියන ලදී.

තවද කිං ශබ්දයාගේ ලිඞ්ගත්‍රය වශයෙන් විභක්ත්‍යන්තවූ කො-කා-කං යනාදි පදයො සමාසයෙහිදී කිං යන රූපයෙන්ද නාමශබ්දය හා සමාසවූ කල " කිං-කො " යන දෙයාකාරයෙන්මද සිටිත්.

එම කීහ.

" කිංසද්දස්ස සමාසම්හි සබ්බං නාම රවෙනවෙ,
කින්නාමො ඉති කො නාමො ඉති චෙවං ගති ද්විධා,
කො නාමො තෙ උපජ්ඣායො ඉච්චාදෙත්ථ නිදස්සනං,
සහඤ්ඤෙඤ්ඤන සමාසම්හි කිං කිං ඉච්චෙව ඤ්ඤයතෙ."

කිං ශබ්දයතෙම සමහර තැනෙක වෙන් වශයෙන්ද සමහර තැනෙක පදාවයව භාවයෙන්ද, සමහර තැනෙක " නු-සු-නුඛො-කාරණ " යනාදි ශබ්දයන් සමග සහචාරී භාවයෙන්ද දක්නා ලැබේ.

වෙන් වශයෙන්—" එසා තෙ ඉත්ථි කිං හොති-එතෙ මනුස්සා තුම්හාකං කිං හොන්ති " යනාදියෙහිය—" කිඤ්ජක්ඛා කිම්පුරිසො " යනාදියෙහි පදාවයවභාවයෙන්ය—" කිංනු භීතොව තිට්ඨසි-කිංසු ඡෙත්වා සුඛං සෙති—කිං කාරණා පාලිත ත්වං පමජ්ජසි " යනාදියෙහි සහචාරී භාවයෙන්ය.

---

* " කෙ (උදකෙ) ජායතීති කිං, කමලාදි-තස්මිං ජායති ජලතීති වා කිඤ්ජක්ඛා යනුද.

† කිනාති සමෙතීති කිං—කිං (සදිසො) පුරිසොති කිම්පුරිසො-කින්නරො—කිනාති ආදීසුපි එසෙව නයො " යනුද එකක්ඛරකොෂ ටීකායි.

එම කීහ.

"චිඤ්ච පදාවයවො වා හුත්වා නවාදිසී වා පන,
හුත්වා සන්දෙසී කිං සද්දෙ දීපෙති සුගතසාසනෙ.
පාළිනයානුසාරෙන සෙසානං සමභාවො පිච,
ඤෙය්‍යො විඤ්ඤූහි සද්ධම්මනයඤ්ඤූහි පභෙදතො."

සර්වනාම කිං ශබ්දයාගේ පුල්ලිඞ්ගික නපුංසක ලිඞ්ගික පදමාලං වන්හි කෙහි-කිස්ස-කස්මා-කම්හා-කම්හි-කිම්හි-යන පදයන්ද,
ස්ත්‍රීලිඞ්ගික පදමාලාවෙහි-කායො-කාහි-කාසානං-කායං-කාසං යන පදයන්ද හැර සෙසු පදයො "චි-චන-චනං"-යන මොවුන් සමග යෙදී මෙසේ රූපවත්ව දක්නා ලැබෙත්—කෙසේද?

කොචි	කෙහිචි	කාචි ඉත්ථී
කෙචි	කස්සචි	කාචි ඉත්ථියො
කොචන	කෙසඤ්චි	කිඤ්චි...
කඤ්චි	* * *	කායචි
කිඤ්චි	කෙහිචි...	කාහිචි
කිඤ්චනං	කස්මිංචි	කාසචි
කෙචි	කිස්මිංචි	කාසඤ්චි
කොචන	කෙසුචි.	* * *
කෙනචි		කායචි
		කාසුචි.

යථොක්ත පදයෝ ය ශබ්දය සමගයෙදුනු කල මෙසේය

යො කොචි	යෙසං කෙසඤ්චි	යා කාචි
යෙ කෙචි	යස්මිං කිස්මිංචි	යං කිඤ්චි
යං කිඤ්චි	යස්මිං කස්මිංචි	යාය කායචි
යෙන කෙනචි	යෙසු කෙසුචි.	යාහි කාහිචි
යෙහි කෙහිචි	යං කිඤ්චි	යාසං කාසඤ්චි
යස්ස කස්සචි	යානි කානිචි.	යාසු කාසුචි.

මෙසේ ලිඞ්ගත්‍රය වශයෙන් කියන ලද්දාවූ "යොකොචි-යංකිඤ්චි යාකාචි" යනාදිය අනවශේෂ පර්යාදාන වචනයෝයයිද, මේ සියල්ල නිපාත පද නොවේ නාමුදු නිපාත ප්‍රතිරූපක ශබ්ද ගතිකයෝ යයිද කියන ලදී.

9. තීසු ලිඞ්ගෙසු සමානරූපා

තුම්හාම්හසද්ද.* (අ.)

Tumha and Amha, (A.) equal in the three Genders.

	එකවචන	බහුවචන
ප...	ත්වං, තුවං, අහං, [අහකං]	† තුම්හෙ, මයං, අම්හෙ, [අස්මා]
දු...	තං, තවං, තුවං, ත්වං [තුම්හං] මං, මමං [අම්හං]	තුම්හාකං, තුම්හෙ, [තුම්සං] අම්හාකං, අම්හෙ, [අම්හං, අස්මා]
ත...	ත්වයා, තයා, මයා	තුම්හෙහි, තුම්හෙභි අම්හෙහි, අම්හෙභි
ක...	ත්වයා, තයා, මයා	තුම්හෙහි, තුම්හෙභි අම්හෙහි, අම්හෙභි
ච...	තව, තුය්හං, තුම්හං මම, මය්හං, අම්හං, මමං	තුම්හාකං, අම්හාකං, [අස්මාකං]
පං...	ත්වයා, තයා [ත්වම්හා] මයා	තුම්හෙහි, තුම්හෙභි අම්හෙහි, අම්හෙභි
ඡ...	තව, තුය්හං, තුම්හං, මම, මය්හං, අම්හං, මමං	තුම්හාකං, අම්හාකං, [අස්මාකං]
ස...	ත්වයි, තයි, මයි,	තුම්හෙසු, අම්හෙසු, [අස්මංසු]

බලාවතාරාදි පොත්වල තුම්හ අම්හ යන ශබ්දයන්ගේ පදමාලා දෙක එකට ගලපා දක්වන ලද්දෙන් මෙහිද එලෙස දක්වනු ලැබූ නමුදු සද්දනීතියෙහි වෙන් වෙන් වශයෙන්ද තුම්හ අම්හ ශබ්දයන්ගේ පදමාලාවන් දක්වනු ලැබෙත්.

* “තුම්හ අම්හ සද්ද පර අතත තිලිඞ්ගසමවචනා”–යනු පදසාධනී ටීකායි.

† ප්‍රථමා බහුවචනස්ථානයෙහි “තුම්හං, අම්හං” කියා කච්චායනයෙහි දක්නා ලද බව ශබ්දනීතියෙහි කියන ලද්දේ මුත් අපවිසින් නොදක්නා ලදී.

* යෙන කථෙති තස්ස වත්තබ්බවචනො

තුම්හසද්දො (අ.)—*Tumha* (A.)

	එකවචන.	බහුවචන.
ප..	ත්වං, තුවං	තුම්හෙ
දු...	තං, තවං, තුවං, ත්වං, [තුම්හං]	තුම්හාකං, තුම්හෙ, [තුම්හං]
ත...	ත්වයා, තයා	තුම්හෙහි, තුම්හෙභි
ක...	ත්වයා, තයා	තුම්හෙහි, තුම්හෙභි
ච...	තව, තුය්හං, තුම්හං	තුම්හාකං
පං..	ත්වයා, තයා, [ත්වම්හා]	තුම්හෙහි, තුම්හෙභි
ඡ..	තව, තුය්හං, තුම්හං,	තුම්හාකං,
ස ..	ත්වයි, තයි	තුම්හෙසු.

අත්තනි වත්තබ්බවචනො

අම්හසද්දො (අ.)—*Amha.* (A.)

	එකවචන.	බහුවචන.
ප...	අහං, [අහකං]	මයං, අම්හෙ, [අස්මා]
දු...	මං, මමං, [අම්හං]	අම්හාකං, අම්හෙ, අම්හං, [අස්මා]
ත...	මයා	අම්හෙහි, අම්හෙභි
ක...	මයා	අම්හෙහි, අම්හෙභි
ච..	මම, මය්හං, අම්හං	අම්හාකං [අස්මාකං]
පං..	මයා	අම්හෙහි, අම්හෙභි
ඡ...	මම, මය්හං, අම්හං	අම්හාකං, [අස්මාකං]
ස...	මයි	අම්හෙසු, [අස්මාසු.]

තුම්හ අම්හ ශබ්දද්වය ලිඞ්ගත්‍රයෙහිම සමාන රූප බැවින් අලිඞ්ග යයි රූපසිද්ධියෙහි කියන ලදී—මෙහි ප්‍රථමා එකවචනස්ථානයෙහි "අහකං" යනු "අහකම චිත්තවසානුගො භවිස්සං" යනාදියෙහි දක්නා ලදහෙයින් ශබ්දනීතියෙහි පමණක් දක්වන ලද්දේය—

ප්‍රථමා ද්විතීයා බහුවචනස්ථානයන්හි "අස්මා" යනුහා ද්විතීයා බහුවචනස්ථානයෙහි "තුම්හං, අම්හං" යනුද මොග්ගල්ලායනවෘත්ති ප්‍රයෝගසිද්ධි පදසාධනී යන තුනෙහි පමණක්ය—එයින්"තුම්හං, අම්හං" යනු ශබ්දනීතියෙහිද ආයේය—"තුම්හානං, අම්හානං" යීද ප්‍රථමා ද්විතීයා බහුවචනවයන් කච්චායන ශබ්දනීති දෙක්හි පමණක් දක්නලද්දේය "මමං" යන චතුර්ථී ෂෂ්ඨී එකවචනයද ශබ්දනීතියෙහි නොදක්වන ලද්දේ පමණක් නොව "අස්මාකං" යන බහුවචනයද බාලාවතාරාදියෙහි නායේ නමුදු පෙළෙහි ඇති හෙයින් රූපසිද්ධ්‍යාදියෙහි දක්වන ලද්දේය—"තවම්හා" යන පචමී එකවචනයද පයෝගසිද්ධි ආදියෙහි මුත් කච්චායන රූපසිද්ධි නිරුත්තිපිටකාදියෙහි නායේය—"අස්මාසු" යන සප්තමී බහුවචනයද මොග්ගල්ලායනවෘත්ති ප්‍රයෝගසිද්ධි පදසාධනී යන පොත්වල පමණක්ය—එහෙත් ශබ්දනීතියෙහි පමණක් ඒ වෙනුවට "අස්මෙසු" යන පදයක් දක්වන ලදී—චූලනිරුත්ති නිරුත්තිපිටක යන පොත්වල පමණක් "තුම්හං, අම්හං" යී ද්විතීයා එකවචනවයක්ද "තුම්හෙ, අම්හෙ" යී චතුර්ථී ෂෂ්ඨී බහුවචනවයක්ද කියන ලද්දේ පමණක් නොව පරීක්ෂා කොට අට්ඨකථා සහිත පිටකත්‍රයෙහි පෙනේනම් ගතයුතුබවද ශබ්දනීතියෙහි කියන ලදී.

පරපදයන් හා සමාසවූ කල තුම්හ ශබ්දය "ත්වං" යන රූපයෙන් හා "ත" යන රූපයෙන්ද—අම්හ ශබ්දය "මං" යන රූපයෙන් හා "ම" යන රූපයෙන්ද යුක්තව දක්නාලැබෙත්—ඒ නම්—"එතෙ ගාමණි මංදීපා මංලෙණා මංසරණා" යනාදියෙහි හා "ත්වං මුඛං කමලෙනෙව තුල්‍යං නාඤ්ඤෙන කෙන චි-චන්දෙන ත්වං මුඛං තුල්‍යං-තයෙක්ඛගො, මයෙක්ඛගො" යනාදියෙහිය—එහි "අහං දීපො එතෙසන්ති මංදීපා—අහං ලෙණං එතෙසන්ති මංලෙණා—අහං සරණං එතෙසන්ති මං සරණා-තව (තුම්හාකං වා) මුඛං ත්වං මුඛං—තුම්හෙහි (සදෙන) යොගො තයෙක්ඛගො, අම්හෙහි (සදෙන) යොගො මයෙක්ඛගො" යනු සමාස විග්‍රහයි.

එම කීහ.

"සමාසෙ තුම්හ අම්හානං හොනති පර පදෙහි වෙ,
ත්වං මුඛංති ච මං දීපා තයෙක්ඛගො මයෙක්ඛගොති ච."

තවද තුම්හ අම්හ ශබ්දයන්ගේ විභක්ත්‍යන්ත රූප යථෝක්ත පදමාලාවෙහි පෙනෙන පමණක් නොව තෙ-මෙ-වො-නො-කියාද වෙත්—එහි තෙ-වො-තුම්හශබ්දයාගේ පිළිවෙළින් එකවචන බහු

වචන රූපයෝය-මෙ-තො-යනු අම්හ ශබ්දයාගේය-විභක්ත්‍යන්ත පදයකින් පරව මුත් පූර්ව නොයෙදෙන හෙයින් යථොක්ත පද යන් පදමාලාවෙහි නොයොදන ලදී.

එම කීහ.

"කරණෙ සම්පදානෙ ච සාමි අත්ථෙ ච ආගතා,
තෙ මෙසද්දා ති විඤ්ඤෙය්‍යා විඤ්ඤූනා නයදස්සිනා.

පච්චත්තෙ උපයොගෙ ච කරණෙ සම්පදානියෙ,
සාමිස්ස වචනෙ චෙව (තථෙව පදපූරණෙ.)

ඉමෙසු ඡසු ඨානෙසු වෝ සද්දා සම්පවත්තන්ති,
පච්චත්ත උපයොගෙ ච කරණෙ සම්පදානියෙ.

සාමඤ්ඤවධාරණෙ චෙව ත්‍රිසද්දත්ථෙ නිවාරණෙ,
නිපාතමත්තම්හි නො සද්දා සම්පවත්තන්ති.

තෙ මෙ වො නො ති රූපානි පරානි පදතො යතො,
තතො නාමිකපන්තීසු නවුත්තානි මෙ තානි මෙ."

පදයාගෙරෙන් පරවූ තුම්හාම්හ ශබ්ද රූප.

PRONOMINAL AFFIXES OF
Tumha and Amha.

විභක්ති නාම.	එකවචන.		බහුවචන.	
	තුම්හශබ්ද යාගේ.	අම්හශබ්ද යාගේ.	තුම්හශබ්ද යාගේ.	අම්හශබ්ද යාගේ.
ප්‍රථමා	,,	,,	වො	නො
ද්විතීයා	,,	,,	වො	නො
තෘතීයා	තෙ	මෙ	වො	නො
චතුර්ථී	තෙ	මෙ	වො	නො
ෂෂ්ඨී	තෙ	මෙ	වො	නො

සර්වනාමසංඛ්‍යාශබ්ද.

NUMERALS.

1. සංඛ්‍යාදි වචනො එක සද්ද.

E'ka Declined.

පුමෙ (අ.)—*Mas.* (A.)

එකවචන.	බහුවචන.
ප...එකො	එකෙ
දු...එකං	එකෙ
ත...එකෙන	එකෙහි, එකෙභි
ක...එකෙන	එකෙහි, එකෙභි
ච ..එකස්ස	එකෙසං, එකෙසානං
පං..එකම්හා, එකස්මා	එකෙහි, එකෙභි
ඡ...එකස්ස	එකෙසං, එකෙසානං
ස...එකම්හි, එකස්මිං	එකෙසු.

ඉත්ථියං (ආ.)—*Fem.* (A'.)

එකවචන.	බහුවචන.
ප...එකා	එකා, එකායො
දු...එකං	එකා, එකායො
ත...එකාය	එකාහි, එකාභි
ක...එකාය	එකාහි, එකාභි
ච...එකිස්සං, එකාය	එකාසං, එකාසානං
පං..එකාය	එකාහි, එකාභි
ඡ...එකිස්සා, එකාය	එකාසං, එකාසානං
ස...එකිස්සං, එකායං, [එකාය]	එකාසු.

නපුංසකෙ (අ.)—*Neut.* (A)

එකවචන.	බහුවචන.
ප . එකං	එකානි
දු.. එකං	එකානි
ත...එකෙන	එකෙහි, එකෙභි
ක...එකෙන	එකෙහි, එකෙභි
ච...එකස්ස	එකෙසං, එකෙසානං
පං..එකම්හා, එකස්මා	එකෙහි, එකෙභි
ඡ...එකස්ස	එකෙසං, එකෙසානං
ස . එකම්හි, එකස්මිං	එකෙසු.

මේ ඒකශබ්දයෙහිද චතුර්ථී ෂෂ්ඨී බහුවචනස්ථානවල "ඒකෙසානං" යනු ශබ්දනීතියෙහි නාමේස-ඒකශබ්දය ("ඒකසද්දො සංඛ්‍යා තුල්‍යාඤ්ඤ සහායත්ථෙ-සදා සංඛ්‍යත්ථෙ තදෙකවචනො අඤ්ඤත්ථ සබ්බවචනො ච" යනු බැවින්) සංඛ්‍යාර්ථ අතුල්‍යාර්ථ අන්‍යාර්ථ අසහායාර්ථ වාචී බව හා සංඛ්‍යාර්ථ වාචී කල ඒක වචනද, අතුල්‍යාර්ථාදිය වාච්‍යකල සියළු වචනද ඇතිබව බාලාවතාර පයොගසිද්ධි යනාදියෙහි කියන ලද්දේ නමුදු ශබ්දනීතියෙහි මීට මඳක් වෙනස් ලෙස විභාග සහිතව කියනලදී—ඒනම්-ඒක ශබ්දයතෙම සංඛ්‍යාය (හෙවත් එකය යන අර්ථයයි) අතුල්‍යය (ශ්‍රෙෂ්ඨය යන අර්ථයයි) අසහායය (හුදකලාව යන අර්ථයයි) අන්‍යය (සමහරෙක් යන අර්ථයයි) මිශ්‍රය යන මෙතෙක් අර්ථවාචී වේ—යම් කාලෙක්හි [1]සංඛ්‍යාර්ථ [2]අතුල්‍යාර්ථ [3]අසහායාර්ථ වාචී වේද එකල්හි ඒකවචන පමණක් ඇත්තේය—ඊට උදාහරණ මෙසේය—"[1]ඒකො රුක්ඛො-ඒකා ලතා-ඒකං ඝරං-[2]සබ්බලොකස්ස ඒකො රාජා-ඒකොම්හි සම්මා සම්බුද්ධො*-[3]ඒකො සබ්බඤ්ඤුතං ගතො-ඒකො අරඤ්ඤං පවිසිත්වා යනාදියයි.

තවද ක්‍රමයක්—යම් කාලෙක්හි සංඛ්‍යාර්ථද අසහායාර්ථද බොහෝ කියනු ලැබේද්ද එකල්හි ඒක ශබ්දයාගෙරෙන් කකාරාගම කොට "ඒකකා, ඒකකෙ" යනාදි වශයෙන් පුරිසශබ්දයෙහි බහුවචන මෙන් පදමාලා කටයුතුය— "චත්තාරො ඒකකා සියුං"-ඉමෙ ගහපතයො ඒකකාව ආගතා" යනාදි උදාහරණ බැලිය යුතුයි— මේ පසුව කී ක්‍රමය සර්වනාම පක්ෂය භජනය නොකෙරේ.

ඒක ශබ්දය යම් කාලෙක්හි [1]අන්‍යාර්ථ † [2]මිශ්‍රාර්ථ වාචී වේද එකල්හි බහුවචන පමණක් ඇත්තේය—"[1]අප්පණ්ණකං ඨාන මෙකෙ දුතියං ආහු තක්කිකා-ඒකෙ ආචරියා එවමාහංසු-ඒකෙ වදන්ති අත්තානං"—"[2]පඤ්චාලො ච විදෙහො ච උභො ‡ ඒකා භවන්තුතෙ" යනු උදාහරණයි.

තවද ප්‍රථමා ඒකවචනයෙහි ඒකාරාන්ත රූපද ඒක ශබ්දයෙහි ඇති බව "ඒකෙ ඒකග්ගෙ සමෙ සම භාගෙ" යනාදියෙන් දත යුතුයි.

---

* ඒකශබ්දය තුල්‍යාර්ථයෙහිද පවත්නාබවද එකල්හි ඒකවචන බහුවචන දෙවගීයම ඇතිබවද පයොගසිද්ධියෙහි දක්වනලද උදාහරණවලින් පෙනේ—"ඒකො විලාසො විනතාං කුමාරිනං-ඒකෙ වණ්ණා සද්ද විනතා. කුමාරිනං" යනුයි.

† ඒකශබ්දය මිශ්‍රාර්ථ වාචීකල සර්වනාමපක්ෂය භජනය නොකෙරේ. පුරිස ශබ්දයාගේ බහුවචන මෙන් පදමාලා කටයුතුයි.

‡ "තණ ඒකා භවන්තුති එකී භාවන්තු මිශ්‍රයි භවන්තු ගඞ්ගොදකෙන යමුනොදකං විය සංසන්දන්තු සමෙන්තු" යනු ටීකායි.

2. තීසු ලිඞ්ගෙසු සමානරූපො සදා බහුවචනන්තො

* විසද්දපරියායො උභසද්දො. (අ.)

Ubha (A.) Declined.

බහුවචන.

ප.. උභො, උභෙ
දු...උභො, උභෙ
ත...උභොහි, උභොභි, උභෙහි, උභෙභි
ක...උභොහි, උභොභි, උභෙහි, උභෙභි
ච...උභින්නං
පං..උභොහි, උභොභි, උභෙහි, උභෙභි
ඡ උභින්නං
ස...උභොසු, උභෙසු.

උභ ශබ්දය ලිඟත්‍රයෙහි සමාන රූප ඇත්තේය—බහුවචනාන්තය—සර්වනාම ශබ්දයක්ය—විශබ්දාර්ථ වාචිය—අග්ගවංසාචාර්‍ය්‍ය මතය ලෙසවූ උභ ශබ්දයෙහි "උභෙ, උභෙහි,උභෙභි, උභෙසු." යන පද නොදක්වන ලද නමුදු කච්චායනාදියෙහි "උභෙ තපුරිසා" යනාදි තන්හි "උභෙ" යනාදිය දක්නාලද හෙයින් සමහර ආචාර්‍ය්‍යවරයන් විසින් මෙහි දක්වනු ලැබූ පදමාලා ක්‍රමය අනුමත කරණ ලදී.

විභක්ති පරකළ්හි විශබ්දයට "උභ" යනාදේශ වීමෙන්ද "උභින්නං" යී පදයක් සිද්ධවන බවක්ද කච්චායනාදියෙහි කියන ලදී.

උභ ශබ්දය සමාසයෙහි අප්‍රසිද්ධයි.

---

* "විසද්දපරියායොති රුක්ඛා තරූති ආදී විය" යනු රූපසිද්ධි ටීකායි

ද්වාදයො අට්ඨාරසන්තා බහුවචනන්තා.

3. තීසු ලිඞ්ගෙසු සමානරූපො
සංඛ්‍යා වචනො ද්වි සද්දො. (ඉ.)

Dvi (I) M. F. N.

බහුවචන.

ප.. දුවෙ, ද්වෙ
දු. දුවෙ, ද්වෙ
ත... ද්වීහි, ද්වීභි
ක... ද්වීහි, ද්වීභි
ච... දුවින්නං, ද්වින්නං
ප... ද්වීහි, ද්වීභි
ඡ... දුවින්නං, ද්වින්නං
ස... ද්වීසු.

මේ ද්විශබ්දයාගේ පදමාලාවෙයි. "දුවෙ, දුවින්නං" යන්නු බාලාවතාරයෙහි නොදක්වන ලද්දේ නමුදු කච්චායනාදියෙහි දක්වන ලදී— "දුවෙ" යන්නු ශබ්දනීතියෙහිද නොදක්වන ලදී—මූලනිරුත්තියෙහි පමණක් චතුර්ථී ෂෂ්ඨී දෙක්හි "ද්වින්නන්නං" යන රූපයක්ද දක්වනලදී.

ද්විශබ්දය පරපදයන් හා සමාසවූ කල "ද්වි" යන ප්‍රකෘතියෙන් පමණක් නොව "දු—දෙ" යන රූපවලින්ද සිටින බව "ද්විහාවො-දුවඞ්ගිකො-දෙහලිනී" යනාදියෙන් දත යුතුයි.

ද්වෙ පුරිසා-ද්වෙ ඉත්ථියො-ද්වෙ චිත්තානි-යනාදි වශයෙන් පුල්ලිඞ්ගික ස්ත්‍රීලිඞ්ගික නපුංසකලිඞ්ගික ශබ්දයන් සමග ද්වෙ යනාදි රූපයන් යොදනු ලැබෙත්.

4. ඉකාරන්ත සඞ්ඛ්‍යාම්කො සංඛ්‍යාවචනො තිසද්දො.		
පුමෙ (ඉ.)—*M.* (I.)	ඉත්ථියං (ඉ.)—*F.* (I.)	නපුං: (ඉ.)—*N.* (.I)
බහුවචන.	බහුවචන.	බහුවචන.
ප...තයො	ප...තිස්සො	ප ..තීණි
දු තයො	දු...තිස්සො	දු...තීණි
ත...තීහි, තීභි	ත...තීහි, තීභි	ත...තීහි, තීභි
ක...තීහි, තීභි	ක ..තීහි, තීභි	ක...තීහි, තීභි
ච...{ තිණ්ණං, තිණ්ණන්නං	ච...තිස්සන්නං	ච...{ තිණ්ණං තිණ්ණන්නං
පං..තීහි, තීභි	පං..තීහි, තීභි	පං..තීහි, තීභි
ඡ...{ තිණ්ණං තිණ්ණන්නං	ඡ...තිස්සන්නං	ඡ...{ තිණ්ණං තිණ්ණන්නං
ස...තීසු.	ස...තීසු.	ස...තීසු.

ස්ත්‍රී ලිඞ්ගික තිශබ්දයාගේ චතුර්ථී ෂෂ්ඨී දෙක්හි “තිස්සං” යන රූපයක් මූලනිරුක්තියෙහිද “තිණ්ණන්නං” යන රූපයක් නිරුක්තිපිටකයෙහිද දක්නාලද්දේ නමුදු අටුවා සහිතවූ පිටකත්‍රයෙහි නැවත නැවතත් පරීක්ෂා කොට එසේවූ පද පෙනේනම් ගතයුතු බව පමණක් ශබ්දනීතියෙහි කියන ලදී.

නපුංසක ලිඞ්ගිකවූ “තීණි” යන පදයාගේ ණිකාර ලොප වශයෙන් සිද්ධවූ පද පාළියෙහි ඇති බව “වෙවිං ති වා උදකාඤ්සිතානි” යනාදියෙන්ද—“තිණ්ණන්නං” යනාදිය පාළියෙහි විද්‍යමාන බව “තිණ්ණන්නං බො භික්ඛවෙ ඉන්ද්‍රියානං භාවිතත්තා බහුලීකතත්තා පිණ්ඩොල භාරද්වාජෙන භික්ඛුනා අඤ්ඤා බ්‍යාකතා” යනාදියෙන්ද දත යුතුයි.

ති ශබ්දය සමාසයෙහි “ති” යන ප්‍රකෘතියෙන් සිටින බැව් ආදිය මෙසේ කියන ලදී.

“යානි රූපානි වුත්තානි තිස්සො තීණි තයො ඉති,
සමාසවිසයෙ තානි ති’ති පකති කා සියුං
තස්මා තිස්ස සමාගම්හි සඞ්ඝං පර පදෙන වෙ,
ත්වෙදන තානි චිත්තානි තිලොකනානි ච සිද්ධියෙ.
එත්ථ නපුංසකත්තංව පාසංසං පාය වුත්තිතො
පුමන්තමෙපත්ථ ඉච්ඡන්ති තිභවො බායතෙ ඉති.”

5. උකාරන්ත සබ්බනාමිකො සංඛ්‍යාවචනො චතුසද්දො		
පුල්ලිං (උ.)—*M.* (U.)	ඉත්ථිලිං (උ.)-*F.* (U.)	නපුං (උ.)—*N.* (U.)
බහුවචන.	බහුවචන.	බහුවචන.
ප...චත්තාරො, චතුරො	ප...චතස්සො	ප...චත්තාරි
දු...චත්තාරො, චතුරො	දු...චතස්සො	දු...චත්තාරි
ත...චතූහි, චතුබ්භි	ත...චතූහි, චතුබ්භි	ත...චතූහි, චතුබ්භි
ක...චතූහි, චතුබ්භි	ක...චතූහි, චතුබ්භි	ක...චතූහි, චතුබ්භි
ච...චතුන්නං	ච...චතස්සන්නං	ච...චතුන්නං
පං...චතූහි, චතුබ්භි	පං...චතූහි, චතුබ්භි	පං...චතූහි, චතුබ්භි
ඡ...චතුන්නං	ඡ...චතස්සන්නං	ඡ...චතුන්නං
ස...චතූසු.	ස...චතූසු	ස...චතූසු.

මේ චතු ශබ්දයාගේ පදමාලාවෙහි "චතුබ්භි" යන රූපයක් තෘතීයා පඤ්චම්‍යාදියෙහි ශබ්දනීතියෙහි පමණක් දක්වන ලදී—බාලාවතාරාදියෙහි නොදක්වන ලද්දේ නමුදු එබඳු පද පාළියෙහි බොහෝ තැන පෙනෙන හෙයින් ගත යුතුය.

ස්ත්‍රීලිඞ්ගික ශබ්දයෙහි චතුර්ථී ෂෂ්ඨී දෙක්හි "චතුන්නං" යන පදය මූලනිරුක්ති ශබ්දනීති නිරුක්තිපිටක යන පොත්වල ආයේය—කච්චායන බාලාවතාරාදියෙහි නායේ නමුදු "සමණො ගොතමො චතුන්නං පරිසානං පියො මනාපො" යනු සොණදණ්ඩ සූත්‍රයෙහිද—"ආචරියො පනස්ස චතුන්නං සත්තීනං ලංඝනසිප්පං ජානාති" යනු සත්තිලංඝජාතක අට්ඨකථාවෙහිද දක්නාලද හෙයින් ස්ත්‍රීලිඞ්ගික ශබ්දයෙහි "චතුන්නං" යන්නත් තැබිය යුතු බව පෙනේ ත්‍රිලිඞ්ගයෙහිම චතුර්ථී ෂෂ්ඨී දෙක්හි "චතස්සනානානං" යන රූපයක් මූලනිරුක්තියෙහි පමණක් ආයේය—අග්ගවංසාචාර්ය්‍යතෙම ඊට රුචි නොවේ.

චතු ශබ්දය පරපදයන්හා සමාස වූ කල "චතු" යන ප්‍රකෘතියෙන්ම සිටී—එම කීහ.

"චත්තාරොච් චතස්සොති චත්තාරි තිච සද්දිතං,
රූපං සමාසභාවම්හි චතුප්පකතිකං භවෙ.
නිදස්සන පදනෙත්ථ කාමතො කාමතො විදෙ,
චතුබ්බිධං චතුස්සාලං චතුසච්චානි අද්දසෙ

අසව්නාමසංඛ්‍යාශබ්දං

6. තිසු ලිඞ්ගෙසු සමානරූපො සංඛ්‍යාවචනො

පඤ්ච සද්දො—(අ.)

Pancha (A.)

බහුවචන.

ප. .පඤ්ච
දු...පඤ්ච
ත...පඤ්චහි, පඤ්චභි
ක...පඤ්චහි, පඤ්චභි
ච...පඤ්චන්නං
පං. .පඤ්චහි, පඤ්චභි
ඡ...පඤ්චන්නං
ස...පඤ්චසු.

එවං—*ඡ සත්ත අට්ඨ නව දස එකාදස ද්වාදස බාරස තෙළස තෙරස චුද්දස චොද්දස චතුද්දස පණ්ණරස පඤ්චදස සොළස සොරස සත්තරස සත්තදස අට්ඨාරස අට්ඨාදස.

එක ශබ්දයෙහි පටන් අට්ඨාරස ශබ්දය දක්වා ඇති සංඛ්‍යාශබ්ද සංඛ්‍යෙය්‍ය වාචී බවද, වීසති ශබ්දාදීහු † සංඛ්‍යෙය්‍ය සංඛ්‍යාන යන උභයාර්ථ වාචී බවද කියන ලදී.

පදසාධනී ටීකාවෙහි—"එකසද්දමභිව්‍යාපෙත්වා යෙ අට්ඨාරස සුති "පරියන්තා සංඛ්‍යා සද්දා තෙ සංඛෙය්‍යවචනා (සංඛෙය්‍යස්ස අභිධායක "වචනා)-සංඛෙය්‍යවචනත්තාව එකො බ්‍රාහ්මණො ඉති සමානාධිකර "ණත්ත මභාවන්ති, නතු ව්‍යධිකරණත්තං බ්‍රාහ්මණානං දසෙති-එකූ "නවීසත්‍යාදයො තු සංඛෙය්‍යෙ සංඛ්‍යානෙ ච වත්තන්තෙත්‍ය-අතො යෙවාහ'වීසති ආදයො පන සංඛ්‍යානවචනා" චෙති-වීසති රුක්ඛා-රුක්ඛානං වීසතීති එත් උදාහරණානි."

ඡ ශබ්දයාගේ සප්තමී ඒකවචනස්ථානයෙහි "ඡස්සු" යන්නක්ද කැමතිවිය යුතුයි-"ඡස්සු ලොකො සමුප්පන්නො ඡස්සු කුබ්බති සන්ථවං" යනාදියෙහි පෙනේ.

† "සංඛෙය්‍යෙ ගණිතබ්බ වත්ථුම්හි—සංඛ්‍යානෙ ගණනාවගෙන" යනු රූපසිද්ධි ටීකායි.

වීසත්‍යාදයො ආ නවුතියා ඉත්ථිලිඞ්ගෙකවචනන්තා.*

From visati to navuti Fem. Sing.

7. එකූනවීසති සද්දො. (ඉ,)—*Ekuna visati* (I.)

එකවචන.

ප ..එකූනවීසති
අ ..(හො) එකූනවීසති
දු ..එකූනවීසතිං
ත...එකූනවීසතියා
ක...එකූනවීසතියා
ච.. එකූනවීසතියා
පං..එකූනවීසතියා
ඡ . එකූනවීසතියා
ස...එකූනවීසතියං, එකූනවීසතියා.

එවං වීසති එකවීසති ද්වෙවීසති ද්වාවීසති බාවීසති තෙවීසති චතුවීසති පඤ්චවීසති පණ්ණුවීසති ඡබ්බීසති සත්තවීසති අට්ඨවීසති.

8. එකූනවීසා සද්දො. (ආ.)—*Ekuna visa* (A′)

එකවචන.

ප.. එකූනවීසා†
අ...(හො) එකූනවීසෙ
දු...එකූනවීසං
ත...එකූනවීසාය
ක...එකූනවීසාය
ච...එකූනවීසාය
පං..එකූනවීසාය
ඡ...එකූනවීසාය
ස...එකූනවීසායං, එකූනවීසාය.

එවං වීසා එකවීසා ද්වෙවීසා ද්වාවීසා බාවීසා තෙවීසා චතුවීසා පඤ්චවීසා ඉච්චාදයොපි.

---

* "නවුතියන්ත මිහිච්චාපෙක්ඛාවීසත්‍යාදයො භින්නවචනෙනාපි සමානාධිකරණා, එකවචනන්තා, භින්නලිඞ්ගෙනාපි සමානාධිකරණා ඉත්ථිලිඞ්ගාති අත්ථො—තං යථා වීසති පුරිසා, වීසති කුඩානි." යත්‍රුටීකායි.

† ප්‍රථමාවෙහි "එකූනවීස, එකූනවීසං" කියාද පදමයක් ශබ්දනීති ආදියෙහි දක්වන ලදී.

මේ එකූනවීසාදි ශබ්ද බාලාවතාරාදියෙහි නොදක්වන ලද්දාහු නමුදු පෙළෙහි දක්නා ලද හෙයින් ශබ්දනීති ආදියෙහි දක්වන ලද්දාහුය.

මේ ශබ්දයාගේ නිෂ්පත්තිය කෙසේද යත්?

“දස ච දස ච” යි දස ශබ්ද ද්වය ද්වන්ද්වසමාස කොට “සරූපානමෙකසෙසව්සකිං”-යන සූත්‍රයෙන් ඒකශේෂ කොට (ඒනම් දසශබ්දද්වය එකක් කිරීමයි) දස ශබ්ද දෙකෙහිම අර්ථ ඇති ඒ තනි දස ශබ්දයාකෙරෙන් පරව යො විභක්ති තබා යොවිභක්ති පරකල්හි දස ශබ්දයාහට “ගණනෙ දසස්ස ද්විතිචතුපඤ්චඡසත්තට්ඨනවකානං විතිං චත්තාර පඤ්ඤාස සත්තාසනවා යොසු යොනා වීස මාසං ඨි රි තී තු ති”—යන සූත්‍රයෙන් “වි” යනාදෙශ හා යො විභක්ති හට “ඊසං” යනාදෙශද කොට පමුණුවා “වීසං” නියා සිටි කල්හි ස්ත්‍රීලිංගික ආ ප්‍රත්‍යය හා නිග්‍රහීත ලොප්ආදිය කොට පමුණුවා වීසා යන රූප නිපන් කල්හි එකූනා ශබ්දය සමග “එකූනා ච සා වීසා ච” යි කම්මධාරය සමාස කොට පූර්ව පදයා පුංවත් කිරීමෙන් “එකූනවීසා” ශබ්දය සිද්ධ කටයුතුයි.

එකූනවීසති ශබ්දයාගේ නිෂ්පත්තියද මෙසේ නමුදු “තාහානමෙං වීසතිංසෙහි” යනසූත්‍රයෙන් තිකාරාගම කිරීම පමණක් වෙනසි.

තවද වීසති ශබ්දය පටන් නවුති ශබ්දය දක්වා ස්ත්‍රීලිංගික එකවචනාන්ත බව සාමාන්‍යයෙන් ආචාර්‍යවරයන්විසින් කියනලද නමුදු “ඡනනවුතීනං පාසණ්ඩානං පවරං යදිදං සුගතවිනයං” යනාදියෙහි බහුවචනාන්ත පද දක්නාලද හෙයින් සමහර ආචාර්‍යවරයෝ මෙසේද කියති.

☞ “යදා සංඛෙය්‍ය සංඛ්‍යාසු එකත්තෙන වීසත්‍යාදයො,
සංඛ්‍යානෙ ච බහුත්තම්හි තාතු වා නවුතිත්ථියො”-යනුයි.

9. එකූනතිංසති සද්දෙ (ඉ.) *Ekuna tinsati.* (I.)	10. එකූනතිංසා සද්දෙ (ආ.) *Ekuna tinsa* (A'.)
එකවචන,	එකවචන.
ප..එකූනතිංසති	ප...එකූනතිංසා*
ආ..(හො)එකූනතිංසති	ආ...(හො)එකූනතිංසෙ
දු...එකූනතිංසතිං	දු...එකූනතිංසං
ත...එකූනතිංසතියා	ත...එකූනතිංසාය
ක...එකූනතිංසතියා	ක...එකූනතිංසාය
ච...එකූනතිංසතියා	ච...එකූනතිංසාය
පං..එකූනතිංසතියා	පං.එකූනතිංසාය
ඡ...එකූනතිංසතියා	ඡ...එකූනතිංසාය
ස...{ එකූනතිංසතියං / එකූනතිංසතියා	ස...{ එකූනතිංසායං / එකූනතිංසාය

එවං

තිංසති, තිංසා
එකතිංසති, එකතිංසා
ද්වත්තිංසති, ද්වත්තිංසා
බත්තිංසති, බත්තිංසා
තෙත්තිංසති, තෙත්තිංසා
චතුත්තිංසති, චතුත්තිංසා
පඤ්චතිංසති, පඤ්චතිංසා
ඡත්තිංසති, ඡත්තිංසා
සත්තතිංසති, සත්තතිංසා
අට්ඨතිංසති, අට්ඨතිංසා
එකූනචත්තාලීසති
එකූනචත්තාලීසා
එකූනචත්තාරීසති,
එකූනචත්තාරීසා
තාලීසති, තාලීසා
†චත්තාලීසති, චත්තාලීසා
චත්තාරීසති, චත්තාරීසා
එකචත්තාලීසති,
එකචත්තාලීසා
එකචත්තාරීසති,
එකචත්තාරීසා
ද්විචත්තාලීසති, ද්විචත්තාලීසා
ද්විචත්තාරීසති, ද්විචත්තාරීසා
ද්වෙචත්තාලීසති, ද්වෙචත්තාලීසා
ද්වෙචත්තාරීසති, ද්වෙචත්තාරීසා
ද්වාචත්තාලීසති, ද්වාචත්තාලීසා
ද්වාචත්තාරීසති, ද්වාචත්තාරීසා
තෙචත්තාලීසති, තෙචත්තාලීසා
තෙචත්තාරීසති, තෙචත්තාරීසා
තිචත්තාලීසති, තිචත්තාලීසා
තිචත්තාරීසති, තිචත්තාරීසා
චතුචත්තාලීසති, චතුචත්තාලීසා
චතුචත්තාරීසති, චතුචත්තාරීසා

* ප්‍රථමාවෙහි "එකූනතිංස, එකූනතිංසං" කියාද පදවයක් විය යුතුයි.
† "මූතතාලීසති-ඉවාතතාලීසති" කියාද සතලිසට නමිය.

පඤ්චචත්තාලීසති, පඤ්චචත්තාලීසා
පඤ්චචත්තාරීසති, පඤ්චචත්තාරීසා
ඡචත්තාලීසති, ඡචත්තාලීසා
ඡචත්තාරීසති, ඡචත්තාරීසා
සත්තචත්තාලීසති-
සත්තචත්තාලීසා
සත්තචත්තාරීසති-
සත්තචත්තාරීසා
අට්ඨචත්තාලීසති, අට්ඨචත්තාලීසා
අට්ඨචත්තාරීසති, අට්ඨචත්තාරීසා.

11. * ඒකූනපඤ්ඤාසා සද්දො. (අං.)

Ekúna pññásá Declined. (A′.)

ඒකවචන.

ප...ඒකූනපඤ්ඤාසා†
ආ...(හො)ඒකූනපඤ්ඤාසෙ
දු...ඒකූනපඤ්ඤාසං
ත...ඒකූනපඤ්ඤාසාය
කා...ඒකූනපඤ්ඤාසාය
පං...ඒකූනපඤ්ඤාසාය
ඡ..ඒකූනපඤ්ඤාසාය
ස...ඒකූනපඤ්ඤාසායං, ඒකූනපඤ්ඤාසාය.

එවං-පඤ්ඤාසා, පණ්ණාසා
ඒකපඤ්ඤාසා, ඒකපණ්ණාසා
ද්වෙපඤ්ඤාසා, ද්වෙපණ්ණාසා
ද්වාපඤ්ඤාසා, ද්වාපණ්ණාසා
ද්විපඤ්ඤාසා, ද්විපණ්ණාසා
තෙපඤ්ඤාසා, තෙපණ්ණාසා
තිපඤ්ඤාසා, තිපණ්ණාසා
චතුපඤ්ඤාසා, චතුපණ්ණාසා
පඤ්චපඤ්ඤාසා, පඤ්චපණ්ණාසා
ඡපඤ්ඤාසා, ඡපණ්ණාසා
සත්තපඤ්ඤාසා-
සත්තපණ්ණාසා
අට්ඨපඤ්ඤාසා, අට්ඨපණ්ණාසා.

---

* "ඒකූනතිංසති-ඒකූනතිංසා" යනාදිය මෙන් ඉකාරාන්ත-ආකාරාන්ත වශයෙන් ශබ්ද දෙක දෙක මෙහි නොවිය හැකිබව හෙවත් "ඒකූනපඤ්ඤාසා, පඤ්ඤාසා" යනාදි ආකාරාන්ත ශබ්ද මුත් (පඤ්ඤාසති යි) ඉකාරාන්ත ශබ්ද නැති බව රූපසිද්ධ්‍යාදියෙහි කියනලද නයින් සිතිය හැකිය—ඒගැණ

රූපසිද්ධියෙහි—"වීසාසාවීසතිංසාන මන්තෙ හොති තිආගමො,
අඤ්ඤත්‍ර න ච හොතෙව චචත්තාලීසාවිසාසතො."

ශබ්දනීතියෙහි—"තආගමො වීසතිංසෙහි—වීසති-තිංසති."—යනුයි.

† "ඒකූනපඤ්ඤාස-ඒකූනපඤ්ඤාසං" කියාද ප්‍රථමා ඒකවචන දෙකක් පාලියෙහි දක්නාලදී.

12. ඒකූනසට්ඨි සද්ද (ඉ.)

Ekûna-saṭṭhi Declined. (I.)

එකවචන.

—

ප...එකූනසට්ඨි
ආ...(හො) එකූනසට්ඨි
දු...එකූන සට්ඨිං
ත...එකූනසට්ඨියා
ක.. එකූන සට්ඨියා
ච...එකූන සට්ඨියා
පං..එකූන සට්ඨියා
ඡ...එකූන සට්ඨියා
ස...එකූන සට්ඨියං, එකූන සට්ඨියා.

එවං-සට්ඨි:—

එක සට්ඨි	විසත්තති	වියාසීති
ද්වෙ සට්ඨි, ද්වා සට්ඨි	වි සත්තරි	තෙ අසීති
වි සට්ඨි—*වට්ඨි	තෙ සත්තති	තියාසීති
තෙ සට්ඨි	තෙ සත්තරි	චතුරාසීති
ති සට්ඨි	ති සත්තති	චුල්ලාසීති†
චතු සට්ඨි	ති සත්තරි	පඤ්චාසීති
පඤ්ච සට්ඨි	චතු සත්තති	ඡාසීති
ඡ සට්ඨි	චතු සත්තරි	සත්තාසීති
සත්ත සට්ඨි	පඤ්ච සත්තති	අට්ඨාසීති
අට්ඨ සට්ඨි	පඤ්ච සත්තරි	එකූන නවුති
එකූන සත්තති	ඡ සත්තති	නවුති
එකූන සත්තරි	ඡ සත්තරි	එක නවුති
සත්තති	සත්තාසත්තති	ද්වා නවුති
සත්තරි	සත්තාසත්තරි	වි නවුති
එක සත්තති	අට්ඨ සත්තති	තෙ නවුති
එක සත්තරි	අට්ඨ සත්තරි	ති නවුති
ද්වෙ සත්තති	එකූන අසීති	චතු නවුති
ද්වෙ සත්තරි	අසීති	පඤ්ච නවුති
ද්වා සත්තති	එකාසීති	ඡනනවුති
ද්වා සත්තරි	ද්වෙ අසීති	සත්තනවුති
	ද්වාසීති	අට්ඨ නවුති.

* † "වට්ඨි—චුල්ලාසීති"—යන වචන ගැණ මෙහි අග අකාරාදිය බලනු,

සතං නපුංසක මෙකවචනන්තං.

13. අකාරන්ත නපුංසකලිංගෙකවචනො
එකූනසත සද්දො. (අ.)

Ekûna-sata Declined—*N.* (A.)

එකවචන.

ප...එකූන සතං
ආ..(භො)එකූන සත
දු...එකූන සතං
ත...එකූන සතෙන
ක...එකූන සතෙන
ච...එකූන සතස්ස
පං..{ එකූන සතා, එකූන සතම්හා
එකූන සතස්මා
ඡ...එකූන සතස්ස
ස...{ එකූන සතෙ, එකූන සතම්හි,
එකූන සතස්මිං

එවං–සතං සහස්සං නහුතං ලක්ඛං අබ්බුදං නිරබ්බුදං අහහං අබබං අටටං සොගන්ධිකං උප්පලං කුමුදං පුණ්ඩරීකං පදුමං කථානං මහාකථානං අසංඛෙය්‍යං.

මේ එකූන සත ශබ්දය පටන් අසංඛෙය්‍ය ශබ්දය දක්වා ඇති ශබ්දයන් අතුරෙන් "කොටි, අක්ඛොභිණී" යන ශබ්දයන් හැර සෙසු ශබ්ද නපුංසක ලිංගික එකවචනාන්තයෝය—රාශිභේදයක් ඇතිකල්හි බහුවචනාන්තයෝය—චිත්ත ශබ්දයාගේ බහුවචන මෙන් වරනැගිය යුතුයි,

මෙහි රාශිභේදයනම් කුමක්ද යත්?—රැස් (ගණන්) කීපයක් කිය යුතු බවයි—"සත්ත සතානි" යන තැන සත ශබ්දයෙන් සිය යයි කියනලද රාශි (ගණන්) කීපයක් කියනු ලැබෙත්—(එය සත්තශබ්දයෙන් නියමකරණහෙයින්) "සත්ත සතානි" යනු සත් සියයයි—මෙසේ "සත්තසතානි" යන තැන සත ශබ්දයෙන් සියවල් කීපයක් කියනලදහෙයින් රාශිභේදයයි දත යුතුය—එහෙයින් "සතානි" යි බහුවචන විය.

යම් සතශබ්දයකින් එක සියයක් කියනු ලැබේනම් රාශිභේදයක් නැතිහෙයින් "සතං" යනාදි එකවචනම වෙත්.

එසේම "ද්වෙ වීසතියො" යි කී කල වීසති සංඛ්‍යාත රාශිය දෙවරක් වීම් සංඛ්‍යාත භේදය ඇති හෙයින් වීසති ශබ්දයා කොරෙන් බහුවචන විය—එහෙයින් "ද්වෙ වීසතියො" යනු (විසිදෙකය යන අර්ථය නොව) සතලිසය යනාර්ථයි—විසිදෙකය යන අර්ථය කිය යුතුතැන්හි "ද්වෙ වීසති" කියා හෝ "ද්වා වීසති" කියා හෝ වීසති ශබ්දය ඒකවචනාන්ත විය යුතුයි.

"දුවෙ සතසහස්සානි චත්තාරි නහුතානිච"—යන මෙහි "දුවෙ සතසහස්සානි" යනු සතසහශ්‍ර හෙවත් ලක්ෂ දෙකක යන අර්ථය—"චත්තාරි නහුතානි" යනු නහුත සතරය යනාර්ථයි—"දුවෙ සතසහස්සානි" යනු දෙකතුත් ලක්ෂය යනාර්ථ වීනම් "සතසහස්ස" ශබ්දය බහුවචනාන්තව නොසිටී—"චත්තාරි නහුතානි" යනුද එසේමැයි—එහෙයින් ඒ සංඛ්‍යාශබ්දවලින් කියනු ලබන්නාවූ ඒ ඒ ගණන් එක එක කියන කල්හි රාශිභේදයක් නැති බැවින් ඒකවචනාන්ත වශයෙන්ද කීපයක් කියන කල්හි රාශිභේදය හෙයින් බහුවචනාන්ත වශයෙන්ද සිටින්යයි දත යුතුයි.

තවද සත ශබ්දය නියත නපුංසක ලිඟිකය යනු සැබෑනම් "තා දෙවතා සතාසතා උළාරා" යන මෙහි "සත" ශබ්දය ස්ත්‍රී ලිඟික භාවයෙන් යොදන ලද්දේ කුමක්හෙයින්ද යත්? "තා දෙවතා සතාසතා" යනාදියෙහි දක්නාලද "සතා" යනු ස්ත්‍රී ලිඟිකනොව නපුංසක ලිඟිකමයයි දත යුතුය—කිමෙක්ද "සතාසතා" යනු දෙවතා ශබ්දය හා සමානාධිකරණ නොවේද යත්?-එසේය සමානාධිකරණමය එසේනමුදු නපුංසක ලිඟිකමය-මෙබඳුවූ සංඛ්‍යාවිශේෂයෙහි ලිඟ විශේෂය ගැණ සමානාධිකරණ බව ප්‍රමාණ නොවේ—"පඤ්ච පච්චෙකබුද්ධසතානි ඉමස්මිං ඉසිගිලිස්මිං පබ්බතෙ චිරනිවාසිනො අහෙසුං" යන මේ පාඨයෙහි නපුංසක ලිඟික ශබ්දය හා පුංලිඟික ශබ්දයාගේ සමානාධිකරණ බව පෙණේ—එසේම මෙහිද "සතා" යන නපුංසක ලිඟික පදය හා "දෙවතා" යන ස්ත්‍රී ලිඟික පදයාගේ සමානාධිකරණබව වන්නේයයි දත යුතුයි.

තවද සංඛ්‍යා ශබ්ද පිළිබඳව සමානාධිකරණ බව නොකැමැති විය යුතු තැන් මේ මතු ප්‍රකාශවන ගාථාවෙන්ද දත යුතුය.

"දුවෙ සතසහස්සානි චත්තාරි නහුතානි ච
එත්තකං බහලත්තෙන සංඛාතායං වසුන්ධරා."

මෙහි දුවෙ යනු විශේෂණය, සතසහස්සානි යනු විශේෂ්‍යයි—එසේම චත්තාරි යනු විශේෂණය, නහුතානි යනු විශේෂ්‍යයි—එහෙයින් දෙලක්ෂ-සතර නහුතය යනු අභිප්‍රායි.

මෙසේ විශෙෂණ විශෙෂ්‍යභාවයෙන් ගන්නා ලද්දේ නමුදු "ද්‍වෙ"-"චත්තාරි" යනාදි සංඛ්‍යා ශබ්දයන්ගේ "සතසහස්සානි" යනාදි සංඛ්‍යා ශබ්දයන් හා සමානාධිකරණ බව පූර්වාචාර්‍ය්‍යවරයන් විසින් නොකියන ලද්දේය—විශෙෂ්‍යපදයෝ ද්‍රව්‍යවාචකහෙයින් "ද්‍වෙ පුථුජ්ජනා"-"සතසහස්සං භික්ඛූ" යනාදියෙහි යම්සේ සමානාධිකරණබව ලැබේද-"ද්‍වෙ සතසහස්සානි" යනාදියෙහි එසේ සමානාධිකරණබව නොලැබේ-කුමක්නිසාද යත්?—විශෙෂ්‍යපදයෝ ද්‍රව්‍යවාචක නොවන හෙයිනි—එසේහෙයින් මෙබඳු තැන්වල (යුක්තියක් නැතිහෙයින්) සමානාධිකරණ බව කැමති නොවිය යුතුයි-ඉදින් එසේනම් මේ පදයන්ගේ අන්‍යොන්‍ය සම්බන්ධ රහිත බව වීදැයත්?-විශෙෂණ විශෙෂ්‍යභාවයෙන් ගත්හෙයින් අන්‍යොන්‍ය සම්බන්ධ බව වන්නේය-ඉදින් එසේනම් සමානාධිකරණබව ලැබිය යුතු නොවේදැයත්?—අන්‍යොන්‍ය සම්බන්ධ බව ඇතහොත් සමානාධිකරණභාවය ලැබිය යුතුය යන නියමයක් නැතිහෙයින් නොලැබිය යුතුය—සමානාධිකරණබව වනාහි ගුණ ගුණී සංඛ්‍යාත විශෙෂණ විශෙෂ්‍යයන් පිළිබඳවමය—විශෙෂණ විශෙෂ්‍යත්වය ඇත්තේ නමුදු ගුණ ගුණී භාවය නැතිකල්හි සමානාධිකරණභාවය නැත්තේයයි දත යුතුයි.

මෙහි "එත්තකං" යනු ප්‍රමාණය කීමය-"බහලත්තෙන" යනු විශෙෂණයෙහි තෘතීයාය-මේ දෙකින්ම "මේ මහා පෘථිවි තොමෝ බහලත්වයෙන් සොදුන් දෙලක්ෂයක්ද සතර නහුතයක්ද (යන) මෙපමණයක් කියන ලදී" යන මේ අර්ථය දක්වන්නේය—"එත්තකං" යන පදය "ද්‍වෙ සතසහස්සානි, චත්තාරි නහුතානි.ච" යනමේ පදයන් සමග හෝ "වසුන්ධරා" යන පදය සමග හෝ සමානාධි කරණ බවක් කැමති නොවිය යුතුය-"එත්තකං" යනු භාවනපුංසක පදයි (ශබ්දශාස්ත්‍රයෙහි "ක්‍රියාවිශෙෂණය" යනුදු මෙයටම කියන නමකි) මෙපමණින් යනු එහි අර්ථයි.

නැවතද-"ද්‍වෙ සතසහස්සානි, චත්තාරි නහුතානි" යන මේ පදයන්ගේද "වසුන්ධරා" යන පදයා සමග සමානාධිකරණබව කැමති නොවිය යුතුය—කුමක් නිසාද යත්?—මෙහි "සතසහස්සානි" යනාදිය ("භික්ඛූනං සතං" යන තන්හි මෙන්) සංඛ්‍යාමාත්‍ර අර්ථකොට ඇති හෙයිනි—ඒ නිසාම "එත්තකං" යි කියන ලදී—"සංඛාතා" යනුද "අයං" යනුද "වසුන්ධරා" යනු හා සමානාධි කරණයි-මේ සියළු ක්‍රමය වෙනත් මෙබඳු වූ තැන්වලද දත යුතුයි.

14. ඉත්ථිලිඞ්ගෙක වචනන්තො සංඛ්‍යා වචනො

* කොටි සද්ද. (ඉ.)

Kóti Declined—*E.* (I.)

එකවචන.

ප...කොටි
ආ...(භො)කොටි
දු...කොටිං
ත...කොටියා
ක...කොටියා
ච...කොටියා
පං...කොටියා
ඡ...කොටියා
ස...කොටියං, කොටියා.

එවං–පකොටි කොටිප්පකොටි අක්ඛොභිණීයො.

† දස දසකං සතං නාම, දස සතං සහස්සං, දස සහස්සං නහුතං, දස නහුතං ලක්ඛං, (සතසහස්සන්ති පි වුච්චති) ලක්ඛසතං කොටි, කොටි ලක්ඛසතං පකොටි, පකොටිලක්ඛසතං කොටිප්පකොටි, කොටිප්පකොටි ලක්ඛ සතං නහුතං, නහුතලක්ඛසතං නින්නහුතං, නින්නහුතලක්ඛසතං අක්ඛොභිණී, අක්ඛොභිණී ලක්ඛසතං බින්දු, බින්දු ලක්ඛසතං අබ්බුදං, අබ්බුදලක්ඛසතං නිරබ්බුදං, නිරබ්බුද ලක්ඛසතං අහහං, අහහලක්ඛසතං අබබං, අබබලක්ඛසතං අටටං, අටටලක්ඛසතං සොගන්ධිකං, සොගන්ධිකලක්ඛසතං උප්පලං, උප්පලලක්ඛසතං කුමුදං, කුමුදලක්ඛසතං පුණ්ඩරීකං, පුණ්ඩරීක ලක්ඛසතං පදුමං, පදුමලක්ඛසතං කථානං, කථානලක්ඛසතං මහාකථානං, මහාකථාන ලක්ඛසතං අසංඛෙය්‍යන්ති—

---

* රාශිභෙදයක් ඇතිකල්හි කොටි ශබ්දාදියද බහුවචනාන්තයි-"අසීති කොටියො හිත්වා හිරඤ්ඤසුසාභිපබ්බජිං–ඛීණාසවා වීතමලා සමිංසු සතකොටියො"–යනු උදාහරණයි.

† "දස දසකං සතං නාම" යනාදි මේ පාඨය චරනැගිල්ලෙහිද මොග්ගල්ලායන ව්‍යාකරණයට අයිති "පදසාධන" නම් ප්‍රකරණයෙන් ගෙණ ලියනලද්දකි.

මෙහි අදහස—දසදසකං, දශයන් සම්බන්ධවූ දශප්‍රමාණයක් (හෙවත් දශවරක් දශය) සතං නාම, සියය නම් වේ—දසසහස්සං නහුතං......යනාදියෙහිද මෙසේම අර්ථ යෙදිය යුතුයි—ලක්ඛසතං ලක්ෂයන්ගේ සියයක්, කොටි, කෝටියකි-කොටිලක්ඛසතං, කෝටින්ගේ ලක්ෂ සියයක්, පකොටි, ප්‍රකෝටියයි—පකොටිලක්ඛසතං කොටිප්පකොටි යනාදියෙහිද අර්ථ මෙසේමැයි.

මේ සියළු කියමන්වලින් දක්වන්නේනම් සියයෙහි පටන් ලක්ෂය දක්වා මෙහි දක්වනු ලැබූ ගණන් අතුරෙන් යම්කිසි ගණනක් දශවරක් වැඩිවූ කල ඊළඟ ගණන වන බවද-ලක්ෂයන් සියයක් කෝටියක් බවද—කොටියෙහි පටන් අසංඛෙය්‍ය දක්වා ඇති ගණන් අතුරෙන් යම් කිසි ගණනක් සියක්ලක්ෂ වරක් වැඩි වූ කල්හි ඊ ලඟ ගණන වන බවත්ය.

සමහරකෙනෙක් දශයෙහි පටන් අසංඛෙය්‍ය දක්වාම දශගුණිත කටයුතු බවද, තවත් සමහරෙක් දශයෙහි පටන් දශගුණිත කට යුතු බව හා අබ්බුදයෙහි පටන් විසති ගුණිත කටයුතු බවද කියත්—අබ්බුදයෙහි පටන් විසතිගුණිත කටයුතු බව, සංයුත් සඟියෙහි දක්වන ලද මේ පාඨය බලා කියනලදී—ඒනම්, "සෙය්‍යථාපි භික්ඛවෙ විසති අබ්බුද නිරයා එව මෙකො නිරබ්බුද නිරයො" යනාදියයි.

තවද සියයෙහි පටන් ලක්ෂය දක්වා දශගුණිත කටයුතු බව "සතතො පට්ඨාය යාව සතසහස්සං තාව දසසංඛ්‍යා දසගුණිතං වෙදිතබ්බං" යී පදසාධනී ටීකාවෙහිද-

"එතාසු සංඛ්‍යාසු කමා සතාදි ලක්ඛපරියන්තානං දසගුණං දසහි ගුණිතං භවන්ති" යී නිඝණ්ඩු ටීකාවෙහිද කියන ලද්දේය.

රූපසිද්ධි ටීකාවෙහි-"තාසං සංඛ්‍යානං යාව කොටිපරියන්තානං ගණනමත්ථි තාව තං දසගුණිත මෙව කාතබ්බං"—යන්නෙන් කොටිය දක්වා දශගුණිත කටයුතුබව කියන ලදී *

තවද-"එකං, දස, සතං, සහස්සං, නහුතං, ලක්ඛං" යනාදි පිළිවෙළෙහි "නහුතං" යනු පඤ්චමස්ථානයෙහිද වාදශමස්ථානයෙහි ඇත්තේය-පඤ්චමස්ථානයෙහි වූ නහුතං යනු දශදහසය—සමහර ආචාය්‍ය්‍යී කෙනෙක් පඤ්චමස්ථානයෙහි "දසසහස්සං" යනුද වාදශමස්ථානයෙහි පමණක් "නහුතං" යනු දක්වන ලදී—දශසහශ්‍රවාචී

---

* "සතසහස්සං දසගුණිතං දසසතසහස්සං, දසසතසහස්සං දසගුණිතං කොටි" යනක්‍රමයෙන් ගතහැකි බැවින් රූපසිද්ධි ටීකාවෙහි කියමනද යථොක්ත කියමන් වලට විරුද්ධ නොවේ.

(පචමඝඨානයවූ) "නහුත" ශබ්දයක් පෙළ අටුවා දෙක්හිම "චතුනහුතාධිකවියොජනසතසහස්සබහලා අයං මහාපඨවී."

"ද්වෙ සතසහස්සානි චත්තාරි නහුතානිච,
එත්තකං බහලත්තෙන සංඛාතායං වසුන්ධරා."

යනාදියෙහි දක්නා ලද හෙයින් පචමඝඨානයෙහිද "නහුතං" යන් නක් අවශ්‍යයෙන්ම විය යුතුය–එහි "චතු නහුත" යනුද–"චත්තාරි නහුතානි" යනුද සතලිස් දහසයි.

"අක්ඛොහිණී–බින්දු–අබ්බුදං–නිරබ්බුදං–අහහං–අබබං–අටටං–සොගන්ධිකං–උප්පලං–කුමුදං–පුණ්ඩරීකං–පදුමං–කථානං–මහාකථානං–අසංඛෙය්‍යං"–යන ගණන් පිළිවෙළ කච්චායන රූපසිද්ධි අභිධානප්පදීපිකා ආදියෙහි දක්වන ලද්දේය –ශබ්දනීතියෙහි මීට වෙනස් ලෙස–"අක්ඛොහිණී–බින්දු–අබ්බුදං–නිරබ්බුදං–අබබං–අටටං–අහහං–කුමුදං–සොගන්ධිකං–උප්පලං–පුණ්ඩරීකං–පදුමං–කථානං–මහාකථානං අසංඛෙය්‍යං"—යන පිළිවෙළක් දක්වන ලද්දේ පමණක් නොව ඒ පිළිවෙළ පෙළ අටුවා දෙකට සම බවද මෙසේ දක්වන ලදී—

සංයුත් සඟියේ බ්‍රහ්මසංයුත්තකයෙහි—"සෙය්‍යථාපි භික්ඛවෙ වීසති අබ්බුද එවමෙකො නිරබ්බුදනිරයො" යනාදිය දක්වමින් විසි අබ්බුදයෙක් එක් නිරබ්බුදයක් බවද, විසි නිරබ්බුදයෙක් එක් අබබයක, විසි අබබයෙක් එක් අටටයෙක, අහහ, කුමුද, සොගන්ධික, උප්පල, පුණ්ඩරීක, පදුම, කථාන, මහාකථාන, අසංඛෙය්‍ය, යනුද මෙසේම බවද දක්වා අටුවාවෙහිද පෙළට අවිරුද්ධලෙස අර්ථ යන් ගන්නාලද බවද කියන ලදී—මෙසේ හෙයින් අගාවංසාචාර්‍ය්‍ය මතයෙහි වූ ගණන් පිළිවෙළ හා, "අබ්බුදයෙහි පටන් අසංඛෙය්‍ය දක්වා විංශතිගුණිත කටයුතුය" යන කියමන පෙළ අටුවා දෙකට සම බැව් පෙනේ.

තවද රත්නකොෂාදියෙහි

"සතං සහස්සං අයුතං නියුතම්පයුතං තථා,
කොටිරබ්බුද මිච්චෙවං කමා දසගුණුත්තරං."

යනාදිය දක්වමින් "නහුත" වෙනුවට "අයුත" කියාද "ලක්ඛ" නොහොත් "සතසහස්ස" වෙනුවට "නියුත" කියාද "දසසත සහස්ස" වෙනුවට "පයුත" කියාද කියන ලද්දේ පමණක් නොව "සතං සහස්සං" යනාදිය ක්‍රමයෙන් මතු මත්තෙහි දශගුණිත කටයුතු බවද කියන ලදී

එහි පිළිවෙළ පදසාධනී ටීකාවෙහි දක්වනලද මෙසේය.

“දස සංඛ්‍යා දසගුණං සතං, සතං දසගුණං සහස්සං, සහස්සං
“දසගුණ මයුතං, අයුතං දසගුණං නියුතං, නියුතං දසගුණං
“පයුතං, පයුතං දසගුණං කොටි, කොටියා දසගුණුත්තරමබ්බුදං,
“අබ්බුද පදුමං, පදුමා ඛබ්බං, ඛබ්බා මහාඛබ්බං, තතොපි මහා
“පදුමං තතොපි සංඛං, සංඛතො සමුද්දො, තතො අනන්තං,
“අනන්තා මජ්ඣං, මජ්ඣා පරඩ්ඪං, පරඩ්ඪා අමිතං, අමිතා දසගු
“ණුත්තරං සංඛ්‍යං, සංඛ්‍යා වීසතිමං ඨානං අසංඛෙය්‍යං”—යනුයි.

නවද සියයෙහි පටන් අසංඛෙය්‍යය දක්වා පැවති ගණන් ක්‍රමය ගැණ අභිධානප්පදීපිකා ටීකා කර්තෘගේ අදහස සහ වාද කථාවන්ද දක්වා තිබෙන ක්‍රමයක් නම්.

“එතාසු සංඛ්‍යාසු කමෙන සතාදී ලක්ඛපරියන්තං දසහි දසහි
“ගුණිතං භවති, කොට්‍යාදීනං අසංඛෙය්‍ය පරියන්තං සතලක්ඛෙහි
“සතලක්ඛෙහි ගුණිතං භවති, තස්මා එකා ලෙඛා විසුඤ්ඤසහිතා
“සතං භවති, තථා තිසුඤ්ඤසහිතා සහස්සං, චතුසුඤ්ඤසහිතා
“නහුතං, පඤ්චසුඤ්ඤසහිතා එකා ලෙඛා ලක්ඛං භවති, එකා පන
“ලෙඛා සත්ත සුඤ්ඤසහිතා කොටි, තථා චුද්දස සුඤ්ඤසහිතා ප
“කොටි, ඉමිනා නයෙන යාවාසංඛෙය්‍යං නෙතබ්බං—අයමෙකච්චාන
“මාචරියානං මති—අථවා සතාදයො අසංඛෙය්‍යපරියන්තා සබ්බෙපි
“දස ගුණිතා කාතබ්බා—අයං කච්චායනස්ස මති—තෙනාහ “යාව න
“දුත්තාරි දස ගුණිතාච” ඉති සුත්ත මාහ—අථවා සතාදයො ලක්ඛ
“න්තා දස දස ගුණිතා, තෙන එකා ලෙඛා විබින්දුසහිතා සතං
“භවති, තථා චතුපඤ්ච බින්දු සහිතා සහස්සාදිකං භවති, එකා ලෙඛා
“පන චාදසබින්දුසහිතා කොටි, තථා එකූනවීසති බින්දුසහිතා
“පකොටිත්, යාවාසංඛෙය්‍යා එකෙකස්මිං සත්ත බින්දූනි කත්වා
“ගණනා කාතබ්බා, තස්මා අසංඛෙය්‍ය ගණනාවිසෙයෙ පඤ්චත්තා
“ලීසාධිකානි සතබින්දූ භවන්ති—අය මම්හාකං මති—අමරකොසෙ
“පන *සතත්‍ය සහස්සාදි කමා දසගුණොත්තර මිත්‍යුත්තං—තස්ස
“ත්ථෝ, දසසංඛ්‍යා පන්‍යාසී ත්‍යුක්තෙ තතො ආරබ්භ දසගුණොත්තරං
“සතසහස්සාදිකං කමා විඤ්ඤෙය්‍යං—තං යථා—දසසංඛ්‍යාය දසගු
“ණොත්තරං සතං, සතා දසගුණොත්තරං සහස්සං, සහස්සා දස
“ගුණොත්තරං අයුතං, අයුතා දසගුණොත්තරං ලක්ඛං, ලක්ඛං දස
“ගුණොත්තරං පයුතං, පයුතා දසගුණොත්තරං කොටි, කොටියා

---

* සමහර පොත්වල “සතසහස්සාදිකමාරබ්භ දසගුණොත්තරමිත්‍යුත්තං”—කියාය.

"අබ්බුදං, අබ්බුදා පදුමං, පදුමා ඛබ්බා, ඛබ්බා මහාඛබ්බා,
"තතොපි මහාපදුමං, තතොපි සංඛං, සංඛතොපි සමුද්දං, තතො
"අනන්තං, අනන්තා මජ්ඣං, මජ්ඣා පරද්ධං, පරද්ධා අමතං,
"අමතා දසගුණෙනතාරං සංඛ්‍යං, සංඛ්‍යම්ච වීසතිමං ඨානං, අසං
"ඛෙය්‍ය මිතො පරමිති සද්දපාරියදපත්තා හි ඛ්‍යාකරණස්ස සඛෙස
"මපයතු වාද දසිතං"—යනුයි.

තවත් වාදයක් සූත්‍රනිර්දේශයෙහි මෙසේ දක්වන ලදී.

"අඤ්ඤෙ ආචරියා පන සෙය්‍යථාපි භික්ඛවෙ වීසතිඛාරිකො
"කොසලානං තිලවාහො තතො පුරිසො වස්සසතස්ස වස්සසත
"ස්සස්ස අච්චයෙන එකමෙකං තිලං උද්ධරෙය්‍ය ඛිප්පතරං ඛො භික්ඛ
"වෙ වීසතිඛාරිකො කොසලානං තිලවාහොති ඉමිනා උපක්කම
"මෙන පරික්ඛයං පරියොදානං ගච්ඡෙය්‍ය නත්වෙව එකො අබ්බුදො
"නිරයො සෙය්‍යථාපි භික්ඛු වීසති අබ්බුදනිරයා එවමෙකො නිර
"බ්බුදනිරයොති එවමාදි එකාදසගුනතාර්යෙ අංගතාසුත්තං ආහරි
"ත්වා දසාදීනං යාව අසංඛෙය්‍යපරියන්තානං තාසං සංඛ්‍යානං දසගු
"ණිතං පඩ්ඩිතෙහි කාතබ්බං, නව කොටිලං සතාදීනං දසසත සහස්ස
"පරියන්තානං තාසං සංඛ්‍යානං දසගුණිතං කාතබ්බං, තතො
"කොටිපභුතීනං බින්දුපරියන්තානං තාසං සංඛ්‍යානං සතලක්ඛ
"ගුණිතච පණ්ඩිතෙහි කාතබ්බං, තතො අබ්බුද පභුතීනං අසංඛෙ
"ය්‍යපරියන්තානං තාසං සංඛ්‍යානං වීසතිතිලවාහෙහි පණ්ඩිතෙහි
"කාතබ්බන්ති වදන්ති." යනුයි.

Figures from 10 & *Asankheyya*.

දශයෙහි පටන් අසංඛෙය්‍ය දක්වා ඉලක්කම් ක්‍රමයනම්.

10 දහයයි
100 සියයයි
100,0 දහසයි
1000,0 දශදහසයි (නොහොත්) නහුතයයි.
10000,0 ලක්ෂයයි.
100,00000 කොටියයි.
10000000,0000000 ප්‍රකොටියයි.
10000000,0000000,0000000 කොටිප්‍රකොටියයි.
10000000,0000000,0000000,0000000 නහුතයයි.
10000000,0000000,0000000,0000000,0000000 නිනනහුතයයි.

10000000,0000000,0000000,0000000,0000000,0000000	අක්ෂෞහිණීයයි*
10000000,0000000,0000000,0000000,0000000,0000000, 0000000	බින්දුවයි.
10000000,0000000,0000000,0000000,0000000,0000000, 0000000,0000000	අබ්බුදයයි.
10000000,0000000,0000000,0000000,0000000,0000000, 0000000,0000000,0000000	නිරබ්බුදයයි.
10000000,0000000,0000000,0000000,0000000‘0000000, 0000000,0000000,0000000,0000000	අහහයයි.
10000000,0000000,0000000,0000000,0000000,0000000, 0000000,0000000,0000000,0000000,0000000	අබබයයි.
10000000,0000000,0000000,0000000,0000000,0000000, 0000000,00000000,0000000,0000000,0000000,0000000	අටටයයි.
10000000,0000000,0000000,0000000.0000000,0000000, 0000000,0000000,0000000,0000000,0000000, 0000000,0000000	සොගන්ධිකයයි.
10000000,0000000,0000000,0000000,0000000,0000000, 0000000,0000000,0000000,0000000,0000000, ,0000000,0000000,0000000	උප්පලයයි.
10000000,0000000,0000000,0000000,0000000,0000000, 0000000,0000000,0000000,0000000,0000000, 0000000,0000000,0000000,0000000	කුමුදයයි.
10000000,0000000,0000000,0000000,0000000,0000000, 0000000,0000000,0000000,0000000,0000000,0000000, 0000000,0000000,0000000,0000000	පුණ්ඩරීකයයි.
10000000,0000000,0000000,0000000,0000000,0000000, 0000000,0000000,0000000,0000000,0000000,0000000; 0000000,0000000,0000000,0000000,0000000	පදුමයයි.
10000000,0000000,0000000,0000000,0000000,0000000, 0000000,0000000,0000000,0000000,0000000,0000000, 0000000,0000000,0000000,0000000,0000000,0000000,	කථානයයි.
10000000.0000000,0000000,0000000,0000000,0000000, 0000000.0000000,0000000,0000000,0000000,0000000, 0000000,0000000,0000000,0000000,0000000, 0000000,0000000	මහාකථානයයි.
10000000,0000000,0000000,0000000,0000000,0000000, 0000000,0000000,0000000,0000000,0000000,0000000, 0000000,0000000,0000000,0000000,0000000, 0000000,0000000,0000000	අසංඛ්‍යෙයයයි.

* "අකෙබාහිණී" යන නාමය බුරුම රටේ සෑම පොත්වලම "අකෙබාහිනී" කියාය—නියණ්ඨුටීකාවෙහිද "බොහෙතු මසකතුණෙයයතාය අකෙබාහිනී" යි විග්‍රහකරණ ලදී.

මෙහි පිළිවෙළනම්.

දහයට රේඛාවක් සහිත		බින්දු	1	නිරබ්බුදයට	,,	බින්දු	63
සියයට	,,	බින්දු	2	අහහයට	,,	බින්දු	70
දහසට	,,	බින්දු	3	අබබයට	,,	බින්දු	77
දශදහසට	,,	බින්දු	4	අටටයට	,,	බින්දු	84
ලක්‍ෂයට	,,	බින්දු	5	සොගන්ධිකයට	,,	බින්දු	91
කොටියට	,,	බින්දු	7	උප්පලයට	,,	බින්දු	98
ප්‍රකොටියට	,,	බින්දු	14	කුමුදයට	,,	බින්දු	105
කොටිප්‍රකොටියට	,,	බින්දු	21	පුණ්ඩරීකයට	,,	බින්දු	112
නහුතයට	,,	බින්දු	28	පදුමයට	,,	බින්දු	119
නින්නහුතයට	,,	බින්දු	35	කථානයට	,,	බින්දු	126
අක්‍ෂෞහිණියට	,,	බින්දු	42	මහාකථානයට	,,	බින්දු	133
බින්දුවට	,,	බින්දු	49	අසංඛෙය්‍යයට	,,	බින්දු	140
අබ්බුදයට	,,	බින්දු	56				

"දසාදී යාව කොට්‍යන්තා සුඤ්ඤෙකෙකං ච වඩ්ඪයෙ,
අවසෙසෙසු සබ්බේසු සත්ත සුඤ්ඤෙව වඩ්ඪයෙ.
සත්ත සුඤ්ඤ භවෙ කොටි උත්තරිං සත්ත ඛො ගුණෙ,
චත්තාලීස සතං සුඤ්ඤ අසංඛෙය්‍යන්ති වුච්චති."

මේ දක්වනු ලැබූ ක්‍රමයට අක්‍ෂෞහිණියක්නම් නින්නහුත සියක් ලක්‍ෂයක්ය සමහර ආචාය්‍ය්‍යවරයෝ මෙසේද කියත්—ඒ නම්,

හස්තීන් දහසක්ද ඒ එක එක හස්තියාට රථ සියය සියයද ඒ එක එක රථයට අශ්වයන් සියය සියයද ඒ එක එක අශ්වයාට මනුෂ්‍යයන් සියය සියයද ඒ එක එක මනුෂ්‍යයාට කාන්තාවන් සියය සියයද ඒ එක එක කාන්තාවට ස්ත්‍රීන් සියය සියයද වූ කල මේ ගණන අක්‍ෂෞහිණියයිද කියත්—

එහෙයින් කීහ.

"නව නාගසහස්සානි නාගෙ නාගෙ සතං රථා,
රථෙ රථෙ සතං අස්සා අස්සෙ අස්සෙ සතං නරා,
නරෙ නරෙ සතං කඤ්ඤා, එකෙකිස්සා සතිත්ථියො,
එසා අක්ඛොහිණී නාම *පුබ්බාචරියෙහි භාසිතා."

---

* සද්දසාරත්ථජාලිනියෙහි "මුනින්දෙන පකාසිතා" කියාය.

අක්ෂෞහිණීය නැමැ සමහර ආචාර්‍ය්‍යවරයෝ මෙසේද කියත්—ඒ නම්—හුණුදඬු සැට සැට ඇත්තාවූ මිටි සැමක් මාර්ගයෙහි දැමූ කල යම් පමණ සේනාවකින් ඒ හුණුදඬු මිටි සැට ධූලි කළ හැකිද ඒ සේනා ප්‍රමාණය අක්ෂෞහිණියක්යයි කියනු ලැබේ.

එහෙයින් කීහ.

"සට්ඨිවෙළු කලාපෙසු පච්චෙකං සට්ඨි වෙළුසු,
ධූලිකතෙසු සෙනාය යාති අක්ඛොභිණීවහයා."

තවද මෙහි දක්වනු ලැබූ ක්‍රමයට "අසංඛෙය්‍යයක්" නම් මහා කැළාන සියක්ලක්ෂය නමුදු සතිස් ලක්ෂ දශ දහස්පනස්හත් යොදුන් වට සහ, දෙලොස්ලක්ෂ තිස්දහස් හාරසිය පනස්යොදුන් සර සඳ, අසූදෙදහසක් යොදුන් උසද ඇත්තාවූ චක්‍රවාටය සම්පූර්ණයෙන් පිරෙණ ලෙස තුන්අවුරුදක් මුළුලෙහි නොකඩව වසින්නාවූ වර්ෂාවෙහි වැසිබිඳුගණන අසංඛෙය්‍යයයි කියනු ලැබේ—ගණන් පථය අතික්‍රාන්තහෙයින් එසේ කියන ලදී—එහෙයින් කීහ.

"*සකලා තිංසි වස්සානි චක්කවාළාභිපූරයං,
පිතච බින්දු වස්සච අසංඛෙය්‍යානි වුච්චති."
"අථවාපි චත්තාලීසං සතං සුඤ්ඤානුමපි වුච්චති,
අථවාපි ගණනපථං අතීතත්තා තථා මතං."

වීසතිශබ්දය පටන් අසංඛෙය්‍ය ශබ්දය දක්වා පැවති සංඛ්‍යා ශබ්දයන්ගේ නිෂ්පත්තික්‍රමය.

"දසච දසච වීසං, වීසතිවා"–යනු විග්‍රහබැවින් දශයක්ද දශයක්ද විස්සක් නම් වේ–මෙසේ දස ශබ්ද දෙක දසච දසච යි චත්වසමාස කොට චකාරප්‍රයෝගනාදිය කළකල්හි "දසදස" යි දස ශබ්දමය සිටී, එකල්හි "සරූපාන මෙකසෙසව්‍යසකිං" යන සූත්‍රයෙන් එකශේෂ කොට හෙවත් දස ශබ්ද වැම තැබී එක දස ශබ්දයක් කොට සමාහාරාර්‍ථය අලිඟුහෙයින් නම්වත් කොට ඔහුකෙරෙන් පරව යෙදෙ විභක්ති තබා සොවිභක්ති පරකල්හි "ගණනෙ දසස්ස ද්වි ති ක "චතුක්ක පඤ්ච ඡක්ක සත්තක අට්ඨක නවකානං වී තිං චත්තාර "පඤ්ඤාස ඡ සත්තාසනවා යොසු යොනඤ්ච සමාසං සි රිතුති"—යන

---

* කච්චායනභෙදටීකාවෙහි "සකලානි තිවස්සානි...බින්දුවබින්දුවස්සම"–යනුයි.

සූත්‍රයෙන් දසශබ්දයාහට වී යනාදෙශද යොවිභත්තියට ඊසං යනාදෙශද කළකල්හි වීසං කියා වේ ඔහුකෙරෙන් පරව "තිච" යන සූත්‍රයෙන් තිකාරාගම හා "ව්‍යඤ්ජනෙ ච" යන සූත්‍රයෙන් නිග්ගහීත ලොප් කළ කල්හි "වීසති" කියා වේ.

පෙරසේම දස ශබ්ද තුනක් වනව සමාස කොට එකශෙෂ කොට දස ශබ්ද තුනෙහිම අර්ථවාචී ඒ තනි දසශබ්දයාකෙරෙන් පරව යොවිභක්ති තබා යොවිභක්ති පරකල්හි දස ශබ්දයා හට "ගණනෙ දසස්ස..." යනාදි සූත්‍රයෙන් ති යනාදෙශද යො හට ඊසං යනාදෙශද, ඒ ඒ සූත්‍රවලින් නිග්ගහීතාගමද පරස්වර ලොප්ද කළ කල්හි "තිංසං" කියා වේ—"තිච" යන සූත්‍රයෙන් අන්තයෙහි තිකාරාගමද, නිග්ගහීත ලොප්ද කළ කල්හි "තිංසති" කියාවේ–තිකාරාගම නොකොට ස්ත්‍රී ලිඞ්ග ආ ප්‍රත්‍යය කළ කල්හි "තිංසා" කියා වේ–දසච දසච දසච තිංසං–තිංසති, තිංසා වා-යනු විග්‍රහයි.

දසච දසච දසච දසච යී දස ශබ්ද සතරක් වනව සමාස හා එකශෙෂකොට දසශබ්ද සතරෙහිම අර්ථවාචී ඒ කෙවල දසශබ්දයා කෙරෙන් යොවිභක්ති තබා යො විභක්ති පරකල්හි දසශබ්දයා හට චත්තාර යනාදෙශද යො ට ඊසං යනාදෙශද පරනයනාදියද කළ කල්හි චත්තාරීසං කියාද—*තිකාරාගම හා නිග්ගහීත ලොප්ද කළ කල්හි චත්තාරීසති කියාද, ති කාරාගම නොකොට ස්ත්‍රීලිඞ්ග ආප්‍රත්‍යය කළ කල්හි "චත්තාරීසා" කියාද රකාර සිත්ට † ලකාරාදෙශ කළ කල්හි "චත්තාලීසං, චත්තාලීසති, චත්තාලීසා" කියා වේ.

දස ශබ්ද පසක් වනව සමාස කොට එකශෙෂ කිරීමෙන් පසු සිටි දසශබ්දයා කෙරෙන් යො විභක්ති කොට දස ශබ්දයාට "ගණනෙ" යනාදි සූත්‍රයෙන් පඤ්ඤ යනාදෙශද යො හට ආසං යනාදෙශද කොට පරනයනය කළ කල්හි "පඤ්ඤාසං" කියා වේ—ස්ත්‍රීලිඞ්ග ආප්‍රත්‍යය හා නිග්ගහීත ලොපාදිය කළ කල්හි "පඤ්ඤාසා" කියා වේ—මෙහි අන්තයෙහි තිකාරාගමව සිඩවූ ශබ්දයක් පාළියෙහි නොදක්නාලද හෙයින් නොකියනලදී–"දසච දසච දසච දසච දසච පඤ්ඤාසං,-පඤ්ඤාසා වා"-යනු විග්‍රහයි.

---

* මෙහි තිකාරාගමයක් පොත්වල නොකියනලද නුමුත් "චත්තාලීසති" යනාදි උදාහරණ පෙනේ.

† රකාරාහට බැවින් ළ කාර ආදෙශය සුදුව පේන නමුදු බොහෝ පුරාණ පොත්වල හා බුරුමපොත්වලද "චත්තාලීසං" යනුයි.

දස ශබ්ද සයක් වනාව සමාස කිරීමෙන් එකශෙෂාදිය කොට යොවිභක්ති පරකල්හි දසශබ්දයාට *ස යනාදෙශ හා යො හට ට්ඨි යනාදෙශද විහානද කළ කල්හි "සට්ඨි" කියා වේ-එකශෙෂ කිරීම හා දසශබ්දයටද යොවිභක්තියටද කරණු ලබන ආදෙශද මූලකී සූත්‍රදෙකින්ම බව දතයුතුයි. ඊග්‍රහ වාක්‍යද මූලකී නයින් ක්‍රමයෙන් එක එක දස ශබ්දය වැඩි කිරීමෙන් යොදා ගත යුතුයි.

දස ශබ්ද සතක් වනාව සමාස කොට එකශෙෂ කොට යො විභක්ති තබා දස ශබ්දයා හට සත්ත යනාදෙශද යො හට රි යනාදෙශද එසේම "ති" යනාදෙශද කළ කල්හි "සත්තරි, සත්තති" කියා වේ.

දස ශබ්ද අටක් වනාව සමාස හා එකශෙෂාදිය කොට දස ශබ්දයා හට අස යනාදෙශද යො විභක්ති හට ඊති යනාදෙශද පර නයනාදියද කළ කල්හි "අසීති" යනු වේ.

දස ශබ්ද නවයක් වනාව සමාසහා එකශෙෂාදිය කොට දස ශබ්ද නවයෙහිම අන්ත්‍ය වූ එකශෙෂ කරණු ලැබූ දසශබ්දයා හට නව යනාදෙශද යො හට උති යනාදෙශද පරනයනාදියද කළ කල්හි "නවුති" කියා වේ.

දසව දසව යනාදි වශයෙන් දස ශබ්ද දහයක් පෙරසේම වනාව සමාස කොට එකශෙෂ කිරීමෙන් පසු දස ශබ්දයා කෙරෙන් පරව යො විභක්ති කොට යො විභක්ති සහිතවූ දස ශබ්දයා හට "දස දසකං සතං දසකානං සතං සහස්සඤ්ච යොම්හි" යන සූත්‍රයෙන් සත යනාදෙශ කොට සත යන ප්‍රකෘති පදයා කෙරෙන් ප්‍රථමා එක වචන සි විභක්ති කොට ඔහට අං යනාදෙශ පර නයනාදිය කළ කල්හි "සතං" කියා වේ.

සහස්සං යනාදි තන්හි දසව දසව යනාදි වශයෙන් දස ශබ්ද සියයක් තබා වනාව සමාස කොට එකශෙෂ කළ කල්හි යො විභක්ති කොට යො විභක්ති සහිතවූ දස ශබ්දයා හට "දසදසකං" යනාදි සූත්‍රයෙන් සහස්ස යනාදෙශ වේ. නැවත සහස්ස යන ප්‍රකෘති පදයා කෙරෙන් පරව සි විභක්ති කොට සි විභක්ති හට අං යනාදෙශ හා පර නයනාදිය කළ කල්හි "සහස්සං" කියා වේ.

"කොටි" යන තන්හි "සතසහස්ස" ශබ්ද සියයක් "සතසහස්සඤ්ච සතසහස්සඤ්ච" යනාදිවශයෙන් වනාව සමාස කොට විභක්ති

* සමහර තැනෙක ඡ යනාදෙශද වේ-එකල "ඡට්ඨි" කියා වේ.

ලොපාදිය හා එකශෙෂද කළායින් පසු "සඞ්ඛ්‍යානාමෙහි" යන සූත්‍රයෙන් "කොටි" යනාදෙශ කොට ඔනු කොරෙන් පරව සිව්හක්ති තබා, ලොප්කළ කල්හි "කොටි" කියා වේ.

මෙසේම කොටි ශතසහස්‍ස ශබ්ද සියයක් වනාව සමාස කොට විභක්ති ලොපාදිය හා එකශෙෂ කිරීමෙන් පසු "සඞ්ඛ්‍යානාමෙහි" යන සූත්‍රයෙන් පකොටි යනාදෙශ කළ කල්හි නම්වත් සි ලොපාදිය කළ කල්හි "පකොටි" යනු සිඬයි—කොටිප්පකොටි, නහුතං, නිනනහුතං, යනාදියද මෙසේම සුදුසු පරිද්දෙන් "සඞ්ඛ්‍යානාමෙහි" යන සූත්‍රයෙන් සිඬ කටයුතුයි—මෙසේහෙයින් මේනාමයෝ සමාසානතයෝයයි සිතිය හැකියි.

මේ වීසති යනාදි ශබ්දයන්ගේ නිෂ්පත්ති ක්‍රමය කච්චායන ශබ්ද නීති යන ව්‍යාකරණවල දක්වන ලද්දේ නමුදු ඒ ලොකප්‍රසිඬවූ සංඥා ශබ්දයෝයයි මොග්ගල්ලායන පදසාධනී යනාදියෙහි නොකියන ලදී—එහෙයින් පදසාධනී ටීකාවෙහිද ඒනැණ මෙසේ කියන ලදී.

☞ "කච්චායනෙ දසච දයචාති විග්ගය්හ චන්‌ද සමාසෙ දස "දසාති වපාතබෙ සරූපාන මෙකසෙසං කත්වා දස ඉති ඨිතෙ තතො යොම්හි දසසද්දස්ස වි ආදෙසං යොසස ඊසං ආදෙසඤ්ච කත්වා "වීස ඉති ඨිතෙ තතො තිකාරාගමං කත්වා වීසති ආදයොපි "අනෙකායාසෙන නිප්ඵාදිතා තෙ පනිධ ලොකප්පසිඬා සඤ්ඤා "සද්දා යෙවෙති න නිප්ඵාදියන්තෙ යථා කොටි ආදයො සඞ්ඛ්‍යානා "මෙහි සඤ්ඤා සද්දා."

"සංඛ්‍යාශබ්දයන්ගේ ප්‍රභේද.

NUMERALS.

සංඛ්‍යා ශබ්දයෝ වනාහි තුන් ප්‍රකාරයක් වේ—ඒනම් සංඛ්‍යෙයප්‍රධානය සංඛ්‍යාප්‍රධානය, උභය ප්‍රධානය කියාය—එහි එක ශබ්දය පටන් අටළොස ශබ්දය දක්වා ඇති ශබ්දයෝ සංඛ්‍යෙයප්‍රධානයෝය (ඒනම් ගණන් අර්ථය නොව ගණනින් විශිෂ්ටවූ අර්ථය ප්‍රධාන කොට ඇති බවයි) එහි එක ශබ්දය එකවචනාන්තය විශබ්දදිනු බහුවචනාන්තයෝය-වීසති ශබ්දය පටන් නවුති ශබ්දය දක්වා ඇති ශබ්දයෝ තිසි තැනෙක සංඛ්‍යාප්‍රධානයෝය තිසිතැනෙක සංඛ්‍යෙයප්‍රධානයෝය—(සංඛ්‍යාප්‍රධානය යනු ගණන් අර්ථය ප්‍රධාන කොට ඇති බවයි) ස්ත්‍රීලිඞ්ග එකවචනාන්තයෝය.

එහෙයින් කීහ—අභිධානප්පදීපිකාවෙහි.

“අට්ඨාරසන්තා සංඛෙය්‍යෙ සංඛ්‍යා එකාදයො තීසු *
සංඛ්‍යානෙ තු ච සංඛෙය්‍යෙ එකත්තෙ වීසතාදයො.”

සත ශබ්දය පටන් අසංඛෙය්‍ය ශබ්දය දක්වා ඇති ශබ්දයෝ උභය ප්‍රධානයෝය-“සතං, සතානි” යනාදි එකවචන බහුවචනාන්තයන් දක්නාලද හෙයිනැයි සූත්‍රනිර්දේශයෙහි කියන ලදී—කොටිත්‍රය හා අක්ඛොභිණී යන ශබ්දයන් හැර සෙසු ශබ්දයෝ නපුංසකලිඟිකයෝය—කොටිත්‍රය හා අක්ඛොභිණී ශබ්ද ස්ත්‍රීලිඟිකයි—එහෙයින් කීහ—කච්චායන නිස්සයප්‍රකරණයෙහි.

“එක තාති චතුසංඛ්‍යායො තිලිඟස්මිං තිධා සියුං,
වාදයො සතන්තා සෙසා ච තී සුලිඟෙසු එකධා.
වීසත්‍යාදි නවුත්‍යන්තා ඉත්ථිලිඟෙක වාචකා,
සතං යාව අසංඛෙය්‍යා නපුංසක මිතුච්චතෙ.
කොටිත්තය අක්ඛොභිණී ඉත්ථිලිඟව්වාචකා,
සංඛ්‍යාවිසෙසො වුත්තොයං යතිනා වරබුද්ධිනා.”

ශබ්දනීතියෙහි හා මොග්ගල්ලායන පඤ්චිකාප්‍රදීපයෙහි මීට මඳක් වෙනස්ලෙස මෙසේ කියන ලදී.

“එකප්පභුතිතො යාව දසකායා පවත්තන්ති,
සා සංඛ්‍යාතාව සංඛෙය්‍යප්පධානාති ගරූ වදුං.
වීසතිතො යාව සතා යා සංඛ්‍යා තාව සා පන,
සංඛ්‍යාප්පධානා සංඛෙය්‍යප්පධානාති ච වණ්ණයුං.
අපිච—වීසතො යාව කොටියා සංඛ්‍යා තාව සා ඛලු,
සංඛ්‍යාප්පධානා සංඛෙය්‍යප්පධානා ති ච නිද්දිසෙ”

“එකො බ්‍රාහ්මණො-අට්ඨාරස බ්‍රාහ්මණා” යනාදියෙහි එක ශබ්දාදීහු සංඛෙය්‍යප්‍රධානයෝය—“වීසති භික්ඛවො” යනාදියෙහි වීසති ශබ්දාදීහු සංඛෙය්‍යප්‍රධානයෝය—“භික්ඛූනං වීසති” යනාදියෙහි සංඛ්‍යාප්‍රධානයි.

---

* තීසු ත්‍යනෙන න කෙවලං එකසද්දොව තිලිඟො අථඛො අට්ඨාරස පරියන්තාපි, තෙන කත්ථචි තෙසං අලිඟතා වචනං ලිඟවිසෙසාභාවං සන්ධාය වුත්තං න පන සා මිස්සලිඟාභාවන්ති දට්ඨබ්බං” යනු අභිධානප්පදීපිකා ටීකායි.

යම්තැනෙක්හි සංඛ්‍යාප්‍රධාන වීනම් හෙවත් ගණන් අර්ථය ප්‍රධාන වූයේ වීනම්) සංඛ්‍යා ශබ්දය තුල්‍යාධිකරණව යොදන ලදී—“ද්වෙ පුථුජ්ජනා-අට්ඨාරස බ්‍රාහ්මණා-දසහි චක්කවාළසහස්සෙහි දසසහස්ස භික්ඛූ” යනාදි වශයෙනි-සංඛ්‍යෙයප්‍රධාන වීනම් භින්නාධිකරණව තත්පුරුෂ සමාසවශයෙන් යොදනලදී—“භික්ඛූනං සතං-භික්ඛුසතං”-යනාදි වශයෙනි.

තවද—“යෙසං ඛො විසාඛෙ දස පියානි දස තෙසං දුක්ඛානි, යෙසං නව පියානි නව තෙසං දුක්ඛානි, යෙසං අට්ඨ පියානි අට්ඨ තෙසං දුක්ඛානි......යෙසං පඤ්ච පියානි පඤ්ච තෙසං දුක්ඛානි” යනාදියෙහි දසශබ්දාදීහු සංඛ්‍යෙයප්‍රධානයෝය—“යෙසං ඛො විසාඛෙ සතං පියානි සතං තෙසං දුක්ඛානි......යෙසං අසීති පියානි අසීති තෙසං දුක්ඛානි” යනාදියෙහි සතශබ්දාදීහුද එසේමැයි.

“චත්තාරි සත සහස්සානි ඡළභිඤ්ඤා මහිද්ධිකා,
දීපංකරං ලොකවිදුං පරිවාරෙන්ති සබ්බදා.”

යන මෙහි “චත්තාරි සතසහස්සානි” යනු (භින්නලිඞ්ගවශයෙන්) “ඡළභිඤ්ඤා, මහිද්ධිකා, යන පද දෙක සමග සමානාධිකරණයි—මෙබඳුවූ තැන්වල සංඛ්‍යෙය ප්‍රධානවූ දසශබ්දයතෙම නපුංසක ලිඞ්ගික වේ—නොහොත් ඡළභිඤ්ඤා මහිද්ධිකා යනු සාමාන්‍යාර්ථයෙහි ප්‍රථමායි—එසේ කල්හි “චත්තාරි සතසහස්සානි” යනු සංඛ්‍යාප්‍රධාන යයි දත යුතුයි—“තීණි සතසහස්සානි නාරියො සමලංකතා” යනාදියෙහිද මෙසේමැයි.

“නවුති කොටි සහස්සෙහි පරිවාරෙති මහාමුනි” යන මෙහිද “නවුතිකොටි සහස්සෙහි භික්ඛූහි” කියා සංඛ්‍යෙයප්‍රධාන වශයෙන් හෝ “භික්ඛූනං නවුති කොටි සහස්සෙහි” කියා සංඛ්‍යාප්‍රධානවශයෙන් හෝ අර්ථ ගතහැකියයි දතයුතුයි.

තවද—සංඛ්‍යා හෙවත් ගණන්, මිශ්‍ර සංඛ්‍යාය, ගුණිත සංඛ්‍යාය, සම්බන්ධසංඛ්‍යාය, සංකෙත සංඛ්‍යාය, අනෙක සංඛ්‍යායයි පස්ප්‍රකාර යන්ය—එහි “දස ච දස ච වීසති-චතූහි අධිකා දස චුද්දස-අසීති දස එකං ච ඉන්දනාමං මහබ්බලා” යන මේ ආදීවූ සංඛ්‍යාවෝ මිශ්‍රක සංඛ්‍යා නම් වෙත්—“සතස්ස ද්විකං ද්විසතං-සතස්ස තිකං තිසතං” යනාදීවූ අසංඛ්‍යෙයය දක්වා ඇති සංඛ්‍යාද—“අඩ්ඪතෙළසසතෙහි භික්ඛුසහස්සෙහි” යනාදියද ගුණිත සංඛ්‍යානාම් වෙත්—“සතං හත්ථි සහස්සානි-සතං අස්සසහස්සානි-සතං අස්සතරීරථසහස්සානි-සතං කඤ්ඤා සහස්සානි-ආමුත්තමණි කුණ්ඩලා”-යනාදීවූ සංඛ්‍යාවෝ

සම්බන්ධසංඛ්‍යා නම් වෙත්—මේ තැන්වල අග තිබෙන්නාවූ සහස්ස ශබ්දය සමග මුල තිබෙන්නාවූ සතශබ්දය සම්බන්ධ කටයුතු හෙයිනි—"තිංසමෙ පුරිසනාවුතෙය්‍ය සබ්බෙ එකෙකා නිච්චිතා නාගුතං-ලක්ඛං-අඩ්ඪකාසියං"—යන මේ ආදිවූ සංඛ්‍යාවෝ සංකෙත සංඛ්‍යානම් වෙත්—එහි "තිංස නාවුතෙය්‍ය" යනු තිස්දහසය අනූ සියය යනාර්ථයි—එහි "සහස්ස-සත" ශබ්දයන් ලොප්කරණ ලදී—"අඩ්ඪකාසියං" යන මෙහි කාසි යනු දහස කියනු ලැබේ—"අඩ්ඪෙන කාසි අඩ්ඪකාසි, පඤ්චසතං, තං අග්ඝතීති අඩ්ඪකාසියං" යනු බැවින් අඩියකින් දහස අඩ්ඪකාසිනම් වේ, ඒ නම් පන්සියයයි, එප මණ අගනේනුයි අඩ්ඪකාසිය නම් වේ—පන්සියයක් වටින්නාවූ යනාර්ථයි—"සහස්සරංසි, සතතෙජො කාදුහං සතබලෙකං සො, සොවණ්ණ සතරජිකෙ" මේ ආදියෙහි සංඛ්‍යාවෝ අනෙක සංඛ්‍යානම් වෙත්-නොයෙක් සියගණන් රශ්මි, නොයෙක් සිය ගණන් තේජස් ඇති යනාර්ථයි.

එහෙයින් කීහ—සූත්‍රනිර්දේශයෙහි.

"මිස්සකගුණිත සම්බන්ධ සංකෙතානෙක භෙදතො,
සඞ්ඛ්‍යා පඤ්චවිධාඤ්ඤෙය්‍යා පාළියා ආනතානනාමං.
චුද්දස-විසතා-අඩ්ඪ සඩ්සත සහස්සකං,
තිංසමෙ පුරිසනාවුතෙය්‍ය සතතෙජොති ලක්ඛණං."

නිමි.

බුද්ධශබ්දදීය මෙන් වරනැගිය යුතුයයි දක්වනුලැබූ ශබ්දයන්ගේ අර්ථප්‍රකාශක

අකාරාදිය.

VOCABULARY OF WORDS OCCURRING IN THE WORK.

අකතඤ්ඤූ, කෙළෙහි ගුණ නොදන්නා.
අක්ඛාතා, කියන්නා
අක්ඛි, ඇස
අක්ඛොභිණී,* නිනානුත සියක් ලක්ෂයක්.
අග්ගි, අග්ගිනි } ගිනි.
අංගං, අවයව.
අංගුලි, ඇඟිලි.
අච්චි, ගිනිදළුව.
අච්ඡ, වලස්සු.
අච්ඡි, ඇස.
අජා, එළුදෙන.
අජ්ජුන, කුඹුක්ගස.
අඤ්ජලි, දෝත.
අඤ්ඤ, අනික් [හෝ] අනිකෙක්.
අඤ්ඤතම, අඤ්ඤතර } එක්තරානානාජී.
අඤ්ඤා, රහත් ඵලය.
අට්ටං, අබබ සියක්ලක්ෂයක්.
අටවි, මහාරණ්‍යය (මහාවනං)†
අට්ටො, අටල්ල.
අට්ඨ, 8.
අට්ඨචත්තාරීස, 48.
අට්ඨචත්තාරීසති, 48.
අට්ඨචත්තාරීසා, 48.
අට්ඨචත්තාලීස, 48.
අට්ඨචත්තාලීසති, 48.
අට්ඨචත්තාලීසා, 48.
අට්ඨතිංස, 38.
අට්ඨතිංසති, 38.
අට්ඨතිංසා, 38.
අට්ඨනවුති, 98.
අට්ඨපඤ්ඤාසා, 58.
අට්ඨපණ්ණාසා, 58.
අට්ඨවීසති, 28.
අට්ඨවීසා, 28.
අට්ඨසට්ඨි, 68.
අට්ඨසත්තති, 78.
අට්ඨසත්තරි, 78.
අට්ඨාදස, 18.
අට්ඨාරස, 18.
අට්ඨාසීති, 88.
අට්ඨි, ඇට.
අණ්ඩ, බීජය.
අණ්ඩජ, පක්ෂියා.
අතිථි, අමුත්තා.
අත්තා, ආත්මය.
අත්ථඤ්ඤූ, අර්ථ දන්නා.
අත්ථවිභාවී, අර්ථප්‍රකාශ කාරණ [සිලි
අත්ථී, යාචකයා.
අද්ධා, කාලය.
අධර, යට.
අධිපති, ප්‍රධානියා,

---

* බුරුමරටේ ඇචාශ්‍යීවරයෝ "අක්ඛොභිණී" යයි ව්‍යවහාර කෙරෙත්.

† මේ ආකාරාදියෙහි ( ) මෙසේ ලකුණු දෙකකට අනතර්ගීත කොට දක්වන ලද වචන රූපසිද්ධිකාබව දතයුතුයි.

අධිභූ, ප්‍රධානියා. [අධිභවතීති අධිභූ] "තදා මං තපතෙජෙන සන්තත්තො තිදිවාධිභූ ධාරෙන්තො බ්‍රාහ්මණං වණ්ණං භික්ඛාය මං උපාගමි" යනු උදාහරණයි.

අනිල, වාතය

අනානා,? එනම් තැනැත්තී.

අපර, අනික්.

අබබං අහහ සියක්ලක්ෂයක්.

අබ්බුද, බින්දු සියක්ලක්ෂයක්.

අභිජ්ඣා, ලෝභය, පරසම්පත්තිං අභිමුඛං කත්වා ඣායති චින්තෙතීති අභිජ්ඣා යනු විග්‍රහයි.

අභිභූ,* සර්වඥයන්වහන්සේ, මැඩ පවත්වන්නා, අසංඥතල වාසීහු.

අමතං, නිර්වාණය.

අමු, මේ [නොහොත්] ඔය යනාර්ථයි.

අම්බ, අඹගස්.

අම්බා, මෑනියෝ

අම්බු, ජලය.

අම්බුජ, පියුම්.

අම්මා, මෑනියෝ.

අම්හ, තමන්.

අරඤ්ඤං, වනය.

අරහන්තෝ, රහත්හු.

අරි, සතුරා.

අලම්බුසා, එනම් දිව්‍ය ස්ත්‍රී. (එනං අච්ඡරා)

අලාත, ගිනිපෙනෙලි (උක්කා.)

අවන්ති, එනම් ජනපදය.

අවී, එළුදෙන

---

* "තථාගතො භික්ඛවෙ අභිභූ අනභිභූතො අඤ්ඤදත්ථු දසො වසවත්ති" යනාදි තන්හි සර්වඥයන්වහන්සේය "අභිභුං අභිභූතො මඤ්ඤති" යනාදි මූලපරියාය සූත්‍රාදියෙහි අසංඥතල වැස්සෝය.

කුමක්හෙයින් අසංඥතල වාසීහු අභිභූයයි කියනු ලැබෙත්ද යත්–"චත්තාරො අරූපිනො ඛන්ධෙ අභිභවීති අභිභූ" යනු බැවින් සතර අරූපී ස්කන්ධයන් මැඩ පැවැත්වූ හෙයිනි–ඔහු චේතනාවක් නැත්තෙක් හෙයින් අභිභවන ක්‍රියාවක් නැත්තේ නමුදු අසංඥතලෝත්පත්තියට ප්‍රථම ධ්‍යානලාභිකාලයෙහි පංචමධ්‍යානය සංඥාවිරාගවශයෙන් වඩා සතර අරූපී ස්කන්ධයන් අසංඥතලයෙහි අප්‍රවෘත්ති කිරීමෙන් මැඩපවත්වන්ට පටන් ගත්තේය—ඒ අභිභවන කෘත්‍යය දුන් සිඛහෙයින් "චත්තාරො අරූපිනො ඛන්ධෙ අභිභවීති අභිභූ" යි අතීතකාල වශයෙන් විග්‍රහ කරණලදි–නොහොත් නිශ්චේතන බැවින් අභිභවන ව්‍යාපාරයක් නැත්තේ නමුදු පූර්වයෙහි සචේතනකාලයෙහි ව්‍යාපාර සහිත බැවින්, නිශ්චේතන වූවාහටද, සචේතනයාහට මෙන් උපචාර වශයෙන් ව්‍යාපාර සහිතබව කීම යෙදේමය–ලොකයෙහි හා ශාසනයෙහිද සචේතනයාගේ මෙන් නිශ්චේතනයාගේ උපචාර වශයෙන් සව්‍යාපාරත්වය කීම දක්නේමය—ඒනම්, "රොදන්තෙ දූරකෙ දිස්වා, උබ්බිග්ගා විපුලා දුමා සයමෙවො නමිත්වාන උපගච්ඡන්ති දූරකෙ" යනාදියෙහිය—"අගාරිනො දුනි දුමා සදනෙත ඵලෙසිනො ඡදනං විප්පහාය" යනුද, "ඵලං තොසෙති කස්සකං" යනුද කල්පනා කටයුතුයි.

අසංඛෙය්‍ය. මහාකල්පාන සියක් ලක්‍ෂය.

අසන, පියාගස්.

අසනි, විදුලිය, හෙනය, වජ්‍රායුධය

අසි, කඩුව.

අසීති, 80.

අසුර, දේව ශත්‍රු.

අස්ස, අශ්වයා

අස්සු, කඳුළු.

අහි, නාගයා.

අහහං, නිරබ්බුද සියක් ලක්‍ෂය.

ආකති, ආකෘතිය.

ආගම, පිටකත්‍ර ධම්මය (පරියත්ති ධම්මො.)

ආතුමං, ආත්මය.*

ආදි, සීමා, ප්‍රාකාර, සමීප, අවයව ["ආදි සීමා පකාරෙසු සමීපෙ වයවෙ මතො."]

†ආයුධ, ආයුධය.

ආරම්මණ, අරමුණ.

ආලි, නියර, යෙහෙළි, (තැලං)

ආලොක, එළිය.

‡ආසව, කාමාදි ආශ්‍රව, උපද්‍රව, සුරා, (අවිජ්ජාදිකො කිලෙසො.)

---

* "සුඛදුක්ඛං අදති ඛාදතීති ආතුමා—අද භක්ඛනෙති ධාතුතො" "ඛසාදීහි මණ් අදතො ච මස්ස මතො වා" ති සුතෙතන මණ්පඩයෙ ච" "අදස්සාමණ්පරෙ දස්ස දත්තාමුකාරාගමො මජෙඣවාති මිනා මණ්පඩයෙ පරෙ අදධාතුස්ස සරස්ස දීඝෙ ච දස්ස තකාරතෙත ච මජෙඣ උකාරාගමෙ ච කතෙ ආතුමාති සිජ්ඣති" යනු එකාක්‍ෂරකොෂ ටීකායි.

† "අභිමුඛො හුත්වා යුජ්ඣතීති ආයුධං" යනු විග්‍රහයි–ආ පූර්වවූ "යුධ සම්පහාරෙ" යන ධාතුයි.

‡ "නාහං චුන්ද දිට්ඨධම්මිකානං යෙව ආසවානං සංවරාය ධම්මං දෙසෙමි" යනාදියෙහි කෙලශයෝය—"දිට්ඨධම්මිකානං ආසවානං සංවරාය සම්පරායිකානං ආසවානං පටිඝාතාය" යනාදියෙහි උපද්‍රවයෝය—"පුප්ඵාසවො, මධ්වාසවො, ගුළාසවො" යනාදියෙහි සුරාය— "ආසවන්තීති ආසවා-චක්ඛුතොපි—පෙ—මනතොපි සවන්ති පවත්තන්තීති වුත්තං හොති-ධම්මතො යාව ගොත්‍රභූ ඔකාසතො යාව භවග්ගං සවන්තීති වා ආසවා--චිරපාරිවාසියට්ඨෙන මදිරාදයො ආසවා වියාතිපි ආසවා-ආයතිං වා සංසාරදුක්ඛං සවන්ති පසවන්තීති පි ආසවා" යනු ආසව ශබ්දයාගේ විග්‍රහයි —තවද "තයො මෙ ආවුසො ආසවා කාමාසවො භවාසවො අවිජ්ජාසවො" යි සංගීතිසූත්‍රයෙහි ආසව තුනක්ද, දිට්ඨිආසවයත් සමග අභිධම්මයෙහි ආසව සතරක්ද, "අත්ථි භික්ඛවෙ ආසවා නිරයගමනීයා අත්ථි ආසවා තිරච්ඡානයොනිගමනීයා අත්ථි ආසවා පෙත්තිවිසය ගමනීයා අත්ථි ආසවා මනුස්සලොක ගමනීයා අත්ථි ආසවා දෙවලොකගමනීයා" යි නිබ්බෙධික විනයෙහි ආසව පසක්ද–ජාතක නිපාතයෙහි "අත්ථි ආසවාසංවරා පහාතබ්බා-අත්ථි-පටිසෙවනා පහාතබ්බා-අධිවාසනා පහාතබ්බා-පරිවජ්ජනා පහාතබ්බා-විනොදනා පහාතබ්බා-භාවනා පහාතබ්බා"-යි ආසව සයක්ද–සබ්බාසවසූත්‍රයෙහි "දස්සනා පහාතබ්බා" යන්නත් සමග ආසව සයක් කියන ලදී.

ආසං, තෘෂ්ණාව.
ඉච්ඡා, කැමැත්ත.
ඉතර, අනික්.
ඉද්ධි, ඍද්ධිය.
ඉන්ද්‍ර, ශක්‍රයා.
ඉන්ද්‍රියං, චක්ෂුරාදි ඉන්ද්‍රිය.
ඉම, මේ යනාර්ථයි.
ඉසි, ඍෂීහු.
ඉස්සා, ඊර්ෂ්‍යාවන්තයා.
ඊසා, නඟුලීස.
ඊහා, උත්සාහය.
උච්ඡු, උක්.
උට්ඨාතා, නැගිටින්නා.
උත්තර, ශ්‍රේෂ්ඨ, දිග්දෙශකාලාදි විභාග, පශ්චිමාර්ථ, මතු භාග.
උදකං, ජලය.
උදානං, ප්‍රීති වාක්‍ය. (සන්තොෂ වචනං.)
උදධි, සාගරය.
උප්පලං, එනම් ගණන.
උප්පාදෙතා, [යමක්] උපදවනනා.
උරං, ළැය.
උරග, සර්පයා.
උරුබිති, මහත්ධෛර්‍ය්‍ය [හෝ] ධෛර්‍ය්‍යවන්තයා.
උභ
උභය } 2.
ඌනා, උකුනා.
එක, 1, සංඛ්‍යාදිය.
["සෙඨාසහාය සංඛ්‍යාඤ්ඤූ, තුල්‍යෙකෙවකො තිලිඛිකො."]
එකචත්තාරීසති, 41.
එකචත්තාරීසා, 41.
එකචත්තාලීසති, 41.

එකචත්තාලීසා, 41.
එකතිංස
එකතිංසං
එකතිංසා } 31.
එකනවුති, 91.
එකවීසං
එකවීසති
එකවීසා } 21.
එකසට්ඨි 61.
එකසත්තති, 71.
එකසත්තරි, 71.
එකාදස, 11.
එකාසීති, 81.
එකූනතිංස
එකූනතිංසති
එකූනතිංසා } 29.
එකූනචත්තාරීස,
එකූනචත්තාරීසං,
එකූනචත්තාරීසති,
එකූනචත්තාරීසා,
එකූනචත්තාලීස,
එකූනචත්තාලීසං,
එකූනචත්තාලීසති,
එකූනචත්තාලීසා, } 39.
එකූනනවුති, 91.
එකූනපඤ්ඤාස,
එකූනපඤ්ඤාසං
එකූනපඤ්ඤාසා } 49.
එකූනවීසති, 19.
එකූනසට්ඨි, 59.
එකූනසතං, 99.
එකූනසත්තති, 69.
එකූනාසීති, 79.
එජා, තෘෂ්ණාව.
එත, මේ යනාර්ථ.
එළං, එන්සාල්.
ඔක්කාමිතා, ඉක්මවන්නා.
ඔඝ, ජලප්‍රවාහය, සමූහය, කාමොඝාදිය.

ඔජං, ඕජස.
ඔට්ඨො, ඔටුවා, තොල.
ඔධි; කොටස, සීමාව.
*ඔරොධො, අන්තඃපුරය.
ඔසධි, ඵලපාකාවසානෞෂධි
ම්යන ගස්, තාරකාවිශෙෂ.
කච්ඡු, කස්, කැසීම.
†කඤ්ඤා, කන්‍යාස්ත්‍රී,
කඬු, කඬුතිය.
‡කණෙරු, ඇතින්න.
කතඤ්ඤූ, කෙලෙහිගුණ [දන්නා.
කතම / කතර { කවරක් හෝ කවරෙක් යනාර්ථ.
කතවා, කරණලද්දක් ඇත්තා.
කත්තා, කර්තෘ (හෝ) කරන්නා.
කථා, කථාව.

කථානං, පදුම සියන්ලක්ෂය.
කදලී, කෙසෙල්.
කන්තා, ස්ත්‍රී.
කන්ති; සෝභාව, දීප්තිය.
කපි, වඳුරා.
කරජ, කරඳ.
කරණං, කිරීම.
කරී; අත්ඇත්තා, හස්තියා.
කරුණා, කුළුණුගුණ.
කලා,§ කොටස, කලාශාස්ත්‍ර.
කළායො, කඩල.
කලි, පාපය.
කවි, පණ්ඩිතයා.
කසිමා, සීඇත්තා.
කාකී, කවුඩුදෙනුව.
කාම, පචකාමය.
කාමී, කාමඇත්තා.

---

* "රුක්ඛෙ අධිවත්ථා දෙවතා ථෙරස්ස කුද්ධා පඨමං මෙව මනං පලොභෙත්වා ඉතො තෙ සත්ත දිවසමත්ථකෙ උපට්ඨාකො රාජා මරිස්සතීති සුපිනෙ ආරොචෙසි ථෙරො තං කථං සුත්වා රාජොරොධානං ආචික්ඛි තා එකප්පහාරෙනෙව මහාවිරවං විරවිංසූති-එණ් රාජොරොධානන්ති වත්වා තාති වුත්තත්තා ඔරොධසද්දො ඉත්ථිලිඞ්ගොති චෙ?—තන්න එණ් පන ඔරොධසද්දෙන ඉත්ථිපදත්ථස්ස කථිතත්තා, ඉත්ථිපදත්ථං සන්ධාය තාති වුත්තත්තා තා ඉත්ථියොති අයමෙවත්ථො" යනු ශබ්දනීතියි.

† "කො බ්‍රහ්මත්තානිලක්ඛගයී වොරපුමෙසු භූමියං" යි එකක්ඛරකොශයෙහි කී බැවින් "කඤ්ඤා" යන වචනයෙහි කයන්න පූර්වපදයාකාරෙහි වැටේ-එහෙයින් "කං(පුරිසං) ඤෙති තොසෙතීති කඤ්ඤා" යනු විග්‍රහයි-ක ශබ්දය උපපද කොට ඇති ඤප තොසනෙ යන ධාතුවෙන් "ක්වි" ප්‍රත්‍යයව සිඬයි—"යොබ්බනභාවෙ ඨිතත්තා කන්ති දිප්පති විරොචතීති කඤ්ඤා-කමියති (කාමීයති අභිපත්ථියති) පුරිසෙහීති කඤ්ඤා" මෙසේද විග්‍රහ කටයුතුයි—කන දිත්ති ගති කන්තීසු යන ධාතුවෙන් පරව වජාදි සූත්‍රයෙන් "ණ්" ප්‍රත්‍යයව සිඬයි.

‡ කරෙණු කියාද ව්‍යවහාරයි.

§ දහසයෙන් කොටසටද "කලං" යනු ව්‍යවහාරයි—"අංසෙ සිප්පෙ කලා කාලෙ භාගෙ චන්දස්ස සොළසෙ" යනු නිඝණ්ඩුයි.

කාංසු, වල.
*කිං, කිමෙක් [හෝ] කුමක් යනාර්ථයි.
කිංසුක, කැල
කිතති, කීර්තිය. (ගුණඝොසො)
†කිනනර, කිඳුරෙ.
කින්නරී, කින්නරඟනාව.
කිමි, පණුවො.
කීළා, සෙල්ලම.
කුක්කුටි. කිකිලි.
කුච්ඡි, බඩ.
කුට්ඨී, කුෂ්ඨඇත්තා.
කුන්ද, වැකොඳ. (බකකුන්දෙ)
කුබ්බං, කරන්නේ.
කුමාරී, කුමාරිකාව.
කුමුදං, උප්පල සියක්ලක්ෂය.
කුලං, වංශය. (ඛත්තියකුලාදි)
කුලපුත්තො, කොල්ලූ.
කුලවා, කුලවන්තයා.
කුසලී, කළ පින්ඇත්තා.
‡කුසා, නාස්ලනුව.
කුසාවතී, එනම්නුවර.
කූල, ඉවුර.
කෙතු, ධජය.
කෙතුමං, ධජඇත්තා.
§කෙසි, ධජය.
කෙළි, ක්‍රීඩාව.

කොඤ්ච, කොස්වාලිහිණී.
¶කොටි; කෙළවර, ලක්ෂසියය.
කොටිප්පකොටි, කෝටි සියක් ලක්ෂය.
කොධ, ක්‍රොධය (මනොප [දෙසො.)

ඛනතා, කණින්නා.
ඛත්තියා, ක්ෂත්‍රිය ස්ත්‍රී.
ඛත්තියො, ක්ෂත්‍රියයා.
ඛදිරො, කිහිරිගස.
ඛනතා, ඉවසන්නා.
ඛන්ති, ක්ෂාන්තිය.
ඛමා, ක්ෂමාව.
ඛාණු, කාණු.
ඛාණුමා, කාණුඇත්තේ.
ඛිඩ්ඩා, ක්‍රීඩාව.
ගඞ්ගා, ගඟ [හෝ] එනම් ගංගාව.
ගච්ඡන්ත, යන්නා.
ගච්ඡො, කුඩා ගස.
ගජ්ජිතා, ගජ්ජනා කරන්නා.
ගණවං, සමූහඇත්තා.
ගණී, සමූහ ඇත්තා.
ගණ්ඨි, ගැටය.
ගති, යාම, ගතිය. (ගමනං, දුග්ගති ආදිකා ච)
ගතිමා, ගමන් ඇත්තා.

---

* "පුච්ඡාය. ගරහායමානියමෙ කිං නිලිඞ්ගිකං."

† "කිනනර" යන්නෙහි කිං යනු සදෘශාර්ථයෙහිය-එහෙයින් ඒකාක්ෂරකොශයෙහිද "ජලජෙ සදිසෙ තු කිං" යනු කීහ-එබැවින් "නරෙන සදිසො කිනනරො" යනු විග්‍රහයි.

‡ "කුසා තු නාසාරජ්ජුම්හි" යනු නිඝණ්ඩුයි.

§ "කෙසිනි එකො අස්ස සාරථී" යනු රූපසිද්ධිටීකායි.

¶ "කොටි ණ සංඛ්‍යා විසෙසස්මිං උක්කංසෙ කොටි නාරියං" යනුද නිඝණ්ඩුයි.

ගද්‍රභො, කොටළුවා.
ගන්තා, යන්නා.
ගන්ධබ්බ, දිව්‍යගාන්ධර්වයො.
ගන්ධබ්බී, දිව්‍යගාන්ධර්වස්ත්‍රී.
*ගරු, ආචාර්‍ය්‍යාදීහු.
ගහට්ඨො, ගෘහස්ථයා, ගෙවත් ගෘහබන්ධනයෙන් නොබැඳුනු අය.
ගහපති, ගෘහයෙහි ප්‍රධානියා [හෝ] ස්වාමියා.
ගාථා, ගාථාව.
ගාම, ගම.
ගාමණි, ගම්මුදලියා.
ගිනි, වහ්නිය.
ගිරි, පර්වතය.
ගීවා, ග්‍රීවය.
ගුණවන්තු, ගුණවත් අය.
ගුහා, ගල්ලෙන. (පබ්බතගුහා)
ගෙධො, ගිජු අය.
ගෙහො, ගෘහය.
ගො, ගවයා.
ගොණො, ගවයා.
†ගොත්‍රභූ, ආර්‍ය්‍යමාර්ගය උපදවන සිතයෝ එනම් ඥාණය.
‡ගොත්‍රභූ, විදර්ශනාසිතින් යුත් තැනැත්තා, කාසාවකණ්ඨක ශ්‍රමණ.
ගොධා, ගෝයා.
ගොධුමො, තිරිඟු.
ඝටා, සමූහය.
ඝටී, කළය.
ඝානං, නාසය.
ඝොස, ශබ්දය.
චක්කී, චක්‍රඇත්තෝ.
චක්ඛු, ඇස.
චක්ඛුමා, ඇස්ඇත්තා.
චතු, 4

---

* "පුබ්බෙ ආචරියා දිම්හි ගරු මාතු පිතුස්වපි, ගරු තීසු මහන්තෙ ච දුජ්ජරලහු කෙසු ච" යනු බැවින් හා—"ගරූති මාතාපිතාදයො ගාරවයුත්තා පුග්ගලා" යනු බැවින්ද—ගරු යනු මාතෘ පිතෘ ආදීවූ ගෞරව කටයුතු පුද්ගලයෝය—
තවද—"කෙචි පනාචරියා විධා ගහෙත්වා භාරියවාචකත්තෙ ගරුසද්දා ආචරියවා
"චකත්තෙ ගුරුසද්දා සිද්ධොති වදන්ති—තන්තගහෙතබ්බං, පාළිවිසයෙ හි සබ්බ
"සම්පි යථාවුත්තත්ථානං වාචකත්තෙ ගරුසද්දොව ඉච්ඡිතබ්බො අකාරස්ස ආකාර
"භාවෙ ගාරවන්ති සවුඩ්ඪිකස්ස තද්ධිතන්තපදස්ස දස්සනතො සක්කතභාසා
"විසයෙ ගුරුසද්දො යෙව ඉච්ඡිතබ්බො උකාරස්ස වුඩ්ඪිභාවෙ අනුකූවා තද්ධි
"තන්ත පදස්ස දස්සනතො" යනු ශබ්දනීතියි.

† "ගොත්‍රභූ ඉති පරිත්තා රම්මණං වා මහග්ගතාරම්මණං වා ගොත්‍රභූ චිත්තං—අපි ච ගොත්‍රභූ ඉති නිබ්බානාරම්මණං මහග්ගතවීථියං පවත්තං ගොත්‍රභූ ඤාණං වා—සංඛාරාරම්මණං වා ඵලසමාපත්තිවීථියං පවත්තං ගොත්‍රභූඤාණං" යනු සාධක වචනයි.

‡"ගොත්‍රභූ ඉති සොතාපත්ති මග්ගස්ස අනන්තරපච්චයෙන සිඛාප්පත්තබලව විපස්සනාචිත්තෙන සමන්නාගතො පුග්ගලො—අපි ච ගොත්තමත්තානුභවමානො කාසාවකණ්ඨක සමණොපි ගොත්‍රභූ" යනුද සාධකවචනයි.

චතුචත්තාරීසං,
චතුචත්තාරීස
චතුචත්තාරීසති
චතුචත්තාරීසා, } 44.

චතුත්තිංසං,
චතුත්තිංස,
චතුත්තිංසති,
චතුත්තිංසා } 34.

චතුද්දස, 14.

චතුනවුති, 94.

චතුපඤ්ඤාසං
චතුපඤ්ඤාස,
චතුපඤ්ඤාසා,
චතුපණ්ණාසං,
චතුපණ්ණාස,
චතුපණ්ණාසා, } 54.

චතුරාසීති, 84.

චතුවීසති, 24.

චතුසට්ඨි, 64.

චතුසත්තති, 74.

චත්තාරීසං
චත්තාරීස,
චත්තාරීසති,
චත්තාරීසා,
චත්තාලීසං,
චත්තාලීස,
චත්තාලීසති,
චත්තාලීසා, } 40

චන්දවතී, එනම් ස්ත්‍රී.

චමූ, සේනාව.

චම්පක, සපු.

චරං, හැසිරෙන්නා.

චාග, ත්‍යාගය,

චාගී, ත්‍යාගිවන්තයා.

චාරී, හැසිරෙණ සිලිඟු.

*චිත්තසහභූ, රූපස්කන්ධය.

චිත්තානුපරිවත්තිනී, සිතට අනුව පෙරලෙන සුළු.

චින්තා, සිතිවිලි. (චින්තන පඤ්ඤා)

චීවරං, සිවුර. (භික්ඛූනං නිවාසනාදි)

චුති, චුතවීම, ගිලිහීම.

†චුත්තාලීසති, 40.

චුද්දස, 14.

‡චූලාසීති, 84.

චෙතං, සිත.

චෙතනා, සිතිවිල්ල.

චෙතා, උළුවඩුවා. (චිනොති රාසිං කරොතීති චෙතා, පාකාර චිනනකො පුග්ගලො, ඉට්ඨකවඩ්ඪකීති අත්ථො.)

†චොත්තාලීසති, 40.

ඡ, 6.

ඡචත්තාරීසං,
ඡචත්තාරීස,
ඡචත්තාරීසති,
ඡචත්තාරීසා,
ඡචත්තාලීසං,
ඡචත්තාලීස,
ඡචත්තාලීසති,
ඡචත්තාලීසා, } 46

---

* "චිත්තේන සහ භවතීති චිත්තසහභූ"–චිත්තය සමග වන්නේනුයි චිත්තසහභූ නම් වේ–ඒ කවරේද:–රූපයයි.

† "චත්තාලීසායාදිවණ්ණස්ස ච" යන සූත්‍රයෙන් චත්තාලීසති ශබ්දයාගේ ඇදි වණ්ණයාහට චූ යනාදෙශ කළ කල්හි චූත්තාලීසති කියාද චො යනාදෙශ කළ කල්හි "චොත්තාලීසති" කියාද වේ.

‡ "චතුරාසීතියා තු ලොපො චස්ස චූ රස්ස ලො විත්ත ච" යන සූත්‍රයෙන් චතුරාසීති ශබ්දයාගේ තුකාරයාට ලොප් හා චකාරයාට. චූ යනාදෙශද රකාරයාහට ලකාරාදෙශද විත්තද කළ කල්හි "චූලාසීති" යන්නු වේ.

ඡත්තං, ඡත්‍රය.
ඡත්තී, ඡත්‍රඇත්තේ.
ඡන්නවුති, 96.
ඡ පඤ්ඤාසා,
ඡ පණ්ණාසා, } 56.
ඡබ්බීසති,
ඡබ්බීසා, } 26.
ඡවි, තුනීසම, සිවිය.
ඡසට්ඨි, 66.
ඡසත්තති,
ඡසත්තරි, } 76.
ඡායා, ශරීරාදි ප්‍රතිබිම්බඡායාව.
ඡාසීති, 86.
ඡිද්දං, සිදුර.
ඡේත්තා, කපන්නා.
ජඞ්ගම, සාජීවාහකාදි ජඞ්ගම සත්වයෝ.
ජංඝා, වලළුකර දනහිස දෙඅතර (ජණ්ණුතො හෙට්ඨා පාදෙ.)
ජටා, ජටාව. (කෙසජටා)
ජටී, ජටාඇත්තා.
ජතු, ලාකඩ
*ජන්තු, සත්වයෝ.
ජපං, ජපකරන්නා, කියන්නා.
ජයං, දිනන්නේ.
ජලං ජලය.
ජලධි, සාගරය.

ජාති, ජාතිය, ඉපදීම, (නිබ්බත්ති.)
ජායා, භාර්‍යාව.
ජාලං, දැල.
ජිව්හා, දිව.
ජිරං, දිරන්නේ.
†ජුණ්හා, සඳරැසින් යුත් රාත්‍රිය, යෞවනී.
ජුතිමා, සොභා ඇත්තේ.
ජෙට්ඨා, දෙට නැකත, වැඩුමල් සහෝදරී.
ජේතා, දිනන්නා.
ජොති, ගිනි.
ඣානං, ධ්‍යානය, සිතීම.
ඤාණං, නුවණ. (ඤාතමනෙනාදිඤාණං)
ඤාණී, නුවණැත්තේ.
ඤාතං, දන්නා.
ඤාති, නෑයා.
ඤාතු, දන්නා.
ඨිතවා, සිටීම් ඇත්තේ.
ත, ඒ යනාර්ථ.
තගර, තුවරලා.
තණ්ඩුලො, සහල්.
‡තණ්හා, කාමාදි තෘෂ්ණාව.
තනාති, පෙළ.
තපං, තපස්.
තරච්ඡ, තරඹානා වලස්සු.

---

* "ජනියන්තෙ කම්මකිලෙසෙහීති ජන්තු—ජයන්ති කම්මකිලෙසෙති වා ජන්තු" යනු විග්‍රහයි-"ඛාසිසි තත ජන ජර අම ගමි සචා තු" යන සූත්‍රයෙන් තු ප්‍රත්‍යයව සිඩයි.

† "ජොතෙතීති ජුණ්හා"—ජුත දිත්තියං-"තණ්හාදයො" යන සූත්‍රයෙන් සිඩයි.

‡ "තසති පාතු මිච්ඡති එතායාති තණ්හා"—තස පිපාසායං—"තණ්හාදයො" ති සුත්තෙන සාධියතෙ-තණ්හාති කාමතණ්හා භවතණ්හා විභවතණ්හාති තිවිධා තණ්හා—පඤ්චකාමගුණිකො රාගො කාමතණ්හා-භවපත්ථනා භවතණ්හා-උච්ඡෙද දිට්ඨිසහගතා තණ්හා විභවතණ්හා—විභවොති උච්ඡෙද දිට්ඨියා නාමං, විභවෙන සහගතා තණ්හා විභවතණ්හාති සඞ්ඛෙපො."

තරුණී, තරුණිය.
තසිණා, තෘෂ්ණාව.
*තාතා, රක්ෂා කරන්නා.
තාණං, රක්ෂාස්ථානය (රක්ඛණං)
තාල, තල්ගස්.
†තාලීසති, තාලීසා, } 40.
ති, 3.
තිංසති, තිංසා, } 30.
තිට්ඨං, සිටින්නා.
තිත්ති, තෘප්තිය. සෑහීම
තිනවුති, 93.
තිපඤ්ඤාසා, තිපණ්ණාසා } 53.
තිපු, ඊයම්.
තිමි, එනම් මත්ස්‍යයා.
තියාසීති, 83
තිලෝ, තල.
තිසට්ඨි, 63.
තිසත්තති, තිසත්තරි, } 73.
තීරං, කූලය. (ඔරිමතීරං)
තුට්ඨි, සතුටුවීම.
තුණ්ඩං, තුඩ. (පක්ඛීනං මුඛං)
තුම්හ, තෝ යනාදී.

තුරඟ, අශ්වයෝ.
තුලා, සියක්පලම.
තෙඅසීති, 83.
තේජං, තේජස, දීප්තිය, ශක්තිය.
තෙනවුති, 93.
තෙපඤ්ඤාසා, තෙපණ්ණාසා } 53.
තෙරස, තේළස, } 13.
තෙවීසති, 23.
තෙසට්ඨි, 63.
තෙසත්තති, තෙසත්තරි. } 73.
තෝමරී, එනම් ආයුධ ධරන්නා
ථම්භ, මැඬ, සිතදැඩිබව.
ථාමවා, ශක්තිවන්තයා.
ථුති, සතුතිය.
ථුතිමා, සතුති ඇත්තේ.
දක්ඛිණ, දකුණ
දණ්ඩී, දඬුගත් පුරුෂයා.
දදං, දෙනතැනැත්තා.
දද්දු, දද (කුෂ්ඨවිශෙෂො)
දන්තී, ඇතා.
දධි, දීකිරි.
දස, 10.

---

* "තායතීති තාතා—පුත්තානං පිතුස්ස පිතරානං පුත්තස්ස අඤ්ඤමඤ්ඤං අනුකම්පකස්ස පියපුග්ගලෙසු වත්තබ්බ වොහාරො එසො." යනු ටීකායි.

† "චත්තාලීසායාදි වණ්ණස්ස ච" යන සූත්‍රයෙන් චත්තාලීස ශබ්දයාගේ ආදි වණ්ණයාගේ ලොප්කළ කල්හි "තාලීසති, තාලීසා" යනු වේ.

*දළ්හධම්මා, එනම් රජ [හෝ] දෘඪධර්ම ඇත්තෝ.
දාඨා, දළ.
දාඨී, දළඇත්තා.
දාතා, දෙන තැනැත්තා.
දානං, දීම
දාරු, දඬු.
දාසී, දාසිය.
දිට්ඨි, දෘෂ්ටිය.
†දිවි, දිව්‍යලෝකය.
දිසා, දිසාවල්.
දීඝජීවී, බොහෝකල් ජීවත්වන
දීපි, දිවියා. [සිළිනු.
දුක්ඛං, දුක.
දුන්දුභි, බෙර (භෙරිවිසෙසො)
දුහිතා, ධීතුව
දෙවතා, දේවතාවො
දෙවී, දේවිය
දෙණී, ඔරුව (දරුදෙණී)
දෙලා, දෙලාව [හෝ] ඔන්චිල්ලාව.
ද්වට්ඨි, 62.
ද්වත්තිංසති, ද්වත්තිංසා } 32.

ද්වාචත්තාරීස, ද්වාචත්තාරීසං, ද්වාචත්තාරීසති, ද්වාචත්තාරීසා, ද්වාචත්තාලීස, ද්වාචත්තාලීසං, ද්වාචත්තාලීසති, ද්වාචත්තාලීසා, } 42.
ද්වාදස, 12.
ද්වානවුති, 92.
ද්වාපඤ්ඤාසා, ද්වාපණ්ණාසා, } 52.
ද්වාරස, 12.
ද්වාවීසති, 22.
ද්වාවීසං, 22.
ද්වාසට්ඨි, 62.
ද්වාසත්තති, ද්වාසත්තරි, } 72.
ද්වි, 2.
ද්විචත්තාරීස, ද්විචත්තාරීසං, ද්විචත්තාරීසති, ද්විචත්තාරීසා, ද්විචත්තාලීස, ද්විචත්තාලීසං, ද්විචත්තාලීසති, ද්විචත්තාලීසා, } 42.

---

* "සෙය්‍යථාපි භික්ඛවෙ චත්තාරො ධනුග්ගහා දළ්හධම්මාති එත්ථ දළ්හධම්මාති ඉදං නිදස්සනං, ඉමිස්සං පන පාළියං දළ්හධම්මාති බහුවචනවසෙන ආගතත්තා දළ්හධම්මසද්දො ආකාරන්තොති පි අප්පසිද්ධො තදන්තානං බහුවචනභාවෙ තුල්‍යරූපත්තා තථාපි සද්දනීති පකරණෙ ආකාරන්තවසෙන පදමාලා යොජිතා ඊදිසෙසු හි ඨානෙසු දළ්හධම්මසද්දො ආකාරන්තොතිපි ඔකාරන්තොතිපි වත්තුං යුජ්ජතෙව අපරිබ්‍යත්තරූපත්තා අඤ්ඤත්ථ පන පාළිප්පදෙසෙ අතිවපරිබ්‍යත්තා හුත්වා ඔකාරන්තො දළ්හධම්මසද්දො විඤ්ඤායති ගුණසද්දපණ්ණත්තිසද්දවසෙන-තත්ථ 'ඉස්සරො—පෙ—දළ්හධම්මොතිවිස්සුතො එත්ථ' ගුණසද්දො—'බාරාණසියං දළ්හධම්මො නාම රාජා අහොසි—පෙ—'එත්ථ පණ්ණත්තිය."

† "දිවි මනුජ්ජුබං" යනාදියෙහි දිවි යනු දිව්‍යලෝකයයි.

ද්වානවුති, 92.
ද්විපණ්ණාසා,
ද්විපඤ්ඤාසා, } 52.
ද්වාසීති, 82.
ද්විසට්ඨි, 62.
ද්විසත්තති,
ද්විසත්තරි, } 72.
ද්වෙඅසීති, 82.
ද්වෙචත්තාරීසති,
ද්වෙචත්තාරීසා,
ද්වෙචත්තාලීසති,
ද්වෙචත්තාලීසා, } 42.
ද්වෙපඤ්ඤාසා,
ද්වෙපණ්ණාසා, } 52.
ද්වෙවීසති,
ද්වෙවීසා, } 22.
ද්වෙසට්ඨි, 62.
ද්වෙසත්තති,
ද්වෙසත්තරි, } 72.
ධජී, ධජඇත්තේ.
ධඤ්ඤං, ධාන්‍ය.
ධනං, වස්තුව.
ධනභූති, ධනය මොහුට ඇති වේවා යනඅදහසින් තබන ලද නමක්.
ධනවා, ධනඇත්තා.
ධනි, ධ්වනිය. (හඬ)
ධනු, දුන්න.
ධම්ම, සභාවාදිය.
ධම්මඤ්ඤූ, ධර්මයදන්නා.
ධම්මවාදී, ධර්මවාදියා.
ධම්මවිභාවී, ධර්මය ප්‍රකාශ කරන්නා.
ධවො, ස්වාමිපුරුෂයා.
ධාතා, ධරන්නා.
*ධාතු, බුද්ධාදීන්ගේ ශරීරික ධාතුවාදිය.
ධීති, වීර්‍යය.
ධීතා, දූවනියෝ.
ධුනෙතා, ධූර්තයා.
ධූලි, රජස්.
ධෙනු, දෙන. (නවප්පසූතිකා)
නඛී, නියඇත්තා.
නත්තා, මුනුපුරා.
නදී, ගංගාව [හෝ] හොය.
නනාති (රකති?)
නන්දි, සන්තොෂය, රාගය.
නයනං, ඇස.
නරා, මනුෂ්‍යයෝ.
නලිනං, පියුම්.
නව, 9.
නවුති, 90.
නහුතං, දසදහස [හෝ] කොටි ප්‍රකෝටි සියක්ලක්ෂයයි.
නාග, ඇත්තු, නයි.
නාගනාසූරූ, ඇත්සොඬසේ ස ලවාඇත්තී.
නාගී, නාගමාණවිකාව.
නාභි, පෙකණිය.
නාරී, ස්ත්‍රී.
නාලි, තුඹල. (පඬං)

---

* සෙම්භාදෙ රසරත්තාදෙ මහාභූතෙ පභාදිකෙ, ධාතු විසංසිවත්ථාදි හවාදි ගෙරිකාදිසු" ධාතුසද්දො රස රුධිර මංස මෙද නහාරු අට්ඨි අට්ඨිමිඤ්ජා සුක්කසංඛාතධාතුවාචකො පුල්ලිංගො සභාවවාචකො පන සුගතාදිනං ශාරීරිකවාචකො ච ලොකධාතුවාචකො ච චක්ඛාදිවාචකො ච ඉත්ථිලිංගො, භූ භූ කර පවාදි වාචකො ඉත්ථිලිංගො චෙව පුල්ලිංගො ච" යනු සද්දනීතියි.

නාවා, නැව.
නිගම, ලොකුගම.
නිද්දා, නිද්‍රාව.
නිධි, නිධානය.
නින්නහුතං, නහුතසියක් [ලක්‍ෂය.
නිරබ්බුදං, අබ්බුද සියක්ලක්‍ෂය.
නිරුපධි, කාමෝපධි ආදිය [නැතිබව.
නිලය, ගෙය.
නිසා, රාත්‍රිය.
නෙතා, පමුණුවන්නා.
නේරු, මේරුපර්වතය.
පකොටි, කෝටිසියක්ලක්‍ෂය.
පක්ඛි, පක්‍ෂියා.
පචං, පිසන්නේ.
පච්චක්ඛධම්මා, ප්‍රත්‍යක්‍ෂ ධර්ම [ඇත්තා.
පජා, සත්වයො (සන්තතිකායො)
පචචත්තාරීසති, පචචත්තාරීසා, පචචත්තාලීසති, පචචත්තාලීසා } 45.
පච නවුත්, 95.
පචපඤ්ඤාස, පචපඤ්ඤාසා } 55.
පචවීසති, පචවීසා, } 25.
පචසට්ඨි, 65.
පචසත්තති, 75.

පචසත්තරි, 75.
පචාසීති, 85.
පඤ්ඤාවා, ප්‍රඥාවන්තයා.
පඤ්ඤා, ප්‍රඥාව.
පට්ඨං, වෙෂය (බහුපාදෙ)
පටිසෙධිතා. වලකන්නේ.
පටිසෙවිතා, සේවනය ක[රන්නේ.
පටු, දක්‍ෂයා.
පණ්ණරස, 15,
පණ්ණං, පත්‍රය.
*පණ්ණුවීසති, 25.
පති, හිමියා.
පතිභූ, සවාමියා ප්‍රධානියා.
පත්ති, පාබලසෙනග. (චතුරංගසෙනගං)
පතෙතා, පැමිණෙන ලද්දේ.
පත්ථො, නැලිය.
පථිකො, මංගිනිකයා.
†පදං, පිහිට, නිවණ, කාරණාදිය.
පදුමං, පියුම, පුණ්ඩරීකසියක් [ලක්‍ෂය.
පනත්තා, මුණුබුරාගේ පුතා.
පනස, කොස්,
පනෙතා, පමුණුවන්නා.
පපා, පැන්හල.
පබ්බතො, පර්වතය.
බ්‍රූහෙතා, වර්ධනය කරන්නා.
පභා, ප්‍රභාව.

---

* "වීසති දසෙසු පචස්ස පණ්ණු පණ්ණා" යන පදසාධනී සූත්‍රයෙන් පචශබ්දයට පණ්ණු යනාදෙශව සිඩයි.

† "පදං ඨානෙ පරිත්තාණෙ නිබ්බානම්හි ච කාරණෙ,
සද්දෙ වත්ථුම්හි කොට්ඨාසෙ පාදෙ තල්ලඤ්ජනෙ මතං"

*පභූ, ප්‍රධානියා.
පමාද, ප්‍රමාදය (සතිප්පමොසො)
†පර, අන්‍යාර්ථාදිය.
පරාභිභූ, අනුන් මැඩපවත් [වන්නා.
පරිසා, පිරිස (පරිවාරෙ.)
පාටලී, පළොල්.
පාණී, සත්වයෝ.
පානං, පානවර්ගය.
පාණි, අත.
පාපං, පාපය.
පාපකාරී, පවුකරණ සීලීහු.
පාපිමා, වසවර්තිමාරයා.
පාපී, පව්වු තැනැත්තී.
පාරගූ, එතරට ගියේ.
‡පාළි, පෙළ. (පාඨො)
පිතා, පියා.
පිපාසා, පිපාසය.
පියඞ්ගු, පුවඟු.
පියා, භාර්‍යාව.
පිසාච, පාංසු පිසාචයෝ.
පීඨං, පුටුව.
පීති, ප්‍රීතිය.
පීළා, පීඩාව.
පුප්ඵසකුසො, පරමල් දමන්නා.
පුචිමන්ද, කොසඹ.
පුච්ඡිතා, විචාරන්නා.
පුඤ්ඤං, කුසලය.
පුණ්ඩරීකං, කුමුද සියක් ලක්ෂය
පුත්තිමා, පුත්‍රයන් ඇත්තා.
පුන්නාග, දොඹ,
පුට, පුට් යනාදිය.
පුමා, පුරුෂයා.
පුලිනං, වැලි.
පූග, පුවක්.
පූජා, පිදීම.
§පෙතා, ප්‍රේතයෝ.
පොක්ඛරණී, පොකුණ.
ඵල, විපාකය, ගෙඩි.
ඵලවා, ඵලඇත්තේ.
ඵස්සං, ස්පර්ශය,
ඵරු, ගැට [හෝ] පුරුක.
බත්තිංසති, } 32.
බත්තිංසං, }
බන්ධු, නෑයෝ.
බන්ධුමා, නෑයන් ඇත්තේ.
බබ්බු බළලා.
බලං, බලය.
‖බලාකා, කොකින්න (බකජාති)
බලි, බිලිය.
බලිමා, බලිඇත්තේ.
බලී, බලවන්තයා.

---

* "අරඤ්ඤස්ස පභූ අයං ලුද්දකොති" ඉදමෙතස්ස සාධකවචනං—පරං පසය්හාභිභවතීති පභූ–ප පුබ්බො භූ සත්තායං ති ධාතු—"ක්වි ච" ඉති ක්විපච්චයො, ක්වි ලොපො චෙති සුත්තෙන ක්විපච්චයලොපො.

† "පබ්බජිතො තතො මෙ සබ්බඤ්ඤු පච්ඡාභාවෙ පරෙ තීසු."

‡ "සෙතුස්මිං තනාති පනාතීසු නාරියං පාළි කථ්‍යතෙ."

§ "තීසු පෙතො පරෙතො ච මතෙ ච පෙතයොනිජෙ."

‖ "යථා බලාකා යොනිම්හි නවිජ්ජති පුමො සදා
මෙඝෙසු ගජ්ජමානෙසු ගබ්භං ගණ්හාති තා සදා."
යසු අපදාන අටුවාසි.

බාරස, 12.
බාවීසති } 22.
බාවීසං }
බාහා, අත.
බින්දු, අක්ෂාංශිණි සියත්ලක්ෂය.
බොජ්ඣිතා, අවබෝධකරන්නා.
බුද්ධි, ප්‍රඥාව.
බුද්ධිමා, ප්‍රඥාවන්තයා.
බුද්ධො, සර්වඥයන් වහන්සේ.
බොධො, දන්නේ.
බොධි, මාර්ගඥානය, ඇසටු.
බොධෙතා, අවබොධකරන්නා.
බොන්දි, ශරීරය.
බ්‍රහ්මා, බ්‍රහ්මයා.
බ්‍රාහ්මණි, බැමිණි,
බ්‍රාහ්මණො, බමුණා.
භගවා, බුදුරජානන් වහන්සේ.
භගිනී, නගා.
භත්තා, පෝෂ්‍යය කරන්නා.
භවනං, ගෘහය (රාජභවනාදි)
භවනෙත්තා, වැඩෙන්නේ.
භස්ත්‍රා, සම් පසුම්බිය.
භාගී, භාග්‍ය ඇත්තා.
භාතා, සහෝදරයා.

භානු, රශ්මිය.
භානුමා, සූර්‍ය්‍යා.
භාවිකා, භාවනාකරන්නී,
(යා භාවනං කරොති සා භාවිකා.)
භාසිතා, කියන්නා.
භික්ඛා, ආහාරය.
භික්ඛු, ශ්‍රමණ.
භික්ඛුනී, මෙහෙණී.
භුජං, අනුභව කරන්නේ.
භුවනං, ලෝකය.
†භූමි, පෘථිවිය. [සිලිඹු
භූමිසායී, බිමසයනය කරණ
භෙත්තා, බිඳින්නා.
භොගී, භෝග ඇත්තා.
මක්ඛා, ගුණමකු අය.
(පරගුණාදි විධංසො)
මග්ගඤ්ඤූ, මාර්ගය දන්නා.
‡මඝවා, ශක්‍රයා.
මඞ්ගලං, මංගල්‍යය.
මච්චු, මරණු.
මඤ්ජූසා, කරඬුව, පෙට්ටිය.
මණි, මැණික්.
මති, ප්‍රඥාව.
මතිමා, ප්‍රඥාවන්තයා.

---

* "භවන්ති ජායන්ති වඩ්ඪන්ති චෙත්ථ ථාවරා ච ජඞ්ගමාචාති භූමි—පඨවී," පඨමාය භූමියා පතිට්ඨාති අදීසු පන ලොකුත්තරමග්ගො භූමීති වුච්චති."

‡ මඝව සද්දස්සාපි "මඝවා මඝවානොති ආදිනා යුවසද්දස්සෙව නාමිකපද මාලායොජනං කුබ්බන්ති ගරූ—නිරුත්තිපිටකෙ පන ගුණවන්තු සද්දනයෙන වුත්තං තථා මූලනිරුත්තියම්පි, තං පාළියා සංසන්දති සමෙති පාළියං හි" "සක්කො මහාලි දෙවානමින්දො මනුස්සභූතො සමානො මඝො නාම මාණවො අහොසි තස්මා මඝවාති වුච්චතීති වුත්තං තස්මා ගුණවන්තු සද්දනයෙන පි යුවසද්දනයෙනපි නාමිකපදමාලා යොජෙතබ්බා" යනු ශබ්දනීතියි—තවද "මඝො (ඉති නාම.) අස්ස අත්ථීති මඝවා" යි අභිධානප්පදීපිකා ටීකාදියෙහි මුත්, බුද්ධිප්පසාදනියෙහි "මඝො (යාගො) අස්ස අත්ථීති මඝවා" යනුයි.

මත්ත ඤ්ඤූ, පමණ දන්නා.
මත්තං, ප්‍රමාණය.
මත්තු, දීපෙරලිඳිය.
මද, පුරුෂ මදාදි මද.
මධු, මී.
මනං, සිත.
*මනුස්සා, මිනිස්සු.
මනතා, ප්‍රඥව.
මනාති, මනාප්‍රඥ ඇත්තේ.
මන්දාර, පරසතු මදාර (දෙවතරු)
මයූර, මොණරු.
මරණං, මරණය.
මල්ලකාරී, මල්ගොතන සිලිගු,
[හෝ] මල්ලව, පොරඅල්ලන්නා.
(මල්‍යං කරෙති කරණසීලො වා ති
මල්‍යකාරී, මාලාකාරෙ)
මසි, දැලි (කජ්ජලං)
මස්සුවා, රවුල ඇත්තා.
මහං, පූදන්නා.
මහාකථානං, කථාන සියක්
[ලක්ෂය.
මහාමන්ධාතු, එනම් රජ.
මහී, පොලව.
මාණවො, තරුණයා, සත්වයා,
[හොරා.
මාතා, මෑනියො.

†මාතුගාමො, මාගම.
මාතුලානී, නැන්දා.
මාන, මාන්නය (අහංකාරය.)
මායා, රුවටිල්ල.
මාලං, මාලාව (ගනපිතපුප්ඵාදි.)
මාලී, මල්දම් දරණ්නී.
මාලෙං, එක්මඩුළු ශාලාව.
මීන, මුවෝ.
මිගී, මුවදෙන.
මීයං, මියන්නේ.
මුඛං, මූන.
මුග්ගො, මුං.
මුච්ඡා, මූර්ච්ඡාව.
මුට්ඨි, මිට.
මුති, සම්මුතිය.
මුනිමා, සමෝන් ඇත්තේ.
මුත්ති, මිදීම, නිවණ. (විමුත්ති)
මුද්දා, මුද්‍රය.
මුද්ධා, හිස.
මුනි, මුනිවරු.
මුසලී, මුසලායුධ ධරන්නා.
මූලං, මුල, හේතුව,
එනම් නැකත.
මූසා, සලත [හෝ] තුතුයි
කෝව.

* මනුනො අපච්චං මනුස්සො-අපච්චෙ ණ—"මනුතො උස්සන ණ"න්ති සුත්තෙන උස්සපච්චයො-එතස්මිං අත්ථෙ තද්ධිතන්තපදං භවති, මනො උස්සා (උස්සන්නතා) එතස්සාති වා මනුස්සො—එතස්මිං අත්ථෙ සමාසපදං භවති—හිතාහිතං මනති ජානාතීති වා මනුස්සො—ඉමස්මිං අත්ථෙ කිතකන්තපදං භවති.

† "කඤ්චි පධාන වාචකෙන පුල්ලිංගෙන වා නපුංසකලිංගෙන වා සමානාධිකරණස්ස ගුණසද්දස්ස අභිධෙය්‍යලිංගානුවත්තිත්තා පුල්ලිංගවසෙන වා නපුංසකලිංගවසෙන වා නිද්දිසිතබ්බත්තෙපි ලිංගමනපෙක්ඛිත්වා ඉත්ථිපදත්ථමෙවාපෙක්ඛිත්වා ඉත්ථිලිංගනිද්දෙසො දිස්සති—තං යථා "ඉධ මල්ලිකෙ එකච්චො මාතුගාමො කොධනො හොති උපායාසබහුලා..."—"තං ඛො පන භික්ඛවෙ ඉත්ථිරතනං රඤ්ඤො චක්කවත්තිස්ස පුබ්බුට්ඨායිනී පච්ඡා නිපාතිනී කිංකාරපටිස්සාවිනී"—සද්දනීතියං.

මෙඛලා, මෙවුල්දම.
මෙත්තා, මෛත්‍රිය.
*මෙධා, ප්‍රඥාව.
මෙධී, ප්‍රඥාවන්තයා.
ය, යමෙක් [හෝ] යමක් යනාදී
යක්ඛා, යක්ෂයෝය.
යක්ඛී, යක්ෂණිය,
යට්ඨි, යෂ්ටිය
යට්ඨිකො, යෂ්ටිය [හෝ] යෂ්ටියක් [ගත්තේ

---

* "අසනි විය සිලුච්චයෙ කිලෙසෙ මෙධති හිංසතීති මෙධා–මෙධති වා සිරියා සීලාදීහි ච සප්පුරිසධම්මෙහි සමාගච්ඡති න එකිකා හුත්වා තිට්ඨතීති මෙධා —මෙධ හිංසා සංගමෙසු ධාතු–අථවා–සුඛුමම්පි අත්ථං ධම්මඤ්ච ඛිප්පමෙව මෙති ගණ්හාති ධාරෙතීති මෙධා–මෙ පතිට්ඨාන ආදරෙසූති ධාතු–මෙධාය අනෙකානි නාමානි–සෙය්‍යථිදං—

1. පඤ්ඤා පජානනා චින්තා විචයො උපලක්ඛණා,
පවිචයො ච පණ්ඩිච්චං ධම්මවිචය මෙව ච.
2. සල්ලක්ඛණා ච කොසල්ලං භූරි පච්චුපලක්ඛණා,
නෙපුඤ්ඤඤ්චෙව වෙභබ්‍යා මෙධා මූපපරික්ඛතා.
3. සම්පජඤ්ඤඤ්ච පරිණායිකා චෙව විපස්සනා,
පඤ්ඤින්ද්‍රියං පඤ්ඤාබලං අමොහො සම්මාදිට්ඨි ච.
4. පතොදො චාභිධම්මා සා ඉමානි ගහිතානි ච,
ඤාණං පඤ්ඤාණමුම්මඟ්ගො සත්ථො සොතො ච දිට්ඨි ච.
5. මන්තා බොන්ධා බුද්ධි බුද්ධං පටිභානඤ්ච බොධි ති,
ධම්මො විජ්ජා ගති මොනං නෙපක්කං ගො මති මුති.
6. වීමංසා යොනිසොධා නාම පණ්ඩා පණ්ඩිච්චයං පි ච,
වෙදො පඤ්ඤත්ති පච්චෙව විකිච්ඡා විරියා පි ච.
7. සොභො බොධි ති යං වුත්තං ඤාණනාමත්තයං පන,
පච්චෙකබුද්ධ සම්බුද්ධ සාවකානම්පි රූහති.
8. අභිසම්බොධි සම්බොධි ඉති නාමද්වයං පන,
පච්චෙකබුද්ධ සබ්බඤ්ඤු බුද්ධානං යෙව රූහති.
9. අභිසම්බොධි සංඛාත පඤ්ඤා මොපපද පන,
ඤාණපඤ්ඤාණතාති සබ්බඤ්ඤු සම්බුද්ධස්සෙව රූහති.
10. සම්මාසම්බොධි සංඛාතා අනුත්තරපදාදිකා,
බුද්ධා වා ඤාණපඤ්ඤාණතාති සබ්බඤ්ඤුස්සෙව රූහති.
11. සබ්බඤ්ඤුතාති යං වුත්තං ඤාණං සබ්බඤ්ඤුතාව තං,
යුජ්ජතෙ අවසෙසා තු ඤාණපඤ්ඤාණතාති සබ්බගා.
12. ඤාණභාවම්හි සන්තෙපි ධම්මචක්ඛාදිකං පන,
පයොජනන්තර භාවා නාත්‍ර සඤ්ඤසිතං මයා."–යනුද ශබ්දනීතිය.

යතාවා, උත්සාහවන්තයා.
යතිමා, යතීන් ඇත්තේ.
යවෝ, යව වී.
යසං, කීර්තිය.
යසභූති, යසස මොහුට වේවා යන සිතින් ආරෝපිත නාමක්.
යසවා, කීර්ති ඇත්තා.
යසස්සී, කීර්ති ඇත්තේ.
යාගු, කුළුකැන්.
යානං, යානාව (වාහනං)
යානී, යානා ඇත්තේ.
යුත්ති, යුක්තිය, න්‍යාය.
යුවතී, තරුණ ස්ත්‍රී.
යුවා, තරුණයා.
යෝග, යෙදීම.
යෝගී, යෙදීම් ඇත්තේ [හෝ] තාපසයා.
රජ්ජු, රැණ.
රට්ඨී, රටඇත්තා.
රති, ඇල්ම, (නිකානති)
රතිමා, ඇළුම් ඇත්තේ.
රත්තඤ්ඤූ, රාත්‍රි දන්නේ.
*රත්ති, රාත්‍රිය.
රථෝ, රථය.
රථිකෝ, රථයෙහි සිට යුද්ධ කරන්නා.
රවි, සූර්ය්‍යා.
රසවා, රසඇතිදෙය.
රස්මි, ප්‍රභාව.
රස්මිවා, රස්මිඇත්තේ.
රහා, පාපධර්මය.

රඝි, පාපයා.
රාජා, රජ.
රජනී, මහෝසිකාව.
රාධා, අනුර නැකත.
රාසි, සමූහය, මේෂය, මේෂාදිරාශි
රාහු, රාහු අසුරේන්ද්‍රයා.
රාහුමා, රාහු ඇත්තේ.
රුක්ඛෝ, ගස්.
රුචි, කැමැත්ත.
රූපං, රූපය.
රුරු, එනම්මුවෝ.
ලංකා සිංහලද්වීපය.
ලක්ඛං, ලක්ෂයයි.
ලතා, වැල.
ලසිකා, සඳමිඳුළු.
ලාබා, ලාකඩ.
ලාලා, කෙළ.
ලිඟං, ලිංගය.
ලීලා, ලීලාව.
ලේඛා, රේඛාව,
ලෝක, ලෝකය,
ලෝචනං, ඇස.
ලෝභ, ආලය.
ලෝහ, තඹආදි ලෝහවර්ග.
වකුල, මූනමල් ගස්.
වචං, කියන්නේ.
වචා, වදකසා, (උග්‍රගන්ධා)
වජං, යන්නා.
වජ්ජදස්සී, වරද දකින්නා.
වඤ්ඣක්ඛා, වඳනැ නැත්තී.
වට්ටකා, වටුවෝ.

* "රංජන්ති සත්තා එත්‍ථාති රත්ති–රජ් රාගෙති ධාතු–මිදුදීහි තති තියොති සූත්‍රෙන තතිප්පච්චයො ධාත්වන්ත ලොපො—අථ වා රාති සද්දෙ, තං තීයති එත්ථාති රත්ති රා සද්දූප පද ති ඡෙදනති ධාතු, කව්පච්චයො." —යනු එකක්ඛරකොශ ටීකායි.

*වත්තභූ, ශක්‍රයා.
වත්ථු, වස්තුව.
වත්‍රභූ, ශක්‍රයා.
වදනං, මුහුන.
වත්‍රහා, ශක්‍රයා
වත්තා, කියන්නා.
වත්ථං, වස්ත්‍රය.
වත්ථි, වස්තිය.
වධූ, ස්ත්‍රී (කුලගතා ස්ත්‍රීය)
වනං, ආරණ්‍යය.
වනිතා, ස්ත්‍රී,
වම්මී, සන්නාහ සන්නද්ධයා.
වයං, වයස.
වරමති, උතුම්නුවණ.
වරාහ, ඌරෝ.
වළවා, වෙළඹ.
වසනං, වස්ත්‍රය.
වසුධා, පොලව.
වස්සිතා, තෙමෙන්නා[හෝ]තෙ
මන්නා.
වාචා, තෙපුල.
වානරී, වැඳිරී.
වාපී, වැව.

වාමූරූ, මනාවූ කලවැත්තී.
වායාම, උත්සාහය.
වායු, වාතය.
වාරි, ජලය.
වාරුණී, වරුණයාගේභාර්‍යාව.
වාලිකා, වැලි.
වාසනා, වාසනාව, පෙරපුරුද්ද.
(කෙලසවාසනාදි)
වාලුකා, වැලි.
විකති, විකෘතිය (විකාරය)
†විජ්ජා, අභිඥාදිවිඥානය
(අභිඤ්ඤාදිඤාණං)
විජ්ජුතා, විදුලිය ඇත්තේ.
විඤ්ඤූපෙතා, අඟවන්නා.
විඤ්ඤූ, නුවණැත්තා.
විතණ්ඩා, විරුද්ධශාස්ත්‍රකථා.
(විතණ්ඩවාදිකථා)
විදූ, දන්නානැත්තා.
‡විචා, පණ්ඩිතයා.
විධි, විධිය.
§විභූ, පොහොසතා.
‖විවටච්ඡද, විවෘතකළකෙලෙස්
ඡදනඇත්තා.

---

* "වත්තෙන අභිභවතීති වත්තභූ, සක්කො—සො හි මාතාපිතු භරණාදි සත්තහි වතෙහි සක්කත්තං ලභිත්වා අඤ්ඤෙ දෙවෙ වත්තෙන අභිභවතීති වත්තභූ, අථ මඤ්ඤකථායං පන භූ ධාතුම්හි ලබ්භමාන පත්තිඅත්ථම්පි ගහෙත්වා, "වත්තෙන අඤ්ඤෙ දෙවෙ අභිභවිත්වා දෙවිස්සරියං පත්තොති වත්තභූ" ති වුත්තං.

† "විනදියං කායසුචරිතාදිං විදතී යථාවතො උපලබ්භතීති විජ්ජා—විද ලාභෙ—තමො ඛන්ධං පදාලනට්ඨෙන වා අත්තනො පටිපක්ඛං විජ්ඣතීතිපි විජ්ජා—විධ වෙධනෙ—අත්තනො විසයං විදිතං කරොතීති වා විජ්ජා—විද ඤාණෙ."

"විජ්ජා වෙදෙ ච සිප්පෙ ච තිවිජ්ජාදෙ ච බුද්ධියං"

‡ "විදති ජානාතීති විචා—විද ඤාණෙ ති ධාතුතො "විචාති" සුත්තෙන ක්වා පර රූපාභාවො ච."

§ "විභූ නිබ්බපගුණසු සො" ති අනෙකත්ථො.

‖ "සචෙ පන අගාරස්මා අනගාරියං පබ්බජති අරහං සම්මාසම්බුද්ධො ලොකෙ විවටච්ඡද" ති පාළි.

විසාඛා, එනම් නැකත, [හෝ]
එනම් උපාසිකාතොමෝ.
විසිඛා, වීථිය.
වීණා, වීණාව.
වීසති } 20
වීසා }
වීහි, වීජාති.
වුට්ඨි, වැස්ස.
වුඩ්ඪි, වැඩීම.
වුත්තසිරා, කපනලදහිසකේ
ඇත්තා.
වුත්ති, පැවැත්ම, ජීවිකාව,
සූත්‍රවිවරණය.
වුද්ධි, අභිවෘද්ධිය.
වෙතරණී, එනම් නරකය.
*වෙද, ඥානාදිය.
වෙදගූ, වේදනිමවාදන්නා.
වෙදනා, සුඛදුක්ඛාදිය, (ඉඨාදි
අනුභවො)
වෙලා, වේලාව, වෙරළ, (පරිච්ඡි
න්නකාලවිසෙසයො සමුද්ද
තීරංච)
වෙස්සභූ, එනම් සර්වඥ.
වෙස්සා, වෛශ්‍යයා.
වෙළු, හුණ.
ව්‍යග්ඝ, ව්‍යාඝ්‍රයෝ.
ව්‍යාධි, රෝගය.
සක්කමන්ධාතු, සක්කමන්ධාතුය.
සකුණ, පක්ෂීහු.
සක්ඛර, කැටගල්, (මරුම්බාදි)
සඞ්කා, ශංකාය.
සඛා, යහළුවා.
සඛී, යෙහෙළි, [සහායිකා]
සංඛ, හක්.
සංඛ්‍යා, ගණන.
සංඝ, සමූහය.
සංඝී, සමූහඇත්තේ.
සංඥා, සංඥාව, (නිමිත්තග්ගහණං]
සට්ඨි, 60,
සතං, 100.
සති, සිහිය, (සමාධි)
සතිමා, සිහිඇත්තේ.
සත්ත, 7.
සත්තචත්තාලීසති, } 47.
සත්තචත්තාළීසා, }
සත්තති, 70.
සත්තතිංසති, } 37.
සත්තතිංසා, }
සත්තදස, 17.
සත්ත නවුති, 97.
සත්තපඤ්ඤාසා, } 57.
සත්තපණ්ණාසා, }
සත්තරස, 17.
සත්තවීසති, } 27.
සත්තවීසං, }
සත්තසත්තති, } 77.
සත්තසත්තරි, }

* "ඤාණෙ ච සොමනස්සෙ ච වෙදෙ ජනෙසි වොවච්ඡත"–සුබ්බම්පි කාරණං විදති ජානාතීති වෙදෙ, ඤාණං—වදන්ති බ්‍රාහ්මණා එතෙන අත්තනා කත්තබ්බ කිච්චන්ති වෙදෙ, ගන්ථො—සො පන ඉරුවෙද යජුවෙද සාමවෙද වසෙන තිවි ධො, අථබ්බන වෙදං පන පණීතජ්ඣාසයා න සික්ඛන්ති පරූපඝාත සහිතත්තා තස්මා පාළියං හි "තිණ්ණං වෙදාන පාරගූ" ති වුත්තං එතෙ යෙව ගන්ථා මන්තා සුතීති ච වුච්චන්ති." යනු අටුවා පාඨයකි.

සත්තං, වීම.
සත්තාසීති, 87.
සත්ති, සිරිය.
සත්තු, අත්සුනු.
*සත්ථා, ශාස්තෲන්වහන්සේ.
සත්ථි, කලව, සාථිතිපිය.
සද්ධා, සද්ධාව, (චිත්තප්පසාදෙ)
සන්ධි, සංහිඳීම.
සන්තො, සත්පුරුෂයා
සන්දස්සෙතා, දක්වන්නා.
සන්ධි, හන්දිය, ප්‍රතිසන්ධිය.
සබ්බ, සියළු යනාදීව.
සබ්බඤ්ඤු, සර්වඥයන් වහන්සේ.
†සබ්බාභිභූ, සර්වඥයන්වහන්සේ.
සභා, සභාව, (බහූනානං සන්නි
පාතට්ඨාන විසෙසො.)
සමාධි, චිත්තෙකාග්‍රතාව.
‡සයම්භූ, බුද්ධ, ප්‍රත්‍යෙක බුද්ධයි.
සරං, සිහිකරන්නේ.

---

* "සාසති සදෙවකෙ ලොකෙති 'සත්ථා—සාස අනුසිට්ඨියං ති ධාතු—"සාසාදීහි රත්ථු"ති සුත්තෙන රත්ථුපච්චයො.

† සබ්බ මභිභවතීති සබ්බාභිභූ—සබ්බාභිභූති ඉදං නාමං තථාගතස්සෙව යුජ්ජති—වුත්තං හෙතං භගවතා

"සබ්බාභිභූ සබ්බවිදූහමස්මි සබ්බෙසු ධම්මෙසු අනූපලිත්තො,
සබ්බඤ්ජහො තණ්හක්ඛයෙ විමුත්තො සයං අභිඤ්ඤාය කමුද්දිසෙය්‍යන්ති."

‡ "සයං භවතීති සයම්භූ, යො සො—අනන්තරෙන පරොපදෙසං සාමඤ්ඤෙව සබ්බං ඤෙය්‍යධම්මං පටිවිජ්ඣිත්වා සබ්බඤ්ඤුතං පත්තො සක්‍යමුනි භගවා—වුත්තං හෙතං භගවතා—"න මෙ ආචරියො අත්ථි සදිසො මෙ න විජ්ජති,
සදෙවකස්මිං ලොකස්මිං නත්ථි මෙ පටිපුග්ගලො.
අහං හි අරහා ලොකෙ අහං සත්ථා අනුත්තරො,
එකොම්හි සම්මාසම්බුද්ධො සීතිභූතොස්මි නිබ්බුතො."—අථවා
පන පාරමිතා පරිභාවිතො සයම්භූ ඤාණෙන සහ වාසනාය විහතවිද්ධස්තනිරව සෙසකිලෙසො මහාකරුණා සබ්බඤ්ඤුතඤ්ඤාණාදි අපරිමෙය්‍යගුණගණාධාරො ඛන්ධ සන්තානො සයම්භූ, සො එවං භූතො ඛන්ධසන්තානො ලොකෙ අග්ගපුග්ගලො ති වුච්චති—වුත්තං හෙතං භගවතා—"එකපුග්ගලො භික්ඛවෙ උප්පජ්ජමානො උප්පජ්ජති අච්ඡරියමනුස්සො, කතමො ච එකපුග්ගලො—තථාගතො භික්ඛවෙ අරහං සම්මාසම්බුද්ධො"ති—සො එකපුග්ගලො එතරහි සබ්බඤ්ඤූ සුගතොති ඇදීන් යථා භූතගුණනිබන්ධන නාමෙහි ච පසිද්ධො ගොතමොති අදිච්ච බන්ධූති ගොත්තවසෙන පසිද්ධො සක්‍යපුත්තො සක්‍යො සක්‍යමුනි සක්‍යසීහො සක්‍යපුඞ්ගවොති කුලවසෙන පසිද්ධො, සුද්ධොදනි මායාදෙවීසුතො ති මාතාපිතිතො ච පසිද්ධො, සිද්ධත්ථොති සජ්ජිත නාමෙන ච පසිද්ධො—භවන්ති චෙත්ථ.

1. යො එකපුග්ගලො ආසි බුද්ධො සො වදතං වරො,
ගොතමො ගොත්තතො නාම තථා ආදිච්චබන්ධු ච.
2. සක්‍යකුලප්පසූතත්තා සක්‍යපුත්තොති විස්සුතො,
සක්‍යො ඉති ච අඛ්‍යාතො තථා සක්‍යමුනීති ච.

සරභූ, එනම් ගඟාව.
සලාකා, ඉරටුය, කූර (අංජනශලා කාදී.)
සසී, චන්ද්‍රයා.
සස්සු, විවාහපක්ෂයෙහි නැන්ද.

සහස්සං, 1000.
සහභූ, එක්වලපන්නේ.
සජ්ඣා, ඉව්සන්නා.
සා, සුනඛයා.
සාඛා, වෘක්ෂ ශාඛාව.

---

3. සබ්බත්ථ සෙට්ඨභාවෙන සෙට්ඨො ජෙට්ඨොති විස්සුතො,
සක්‍යසීහො තථා සක්‍ය පුඞ්ගවොති ච සම්මතො.
4. සුද්ධොදනීති පිතිතො ලද්ධනාමෙන ඤාතකො,
මාතිතො පිච සඤ්ඤාතො මායාදෙවීසුතො ඉති.
5. සබ්බඤ්ඤූ සුගතො බුද්ධො ධම්මරාජා තථාගතො,
සමන්තභද්දො භගවා ජිනො දසබලො මුනි.
6. සත්ථා විනායකො නාථො මුනින්දො ලොකනායකො,
නරසීහො ලොකජිනො සම්බුද්ධො දිපදුත්තමො.
7. දෙවදෙවො ලොකගරු ධම්මසාමි මහාමුනි,
සමන්තචක්ඛු පුරිස දම්මසාරථි මාරජි.
8. ධම්මිස්සරො ච අප්පවජ්ඣවචනො සත්ථවාහකො,
විසුද්ධිදෙවො දෙවාතිදෙවො ච සච්ණ්ණිසාගරො.
9. භූරිපඤ්ඤො නධිවරො සක්‍යසීහො ච චක්ඛුමා,
මුනි මුනීනං පවරො ජළභිඤ්ඤො ජිනෙසුභො.
10. අඞ්ගිරසො යතිරාජා ලොකබන්ධු මතන්දදො,
වත්තා පවත්තා සද්ධම්ම චක්කවත්ති යතිස්සරො.
11. ලොකදීපො ධීරසත්ථා සමණින්දො නිරුත්තමො,
ලොකත්තයවිදූ ලොකපජ්ජොතො පුරිසුත්තමො.
12. සච්චව්හයො සතපුඤ්ඤලක්ඛණො සච්චසච්චයො,
රවිබන්ධු සමසමො පවත්තෙතා යොපුඞ්ගලො.
13. සබ්බාභිභූ සබ්බවිදූ සච්චනාමො ච පාරගූ,
පුරිසාතිසයො සබ්බදස්සාවී නරසාරථී.
14. සම්මාසම්බුද්ධො ඉති සො ඤාතො සත්තුත්තමොතිච,
තාදී විභජ්ජවාදීති මහාකාරුණිකොති ච.
15. චක්ඛු භූතො ධම්මභූතො ඤාණභූතොති වණ්ණිතො,
බ්‍රහ්මභූතොති පුරිසාජඤ්ඤො ඉති ච ථොමිතො.
16. ලොකජෙට්ඨො සයම්භූ ච මහෙසී මාරභඤ්ජනො,
අනොමාසච්චනො ධම්මකායො මාරාභිභූ ඉති.
17. අසංඛෙය්‍යානි නාමානි සගුණෙන මහෙසිනො,
ගුණෙහි නිස්සිතං නාමං කො කවින්දො කප්පිස්සති.*

සාති, එනම් පුරුෂයෙකි.
සාධනං, සාධනය.
සානි, තිරය.
සාමි, ස්වාමියා, ධනය ඇත්තා.
සාරථි, රියසැරි,
සාරම්භා, කාරණුත්තර කාරණය.
සාලා, සාලාව.
සාලි, හැල්වී.
සාලො, ගස, භාය්‍යාවගේ සහෝදරයා, සල්ගස.
සිංසපා, ඇට්ටේරිය ගස්.
සිඞ්ඝානා, සාල්ල.
සික්ඛා, ශික්ෂාව.
සිඛා, සිළු, (මොරසිඛා)
සිඛී, මොණරා.
සිග්ගු, මුරුංගා ගස්.
සිද්ධි, නිෂ්පත්තිය.
සින්ධු, සාගරය.
සිරිභූති, ශ්‍රීයාව මොහුට වේවායි කළ නමැත්තෙක්.
සිරිමා, ශ්‍රී ඇත්තේ.
සිලා, ගල.
සීඝයායී, වහා ගමන්යන සුළු තැනැත්තේ.
සීඝයායිනී, වහා ගමන්යනසුළු තැනැත්තී.
සීමා, සීමාව.
සීලං, සීලය.
සීලවා, සීලවන්තයා.
සීහ, සිංහයෝ.
සීහනාදී, සිංහනාදකරණසුළු තැනැත්තේ.
සුඛං, සැපය.
සුඛකාරී, සුවසේ ක්‍රියාකරණ සිලිපු.
සුඛී, සුව ඇත්තේ.
සුචි, පවිත්‍රය.
සුද්දො, ශුද්‍රයා.
සුණං, අසන්නේ.
සුණිසා, යෙහෙලි.
සුණ්හා, යෙහෙලි.
සුතනු, සුන්දරාඞ්ගිය, (සුන්දරශරීර)
සුතවා, ඇසූතැනැත්තේ.
සුද්ධි, පිරිසිදුකම,
සුධා, සුධාභෝජනය. (දෙවානං භොජන චූර්ණවිශෙෂො.)
සුධී, පණ්ඩිතයා.
සුර, දෙවියෝ.
සුරා, රා.
සුලසා, තලාගස්, එනම් වෛශ්‍යාව.
සුවත්ථිභූති, යහපතක් මොහුට වේවා යි කළ නමැත්තෙක්.
සුසානං, සොහොන.
සූකරී, ඌරි.
සූති, ප්‍රසූතිය.
සෙතු, හෙය, කාරණය.
සෙතුමං, සෙතු ඇත්තේ.
සෙනානී, සෙනාවට මුදලියා.
සෙඵාලිකා, එනම් ගස්.
සොගන්ධිකං, අටට සියක් ලක්ෂයක්.
සොණ්ඩා, පානාගාරය, සොඬු ස්ත්‍රී. (ගජ්ජනතෙවා)
සොතං, කණ.
සොතා, අසන්නා.
සොතු, අසන්නා.
සොත්ථි, යහපත.
සොනා, සුනඛයෝ.
සොපානං, හිනිමග.
සොමො, චන්ද්‍රයා.
සොළස, 16.

සොසො. එනම්රෝගය, වියලීම.
හංසී, හංසධෙනුව.
හත්ථී, අත්ඇත්තෝ.
හත්ථො, අත.
හදය, ලැය.
හරි, රත්‍රණ්.
හලී, නඟුල් ඇත්තා.
හිංගු, පෙරුන්කායන්.
හිතවා, හිතඇත්තෝ.
හින්තාල, කිතුල්.
හිමවා, පිනිඇත්තෝ, [එනම්]
හිමාලපර්වතය.
හිරඤ්ඤං, අමුරණ්.
හිරිමා, ලජ්ජා ඇත්තෝ,
හෙතු, කාරණය.
හෙතුමා, කාරණා ඇත්තේයි.

CASES.

විභක්ති භේදකාණ්ඩය.

1. ප්‍රථමා හෙවත්	පළමුවෙනි විභක්ති	(සි-යො)	පච්චත්ත.
2. ද්විතීයා ,,	දෙවෙනි විභක්ති	(අං-යො)	උපයොග.
3. තෘතීයා ,,	තුන්වෙනි විභක්ති	(නා-හි)	කරණ.
4. චතුර්ථී ,,	සතරවෙනි විභක්ති	(ස-නං)	සම්පදාන.
5. පඤ්චමී ,,	පස්වෙනි විභක්ති	(ස්මා-හි)	නිස්සක්ක.
6. ෂෂ්ඨී ,,	හයවෙනි විභක්ති	(ස-නං)	සාමි.
7. සප්තමී ,,	සත්වෙනි විභක්ති	(ස්මිං-සු)	භුම්ම.

මෙසේ විභක්ති සතක්වෙත්. (ආලපන, කරණ, යන අර්ථ දෙක කියයුතු තැන්හිලා, ප්‍රථමා තෘතීයා යන විභක්තිදෙක යොදනු මිස වෙන්වශයෙන් විභක්ති දෙකක් නැතිබැවින් ඒ නාමදෙක මෙහිදී නොදක්වන ලදී.) කවරාර්ථයකින් විභක්තිනම් වීදයත්. අර්ථං විභජන්තීති * විභත්තියො යනුබැවින් අර්ථය බෙදන හෙයින් විභක්තිනම් වෙත්—මෙකියනලද ප්‍රථමාදි විභක්තීන් කොබඳු කොබඳු තන්හි යෙදියයුත්තාහු වෙත්ද, හෙවත් පූර්වාචාර්යවරයන් විසින් කොබඳු කොබඳු අර්ථයන්හි යොදන ලද්දාහු වෙත්ද යත්. එහි නියමය ද්විප්‍රකාරයකට දතයුතුය. ඒනම්, සාමාන්‍යනියමය, විශේෂනියමය කියාය.

එහි සාමාන්‍ය නියමයනම්

"ලිඞ්ගත්ථෙ පඨමා—කම්මණි දුතියා—කරණෙ තතියා—සම්පදානෙ චතුත්ථී—අපාදානෙ පඤ්චමී—සාමිස්මිං ඡට්ඨී—ඔකාසෙ සත්තමී"

යනමේ සූත්‍ර සතින් දක්වනලද ක්‍රමයට ඒනම් ලිඞ්ගාර්ථයෙහි (ලිඞ්ගාර්ථය කියයුතු තන්හි) ප්‍රථමා විභක්ති යෙදියයුතුය—එසේම කර්මාර්ථයෙහි ද්විතීයා විභක්තිද, කරණාර්ථයෙහි තෘතීයා විභක්තිද, සම්ප්‍රදානාර්ථයෙහි චතුර්ථී විභක්තිද, අපාදානාර්ථයෙහි පඤ්චමී විභක්තිද, සාම්‍යාර්ථයෙහි ෂෂ්ඨී විභක්තිද, ඔකාසාර්ථසංඛ්‍යාත ආධා

---

* "කම්මාදයො වා කාරකෙ එකවචනබහුවචනවසෙන විභජන්තීති විභත්ති—විභජ්ජන්තඩා ඤාණෙනාති පි විභත්ති-විභජ්ජති අනෙන එතායාතිපි විභත්ති—අථවා සතිපි ජිනසාසනෙ අවිභත්තිකානි දෙදසෙ සබ්බෙත සබ්බං විභත්තීහි විනා අත්ථස්සා නිද්දිට්ඨතාඩතො විසෙසෙන විවිධෙනවා ආකාරෙන භජියන්ති සෙවියන්ති තා පඬිතෙහීතිපි විභත්ති"—යනුද විභත්ති ශබ්දයාගේ විග්‍රහයි.

ගත්ථයෙහි සප්තමී විභක්තිද යෙදිය යුතුය්—මේ දක්වනලද්දේ ඒ ඒ විභක්තියෙදීමේ සාමාන්‍ය නියමයයි.

විශේෂ නියමය කෙසේදයත්.

"පඨමෙකා දසත්ථම්හි දසම්හි දුතියා භවෙ
තතියා සොළසත්ථම්හි චතුත්ථී චුද්දසීරිතා.
පඤ්චමී චුද්දසත්ථම්හි ඡට්ඨී එකාදසීරිතා
සත්තමෙකාදසත්ථම්හි විසත්තසතතාසීතියං,"

යනුබැවින් ප්‍රථමා විභක්ති අර්ථ එකොළොසෙක්හි යෙදියයුතුය, එසේම ද්විතීයා විභක්ති අර්ථ දශයෙක්හිද, (එකොළොසෙක්හි යයිද කියත්.) තෘතීයාවිභක්ති අර්ථ සොළසෙක්හිද, චතුර්ත්‍ථිවිභක්ති අර්ථ තුදුසෙක්හිද, පඤ්චමී විභක්තිත් අර්ථ තුදුසෙක්හිද, ෂෂ්ඨී සප්තමී යන විභක්ති දෙකත් අර්ථ එකොළොසෙක් එකොළොසෙක්හිද යෙදිය යුක්තාහුය. (ෂෂ්ඨී විභක්ති අර්ථ දෙළසෙක්හිහා සප්තමී විභක්ති අර්ථ පසළොසෙක්හි යයිද කියත්.) මේ දක්වන ලද්දේ ඒ ඒ විභක්ති යෙදීමේ විශේෂ නියමයයි.

NOMINATIVE.

එහි ප්‍රථමා විභක්ති යෙදියයුතු අර්ථ එකොළොසනම්.

ලිඞ්ගාර්ථ, කර්මාර්ථ, කර්ත්‍රර්ථ, කරණාර්ථ, සම්ප්‍රදානාර්ථ, අපාදානාර්ථ, සාම්‍යර්ථ, ආධාරාර්ථ, ආලපනාර්ථ, හෙත්වර්ථ, දිසායෝගාර්ථ, යනාමේය—ඊට උදාහරණ දක්වනුලැබේ.

උදාහරණ.

1. * ලිඞ්ගාර්ථයෙහි ප්‍රථමා.

"බුද්ධො, දසබලො, සුගතො"——බුදුරජතෙම, දශබලතෙම සුගත්තෙම.

---

* ලීයති (අප්පකාසීයති) ඉති, ලීනං—අඟියති (බොධියති) ඉති, අඟං—ලීනඤ්ච තං අඟමාති, ලිඞ්ගං—අථවා—ලීනං (අප්පකාසං අඟං) ගමයති (බොධයති) ඉති, ලිඞ්ගං—අරීයති (බුජ්ඣීයති) ඉති, අත්‍ථො—ලිඞ්ගස්ස අත්‍ථො, ලිඞ්ගත්‍ථො.

තවද—"ධාතුප්පච්චය විභත්තිවජ්ජිතමත්‍ථයුත්තං සද්දරූපං ලිඞ්ගං නාම." යනුද—"ධාතුප්‍රත්‍යයාන්තරිකත්ත මර්ථවච්ඡබ්දරූපං ලිඞ්ගං." යනුද දක්නාලද බැවින්—ධාතුවක්ද ප්‍රත්‍යයක්ද විභක්තියක්ද නුවූ, අර්ථයෙන් යුක්තාවූ ශබ්දරූපය ලිඞ්ගනම්, ලිඞ්ගයාගේ අර්ථය ලිඞ්ගාර්ථනම්වේ—හෙද පඤ්චප්‍රකාරහෝ තුන්ප්‍රකාරයි—එම කීහ.

"ස්වාර්ථෝ ද්‍රව්‍යඤ්ච ලිඞ්ගඤ්ච සංඛ්‍යා කර්මාදිරෙවච
අමී පඤ්ච ලිඞ්ගාර්ථා ස්ත්‍රයඃ කෙෂාඤ්චිදග්‍රිමාඃ."

2. *a* කර්මාර්ථයෙහි ප්‍රථමා.

"යො වො ආනන්ද මයා ධම්මො ච විනයො ච දෙසිතො සො මමච්චයෙන සත්ථා"—ආනන්දය තොපට මාවිසින් යම්ධර්මයක් විනයක් දේශනාකරණලදේද, ඒ (ධර්මවිනය) තොම මාගේ ඇවෑමෙන් ශාස්තෲයී.

3. *b* කර්තෲර්ථයෙහි ප්‍රථමා.

"භික්ඛු ධම්මං දෙසෙති"—භික්ෂුතෙම ධර්මය දේශනාකෙරේ,

4. *c* කරණාර්ථයෙහි ප්‍රථමා.

"යො භික්ඛු ථෙය්‍යච්චිත්තො ඨානා චාවෙති"—යම් භික්ෂුවෙක් තෙම සොරසිතාකරණකොටගෙණ (බඳුව තිබුනු) තැනින් අහක් කෙරේද.

5. *d* සම්ප්‍රදානාර්ථයෙහි ප්‍රථමා.

"කාරකො විපාකො දෙති"—කාරණ්නාහට විපාකය දෙන්නේය.

6. *e* අපාදානාර්ථයෙහි ප්‍රථමා.

"ලොභාදයො ඉමෙ ධම්මා බුද්ධො දූරතරො භවෙ"—ලෝභාදිවූ මේ (කෙලශ) ධර්මයන්ගෙන් බුදුරජතෙම විශේෂයෙන් දුරවේ.

7. *f* ස්වාම්‍යර්ථයෙහි ප්‍රථමා.

"සබ්බෙ බුද්ධා බලප්පත්තා පච්චෙකානඤ්ච යං බලං"—බලප්‍රාප්තවූ සියළු බුදුවරයන්ගේද පසේබුදුවරයන්ගේද යම්බලයක් ඇත්තේද.

8. *g* ආධාරාර්ථයෙහි ප්‍රථමා.

"ලොකෙ ජාතොච සංවුද්ධො භගවා චිත්තාතිස්සරො"—ලෝකයෙහි උපදිනලද්දේ වැඩෙනලද්දේ නමුදු භාග්‍යවත් බුදුරජතෙම සිතෙහි ප්‍රධානියාය.

9. ආලපනාර්ථයෙහි ප්‍රථමා.

"අභික්කන්තං භො ගොතම"—භවත් ගෞතමයානන්වහන්ස ඉතා යහපති.

10. හෙත්වර්ථයෙහි ප්‍රථමා.

"පුරිසො පුරිසං කම්මං කාරෙති"—පුරුෂයෙක්තෙම (තවත්) පුරුෂයෙකු ලවා වැඩක් කරවන්නේය.

11. දිසායොගාර්ථයෙහි ප්‍රථමා.

"යෙන භගවා තෙනුපසංකමි"—භාග්‍යවත් බුදුරජතෙම යම් දිසාවෙක්හිද එහි එළඹියේය.

ACCUSATIVE.

ද්විතීයා විභක්ති යෙදියයුතු අර්ථ එකොළොසනම්.

කර්මාර්ථ, තෘතීයාර්ථ, චතුර්ථ්‍යර්ථ, පඤ්චම්‍යර්ථ, ෂෂ්ඨ්‍යර්ථ, සප්තම්‍යර්ථ, කාලාර්ථ, කර්මප්‍රවචනීයයොග, අත්‍යන්තසංයොග, පුබ්බ යොග, කාරිතයොග, යනමේය—ඊට උදාහරණදක්වනු ලැබේ.

උදාහරණ.

1. කර්මාර්ථයෙහි ද්විතීයා.

“රථං කාරෙති, කට්ඨං ඛාදෙති, පණ්ණසාලං පවිසති”— රථයක් කෙරේ, කාෂ්ඨයක් අවයි, පණ්සලට ප්‍රවිෂ්ටවේ.

2. තෘතීයාර්ථයෙහි ද්විතීයා.

“ත්වඤ්ච මං නාභිභාසසි”—තොපිද මාහා කථානොකරන්නෙහිය

3. චතුර්ථ්‍යර්ථයෙහි ද්විතීයා.

“පච්චාරොචෙ මිතං”—තොපට ප්‍රත්‍යාරෝචනය කරමි.

4. පඤ්චම්‍යර්ථයෙහි ද්විතීයා.

“මනුස්සමංසං විරමන්ති”—මනුෂ්‍ය මාංශයෙන් වලකී.

5. ෂෂ්ඨ්‍යර්ථයෙහි ද්විතීයා.

“භගවන්තං පිට්ඨිතො අනුබන්ධො හොති”—භාග්‍යවතුන්වහන්සේගේ පිටිපස්සෙන් අනුබඳනා ලද්දේවේ.

6. සප්තම්‍යර්ථයෙහි ද්විතීයා.

“ගාමං උපවසති”— ගමෙහි වාසය කෙරේ.

7. කාලාර්ථයෙහි ද්විතීයා.

“එකං සමයං භගවා සාවත්ථියං විහරති”—එක්සමයෙක්හි භාග්‍යවත්තෙම සැවැත්නුවරලඟ වාසය කෙරේ.

8. *h* කර්මප්‍රවචනීයයොගයෙහි ද්විතීයා.

“පබ්බජිත මනුපබ්බජ්ජි”—ප්‍රව්‍රජිතයා ලක්ෂණකොටගෙණ පැවිදිවී.

9. * අත්‍යන්ත සංයොගයෙහි ද්විතීයා.

“සත්තාහං ගවපානං, මාසං සජ්ඣායති”—සතියක්මුළුල්ලෙහි ගවපානයයි-මාසයක් මුළුල්ලෙහි හදාරන්නේය.

---

* ද්‍රව්‍ය ගුණ ක්‍රියා යන මොවුන් සමග කාල අධ්වාදීන්ගේ අනවරත යොගය අත්‍යන්ත සංයොගනම්වේ.

“සත්තාහං ගවපානං, මාසං සජ්ඣායති” යන උදාහරණයෙහි පානං, සජ්ඣායති, යනමේ ක්‍රියාවයහා සත්තාහං මාසං යන කාල යන්ගේ අනවරත යොගයයි.

10. පුබ්බයොගයෙහි විතීයා.

"පුබ්බෙන ගාමං"——ගමට මත්තෙන්,

11. කාරිතයොගයෙහි විතීයා.

"පුරිසො පුරිසං මග්ගං ගමයති"——පුරුෂතෙම (තවත්) පුරුෂයෙක් මගට යවන්නේය.

INSTRUMENTAL.

තෘතීයා විභක්ති යෙදියයුතු අර්ථ සොළසනම්,

කර්තෘාර්ථ, කර්මාර්ථ, කරණාර්ථ, අපාදනාර්ථ, ආධාරාර්ථ, ප්‍රථමාර්ථ, හෙත්වර්ථ, නිමිත්තාර්ථ, සහාර්ථ, අඞ්ගවිකාරාර්ථ, සම්බන්ධාර්ථ, විශෙෂණාර්ථ, ක්‍රියාපවග්ගාර්ථ, ඉත්ථම්භූතාර්ථ, ලක්ෂණාර්ථ, කාලාර්ථ, අධ්වාර්ථ, යනාමේය. (සමහර ආචාර්යකෙනෙක්විසින් පස්විසි අර්ථයෙක්හි යෙදියයුතුයයි කියනලද නමුදුත් පස්විස්සම මේ සොළොස් ප්‍රභේදයෙහි අනතර්ගතවනලද බැවින් වෙන්වශයෙන් නොදක්වන ලදී.) ඊට උදාහරණ දක්වනුලැබේ

උදාහරණ.

1. කර්තෘාර්ථයෙහි තෘතීයා.

"ස්වාක්ඛාතො භගවතා ධම්මො"——ධර්මයතෙම බුදුරජානන් වහන්සේවිසින් යහපත්ලෙස වදාරණලද්දේය.

2. කර්මාර්ථයෙහි තෘතීයා.

"තිලෙහි ඛෙත්තෙ වපති"——තල ක්ෂෙත්‍රයෙහි වපුරයි.

3. කරණාර්ථයෙහි තෘතීයා.

"රුක්ඛං ඡින්දති ඛග්ගෙන"——කඩුව කාරණකොටගෙණ වෘක්ෂය කපයි.

4. අපාදනාර්ථයෙහි තෘතීයා.

"සුමුත්තා මයං තෙන මහාසමණෙන"——අපි ඒ මහා ශ්‍රමණයාගෙන් හොඳටම මිදුනෙමු.

5. ආධාරාර්ථයෙහි තෘතීයා.

"පුරත්ථිමෙන ධතරට්ඨො"——පූර්විදිශාවෙහි ධෘතරාෂ්ට්‍ර (නම් වරම් රජ)ය.

6. ප්‍රථමාර්ථයෙහි තෘතීයා.

"මණිනා මෙ අත්ථො"——මට මාණික්‍යයක් ඕනෑය.

7. * හෙත්වර්ථයෙහි තෘතීයා.

"විජ්ජාය යසො-ධනෙන කුලං"—විද්‍යාව හෙතුකොටගෙණ කීර්ත්තිය ඇතිවේ-ධනය හෙතුකොටගෙණ යහපත් කුලඇතිවේ

8. † නිමිත්තාර්ථයෙහි තෘතීයා.

"නාගො දන්තෙන හඤ්ඤතෙ"—දත් නිමිත්තකොටගෙණ හස්තියා නසනුලැබේ.

9. ‡ සහාර්ථයෙහි තෘතීයා.

"දුක්ඛො බාලෙහි සංවාසො"—අඥානයන් සමග එකට විසීම දුක්ඇත්තේය.

10. § අංගවිකාරාර්ථයෙහි තෘතීයා.

"අක්ඛිනා කාණො"—ඇසින් කාණය.

11. ‖ සම්බන්ධාර්ථයෙහි තෘතීයා.

"සුවණ්ණෙන අභිරූපො"—යහපත් වර්ණයෙන් අභිරූපය (නොහොත් රත්‍රන් සම්බන්ධවීමෙන් අභිරූපවූයේය.)

12. ¶ විශෙෂණාර්ථයෙහි තෘතීයා.

"ජාතියා සත්තවස්සිකො"—උත්පත්තියෙන් සත්අවුරුදුවූයේය.

13. ** ක්‍රියාප්‍රවර්ගාර්ථයෙහි තෘතීයා.

"එකාහෙනෙව බාරාණසිං පායාසි"—එක දවසින්ම බරණැස් නුවරට ගියේය.

14. †† ඉත්ථංභූතලක්ෂණයෙහි තෘතීයා.

"තිදණ්ඩකෙන පරිබ්බාජකං මද්දක්ඛි"—ත්‍රිදණ්ඩයකින් උපලක්ෂිතවූ පරිබ්‍රාජිකයා දැක්කේය.

---

* "ඵලසාධන යොග්‍යො හෙතුඃ" යනුබැවින් ඵලය සිද්ධකිරීමට යෝග්‍යවූ පදාර්ථය හෙතුයි—

† නිමිත්තාර්ථනම් නිමිත්තකොට කාරණකොට යනාර්ථයි.

‡ සහාර්ථනම් සමගහෝ එක්ව යනාර්ථයි,

§ අඞ්ගවිකාරනම් ශරීරයසම්බන්ධිවූ අවයවයන්හුගේ අන්‍යථාත්වය කට පැමිණීමයි. ඒ අන්‍යථාත්වයට පැමිණි අවයවවාචී ශබ්දයෙන් තෘතීයාවිභක්තිවේ.

‖ මෙහි සම්බන්ධනම් ක්‍රියාකාරකයන්ගේ යෙදීමයි.

¶ ක්‍රියා ජාත්‍යාදියෙන් වෙනස්කරණු ලබන්නේ විශෙෂණනම්වේ.

** "ක්‍රියාය ආසු පරිනිට්ඨාපනං ක්‍රියාපවග්ගො නාම" යනුබැවින් ක්‍රියාව වහා නිමවීම ක්‍රියාපවග්ගනම්වේ. එසේම—"ඵලප්‍රාප්ති පූර්විකා ක්‍රියාපරිසමාප්තිඃ ක්‍රියාපවර්ගඃ"—යනුබැවින් ඵලප්‍රාප්තිය පූර්වකොටඇති ක්‍රියා පරිසමාප්තිය ක්‍රියාපවර්ගනම්වේ.

†† සිටියාවූ ප්‍රකාරයෙන් අන්‍යප්‍රකාරයකට පැමිණීමේ ලකුණ ඉත්ථංභූතලක්ෂණයි.

15. * කාලාර්ථයෙහි තෘතීයා.
"කාලෙන ධම්මසවණං"——සුදුසුකාලයෙහි, බණඇසීම.

16. † අධ්වාර්ථයෙහි තෘතීයා.
යොජනෙන ධාවති"——යොදුනක් මාර්ගයෙහි දුවයි.

DATIVE.

චතුර්ථී විභක්ති යෙදියයුතු අර්ථ දොළසනම් (තුදුසකැයිද කියත්) සම්ප්‍රදානාර්ථ, කර්මාර්ථ, තෘතීයාර්ථ, පඤ්චම්‍යර්ථ, සාම්‍යර්ථ, ආධාරාර්ථ, නමොයොග, අනාදරාර්ථ, ආරොචනාර්ථ, තුමර්ථ, (හෙවත් තුං ප්‍රත්‍යයවිසින් ප්‍රකාශකරණුලබන අර්ථ) අලං ශබ්දාර්ථ, තාදර්ථ, යනාමේය—ඊට උදාහරණ දක්වනුලැබේ.

උදාහරණ.

1. සම්ප්‍රදානාර්ථයෙහි චතුර්ථී.
"භික්ඛුස්ස චීවරං දෙති"——භික්ෂුවට සිවුරක් දෙයි.

2 කර්මාර්ථයෙහි චතුර්ථී.
"අප්පො සග්ගාය ගච්ඡති"——ස්වල්පදෙනෙක් ස්වර්ගයට යෙත්.

3. තෘතීයාර්ථයෙහි චතුර්ථී.
"අසක්කතා චස්ම ධනඤ්ජයාය"——(අපි) ධනඤ්ජයරජ විසින් සත්කාර නොකරණලද්දෝ වන්නෙමු.

5. පඤ්චම්‍යර්ථයෙහි චතුර්ථී.
"විරමථායස්මන්තො මම වචනාය"——ආයුෂ්මත්හු මගේවචනයෙන් වැලකුණ මැනව.

5. සාම්‍යර්ථයෙහි චතුර්ථී.
"ආයස්මතො උපාලිත්ථෙරස්ස උපසම්පදාපෙක්ඛො—මහතො ගණාය භත්තා මෙ"——උපතිස්සතෙම ආයුෂ්මත්වූ උපාලිස්ථවිරයන්ගේ උපසම්පදා අපෙක්ෂා ඇත්තේය—මාගේ මහත්සමූහයාගේ ස්වාමියාය.

6. ආධාරාර්ථයෙහි චතුර්ථී.
"තුය්හං ආවි කරොමි"——තොපකෙරෙහි ප්‍රකාශ කරමි.

---

* † මෙහි කාලාර්ථ අධ්වාර්ථනම් කාලවාචී මාර්ගවාචී ශබ්ද යන්නා යෙදීමයි.

7. නමොයොගයෙහි චතුර්ථී.

"නමො තෙ බුද්ධ වීර ත්ථු"—බුද්ධවීරය නුඹවහන්සේට නමස්කාර වේවා.

8. * අනාදරාර්ථයෙහි චතුර්ථී.

"කට්ඨස්ස එවං මඤ්ඤෙ"—තා කාෂ්ඨයක්කොට සිතමි.

9 † ආරොචනාර්ථයෙහි චතුර්ථී.

"ආරොචයාමි වො භික්ඛවෙ"—මහණෙනි තොපට කියමි.

10. ‡ තුමර්ථයෙහි චතුර්ථී.

"ලොකානුකම්පාය බුද්ධො උප්පජ්ජති"—ලොවට අනුකම්පා පිණිස බුදුරජතෙම උපදී.

11. අලමර්ථයෙහි චතුර්ථී.

"අලං මල්ලො මල්ලස්ස"—මල්ලවතෙම මල්ලවයාහට සුදුසුයි.

12. § තදර්ථයෙහි චතුර්ථී.

"අත්ථාය හිතාය සුඛාය සංවත්තති"—අර්ථපිණිස සඳ හිතපිණිස සඳ සුවපිණිස සඳ පවතී.

(තුදුස් ප්‍රභේදයෙහි අනුකත්තාර්ථ දස්සනාර්ථ දෙකය—උදාහරණ නම්—"ආසුණන්ති බුද්ධස්ස තෙ—චක්ඛුජනස්ස දස්සනායතනං විය මඤ්ඤෙ"—යනුයි.)

ABLATIVE.

පඤ්චමී විභක්ති පසළොස් තැනෙක්හි යෙදියයුතුබව සමහරෙක්ද තුදුස්තැනෙක්හි යෙදියයුතුයයි සමහරෙක්ද කියත්. ඒනම්,

අපාදානාර්ථ, කර්මාර්ථ, භීත්‍යර්ථ, සාම්‍යාර්ථ, ආධාරාර්ථ, හෙත්වර්ථ, ධාතුප්‍රයෝග, නාමප්‍රයෝග, උපසර්ගප්‍රයෝග, කාරකමධ්‍ය විවේකාර්ථ, රක්ෂණාර්ථ, ප්‍රභවාර්ථ, අදර්ශනාර්ථ, ත්‍යාලොප යන මෙහිය—ඊට උදාහරණ දක්වනුලැබේ.

---

* අනාදරනම් ආදරනොකිරීමයි—අනාදරාර්ථය කියයුතු තන්හි මන ඤාණයන ධාතුවෙන් සිද්ධවූ ක්‍රියාවගේ අප්‍රාණී කර්මයෙහි චතුර්ථීවිභක්තිය යෙදිය යුතුයි.

† මෙහි ආරොචනාර්ථනම් ආරොචනය අර්ථකොටඇති ධාතුන්ගේ යෙදීමයි - එහිදී ආරොචනය ලබන්නාවූ වාච්‍යශබ්දයෙහි චතුර්ථීවිභක්තිය යෙදිය යුතුයි.

‡ තුමර්ථනම් තුං ප්‍රත්‍යය විසින් කියනලද්වන අර්ථයයි—එහි තුං ප්‍රත්‍යය වියයුතුතැන චතුර්ථීවිභක්ති වෙයි සේයි.

§ තදර්ථනම් ඒපිණිස යනා අර්ථයි.

උදාහරණ.

1. අපාදානාර්ථයෙහි පචමී.

"ගාමා අපෙන්ති මුනයො"—මුනීහු ගමින් පහව යෙත්.

2. කර්මාර්ථයෙහි පචමී.

"සුවණ්ණස්මා පතිදදාති"—රත්‍රන් නැවතාදේ.

3. තෘතීයාර්ථයෙහි පචමී

"සතස්මා බද්ධො"—සියයකින් බැඳුනු මනුෂ්‍යතෙම.

4. සාම්‍යර්ථයෙහි පචමී.

"පුරිසස්මා පාද ඵලි"—පුරුෂයාගේ පාදයො පැළුනේය.

5. ආධාරාර්ථයෙහි පචමී.

"උරස්මා ජාතො පුතෙතා"—ලෙහි ද පුත්‍රයාය.

6. හෙත්වර්ථයෙහි පචමී.

"කස්මා නු තුම්හං දහරා න මීයරෙ?"—කවර හේතුවකින් තොපගේ ළදරුවෝ නොමියද්ද?.

7. ධාතුප්‍රයොගයෙහි පචමී.

"බුද්ධස්මා පරාජෙනන්ති අඤ්ඤතිත්ථියා"—බුදුන්ගෙන් අන්‍ය තීර්ථකයෝ පරදිත්.

8. නාමප්‍රයොගයෙහි පචමී.

"උභතො සුජාතො පුතෙතා"—මාතෘ පිතෘ දෙපක්ෂයෙන් පිරිසිදුව උපන් පුත්‍රයාය.

9. උපසර්ගප්‍රයොගයෙහි පචමී.

"ආබ්‍රහ්මලොකා සද්දො අබ්භුග්ගච්ඡි"—බ්‍රහ්මලෝකය දක්වා ශබ්දය පැනනැංගේය.

10. * කාරකමධ්‍යයෙහි පචමී.

"ලුද්දකො ඉතො පක්ඛස්මා මිගං විජ්ඣති"—වැදිතෙම මෙසින් දෙපෝයකින් මුවා විදී.

11. † විවේකාර්ථයෙහි පචමී.

"විවිතෙතා පාපකා ධම්මා"—පවිටු ධර්මයන්ගෙන් වෙන්වන ලද්දේය.

---

* කාරකමධ්‍යනම් මෙහි "ඉතො" යන අපාදාන කාරකයාගේද "මිගං" යන කර්මකාරකයාගේද අතරයි ඒ අතරෙහි "පක්ඛස්මා" යන පචමීයයි.

† මෙහි විවේකාර්ථනම් විවේකවාචී ශබ්දයන්ගේ යෙදීමයි.

12. * රක්ඛණාර්ථයෙහි පඤ්චමී.

"කාකෙ රක්ඛන්ති තණ්ඩුලා" — සහලින් කවුඩන් වළකත්.

13. ප්‍රභවාර්ථයෙහි පඤ්චමී.

"අනවතත්තම්හා මහාසරා පභවන්ති" — අනවතප්ත විලෙන් මහාතටාකයෝ උපදිත්.

14. අදර්ශනාර්ථයෙහි පඤ්චමී.

"උපජ්ඣායා අන්තරධායති සිස්සො" — ශිෂ්‍යතෙම උපාධ්‍යාය කෙරෙන් අන්තර්ධානවේ.

15. † ත්‍යාලෝපයෙහි පඤ්චමී.

"පාසාදා සංකමෙය්‍ය—පාසාදං අභිරුහිත්වා සංකමෙය්‍යාතිඅත්ථො" ප්‍රාසාදයෙන් යන්නේය, ප්‍රසාදයට නැඟී බැසයන්නේය යනාර්ථයි.

ප්‍රභෘත්‍යර්ථාදිවූ මෙයින් පිටත් අර්ථයන්හිද පඤ්චමී විභක්ති වනබව දක්වනලද්දේය. "යතොපභුතොයම්විඤ්ඤුතං" (යම්තැනක පටන් නුවණැතිබවට පැමිණියෙම්ද) යනාදී උදාහරණයි.

GENITIVE.

ඡට්ඨී විභක්ති යෙදියයුතු අර්ථ දෙළසනම්.

සාම්‍යර්ථ, කර්මාර්ථ, කර්ත්‍රර්ථ, කරණාර්ථ, අපාදානාර්ථ, ආධාරාර්ථ, හේත්වර්ථ, සාමීප්‍යාදියොග, අනාදරාර්ථ, නිර්ධාරණාර්ථ, හේතුයොග, සුහිතාර්ථ, යනාමේය.

උදාහරණ.

1. සාම්‍යර්ථයෙහි ඡට්ඨී.

"බුද්ධස්ස සබ්බඤ්ඤුතඤ්ඤාණං" — බුදුන්ගේ සර්වඥතාඥානය.

---

* රක්ෂණාර්ථනම් රක්ෂාකිරීමය වැලකීමය යන අර්ථඇති ධාතුන්ගේ යෙදීමයි.

† ත්‍යාලොපනම් ත්වා ප්‍රත්‍යයාන්ත ශබ්දයක්හුගේ අර්ථය තිබියදීම එබඳු පදයක් නැතිබවයි.

2. කම්මාර්ථයෙහි ෂෂ්ඨී.

"සහසා කම්මස්ස කත්තාරො"—පරීක්ෂා නොකොට ක්‍රියාකරන්නෝ.

3. කර්තෲර්ථයෙහි ෂෂ්ඨී.

"අමතං තෙසං භික්ඛවෙ අපරිභුත්තං යෙසං කායගතා සති අපරිභුත්තා"—යම් කෙනෙකුන්විසින් කායගතාසති භාවනාතොම නොවළඳන (භාවනානොකරණ) ලද්දීද මහණෙනි ඔවුන්විසින් අමෘතය නොවළඳන ලද්දේය.

4. කරණාර්ථයෙහි ෂෂ්ඨී.

"ඉමමෙව කායං පූරං නානප්පකාරස්ස අසුචිනො පච්චවෙක්ඛති, නානාප්‍රකාර අසූචි කාරණකොටගෙණ පිරුණු මෙම ශරීරය ප්‍රත්‍යවේක්ෂාකෙරේ.

5. අපාදානාර්ථයෙහි ෂෂ්ඨී.

"අස්සවන්තා ධම්මස්ස පරිහායන්ති"—නොඇසීමෙන් ධර්මයෙන් පිරිහෙත්.

6. ආධාරාර්ථයෙහි ෂෂ්ඨී.

"කුසලා නච්චගීතස්ස"—නෘත්‍යගීතයෙහි දක්ෂයෝ.

7. හෙත්වර්ථයෙහි ෂෂ්ඨී.

"තං කිස්ස හෙතු"—ඊට හේතු කවරේද.

8. සාමන්‍යාදියොගයෙහි ෂෂ්ඨී.

"ගොණානං සාමි"—ගොණුන්ගේ ස්වාමියාය.

9. අනාදරාර්ථයෙහි ෂෂ්ඨී.

"රුදතො දාරකස්ස පබ්බජි"—ළදරුවා හඬද්දීම (ආදරනොකොට) පැවිදිවී.

10. * නිර්ධාරණාර්ථයෙහි ෂෂ්ඨී.

"නරානං ඛත්තියො සූරතමො"—මනුෂ්‍යයන් අතුරෙන් ක්ෂත්‍රියතෙම අතිශයින් සූරයි.

---

* නිර්ධාරණනම් ජාතියක්හෝ ගුණයක්හෝ නාමක්හෝ ක්‍රියාවක්හෝ කාරණකොටගෙණ සමූහය අතුරෙන් එකක් වෙන්කිරීමයි—එහෙයින් කීහ.

"යං භිජාති ගුණක්‍රියා නාමෙහි සමුදායතො,
පුථක්කරණ මෙකස්ස තං නිර්ධාරණ මබ්‍රවුං"

එසේම—"ජාතිගුණක්‍රියාණාමුත් කර්ෂෙණාපකර්ෂෙණ වා සජාතීයාත් පෘථක් කරණං නිර්ධාරඃ"

11. හෙතුයොගයෙහි ෂෂ්ඨී.

"බුද්ධස්ස හෙතු වසති"—බුදුන් හේතුකොටගෙණ වෙසෙයි.

12. * සුඛිතාර්ථයෙහි ෂෂ්ඨී.

"පූරං හිරඤ්ඤසුවණ්ණස්ස"—හිරණ්‍යසවර්ණයෙන් පිරුණාවූ.

LOCATIVE.

සප්තමී විභක්ති යෙදියයුතු අර්ථ පසළොස්නම්.

ආධාරාර්ථ, කර්මාර්ථ, කරණාර්ථ, සම්ප්‍රදානාර්ථ, පඤ්චම්‍යර්ථ, ප්‍රථමාර්ථ, නිමිත්තාර්ථ, අනාදරාර්ථ, නිර්ධාරණාර්ථ, කාලාර්ථ, භාවාර්ථ, සාමීප්‍යාදියෝග, අභිකිය්‍යසරවචන, මඣිතාර්ථ, උස්සුක්කාර්ථ, යනාමෙය.

උදාහරණ.

1. ආධාරාර්ථයෙහි සප්තමී.

"ඛීරෙසු ජලං අත්ථි"—ක්ෂීරයෙහි ජලය ඇත්තේය.

2. කර්මාර්ථයෙහි සප්තමී.

"භික්ඛූසු අභිවාදෙන්ති"—භික්ෂූන් වඳිත්.

3. කරණාර්ථයෙහි සප්තමී.

"සම්පටිච්ඡිත්වා මත්ථකෙ"—මස්තකය කරණකොටගෙණ පිළිගෙණ.

4. සම්ප්‍රදානාර්ථයෙහි සප්තමී

"සංඝෙ ගොතමී දෙහි"—ගොතමිය සංඝයාට දෙව,

5. පඤ්චම්‍යර්ථයෙහි සප්තමී.

"තිණෙසු ගාවො රක්ඛන්ති"—තෘණයෙන් ගවයන් රකිත්.

6. ප්‍රථමාර්ථයෙහි සප්තමී.

"සූරියෙ උග්ගතෙ"—උදාවනලද සූය්‍යීතෙම–"ඉදම්පිස්ස හොති සීලස්මිං"—මේද ඔහුගේ සීලයවේ.

---

* සුඛිතාර්ථනම් යමකින් සම්පූර්ණවීමහෝ තෘප්තියට පැමිණීමයි.

7. නිමිත්තාර්ථයෙහි සප්තමී.

"කුඤ්ජරෙ දන්තෙසු හඤ්ඤතෙ"—හස්තියා දත් නිමිත්තකොටගෙණ නසනුලැබේ—"සම්පජානමුසාවාදෙ පාචිත්තියං"—දැනගෙණ බොරුකීම නිමිත්තකොටගෙණ පචිති ඇවත්වේ.

8. අනාදරාර්ථයෙහි සප්තමී.

"අකාමකෙසු මාතාපිතූසු පබ්බජි"—(මහණවීම) නොකැමැති මව්පියන්කෙරෙහි අනාදරකොට මහණවූයේය.

9. නිර්ධාරණාර්ථයෙහි සප්තමී.

"මනුස්සෙසු ඛත්තියො සූරතරො"—මනුෂ්‍යයන් අතුරෙහි ක්ෂත්‍රියතෙම අතිශයින් සූරයි.

10. කාලාර්ථයෙහි සප්තමී.

"ඉතො සතසහස්සම්හි කප්පෙ උප්පජ්ජි චක්ඛුමා"—මෙයින් කල්පලක්ෂයකින් මතෙතහි පසැස් ඇති සර්වඥතෙම උපන්නේය.

11. i භාවාර්ථයෙහි සප්තමී.

"ජායමානෙ බො සාරිපුත්ත බොධිසත්තෙ අයං දසසහස්සිලොකධාතු සංකම්පි සම්පකම්පි සම්පවෙධි"—සාරිපුත්‍රය බෝධිසත්වතෙම උපදිනකල්හි මේ දසසහශ්‍ර ලොකධාතුතොම එකපැහැර සෙලවී ගියේය ඉතා සෙල්වී ගියේය අතිශයින් වෙවුලා ගියේය.

12. * සාමඤ්ඤාදියොගයෙහි සප්තමී.

"ගොණෙසු සාමි"—ගොණුන්විශයෙහි ස්වාමියාය.

13. † අධිකිස්සරවචනයෙහි සප්තමී.

"උපඛාරියං දොණො"—අමුණකට නිඹත් අධිකයි—"අධි දෙවෙසු බුද්ධො"—දෙවියන්විශයෙහි ප්‍රධානවූයේ හෝ අධිකවූයේ සර්වඥ. (සම්මුති විසුද්ධි උත්පත්තිසංඛ්‍යාත සියළුදෙවියන්ට වඩා සර්වඥතෙම ප්‍රධානවූයේහෝ අධිකය යනාර්ථයි.)

---

* මෙහි සාමඤ්ඤාදියෝගයෙහි සප්තමීනම් සාමි ශබ්දදීන්ගේ යෙදී මෙහිදී සප්තමිවිභක්ති වීමයි.

† මෙහි අධිකිස්සර වචනයෙහි සප්තමී විභක්තිවීනම් අධිකාර්ථ, ඊශ්වරාර්ථවාචී උප, අධි, යන උපසර්ගයන්ගේ යෙදීමක්ඇතිකල්හි ඒනා යෝගලද ශබ්දයන්ට සප්තමී විභක්ති යෙදීමයි—ඒබව,

"අධිකාර්ථෙ නොපෙන—ස්වාම්‍යර්ථෙනාධිනා ච යොගෙ සප්තමීෂ්‍යතේ—ගුණෛ උපපරාර්ධේ සූර්, විශෙෂෙ රවි හරෞ සුරාඃ"—යනාමෙයින් දතයුතුයි.

14. මණ්ඩිතාර්ථයෙහි සප්තමී.

"ඤාණස්මිං පසන්නො සප්පුරිසො"—සත්පුරුෂතෙම ඤාණයෙහි ප්‍රසන්නයි.

15. උස්සුක්කාර්ථයෙහි සප්තමී.

"ඤාණස්මිං උස්සුක්කො සප්පුරිසො"—සත්පුරුෂතෙම ඤාණයෙහි උත්සාහ ඇත්තේය.

මේ මණ්ඩිතාර්ථ උස්සුක්කාර්ථයන්හි සප්තම් විභක්ති පමණක් නොව තෘතීයා විභක්තිද වන්නීය. ඒ අර්ථයෙහි යථෝක්ත විභක්ති දෙක වන්නේයයි කියනලද්දේනමුදු ඒඅර්ථය කාරණා කොට වෙන අර්ථයෙක්හි ඒ විභක්තිදෙක වනබව දතයුතුයි—ඒබව මේ පාඨයෙහි පෙනේ.

"එත්ථ පන තිවාපි උස්සුක්ක මණ්ඩිතත්ථෙසු වුත්තප්පකාර විභත්තියො න හොන්ති අඤ්ඤස්මිං යෙවත්ථෙ හොන්ති තථාපි අඤ්ඤස්මිං තාසං උප්පත්ති උස්සුක්ක මණ්ඩිතත්ථ හෙතුයෙව හොන්තීති තෙ අත්ථෙ පධානෙ කත්වා උස්සුක්ක මණ්ඩිතත්ථෙසූති වුත්තානීති දට්ඨබ්බං,
එසනයො අඤ්ඤත්‍රාපි ඊදිසෙසු ඨානෙසු."

මේ දක්වනලද්දේ සප්ත විභක්තීන්ගේ යෙදීමෙහි විශේෂ නියමය වුවද සූත්‍රවලදී මීට වෙනස්වූ නොහොත් වෙන නාමවලින් දක්වනලද අර්ථයන් ලැබෙන්ට පුළුවන. එපමණකුත් නොව ආචාර්ය්‍යවරයන්විසින් පවා මේ නියමයන් වෙනස් වෙනස් ආකාරවලට දක්වනලද්දාහුය. මීට වැඩි විස්තර දැනගණු කැමැත්තන්විසින් කච්චායන රූපසිද්ධි පයොගසිද්ධි ආදියෙහි කාරකකාණ්ඩයන් බලා දැනගතයුතුවත්ඇර අපවිසින් සංග්‍රහවශයෙන් සම්පාදනයකරණලද මෙම පරිච්ඡේදය පරිහරණයට පහසුලෙස සංක්ෂේපවශයෙන් කරණලද්දක්බව දැනගතයුතුයි.

විභක්තිභේදකාණ්ඩය නිමි.

NOTE.

SYNṬAX OF CASES.

විභක්තිභෙදකාණ්ඩයේ නෝට්වලට අයිති කර්ම කර්ත්‍රාදි

කාරකලක්ෂණාදිය.

SYNTAX OF ACCUSATIVE.

කර්මකාරක ලක්ෂණ.

a "ක්‍රියතෙ යත් තත් කර්මං" යනු බැවින් යමක් (කර්තෘවිසින්) කරණු ලැබේද ඒ (කරණුලබනදෙය) කර්මනම්වේ-හෙද ඊප්සිත, අනීප්සිත, නෙවීප්සිතානානීප්සිත, අකථිත, කර්තෘ, උක්ත, අනුක්ත, කර්ම වශයෙන් සත් වැදෑරුම්වෙත්.

එම දක්වනු සඳහා

"කරීයතෙති කම්මං තං කම්මං සත්තවිධං මතං
ඉච්ඡිතානිච්ඡිතා නෙව ඉච්ඡිතානිච්ඡිතං මතං.

අකථිතං කත්තුකම්මං වුත්තකම්මං අවුත්තකං
භුඤ්ජති ඔදනං පොසො මද්දති කණ්ටකං ජනො.

ගච්ඡං ගාමං තරුමූලං උපසංකමතී ජනො
අජං සො නයතී ගාමං කම්මං කාරෙති පුරිසං.
භාසිතො භගවතා ධම්මො කම්මං කරෙති සො ජනො."

"එත්ථ ඔදනන්ති ඉච්ඡිතකම්මං, මද්දති කණ්ටකන්ති අනිච්ඡිතකම්මං, තරුමූලන්ති නෙවිච්ඡිතානානිච්ඡිතකම්මං, (අඤ්ඤෙ පන අනිච්ඡිතන්ති වදන්ති) ගාමන්ති අකථිතකම්මං, පුරිසන්ති කත්තුකම්මං අකාරිතෙ කත්තුභූතත්තා—ධම්මොති වුත්තකම්මං, කම්මන්ති අවුත්තකම්මං කාරෙතීති පදෙන අවුත්තත්තාති-තත්ථ කිතකාදීහි අභිහිතං ලිඞ්ගත්ථමත්තමපෙක්ඛිත්වා පවත්තාය පඨමාය විභත්තියා යුත්තං කම්මං වුත්තකම්මං නාම, අනභිහිතං පන තදත්ථවාචකාය දුතියාය විභත්තියා යුත්තං කම්මං අවුත්තකම්මං නාම."

තවද-නිර්වර්ත්‍ය විකාර්‍ය්‍ය ප්‍රාප්‍යයයි කියාද කර්මයාගේ ප්‍රභේදත්‍රයකි-එහි පෙර අවිද්‍යමානවූ වස්තුවක් උපදවනු ලැබේද ඒ නිර්වර්ත්‍ය කර්ම යි. පෙර විද්‍යමානවූ යම්වස්තුවක් විකාරයටපමුණුවනු (හෙවත් අන් පරිද්දෙකින් කරණු) ලැබේද ඒ විකාර්‍ය්‍ය කර්මනම්වේ. නිර්වර්ත්‍ය

විකාර්‍ය්‍ය කර්‍ම දෙකට වෙනස්වූයේ නොහොත් දර්‍ශනාදී ක්‍රියාවකින් විෂයකරණුලබන්නේ ප්‍රාප්‍ය කර්‍මනම් වේ.—එම දක්වනු සඳහා.

"තච්ච කර්‍මං ත්‍රිවිධං නිර්‍වර්‍ත්‍යං විකාර්‍ය්‍යං ප්‍රාප්‍යංචෙති—නිර්‍වර්‍ත්‍යතෙ උද්පාද්‍යතෙ යත් තද් නිර්‍වර්‍ත්‍යං-යථා, ඝටං කරොති-පුත්‍රං ප්‍රසූයතෙ ඉත්‍යාදි-වික්‍රියතෙ විද්‍යමානවස්තු අවස්ථාන්තරං නීයතෙ යත් තද් විකාර්‍ය්‍යං-යථා, කාෂ්ඨං දහති-සුවර්‍ණං කුණ්ඩලං කරොති ඉත්‍යාදි-නිර්‍වර්‍ත්‍යවිකාර්‍ය්‍යාභ්‍යාමන්‍යද්ප්‍රාප්‍යං-යථා, ග්‍රාමං ගච්ඡති ඉත්‍යාදි."

යථොක්ත නිර්‍වර්‍ත්‍යාදී කර්‍මත්‍රයෙන් නිර්‍වර්‍ත්‍ය විකාර්‍ය්‍ය යන කර්‍ම දෙක පමණක් සද්නිර්‍වර්‍ත්‍ය අසද්නිර්‍වර්‍ත්‍ය පරිත්‍යක්තකාරණවිකාර්‍ය්‍ය අපරිත්‍යක්තකාරණවිකාර්‍ය්‍ය කර්‍මවශයෙන් සතර ප්‍රභේදයකටද, සමහර ආචාර්‍ය්‍ය කෙනෙක් ප්‍රාප්‍යකර්‍මයත් කායප්‍රාප්‍ය චිත්තප්‍රාප්‍ය වශයෙන් දෙකක්කොට ෂඩ්ප්‍රභේදයකටද දක්වති—ඒ මෙසේය.

"යදසජ්ජායතෙ පූර්‍වං ජන්මනා යත් ප්‍රකාශතෙ
නිර්‍වර්‍ත්‍යංච විකාර්‍ය්‍යංච කර්‍මං ද්වෙධා ව්‍යවස්ථිතං.

ප්‍රකෘත්‍යුච්ඡෙද සම්භූතං කිඤ්චිත් කාෂ්ඨාදි භස්මවත්
කිඤ්චිත් ගුණාන්තරොත්පත්‍යා සුවර්‍ණාදි විකාරවත්."

මේ සතර ප්‍රභේදයයි.

ෂඩ් ප්‍රභේදය මෙසේය.

"සන්තා සන්තජනන වසෙන නිබ්බත්ති ද්විධා
මාතා පුත්තං විජායීති පුඤ්ඤං සුඛං ජනෙතිදං.
පරිච්චත්තා පරිච්චත්ත කාරණා විකති ද්විධා
කරොති කට්ඨං අඞ්ගාරං සුවණ්ණං කටකං කරෙ.
පත්තිකම්මං ද්විධා කාය චිත්තපුබ්බකභෙදතො
බුද්ධං වන්දති පූජෙති ආදිච්චං නමස්සති.

හෙතු ක්‍රියා අනිබ්බත්තතො සන්තං කම්මං සන්තජනනනිබ්බත්ති කම්මං නාම, ක්‍රියා අනිබ්බත්තතො අසන්තං හුත්වා නවං නිප්ඵාදෙතබ්බකම්මං අසන්තජනනනිබ්බත්තිකම්මං නාම.

හෙතුකාරණ භූතපකති චත්තකම්මං පරිච්චත්තකාරණ විකති කම්මං නාම—කාරණභූතපකති අචත්තං කම්මං අපරිච්චත්තකාරණවිකතිකම්මං නාම—(එත්ථ ච කට්ඨාදි අවත්ථායං සුවණ්ණාදි අවත්ථායච පවත්තවණ්ණ සණ්ඨානස්ස අඞ්ගාරාද්‍යවත්ථායං කටකාදි අවත්ථායච පවත්තවණ්ණ සණ්ඨානෙන විසදිසභාවො යෙව කාරණස්ස පරිච්චජනා පරිච්චජනං දට්ඨබ්බං) කායෙන සම්පත්තං කම්මං කායසම්පත්තිකම්මං නාම, චිත්තෙන සම්පත්තං කම්මං චිත්තසම්පත්ති කම්මං නාම."

SYNTAX OF INSTRUMENTAL CASE.

කර්තෘකාරක ලක්ෂණ.

6 "යඃ කරොති ස කර්තා"-යමෙක් ක්‍රියාව කෙරේද හෙතෙම කර්තෘ නම් වේ—ඒද ස්වයංකර්තෘය, හෙතුකර්තෘය, කර්මකර්තෘය, උක්ත කර්තෘය, අනුක්තකර්තෘයයි පස්වැදෑරුම් වෙත්.

එම කීහ.

"සයං හෙතු කම්මකත්තා භිහිතා නභිහිතා යථා
පුඤ්ඤං කරොති පුරිසො කාරෙති අපරෙ ජනෙ.
සයමෙව භිජ්ජතෙ කොණ්ඩො දනං අදත් දයකො
සූදෙන පච්චතෙ භත්තං ඉමෙ තෙසං නිදස්සනා."

යමෙක් තෙමේම ක්‍රියාව කෙරේද ඒ ස්වයංකර්තෘ නම-යමෙක් ක්‍රියාව කරණ්ට සමර්ථවූ අනිකෙක් ක්‍රියාවෙහි යොදන්නේවේද ඒ හෙතු කර්තෘ නම—ක්‍රියාවකට කර්මවූයේද කර්තෘවූයේද එකමනම් ඒ කර්ම කර්තෘ නම—සමාස තද්ධිත ආඛ්‍යාත කිතකයන්විසින් කියනලද කර්තෘ උක්තකර්තෘ නම—ඔවුන්විසින් නොකියනලද කර්තෘ අනුක්ත කර්තෘ නම් වේ.

එම කීහ.

"යො සයමෙව කිරියං කාරෙති සො සයංකත්තා නාම—යො අඤ්ඤං කාතුං සමත්ථං අකාරෙන්තං කම්මනි යොජෙති සො හෙතු කත්තා—යො පන පරස්ස කිරියං පටිච්ච කම්මභූතොපි සුකරත්තා සයමෙව සිජ්ඣතෙ විය හොති සො කම්මකත්තා නාම—පඨමාය විභත්තියා යුත්තො වුත්තකත්තා නාම—තතියාය විභත්තියා යුත්තො අවුත්තකත්තා නාම-"පුඤ්ඤං කරොති පුරිසො"ති එත්ථ 'ති' ඉති ආඛ්‍යාතවිභත්තියා පුරිසොති කත්තුත්ථස්ස අභිහිතත්තා (වුත්තත්තා) පුන කත්තුත්ථවාචකා තතියාවිභත්ති න හොති, අථ ඛො ලිඞ්ගත්ථමපෙක්ඛිත්වා පඨමාව, තස්මා ආඛ්‍යාතාදීහි වුත්තො පුරිසොත්‍යාදි වුත්තකත්තා නාම—"ගරුළෙන හතො නාගො"ති එත්ථ පන කම්මත්ථෙ පවත්තෙන තප්පච්චයෙන කත්තුත්ථස්ස අනභිහිතත්තා (අවුත්තත්තා) තස්සත්ථස්ස වාචකා තතියාවිභත්ති හොති, තස්මා කිතකාදීහි අවුත්තො ගරුළෙනත්‍යාදි අවුත්තකත්තා නාමාති."

තවද—"ප්‍රථමෛව විභක්තිස්‍යාත් උක්තෙ කර්මණි කර්තරි
අනුක්තෙ කර්මකර්ත්‍රාදෞ විතීයාද්‍යා විභක්තයඃ.
තත්‍රොක්තෙ කර්තරි යථා රාමො ජයති වෛරිණඃ
රණෙ රාමේණච රාමාශ්ච ජයතාශ්ච ජනානි ච."

තවද—“යො අඤ්ඤකාරකානං පධානො කම්මඤ්ච මත්තානංවා ක්‍රියං කාරෙති සො කත්තා නාම”-යනු බැවින් යමෙක්තෙම සෙසුකාරකයන්ට ප්‍රධානව තමාකෙරෙහි පිහිටියාවූ හෝ කර්ම්‍යකෙරෙහි පිහිටියාවූ හෝ ක්‍රියාව කෙරේද හෙතෙම කර්තෘනම්.

එසේම—යමෙක් තෙම සෙසු කාරකයන් තමතමන් පිළිබඳ ක්‍රියා ව්‍යවහාරයෙහි යොදමින් (තමා) උත්සාහවත්බැවින් ප්‍රධානවූයේ කර්මස්ථවූ හෝ ආත්මස්ථවූ හෝ ක්‍රියාව කෙරේද හෙතෙම කර්තෘ නම්, හේද නොයෙක්ප්‍රභේද ඇත්තේය.

එහෙයින් කියනලදී.

“යො යොජයං සකාසකෙ බලූ කාරකානි
අඤ්ඤෙ ක්‍රියෙ යතනයුතතතයා පධානො
කම්මස්ථිතං ක්‍රියමථාත්ත ස්ථිතං කාරෙති
කත්තාති සො නිගදිතො බහුභෙදභෙදො.”

SYNTAX OF KARANA (AUXILIARY.)

කරණකාරක ලක්‍ෂණ.

c “සාධ්‍යතෙ කම්ම නිෂ්පාද්‍යතෙ යෙනෙති සාධනං”-යනුබැවින් යමක්කරණකොටගෙණ කර්ම්‍ය හෝ ක්‍රියාව සිඬකරණු ලැබේද ඒ කරණනම් වේ. කර්තෘගේ ක්‍රියාසිඬියට හේතුවූ හෝ උපකාරවූ සම්ප්‍රදානාදී බොහෝ කාරණයන් අතුරෙන්, අත්‍යර්ථයෙන් යම් වස්තුවක් උපකාරද ඒවස්තුවම කරණනම් වේ—එහෙයින් කියනලදී.

“ක්‍රියායාං සාධ්‍යායාං බහූනාං කාරණානාං මධ්‍යෙ යද්වස්තු අව්‍යවධානෙන ක්‍රියානිෂ්පත්තිකාරණං විවක්ෂිතං තදෙව සාධනං භවති

තථාච—කාරණා ව්‍යවධානෙ තු ක්‍රියානිෂ්පත්තිකාරණං
යදෙව විවක්ෂිතං තෙෂු කරණං තත් ප්‍රකීර්තිතං.

තවද—ක්‍රියායාං පරිනිෂ්පත්තිර් යද්ව්‍යාපාරා දනන්තරං
විවක්ෂ්‍යතෙ යදා යත්‍ර කරණං තත් තදාස්මෘතං.

සිතාපාඃ ශරෙණ රාමෙණ රාවණො ලොක රාවණඃ
කාරණෙන විදීර්ණෝපි වාතාවෙරෙර් යුධ්‍යතෙ පුනඃ.”

එසේම—සියළු කාරකයන්ට වඩා ක්‍රියා සිඬියට හේතුබව යමක්හට සම්භාවනාය කරණුලැබේද ඒ (සම්භාවනාය කරණලදද) කරණයයි කියනලද්දේය—එමකීන.

"යස්ස සද්ධිවිසෙසෙන ක්‍රියා සංසිද්ධි හෙතුනා
සම්භාවීයති තං වුත්තං කාරණං නාම කාරකං."

ඒ කාරණකාරකයද ආධ්‍යාත්ම බාහ්‍ය වශයෙන් ද්විප්‍රකාරයකි—
එහෙයින් කියනලදී.

"අජ්ඣත්තිකං බාහිර ච කාරණං දුවිධං මතං
මනසා කාරෙති පුඤ්ඤං සත්ථෙන පසවො හතා."

"සරීරනිස්සිතං අජ්ඣත්තිකං, සරීරතො බහිභූතං බාහිරං"-යනු බැවින් ශරීරනිශ්‍රිතවනලද්දේ ආධ්‍යාත්මික කරණයි. ශරීරයෙන් පිටත්හි වනලද්දේ බාහ්‍ය කාරණයි.

SYNTAX OF DATIVE.

සම්ප්‍රදානකාරක ලක්ෂණ.

4 සම්ප්‍රදානනම්—"යස්ස දාතු කාමො රොචතෙ ධාරයතෙ වා තං සම්පදානං නාම—" යනුබැවින් කර්තෘතෙම යමෙක්හට දෙනු කැමැත්තේ හෝ රුචිවන්නේ හෝ ඡත්‍රාදියක් ධරන්නේ හෝ වේද කර්තෘගේ දීම් ආදියට නිමිත්තවූ ඒපදාර්ථය සම්ප්‍රදාන නම් වේ.

භෙද—ප්‍රේරකසම්ප්‍රදාන අනිරාකෘතසම්ප්‍රදාන අනුමන්තෘ සම්ප්‍රදාන වශයෙන් තුන්ප්‍රභේදයක්ද, කායපූර්වකසම්ප්‍රදාන චිත්තපූර්වක සම්ප්‍රදානවශයෙන් ද්විප්‍රභේදයක්ද, එසේම හේතුසම්ප්‍රදාන තදර්ථසම්ප්‍රදාන වශයෙන් ද්විප්‍රභේදයක්ද, ශබ්දසම්ප්‍රදාන අර්ථසම්ප්‍රදාන ශබ්දාර්ථසම්ප්‍රදාන වශයෙන් තුන්ප්‍රභේදයක්ද වෙත්.

එහි දානවස්තුව ඉල්ලා පිළිගන්නාවූ සම්ප්‍රදානය ප්‍රේරකසම්ප්‍රදානයි—දෙනලද දානවස්තුව ප්‍රතික්ෂෙපකිරීමක්ද අනුඥාවක්ද නැතිව පිළිගන්නාවූ සම්ප්‍රදානය අනිරාකෘතසම්ප්‍රදානයි—දෙනලද දානවස්තුව අනුඥාකොට පිළිගන්නාවූ සම්ප්‍රදානය අනුමන්තෘසම්ප්‍රදානයි—චතුර්ථීවිභක්ත්‍යර්ථයෙන් අන්‍යවූ අර්ථයෙක්හි චතුර්ථීවිභක්තියගේ සම්ප්‍රදානය ශබ්දසම්ප්‍රදානයි—සම්ප්‍රදානාර්ථයෙහි, චතුර්ථීවිභක්තියෙන් අන්‍යවූ විභක්තීන්ගේ සම්ප්‍රදානය අර්ථසම්ප්‍රදානයි—සම්ප්‍රදානාර්ථයෙහි චතුර්ථීවිභක්තියගේ සම්ප්‍රදානය ශබ්දාර්ථසම්ප්‍රදානයි— දානවස්තුව කයින් පිළිගන්නාවූ සම්ප්‍රදානය කායපූර්වකසම්ප්‍රදානයි—දානවස්තුව සිතින්පිළිගන්නාවූ සම්ප්‍රදානය චිත්තපූර්වකසම්ප්‍රදානයි—ක්‍රියාවට කාරණවූ සම්ප්‍රදානය හෙතුසම්ප්‍රදානයි—ක්‍රියාවගේ අර්ථයවූ සම්ප්‍රදානය තදර්ථසම්ප්‍රදානයි.

එහෙයින් කීහු.

“ දදාති අඛං පුරුෂො මහීපතෙ
නීචාතිභක්ත්‍යා නච දානකාම්‍යයා
යද්දීයතෙ දානතයා සුපාත්‍රෙ
තත්සම්ප්‍රදානං කථිතං මුනීන්ද්‍රෛඃ.

තච්චසම්ප්‍රදානං ත්‍රිවිධං ප්‍රේරකං අනිරාකර්තෘ අනුමන්තෘචෙති.

ත්‍යාගෙන කර්මණා ව්‍යාප්තං ප්‍රේරකං චානුමන්තෘච
අනිරාකර්තෘචෙත්‍යෙතත් සම්ප්‍රදානං ත්‍රිධා සම්මතං.

දෙහීති ප්‍රේරයති තත්ප්‍රේරකං-යථා, බටවෙ භික්ෂාං දදාති—යතත්‍ර ඉද මහං දද මිත්‍යුක්තෙ අනුමන්‍යතෙ ඔ මිත්‍යනෙන තදනුමන්තෘ-යථා, ශිෂ්‍ය ගුරවෙ ගාං දදාති—යතත්‍ර නානුමන්‍යතෙ න නිරාකරොති තත් අනිරාකර්තෘ-යථා, සූර්‍ය්‍යාර්ඝ්‍යං දදාති.”

තවද—“අනිරාකරණාරාධනාබ්භනුඤ්ඤාවසෙන හි
සම්පදානං තිධා වුත්තං රුක්ඛයාචකභික්ඛවො.

තත්ථ ආකාරණා කාරකපටිග්ගහභාවෙන අභිමුඛකරණං, තං යස්ස නත්ථීති අනිරාකරණං, යං ඵලාදිවත්ථුං නෙව යාචති නාපි දීනානං ගණ්හාති අපි තු තථා වොහරීයති තං අනිරාකරණසම්පදානං නාම—යථා, බොධිරුක්ඛස්ස ඵලං දදාතීත්‍යාදි, ආරාධෙතීති ආරාධො, යං පන භොජනාදි දානවත්ථුං යාචති දෙය්‍යච ගණ්හාති තං ආරාධනසම්පදානං නාම—යථා, යාචකානං භොජනං උපජ්‍යජ්ති ත්‍යාදි-අනුඤ්ඤාතබ්බන්ති අනුඤ්ඤං, අනුඤ්ඤං අභිනාරොතීති අබ්භනුඤ්ඤං, යං පන චීවරාදි දානවත්ථුං නෙව යාචති අපිතු දත්තං සාදියති තං අබ්භනුඤ්ඤසම්පදානං නාම—යථා, භික්ඛුස්ස චීවරං දදාතී ත්‍යාදි-සද්දසම්පදාන අත්ථසම්පදාන සද්දත්ථසම්පදාන වසෙනාපි තිවිධා, තෙසු පරස්ස චතුත්ථීවිභත්තියා සම්පදානං සද්දසම්පදානං නාම-සම්පදානස්ස පරවිභත්තියා සම්පදානං අත්ථසම්පදානං නාම—සම්පදානස්ස චතුත්ථීවිභත්තියා සම්පදානං සද්දත්ථසම්පදානං නාම-පයොගොපන.

චාගාය විපුලං ධනං උදහාරෙ නාදිකාවජ්ජං
ඛිතියා පටිසෙවාමි යථා සංඛ්‍යං නිදස්සනා.

යං දෙය්‍යවත්ථුං කායෙන පටිග්ගණ්හාති තං කායපුබ්බකසම්පදානං නාම—යථා, භික්ඛුස්ස චීවරං දෙතීත්‍යාදි, යං පන චිත්තෙනෙව පටිග්ගණ්හාති තං චිත්තපුබ්බකසම්පදානං නාම—යථා, නාරායණස්ස බලිං කාරෙතීත්‍යාදි, හෙතුසම්පදාන අත්ථසම්පදාන වසෙනාපි

දුවිධා තෙසු ක්‍රියාය කාරණභූතසම්පදානං හෙතුසම්පදානං නාම—ක්‍රියාය අත්ථභූතසම්පදානං තදත්ථසම්පදානං නාම—පයොගොපන.

සම්පදානං දුවිධා මතං හෙතු තදත්ථභෙදතො
භික්ඛුස්ස චීවරං දෙති සීතියා යාපනාය චාති."

SYNTAX OF ABLATIVE.

අපාදානකාරක ලක්‍ෂණ.

ෙ "යස්මා අපෙති භයමාදත්තෙ වා තදපාදානං" යනුබැවින් යමකින් සත්ත්වතෙම පහවේද භය හෝ වේද ගන්නේ හෝ වේද සත්ත්වයාගේ අපගමනාදියට සීමාවූ ඒවස්තුව අපාදාන නම් වේ—ඒද, කායපුබ්බිකාඅපාදාන චිත්තපුබ්බිකාඅපාදාන වශයෙන් දෙකාන්ද, චලඅපාදාන අචලාපාදාන වශයෙන් දෙකාන්ද, උද්දිෂ්ටවිශයඅපාදාන උත්පත්ති (හෙවත්) උපාත්තවිශයඅපාදාන අනුමෙය්‍යවිශයඅපාදාන වශයෙන් තුනාන්ද, එසේම ශබ්දඅපාදාන අර්ථඅපාදාන ශබ්දාර්ථාපාදාන වශයෙන් තුනාන්ද වෙත්.

එහෙයින් කීහ.

"අපාදානං විධා කාය චිත්තපුබ්බක භෙදතො
අපෙනාති මුනයො ගාමා පාපා චිත්තං නිවාරයෙ.
සමෙ පාපගමෙ වීනානං පුබ්බරූපා යදච්චුතං
වුච්චතෙ තදපාදානං තං චලාචලතො විධා.
යථා සසා ධාවතා පොසො පතෙ රුක්ඛා ඵලනාති ච
එවමාදි පයොගා තු ඤෙය්‍යා ලක්ඛණතො ඵුටං.
උද්දිට්ඨවිසයං තං හි උපාත්තවිසයං තථා
අනුමෙය්‍යවිසයං චෙති අපාදානං තිධා මතං.
අපෙනාති මුනයො ගාමා කුසූලා තඬුලං පචෙ
පාටලිපුත්තකෙහි ච අභිරූපතරා ඉමෙ.
සද්දත්ථො භයපාදානවසා තිධා භවූපරි
පබ්බතා වස්සති දෙවො සබ්බෙ භායන්ති මච්චුනො
මුනයො අපෙනාති ගාමාති ආදීනි කමතුදෙසෙ.

කායෙන පුබ්බො අපක්කමො යස්ස තං කායපුබ්බකං, යස්මා කායෙන අපක්කමති තං කායපුබ්බක අපාදානං නාම—යථා, ගාමා අපෙනාති මුනයො ත්‍යාදි, චිත්තෙන පුබ්බො අපක්කමො යස්ස තං චිත්තපුබ්බකං,

යස්මා පන චිත්තෙනෙව අපක්කමති තං චිත්තපුබ්බකාපාදානං නාම-යථා, පාපා චිත්තං නිවාරයෙත්‍යාදි.

චලතී කම්පතීති චලං, යං චුතසභාවං තං චලාපාදානං නාම-යථා, ධාවතා අස්සා පොසො පතතීත්‍යාදි, න චලං අචලං යම්පන අච්චුතසභාවං තං අචලාපාදානං නාම-යථා, රුක්ඛා ඵලං පතතීත්‍යාදි.

යස්ස පන අපාදානවිසයභූතා ක්‍රියා යථාරුතවසෙන දිස්සති තං උද්දිට්ඨවිසයාපාදානං නාම-යථා, ගාමා අපෙන්ති මුනයොත්‍යාදි, යස්ස පන තාදිසා ක්‍රියා නත්ථි අජ්ඣාහාරවසෙන ගහිතා තං උපාත්තවිසයාපාදානං නාම-යථා, කුසූලා තණ්ඩුලං පචෙත්‍යාදි, එත්ථ හි කුසූලා (කොට්ඨා) තණ්ඩුලං “නීහරිත්වා”ති අජ්ඣාහරිතබ්බං, යස්ස පන ක්‍රියා නත්ථි අජ්ඣාහරිත්වා වා අනජ්ඣාහරිත්වා වා උපනිධාවසෙන සම්බන්ධො යුත්තො හොති තං අනුමෙය්‍යවිසයාපාදානං නාම-යථා, මාධුරා පාටලිපුත්තකෙහි අභිරූපතරාත්‍යාදි.

පරතො පඤ්චමී විභත්තියා අපාදානං සද්දාපාදානං නාම-අපාදානතො පරවිභත්තියා අපාදානං අත්ථාපාදානං නාම-අපාදානතො පඤ්චමී විභත්තියා අපාදානං සද්දත්ථාපාදානං නාම-පයොගොපන.

අපසාලාය ආයන්ති සඛෙ භායන්ති මධුනො
චොරා භයං ජායන්ති කාමා තෙසං නිදස්සනා.”

SYNTAX OF GENITIVE.

සාමි ලක්ඛණ.

f “යස්ස සං සාමි සමීපො සමූහො අවයවො තං සාමිනාම”-යනු බැවින් යමක්හුගේ පිළිබඳද යමක්හුගේ ස්වාමිද යමක්හුගේ ආසන්නද යමක්හුගේ රැසද යමක්හුගේ අවයවද වීනම් ඒ සාමිනම්වේ. භෙද ජනක අවයව ගුණී යනාදී වශයෙන් නොයෙක් ප්‍රභේද ඇත්තේය.

එහෙයින් කීහ.

“සාමිභෙදො අනෙකධා ජනකාදි පභෙදතො
රඤ්ඤො පුත්තො ධනං හත්ථො ස්වාචාරාදීනි ඤායතෙ.

එත්ථ රඤ්ඤො පුත්තොති ජනකසම්බන්ධො, රඤ්ඤො ධනන්ති සාමිසම්බන්ධො, රඤ්ඤො හත්ථොති අවයවිසම්බන්ධො, රඤ්ඤො ස්වාචාරොති ගුණීසම්බන්ධො,. ආදිසද්දෙන ජඤ්ඤා අවයව ගුණී වාච්චවාචක සමීප සමීපි ඨානා ඨාන්‍යාදිවසෙන අනෙකවිධසම්බන්ධො

ගහෙතබ්බො-තථාහි රඤ්ඤො පුත්තොත්‍යාදි ජනකසම්බන්ධො, සාමිස්ස මාතාපිතා'ත්‍යාදිසු ජඤ්ඤසම්බන්ධො, රඤ්ඤො පුරිසොත්‍යාදිසු සාමිසම්බන්ධො, රතනානං තයංත්‍යාදිසු අවයවසම්බන්ධො, පුරිසස්ස හත්ථොත්‍යාදිසු අවයවීසම්බන්ධො, බුද්ධස්ස ගුණොත්‍යාදිසු ගුණීසම්බන්ධො, ගුණානං ආධාරොත්‍යාදිසු ගුණසම්බන්ධො, අත්ථස්ස වාරංත්‍යාදිසු වාච්චසම්බන්ධො, පදස්ස අත්ථොත්‍යාදිසු වාචකසම්බන්ධො, සමීපස්ස ත්‍රාමංත්‍යාදිසු සමීපසම්බන්ධො, අම්බවනස්ස අවිදූරෙත්‍යාදිසු සමීපීසම්බන්ධො, නගරස්ස ගෙහංත්‍යාදිසු ඨානසම්බන්ධො, මහාරාජූනං ආවාසො ත්‍යාදිසු ඨානීසම්බන්ධොති එවමාදිනා තං තං යොගෙන භෙදස්ස වචනෙ කුතො අනෙකා අත්ථි ති."

මෙහි සම්බන්ධනම් කිමයත්-යම් වස්තුවක් හේතුකොටගෙණ මේ වස්තූන් දෙදෙනා සම්බන්ධඇත්තාහුයයි බුද්ධිය උපදීද ඒසම්බන්ධි දෙදෙනා ආශ්‍රයකළාවූ ඒවස්තුවතොම සම්බන්ධනම් වේ. හෙවත් වෙන්වෙන්ව පෙණෙන වස්තු දෙකක් සමහරකලෙක එක්ව පැණේ නම් උන් එක්වූහ යන බුද්ධිය උපදනේ සම්බන්ධ බලයෙනි—ඒ සම්බන්ධ යද එක්වූ වස්තූන් දෙදෙනාකෙරෙන් එකාවස්තුවෙක්හි පිහිටියේ නොවෙයි "ද්විඨො හි සම්බන්ධො" යනුබැවින් දෙදෙනාකෙරෙහිම පිහිටියේය—ඒ වස්තූන් දෙදෙනා අතුරෙන් එක්වස්තුවෙක් විශෙෂණය එක්වස්තුවෙක් විශෙෂ්‍යයි-ඒ විශෙෂණ විශෙෂ්‍ය සංඛ්‍යාත වස්තුවයගේ කිසියම් ක්‍රියාවක්නිසා සම්බන්ධය පවතී-ඒනම් "රඤ්ඤො පුරිසො" රජගේ පුරුෂයා යයි කීකල්හී රජ්ජුරුවො දෙනතැනැත්තාය පුරුෂයා පිළිගණ්නාය එහෙයින් රජගේ පුරුෂයා යයි හැගේ-ඒ සම්බන්ධයද විශෙෂණ විශෙෂ්‍ය දෙදෙනාකෙරෙහිම පිහිටියේනමුදු විශෙෂණයාකෙරෙන්ම ෂෂ්ඨීවිභක්ති වේ.

එහෙයින් කීහ.

"එතෙ සම්බන්ධිනො වෙති සෑමාත්ථා බුද්ධි ජායතෙ
සම්බන්ධො නාම සො අත්ථො සම්බන්ධිවයනිස්සිතො.
සම්බන්ධිවගෙ විසෙසෙසා කොචි කොචි විසෙසණං
කාචුද්දිස්ස ක්‍රියං තෙසං සම්බන්ධො සො පවත්තතෙ.
ෂඪි ද්විඨො පි සම්බන්ධො භෙදකාසමා ච ජායතෙ
ජාතා පි සා විසෙසාමහා සම්බන්ධං න වදෙ යතො.

එසේම—භෙද්‍යභෙදකයොඃ ශ්ලිෂ්ටඃ සම්බන්ධො න්‍යාහත්‍ය මුච්‍යතෙ
ද්විෂ්ඨො යද්‍යපි සම්බන්ධඃ ෂෂ්ඨ්‍යුත්පත්ති ස්තු භෙදකාත්.
භෙද්‍යං විශෙෂ්‍ය මිත්‍යාහුර් භෙදකං තු විශෙෂණං
විශෙෂ්‍ය නතු ප්‍රධානං ස්‍යා දප්‍රධානං විශෙෂණං."

තවද-"ප්‍රධානාප්‍රධානයොර්මධ්‍යෙ අප්‍රධානෙ ෂෂ්ඨී, ක්‍රියාන්වයී ප්‍රධානං
[ක්‍රියානන්වයී අප්‍රධානං.

රාඥඃ සපූරුෂො භෙදයො ප්‍රීතො රෙහාත් ප්‍රසූජනං
ගුරූණාං වචනං පථ්‍යං කවීනාං රස වමචඃ.

සෙව්‍යසෙවකභාවඃ සම්බන්ධඃ, පූජ්‍ය පූජකභාවඃ සම්බන්ධඃ, බොධ්‍යබොධකභාවඃ සම්බන්ධඃ, වාච්‍යවාචකභාවඃ සම්බන්ධඃ, ඉති සම්බන්ධ ශ්චතුර්විධඃ."

තවද මේගැණ දතයුතු විස්තරයක්.

"ක්‍රියාභි සම්බන්ධාභාවා නෙසා කාරකතා සම්භවති සාමිභාවො හි ක්‍රියාකාරකභාවස්ස ඵලභාවෙන ගහිතො, තථාහි රඤ්ඤො පුරිසොති වුත්තෙ යස්මා රාජා දදාති පුරිසො ච පතිගණ්හාති තස්මා රඤ්ඤො පුරිසොති විඤ්ඤායති, එවං ගච්ඡභාවෙන වා සන්තකභාවෙන වා සාමිභාවෙන වා සමීපසමූහාවයවාදිභාවෙන වා යො කොචි යස්ස ආයත්තො තස්ස සබ්බස්ස සො සම්බන්ධායත්තභූතො අත්ථො සාමිනාමාති ගහෙතබ්බො-තස්මා ධනසම්බන්ධෙ ඡට්ඨී, සාමිසම්බන්ධෙ ඡට්ඨී, සමීපසම්බන්ධෙ ඡට්ඨී, සමූහසම්බන්ධෙ ඡට්ඨී, අවයවසම්බන්ධෙ ඡට්ඨී, විකාරසම්බන්ධෙ ඡට්ඨීති ආදිකා ඡට්ඨී සාමිසෙව නාම හොතීති දට්ඨබ්බං-එත්ථ ච සාමිඡට්ඨීති අන්වත්ථවසෙන වා රුළ්හිවසෙන වා සාමීති සංඛ්‍යාතෙ අත්ථෙ විහිතා ඡට්ඨී සාමිඡට්ඨීති අත්ථො ගහෙතබ්බො-තථාහි වක්ඛති "ඡට්ඨී සාමිම්හී"ති-එත්ථාහ රඤ්ඤො පුරිසොති ආදීසු ක්‍රියාසම්බන්ධාභාවා සාමිනො කාරකභාවො මා හොතු, පිතුස්ස සරති, පිතුස්ස ඉච්ඡති, රජ්ජස්ස සරිස්සති, රඤ්ඤො සම්මතො, මා භික්ඛවෙ පුඤ්ඤානං භායිත්ථ, චතුන්නඤ්ච මහාභූතානං උපාදායාති ආදීසු පන කිරියාභිසම්බන්ධස්ස විජ්ජමානත්තා සාමිනා කාරකෙන භවිතබ්බන්ති? නනා, සුද්ධාය ඡට්ඨියා අභාවතො, නහෙත්ථ ඡට්ඨී සුද්ධා, කම්මාදිඅත්ථෙසු වත්තනතො තථාහි පිතරං සරති, සචෙ භායථ දුක්ඛං වො රඤ්ඤො සම්මතොති ආදයො පි පයොගා දිස්සන්ති, තස්මා තාදිසෙසු ඨානෙසු කිරියාභිසම්බන්ධෙ සතිපි කම්මාදිඅත්ථෙසු වත්තනතො සාමිනො කාරකතා නභවති, එවං හොතු, යථා "අප්පො සග්ගාය ගච්ඡතී"ති එත්ථ අප්පො සග්ගං ගච්ඡතීති කම්මත්ථෙ විජ්ජමානෙ කිරියාභිසම්බන්ධස්සුපලබ්භනතො සම්පදානස්ස කාරකභාවො හොති යෙව, තථා ඉධාපි සාමිනො කාරකභාවො හොතූති, සච්චං භවිතබ්බං පොරාණෙහි ඉදං ඨානං නවිචාරිතං කාරකානං ඡබ්බිධත්තමෙව තෙහි වුත්තං, මයං පන සාසනෙ යුත්තිං පටිසරණං කත්වා අත්ථඤ්ච ගරුං කත්වා තථාරූපස්ස සාමිනො කාරකභාවො ඉච්ඡිතබ්බොති මඤ්ඤාම, කෙවලං පොරාණෙහි අවුත්තත්තා න වදාම සුට්ඨු විචාරෙතබ්බං."

SYNTAX OF LOCATIVE.

ආධාර කාරක ලක්ෂණ.

9 කර්තෘ කර්ම දෙදෙනාවිසින් ආශ්‍රයකරණලද්දවූ ක්‍රියාවට පිහිට වූයේ නොහොත් "ක්‍රියාධාරභූතයොඃ කර්තෘ කර්මණොඃ ආධාරසත්‍යත් කාරකමධිකරණං" යනුබැවින් ක්‍රියාවට ආධාරවූ කර්තෘ කර්ම දෙදෙනාට ආධාරවූයේ යමෙක්ද ඒ ආධාරනම්වේ—හෙද ව්‍යාපිකාධාර ඖපශ්ලෙෂිකාධාර, වෛෂයිකාධාර, සාමීපිකාධාර වශයෙන් චතුර් විධවේත්.

එහෙයින් කීහ.

"කිරියං කත්තුකම්මානං යත්ථ හොති පතිට්ඨිතා
ආධාරෙති පවුච්චන්තො සො චතුධා ව්‍යාපිකාදිතො.

එසේම—ආධාරෙ කත්තු කම්මානං කිරියා යත්ථ කාරකො
සන්ති ධාරෙති විඤ්ඤෙය්‍යො චතුධා ව්‍යාපිකාදිතො."

එහි ව්‍යාපිකාධාරයනම් සියළුම ආධාරයතෙම ආධෙය්‍යසංබන්ධ ධරණුලබන වස්තුවවිසින් පැතිරෙණලදෙද් වේද හේ ව්‍යාපිකාධාර නම් වේ.

වෙන් වෙන්ව නිෂ්පන්නවූ වස්තූන් යම් ආධාරයෙක්හි වැලඳ ගැණීම්වශයෙන් හෙවත් ඇලීම්වශයෙන් පැවැත්තේ වේද හේ ඖපශ්ලෙෂිකාධාරනම් වේ.

යම් ආධාරයෙක්හි අන්තැනෙක්හි නොවීම්වශයෙන් හෝ අන්‍ය දේශ නිවෘත්තිවශයෙන් හෝ ආධාරපරිකල්පය වේද හේ වෛෂයිකාධාරනම් වේ.

යම් ආධාරයෙක්හි සමීපයාකෙරෙහි සමීපී ව්‍යවහාරය කොට ආධාරත්වය කල්පනාකරණු ලැබේද හේ සාමීපිකාධාරනම් වේ.

එම කීහ.

"සො යමාධාරෙ චතුබ්බිධො බ්‍යාපිකො ඔපසිලෙසිකො වෙසයිකො සාමීපිකොති–තත්ථ ව්‍යාපිකො නාම සකලොපි ආධාරභූතො අඤ්ඤො ආධෙය්‍යෙන පත්ථටො හොති–තං යථා, තිලෙසු තෙලං, උච්ඡුසු රසො, දධිම්හි සප්පීති.

ඔපසිලෙසිකො නාම පච්චෙක සිද්ධානං භාවානං යත්ථ උපසිලෙසෙන උපනමොහොති–තං යථා, කටෙ නිසීදතීති—වෙසයිකො නාම යත්ථ අඤ්ඤත්ථාභාවවසෙනවා දෙසන්තරගවෙෂ්ද

විසෙසනවා ආධාර පරිකප්පෙත්වා-තං යථා, භූමීසු මනුස්සා, ජලෙසු මච්ඡා, ආකාසෙ සකුණාති—සාමීප්පකො නාම යත්ථ සමීපෙ සාමීපිකා වොහාරං කත්වා ආධාරභාවො විකප්පීයති-තං යථා, සාවත්ථියං විහරතීති ගඞ්ගායං වජො"ති—පාතඤ්ජලිනාපි වුත්තං, "චතූහි පකාරෙහි අතප්ථොසොතිභවති කත්ථචි තං ඨානවසෙන මඤ්චා උක්කුට්ඨිං කරොන්තීති, කත්ථචි සමීපවසෙන ගඞ්ගායං ඝොසො කුරූසු වසතීති, කත්ථචි තං සහචාරභාවෙන යට්ඨිං පවෙසය, කුන්තෙ පවෙසයාති, කත්ථචි තං කිරියාවරණෙන, අබ්‍රහ්මදත්තෙ අබ්‍රහ්මදත්තොයම්ති"—සබ්බොපි චායං පධානවසෙන වා පරිකප්පිතවසෙන වා කිරියාය පතිට්ඨා භවතීති ආධාරොති වුත්තො, යං පන වුත්තං "කත්තුසමවෙතානං කිරියානං ආධාරො"ති තං භීයො බයග්ඝම්හි ඔහායොති එත්ථ කථං යුජ්ජතීති චෙ? යුජ්ජතෙව යථා හි භූමීසු මනුස්සාති එතස්මිං පයොගෙ වසන්තීති කත්තුසමවෙතා වසනකිරියා අවිජ්ජමානාපි වචනසෙසනයෙන ආහරිතබ්බා හොති, එවමෙව තං භීයො බයග්ඝම්හි ඔහායොති එත්ථාපි අහොසීති කත්තුසමවෙතා කිරියා අවිජ්ජමානාපි වචනසෙසනයෙන ආහරිතබ්බාව හොති, ලොකෙ හි කත්ථචි වොහාරවිසයෙ සෙසං කත්වා වාචං භණන්ති, තථා හි කොචි එකගෙහෙ පටියත්තං ඛීරං පායෙතුකාමො "ත්වං ගෙහං පවිස පවිසිත්වා ඛීරං පිවා"ති වත්තබ්බෙ වචනසෙසං කත්වා "පවිස ඛීරං"ති ආහ, සාසනෙපි දිස්සති, යෙසං අයසානං සූචියා අත්ථො "අහං සූචියා"ති ච, යස්ස පඤ්ඤුහන අත්ථො සො "මං පඤ්ඤුහන අහං වෙය්‍යාකරණෙනා"ති ච," තස්මා එත්ථ සංසයො න කාතබ්බො."

මෙහි දක්වනලද ව්‍යාපිකාධාරාදි චතුර්විධ ආධාරයන් අතුරෙන් ව්‍යාපිකාධාරයතෙම සකලව්‍යාපිකාධාරය එකදෙස ව්‍යාපිකාධාරය කියා ද්විප්‍රකාරයක්ද එසේම ඖපශ්ලෙෂිකාධාරයතෙම අල්ලියන ඖපශ්ලෙෂිකාධාරය, අනල්ලියන ඖපශ්ලෙෂිකාධාරය කියා ද්විප්‍රකාරයක්ද, වෛෂයිකාධාරයතෙම දෙසන්තරවර්ජද වෛෂයිකාධාරය අඤ්ඤත්ථාභාව වෛෂයිකාධාරයයි ද්විප්‍රකාරයක්ද වේත්.

එහෙයින් කීහ.

"ඛ්‍යාපිකො ච ද්විධා සකලඛ්‍යාපිකෙකදෙසතො
තිට්ඨති තෙලං තිලෙසු ඛීරං ජලෙසු තිට්ඨති.

ද්විධොපසිලෙසො ච අල්ලියානල්ලි භෙදතො
උක්ඛලියඤ්ච ආචාමො පරියංකෙ ච තිට්ඨති.

වෙසයිකො ද්විධො ච දෙසන්තරඤ්ඤත්ථා වසා
පාදෙසු පතිත්වා රොදි පක්ඛනාති සකුණා නභෙ.

තත්ථ යස්මිං ආධෙය්‍යං සබ්බං බ්‍යාපෙත්වා ඨිතං සො සකලබ්‍යාපිකාධාරො නාම-යථා, තිලෙසු තෙලං තිට්ඨතීත්‍යාදී—යස්මිං පන එකදෙසං බ්‍යාපෙත්වා ඨිතං සො එකදෙසබ්‍යාපිකාධාරො නාම-යථා, ජලෙසු ඛීරං තිට්ඨතීත්‍යාදි—තත්ථ යස්මිං ආධෙය්‍යං අල්ලීයිත්වා බජ්ඣිත්වා සංචිත්වා ඨිතං සො අල්ලීයනො පසිලෙසිකාධාරො නාම-යථා, උක්ඛලියං ආචාමො තිට්ඨති ත්‍යාදි—යස්මිං පන අනල්ලීයිත්වා ච ඨිතං සො අනල්ලීයනොපසිලෙසිකාධාරො නාම-යථා, පරියංකෙ රාජා තිට්ඨතී ත්‍යාදි—යස්මිං ඨිතං ආධෙය්‍යං අඤ්ඤෙසු පි තිට්ඨති තස්මා අනිච්ඡිතදෙසනිවත්තනත්ථං අඤ්ඤදෙසෙන අවච්ඡිජ්ජති සො දෙසන්තරාවච්ඡෙදවෙසයිකාධාරො නාම-යථා, පාදෙසු පතිත්වා රොදි ත්‍යාදි—යස්මිං පන ඨිතං ආධෙය්‍යං අත්තනි එව තිට්ඨති නාඤ්ඤත්ථ සො අඤ්ඤත්ථාභාවවෙසයිකාධාරො නාම-යථා, පක්ඛන්ති සකුණා නභෙ ත්‍යාදි.”

තවද—මුඛ්‍යාධාර, පරම්පරාධාර, තබ්බිසයාධාර, තදුපනිස්සයාධාරයයි කියාද ආධාරය සතර ප්‍රකාරයක් වේ. එහි මුඛ්‍යවශයෙන්ම ක්‍රියාවට ආධාරවූයේ වේද ඒ මුඛ්‍යාධාරනම්වේ. ක්‍රියා නිශ්‍රයවූ කර්තෘ කර්මයන්ට ආධාරවූයේ පරම්පරාධාරනම්වේ. යම් ආධාරයෙක්තෙම ආධෙය්‍යයාහට ආධාරබව නොවේද හුදෙක් ආරම්මණිකධර්මයන්ට අරමුණුවූයේ පමණක් වේද ඒ තබ්බිසයාධාරනම් වේ. යමෙක් තෙම කියනලද නයින් ආධාරබව නොවන නමුදු තදායත්තභාවයෙන් ආධාරවේද ඒ තදුපනිස්සයාධාරනම් වේ.

එම කීහ.

“මුඛ්‍යො පරම්පරතබ්බිසයො තදුපනිස්සයො.
ඛග්ගම්හි පරියංකෙ ච රූපෙ ච සාසනෙ වසි.

තත්ථ යො මුඛ්‍යනෙව ක්‍රියාය ආධාරො සො මුඛ්‍යාධාරො නාම-යථා, සීහො ඛග්ගම්හි ඔභාසො තිට්ඨතීත්‍යාදි—යො පන ක්‍රියානිස්සභූතානං කත්තුකම්මානං ආධාරො සො පරම්පරාධාරො නාම-යථා, පරියංකෙ රාජා සෙතීත්‍යාදි—යො පන එකන්තෙනෙව ආධෙය්‍යස්ස ආධාරභාවො න හොති සො කෙවලං ආරම්මණිකධම්මානං ආරම්මණමත්තො හොති සො තබ්බිසයාධාරො නාම-යථා, රූපෙ සඤ්ඤත්‍යාදි—යො පන වුත්තනයෙන ආධාරභාවො නහොති කින්තු තදායත්තභාවෙන ආධාරො හොති සො තදුපනිස්සයාධාරො නාම-යථා, සාසනෙ වසති භික්ඛූත්‍යාදි—එත්ථ හි රාජායත්තං බ්‍රාහ්මණමුපලබ්භමානො වත්තාරො භවන්ති “රාජසංනිස්සයො යං බ්‍රාහ්මණොති,” එව මිධාපි භික්ඛුස්ස වාසො පරි

යත්තිපටිපත්තිපටිවෙධසංඛාතස්ස සාසනස්සායත්තොති සාසනස්ස භික්ඛූ සම්බන්ධිතො වාසස්ස ආධාරො හොතීති අධිප්පායො—අය මපි ආධාරභෙදො අත්තනො මති වසෙන නෙව වුත්තො ආචරිය මතෙනෙව."

තවද—බාහිර ව්‍යාකරණයෙහිදු සමහර ආචාර්‍ය්‍යකෙනෙක් ආධා රය ෂට්ප්‍රභෙදයකටද, සමහරෙක් සතර ප්‍රභෙදයකටද, සමහරෙක් ත්‍රිප්‍රභෙදයකටද දක්වත් ඒ මත ත්‍රයම මෙසේය.

"අධාරො නාම අධිකරණං ෂඩ්විධමධිකරණං ඖපශ්ලෙෂිකං සාමීප්‍යකං අභිව්‍යාපකං වෛෂයිකං නෛමිත්තිකං ඖපචාරිකං චෙති, ඖපශ්ලෙෂිකං ත්‍රිවිධං එකදෙශවෘත්ති අභිව්‍යාප්‍යවෘත්ති ව්‍යංගවෘත්ති ඉති කෙෂාංචින්මතං.

කටෙ ශෙතෙ කුමාරො සෞ වටෙ ගාවඃ සුශෙරතෙ
තිලෙෂු විද්‍යතෙ තෛලං හෘදි බ්‍රහ්ම මෘතං පරං.
යුධෙ සන්නහ්‍යතෙ ධීරො ගුල්පග්‍රෙ කරිණං ශතං
භූභෘත්සු පාදපාඃ සන්ති ගංගායාං වරවාලුකා."

සතරප්‍රභෙදයෙහි.

"සාමීප්‍යශ්ලෙෂවිෂයෙ ව්‍යාපත්‍යාධාර ශ්චතුර්විධඃ
රෙමෙ ශරදි ගොවින්දො ගොපීභිරුදිතෙ විධෞ
කාලින්ද්‍යාං කානනෙ කෙලෞ කුශලඃ සකලෙ ස්ථිතඃ.

ආශ්‍රීයතෙ පදමෙස්මින්නිති ආධාරඃ සතු චතුර්විධඃ–යථා, සාමීප්‍යෙති සමීපස්‍ය භාවඃ සාමීප්‍යං, ආශ්ලෙෂඃ එකදෙශ සම්බන්ධඃ, විෂයඃ ප්‍රතිපාද්‍යාදිඃ, ව්‍යාප්තිඃ සාකල්‍යෙනසම්බන්ධඃ–ක්‍රමෙනොදාහරති රෙමෙ ඉති–ගොවින්දඃ ශරදි ශරත්කාලෙ විධෞ චන්ද්‍රෙ උදිතෙ සති විධොරුදය ක්‍රියානන්තර මිත්‍යර්ථඃ, කාලින්ද්‍යාං කාලින්දී සමීපෙ ලක්ෂණයාතීරෙ ඉත්‍යර්ථඃ, කානනෙ කානනෛකදෙශෙ, ගොපීභිඃ (සහ) රෙමෙ ක්‍රීඩිතවාන්, ගොවින්දඃ කීදෘශඃ කෙලෞ ක්‍රීඩාවිෂයෙ කුශලඃ සමර්ථඃ, සකලෙ ජගතිස්ථිතඃ සකලං ව්‍යාප්‍යස්ථිත ඉත්‍යර්ථඃ."

ත්‍රිප්‍රභෙදයෙහි.

ආශ්‍රීයතෙත‍ස්මිං ක්‍රියා ඉති ආධාරඃ–ඖපශ්ලෙෂිකො වෛෂයිකො අභිව්‍යාපකශ්චෙත්‍යාධාරස්ත්‍රිධා, කටආසෙත, ස්ථාල්‍යාං පචති, මොක්ෂෙ ඉච්ඡාස්ති, සර්වස්මින්නාත්මාස්ති."

ෂට්කාරක ලක්ෂණයි.

PREPOSITIONS, Etc.,
Governing the Accusative Case.

කම්මප්‍රවචනීයලක්ඛණ.

ද් කම්මප්‍රවචනීයයයි නම් ලැබූවුන්හා ද්විතීයා විභක්තිය (ඒනම් ද්විතීයා විභක්ත්‍යන්ත පද) යෙදීම කම්මප්‍රවචනීය යොගනම් වේ. එහි කම්මප්‍රවචනීයයෝ නම් කවරත්හුදයත්, මොග්ගල්ලායනයෙහි දක්වන ලද,

1. "ලක්ඛණෙ සහත්ථෙ හීනෙ චානු.
2. ඉත්ථම්භූතභාගවිච්ඡාසු ච පති පරානු.
3. ලක්ඛණෙ විච්ඡිත්ථම්භූතෙස්වභි.
4. නිපාතෙහි.
5. ධඤ්ඤාදීහි යුත්තෙ." යනමේසූත්‍රවල දක්වනලද ක්‍රමයට.

(1) ලක්ෂණාර්ථ සහාර්ථ හීනාර්ථයන්හි පවත්නා අනුයනඋපසර්ගයද—(2) ලක්ෂණාර්ථ ඉත්ථම්භූතාර්ථ කොඨාසාර්ථ වීප්සාර්ථයන්හි පවත්නා පති, පරි, අනු, යන උපසර්ගද—(3) ලක්ෂණාර්ථ වීප්සාර්ථ ඉත්ථම්භූතාර්ථයන්හි වැටෙන අභි යන උපසර්ගයද—(4) නින්දායෙහි වැටෙන ධි යන නිපාතයද—(5) වර්ජිතාර්ථවාචී විනා, රිතෙ, යන නිපාතවයද කම්මප්‍රවචනීයයෝනම් වෙත්.

කම්මප්‍රවචනීය සඥලද (ලක්ෂණාර්ථාදියෙහි වැටෙන) අනු ආදීන්හා ද්විතීයාවිභක්තියගේ (ඒනම් ද්විතීයා විභක්ත්‍යන්ත පද යන්ගේ) යෝගයෙහි උදාහරණ පිළිවෙළින් මෙසේ දතයුතුය,

1. ලක්ෂණාර්ථවාචී අනු යන කම්මප්‍රවචනීයයොගයෙහි ද්විතීයා.

☞ "පබ්බජිත මනුපබ්බජිංසු"—ප්‍රව්‍රජිතයා ලක්ෂණකොට ගෙණ පැවිදිවූවාහුය.

1. සහාර්ථවාචී එම.

"නදිමන්වවසිතා බාරාණසී"—බාරාණසීපුරීතොම ගඟාව හා ඒකාබද්ධවනලදී නොහොත් ගඟාවගේ දීර්ඝයි.

1. හීනාර්ථවාචී එම.

"අනු සාරිපුත්තං පඤ්ඤවා භික්ඛු"—ප්‍රඥාවන්ත භික්ෂූතෙම සාරිපුත්‍රස්ථවිරයන්ට හීනයි.

2. ලක්ෂණාර්ථවාචී පති, පරි, අනු, යන කම්මප්‍රවචනීය යොගයෙහි.

"සුපියස්සුග්ගමනං පති දිබ්බා භක්ඛා පාතුභවෙය්‍යුං"—"රුක්ඛං පති විජ්ජෝතතෙ චන්දෙ"—සුයසීගේ නැගීම (පහලවීම) ලක්ෂණකොටගෙණ දිව්‍යභෝජනයෝ පහලවෙත්වා. චන්ද්‍රතෙම වෘක්ෂය ලක්ෂණකොටගෙණ බබලන්නේය—රුක්ඛං පරි—පෙ—රුක්ඛං අනු—පෙ—යනුද මෙසේමයි,

2. ඉත්ථම්භූතාඛ්‍යාවාචී පති, පරි, අනු, යන කර්මප්‍රවචනීය යොගයෙහි.

"සාධු දෙවදත්තො මාතරම්පති"—දෙව්දත් තෙම මව සම්බන්ධව හෙවත් මව විෂයෙහි හෝ මව කෙරෙහි සම්‍යක්ප්‍රතිපන්නයි—"සාධු දෙවදත්තො මාතරම්පරි—පෙ—මාතර මනු"—යනුද මෙසේමයි

2. කොට්ඨාසාඛ්‍යාවාචී පති, පරි, අනු, යන කර්මප්‍රවචනීය යොගයෙහි.

"යදෙත්ථ මං පති සියා තං දීයතු"—මෙහි යමක් මා උදෙසා කොටසද එය දෙනුලැබේවා—"යදෙත්ථ මං පරි—පෙ—යදෙත්ථ මං අනු—පෙ—"යනුද මෙසේමයි.

2. වීප්සාඛ්‍යාවාචී පති, පරි, අනු, යන කර්මප්‍රවචනීය යොගයෙහි.

"අත්ථං අත්ථං පති සද්දා නිවිසන්ති—රුක්ඛං රුක්ඛං පති විජ්ජොතතෙ චන්දො"—අර්ථයක් අර්ථයක් පාසා ශබ්දය වදී හෙවත් අර්ථයක් පාසා ඒ අර්ථවාචක ශබ්ද ඇත්තේය—වෘක්ෂයක් වෘක්ෂයක් පාසා චන්ද්‍රතෙම බබලන්නේය—"රුක්ඛං රුක්ඛං පරි—පෙ—රුක්ඛං රුක්ඛං අනු—පෙ—"යනුද මෙසේමයි.

3. ලක්ෂණාඛ්‍යාවාචී අභි යන කර්මප්‍රවචනීය යොගයෙහි.

"රුක්ඛ මභි විජ්ජොතතෙ චන්දො"—චන්ද්‍රතෙම වෘක්ෂය ලක්ෂණ කොටගෙණ බබලයි,

3. වීප්සාඛ්‍යාවාචී එම.

"රුක්ඛං රුක්ඛ මභිවිජ්ජොතතෙ චන්දො"—චන්ද්‍රතෙම වෘක්ෂයක් වෘක්ෂයක් පාසා බබලයි.

3. ඉත්ථම්භූතාඛ්‍යාවාචී එම.

"සාධු දෙවදත්තො මාතර මභි"—(සාධු දෙවදත්තො මාතර මපති, යනු බලනු.)

4. නින්දාඛ්‍යාවාචී ධි යන කර්මප්‍රවචනීය යොගයෙහි.

"ධි බ්‍රාහ්මණස්ස හන්තාරං—ධි රත්ථිමං පූතිකායං"—බ්‍රාහ්මණයා නසන්නාහට නින්දාවේවා—මේ කුණුශරීරයට නින්දාවේවා.

වර්ජනාඛ්‍යාවාචී විනා යන කර්මප්‍රවචනීය යොගයෙහි.

"තං විනා කස්ස සොචතෙ"—ඔබුහැර කවරෙක්හට සෝක කරන්නේද.

5. වර්ජනාඛ්‍යාවාචී රිතෙ යන කර්මප්‍රවචනීය යොගයෙහි.

"රිතෙ සද්ධම්මං කං භජති"—සද්ධර්මය හැර කවරෙක් භජනය කරන්නේද.

තවද පාණිනීයෙහි දක්වනලද,

1. "අනුර්ලක්ෂණෙ.
2. තෘතීයාර්ථෙ.
3. හීනෙ.
4. උපොධිකෙ ච.
5. අප පරිවර්ජ්ජනෙ.
6. ආඞ්මර්‍ය්‍යාදා වචනෙ.
7. ලක්ෂණෙත්ථංභූතාඛ්‍යානභාග
   වීප්සාසු ප්‍රතිපර්‍ය්‍යනවඃ.
8. අභිරභාගෙ.
9. ප්‍රතිඃ ප්‍රතිනිධිප්‍රතිදානයොඃ.
10. අධි පරි අනර්ත්ථකෞ.
11. සුඃ පූජායං.
12. අතිරතික්‍රමණෙ ච.
13. අපිඃ පදාර්ත්ථ සංභාවනාන්ව
    වසර්ග්ගගර්හා සමුච්චයෙෂු.
14. අධිරීශ්වරෙ.
15. විභාෂාකෘඤි."

යනමේ සූත්‍ර පසළොසින් (1. 2. 3.) ලක්ෂණාර්ත්ථ සහාර්ත්ථ හීනාර්ත්ථයන්හි පවත්නා අනුයන උපසර්ග්ගයද, (4) අධිකාර්ත්ථ හීනාර්ත්ථයන්හි පවත්නා උප යන උපසර්ග්ගයද, (5) වර්ජ්ජනාර්ත්ථයෙහි වැටෙන අප පරි යන උපසර්ග්ගවයද, (6) මර්‍ය්‍යාදායෙහි වැටෙන (පාළියෙහි ආ යන උපසර්ග්ගයට සමවූ) ආඞ් යන උපසර්ග්ගයද, (7) ලක්ෂණාර්ත්ථ ඉත්ථම් භූතාඛ්‍යානාර්ත්ථ භාගාර්ත්ථ වීප්සාර්ත්ථයන්හි වැටෙන ප්‍රති, පරි, අනු යන උපසර්ග්ගද, (8) භාගාර්ත්ථය හැර එමඅර්ත්ථයන්හි වැටෙන අභි යන උපසර්ග්ගයද, (9) මුඛ්‍යසදෘශාර්ත්ථ ප්‍රතිනිර්‍ය්‍යාතනාර්ත්ථයන්හි වැටෙන ප්‍රති යන උපසර්ග්ගයද, (10) විශෙෂාර්ත්ථද්‍යොතක අධි, පරි යන උපසර්ග්ගද, (11) පූජාර්ත්ථවාචී සු යනුද, (12) පූජාර්ත්ථ අතික්‍රමණාර්ත්ථවාචී අති යන උපසර්ග්ගයද, (13) නොයොදනලද පදාන්තරාර්ත්ථ සංභාවනාර්ත්ථ අන්වවසර්ග්ගාර්ත්ථ ගර්හාර්ත්ථ සමුච්චයාර්ත්ථද්‍යොතක අපි යන උපසර්ග්ගයද, (14) ඊශ්වරාර්ත්ථවාචී අධි යන උපසර්ග්ගයද, (15) ඩුකෘඤ් කරණෙ යන ධාතුව හා යොගලද අධි යන උපසර්ග්ගයද, යන මොවුන් කර්ම්මප්‍රවචනීය සංඥා කරණලද්දේයයිද දතයුතුයි.

1. "සාකල්‍යස්‍ය සංහිතා මනුප්‍රාවර්ෂීත්.
2. පර්‍ව්‍යත මන්වවසිතා සෙනා, (පර්‍ව්‍යතෙන
   සහ සංබද්ධෙත්‍යර්ත්ථඃ.)
3. අනු හරිං සුරාඃ, (හරෙර්හීනා ඉත්‍යර්ත්ථඃ.)
4. උප නිෂ්කෙ කාර්ෂාපණං.
4. උප ශාකටායනං වෛයාකරණාඃ.
5. අප ත්‍රිගර්ත්තෙභ්‍යො වෘෂ්ටො දෙවඃ.
5. පරි ත්‍රිගර්ත්තෙභ්‍යො වෘෂ්ටො දෙවඃ.
6. ආ පාටලිපුත්‍රාද්වෘෂ්ටො දෙවඃ.
7. වෘක්ෂං ප්‍රතිවිද්‍යොතතෙ විද්‍යුත්.
7. වෘක්ෂං පරි විද්‍යොතතෙ විද්‍යුත්.
7. වෘක්ෂං මනු විද්‍යොතතෙ විද්‍යුත්.
7. සාධුර්දෙවදත්තො මාතරං ප්‍රති.
7. සාධුර්දෙවදත්තො මාතරංපරි.
7. සාධුර්දෙවදත්තො මාතර මනු.
7. යදත්‍ර මාං ප්‍රති ස්‍යාත්.
7. යදත්‍ර මාං පරි ස්‍යාත්.
7. යදත්‍ර මාමනු ස්‍යාත්.
7. වෘක්ෂං වෘක්ෂං ප්‍රති සිචති.
7. වෘක්ෂං වෘක්ෂං පරිසිචති.
7. වෘක්ෂං වෘක්ෂං අනුසිචති.
8. සාධුර්දෙවදත්තො මාතර මභි,

8. වෘක්ෂමභිද්‍යොතතෙ.

8, වෘක්ෂං වෘක්ෂමභිෂිඤ්චති.

9. ප්‍රද්‍යුම්න කෘෂ්ණාත් ප්‍රති.

9. තිලෙභ්‍යඃ ප්‍රතියච්ඡතිමාෂාන්.

10. කුතොධ්‍යාගච්ඡති.

10. කුතඃ පර්‍යාගච්ඡති.

11. සුසික්තං.

11. සුස්තුතං,

12 අතිසික්තමෙව භවතා.

12. අතිස්තුතං.

13. සර්පිෂොපිස්‍යාත්, (සර්පිෂොබින්දු රපිස්‍යාදිත්‍යර්ථඃ.)

13. අපි ස්තුයාද්‍රාජානං.

13. අපි සිඤ්ච.

13. අපිසිඤ්චෙත් පලාණ්ඩුං ධිග්දෙවදත්තං.

13. { අපි ස්තුහි.
අපි සිඤ්ච, (ස්තුහි. සෙවනමකුර්වී
ත්‍යර්ථඃ.) }

14. { අධි බ්‍රහ්මදත්තෙ පඤ්චාලාඃ.
අධි පඤ්චාලෙෂු බ්‍රහ්මදත්තඃ.
යදත්‍රමා මධි කරිෂ්‍යති.” }

යනුමේ යථෝක්ත පිළිවෙළින් පාණිනී උදාහරණයි.

SYNTAX OF VERBS.

භාව ලක්ෂණ.

මෙහි භාවනම් ක්‍රියාවයි-ඒද අප්‍රසිද්ධ ක්‍රියාවක් හඳුන්වනු පිණිස කියනුලබන ප්‍රසිද්ධ ක්‍රියාවයි. ඒ කියනලද ප්‍රසිද්ධ අප්‍රසිද්ධ ක්‍රියාවය අතුරෙන් ප්‍රසිද්ධ ක්‍රියාවාචී ශබ්දයෙහි සප්තමී විභක්ති යෙදිය යුතුයි.

එහෙයින් කීහු.

“භාවො ධාත්වර්ථඃ යස්‍ය ක්‍රියානන්තරං ක්‍රියාන්තරං ලක්ෂ්‍යතෙ ස ඉහ භාවඃ”

“ප්‍රසිද්ධක්‍රියයා අප්‍රසිද්ධ ක්‍රියායා ලක්ෂණං බොධනං භාවඃ—දෙවෙ වර්ෂිත් චෞරආයාතඃ, පත්‍යාස්‍යං සුමාලිනි පතිතොරාතිඃ.”

තවද මේගැණ දැනගතයුතු විස්තරයක් මෙසේය.

“භාවො නාම ක්‍රියා සා ධාත්වත්ථොතිපි වුච්චති සා චෙත්ථ ක්‍රියා න්තරොපලක්ඛණාව අධිප්පෙතා—යථා, භික්ඛූසු භොජියමානෙසු ගතො, සුත්තෙසු ගතො, ගොසු දුය්හමානාසු ගතො...ඉච්චාදි-තත්‍ර භික්ඛූසූති භාවසත්තමී, කථං භාවසත්තමී නාම භවතීති චෙ? භාව වසෙන ලද්ධා සත්තමී භාවසත්තමීති අත්ථවසෙන එත්ථ භාවොති ක්‍රියා, යස්ස හි භාවෙන භාවලක්ඛණං භවති තස්මිං හි සත්තමී විභත්ති භවති ඉදං වුත්තං හොති, යස්ස කිරියාය අඤ්ඤස්ස කිරියාය ලක්ඛණං සලක්ඛණං ජානනං භවති තස්මිං පඨමකිරියාවති පුග්ගලෙ සත්තමී විභත්ති උපලබ්භතීති-තදත්ථජොතකමිදං සුත්තං,

“අථ ඛො මාරො පාපිමා අචිරපක්කන්තෙ ආයස්මන්තෙ ආනන්දෙ
යෙන භගවා තෙනුපසඞ්කමි”ති-තත්ථ මාරස්ස භගවන්තං උපසං
කමනකිරියා ආයස්මතො ආනන්දස්ස භගවතො සන්තිකා පක්ක
මනකිරියාය ලක්ඛියති තස්මා තස්මිං පක්කමනකිරියාවති ආයස්ම
න්තෙ ආනන්දෙ සත්තමීවිභත්ති භවති, ඉමස්මිං ඨානෙ යෙභුය්‍යව
සෙන සමානාධිකරණභූතෙ භාවවාචකපදෙ විජ්ජමානෙ යෙව
සමානාධිකරණපදවති පදෙ භාවසත්තමී වොහාරො පවත්තති,
ගරූ පන කත්ථචි ඨානෙ සමානාධිකරණභූතං භාවවාචකපදං
අවිජ්ජමානම්පි අජ්ඣාහරිත්වා අසමානාධිකරණපදං සමානාධිකරණ
පදං කත්වා තත්ථ භාවසත්තමීති වොහරන්ති, යථාහි ගොසු ගම්ම
මානෙ වත්තබ්බෙ ති ච ආදීනි යථාරහමජ්ඣාහරන්ති, තත්ථ සියා,
යදි හි භික්ඛූසු භොජියමානෙසූති, එත්ථ භික්ඛූසූති අයං භාවවසෙන
ලබ්භා සත්තමීති භාවසත්තමී නාම සියා, භොජියමානෙසූති එසා
පන කතරා නාම සත්තමී සියා කතරෙන ච ලක්ඛණෙන සංවෙ
ත්තබ්බාති? තුල්‍යාධිකරණසත්තමී නාම එසා (කාලභාවෙසුවාති)
අනෙනෙව ච ලක්ඛණෙන සංවෙත්තබ්බාති, නනු එසා යෙව භාවෙ
වත්තමානා සත්තමී භාවසත්තමීති අනුවත්තවසෙන වත්තබ්බාති? සච්චං
තථාපි භාවසත්තමී වොහාරො තාදිසෙසු පොරාණෙහි න ආරො
පිතො, ඉතරත්‍ර පනාරොපිතොති දට්ඨබ්බො, යථා පන “විජ්ජාචරණ
සම්පන්නං බුද්ධං වන්දාම ගොතමං”න්ති එත්ථ බුද්ධන්ති කම්මපදං දුති
යාති අනෙන සිද්ධං, විජ්ජාචරණසම්පන්නං ගොතමන්ති ච අනෙ
නෙව, තථා භාවසත්තමී විසයෙපි වුත්තප්පකාරෙනෙව ලක්ඛණෙන
සමානාධිකරණපදෙසු විභත්‍යුප්පත්ති සිජ්ඣති, එවං සන්තෙපි යථා
විජ්ජාචරණසම්පන්නං බුද්ධං වන්දාම ගොතමන්ති ආදීසු ද්වෙ කම්මානි
තීණි කම්මානි චත්තාරි කම්මානීති ආදිනා බහූනි කම්මානි න
ඉච්ඡිතානි, එකමෙව කම්මං ඉච්ඡිතං, බහූහි පදෙහි එකස්සෙවත්ථස්ස
කථිතත්තා, එවමෙව “භික්ඛූසු භොජියමානෙසු, අචිරපක්කන්තෙ
ආයස්මන්තෙති ච ආනන්දෙ”ති ච ආදීසුපි ද්වෙ භාවසත්තමියො
තිස්සො භාවසත්තමියො චතස්සො භාවසත්තමියො ආදිනා බහූ භා
වසත්තමියො න ඉච්ඡිතබ්බා එකා යෙව භාවසත්තමී ඉච්ඡනීයා බහූහි
පදෙහි එකස්සෙවත්ථස්ස කථිතත්තා එතනයො සමානාධිකරණසම්ප
දානාදීසූති නිට්ඨමෙත්ථාවගන්තබ්බං.”

ON SINGULAR AND PLURAL.

එකවචන බහුවචන ප්‍රභෙදං

"එකස්සත්ථස්ස වචනං එකවචනං—බහූනං අත්ථානං වචනං බහුවචනං" යනුබැවින් එක අර්ථයාගේ වචනය එකවචනයයි—බොහෝ අර්ථයන්ගේ වචනය බහුවචනයයි—එසේම "එකම්හි වත්තබ්බෙ එකවචනං—බහුම්හි වත්තබ්බෙ බහුවචනං" යනුබැවින් එකඅර්ථයක් කියයුතු තන්හි යෙදියයුතු වචන එකවචනද, බොහෝවූ අර්ථයන් කියයුතු තන්හි යෙදියයුතු වචන බහුවචනද නම් වේ.

මේ දක්වනලද්දේ සාමාන්‍යවශයෙන් එකවචනබහුවචනාර්ථනමුදු, "එකස්ස විය වචනම්පි එකවචනං—බහූනානං විය වචනම්පි බහුවචනං" යනාදි අර්ථවශයෙනුදු එකවචන බහුවචනයෝ නම් වෙත්. එහෙයින්ම එකාර්ථ, සමුදායාපෙක්ෂ, ආදිවශයෙන් එකවචන පස්ප්‍රකාරයක්ද—බව්හාර්ථ, බහුසමුදායාපෙක්ෂ, ආදිවශයෙන් බහුවචන පසළොස්ප්‍රකාරයක්ද වෙත්.

ON THE SINGULAR NUMBER—එකවචන ප්‍රභෙද.

ඒනම්—එකාර්ථඑකවචනය, සමුදායාපෙක්ෂඑකවචනය, ජාත්‍යපෙක්ෂඑකවචනය, තද්නිශ්‍රයාපෙක්ෂඑකවචනය, එකත්වලක්ෂණඑකවචනයයි කියා එකවචනයාගේ පස්ප්‍රකාරයි—එහි එකම අර්ථය සඳහා වනනාවූ එකවචනය එකාර්ථඑකවචන නම් වේ—අර්ථවශයෙන් බොහෝ වුවද සමූහය වශයෙන් එකක්හෙයින් ඒ සමූහය අපෙක්ෂාකිරීමෙන් වනනාවූ එකවචනය සමුදායාපෙක්ෂඑකවචන නම් වේ-එසේම අර්ථවශයෙන් බොහෝ වුවද ජාතිවශයෙන් එකක් හෙයින් ඒ ජාතිය අපෙක්ෂාකිරීමෙන් වනනාවූ එකවචනය ජාත්‍යපෙක්ෂඑකවචන නම් වේ—නිශ්‍රිතවශයෙන් බොහෝ වුවද නිශ්‍රය එකක්හෙයින් ඒ නිශ්‍රය අපෙක්ෂාකිරීමෙන් වනනාවූ එකවචනය තද්නිශ්‍රයාපෙක්ෂඑකවචන නම් වේ—අර්ථවශයෙන් බොහෝ වුවද සමාස වීමෙන් ඒකත්වයට ගියාවූ නාමයාගේ එකවචනය එකත්වලක්ෂණ එකවචන නම් වේ.

ඊට උදාහරණ මෙසේ දතයුතුය.

1. එකාර්ථ එකවචන...... ..... "පුරිසො-ඉත්ථී-චිත්තං.
2. සමුදායාපෙක්ෂ එකවචන.... { බහුජ්ජනො පසන්නො-භික්ඛුසංඝො-මිකං-තිකං.
3. ජාත්‍යපෙක්ෂ එකවචන..... පාණං නානානෙ-සස්සො සම්පජ්ජති.
4. තද්නිශ්‍රයාපෙක්ෂ එකවචන. { සාවත්ථි සබ්බා අහොසි පසන්නා-නාගං රඤ්ඤස්ස පූජිතං.
5. එකත්වලක්ෂණ එකවචන. .. තිලකඛණං-කුසලාකුසලං."

ON THE PLURAL NUMBER — බහුවචන ප්‍රභෙද.

බව්හාර්ථබහුවචනය, බහුසමුදායාපෙක්ෂබහුවචනය, ආත්මබහුවචනය, ගරුකාරබහුවචනය, අපරිච්ඡේදබහුවචනය, මාතෘකානුසන්ධිබහුවචනය, පෘච්ඡානුසන්ධිබහුවචනය, පෘච්ඡාසභාගබහුවචනය, පුථුජ්ජනසමායොග පුථුආරම්මණබහුවචනය, තන්නිවාසබහුවචනය, තත්පුත්‍ර බහුවචනය, එකාභිධාන බහුවචනය, තන්නිශ්‍රයාපෙක්ෂබහුවචනය, ආරම්මණභෙදබහුවචනය, කෘත්‍යභෙදබහුවචනයයි කියා බහුවචනයාගේ පසළොස්ප්‍රකාරයි.

1. එහි බොහෝ අර්ථයන් සඳහා වනනාවූ බහුවචනය බව්හාර්ථ බහුවචනයි.

2. බොහෝ සමූහයා සඳහා වනනාවූ බහුවචනය බහුසමුදායාපෙක්ෂබහුවචනයි.

3. තමන් වාච්‍ය වීම සඳහා වන්නාවූ බහුවචනය ආත්ම බහුවචනයි.

4. ගෞරව වශයෙන් හෙවත් ගෞරව කිරීම සඳහා වන්නාවූ බහුවචනය ගරුකාර බහුවචනයි.

5. එකාර්ථයාගේ අපරිච්ඡේදය සලකා යොදනලද්දාවූ බහුවචනය අපරිච්ඡේදබහුවචනයි. (අනියමිතසංඛ්‍යාබහුවචනයයිද මීට කියත්)

6. අර්ථවශයෙන් එක වුවද මාතෘකාව හා අනුසන්ධිවීම සලකා යොදනලද බහුවචනය මාතෘකානුසන්ධිබහුවචනයි.

7. එසේම අර්ථයෙන් එක වුවද පෘච්ඡාව හා අනුසන්ධි වීම සලකා යොදනලද බහුවචනය පෘච්ඡානුසන්ධි බහුවචනයි,

8. පෘච්ඡානුසන්ධියට සභාග වන ලෙස යොදනලද බහුවචනය පෘච්ඡාසභාග බහුවචනයි.

9. පුථුජ්ජනසමායෝගපුථුආරම්මණවශයෙන් යොදනලද්දාවූ බහුවචනය පුථුජ්ජනසමායොගපුථුආරම්මණ බහුවචනයි.

10-11. තන්නිවාස තත්පුත්‍ර සංඛ්‍යාතවූ එකාර්ථයන්හි රූඪිවශයෙන් යොදනලද්දාවූ බහුවචන තන්නිවාස, තත්පුත්‍ර බහුවචනයෝ නම් වෙත්.

12. එකම අර්ථය වාච්‍ය පදයෙහි ප්‍රථම සදෘශ පදාර්ථ වාච්‍යවීම සඳහා යොදනලද බහුවචනය එකාභිධාන බහුවචනයි.

13. නිශ්‍රය එකක් වුවද නිශ්‍රිතයන් බොහෝහෙයින් ඒනිශ්‍රිතයන්ගේ වශයෙන් යොදනලද්දාවූ බහුවචනය තන්නිශ්‍රිතාපෙක්ෂ බහුවචනයි.

14. එකාර්ථයෙහි ආරම්මණයන්ගේ භේදයෙන් යොදනලද බහුවචනය ආරම්මණභේද බහුවචනයි.

15. එකාර්ථයෙහි කාර්‍ය්‍යයන්ගේ භේදයෙන් යොදනලද බහුවචනය කාර්‍ය්‍යභේද බහුවචනයි.

ඊට උදාහරණ මෙසේය.

1. බවහාර බහුවචන............ "රාජානො ආගච්ඡන්ති–සහායා මෙ ආගච්ඡන්ති.

2. බහුසමුදායාපෙක්ෂ බහුවචන... පූජිතා ඤාතිසංඝෙහි–දෙවකායා සමාගතා–තීණි දුක්ඛානි.

3. ආත්ම බහුවචන............... අම්හාකං පනති–පධානානි බො මෙසිය වදමානං කිනාති වදෙයකම.

4. ගරුකාර බහුවචන.......... තෙ මනුස්සා තං භික්ඛුං එතදවොචුං භුජථ භනෙතති.

5. අපරිච්ඡෙද බහුවචන.........අපචයා ධම්මා අසංඛතා ධම්මා.

6. මාතෘකාඛ්‍යසන්ධි බහුවචන.......කතමෙ ධම්මා අපචයා.

7. පෘච්ඡාඛ්‍යසන්ධිබහුවචන..........ඉමෙ ධම්මා අපචයා.

8. පෘච්ඡාසභාග බහුවචන...... කතමෙ ධම්මා නො පරාමාසා, තෙ ධම්මෙ ඨපෙත්වා අවසෙසා කුසලාකුසලබ්‍යාකතා ධම්මා.

9. පුථුචිත්තසමායොග පුථුආරම්මණ බහුවචන...... අත්ථි භික්ඛවෙ අඤ්ඤෙව ධම්මා දුද්දසා දුරනුබොධා සනතා පණීතා අතක්කාවචරා නිපුණා පණ්ඩිතවෙදනීයා යෙ තථාගතො සයං අභිඤ්ඤා සච්ඡිකත්වා පවෙදෙති.

10. තද්නිවාස බහුවචන......... සක්කෙසු විහරති කපිලවත්ථුස්මිං නිග්‍රොධාරාමෙ.

11. තත්පුත්‍ර බහුවචන.... .... සනාති පුත්තා විදෙහානං දීඝාවුරඨි වඩ්ඪනො.

12. එකාභිධාන බහුවචන......... සාරිපුත්තමොග්ගල්ලානෙ ආමන්තෙසි ගච්ඡථ තුම්හෙ සාරිපුත්තා කීටාගිරිං ගන්ත්වා අස්සජිපුනබ්බසුකානං භික්ඛූනං කීටාගිරිස්මා පබ්බාජනීයකම්මං කරොථ.

13. තද්නිශ්‍රිතාපෙක්ෂ බහුවචන....මඤ්චා උක්කුට්ඨිං කරොන්ති,

14. ආරම්මණභෙද බහුවචන.........චත්තාරො සතිපට්ඨානා.

15. කාර්‍ය්‍යභෙද බහුවචන...........චත්තාරො සම්මප්පධානා."

මේඑකවචන බහුවචන භෙදය නාම ආඛ්‍යාත යන ද්විප්‍රකාර විභක්තීන්ගේම වශයෙන් බව දතයුතුයි:

එහෙයින් කීහ.

"වචනෙසු අයං අත්ථො නාමාඛ්‍යාතවිභත්තීනං
වසෙන අධිගන්තබ්බො සාසනත්ථගවෙසිනා,"

මේ විංශතිප්‍රකාරවූ ඒකවචනබහුවචනයන් අතුරෙන් ඒකාර්ථඒක වචන, බව්හාර්ථබහුවචන, දෙකද සමුදායාපෙක්ෂ, ජාත්‍යපෙක්ෂ, ඒකත්වලක්ෂණ, යන ඒකවචනත්‍රයද අටුවා කථා සහිත ත්‍රිපිටකධර්ම යෙහි දක්නාලද බවද, ගරුකාරබහුවචනය ත්‍රිපිටකයෙහි ස්වල්ප නමුදු අටුවාටීකාදියෙහි බොහෝ බවද, තද්නිවාස බහුවචනයත් එසේම බවද, තත්පුත්‍රබහුවචනය හා තද්නිශ්‍රයෛකවචනයද, පූර්ව චිත්තසමායොග පූර්වාරම්මණ, අපරිච්ඡේද, මාතෘකානුසන්ධි, පෘච්ඡා නුසන්ධි, පෘච්ඡාසභාග, යන බහුවචන පසද—ඒකාභිධාන, භින්න භෙද, ආරම්මණභෙද බහුවචනත් ස්වල්ප බවද "එකත්ථෙ" යනාදි මේ මතුප්‍රකාශවන ගාථාවලින් දක්වන ලදී.

"එකත්ථෙ දෙක වචන විහාරස්මිං තරං පි ච
සමුදායජාතිඑකත්ථ ලක්ඛණෙකවචොපි ච.
සාට්ඨකථෙ පිටකම්හි පාඨෙ පායෙන දිස්සරෙ.

ගරුම්හි වත්තනෙකස්මිං බහුවචනකං පන
පාළියං අප්පකං අට්ඨකථා ටීකාසු තං බහු.

තථා හි බහුකං දෙකවචනං යෙව පාළියං
ගරුම්හිවත්තනෙ කස්මිං ඉදමෙත්ථ නිදස්සනං.

නමො තෙ පුරිසාජඤ්ඤ නමො තෙ පුරිසුත්තම
තව සාසන මාගම්ම පත්තොම්හි අමතං පදං.

ඉච්චෙව මාදිසො පාඨො බහුධා ජිනසාසනෙ
දිස්සන්ති විජානෙය්‍ය ටීකා අක්ඛර චින්තකො.

සාතිසයං ගරුකාරාරහස්සාපි මහෙසිනො
එකවචනයොගෙන නිද්දෙසො දිස්සතෙ යතො.

තතො වොහාරකුසලො කරෙය්‍යත්ථානු රූපතො
එකවචන යොගං වා ඉතරං වා සුමෙධසො.

පායෙන තං නිවාසම්හි බහුවචනකං සිතං
තං පුත්තෙ අප්පකං තන්නිස්සයෙක වචනම්පිච.

පුබ්බචිත්තා පරිච්ඡෙද මාතිකාසන්ධි ආදිසු
බහුවචනකඤ්චාපි අප්පකන්ති පකාසයෙ.

එකාභිධානතො භින්නා තථා ගොචරතොපිච
බහුවචනකන්තන්නිස්සිතං පෙක්ඛච අප්පකං.

ඉච්චෙවං සප්පයොගන්තු ඤත්වාන වචනද්වයං
කාතබ්බො පන වොහාරෙ යථා පාළි විභාවිනා."

UKTA'NUKTA.

උක්තානුක්තභෙදං

මෙහි උක්තානුක්තනම් කියමත්—කියනලද්දේ උක්තනම්වේ. කවුරුන් විසින්ද යත්? සමාසතද්ධිතආඛ්‍යාතකිතක යන මොවුන් විසිනි. එහෙයින් සමාසාදීන්විසින් කියනු ලබනනාවූ කර්තෘකර්ම කරණාදිය උක්තකර්තෘකර්මකරණාදියයි. සමාසාදීන්විසින් නොකිය නලද්දාවූ කර්තෘකර්මකරණාදිය අනුක්ත කර්තෘකර්මකරණාදිය නම් වේ. කර්තෘ කර්ම කරණ සම්ප්‍රදාන අපාදාන සාමි ආධාර යනමේ අර්ථයන් අතුරෙන් යම් අර්ථයෙක්හි සමාස වේනම් සමාසයාවිසින් ඒ (කර්තෘආදි) අර්ථය උක්තයි–ඒනම් "ජිතින්ද්‍රියො සමණො"යී කීකල ජිතින්ද්‍රියො යන මේ සමාසපදය කර්තෘ අර්ථයෙහි (ජිතානි ඉන්ද්‍රියානි යෙන සො සී) සමාස වූහෙයින් මේසමාස පදයෙන් කියනු ලබන්නේ කර්ම කරණාදියක් නොව ක්‍රියාවක් කළාවූ කර්තෘතෙනෙකි. ඒනම් ඉන්ද්‍රියවිජයාඛ්‍ය ක්‍රියාව කළාවූ ශ්‍රමණයි. එහෙයින් ජිතින්ද්‍රියො යන සමාසයාවිසින් සමණො යනු උක්තකර්තෘයි—එසේම කර්තෘ කර්මාදි යම් අර්ථයෙක්හි තද්ධිතප්‍රත්‍යයක් වේනම් ඒ තද්ධිතප්‍රත්‍යයාවිසින් ඒ කර්තෘ ආදිය උක්තයි–කර්තෘ කර්ම යන දෙකින් යම් අර්ථයෙක්හි ආඛ්‍යාතප්‍රත්‍යයක් (හෙවත් විභක්තියක්) වේනම් ආඛ්‍යාතයා විසින් ඒ කර්තෘ හෝ කර්මය උක්තයි—කර්තෘ කර්ම කරණ සම්ප්‍රදාන අපාදාන* ආධාර යන අර්ථ ෂට්කයෙන් යම් අර්ථයෙක්හි (ධාතුවකින් පරව) කිතක ප්‍රත්‍යයක් වේනම් ඒ අර්ථය කිතකයාවිසින් උක්තයි–කර්මාදි ෂට්කය හා සාමිද උක්තවූ කල්හි ප්‍රථමාවිභක්තිය මුත් අන් කිසි විභක්තියක් නොවේ. අනුක්තවූ කල්හි ද්විතීයා තතියා චතුර්ථි පචමී ෂෂ්ඨී සත්තමී යන විභක්තීහු පිළිවෙළින් ඒ අනුක්ත කර්මාදියෙහි වෙත්.

එහෙයින් කීහ–බාලාවතාරයෙහි.

†"වුත්තෙත කම්මාදි සාමිං ලිඟත්‍ථෙ පඨමා සියා
අවුත්තෙතතු භවන්තඤ්ඤ දුතියාදි යථාරහං."

---

* කිතකයාවිසින් සාමි සංඛ්‍යාත සම්බන්ධයාගේ උක්තවීමක් නැත්තේය.

† මේ සඳහාම සිදත්සඟරාවෙහි.

"බජනුයේ පෙරවිබත්–නොවෙසෙසි පදත උතුවත"—යනුහා
"බජත තම විබත් කම්–කතු අරුතැ අවුතුනම්–
ඔහු දෙදෙන උතුනම් වෙත්–පලමුවිබත් බජනුවෝ"—යනුද දක්වතලදී.

සමාසාදීන් විසින් උක්තවූද අනුක්තවූද කර්මාදියට පිළිවෙළින් උදාහරණ දක්වනු ලැබේ. එයිනුදු

සමාසයා විසින් උක්තවූ කර්මාදිය.

සමාසයාවිසින් උක්ත කර්මය......ආගතසමණො–විහාරො.
සමාසයාවිසින් උක්ත කර්තෘ.......විජිතමාරො–භගවා.
සමාසයාවිසින් උක්ත කරණය......ජිනාහාරූඪො–එරසු.
සමාසයාවිසින් උක්ත සම්ප්‍රදානය. දිනනාසුංකො–රාජා.
සමාසයාවිසින් උක්ත අපාදානය...නිග්ගතජනො–ගාමො.
සමාසයාවිසින් උක්ත සාමි... .....දසබලො–භගවා.
සමාසයාවිසින් උක්ත ආධාරය......සම්පන්නසස්සො–ජනපදො.

මෙහි ආගතා සමණා යං යන වාක්‍යයෙහි ආගත සමණ යන ශබ්දද්වය කර්මාර්ථයෙහි ආගතසමණො යී සමාස වූහෙයින් ඒ සමාස පදයා විසින් උක්තාවනුලබන්නේ හෙවත් කියනුලබන්නේ කර්තෘ සම්ප්‍රදානාදියක් නොව කර්මයක්ය. ඒනම්, (ශ්‍රමණයන්ගේ ආගමන ක්‍රියාවෙන් පැමිණිය යුතුවූ) විහාරබ්‍ය කර්මයයි—එහෙයින් මෙහි විහාරො යනු සමාසයාවිසින් උක්තවූ කර්මයයි කියනු ලැබේ.

විජිතො මාරො යෙන යන වාක්‍යයෙහි විජිත මාර යන ශබ්දද්වය කර්තෘ අර්ථයෙහි විජිතමාරො යී සමාසවූ ඒ සමාසපදයාවිසින් කියනු ලබන්නේ කර්තෘ කෙනෙකුන්ය. ඒනම්, මාරවිජය සංඛ්‍යාතවූ ක්‍රියාවට කර්තෘවූ භාග්‍යවතුන්වහන්සේය, එහෙයින් මෙහි භගවා යනු විජිතමාරො යන සමාස පදයාවිසින් උක්තවූ කර්තෘයයි කියනු ලැබේ.

ජිනෙනා රූළ්හො යෙන යන වාක්‍යයෙහි ජිනන රූළ්හ යන ශබ්දද්වය කරණාර්ථයෙහි ජිනාහාරූළ්හො යී සමාස වූහෙයින් ඒසමාසපදයාවිසින් කියනු ලබන්නේ යෙන යන කරණ පදයාවිසින් පරාමෘෂ්ටවූ එරසුවයි. එහෙයින් එරසු යනු ජිනාහාරූළ්හො යන සමාසයා විසින් උක්තතාවූ කාරණයයි කියනු ලැබේ.

එසේම දිනෙනා සුංකො යස්ස යන වාක්‍යයෙහි දින්න සුංක ශබ්දද්වය සම්ප්‍රදානාර්ථයෙහිද—නිග්ගතා ජනා යස්මා යන වාක්‍යයෙහි නිග්ගත ජන ශබ්දද්වය අපාදානාර්ථයෙහිද—දස බලානි යස්ස යන වාක්‍යයෙහි දසබල යන ශබ්දද්වය සාම්‍යර්ථයෙහිද—සම්පන්නානි සස්සානි යස්මිං යන වාක්‍යයෙහි සම්පන්න සස්ස යන ශබ්දද්වය ආධාරාර්ථයෙහිද—සමාසවූ හෙයින් දින්නසුංකො–නිග්ගතජනො–දසබලො–සම්පන්නසස්සො–යනාදී සමාසපදයන් විසින් කියනුලබන්නේ පිළිවෙළින් සම්ප්‍රදාන, අපාදාන, සාමි, ආධාර යන මේවාය.

එහෙයින් රාජා යනු දින්නසුංකො යන සමාසපදයාවිසින් උක්තවූ සම්ප්‍රදානයයි—ගාමො යනු නිග්ගතජනො යන සමාස පදයා විසින් උක්තවූ අපාදානයයි—භගවා යනු දසබලො යන සමාස පදයා විසින් උක්තවූ සාමියි—ජනපදෙ යනු සම්පන්නසස්සො යන සමාස පදයාවිසින් උක්තවූ ආධාරයයි—එබැවින් සමාසාදීන් විසින් උක්තවූ ඒ පදයන්කෙරෙන් ද්විතීයා තෘතීයාදි විභක්ති නොව ප්‍රථමා විභක්තිම වන්නීයයි දතයුතුයි.

එම කීහ—ප්‍රබොධචන්ද්‍රිකාවෙහි

"ත්‍යාදිභි ස්තද්ධිතෛඃ කෘද්භි ස්සමාසෛශ්ච විධීයතෙ,
යදෙව කාරකං තත්‍ර ප්‍රථමෛව නචාන්‍යතඃ."

ආඛ්‍යාතයාවිසින් උක්තවූ කර්මාදියෙහි ඒ ආඛ්‍යාත ක්‍රියා පදයාගේ සංඛ්‍යාවද (හෙවත් ඒකවචන බහුවචනයක්) සමාස තද්ධිත කිතක යන මොවුන් විසින් උක්තවූ කර්මාදියෙහි ඒ සමාස තද්ධිත කිතකාන්තපදයන්ගේ ලිංග සංඛ්‍යා විභක්තීන්ද යෙදිය යුක්තාහුය. එම කීහ-"උක්තානාං හි පදාර්ථානාං ත්‍යාදෙස්සංඛ්‍යෛව ගෘහ්‍යතෙ,
කෘත්තද්ධිත සමාසෛශ්ච ලිංගසංඛ්‍යා විභක්තයඃ."

එසේහුදු කර්මයාගේ උක්ත වීමෙහිදී, ප්‍රකෘතිකර්ම විකෘතිකර්ම යන දෙකම එක ක්‍රියාපදයෙන් උක්තවීමක් ඇති කල්හි ප්‍රකෘති කර්මයාගේ සංඛ්‍යා තොමො ඒ ක්‍රියා පදයෙහි යෙදිය යුතු බව හා විකෘති කර්මයාගේ සංඛ්‍යා තොමො ක්‍රියා පදයෙහි නොයෙදිය යුතුබව ප්‍රබොධ චන්ද්‍රිකායෙහි හා කච්චායන සාරයෙහි කියන ලද්.

"ප්‍රකෘතිර්විකෘතිශ්චාපි යදුක්තා වෙ ද්‍යද තදා,
වාච්‍යයොඃ ප්‍රකෘතෙ ස්සංඛ්‍යා ගෘහ්‍යතෙ විකෘතෙර්නහි."

"පකති විකති චාපි යත්‍ර වුත්තා වයං පි ච,
වාච්චකො පකති සංඛ්‍යං* ගණ්හාතියස්සා පධානතො."

උදාහරණ-"ඌයන්තෙ තන්තවො රාම පට සුවණ්ණාපි කුණ්ඩලෙ,
ක්‍රියන්තෙ රාමචන්ද්‍රස්‍ය පච්‍යන්තෙ නව තණ්ඩුලාඃ.
තන්තවො රාමචන්ද්‍රස්‍ය පටො භූතාශ්ච තණ්ඩුලාඃ,
කෘතා ඔදන මිත්‍යාදෞ ලිංගාදිකා ඉපි ශ්‍යතෙ.
අයොධ්‍යාං නියතෙ සීතා රාමෙණ ගුරුකර්මණා,
රාමොයං යාච්‍යතෙ මුක්තිං මයා සංසාරභීරුණා."

---

* "කිතක සමාසෙසු වත්ත්‍ගුනා තනතාද්‍යොති ආදීසු ලිංගස්සාපි ගහණතො සඛ්‍යා නති උපලක්ඛණ මත්තන්ති දට්ඨබ්බං" යනු ටීකායි.

සමාසයාවිසින් අනුක්ත කර්ම කර්තෘ කරණාදිය.

"අත්‍ර සමාසතද්ධිතානං සකං සකං වාක්‍යමෙවොදාහරණං කාතබ්බං" යී බාලාවතාරයෙහි තිබෙයින් සමාස තද්ධිතයන් විසින් අනුක්තවූ කර්මාදියට ස්වකීය ස්වකීය වාක්‍යම ඒනම් උක්තකර්මාදියට දැක්වූ සමාස පදයන්ගේ විග්‍රහවාක්‍යම උදාහරණයි.

ඒ මෙසේය.

සමාසයාවිසින් අනුක්ත කර්මය......1. ආගතා සමණා යං විහාරං.
සමාසයා විසින් අනුක්ත කර්තෘ......2. විජිතො මාරො යෙන භගවතා.
සමාසයාවිසින් අනුක්ත කරණය...3. ඡින්නො රුක්ඛො යෙන ඵරසුනා.
සමාසයාවිසින් අනුක්ත සම්ප්‍රදානය.4. දින්නො සුංකො යස්ස රඤ්ඤො.
සමාසයාවිසින් අනුක්ත අපාදානය. 5. නිග්ගතා ජනා යස්මා ගාමා.
සමාසයාවිසින් අනුක්ත ස්වාමි ......6. දස බලානි යස්ස භගවතො. [පදෙ
සමාසයාවිසින් අනුක්ත ආධාරය ...7. සම්පන්නානි සස්සානි යස්මිං ජන

(1.) මෙහි ආගත-සමණ යන ශබ්දද්වය කර්මාර්ථයෙහි "ආගත සමණො" යී සමාස නොව "ආගතා සමණා යං" යී වාක්‍යයම සිටි හෙයින් මෙහි සමාසයක්විසින් කියනු ලබන කර්මයක් නැත්තේය, එහෙයින් "ආගතා සමණා යං විහාරං" යන මෙහි "විහාරං" යනු සමාසයා විසින් අනුක්ත කර්මයයි කියනු ලැබේ—එහෙයින් සමාසයා විසින් අනුක්තවූ ඒ කර්මයෙහි ප්‍රථමා විභක්ති නොව ද්විතීයා විභක්තිම විය.

(2.) විජිතො මාරො යෙන යන වාක්‍යයෙහි "විජිත-මාර" යන ශබ්දද්වය කර්තෘ අර්ථයෙහි "විජිතමාරො" යී සමාස නූවූ හෙයින් සමාසයා විසින් කර්තෘ අනුක්තය, එහෙයින් "යෙන" යී තෘතීයා විභක්ති විය.

(3.) ඡින්නො රුක්ඛො යෙන යන වාක්‍යයෙහි "ඡින්න-රුක්ඛ" යන ශබ්දද්වය කරණාර්ථයෙහි "ඡින්නරුක්ඛො" යී සමාස නොව වාක්‍යම සිටිහෙයින් සමාසයා විසින් කරණය උක්තනොවන ලද්දේය—එහෙයින් "යෙන ඵරසුනා" යී තෘතීයා විභක්ති විය.

(4.) එසේම දින්නො සුංකො යස්ස යන වාක්‍යයෙහි "දින්න-සුංක" යන ශබ්දද්වය සම්ප්‍රදානාර්ථයෙහිද, (5.) නිග්ගතා ජනා යස්මා යන වාක්‍යයෙහි "නිග්ගත-ජන" ශබ්දද්වය අපාදානාර්ථයෙහිද—(6.) දස බලානි යස්ස යන වාක්‍යයෙහි "දස-බල" ශබ්දද්වය ස්වාම්‍යර්ථයෙහිද, (7.) සම්පන්නානි සස්සානි යස්මිං යන වාක්‍යයෙහි "සම්පන්න-සස්ස" යන ශබ්දද්වය ආධාරාර්ථයෙහිද—(දින්නසුංකො-නිග්ගතජනො-දසබලො-සම්පන්නසස්සො යී) සමාස නොව ස්වකීය ස්වකීය වාක්‍යම

සිටිහෙයින් සමාසයාවිසින් සම්ප්‍රදාන, අපාදාන, සාමි, ආධාර, යනාර්ථයො උක්ත නොවන ලද්දාහුය—එහෙයින් ඒ අනුක්ත සම්ප්‍රදානාදියෙහි ප්‍රථමා විභක්ති නොව පිළිවෙළින්, චතුර්ථි, පඤ්චමී, ෂෂ්ඨී සප්තමී යන විභක්තීහු වූවාහු යයි දතයුතුයි.

තද්ධිතයාවිසින් උක්තවූ කර්මාදියට උදාහරණ.

තද්ධිතයාවිසින් උක්ත කර්මය ...1. ඝාතිකො-ආහාරෙ—සතිකො-දාසො.

තද්ධිතයාවිසින් උක්ත කර්තෘ......2. අභිධම්මිකො-භික්ඛු.

තද්ධිතයාවිසින් කරණය ....උක්තවීමක් නැත්තේය.

තද්ධිතයාවිසින් උක්ත සම්ප්‍රදානය.4. දක්ඛිණෙය්‍යො-භික්ඛු.

තද්ධිතයාවිසින් අපාදානයද ......උක්ත වීමක් නැත්තේය.

තද්ධිතයාවිසින් උක්ත සම්බන්ධය 6. වෙණිකො—ගන්ධබ්බො.

තද්ධිතයාවිසින් උක්ත ආධාරය...7. රුක්ඛවා—දෙසො.

(1.) ඝාතිකො-සතිකො-යන මෙහි "ඝතෙන සංසට්ඨො-සතෙන කීතො" යනු විග්‍රහය—එහි කර්මාර්ථයෙහි ත ප්‍රත්‍යයාන්තවූ සංසට්ඨ, කීත, යන ශබ්දයන්ගේ අර්ථයෙහි තද්ධිත (ණික) ප්‍රත්‍යය වූ හෙයින් ඒ තද්ධිත ප්‍රත්‍යයාන්ත ඝාතික, සතික, යන ශබ්දයන් විසින් "ආහාරෙ-දාසො" යන කර්මදෙක උක්තහෙයින් ඒ තද්ධිතයාවිසින් උක්තවූ කර්මයෝයයි කියනු ලැබෙත්.

(2.) අභිධම්මං අධීයතෙ සී වාක්‍ය ගෙණ විග්‍රහ කරණු ලබන්නාවූ තද්ධිත (ණික) ප්‍රත්‍යයාන්ත පදයෙන් (උක්ත වූයේ) කියනු ලබන්නේ "භික්ඛු" යන කර්තෘහෙයින් ඒ භික්ඛු යනු තද්ධිතයා විසින් උක්ත කර්තෘයයි දත යුතුයි.

(4.) දක්ඛිණා දීයතෙ යස්ස යන වාක්‍යයෙහි යස්ස යන සම්ප්‍රදානාර්ථයෙහි දක්ඛිණා ශබ්දයාකෙරෙන් ණෙය්‍ය ප්‍රත්‍යය වූහෙයින් ඒ තද්ධිත (ණෙය්‍ය) ප්‍රත්‍යයාන්ත පදයාවිසින් සම්ප්‍රදානය උක්තානුයි, "භික්ඛු" යනු තද්ධිතයා විසින් උක්ත සම්ප්‍රදාන නම් වේ.

(6.) වීණා අස්ස සිප්පං යන වාක්‍යයෙහි වීණා ශබ්දයෙන් පරව සාමාර්ථයෙහි තද්ධිත (ණික) ප්‍රත්‍යය වූහෙයින් ඒ තද්ධිත (ණික) ප්‍රත්‍යයාන්ත වෙණිකො යන පදයාවිසින් සාමි උක්තානුයි "ගන්ධබ්බො" යනු තද්ධිතයා විසින් උක්ත සාමිනම් වේ.

(7.) රුක්ඛා අස්මිං විජ්ජන්ති යන වාක්‍යයෙහි රුක්ඛ ශබ්දයෙන් පරව ආධාරාර්ථයෙහි තද්ධිත (වන්තු) ප්‍රත්‍යය වූ හෙයින් ඒ තද්ධිත පදයා විසින් ආධාරය උක්තානුයි "දෙසො" යනු තද්ධිතයා විසින් උක්තාධාරම් වේ.

තද්ධිතයා විසින් අනුක්ත කර්මාදිය.

තද්ධිතයාවිසින් අනුක්ත කර්මය ...1. { ඝතෙන සංසට්ඨො ආහාරො-
සතෙන කීතො දුස්සො.

තද්ධිතයාවිසින් අනුක්ත කර්තෘ......2. අභිධම්මං අවෙච්ච අධීතෙ භික්ඛු.

” ” ” ”

තද්ධිතයාවිසින් අනුක්ත සම්ප්‍රදානය.4. දක්ඛිණාදීයතෙ යස්ස භික්ඛුනො.

” ” ” ”

තද්ධිතයාවිසින් අනුක්ත සාමි ......6. වීණාවාදනං සිප්පං අස්ස ගන්ධබ්බස්ස.

තද්ධිතයාවිසින් අනුක්ත ආධාරය...7. රුක්ඛා යස්මිං දෙසෙ විජ්ජන්ති.

(1.) ඝතෙන සංසට්ඨො ආහාරො යනාදියෙහි-සංසෘෂ්ටාර්ථයෙහි විධ්‍යමාන වූ තද්ධිත “ණික” ප්‍රත්‍යය නොකළහෙයින් ඔහුවිසින් ඔදනාඛ්‍ය කර්මය අනුක්තනුයි අනුක්තකර්ම නම් වේ—එහි තද්ධිතයා විසින් කර්මය අනුක්ත නමුදු කර්මයෙහි කරණ ලද කිත්‍යන්ත ප්‍රත්‍යයා විසින් උක්තහෙයින් “ආහාරො-දුස්සො” යනු කිත්‍යන්තයා විසින් උක්ත කර්මයෝයි.

(2.) අභිධම්මං අවෙච්ච අධීතෙ යන වාක්‍යයෙහි අභිධම්ම ශබ්දයා කෙරෙන් පරව කර්තෘ අර්ථයෙහි තද්ධිත “ණික” ප්‍රත්‍යය නුවූහෙයින් තද්ධිතයා විසින් කර්තෘ අනුක්තයි.

(4.) දක්ඛිණා දීයතෙ යස්ස යන වාක්‍යයෙහි දක්ඛිණා ශබ්දයා කෙරෙන් පරව සම්ප්‍රදානාර්ථයෙහි තද්ධිත “ණෙය්‍ය” ප්‍රත්‍යය නුවූහෙයින් තද්ධිතයා විසින් සම්ප්‍රදානය අනුක්තයි.

(6.) වීණා වාදනං සිප්පං අස්ස ගන්ධබ්බස්ස යන වාක්‍යයෙහි වීණා ශබ්දයා කෙරෙන් පරව සාම්‍යර්ථයෙහි තද්ධිත “ණික” ප්‍රත්‍යය නුවූහෙයින් තද්ධිතයා විසින් සාමි අනුක්ත නම් වේ.

(7.) රුක්ඛා යස්මිං දෙසෙ විජ්ජන්ති යන වාක්‍යයෙහි රුක්ඛ ශබ්දයා කෙරෙන් පරව ආධාරාර්ථයෙහි තද්ධිත “වන්තු” ප්‍රත්‍යය නුවූහෙයින් ස්වකීය වාක්‍යයම සිටි බවද තද්ධිත ප්‍රත්‍යයා විසින් ආධාරය අනුක්තහෙයින් ප්‍රථමා විභක්ති නොව “දෙසෙ” යී සප්තමී විභක්තිම වූ බවද දත යුතුයි.

ආඛ්‍යාතයාවිසින් උක්තානුක්ත කර්මාදියට උදාහරණ.

ආඛ්‍යාතයාවිසින් උක්ත කර්ම ...1 { සූදෙන ඔදනො පච්චතෙ.
බුද්ධෙන ධම්මො දෙසීයතෙ.

ආඛ්‍යාතයාවිසින් උක්ත කර්තෘ...2 { සූදො ඔදනං පචති.
බුද්ධො ධම්මං දෙසෙති.

(ආඛ්‍යාතයා විසින් කරණාදිය උක්තවීමක් නැත්තේය.)

(1.) "පච්චතෙ" යන්නෙහි ආඛ්‍යාත තෙ විභක්තියද ය ප්‍රත්‍යයද කර්මයෙහි ඊරිතහෙයින් පච්චතෙ යන ඒ ආඛ්‍යාත පදයා විසින් ප්‍රකාශකරණු ලබන්නේ හෙවත් උක්තවනු ලබන්නේ කර්මයත්ය ඒනම්, "ඔදනො" යනුයි-එහෙයින් "සූදෙන ඔදනො පච්චතෙ" යන මෙහි "ඔදනො" යනු ආඛ්‍යාතයාවිසින් උක්ත කර්මයි.

(2.) "බුද්ධෙන ධම්මො දෙසීයතෙ" යන්නෙහිද මෙසේමය—තවද උක්තකර්මය වූ පදයෙහි යෙදිය යුතු විභක්තිය නාම් ප්‍රථමාවමබව "අභිහිතෙ කර්මණි ප්‍රථමෛව" යන පාණිනී පාඨයෙන්ද— "ප්‍රථමෛව විභක්ති ස්‍යාත් උක්තෙ කර්මණි කර්තරි" යන ප්‍රබෝධ චන්ද්‍රිකා පාඨයෙන්ද "පඨමෙන යුත්තො වුත්තො" යන කච්චායන භෙද පාඨයෙන්ද දත යුතුයි.

"කම්මත්‍ථෙ දුතියා" යන ආචාර්‍ය්‍ය වචනය ලෙස කර්මාර්ථය ප්‍රකාශකරණ පදයෙහි යෙදිය යුතු ද්විතීයා විභක්තිමය—එසේ යුතුව තිබියදී ප්‍රථමා විභක්ති යොදන ලද්දේ කුමන් නිසාද? යත්- ඒ මෙනිසායයි දතයුතුය-ඒනම්, යම්සේ "ඔදනං පචති" යන මෙහි ඔදන සංඛ්‍යාතවූ කර්මය ද්විතීයා විභක්තිය විසින් කියනලද හෙයින් (ඒ කර්මාර්ථය ප්‍රකාශකරණු පිණිස) තමාවිසින් කිය යුතුවූ අර්ථ විශෙෂයක් නැතිහෙයින් ඒ ද්විතීයා විභක්ත්‍යන්ත කර්මපදයෙහි නැවත ද්විතීයා විභක්තිය නොයොදනු ලැබේද, එසේම "සූදෙන ඔදනො පච්චතෙ" යන මෙහිද-"පච්චතෙ" යන කර්මකාරක ආඛ්‍යාත ක්‍රියාපදයාවිසින් කර්මයතෙම කියනලද හෙයින් නැවත ඒ (කර්මාර්ථය ප්‍රකාශ කරණු, පිණිස) කර්මපද යෙහි ද්විතීයා විභක්තිය යෙදීමෙන් අමුතු ප්‍රයෝජනයක් නැති හෙයින් ද්විතීයා විභක්ති නොව ප්‍රථමා විභක්තියම යොදනු ලැබේ යයි දත යුතුයි.

එහෙයින් කීන—බාලාවතාරයෙහි.

"යථා ඔදනං පචතීත්‍යාදෙ ඔදනසංඛ්‍යාතං කම්මං දුතියාය
"වුත්තන්ති පුන තත්‍ථ වත්තබ්බස්සා ත්‍ථවිසෙසස්සා භාවා න දුතියා
"තථා ත්‍රාපි සමාසාදීහි එව විහාරාදීනං කම්මානං කථිතත්තා න
"පුන තප්පකාසිකා දුතියා සියා, විභත්තිං විනා චාත්‍ථං නිද්දිසිතුම
"සක්කුණෙය්‍යත්තා අවසිට්ඨ ලිඟත්‍ථ මත්තාපෙක්ඛාය මපන ....
"පඨමා හොන්තෙව."

(2.) "සූදො ඔදනං පචති" යන මෙහි "පචති" යනු ආඛ්‍යාත කර්තෘකාරක ක්‍රියාපදයක් බැවින් ඒ පදය විසින් කියනු ලබන්නේ

(උක්තවන ලද්දේ) කර්තෘ කෙනෙකුන්ය—ඒනම් "සූදෙ" යනුයි—එහෙයින් "සූදෙ" යනු ආඛ්‍යාතය විසින් උක්ත කර්තෘයි—"බුද්ධො ධම්මං දෙසෙති" යන්නෙහිද මෙසේමය.

උක්තකර්තෘ පදයෙහි යෙදිය යුතු ප්‍රථමා විභක්තියම බව ප්‍රබොධ චන්ද්‍රිකාදියෙහි කියනලද—"ප්‍රථමෛව විභත්ති සක්ත උක්තෙ කම්මණි කත්තරි" යනාදියෙන් දත යුතුයි.

තවද "ඔදනො පච්චතෙ" යන්නෙහි * තෙ විභක්තිය විසින් කර්මය කියනලදහෙයින් (කර්මාර්ථය ප්‍රකාශ කරණු පිණිස නැවත ද්විතීයා විභක්තිය ඒ කර්මපදයෙහි නොයොදා) ප්‍රථමා විභක්තියම යෙදුවාක් මෙන් "ඔදනං පචති" යන්නෙහිද ද්විතීයා විභක්තිය විසින්ද කර්මය කියන ලද කල්හි ප්‍රථමා විභක්තිය ඒ කර්ම පදයෙහි නොයොදනු ලබන්නේ කුමක් නිසාද? යත්.

කර්මාර්ථය ඒ ද්විතීයාවිභක්තිය විසින් ප්‍රකට ලෙස කියනලද කල්හි ඇත්තාවූද ලිඞ්ගාර්ථය මුවා වූහෙයින් යයි දතයුතුයි.

එම තීන.

"කථං ඔදනං පචතීත්‍යත්‍ර ද්විතීයායපි කම්මෙ වුත්තෙ පුන ලිඞ්ග
'ත්ථ මත්ත මපෙක්ඛිත්වා පඨමා න හොතීති චෙ? කම්මමතෙත ත්‍යා
'ප්‍රකටං වුත්තෙ සති සන්තොපි ලිඞ්ගත්ථස්ස තිරො භූතත්තා."

මේ ගැණ ගඩලාදෙනි සන්නයෙහිද මෙසේ කියන ලදී.

☞ "යම්සේ ස්ත්‍රී පුරුෂ නපුංසක කුමාර තරුණ වෘද්ධාදි විශෙ
'ෂයෙහි පැතිර සිටියාවූ මනුෂ්‍යත්ව ලක්ෂණවූ සාමාන්‍යය ඇතද ස්ත්‍රී
'යයි කීකල ස්ත්‍රී ස්වරූපවූ මනුෂ්‍යවිශෙෂය ප්‍රකට කොට කීහෙයින්
'සාමාන්‍යවූ මනුෂ්‍යත්වයට වඩා ස්ත්‍රී ලක්ෂණවූ මනුෂ්‍ය විශෙෂයම
'හැඟේද, මෙහිදු කර්ම කර්තෘ කරණාදියෙහිම පැතිර සිටියාවූ
'ලිඞ්ගාර්ථ මාත්‍රය ඇතද ඔදනං යනාදියෙහි කර්මාඛ්‍ය විශෙෂාර්ථය
'ද්විතීයාව විසින් ස්ඵුට කොට කියනලද හෙයින් ලිඞ්ගාර්ථමාත්‍රයට
'වඩා කර්මාර්ථයම මුඛ්‍යව හැඟෙනහෙයින් ඇතද ලිඞ්ගාර්ථ මාත්‍රය
'මුවා වූහෙයින් තදපෙක්ෂායෙන් ප්‍රථමා නොවෙයි සේයි"—යනුයි.

තවද එකම කර්මකාරක ක්‍රියාපදය සමග කර්ම දෙකක් යෙදිය යුතු කල්හි එයින් කවර කර්මයක් උක්ත විය යුතුද? කවර කර්මයක් අනුක්තවිය යුතුද? නොහොත් කර්ම දෙකම උක්ත හෝ

---

* "යප්‍රත්‍යය සහිතවූ තෙ විභක්තිය විසින්ය" යනු හැඟෙනලෙස සමහර පොත් වල කියන ලද්දේ නමුත් "තෙ විභත්ති වාචකො නාම—යප්පච්චයො රූපසිද්ධි මතෙනාව" යි වාචකොපදේශයෙහි කියන ලදී.

අනුක්ත හෝ වියයුතුද? යත්—එසේ ඇතිකල්හි සමහර තැනෙක්හි (ඒ කර්ම දෙකින්) ප්‍රධාන කර්මයද සමහර තැනෙක්හි අප්‍රධාන කර්මයද උක්තවන්නේය.

ඒනම්-දුහ (පපූරණෙ) යාච (යාචනෙ) රුධි (ආවරණෙ) සාසු (අනුසිට්ඨියං) වච (බ්‍යත්තවචනෙ) යනාදි ද්විකර්මක ධාතුවලින් සිද්ධවූ ක්‍රියාපදය සිටිකල්හි අප්‍රධාන කර්මය උක්තවන්නේය—නී (පාපුණනෙ) වහ (පාපනෙ) හර (හරණෙ) යනාදි ද්විකර්මක ධාතුවලින් සිද්ධවූ ක්‍රියාපදය සිටිකල්හි ප්‍රධාන කර්මය උක්තවන්නේයයි දත යුතුයි.

ඊට උදාහරණ මෙසේය—"ගොපාලෙන ගො ඛීරං දුය්හතෙ" මෙහි "දුය්හතෙ" යනු දුහ (පපූරණෙ) යන ද්විකර්මක ධාතුවෙන් සිද්ධවූ කර්මකාරක ක්‍රියාපදයක්ය "ගො" යනුද "ඛීරං" යනුද ඒ හා සම්බන්ධ වන්නාවූ කර්ම දෙකය එහෙයින් "ඛීරං" යනු ප්‍රයෝජනත්වයෙන් අභිමතහෙයින් ප්‍රධාන කර්මය "ගො" යනු එයට නිමිත්තත්වයෙන් අභිමතහෙයින් අප්‍රධාන කර්මයයි—ඒ අප්‍රධාන කර්මය "දුය්හතෙ" යන ක්‍රියාපදයෙන් උක්තහෙයින් ප්‍රථමා විභක්තියෙන් යුක්තය—"ඛීරං" යනු අනුක්ත හෙයින් ද්විතීයා විභක්තියෙන් යුක්තයි.

"දසෙන භාරෝ ගාමං නීයතෙ" යන මෙහි "නීයතෙ" යනු නී (පාපුණනෙ) යන ද්විකර්මක ධාතුවෙන් සිද්ධවූ කර්මකාරක ක්‍රියාපදය "දසො" යනුද "භාරෝ" යනුද ඒ හා සම්බන්ධ වන්නාවූ කර්මදෙකය—එයින් "භාරෝ" යනු ප්‍රධාන කර්මය "ගාමං" යනු අප්‍රධාන කර්මය, ප්‍රධාන කර්මය "නීයතෙ" යන ක්‍රියාපදයෙන් උක්තහෙයින් ප්‍රථමා විභක්ති යොදනලද්දේ පමණක් නොව "ගාමං" යනු අප්‍රධානහෙයින් ද්විතීයා විභක්ති යොදන ලදී.

එහෙයින් කීහු.

ප්‍රබෝධචන්ද්‍රිකාවෙහි හා බාලාවතාරයෙහි.

"ප්‍රධානෙ කර්මණි භවෙ වාචකො හි ද්විකර්මණං,
අප්‍රධානෙ දුහාදීනං භවෙත් කර්තෘශ්ච කර්මණි."
"අප්පධානං දුහාදීනං නයාදීනං පධානකං,
කම්මං කම්මෙස්වනෙකෙසු වුත්ත කම්මනාති වුඩ්ඪි."

තවද අප්‍රධානවූ කර්තෲකාරක ක්‍රියාවක් හා ප්‍රධානවූ කර්මකාරක ක්‍රියාවක්ද යන ක්‍රියාපද දෙකක් සමග යෙදීමෙන් එකම කර්මයාගේ උක්ත බවද අනුක්තබවද ඇතිකල්හි ඒ කර්ම පදය කවර

විභක්තියකින් යුක්තවිය යුතුද? යත්—"ප්‍රධාන අප්‍රධානයන් අතුරෙන් ප්‍රධානයා කෙරෙහිම කාර්‍ය්‍ය ප්‍රසිද්ධිය" යන යුක්තියෙන් ප්‍රධානවූ කර්‍මකාරක ක්‍රියාපදය සලකා ප්‍රථමා විභක්තියම යෙදිය යුතුයි—එම කීන.

"යස්සප්පධානප්පධාන ක්‍රියා සම්බන්ධතො සියුං,
වුත්තානුත්තතා තත්ථ පඨමං හොති නාපර."

එට උදාහරණ මෙසේය—"භික්ඛුනා පච්චවෙක්ඛිත්වා පිණ්ඩපාතො පටිසෙවියතෙ" මෙහි "භික්ඛුනා" යනු කර්තෘය, "පිණ්ඩපාතො" යනු කර්‍මය, "පච්චවෙක්ඛිත්වා" යනු (කර්තෘකාරකයෙහි ත්වා ප්‍රත්‍යයව සිද්ධවූ) අප්‍රධාන ක්‍රියාවය, "පටිසෙවියතෙ" යනු (කර්‍මකාරකයෙහි ය ප්‍රත්‍යයව සිද්ධවූ) ප්‍රධාන ක්‍රියාවය, "පිණ්ඩපාතො" යන කර්‍මය මේ ප්‍රධාන අප්‍රධාන ක්‍රියාවයම සමග සම්බන්ධ වනහෙයින් වූක්ත බව හා අනුක්ත බවද ඇත්තේ නමුදු ප්‍රධාන ක්‍රියාව බලවත් හෙයින් එට යෝග්‍යලෙස ප්‍රථමා විභක්තිම යොදන ලද්දැයි දතයුතුයි.

මෙසේම "බ්‍රාහ්මණෙන ඔදනො පචිත්වා භුජ්ජතෙ භුඤ්ජතෙ වා" මෙහිද "ඔදනො" යන එකම කර්‍මය "පචිත්වා" ය "භුජ්ජතෙ භුඤ්ජතෙ" ය යන අප්‍රධානවූද ප්‍රධානවූද ක්‍රියාවන් හා සම්බන්ධවන හෙයින් වූක්ත බව හා අනුක්ත බවද ඇත්තේ නමුදු ප්‍රධාන ක්‍රියා බලයෙන් ප්‍රථමා විභක්තියෙන්ම යොදනු. ලැබේ—"භුජ්ජතෙ භුඤ්ජතෙ" යන ක්‍රියාවලට විශෙෂණහෙයින් අප්‍රධානවූ "පචිත්වා" යන ක්‍රියාවහා සම්බන්ධය නිසා අනුක්තවූයේ නමුදු ද්විතීයාවිභක්තියෙන් නොයොදනු ලැබේ—මෙහි "පචිත්වා" යනු විශෙෂණය, කුමක් හෙයකින්ද? යත්—වෙන් කරන්නේ විශෙෂණ නම් වේ—වෙන් කරණු ලබන්නේ විශෙෂ්‍ය නම් වේ—මෙහි වෙන් කිරීම නම් "භුජ්ජතෙ, භුඤ්ජතෙ" යන භෝජනක්‍රියා තොමෝ භික්ෂාදි ක්‍රියාවන්ට සාධාරණය-(සිඟාද මිලදී ගෙණද භෝජන ක්‍රියාව කරණ්ට හැකි හෙයිනි) එසේ සාධාරණවූ භෝජනක්‍රියා තොමෝ "පචිත්වා" යන පාකක්‍රියාව විසින් භික්ෂාදි ක්‍රියාවන් කෙරෙන් වෙන් කරණ ලදහෙයින් "පචිත්වා" යන පාකක්‍රියා තොමෝ "භුජ්ජතෙ, භුඤ්ජතෙ" යන භෝජන ක්‍රියාවට විශෙෂණ යයි දතයුතුයි.

තවද පිසීම කොට, දීමය ගැණීමය යනාදි වෙන යමක් කරන්ටත් හැකිහෙයින් ඒ දීම් ආදි ක්‍රියාවන්ට සාධාරණවූ "පචිත්වා" යන පාකක්‍රියා තොමෝ "භුජ්ජතෙ" හෝ හොත් "භුඤ්ජතෙ" යන භෝජන ක්‍රියාව විසින් ඒ දානාදි ක්‍රියාවලින් වෙන්කරණු ලබන

හෙයින් "පච්ඡා යන පාකක්‍රියා තොමෙ විශේෂ්‍යවන්නීත් නො විද යත්?-විය හැකිය-එසේ නමුදු "පච්ඡා" යන පාකක්‍රියා තොමෙ (ක්ත්වාප්‍රත්‍යයාන්ත බැවින්) අප්‍රධානයි-ක්ත්වා ප්‍රත්‍යයාන්ත ක්‍රියාපදයෝ කිසි අපර ක්‍රියාවක් අපේක්ෂාකරණහෙයින් අප්‍රධානයයි දත යුතුයි.

තවද උක්තකර්මයක ක්‍රමයක්.

යාමය දැනීමය අනුභවකිරීමය ශබ්දය යන අර්ථ ඇති ධාතුවලින්ද, හර (හරණ) කර (කරණ) යන ධාතු දෙකින්ද, අකර්මක ධාතුවලින්ද (කාරිතප්‍රත්‍යයක් නොවී) සෑදුනාවූ ක්‍රියාපදවලට කර්තෘව සිටියාවූ යමෙක් ඇත්තේද ඔහු එම ධාතුවලින් කාරිතප්‍රත්‍යය වීමෙන් සෑදුනාවූ ක්‍රියා පදයන්ගේ උක්තකර්මය වන්නේයයි දත යුතුයි.

එම කිහ.

"ගති බොධානන සද්දත්ථ හර කර කම්මකානං,
කත්තා අකාරිතෙ යො තං වුත්තකම්මං හි කාරිතෙ."

ඊට උදාහරණ මෙසේය—(1.) "දාසො ගාමං ගච්ඡති."
(2.) "සාමිනා දාසො ගාමං ගච්ඡාපීයතෙ."

මෙහි "දාසො" යනු ගමනාර්ථවාචී ධාතුවෙන් කාරිතප්‍රත්‍යයක් නොවී සෑදුනාවූ "ගච්ඡති" යන ක්‍රියාපදයට කර්තෘයි—එම කර්තෘ තෙම යථොක්ත ධාතුවෙන් කාරිතප්‍රත්‍යය වී සෑදුනාවූ "ගච්ඡාපීයතෙ" යන ක්‍රියා පදයාගේ උක්ත කර්මය වූ බව දෙවෙනි උදාහරණයෙන් දතයුතුයි.

තවද උක්ත කර්තෘ ක්‍රමයක්.

එකම ක්‍රියාවට නොයෙක් කර්තෘහු වූකල්හි එයින් *ප්‍රධාන කර්තෘ උක්ත වන්නේය-ඒ මෙසේය-"ආචරියො අන්තෙවාසිකෙන ධම්මං දෙසයති" යන මෙහි දෙශනා ක්‍රියාව කරන්නාවූ අතවැස්සා ආචාර්‍ය්‍යයා විසින් ඒ ක්‍රියාවෙහි යොදන ලද හෙයින් "ආචරියො" යනු ප්‍රධානය එහෙයින් ඒ කර්තෘ ප්‍රථමා විභක්තියෙන් යොදන ලදී—"අන්තෙවාසිකෙන" යනු ආචාර්‍ය්‍යයාවිසින් යොදන ලදුව ක්‍රියාව කරණහෙයින් එසේ ප්‍රධාන නොවේ—එහෙයින් අනුක්ත කර්තෘ බැවින් තෘතීයා විභක්තිය යොදන ලදී.

---

* ප්‍රධාන කර්තෘනම් ක්‍රියාව කරන්නහු එහි යොදවන තැනැත්තාය, ඔහු ක්‍රියාව කරණ කර්තෘට වඩා උත්සාහවත් හෙයිනි.

එම කීහ.

"වුත්තානුත්තාති සො ක්‍රියායෙ යො මුඛ්‍ය හෙතුකත්තාභ්‍යුසු,
උස්සාහවන්තා මුඛ්‍ය සො යො කාත්තාරං පයොජයෙ."

ක්‍රියාව කරන්නහු ඒ ක්‍රියාවෙහි යොදන්නා හේතුකර්තෘතෙම තවත් යමෙක් විසින් යොදන ලද්දේ වේද එකල්හි ඔහු යථොක්ත හේතුකර්තෘටත් වඩා උත්සාහවත් හෙයින් උක්ත කර්තෘ නම් වන්නේය.

එහෙයින් කීහ.

"පයොජකොපි යො අඤ්ඤෙ යදා පන පයොජයෙ,
වුත්තකත්තා තදා එසො තස්මා ප්‍යුස්සාහවන්තතො."

ඊට උදාහරණ මෙසේය—"අමච්චො සූදජෙට්ඨෙන ඔදනං පාචෙති" මෙහි සූදයා ලවා ක්‍රියාව කරවන්නාවූ සූදජ්‍යෙෂ්ඨයා අමාත්‍යයා විසින් යොදනලද හෙයින් අමාත්‍යතෙම සූදජ්‍යෙෂ්ඨයාටත් වඩා උත්සාහවත්ය—එහෙයින් "අමච්චො" යනු උක්තකර්තෘය, එහෙයින් ප්‍රථමා විභක්තියෙන් යොදන ලදී—"සූදජෙට්ඨෙන, සූදෙන" යනු අනුක්ත හෙයින් තෘතීයා විභක්තියෙන් යොදන ලද්දාහුයයි දත යුතුයි.

ආඛ්‍යාතයා විසින් අනුක්ත කර්මාදිය.

ආඛ්‍යාතයාවිසින් අනුක්ත කර්ම...1 { සූදො ඔදනං පචති- / බුද්ධො ධම්මං දෙසෙති.

ආඛ්‍යාතයාවිසින් අනුක්ත කර්තෘ...2 { සූදෙන ඔදනො පච්චතෙ- / බුද්ධෙන ධම්මො දෙසියතෙ.

(1.) "සූදො ඔදනං පචති" යන උදාහරණයෙහි "පචති" යන කර්තෘකාරක ආඛ්‍යාත ක්‍රියා පදයා විසින් කර්තෘ මිස කර්මය නො කියන ලදහෙයින් (අනුක්තහෙයින්) "ඔදනං" යනු ආඛ්‍යාතයා විසින් අනුක්තකර්මයයි—"බුද්ධො ධම්මං දෙසෙති" යන්නෙහිද එසේමය—ඒ අනුක්ත කර්මයෙහි යෙදිය යුතු විභක්තිය ද්විතීයාව බව "අනුක්තෙ කර්මණි ද්විතීයා ස්‍යාත්" යනාදි පාණිනි සූත්‍රාදියෙන් දත යුතුයි.

(2.) "සූදෙන ඔදනො පච්චතෙ"—යන උදාහරණයෙහි "පච්චතෙ" යන ආඛ්‍යාත කර්මකාරක ක්‍රියා පදයාගේ "තෙ" විභක්ත්‍යාදිය කර්තෘයෙහි නොකරණ ලද බැවින් ඒ ආඛ්‍යාත පදයා විසින් කර්තෘ අනුක්තහෙයින් "සූදෙන" යනු ආඛ්‍යාතයාවිසින්

අනුක්ත කර්මනම් වේ—"බුද්ධෙන ධම්මො දෙසීයතෙ" යන්නෙහිද එසේමය—ඒ අනුක්ත කර්තෘ පදයෙහි යෙදිය යුතු විභක්තිය තෘතීයාව බව "අනභිහිතෙ කත්තරි කරණෙ ච තතියා" යනාදි ආචාර්ය්‍ය වචනවලින් දතයුතුයි.

තවද ප්‍රධානවූ හා අප්‍රධානවූද ක්‍රියා පද දෙකක් සමග සම්බන්ධ වීමෙන් එකම කර්තෘගේ අනුක්තබව හා උක්ත බවද ඇතිකල්හි ඒ කර්තෘ පදයෙහි ප්‍රථමා විභක්තිය නොව තෘතීයා විභක්තියම යෙදිය යුතුයි.

එම කීහ.

"යස්ස පපධානාපපධාන ක්‍රියා සම්බන්ධතො සියුං,
අනුත්තවුත්තතා තත්‍ථ තතියා හොති නාපරා."

ඊට උදාහරණ—"බ්‍රාහ්මණෙන භුත්වා සුපීයතෙ"—යන මෙහි "බ්‍රාහ්මණෙන" යන කර්තෘ තෙම "භුත්වා" යන අප්‍රධාන ක්‍රියාව සමනද "සුපීයතෙ" යන ප්‍රධාන ක්‍රියාව සමගද සම්බන්ධවන හෙයින් "සුපීයතෙ" යන කර්මකාරක ආඛ්‍යාත ප්‍රධාන ක්‍රියාපදයා විසින් ඒ කර්තෘ අනුක්තය, "භුත්වා" යන කර්තෘකාරක අප්‍රධාන ක්‍රියාපදයා විසින් කර්තෘ උක්තය, එසේ නමුදු ප්‍රධානවූ "සුපීයතෙ" යන ක්‍රියාපදය හා සම්බන්ධය සලකා තෘතීයා විභක්තිය යොදන ලදැයි දත යුතුයි.

කිතකයා විසින් උක්ත කර්මාදිය.

කිතකයා විසින් උක්ත කර්ම……1 { බුද්ධෙන ධම්මො දෙසිතො- / ස්වාක්ඛාතො භගවතා ධම්මො.

කිතකයා විසින් උක්ත කර්තෘ… ..2. පුඤ්ඤකාරෙ පුමා-විනයධරෙ භික්ඛු

කිතකයා විසින් උක්ත කරණය ..5. පහරණං ආවුධං.

කිතකයා විසින් උක්ත සම්ප්‍රදානය.4. සම්පදානං, බුද්ධො-පූජනීයො බුද්ධො.

කිතකයාවිසින් උක්ත අපාදානය.. 5. භීමො රක්ඛසො.

කිතකයා විසින් සාමි……………උක්තවීමක් නැත්තේය.

කිතකයා විසින් උක්ත ආධාරය ..7. ආසනං, පීඨං.

(1.) "බුද්ධෙන ධම්මො දෙසිතො" යන මෙහි "දෙසිතො" යන කිතක ක්‍රියා පදයෙහි වූ "ත" ප්‍රත්‍යය කර්මාර්ථයෙහි කරණලද් දත් බැවින් ඒ තප්‍රත්‍යයාන්ත කිතක ක්‍රියා පදයා විසින් කියනු ලබන්නේ කර්මයත්ය—ඒ නම් "ධම්මො" යනුයි-එහෙයින් ධම්මො

යනු දෙසිතො යන කිතකයා විසින් උක්තවූ කර්මයයි දත යුතුයි. "ස්වාක්ඛාතො භගවතා ධම්මො" යන්නෙහිද මෙස්මය.

(2.) "පුඤ්ඤකාරො" යනු පුඤ්ඤං කරොතී සී වාක්‍ය ගෙණ කර්තෘ අර්ථයෙහි විග්‍රහ කටයුතු බැවින් ඒ පුඤ්ඤකාරො යන පදය කර්තෘකාරක කිතක ප්‍රත්‍යයාන්ත පදයක්ය—එහෙයින් ඒ පදයා විසින් උක්තකරණු ලබන්නේ කර්තෘකොණෙකුන්ය ඒනම් "පුමා" යනුයි එබැවින් "පුමං" යනු පුඤ්ඤකාරො යන කිතකයා විසින් උක්තවූ කර්තෘයි.

(3.) පහරති යෙන යන වාක්‍යයෙහි කරණාර්ථයෙහි (ප පූර්වවූ හර හරණෙ යනධාතුවෙන් පරව) කෘදන්ත යුප්‍රත්‍යය වූ හෙයින් ඒ යුප්‍රත්‍යයාන්ත "පහරණං" යන කෘදන්ත පදයාවිසින් කරණය උක්තනුයි "අයුධං" යනු කිතකයාවිසින් උක්ත කරණයයි.

(4.) "සම්පදානං" යනු (සං ප පූර්වවූ දා දානෙ යන්නාහු කොරෙන්) යස්ස සම්මා පදීයතෙ යන වාක්‍යයෙහි සම්ප්‍රදානාර්ථයෙහි කෘදන්ත යුප්‍රත්‍යය වන ලද පදයක් හෙයින් ඒ කෘදන්තපදයා විසින් සම්ප්‍රදානය උක්තනුයි "බුද්ධො" යනු "සම්පදානං" යන කෘදන්තයා විසින් උක්තවූ සම්ප්‍රදානයයි.

(5.) "භීමො" භායන්ති එතස්මා යන වාක්‍යයෙහි අපාදනාර්ථයෙහි (භී යන ධාතුවෙන් පරව) කෘදන්ත මප්‍රත්‍යයව සිද්ධවූ බැවින් "රක්ඛසො" යනු ඒ කෘදන්ත පදයාවිසින් උක්තවූ අපාදනායයි දතයුතුයි.

(7.) "ආසනං" යනු යස්මිං ආසන්ති යන වාක්‍යයෙහි ආධාරාර්ථයෙහි (ආස උපවෙසනෙ යන ධාතුවෙන් පරව) කෘදන්ත යුප්‍රත්‍යයව සිද්ධවූ කෘදන්ත පදයක් බැවින් "පීඨං" යනු ඒ කෘදන්තයා විසින් උක්තවූ ආධාරයයි දතයුතුයි.

කිතකයාවිසින් අනුක්තකර්මාදිය.

කිතකයා විසින් අනුක්ත කර්මය.........1 { බුද්ධො ධම්මං දෙසිතවා- සඞ්ඝො පුඤ්ඤං කතවා,

කිතකයා විසින් අනුක්තකර්තෘ............2. { පුඤ්ඤං කාරෙති පුරිසො- විනයං ධරති භික්ඛූ.

කිතකයා විසින් අනුක්ත කරණය.........3. පහරති යෙන ආවුධෙන.

කිතකයාවිසින් අනුක්ත සම්ප්‍රදානය......4. සම්මා පදීයතෙ යස්ස බුද්ධස්ස.

කිතකයාවිසින් අනුක්තාපාදනය.........5. භායන්ති එතස්මා රක්ඛසා.

" " " "

කිතකයාවිසින් අනුක්තාධාරය...........7. ආසනෙ අස්මිං නිසීදන්ති භික්ඛූ.

(1.) "බුද්ධො ධම්මං දෙසිතවා" යන්නෙහි "දෙසිතවා" යන කෘදන්ත ක්‍රියාපදයෙහි "තවන්තු" ප්‍රත්‍යය කර්මාර්ථයෙහි අවිහිත බැවින් ඒ තවන්තු ප්‍රත්‍යයාන්ත කිතකයා විසින් කර්මය අනුක්ත නුයි "ධම්මං" යනු කිතකයා විසින් අනුක්ත කර්ම නම් වේ. "සද්ධො පුඤ්ඤං කතවා" යන්නෙහිද මෙසේමයි.

2.) "පුඤ්ඤං කරොති" යන වාක්‍යයෙහි (කර කරණෙ යන ධාතුවෙන් පරව) කර්තෘ අර්ථයෙහි කිතක ණප්‍රත්‍යය නුවූ හෙයින් "පුරිසො" යනු කිතකයා විසින් අනුක්තකර්තෘ නම් වේ—"විනයං ධරති භික්ඛු" යන්නෙහිද මෙසේමයි.

(3.) "පහරති යෙන" යන වාක්‍යයෙහි කරණාර්ථයෙහි (පපූර්වවූ හර හරණෙ යන ධාතුවෙන් පරව) කෘදන්ත යුප්‍රත්‍යය නුවූහෙයින් කෘදන්තයාවිසින් කරණය අනුක්තනුස් "ආවුධෙන" යනු අනුක්ත කරණනාම් වේ.

(4.) "යස්ස සම්පාදීයතෙ" යන වාක්‍යයෙහි සම්ප්‍රදානාර්ථයෙහි (සං ප පූර්වවූ ද දානෙ යන ධාතුවෙන් පරව) කෘදන්ත යුප්‍රත්‍යය නුවූ හෙයින් "බුද්ධස්ස" යනු කෘදන්තයා විසින් අනුක්ත සම්ප්‍රදාන නම් වේ.

(5.) "භායන්ති එතස්මා" යන වාක්‍යයෙහි අපාදානාර්ථයෙහි (භී භයෙ යන ධාතුවෙන් පරව) කෘදන්ත මප්‍රත්‍යය නුවූ හෙයින් "රක්ඛසා" යනු කිතකයා විසින් අනුක්තාපාදාන නම් වේ.

(7.) "යස්මිං නිසීදන්ති" යන වාක්‍යයෙහි ආධාරාර්ථයෙහි (නිපූර්වවූ සද යන ධාතුවෙන් පරව) කිතක යුප්‍රත්‍යය නුවූ හෙයින් "ආසනෙ" යනු කිතකයා විසින් අනුක්තාධාර නාම් වන්නේයයි දතයුතුයි.

සමාස තද්ධිත කිතකාදීන් විසින් උක්තානුක්ත කර්ම කර්තෘ ආදිය මේ කිවාවූ උදාහරණාදියෙන් දත යුතුයි.

තවද ක්‍රමයක්.

(1.) කිතකාදීන් විසින් උක්තවන ලද්දම ආඛ්‍යාතයා විසිනුදු උක්ත වන බවද, (2.) කිතකාදීන් විසින් උක්තවනලද්ද ආඛ්‍යාතයා විසින් අනුක්ත වන බවද, (3.) කිතකයා විසින්අනුක්ත වන ලද්ද ආඛ්‍යාතයාවිසින් උක්තවන බවද, (4.) ආඛ්‍යාතයාවිසින් උක්ත වනලද්ද ආඛ්‍යාතයා විසින්ම උක්තවන බවද, (5.) එසේම ආඛ්‍යාතයා විසින් අනුක්තවනලද්ද ආඛ්‍යාතයා විසින්ම අනුක්තවන බවද දත යුතුයි.

එම කිත—ජංඝදාසයෙහි.

“ වුත්තමෙව වුත්තත්තං යාති ක්වචිදුත්ත මනුත්තත්තං,
සියා නුත්ත මනුත්ත ච ක්වචි පදන්තරෙහි තු.”

උදාහරණ.

(1.) වාචකො ජනො ගච්ඡති-කතප්පණාමො ජනො ගච්ඡති-වෙය්‍යාකරණීයො ජනො ගච්ඡති.

(2.) ධම්මදෙසකං බුද්ධං අභිවන්දති ජනො-කතප්පණාමං ජනං ධම්මං පුච්ඡති-අභිධම්මිකං පඤ්හං පුච්ඡති.

(3) ධම්මො දෙසෙත්වා ඤාපීයතෙ-ඔදනො පචිත්වා භක්ඛීයතෙ.

(4.) නච්චති ගායති නටො-පච්චවෙක්ඛති දෙසති භික්ඛු.

(5.) පච්චතෙ භික්ඛීයතෙ ඔදනො-සාවීයතෙ දීයතෙ කම්බලො.

එසේම ප්‍රාබොධචන්ද්‍රිකාවෙහිද උදාහරණ සහිතව.

“ උක්තමෙවොක්තතාං යාති ක්වචිදුක්ත මනුක්තතාං,
අනුක්තමපි චොක්තං සත් ක්වචිදෙව පදාන්තරෛඃ.

ඔදනඃ පච්‍යතෙ දෘෂ්ටඃ මයා සත්පුරුෂො ප්‍යයං,
ආරූඪ වානරො වෘක්ෂඃ ඡිද්‍යතෙ දෘශ්‍යතෙ පිච.

පටොයං ශිතිකො භාති රාමෙණ පරිධීයතෙ,
කෘදාදිභි යදීදෙවොක්තං තද්ධිතෛරපි තදෙව හි.

නෘත්‍යන්තං ච නටං රාමඃ විලොකයති කෞතුකී,
ඡාත්‍රාං ච වෛයාකරණං ශබ්දාන් පාඨයති ලක්ෂ්මණඃ.

ආරූඪ වානරං වෘක්ෂං රාමඃ පශ්‍යති සාදරං,
කෘදන්තොක්ත මෙවෛතත් අනුක්තං තද්ධිතා භවෙත්.

නෘත්‍යතෙ ගීයතෙ රංගෙ නටෙන සඛීයතෙ ක්වචිත්,
භොක්තුං පචති රාමොය මොදනං ක්ෂුද්වශං ගතඃ.

රාමභක්ත සසමානීය්‍ය රාමං පූජයති ස්වයං,
ඉත්‍යාද්‍යනුක්තමෙව සත් අනුක්තමිති බුද්ධ්‍යතාං,” යි
දක්වන ලදී.

“ මේ කාරණයම මීට මදක් වෙනස් ලෙස විස්තර සහිතව කාඩං ඝනසාර ටීකාවෙහි දක්වන ලදී—ඒනම්-ආඛ්‍යාතයා විසින් උක්තවූ කර්ත්‍රාදිය එම ආඛ්‍යාතයා විසින්ම උක්තවන බවද—කිතකයා විසින් උක්තවූ කර්ත්‍රාදිය කිතකයා විසින්ම උක්තවන බවද—සමාසයා විසින් උක්තවූ කර්ත්‍රාදිය සමාසයා විසින්ම උක්තවන

බවද—තද්ධිතයාවිසින් උක්තවූ කර්තෲදිය තද්ධිතයං විසින්ම උක්ත වන බවද—කිතකාදීන්විසින් උක්තවූවාහු ආඛ්‍යාතයාවිසින් උක්ත වන බවද—කිතකාදීන් විසින් උක්තවූවාහු ආඛ්‍යාතයා විසින් අනුක්තවන බවද—යනාදියයි.

"නච්චති ගායති නටො, පච්චවෙක්ඛියතෙ දෙසියතෙ ධම්මො—පාචකො භුජ්ජකො දෙවදත්තො, පූජිතො මානිතො බුද්ධො—ආගතසමණො සංඝවිභූසිතො විහාරෙ—වෙය්‍යාකරණිකො භික්ඛු අභිධම්මිකො, වාසිට්ඨො ජනො නාවිකො"—යනාදි උදාහරණයි.

සමාසාදීන්විසින් කොතෙක් කොතෙක් කාරකයන්
උක්තවන ලද්දාහුද යත්.?

බාලාවතාරයෙහි හා නිරුත්තිසංග්‍රහයෙහි-එම කීහු.

"සමාසො හොති සබ්බෙසු කිතකො සාමිවජ්ජිතෙ,
තද්ධිතො ලබ්භතෙ සිය්‍ය කරණාදිවිවජ්ජිතෙ.
ආඛ්‍යාතං කත්තුකම්මෙසු කරණාදීනානත්ථභාසිතෙ,
සං සං වාක්‍ය මුදාහාරෙ ඉති තානාස්‍ය සුදාහටා.
කත්තුකම්මනි ආඛ්‍යාතං තද්ධිතං ඡට්ඨිවජ්ජිතෙ,
සාමිවජ්ජෙ කිතසමාසො ඛිලෙ ජාති විසෙසකෙ."

යනු බැවින් සමාසයා විසින් සාම්‍යර්ථය සහිතවූ සියළු ෂට්කාරකයන් උක්තවන ලද්දාහුය—කිතකයාවිසින් සාම්‍යර්ථය වර්ජිත සියළු කාරකයන් උක්තවන ලද්දාහුය—තද්ධිතයා විසින් කරණ අවධි වර්ජිතවූ කර්මකාරකාදිය උක්තවන ලද්දේය—ආඛ්‍යාතයා විසින් කර්තෘකර්ම යන කාරකද්වය උක්තවන ලද්දේයයි දතයුතුයි.

විශේෂණ විශේෂ්‍ය විභාග.

ATTRIBUTES AND NOUNS QUALIFIED BY THEM.

විශේෂණ විශේෂ්‍ය නම් කිමයත්?—ව්‍යවච්ඡේදය (භේදය) කරන්නේ විශේෂණ නම් වේ—ව්‍යවච්ඡේදය (භේද්‍ය) කරණු ලබන්නේ විශේෂ්‍ය නම් වේ—ඒ විශේෂණ විශේෂ්‍ය දෙක සමානාධීනම් විශේෂණයා විශේෂ්‍යයාගේ ලිඟ විභක්ත්‍යාදිය බොහෙවින් ග්‍රහණය කෙරේ.

එම කීහු—ප්‍රබෝධචන්ද්‍රිකායෙහි හා කච්චායන සාරයෙහි.

"ව්‍යවච්ඡේද්‍යං විශේෂ්‍යං ස්‍යා ව්‍යවච්ඡේදක මත්‍ර තු,
තද්විශේෂණ මාඛ්‍යාතං රාමො දශරථිර් යථා."

* "භෙදෙ විසෙසනං භෙද්‍යං විසෙස්‍යං තං වයං යදි,
තුල්‍යත්ථං භෙදකං භිය්‍යො භෙද්‍යලිඞ්ගාදි ගාහකං."

සම්බන්ධචින්තායෙහි "විසෙසෙති බ්‍යවච්ඡින්දති ඉතො ච කිඤ්චි අනෙනාති විසෙසනං—වුත්තලක්ඛණෙන විසෙසනෙන විසෙසීයති අඤ්ඤතො බ්‍යවච්ඡිජ්ජතීති විසෙස්‍යං" යි කියනලදහෙයින් (ධවලො ගො යනාදියෙහි ධවලො යන) මේ විශේෂණයා කාරණකොට ගෙණ රක්තාදීවූ කිසිවක් කෙරෙන් ගවාදීවූ කිසිවක් වෙන්කෙරේ

---

* භේදයතෙම විශේෂණය—භේද්‍යය විශේෂ්‍යයයි—ඉදින් ඒ විශේෂණ විශේෂ්‍ය දෙක තුල්‍යාධිකරණ වීනම් (බොහෙවින්) විශේෂ්‍යයාගේ ලිඟ සංඛ්‍යා විභක්තීන් විශේෂණයා ග්‍රහණය කරන්නේය යනු ගාථාවෙහි අර්ථයි.

එම කීහ ජංසඳසයෙහිද—"විසෙස්‍යෙන සහෙකත්ථං භවෙ යත්‍ර විසෙසනං,
තත්‍ර ලිඞ්ගාදිකො පායො විසෙස්‍යට්ඨා විසෙසනෙ,"

"තත්ථ භෙදෙති අනිච්ඡිතත්ථතො ඉච්ඡිතත්ථස්ස භෙදකො බ්‍යවච්ඡේදකො විසෙසනං නාම—වුත්තඤ්ච—'ගුණෙ විසෙසනං භෙදො විසෙසො අනුවාදකො,
අප්පධාන මුපායො ච සකාණොති චිමෙ සමා.'

විසෙස්‍යං යථා වුත්තනයෙන විසෙසනෙන බ්‍යවච්ඡේජ්ජං විසෙසිතබ්බවත්ථු භෙද්‍යං භෙදිතබ්බං නාම—වුත්තඤ්ච.

"ගුණී විසෙසිතබ්බඤ්ච භෙද්‍යං සාමඤ්ඤ විධිනො,
පධානඤ්ච උපායො ච අබ්බං ඤෙය්‍යො සමානකො."

තං වයං යදි තුල්‍යත්ථං එකත්ථං භවති එවං සති භෙදකං භිය්‍යො යෙ භූයිස්‍යන භෙද්‍යලිඞ්ගාදි ගාහකං විසෙස්‍යස්ස පුම්භාවාදි පඨමාදිනො ගාහකන්ති සම්බන්ධො."

යනු ටීකායි.

ණුයි ව්‍යවච්ඡේදය කෙරේණුයි විශේෂණ නම් වේ—යථෝක්ත ලක්ෂණ ඇති විශේෂණයා විසින් අන්‍යයන්කෙරෙන් වෙන් කරණු ලැබේනුයි පිරිසිඳිනු ලැබේනුයි විශේෂ්‍ය නම් වේ.

මොග්ගල්ලායන පඤ්චිකාවෙහි—"යං සාමඤ්ඤාකාරෙන පවත්තං "මනෙකප්පකාරවන්තං වත්ථුං පකාරන්තරෙහි අවච්ඡිජ්ජ ව්‍යාව "ත්තෙත්වා එකස්මිං පකාරෙ අවත්ථාපයති තං වුච්චති විසෙසනං—යද "නෙකප්පකාරවන්තං වත්ථුං පකාරන්තරෙහි අවච්ඡිජ්ජ එකස්මිං "පකාරෙ අවත්ථාපීයති තං විසිට්ඨියත්තා විසෙස්සං"—යනුබැවින් (නීලුප්පලං* යනාදියෙහි) යම් නීලාදියෙක්තෙම සාමාන්‍යාකාරයෙන් පැවැත්තාවූ අනේකප්‍රකාරවත් වූ (උත්පලාදි) වස්තුව අන්‍යප්‍රකාරවලින් වෙන් කොට පිරිසිඳ වෙසෙසා (නීලාදීන් අතුරෙන්) එක්තර ප්‍රකාරයෙක්හි පිහිටුවාද ඒ විශේෂණයයි කියනු ලැබේ—(නීලාදි) අනේප්‍රකාරවත්වූ යම් (උත්පලාදි) වස්තුවෙක් (ශ්වේතාදි) ප්‍රකාරාන්තරයෙන් සම්බන්ධ දුරීකරණය කොට එක් (නීලාදි) ප්‍රකාරයෙක්හි පිහිටුවනු ලැබේද ඒ අවච්ඡේද්‍යය විශේෂ්‍ය යයි කියනු ලැබේ.

සම්බන්ධචින්තාටීකාවෙහි "යතො යතො විසෙසාධිගමො හොති තංතදෙව විසෙසනං" යනු කීබැවින් යමක් යමක් හේතුකොට ගෙණ විශේෂ්‍ය අවබෝධ වේද ඒ ඒ විශේෂණ නම් වේ—"නීලුප්පලං" යන්නෙහි නීලගුණය හේතුකොට ගෙණ නීලෝත්පලයාගේ රක්තෝත්පලාදියට වඩා ඇති විශේෂය අවබෝධවන හෙයින් නීලගුණය විශේෂණ නම් වේ—තවද බලාවතාරයෙහිද විශේෂණ ලක්ෂණ දක්වනු පිණිස

"යස්මා හි යදෙහද බුද්ධි හොති තං තබ්බිසෙසනං,
තං ච ජාති ගුණ ක්‍රියා දබ්බං නාමනාත්‍යනෙකධා."

යනු කීබැවින් යමක් හේතුකොටගෙණ යමකාගේ වෙනසෙහි බුද්ධිය වේද ඒ හේතුවූ දෙය ඒ වෙනස ඇති දෙයට විශේෂණ වේ, ඒ විශේෂණයද ජාතිය ගුණය ක්‍රියාය ද්‍රව්‍යය නාමයයි කියා නො නොයෙක් ප්‍රකාර වෙත්—ඒ මෙසේය "ධවලො ගො" කී කල්හි "ධවලො" යන ගුණය හේතුකොට ගෙණ "ගො" පදාර්ථයාගේ

---

* "අත්‍ර හි නීලසද්දො රත්තාදීහි අවච්ඡිජ්ජ උප්පලසද්දං නීලෙ අවට්ඨාපෙති, උප්පලසද්දොපි නීලසද්දං භමරාදීහි අවච්ඡිජ්ජ උප්පලෙ අවට්ඨාපෙති තස්මා ද්වින්නම්පි විසෙසන විසෙස්සභාව සම්භවො"—යනුද කච්චායනසාර ටීකායි.

නීල රක්තාදී ගො පදාර්ථයන් කෙරෙන් වෙනසෙහි බුද්ධිය උපදනා හෙයින් ඒ බුද්ධිය ඉපදීමට හේතුවූ "ධවලො" යන ගුණය ඒ වෙනස ඇති වස්තුව වූ ගො ශබ්දයට විශෙෂණ වූයේයයි දත යුතුයි.

* "කාමතො ගම්‍යතෙ තත්‍ථ විසෙසන විසෙස්සතා" යනු බැවින් අන්‍යොන්‍ය සාපෙක්ෂා සංඛ්‍යාත සම්බන්ධයට පැමිණියාවූ ඒ පදයන් අතුරෙන් මෙයම විශෙෂණය මෙයම විශෙෂ්‍ය යයි කියා නියමයක් නැත්හෙයින් ඒ විශෙෂණ විශෙෂ්‍ය භාවය කැමති පරිද්දෙන් (වක්තෘ විවක්ෂාවශයෙන්) හැඟෙන්නේය (දන්නා ලද්දේය.)

විශෙෂණ විශෙෂ්‍යභාවය කාමාචාරයෙන් හැඟෙන බවට කරුණු දක්වන්නාවූ ගඩලාදෙනි සන්නකාර ආචාර්‍ය්‍යයන් විසින්ද මෙසේ කියන ලදී.

☞ "නීලුප්පලං" යන්නෙහි නීලය උප්පලය යන පදයො දෙදෙන
"උත්පලාඛ්‍ය එක ජලජ වස්තුයෙහි පවත්නාහයි ඔවුනොවුන්
"හා සම්බන්ධයන, මෙහි ශ්වේත රක්තාදි ගුණයන්ට සාමාන්‍යවූ
"උත්පල ද්‍රව්‍යය ශ්වේතාදීන් කෙරෙන් වෙන් කොට සිටිනා නීල
"ගුණය උත්පල ද්‍රව්‍යයට විශෙෂණ වෙයි, වැලිදු භෘංගාදි ද්‍රව්‍යයන්ට
"සාධාරණවූ නීල ගුණය ඒ භෘංගාදීන් කෙරෙන් වෙන් කොට සිටි
"නුයි උත්පලයද නීල ගුණයට විශෙෂණ වේ, මෙසේ විශෙෂණ
"විශෙෂ්‍යභාවය විවක්ෂාහෙන් වෙයි දතයුතුයි"–යනුයි.

"පදත්‍ථො නිස්සයො යො සො ක්‍රියාදීහි යථාරහං,
විසෙස්සතෙ එවා තෙහි තෙ තත්‍ථො නිස්සයෙහි පි."

යනු හෙයින් (ක්‍රියාගුණාදීන්ට) ආධාරවූ (ගවාශ්වාදි) යම් පදාර්ථයෙක් ඇත්තේද ඒ නිශ්‍රය පදාර්ථය තෙම ක්‍රියාදීන්විසින් සුදුසු පරිද්දෙන් වෙසෙසනු ලැබේ (හෙවත් ද්‍රව්‍යාදි නිශ්‍රය පදාර්ථයට ක්‍රියාදි පචකය විශෙෂණ වන්නේය) (නැවතද) නොහොත් තමන්ට නිශ්‍රය වූ (ගවාශ්වාදි) ඒ පදාර්ථයන්විසිනුදු ඒ ක්‍රියා ගුණාදීහු වෙසෙසනු ලැබෙත් (හෙවත් නිශ්‍රය පදාර්ථයන්ට ක්‍රියාදීහු විශෙෂණ වූවාක් මෙන්ම ඒ නිශ්‍රය පදාර්ථයෝද ක්‍රියා ගුණාදියට විශෙෂණ වන්නාහුය යනු භාවයි.)

---

* "යානි යානි පදානි වෙ වා තතො ධිකානි වා අඤ්ඤමඤ්ඤාපෙක්ඛතා සංඛාතං සම්බන්ධං සචෙ සමුපෙන්ති තෙසු සම්බන්ධමුපගතෙසු පදෙසු විසෙසන විසෙස්සතා කාමතො ඉදමෙව විසෙසනං විසෙස්සන්ති වා නියමා භාවා වත්තිච්ඡාවසතොව ගම්‍යතෙ ඤායතෙ–තමෙව කාමාචාරප්පවත්තිමාහ "පදත්‍ථොච්චාදිනා"—යනුද, "නිස්සයොති ච න කෙවලං දබ්බමෙව ගුණාදයොපි දබ්බා" යනුද සම්බන්ධ චින්තා ටීකායි.

ඒ මෙසේය—යම් කාලෙක්හි "ගො ගන්තා" යි ගමන ක්‍රියා වෙන් විශිෂ්ටවූ, නිශ්‍රයභූත ගො පදාර්ථයෙක් කියනු ලැබේද එකල්හි ක්‍රියාව විශෙෂණය, ගො පදාර්ථය විශෙෂ්‍යයි-එසේම යම් කාලෙක්හි "ජාතියා ගො" යි ජාතියෙන් විශිෂ්ටවූ ගො පදාර්ථය කියනු ලැබේද එකල්හි ජාතිය විශෙෂණයි—"ධවලො ගො" යි ගුණයෙන් විශිෂ්ටවූ ගො පදාර්ථය කියනු ලැබේද එකල ගුණය විශෙෂණයි—"විසාණී ගො" යි ද්‍රව්‍යයෙන් විශිෂ්ටවූ ගො පදාර්ථය කී කල ද්‍රව්‍යය විශෙෂණයි—"දේවදත්තො ගො" යි නාමයෙන් විශිෂ්ටවූ ගො පදාර්ථය කී කල නාමය විශෙෂණයි—මේ සියළු ථාන්හිම විශෙෂ්‍යවූ ගො පිණ්ඩය ද්‍රව්‍යභාවයෙන් ගත යුතුයි.

ඒ විශෙෂණවූ ක්‍රියාදි පසම විශෙෂ්‍යද වන්නේ කෙසේද යත්?

"ගාවස්ස ගමනං" යි යම් කාලෙක්හි ජාතියෙන් විශිෂ්ටවූ ක්‍රියාව කියනු ලැබේද එකල්හි ජාතිය විශෙෂණය ක්‍රියාව විශෙෂ්‍යයි—"ගාවස්ස ධවලො" යි යම් කාලෙක්හි ජාතියෙන් විශිෂ්ටවූ ගුණය කියනු ලැබේද එකල්හි ජාතිය විශෙෂණය ගුණය විශෙෂ්‍යයි—මෙසේම "ගාවස්ස ජාති-ගාවස්ස සිඞ්ගං-ගාවිස්ස නාමං"—යි ජාතියෙන් විශිෂ්ට ජාතියද, ද්‍රව්‍යයද, නාමයද, කියනු ලැබෙද්ද එකල්හි ක්‍රමයෙන් ජාති ද්‍රව්‍ය නාම යන මොව්හු විශෙෂ්‍යද ජාතිය විශෙෂණද වන්නේයස් දතයුතුයි.

විශෙෂ්‍යයාගේ අර්ථය වෙනස් කරණහෙයින් පර්‍යාය සංඛ්‍යාත අන්‍යනාර්ථ ශබ්දයද විශෙෂණ නම් වන්නේය—ඒ මෙසේය ගො ශබ්දය තෙම පසු භූමි වාචාදි අනේකාර්ථ වාචී බැවින් "ගො" යයි කීකල කවරාර්ථයක්දැයි නොහැඟෙන්නේය පර්‍යාය ශබ්ද යක් වූ වාචා ශබ්දය යොද "ගොවාචං" යි කීකල වාචා සංඛ්‍යාත අර්ථය හැඟෙන්නේය—මෙහි ගො ශබ්දයට පර්‍යාය වූ වාචා ශබ්ද යතෙම පසු ආදි අර්ථයන්ට සාධාරණවූ ගො ශබ්දයා ඒ අර්ථයන් ගෙන් වෙන් කොට වාචාර්ථයෙහි පිහිටුවන හෙයින් (හෙවත් විශි ෂ්ටාර්ථ ව්‍යවස්ථාපකහෙයින්) විශෙෂණ නම් වන්නේයයි දතයුතුය්.

මෙම කීහ—සම්බන්ධචින්තායෙහි.

"නෙකත්ථ වුත්තියා ගොති වුත්තෙන වාචා න ඤායතෙ,
ගොවාචාති තු වුත්තෙහස්මා පරියායො ච භෙදකො."

ටීකාවෙහි—"අත්ථස්ස විසෙසනතො වත්වා සද්දස්සාපි විසෙසන "තතං දස්සෙති නෙකත්ථෙච්චාදිනා, ගො සද්දස්ස ගවාද්‍යනෙක "සවත්ථෙසු වුත්තියා වත්තනතො, තථා හි ගොසද්දො පසු භූමි ආදි

"අනෙකාපෙක්ඛො හොති වුත්තො වාචා ත්‍යාය මපෙක්ඛා න ඤායතෙ යො
"වාචාති තු වුත්තෙන යොං ඉති වාචත්ථනන්තරං වාචාත්‍යත්ථවිසෙසො
"ඤායතෙ යස්මා අස්මා අතො හෙතුතො පරියායො ච න කෙවලං
"ජාතාඤ්ඤදයොව විසිට්ඨත්ථව්‍යත්ථොපකතතා හෙදකො විසෙසං"
යනුයි.

තුල්‍යාධිකරණ භින්නාධිකරණ විශෙෂණ ප්‍රභේද.

විශෙෂණය තෙම තුල්‍යාධිකරණ * භින්නාධිකරණ වශයෙන් ද්විප්‍රකාරයක් වන්නේය—එහි] තුල්‍යාධිකරණ නම්, පදසාධනී ටීකා වෙහි "තුල්‍ය මෙක මධිකරණ මත්ථො යස්ස තං තුල්‍යාධිකරණං" යි තුල්‍යාධිකරණ ශබ්දයාගේ විග්‍රහ බැවින් සමානවූ අර්ථය යමක්හු ගේද ඒ තුල්‍යාධිකරණ නම් වන්නේය.

තවද බාලාවතාරයෙහි "භින්නප්පවත්ති නිමිත්තා සද්දා එකස්මිං වත්ථුනි පවත්තා තුල්‍යාධිකරණා" යි දක්වන ලද හෙයින්, වෙන් වෙන්වූ ප්‍රවෘත්ති නිමිත්ත කොට ඇති ශබ්දයෝ එකවස්තුයෙහි පවත්නා ලද්දාහු නම් ඒ තුල්‍යාධිකරණයයි දත යුතුයි—සාමාන්‍ය වශයෙන් තුල්‍යාධිකරණ ලක්ෂණ මෙසේ නමුදු තුල්‍යාධිකරණ විශෙෂණයාගේ ලක්ෂණ දක්වන්නාවූ කච්චායනභෙදප්‍රදීප කාරකාචාර්‍ය්‍යයීතෙම

"යස්ස කාරක විභත්තිත්තං එකසංඛ්‍යා ක්‍රියා පි ච,
සමාන ලිංගානා චෙව තුල්‍යාධිකරණං මතං."—කියාද

නිරුක්තිසංග්‍රහයෙහි.

"තෙසු විභත්ති සංඛ්‍යාය ක්‍රියා ලිංගෙන තුල්‍යතා,
තුල්‍යා නීලො පවිඩාදි තබ්භින්නා මිතරං භවෙ." යිද,

කිහෙයින් යම් විශෙෂණයක්තෙම විශෙෂ්‍යයා හා සමාන අර්ථ සමාන විභක්ති සමාන සංඛ්‍යා සමාන ක්‍රියා ඇත්තේ වේද ඒ තුල්‍ය ධිකරණ විශෙෂණ නම් වේ—මෙහි විශෙෂ්‍යයා හා "සමානාර්ථ" නම් විශෙෂණ විශෙෂ්‍ය යන දෙකින්ම නීලොත්පලාදි එකම වස්තුවක් ප්‍රකාශ කරණ බවයි—සමාන විභක්තිනම් විශෙෂ්‍යයෙහි දක්නාලද විභක්තියම විශෙෂණයෙහිද විය යුතු බවයි—සමාන සංඛ්‍යානම් විශෙෂ්‍යයෙහි දක්නාලද ඒකවචනය හෝ බහු වචනය

---

* "අධිකරණ සඞ්ඛාත අත්ථො අභිධෙය්‍යො වුච්චති" යනු පදසාධනී ටීකායි.

විශෙෂණයෙහිද විය යුතු බවයි—සමාන ක්‍රියානම් ඒ විශෙෂණ විශෙෂ්‍ය දෙකම එකම ක්‍රියාවක් හා සම්බන්ධ වනු මිස විශෙෂණය එක ක්‍රියාවක් සමගද විශෙෂ්‍යය අන්‍ය ක්‍රියාවක් සමගද සම්බන්ධ නොවන බවයි—මේ නියමය නිත්‍යවශයෙන් නොව බොහෝ සෙසින් බව බාලාවතාර කච්චායනභෙද පදීප ටීකාදියෙහි කියන ලද නමුත් ප්‍රබොධ චන්ද්‍රිකාදියෙහි නිත්‍යවශයෙන්ම කියන ලදී.

ප්‍රබොධචන්ද්‍රිකායෙහි.

"විශෙෂ්‍යස්‍ය ච යල්ලිංගං විභක්ති වචනෙ ච යෙ,
තානි කාය්‍යාණි යොජ්‍යානි විශෙෂණ පදෙෂ්වපි."

තුල්‍යාධිකරණ විශෙෂණයට උදාහරණ.

"තිලොකමහිතො නාථො"—මෙහි "තිලොකමහිතො" යනු විශෙෂණය "නාථො" යනු විශෙෂ්‍යයි-මේ විශෙෂණ විශෙෂ්‍ය දෙකින්ම තුන්ලෝවාසීන් විසින් පුදනලද එකම ලොකස්වාමි වූ බුදුරජානන්වහන්සේ කියන ලද හෙයින් සමානාර්ථ නම් වේ—"නාථො" යන විශෙෂ්‍ය පදයෙහි දක්නා ලද පුල්ලිංග ප්‍රථමා එක වචනය විශෙෂණවූ "තිලොකමහිතො" යන පදයෙහිද දක්නා ලදහෙයින් සමානලිංග සමානවිභක්ති සමානසංඛ්‍යා ඇත්තේනම් වන්නේයයි දතයුතුයි--ඒ තුල්‍යාධිකරණ විශෙෂණයතෙම ආසයාසසීභාවාදි වශයෙන් ෂඩ්ප්‍රකාරයක් වේ—ඒනම්.

1. ආසයාසසීභාව තුල්‍යාධිකරණ විශෙෂණය.
2. තබ්භාව තුල්‍යාධිකරණ විශෙෂණය.
3. තබ්සෙසතා තුල්‍යාධිකරණ විශෙෂණය.
4. ධම්මකතා තුල්‍යාධිකරණ විශෙෂණය.
5. ආධාරෙකතා තුල්‍යාධිකරණ විශෙෂණය.
6. ඵලෙකතා තුල්‍යාධිකරණ විශෙෂණයයි—කියාය.

ධම්මකතා-ආධාරෙකතා-ඵලෙකතා තුල්‍යාධිකරණ විශෙෂණ තුනට පිළිවෙළින්, ගුණකතා-අධිකරණකතා-විපාකඵලකතා තුල්‍යාධිකරණ විශෙෂණයෝයයිද කියත්—එහි

1. "රත්තො පටො—සෙතො සුවො" යනු ආසයාසසීභාව තුල්‍යාධිකරණ විශෙෂණයට උදාහරණයි.
2 "බුද්ධො ජිනො-කරි හත්ථි" යනු තබ්භාව තුල්‍යාධිකරණ විශෙෂණයටය.

3. “නීලං වණ්ණං-අම්බො පානං” යනු තබ්බිසෙසතා තුල්‍යාධි කරණ විශෙෂණයටය.

4. “අනිලො අසොකා-සීහො නාරෙ” යනු ධම්මෙකතා තුල්‍යාධි කරණ විශෙෂණයටය.

5. “අඹිලො ගරුකො-ලඝුකො කටුකො” යනු ආධාරෙකතා තුල්‍යාධිකරණ විශෙෂණයටය.

6. “ගදහටං සුසංයුත්තං ඔසධං”-“දුයුත්තං විසං” යනු ඵලෙකතා තුල්‍යාධිකරණ විශෙෂණයටයි.

මේ විශෙෂණ ෂට්කයෙහි ලක්ෂණාදිය දක්වන්නාවූ කාව්‍යාංශ භේද පදීපකාකාරකාචාර්යයීතොම.

“ආසයාසයී භාවො ච තබ්භාවො තබ්බිසෙසතා,
ධම්මාධාර ඵලානඤ්ච එකතා ති ඡධා මතං”—යනුද

ටීකාවෙහි—“විසෙසනං ආසයති එත්ථාති ආසයො, දබ්බං—ආසයස්ස භාවො ආසයී, ගුණො—ආසයො යස්ස අත්ථීති වා ආසයී, තෙසං භාවො තබ්භාවො, පදත්ථො වාති නාථං තෙසං දබ්බා විනා පදත්ථොති තබ්භාවො—තෙසං තබ්භාවාදීනං විසෙසස්ස භාවො තබ්බිසෙසතා—දබ්බං ධාරෙන්ති පකාසෙන්තීති ධම්මො, ගුණො—ආධාරො ගුණං ධාරෙතීති ආධාරො, අධිකරණං—ඵලං පච්චත්ථීති ඵලං, විපාකො—ධම්මො ගුණො ච ආධාරො අධිකරණඤ්ච ඵලං විපාකො චාති ධම්මාධාරඵලා—තෙසං එකස්ස (සමානස්ස) භාවො එකතා—මනිතබ්බං ජානිතබ්බං මතං—එවං විසෙසනස්ස ඡ භෙදං දස්සෙත්වා තදුදාහරණං දස්සෙන්තො යමාචරියො.

‘රතනං පභො සුවො සෙතො කරී හත්ථී බුද්ධො ජිනො,
නීලො වණ්ණො අම්බො පානො සීහො අනිලාසොකා නාරෙ.
අඹිලො ගරුකො හොති ලඝුකො කටුකො රසො,
ගදහටං සුසං යුත්තං ඔසධං දුයුත්තං විසං’—ති ආහ.

රතනොති රතනගුණයොගො, පභොති වත්ථං, සුවො සෙතොති ගාථාබන්ධවසෙන වුත්තො සෙතො සුවොති වුත්තං හොති, තත්ථ සෙතොති සුක්කගුණයුත්තො, සුවොති සුකො, ආසයාසයී භාවො නාම—බුද්ධො ජිනොති පරියායො, කරී හත්ථී තිපි පරියායො පරියායෙන විසෙසනං තබ්භාවො නාම—නීලොති විසෙසනං වණ්ණස්ස නීලපීත ලොහිත ඔදාතවසෙන චතුබ්බිධත්තා, නීලොති විසෙසෙති—අම්බොති යාමකාලිකො, පානොති යාමකාලිකපානස්ස මධු මුද්දික

සාඵතා චෙව මොච ජම්බු අම්බඵාරුසක වසෙන අණිවිධතතා අඤ්ඤානි විසෙසෙති තස්මා තබ්බිසෙසතා, නාම—අනිලොති වාතො, අස්සො ති හයො, ජවෙන සදිසතතා විසෙසනං භවති, නරොති මනුස්සො, සීහොති මිගාධිපො සූරෙන සදිසත්තං විසෙසෙති, තස්මා ධම්ම කතා නාම—අනිලො අනිල රසො, ගරුකො අලහු රසො, කටුකොපි එසෙව නයො, ආධාරකතා නාම—ගදහත්ථාති ගදං වුච්චති රොගං තං අංකුසො හනති හිංසතීති ගදහටං, පකති ඔසධං එක මූලෙන රොගහරණදධං, සුන්දරෙන යොගෙන එකතො යුත්තං සුන්දරෙන වා භිසක්කෙන යුත්තනාති සුයොයුත්තං, ඔසධනාති පධාන පදං, දුට්ඨෙන යොගෙන යුත්තං දුට්ඨෙන අබ්‍යත්තෙන වා දෙමන සෙන වා භිසක්කෙන යුත්තනාති තථා, විසනාති පකති ඵලාඵලං, තඤ්හි ජීවිතං විසරාපෙති නිවත්තෙතීති විසනාති වුච්චති, අනාමයා නිබ්‍යාධිතො එළකතා නාමාති." යනුද කීහු.

භින්නාධිකරණ විශෙෂණ ප්‍රභේද.

භින්නාධිකරණ විශෙෂණයතෙම—"තබ්භින්නමිතරං භවෙ" යි නිරුත්තිසංග්‍රහයෙහි කී හෙයින් යථෝක්ත තුල්‍යාධිකරණ විශෙෂණයට විරුද්ධවූ ලක්ෂණ ඇත්තේ භින්නාධිකරණ විශෙෂණ නම් වේ—ඒ භින්නාධිකරණ විශෙෂණයද තෘතීයා භින්නාධිකරණ ෂෂ්ඨී භින්නාධිකරණ සප්තමී භින්නාධිකරණ විශෙෂණ වශයෙන් තුන් ප්‍රකාරයක් වේ.

1. "ගොත්තෙන ගොතමො නාථො" යනු තෘතීයා භින්නාධිකරණ විශෙෂණයට උදාහරණය.
2. "රඤ්ඤො පුරිසො" යනු ෂෂ්ඨී භින්නාධිකරණ විශෙෂණයටය.
3. "ගෙහෙව නිසින්නො හොති" යනු සප්තමී භින්නාධිකරණ විශෙෂණයටයි.

මෙහි "ගොත්තෙන ගොතමො නාථො" යන්නෙහි "ගොත්තෙන" යනු විශෙෂණය "ගොතමො නාථො" යනු විශෙෂ්‍යයි—එසේම "රඤ්ඤො පුරිසො" යන්නෙහිද "රඤ්ඤො" යනු විශෙෂණය "පුරිසො" යනු විශෙෂ්‍යයි—"ගෙහෙව නිසින්නො හොති" යන්නෙහි "ගෙහෙ" යනු විශෙෂණය "නිසින්නො" යනු විශෙෂ්‍යයි.

මෙම කීහ—නිරුත්තිසංග්‍රහයෙහි.

"ත නානිධා තතියා ඡට්ඨී සත්තමී තප්පසු ගොතමො,
රඤ්ඤොව පුරිසො හොති ගෙහෙ යෙව නිසින්නකො."

උපමානොපමෙය්‍ය වශයෙන් වූ විශෙෂණ විශෙෂ්‍ය විධි.

උපමානය තෙම විශෙෂණද, උපමෙය්‍යය විශෙෂ්‍යද වේ—එසේවූ විශෙෂණයා ඒකාන්තවශයෙන්, විශෙෂ්‍යයාගේ විභක්තිමාත්‍රය මුත්, ලිඞ්ගසංඛ්‍යාවන් ග්‍රහණය නොකරණහෙයින් උපමානොපමෙය්‍යවශයෙන් වූ විශෙෂණ විශෙෂ්‍යයෝ ලිඞ්ගභේද, සංඛ්‍යාභේද, ලිඞ්ගසංඛ්‍යාභේද, යන භේදත්‍රයකින් යුක්ත වූවෝ වෙත්.

1. ලිඞ්ගභේදයෙහි—"චන්දො විය තවානනං රුචිරං හොති—මාතාමාතඞ්ගො විය හත්‍ථිනී ධාවති."
2. සංඛ්‍යාභේදයෙහි—"සීහො විය ඉමෙ පුරිසා සූරතරා."
3. ලිඞ්ග සංඛ්‍යා භේදයෙහි—"තුරගා විය හත්‍ථිනී ධාවති." යනු උදාහරණයි.

"චන්දො විය ආනනං" යන්නෙහි චන්දො යනු උපමානවූ විශෙෂණය, ආනනං යනු උපමෙය්‍යවූ විශෙෂ්‍යයි "විය" යනු * උපමා ද්‍යොතක නිපාතයකි—මෙහි "චන්දො" යන උපමාන විශෙෂණය තෙම "ආනනං" යන උපමෙය්‍යවිශෙෂ්‍යගතවූ නපුංසක ලිඞ්ගත්වය ග්‍රහණය නොකොට පුල්ලිඞ්ගත්වයෙන් සිටියේය—"තුරගා විය හත්‍ථිනී ධාවති" යන්නෙහිද මෙසේමය.

"සීහො විය" යනාදි උදාහරණයෙහිද "සීහො" යන විශෙෂණය තෙම "පුරිසා" යන විශෙෂ්‍ය ගතවූ බහුත්‍ව සංඛ්‍යාව ග්‍රහණය නොකොට එකත්‍ව සංඛ්‍යාවෙන් යුක්තව සිටියේය—"තුරගා විය" යනාදි උදාහරණයෙහි "තුරගා" යන විශෙෂණයා "හත්‍ථිනී" යන විශෙෂ්‍ය ගතවූ ස්ත්‍රීලිඞ්ගත්වය හා එකත්වයද ග්‍රහණය නොකොට පුල්ලිඞ්ග ඒකත්වයෙන් සිටියේය—මෙසේ නමුදු, මේ සියලු උදාහරණවල පමණක් නොව සෙසු උදාහරණවලද උපමාන උපමෙය්‍යයෝ සමාන විභක්ති ඇතැයි දතයුතුයි.

---

* මෙහි උපමා ද්‍යොතකත්වය නම්—ආනන ගතරුචිරත්වය චන්ද්‍රයා කෙරෙහි විද්‍යමාන බැවින් චන්ද්‍රයාගේ ආනනය හා සම්බන්ධය මුඛ්‍යවශයෙන්ද, චන්ද්‍රගතවූ රුචිරත්වය ආනනයෙහි විද්‍යමාන බැවින් ආනනයාගේ චන්ද්‍රයා හා සම්බන්ධය අමුඛ්‍ය වශයෙන්ද ද්‍යොතනය කරණ බවයි—තවද ආනනයාගේ චන්ද්‍රයා සමා හා සදෘශ බව චන්ද්‍රයා නැතිව සදෘශත්වයක් නැති බැවින් ඉවාදිශබ්දසාමර්ථ්‍යයෙන් ආනන ගතරුචිරත්ව සංබන්ධවූ සදෘශත්වය හැඟෙන්නේය, සෙස්සෙකිදු මෙම ක්‍රමය දත යුතුයි—එම කිහ පච්කාවෙහි—"ආනනාදීහි අදිහං චන්දාදීහි පතීයිතං,
ජොතෙති ඉති වාදීනි එකොකාරණං තතො."

එහෙයින් කීහූ.

ජංඝදසයෙහි හා ප්‍රබන්ධචන්ද්‍රිකාවෙහි.

“ලිඟසංඛ්‍යාදි භෙදෙපි උපමානොපමෙය්‍යතා,
විභත්ති පන එකාව ඤෙය්‍යා තබ්භෙද වෙදිනා.”

“උපමානොපමෙයත්වං සත්‍යද්භෙදෙ ලිඟ සංඛ්‍යයොඃ,
අභින්නෛව විභක්ති ස්‍යාත් උපමානොපමෙයයොඃ.
ලිඟභෙදෙ යථා රාමපද්නී මන්ද ගතිඃ පරං,
මතනමාතඟ වනයිතාං මල්ලිවංගවර පුෂ්ප වත්.
යථා වචනභෙදෙ ච කන්දර්පි ඉව සුන්දරඃ,
ශ්‍රුයං ශ්‍රුවානෙඃ රාමස්‍ය භක්ත්‍යා අහම්වොනතමාඃ.
ත්වාං රාම මිව පශ්‍යාමි රාමෙණෛව ත්වයං ජිතාඃ,
දුර්ජයාශත්‍රුවස්සවෙ රාමායෙව නාමෙං සතු තෙ.
ත්වතො රාමා දිවාශෙෂා රණෙ භිභ්‍යති ශත්‍රුවඃ,
රාමස්‍යෙව තව භෙශ්‍යා කීර්තිර් ත්‍රෛලොකගාමිනී.
ත්වය්‍ය රාම ඉව ප්‍රීතිං භජන්තෙ සකලා ජනාඃ,
එවං ලිඟත්‍රයෙ පි ස්‍යා වචනත්‍රිතයෙ පි ච.”

“බුද්ධං විය භවන්තං පස්සාමි—බුද්ධෙන විය භවතා ධම්මො දෙසිතො—බුද්ධස්ස විය භවතො දානං අදංති—පබ්බතා විය පාසාදා අවරොහන්ති—පිතුස්ස විය පුත්තස්ස මුඛං හොති—අනාථානං ගෙහෙ විය රඤ්ඤො නිවෙසනෙ නිසීදන්ති”—යනාදි උපමානොපමෙය්‍යයන්ගේ සමානවිභක්තික උදාහරණයද දත යුතුයි.

මෙහි උපමාන උපමෙය්‍යයෝ* නම් කවරත්හුද යත්?

“උපමීයතෙ යෙන තං උපමානකං—උපමීයතෙති උපමෙය්‍යං” යනු බැවින් යම් (චන්ද්‍රාදි) වස්තුවක් කරණකොට ගෙණ උපමා කරණු ලැබේද ඒ (චන්ද්‍රාදි) වස්තුව උපමාන නම් වේ—උපමා කරණු ලබන්නාවූ ආනනාදි වස්තුව උපමෙය්‍ය නම් වේ.

---

* “පසිද්ධ සාධම්මියා සාධ්‍ය සාධන මුපමානං”—යනු පදසාධනි ටීකායි.

“පසිද්ධි වශෙන සිද්ධ සාධම්මිතත් සාධ්‍ය සාධන මුපමානම”—යනුද,

“ප්‍රසිද්ධවූ ගන්ධ්‍රාදීන්ගේ ගතමාදි සාධර්ම්‍යයෙන් දෙවදත්තාදි අප්‍රසිද්ධසාධ්‍යයාගේ සාධනය උපමාන නමැයි දතයුතුයි”—යනුද පච්කාප්‍රදීපයි.

“අසිද්ධං වත්ථු උපමානකං—සිද්ධං වත්ථු උපමෙය්‍යකං” යනු විභත්‍යත්ථ ටීකායි.

"උපනෙත්වා මඤ්ඤූති ජානාති එතෙනාති උපමානං, පාකටත්ථ වචනං"—යනු බැවින්, මේ උපමානය කාරණකොට ගෙණ පමුණුවා (මඤ්ඤූති යයි සේයි) දැනගන්නේනුයි උපමාන නම් වේ—ඒනම්, ප්‍රකටාර්ථ වචනයයි.

තවද—රුචිරත්වාදි ගුණයෙන් ප්‍රසිද්ධ නුවූ ආනනාදි වස්තූන්ගේ උපමානොපමෙය්‍ය සාධාරණධර්ම්ම සංඛ්‍යාතවූ යථෝක්ත ගුණයෙන් ප්‍රසිද්ධත්වය කරන්නාවූ චන්ද්‍රාදි වස්තුව උපමාන නම් වන්නේය—ප්‍රසිද්ධ නුවූ ආනනාදි වස්තුව උපමෙය්‍ය නම් වන්නේය. ඒ උපමාන උපමෙය්‍ය වාචක ශබ්දද්වය ප්‍රථමාදි වශයෙන් සමාන විභක්ති ඇත්තේයි.

එම තීහ—කච්චායන සාරයෙහි.

"සාධම්මසාධනං සිද්ධමසිද්ධස්සො පමානකං,
උපමෙය්‍ය මසිද්ධන්තං වය මෙකවිභත්තිකං."

මෙහි "උපමා" නම් කුමක්ද යත්?

"උපමා සද්දෙනහි සදිසත්තං වදති, උපමීයතෙ පාකටං කරීයතෙ එතාය අපාකටං වත්ථුනාති උපමා"—යනු බැවින් උපමා ශබ්දය තෙම වනාහි සදෘශ බව කියන්නේය, මේ කාරණකොට ගෙණ අප්‍රකටවූ වස්තුව ප්‍රකට කරණු ලැබේනුයි උපමා නම් වේ.

තවද, උපමාන උපමෙය්‍ය දෙදෙනාගේ සදෘශත්වය (සමානකම) උපමා නම් වන්නේය, උපමෙය්‍යය (විශෙෂ්‍ය හෙයින්) ප්‍රධානය; උපමානය (විශෙෂණහෙයින්) අප්‍රධානයි.

එම තීහ.

"උපමංනොප මෙය්‍යානං සදිසත්තා පමා මතා,
උපමෙය්‍යො පධානොව ඉතරො ත්වප්පධානකො."

තවද—"නො පමාන මාඛ්‍යාතෙන" යනාදීන් ජංසදූසාදියෙහි කියනලද හෙයින් උපමානයතෙම "ලිම්පනම්ව"—"වස්සන මිව" යනාදිවශයෙන් නාමපදයකින් මුත් "ලිම්පතීව"—"වස්සතීව" යනාදිවශයෙන් ආඛ්‍යාතක්‍රියාපදයෙන් නොවන්නේයයි දතයුතුයි.

ක්‍රියාවිශෙෂණ ලක්ෂණ.

KRIYÁVIṢÉSHAṆA LAKSHAṆA.

තවද "කාරකවිශෙෂණය" "ක්‍රියාවිශෙෂණය*" කියාද විශෙෂණයාගේ ද්විප්‍රකාරයකි-එහි කාරක පදයකට විශෙෂණ වූයේ කාරකවිශෙෂණය—ඒ මුලකියන ලද ක්‍රමවලින් දත යුතුය.

ක්‍රියාපදයකට විශෙෂණවූයේ ක්‍රියාවිශෙෂණයයි—ඒ මතු කියනු ලබන උදාහරණවලින් දතයුතුයි.

එම කීහ—"කාරක ක්‍රියානොපි ච විසෙසනං ද්විධීරිතං,
කාරකො තපස්සුතතාමො මුදුං පචති කිරියා."

ක්‍රියාවිශෙෂණයාගේ ප්‍රභේද.

ඒ ක්‍රියාවිශෙෂණයද බහිද්ධ අබහිද්ධ වශයෙන් ද්විප්‍රකාරයක්වේ—එහි සියළුම ආලපනයතෙම ක්‍රියාවෙන් බාහ්‍ය බැවින්ද ක්‍රියාවහා අසම්බන්ධහෙයින්ද † බහිද්ධ ක්‍රියාවිශෙෂණ නම් වන්නේය—"මුදුං පචති" යනාදියෙහි "මුදුං" යනාදී ක්‍රියාවිශෙෂණයෝ ක්‍රියාවෙන් බාහ්‍ය නොවන බැවින්ද ක්‍රියාව හා සම්බන්ධ බැවිනුද අබහිද්ධ ක්‍රියාවිශෙෂණ නම් වේ-එයිතුදු අබහිද්ධ ක්‍රියාවිශෙෂණයතෙම ප්‍රථමාවිභක්ත්‍යන්ත අබහිද්ධ ක්‍රියාවිශෙෂණය, ද්විතීයාවිභක්ත්‍යන්ත අබහිද්ධ ක්‍රියාවිශෙෂණයයි කියා ‡ ද්විප්‍රකාරයක්ය—එහි ක්‍රියාව අකර්මක ධාතුවකින් සිද්ධවන ලද්දක්නම් ක්‍රියාවිශෙෂණය ප්‍රථමා විභක්ත්‍යන්ත වන්නේය—ක්‍රියාව සකර්මක ධාතුවකින් සිද්ධවන ලද්දක්නම් ක්‍රියාවිශෙෂණය ද්විතීයා විභක්ත්‍යන්ත වේ—"සුඛං සයති" යන්නෙහි "සයති" යන ක්‍රියා පදය (සී සයෙ ශනෙ) අකර්මක ධාතුවෙන් සිද්ධහෙයින් "සුඛං" යන ක්‍රියාවිශෙෂණය ප්‍රථමා විභක්ත්‍යන්තයයි-

---

* "ක්‍රියාය භෙදකං විසෙසනං ක්‍රියාවිසෙසනං"—යනු සද්දවුත්ති ටීකායි.

† "බහිද්ධ ක්‍රියාවිසෙසනං නාම ක්‍රියා අසම්පත්තං වජ්ජාසි දෙවදත්තාතාදි සබ්බං අලපනං" යනුද සද්දවුත්ති ටීකායි.

‡ "බාලාවතාර සම්බන්ධ චින්තාදිසු නපුංසකං,
දුතියෙකවචනන්තං යන්තං භගගති තීරිතං.
සමුදයින මෙකත්තෙන පෙක්ඛිතෙ පඨමා සියා,
භෙදත්තෙන දුතියාත්‍යන්ත්‍යාඛ්‍යානෙ සමුදීරිතං." යනු
සද්දත්ථභෙද චින්තායි.

"මුදුං පචති" යන්නෙහි "පචති" යන ක්‍රියා පදය (පච පාකෙ යන) සකර්මකධාතුවෙන් සිද්ධවනලද්දක් හෙයින් "මුදුං" යන ක්‍රියාවිශෙෂණ පදය ද්විතීයා විභක්ත්‍යන්ත වූයේ යයි දත යුතුයි.

මෙම කීහ—සද්දසාරත්ථජාලිනියෙහි.

"අබ්භිධා ද්විධා හොති පඨමං දුතියන්තතො,
සකම්මකාය දුතියා අකම්මා පඨමං මතා."

පාණිනී ආචාර්‍ය්‍ය මතය ලෙස සද්දසාරත්ථජාලිනියෙහි ද්විප්‍රකාරය බව කියන ලද්දේ නමුදු නිරුත්තිසංග්‍රහකාරකාදි සමහර ආචාර්‍ය්‍යවරයෝ ඒ අබ්භිධ ක්‍රියාවිශෙෂණය තෘතීයා ෂෂ්ඨී විභක්ත්‍යන්තවශයෙන්ද ද්විප්‍රකාරයක් ගෙණ සතරප්‍රකාරයක් යයිද කියත්-ඒ සතර ප්‍රකාරය නිරුත්තිසංග්‍රහයෙහි දක්වන්නේ මෙසේය.

"චතුධා අබ්භිධා ච විභත්‍යන්ත වසෙන තු,
පඨමං දුතියන්තා ච තතියන්තා ච ඡට්ඨ්‍යන්තං.
සුඛං සයති පඨමා මුදුං පචති දුතියා,
යදුච්චතෙ ක්‍රියා කත්තා තබ්බෙදං පඨමන්තකං,
යදුච්චතෙ ක්‍රියා කම්මං තබ්බෙදං දුතියන්තකං,
ක්‍රියා චෙ කම්මකා හොති පඨමන්තං විසෙසනං.
ක්‍රියාචෙ සකම්මකා හොති දුතියන්තං විසෙසනං,
එකාහෙනෙව පාකාසි තතියන්තන්ති සො පි ච.
ක්‍රියාය අපචගොති ක්‍රියාපචගොති ච,
පාදස්ස උක්ඛිපනන්ති ඡට්ඨීභෙදක සඤ්ඤිතං,
එත්ථ ධාත්වත්ථ සම්බන්ධෙ ක්‍රියාවිසෙසනං භවෙ,
පච්චයත්ථෙන සම්බන්ධෙ ඡට්ඨී සාමිනි තං පි ච."

ෂෂ්ඨී විභක්තිතොමෙ කාරකනොව අසම්භාරහෙයින් ක්‍රියා යොග යන්නැතැයි සමහර ආචාර්‍ය්‍යකෙනෙක් එය අත්හැර අබ්භිධ ක්‍රියා විශෙෂණය ප්‍රථමා ද්විතීයා තෘතීයා විභක්ත්‍යන්තයන් පමණක් ගෙණ තුන්ප්‍රකාරයයිද කියන්නේය—ඒ මෙසේය.

"අසම්භාර සභාවත්තා කත්තුනො න ච කාරකං,
භවෙ තෙනෙව විඤ්ඤූහි තතියන්තම්පි ඉච්ඡිතං.
පඨමා දුතියා තතියා තාව ක්‍රියා විසෙසකා,
කෙචි දීපෙන්ති තං සාරං පණ්ඩිතෙහි විචාරිතං."

සද්දසාරත්ථජාලිනී ටීකාවෙහි—"තාං සං කිර අයමධිප්පායො ඡට්ඨී විභත්තියා ක්‍රියා යොගාභාවතො ක්‍රියාවිසෙසනං අයුත්තං තස්මා විභත්තිත්තය මෙව යුජ්ජන්ති ඉමස්සාචරියස්ස අධිප්පායො—යදි පන ක්‍රියායොගො න භවෙය්‍ය කථං පාදස්සුක්ඛිපනං සීසස්සුක්ඛිපනං හමුකස්ස චාලනං අක්ඛිස්ස නික්ඛමණං චක්ඛුස්ස උම්මීලනං තක්කාදීසු ක්‍රියායොගො භවතීති? අධිප්පායො—තෙන වුත්තං "විචාරෙතබ්බං" ති—නනු ච ඡට්ඨී විභත්තියා ක්‍රියායොගා භාවතො න කාරකන්ති වුත්තන්ති?—සච්චං තං පන කත්තුනො කම්මස්ස ක්‍රියං සන්ධාය වුත්තං ඉදං පන භාව සාධනක්‍රියං උභතො විනිමුත්තං භාවසම්බන්ධස්ස කත්තුකම්මානමවාචකත්තා, යදි වාචකො භවෙය්‍ය 'දෙවදත්තෙන පච්චතෙ' ති පයොගෙ දෙවදත්තො ති භවෙය්‍ය පාදස්සුක්ඛිපනන්ති පයොගෙපි පාදන්ති භවෙය්‍යාති"—යනුයි.

ක්‍රියාවිශෙෂණය යම්පමණ ඇත්තේද ඒ සියල්ලම නපුංසක ලිංගික එක වචනාන්තවශයෙන්ම බවද, ක්‍රියාවිශෙෂණයට ශබ්ද ශාස්ත්‍රයෙහිදී "ධාතුවිශෙෂණය" යන නාමයක්ද කියනබවද ශාසනයෙහි "භාවනපුංසක" යයි ව්‍යවහාර බවද කියන ලදී,

එම් කීහ—නිරුත්තිසංග්‍රහයෙහි.

"ක්‍රියාවිසෙසනං යාව තං සබ්බං හි නපුංසකෙ,
සියා ච එකවචනං යථා සීඝං සුඛං ඨිතො.

ක්‍රියා විසෙසනං සඤ්ඤං වුත්තං ධාතු විසෙසනං,
භාව නපුංසකං චෙව සාසනෙ සමුදීරිතං."

සියළුම ක්‍රියාවිශෙෂණ නපුංසකලිංගික එකවචනාන්ත වීමට හේතුව කවරේදයත්?—"භූ කාර සබ්බ ධාතුනත්ථෙසෙව සනාපි"—යන ආචාර්ය්‍ය වචනය ලෙස භූ කාර යන ධාතු වයගේ අර්ථවූ වීමය කිරීමය යන අභිප්‍රාය සියළු ධාතූන්වලම ඇත්තේය—එහෙයින් "මුදුං පචති-සුඛං සයති" යනාදියෙහිවූ, පචති-සයති-යනු පචනං කරෙති-සයනං කරෙති—යන අර්ථයෙය—යථොක්ත ආචාර්ය්‍ය වචනානුරූපව මේ "පචති" යන්න පචනං කරෙති කියාද "සයති" යන්න සයනං කරෙති කියාද යෙදීමට විශෙෂ්‍යාධාරණ යයි කියත්-"මුදුං පචති" යන්නෙහි "මුදුං" යනු "පචති" යන ක්‍රියාවෙහි විශෙෂණය-"සුඛං සයති" යන්නෙහිද "සුඛං" යනු "සයති" යන ක්‍රියාවෙහි විශෙෂණයි—මේ පචති සයති යන ක්‍රියා දෙක විශෙෂ්‍යාධාරණයෙහිදී පචනං කරෙති සයනං කරෙති කියා බැවින් ඒ "මුදුං-සුඛං" යන පදයො "සයනං, පචනං" යන පද

වල විශෙෂණයෝය—ඒ "සයනං, පචනං" යන විශෙෂ්‍ය පදයෝ භාවකාරක යු ප්‍රත්‍යයාන්ත නපුංසක ලිඞ්ග එකවචනාන්ත හෙයින් ඒ විශෙෂ්‍ය ගතවූ නපුංසක ලිඞ්ග එකවචනත්වය තුල්‍යාධිකරණ විශෙෂණවූ "මුදුං, සුඛං" යන පදයෝද ලැබිය යුතුහෙයින් නපුංසකලිඞ්ග එකවචනාන්ත වූවාහුය—ක්‍රියාවිශෙෂණය සෙසු තන්හිද මෙසේම හෙයින් සියළුම ක්‍රියාවිශෙෂණයෝ නපුංසකලිඞ්ගඑකවචනාන්ත වන්නාහුයයි දතයුතුයි—හෙද විශෙෂ්‍යාධාරණයෙහිදී භාවකාරක පදයට විශෙෂණ වන්නාවූ නපුංසක ලිඞ්ග පදයක්හෙයින් එයට ශාසනයෙහි "භාවනපුංසකය" යන ව්‍යවහාරයද අර්ථානුගත ව්‍යවහාරයක් බව දතයුතුයි.

ක්‍රියාවිශෙෂණයට අයිති සියළු ප්‍රභේද සංග්‍රහ කිරීම් වශයෙන් මේ මතු ප්‍රකාශ වන්නාවූ ගාථාව නිරුත්තිසංග්‍රහයෙහි කියනලදී.

"හීනාතුල්‍ය තථ්‍යාදි ඡබ්බා ආසයාදයො,
තථා කාරක කිරියා බහිධා පඨමාදයො."

මෙතෙකින් මේ ක්‍රියා විශෙෂණ ලක්ෂණ කාණ්ඩයද
සමාප්තකරණලදී.

එත්තාවතා ච විවිධානි පි සද්ද සත්ථ
ගන්ථෙසු ආගතනයානි සමුද්ධරිත්වා,
සංගය්හ [1]යං විරචිතා යදි නාමමාලා
නිට්ඨාපිතා[2]ත්ථ විදුනො ඛලිතා[3]පනෙන්තු.

ගන්ථස්සි[4]මස්ස පටිපාදිතකං සු[5]වාදිං
භූධාතු[6]මනන්තර කිපච්චය [7]මන්තිමා[8]ඛ්‍යං,
පොසිත්ව යෙ ම[9]ම්බ පාවචනෙ විනෙය්‍යුං
තෙ මෙ [10]හයත්ථ ගුරවො සුඛිතා භවන්තු.
